陕西统计年鉴

STATISTICAL YEARBOOK OF SHAANXI

1997

（总第 12 期）

陕西省统计局　编

中国统计出版社

ISBN 7-5037-2496-X
9 787503 724961 >

(京)新登字 041 号

图书在版编目(CIP)数据
陕西统计年鉴 1997/陕西省统计局编.
—北京:中国统计出版社,1997.7
ISBN 7-5037-2496-X
Ⅰ.陕…
Ⅱ.陕…
Ⅲ.统计资料-陕西-1997-年鉴
Ⅳ.C832.4-54

中国版本图书馆 CIP 数据核字(97)第 12579 号

陕西统计年鉴
STATISTICAL YEARBOOK OF SHAANXI
1997

陕西省统计局编
中国统计出版社出版
(北京市西城区三里河月坛南街 75 号 100826)
中国人民解放军第七二二六工厂印刷
*
787×1092 毫米 16 开本 35 印张 112 万字
1997 年 7 月第 1 版 1997 年 7 月 第 1 次印刷
印数:1—1500 册
*
定价:168 元

编 者 说 明

一、《陕西统计年鉴—1997》是一部全面系统反映陕西省经济、社会、科技发展状况的资料性年刊。书中资料根据全省各专业统计年报加工而成，并收录了各地、市、县及省级有关部门的统计数据。

二、全书共分为二十个部分，即：1. 行政区划和自然资源；2. 综合；3. 人口；4. 从业人员和职工工资；5. 固定资产投资；6. 能源原材料生产和消费；7. 财政；8. 物价指数；9. 人民生活；10. 城市概况；11. 农业；12. 工业；13. 建筑业；14. 运输和邮电；15. 国内贸易；16. 对外经济贸易和国际旅游；17. 金融和保险；18. 教育科技和文化事业；19. 体育卫生社会福利和其他；20. 全国各省、市、自治区主要指标。为便于使用，各部分前边列示主要统计指标提要，后边附主要统计指标解释。

三、本年鉴数据以 1996 年为主，每部分主要指标统一列示建国以来重点年份及改革开放以来的资料。

四、编辑本年鉴时，对过去发表的统计资料进行了核实，对有的数字作了调整，使用历史资料时，凡与本年鉴有出入的，均以本年鉴为准。

五、本年鉴表中的符号使用说明："…"表示数据不足本表最小单位数；"空格"表示该项统计指标数据不详或无该项数据；"＃"表示其中项。

Preface

1 《Statistical Yearbook of Shaanxi Province-1997》is an annual statistics publication, Which reflects various aspects of province's economic, social, science and technology development.

The major data source of this publication are statistical annual report of different sectors. Also some other statistical data of perfecture, county and relevant departments are filed.

2 The yearbook is organized into 20 parts:

(1) Administrative Division and Natural Resource.

(2) General Statistics.

(3) Population Census.

(4) Employment and Pay.

(5) Investment in Fixed Assets.

(6) Production and Consumption of Energy and Metarial.

(7) Public Finance.

(8) Price Indices.

(9) People's Livelihood.

(10) General Survey of Cities.

(11) Agriculture

(12) Industry

(13) Construction

(14) Transportation, Postal and Telecommunication Service

(15) Domestic Trade.

(16) External Trade and International Tourism.

(17) Banking and Insurance.

(18) Education, Science, Technology and Culture.

(19) Physical Culture, Public Health, Social Welfare and Miscellaneous.

(20) Comparison Between Provinces.

As a matter of conveniece for readers, We make abstrast and explanatory note of indicators in front and end of each part.

3 The data series are based on report of 1996. Each part includes statistical metarials for historically important years, especially from 1978. Since then we have been carrying "Policy of open and reform".

4 We made a correct and readjustment of some selected data stated in the past years. Please base on this year book when you use, If there are some differences between this year book with others.

5 Explanatory notes for notations used in this book:

"…"means"not large enough to be rounded into the least unit";

" "(blank) means"data not available";

"#"means"one major item is included in above items"。

目　录

五、固定资产投资

六、能源、原材料生产和消费

七、财　　政

八、物价指数

九、人民生活

十、城市概况

十一、农　　业

十二、工　　业

十三、建筑业

十四、运输和邮电

十五、国内贸易

十六、对外经济贸易和国际旅游

十七、金融和保险

十八 教育科技和文化事业

十九、体育、卫生、社会福利及其他

二十 全国各省、市、区主要指标

CONTENTS

1 Administrative Division and Natural Resources

2 General Statistics

3 Population Census

4 Employment and Pays

5 Investment in Fixed Assets

6 Production and Consumption of Energy

7 Public Finance

8 Price indices

9 People's Livelihood

10 General Survey of Cities

11 Agriculture

12 Industry

13 Construction

14 Transportation, Postal and Telecommunication Services

15 Domestic Trade

16 External Trade and International Tourism

17 Banking and Insurance

18 Education,Science,Technology and Culture

19 Sport, Public Health, Social Welfare and Miscellaneous

20 Comparison Between Provinces

1 行政区划·自然资源

XING ZHENG QU HUA ZI RAN ZI YUAN

资料整理　　王顺强

1. 行政区划和自然资源

陕西省位于东经 105 度 29 分～111 度 15 分和北纬 31 度 42 分～39 度 35 分之间，东隔黄河与山西相望，西连甘肃、宁夏，北邻内蒙古，南连四川，东南与河南、湖北接壤。1996 年全省行政区划共设西安、咸阳、宝鸡、铜川、渭南、汉中、延安 7 个省辖市，安康、商洛、榆林 3 个地区，省会西安市；有 6 个县级市，84 个县和 17 个市辖区，2488 个乡(镇)。

全省地势南北高、中间低，西部高、东部低，地形复杂多样，北部为陕北黄土高原，中部为号称"八百里秦川"的关中平原，南部为陕西秦巴山地。

以秦岭为界南北河流分属长江水系和黄河水系，主要有渭河、泾河、洛河、无定河和汉江、丹江、嘉陵江等。

全省属大陆性季风气候、年平均气温 8.4℃～16.1℃，年平均降水量 300～780 毫米，南北各地差异明显。

全省自然资源十分丰富，矿产多、储量大，现已发现各种矿产 136 种，探明有储量的矿产共 91 种，矿产地 931 处，探明矿产居全国前十位的矿种近 60 种。其中列入矿产储量表的已探明矿产 81 种，保有储量潜在总价值为 88364.08 亿元，全省平均每平方公里拥有矿产资源潜在价值 4297.86 万元，人均 24.92 万元，三方面指数均居全国前列。

主要城市降水量

(1996 年)

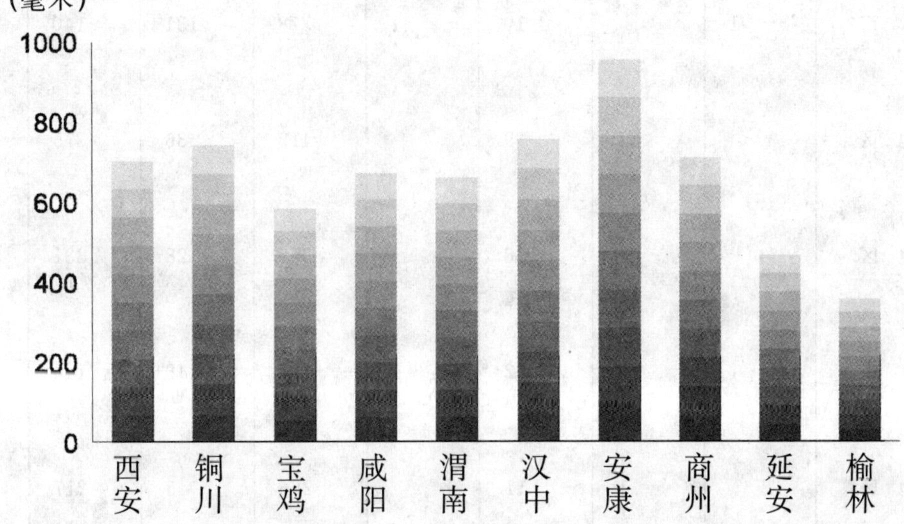

1—1 陕西省行政区划

（1996年）

单位：个

地区	地级市	县级市	县	市辖区	乡级			
						镇	乡	街道办事处
全省	**7**	**6**	**84**	**17**	**2 488**	**508**	**1 861**	**119**
西安市	1		6	7	231	57	126	48
铜川市	1		2	2	50	11	31	8
宝鸡市	1		10	2	202	36	148	18
咸阳市	1	1	10	3	230	39	181	10
渭南市	1	2	8	1	255	77	166	12
汉中市	1		10	1	278	131	140	7
安康地区		1	9		419	36	375	8
商洛地区		1	6		359	28	331	
延安市	1		12	1	198	48	146	4
榆林地区		1	11		266	45	217	4

1—2　陕西省行政区划一览

（1996 年）　　　　单位：个

地　　县	乡　级	#镇	#乡	村民委员会	居民委员会
全　　省	**2 488**	**508**	**1 861**	**32 335**	**2 926**
西安市	**231**	**57**	**126**	**3 151**	**1 524**
市辖区	70	6	16	705	1 462
新城区	11			13	380
碑林区	10			17	441
莲湖区	11			35	476
灞桥区	11	3	3	229	70
未央区	11	2	5	213	32
雁塔区	8		2	119	31
阎良区	8	1	6	79	32
长安县	44	12	32	671	16
蓝田县	29	7	22	519	4
临潼县	28	12	16	285	6
周至县	29	8	21	373	6
户　县	21	9	12	511	29
高陵县	10	3	7	87	1
铜川市	**50**	**11**	**31**	**543**	**94**
市辖区	19	4	7	146	85
城　区	7	1	2	39	41
郊　区	12	3	5	107	44
耀　县	17	5	12	218	7
宜君县	14	2	12	179	2
宝鸡市	**202**	**36**	**148**	**2 114**	**374**
市辖区	19	1	5	104	262
渭滨区	9	1	3	80	128
金台区	10		2	24	134
宝鸡县	39	7	29	493	67
凤翔县	21	4	17	250	6
岐山县	19	4	15	188	17
扶风县	15	5	10	205	3
眉　县	12	6	6	155	5
陇　县	19	2	17	240	1
千阳县	15	1	13	131	3
麟游县	16	1	15	110	1
凤　县	15	4	11	149	9
太白县	12	1	10	80	
咸阳市	**230**	**39**	**181**	**3 845**	**147**
市辖区	29	1	20	375	64
秦都区	13		9	155	26
渭城区	11	1	7	148	37

1—2 续表 1　　　　　　　　　(1996 年)　　　　　　　　　单位：个

地　　县	乡　级	#镇	#乡	村民委员会	居民委员会
杨陵区	5		4	72	1
兴平市	16	3	11	243	44
三原县	17	4	13	331	11
泾阳县	20	6	14	261	8
乾　县	25	4	21	425	4
礼泉县	20	5	15	440	4
永寿县	17	3	14	254	1
彬　县	20	3	17	325	2
长武县	14	1	13	235	1
旬邑县	17	5	12	280	2
淳化县	20	1	19	370	2
武功县	15	3	12	306	4
渭南市	**255**	**77**	**166**	**3 213**	**204**
临渭区	37	11	21	498	55
韩城市	21	6	13	275	38
华阴市	13	3	7	186	20
华　县	19	8	11	241	32
潼关县	10	5	5	83	14
大荔县	33	7	26	414	10
蒲城县	32	10	21	373	11
澄城县	18	6	12	266	11
白水县	18	5	13	194	4
合阳县	22	8	13	349	4
富平县	32	8	24	334	5
汉中市	**278**	**131**	**140**	**3 463**	**141**
汉台区	17	8	2	216	70
南郑县	38	19	19	503	16
城固县	30	18	12	394	8
洋　县	32	16	16	368	4
西乡县	25	14	11	351	7
勉　县	30	17	13	372	9
宁强县	32	11	21	366	8
略阳县	25	11	14	260	8
镇巴县	28	10	18	474	7
留坝县	10	5	5	100	3
佛坪县	11	2	9	59	1
安康地区	**419**	**36**	**375**	**3 989**	**126**
安康市	101	5	89	876	68
汉阴县	41	3	38	263	9
石泉县	29	3	26	269	7
宁陕县	29	2	26	144	1

1—2 续表 2　　(1996 年)　　单位:个

地　县	乡　级	#镇	#乡	村民委员会	居民委员会
紫阳县	61	5	56	552	20
岚皋县	43	2	41	329	6
平利县	40	1	39	384	4
镇坪县	14	1	13	94	1
旬阳县	30	13	17	771	5
白河县	31	1	30	307	5
商洛地区	**359**	**28**	**331**	**2 857**	**57**
商州市	60	6	54	632	25
洛南县	61	7	54	544	7
丹凤县	43	3	40	327	5
商南县	37	4	33	246	4
山阳县	64	4	60	482	6
镇安县	58	2	56	421	2
柞水县	36	2	34	205	8
延安市	**198**	**48**	**146**	**3 318**	**142**
宝塔区	27	7	17	563	60
延长县	14	4	10	287	11
延川县	17	4	13	346	5
子长县	16	4	12	342	14
安塞县	14	3	11	204	6
志丹县	13	3	10	178	5
吴旗县	14	3	11	160	4
甘泉县	9	1	8	116	3
富　县	15	5	10	245	8
洛川县	19	5	14	362	3
宜川县	15	3	11	214	6
黄龙县	13	2	11	110	5
黄陵县	12	4	8	191	12
榆林地区	**266**	**45**	**217**	**5 842**	**117**
榆林市	32	3	25	487	25
神木县	22	7	15	976	13
府谷县	26	3	20	362	6
横山县	21	4	17	356	8
靖边县	26	3	23	206	5
定边县	30	4	26	333	7
绥德县	23	5	18	663	19
米脂县	15	3	12	396	6
佳　县	21	1	20	653	11
吴堡县	10	1	9	221	2
清涧县	18	4	14	639	6
子洲县	22	4	18	550	9

1—3 自然状况及资源

项　　目	单　　位	1996年
一、自然状况		
1. 土地		
土地总面积	万平方公里	20.56
2. 气候		
全省年平均降水量	毫米	658.2
全省年平均气温	摄氏度	12.2
全省年平均日照时数	小时	1 816.6
全省年平均风速	米/秒	1.8
全省年平均无霜期	天	218
气候带面积比例(土地面积＝100)		
湿润地区(干燥度＜1.0)	%	39.2
半湿润地区(干燥度＝1.0—1.5)	%	26.7
半干旱地区(干燥度＝1.5—2.0)	%	34.1
二、自然资源		
1. 土地资源		
耕地面积	万公顷	335.9
可垦土地面积	万公顷	38.2
林地面积	万公顷	836.3
草地面积	万公顷	353.5
未利用土地面积	万公顷	184.6
2. 林木资源		
森林面积	万公顷	497.35
森林覆盖率	%	24.10
林木蓄积量	亿立方米	3.21
3. 水利资源		
全年自产河川年径流总量	亿立方米	302.00
黄河流域	亿立方米	88.00
长江流域	亿立方米	214.00
地下水资源总量	亿立方米	103.53
#可利用的(平原区)	亿立方米	30.00
水力资源理论蕴藏量	万千瓦	1 438.46
黄河流域	万千瓦	580.37
长江流域	万千瓦	858.09

1—4 土地状况

(1996年)

项目	面积(万公顷)	占总面积(%)
总面积	**2 056**	**100**
1. 按地形分		
山地	740	36.0
高原	925	45.0
平原	391	19.0
2. 按特征分		
耕地	335.9	16.3
水田	17.4	0.8
旱地	318.5	15.5
# 水浇地	99.6	4.8
林地	836.3	40.7
# 森林地	497.4	24.2
灌木林地	102.0	5.0
疏林地	36.8	1.8
未造成林林地	14.1	0.7
草地	353.5	17.2
# 人工改良草地	23.9	1.2
园地	19.2	0.9
水域	41.0	2.0
# 养殖水面	2.9	0.1
其他	470.1	22.9

1—5 主要山脉

名称	海拔高度(米)
太白山	3 767
化龙山	2 917
首阳山	2 719
终南山	2 604
华山	2 160
白于山	1 823
巴山	1 500～2 000
子午岭	1 400～1 600

1—6 主要河流

名称	流域面积(平方公里)	河长(公里)
无定河	30 261	491.2
延河	7 687	284.3
泾河	45 421	455.1
渭河	62 440	818.0
北洛河	26 905	680.3
嘉陵江	9 930	244.0
汉江	61 959	652.0
丹江	7 551	244.0

1—7 主要矿产保有储量

(1996 年)

矿　种	单　位	保有储量
煤	亿吨	1 618.9
铁　矿	矿石　万吨	58 370.5
铜　矿	铜　万吨	55.7
铅　矿	铅　万吨	175.8
锌　矿	锌　万吨	294.1
铝　矿	矿石　万吨	1 189.8
磷　矿	矿石　万吨	57 031.5
盐　矿	万吨	1 815.7
水泥用灰岩	矿石　万吨	484 049.0
冶金用白云岩	矿石　万吨	52 220.5
石　棉	石棉　万吨	1 037.7
油页岩	万吨	64 164.6
天然气	亿立方米	2 284.0
石　油	亿吨	4.4

1—8 探明矿产居全国前十位的矿种

位次	矿　种	矿种数
1	铼矿、制碱用灰岩、透辉石、水泥用灰岩、水泥配料用黄土、饰面用板岩、片麻岩	7
2	天然气、钼矿、汞矿、锶、矿铁矿(伴生)、毒重石、电石用灰岩、石榴子石、透闪石、高岭土	10
3	煤、镁盐、石棉、蓝石棉、长石、蛭石、玻璃用石英岩、海泡石、饰面用大理岩、玻璃用大理岩	10
4	碲矿、矽线石、化肥用蛇纹岩、隐晶质石墨	4
5	铌矿、红柱石、冶金用白云岩、冶金用脉石英、重晶石	5
6	油页岩、晶质石墨	2
7	石煤、锰矿、镍矿、锑矿、金矿、磷矿、冶金用石英岩	7
8	铅矿、稀土矿、硒矿、玻璃用白云岩、饰面用花岗岩	5
9	钛矿、钒矿、滑石、砖瓦用粘土	4
10	石油、锌矿、铅土矿、膨润土	4

1—9　主要城市气候基本情况

（1996年）

城　市	平均气温（摄氏度）	平均风速（米/秒）	日照时数（小时）	相对湿度（%）	无霜期（天）	气　压（百帕）	降水量（毫米）
西　安	13.7	1.9	1 395.4	68	235	970.4	699.4
铜　川	10.3	2.1	2 322.2	65	198	905.2	738.9
宝　鸡	13.2	1.4	1 694.7	65	227	946.3	581.7
咸　阳	12.5	2.0	1 948.3	72	236	961.9	669.5
渭　南	13.3	1.3	1 891.8	71	227	976.1	657.6
汉　中	14.1	1.4	1 355.4	78	210	957.4	753.6
安　康	15.2	1.6	1 125.7	76	250	982.8	952.4
商　州	12.3	2.8	1 783.7	67	240	931.6	708.4
延　安	9.7	1.4	2 197.7	60	202	908.1	464.8
榆　林	8.1	1.9	2 451.4	54	151	897.7	355.9

1—10　主要城市平均气温

（1996年）

单位：摄氏度

月　份	西安	铜川	宝鸡	咸阳	渭南	汉中	安康	商州	延安	榆林
一月	0.0	−3.3	−0.1	−1.2	−0.6	2.5	3.4	0.2	−6.1	−9.9
二月	2.2	−1.1	1.9	0.9	1.5	4.2	5.4	1.7	−3.3	−6.4
三月	7.3	3.8	6.6	5.9	6.9	8.0	9.2	5.9	3.3	1.1
四月	13.8	10.6	13.2	12.3	13.6	13.4	15.3	12.0	10.4	8.6
五月	20.1	16.3	19.1	18.3	19.5	18.8	20.0	17.7	17.3	16.6
六月	24.7	20.3	23.8	23.6	24.6	23.7	24.3	21.8	20.8	20.6
七月	26.8	23.0	26.7	26.2	26.9	26.4	27.0	24.4	23.1	23.4
八月	25.4	22.0	24.8	24.5	25.3	26.2	26.6	23.4	22.0	21.5
九月	20.1	16.9	19.6	19.4	20.1	20.0	21.4	18.3	17.4	16.9
十月	14.6	11.2	13.7	13.6	14.1	14.8	16.0	13.1	11.1	9.9
十一月	6.8	3.5	6.2	5.7	6.6	8.4	9.5	6.0	3.2	0.3
十二月	2.5	0.0	2.8	0.8	1.0	3.1	4.2	3.0	−2.3	−5.9
极端最高	38.5	34.2	38.5	37.7	39.1	35.1	36.8	35.9	35.4	35.5
极端最低	−7.8	−12.7	−9.7	−9.5	−8.5	−4.7	−2.9	−8.3	−17.4	−23.7
年平均	13.7	10.3	13.2	12.5	13.3	14.1	15.2	12.3	9.7	8.1

1—11 主要城市降水量

(1996 年)

单位:毫米

月 份	西安	铜川	宝鸡	咸阳	渭南	汉中	安康	商州	延安	榆林
一 月	6.1	11.2	7.4	6.0	6.2	7.5	4.4	12.4	5.2	1.6
二 月	6.3	6.0	7.7	5.1	6.8	2.6	3.3	7.2	4.5	0.0
三 月	22.2	11.9	19.0	28.7	31.9	24.4	12.0	24.7	8.1	4.4
四 月	18.2	88.0	19.8	17.0	30.6	35.0	18.9	46.1	28.9	21.9
五 月	31.2	56.4	40.2	37.8	34.7	86.3	85.1	52.6	14.3	31.1
六 月	78.0	123.1	93.6	107.3	85.8	87.4	242.6	90.5	75.5	73.7
七 月	176.8	142.5	70.4	113.5	92.0	134.0	90.4	99.2	111.4	32.1
八 月	92.2	116.7	111.4	111.1	109.8	79.4	140.6	63.5	114.8	132.1
九 月	124.1	95.6	106.2	111.3	123.1	148.3	160.6	138.8	39.9	17.6
十 月	74.6	37.1	47.9	64.7	70.5	114.0	144.8	96.9	44.9	33.6
十一月	69.7	50.4	58.1	67.7	66.2	33.3	49.2	76.5	17.3	7.8
十二月	0	0	0	0	0	1.4	0.5	0	0	0
全 年	699.4	738.9	581.7	669.5	657.6	753.6	952.4	708.4	464.8	355.9

1—12 主要城市日照时数

(1996 年)

单位:小时

月 份	西安	铜川	宝鸡	咸阳	渭南	汉中	安康	商州	延安	榆林
一 月	84.6	195.5	129.7	137.8	109.6	54.2	79.2	134.8	177.7	168.8
二 月	121.8	193.2	102.0	159.8	123.4	85.4	114.8	132.3	178.0	193.2
三 月	98.6	180.2	106.6	141.7	148.5	71.5	89.7	100.1	189.3	187.4
四 月	97.5	167.5	131.9	144.8	138.5	107.7	117.3	103.9	153.4	177.1
五 月	133.2	210.4	158.1	191.4	200.1	130.0	111.3	194.6	218.8	253.9
六 月	176.2	213.7	187.0	210.7	213.0	186.7	126.8	183.6	204.6	244.6
七 月	166.6	216.0	175.1	223.1	216.7	221.1	153.2	185.3	173.5	226.7
八 月	177.5	207.5	182.2	204.3	220.4	240.9	151.9	178.0	156.8	199.6
九 月	67.7	152.8	119.8	126.3	134.4	81.5	74.1	132.8	155.4	225.2
十 月	106.8	203.2	130.5	141.9	133.9	75.2	36.0	158.7	214.3	232.8
十一月	81.1	137.4	85.1	95.3	103.5	43.2	25.7	94.4	151.1	155.4
十二月	83.9	244.8	186.7	171.2	149.8	58.0	45.7	185.2	224.8	186.7
全 年	1 395.4	2 322.2	1 694.7	1 948.3	1 891.8	1 355.4	1 125.7	1 783.7	2 197.7	2 451.4

1—13　历届陕西省人民代表大会代表人数

单位：人

届　次	代表人数	#女代表		#少数民族代表	
		人　数	占代表总数%	人　数	占代表总数%
第一届(1954年)	386	51	13.2	9	2.3
第二届(1958年)	400	67	16.8	12	3.0
第三届(1963年)	520	84	16.0	15	2.9
第四届(1968年)					
第五届(1977年)	1 186	234	19.7	26	2.2
第六届(1983年)	727	168	23.1	29	4.0
第七届(1988年)	600	117	19.3	19	3.2
第八届(1993年)	602	118	19.6	22	3.7

1—14　历届陕西省政治协商会议委员人数

单位：人

届　次	委员人数	中国共产党党员代表		民主党派和无党派爱国人士代表	
		人　数	占总数%	人　数	占总数%
第一届(1955年)	165	42	25.5	123	74.5
第二届(1958年)	262	85	32.4	177	67.6
第三届(1963年)	275	91	33.1	184	66.9
第四届(1977年)	420	205	48.8	215	51.2
第五届(1983年)	428	162	37.9	266	62.1
第六届(1988年)	502	191	38.0	311	62.0
第七届(1993年)	506	244	48.2	262	51.8

主 要 统 计 指 标 解 释

森林面积 指生长着乔木和竹林,郁闭度在0.3以上(不包括0.3)的林地面积,即有林地面积。它是反映森林资源总面积的重要指标。森林面积包括天然林面积和人工林面积。但不包括灌木林地和疏林地面积。

森林覆盖率 指森林面积占土地总面积的比例,一般用百分数表示。国家规定在计算森林覆盖率时,除包括森林面积外还包括灌木林面积、农田林网树占地面积以及四旁树木的覆盖面积。森林覆盖率,是反映一个国家或地区森林资源和绿化水平的重要指标。计算公式:

$$\text{森林覆盖率}(\%)=\frac{\text{森林面积}}{\text{土地总面积}}\times100\%+\frac{\text{灌木林面积}}{\text{土地总面积}}\times100\%+\frac{\text{农田林网树占地面积}}{\text{土地总面积}}\times100\%+\frac{\text{四旁树占地面积}}{\text{土地总面积}}\times100\%$$

活立木总蓄积量 指全部土地上树木蓄积的总量。包括森林蓄积、疏林蓄积、散生木蓄积和四旁树蓄积。

森林蓄积量 指森林面积上生长着的林木树干材积总量。它是反映一个国家或地区森林资源总规模和水平的重要指标。

草地面积 指牧区和农区用于放牧牲畜或割草,植被盖度在5%以上的草原、草坡、草山等面积。包括天然的和人工种植或改良的草地面积。

年河川径流量 指陆地上某个区域一年中从地表、地下排出的水流的体积。年径流量通常按水文站河岸流域计算。

矿产保有储量 指探明的矿产储量(包括工业储量和远景储量)扣除已开采部分和地下损失量后的年底实有储量。

2 综　合

ZONG HE

资料整理　张　蕾　萨　慧　张　烨　刘凤鸣
尚玉盈

2. 综合

从1996年统计数据看陕西改革开放十八年来的经济发展

国民生产总值	1 175.38亿元	比1978年增长4.1倍
全社固定资产投资	372.00亿元	比1978年增长17.3倍
地方财政收入	117.22亿元	比1978年增长4.9倍
社会消费品零售总额	432.14亿元	比1978年增长12.0倍
外贸商品出口总额	12.69万美元	比1978年增长105.7倍
城镇居民人均生活费收入	3 487元	比1978年增长11.0倍
农民人均纯收入	1 165元	比1978年增长7.7倍

国民生产总值

(亿元)

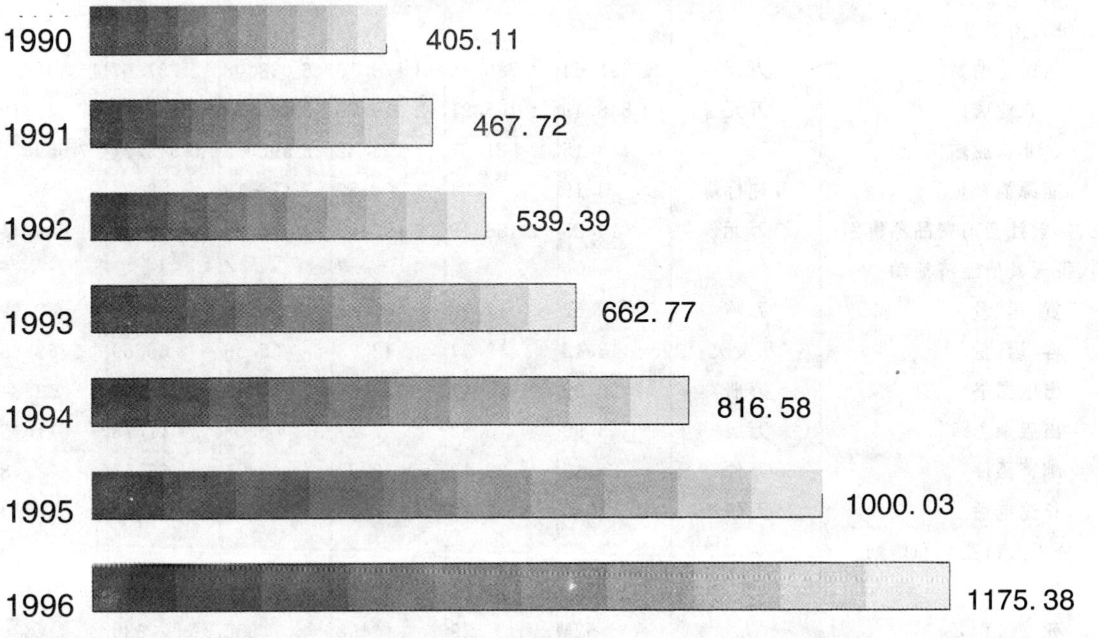

2—1 陕 西 一 日

指 标	单 位	1978年	1980年	1985年	1990年	1995年	1996年
一、每天创造的财富							
国内生产总值	万元	2 228.22	2 608.49	4 968.77	11 098.90	27 398.08	32 202.19
第一产业	万元	676.71	780.00	1 462.74	2 892.05	6 226.03	7 198.36
第二产业	万元	1 161.37	1 313.42	2 225.48	4 325.48	11 110.41	13 013.97
第三产业	万元	390.14	515.07	1 280.55	3 881.37	10 061.64	11 989.86
财政收入	万元	541.33	433.16	556.07	1 128.50	2 607.95	3 211.51
粮 食	万吨	2.19	2.07	2.61	2.93	2.50	3.33
棉 花	吨	288.77	221.37	117.81	213.15	109.32	85.48
油 料	吨	154.79	300.55	818.08	914.79	1 045.21	1 025.21
猪牛羊肉	吨	389.04	635.62	802.74	1 217.53	1 964.38	2 065.75
布	万米	159.16	180.39	176.16	199.78	216.16	200.66
原 煤	万吨	4.56	4.91	7.38	9.12	11.64	12.64
发电量	万千瓦小时	1 810.96	2 168.19	2 980.00	4 102.47	6 486.85	7 361.10
原 油	吨	165.15	231.13	605.26	1 920.82	4 575.34	6 054.79
钢	吨	665.53	670.88	950.98	1 343.82	1 470.41	1 481.37
二、每天消费量							
居民总消费	万元	1 321.64	1 786.58	3 173.15	6 038.08	13 787.67	15 491.51
农业居民	万元	848.49	1 165.21	2 019.73	3 439.73	7 242.46	7 822.19
非农业居民	万元	473.15	621.37	1 153.42	2 598.35	6 545.21	7 669.32
能源消费量	万吨标煤	3.19	3.34	4.87	6.13	8.34	9.51
三、每天社会消费品零售额	万元	914.25	1 188.49	2 192.05	4 374.52	10 122.19	11 839.45
四、每天其他经济活动							
货运量	万吨	19.62	17.13	47.86	58.81	79.86	82.99
客运量	万人次	15.42	19.37	42.78	55.56	66.69	68.68
出版图书	万册	20.99	28.47	31.63	40.99	46.59	53.84
出版杂志	万册	3.90	5.82	7.27	6.03	11.73	11.45
邮寄函件	万件	25.17	28.46	36.37	43.71	66.51	72.48
长途电话	万张	1.65	1.80	2.78	5.68	47.12	67.50
五、每天人口变动和婚姻							
出 生	人	1 306	1 171	1 316	2 115	1 526	1 449
死 亡	人	524	539	490	586	630	630
结 婚	对	373	634	740	720	662	658
离 婚	对	20	13	33	22	29	29

2—2 陕西省主要社会经济指标占全国比重

指　　标	单位	1995年			1996年		
		陕西	全国	陕西占全国%	陕西	全国	陕西占全国%
一、年底总人口	**万人**	**3 513**	**121 121**	**2.9**	**3 543**	**122 389**	**2.9**
二、从业人员	**万人**	**1 748**	**67 947**	**2.6**	**1 776**	**68 850**	**2.6**
#职工人数	万人	395	14 908	2.7	398	14 845	2.7
三、国内生产总值	**亿元**	**1 000.03**	**58 478**	**1.7**	**1 175.38**	**67 795**	**1.7**
第一产业	亿元	227.25	11 993	1.9	262.74	13 550	1.9
第二产业	亿元	405.53	28 538	1.4	475.01	33 148	1.4
第三产业	亿元	367.25	17 947	2.0	437.63	21 097	2.1
四、全社会固定资产投资总额	**亿元**	**324.33**	**20 019.3**	**1.6**	**372.00**	**23 660.0**	**1.6**
#国有单位固定资产投资	亿元	226.61	10 898.2	2.1	256.48	12 358.6	2.1
#基本建设	亿元	145.90	7 403.6	2.0	164.60	8 398.8	2.0
五、地方财政收入	**亿元**	**51.3**	**2 986**	**1.7**	**67.6**	**3 747**	**1.8**
六、农林牧渔业总产值	**亿元**	**381.65**	**20 340.9**	**1.9**	**438.51**	**23 426.5**	**1.9**
工业总产值	亿元	1 068.71	82 296.6	1.3	1 239.25	99 492.8	1.2
七、主要产品产量							
粮　　食	万吨	913	46 657	2.0	1 217	49 000	2.5
棉　　花	万吨	3.99	476.5	0.8	3.12	420.3	0.7
油　　料	万吨	38.15	2 250.3	1.7	37.42	2 207.1	1.7
烤　　烟	万吨	6.34	207.2	3.1	11.09	294.6	3.8
水　　果	万吨	283.96	4 214.6	6.7	362.15	4 652.3	7.8
猪牛羊肉	万吨	71.59	4 265.3	1.7	75.40	4 772.2	1.6
原　　煤	万吨	4 248	136 100	3.1	4 614	137 461	3.4
原　　油	万吨	167	15 005	1.1	221	15 852	1.4
钢	万吨	53.67	9 536	0.6	54.07	10 003	0.5
水　　泥	万吨	852	47 561	1.8	916	47 095	1.9
化　　肥	万吨	68.46	2 548.1	2.7	83.21	2 835.7	2.9
纱	万吨	14.02	542.3	2.6	12.72	488.0	2.6
布	亿米	7.89	260.2	3.0	7.32	174.8	4.2
彩色电视机	万部	28.62	2 057.74	1.4	54.01	2 108.85	2.6
家用洗衣机	万台	13.58	948.4	1.4	7.88	1 000.0	0.7
家用电冰箱	万台	63.92	918.54	7.0	56.18	928.22	6.1
八、高校在校学生	**万人**	**12.83**	**290.6**	**4.4**	**13.56**	**302.1**	**4.5**

注：本表中地方财政收入、工业总产值均为新口径数字。

2—3 国民经济和社会发展总量指标

指　　标	单位	1978年	1980年	1985年	1990年	1995年	1996年
人口与就业							
人　口							
年底总人口	万人	2 780	2 831	3 002	3 316	3 513	3 543
市镇人口	万人	455	522	1 167	1 501	1 738	1 939
乡村人口	万人	2 325	2 309	1 835	1 815	1 775	1 604
男性人口	万人	1 444	1 468	1 566	1 727	1 836	1 835
女性人口	万人	1 336	1 363	1 436	1 589	1 677	1 708
就　业							
从业人员	万人	1 078	1 158	1 375	1 576	1 748	1 776
#职工人数	万人	257	282	337	379	395	398
城镇失业人数	万人		37.3	20.2	28.1	23.2	27.4
宏观经济							
国民核算							
国内生产总值	亿元	81.33	95.21	181.36	405.10	1 000.03	1 175.38
第一产业	亿元	24.70	28.47	53.39	105.56	227.25	262.74
第二产业	亿元	42.39	47.94	81.23	157.88	405.53	475.01
第三产业	亿元	14.24	18.80	46.74	141.67	367.25	437.63
国内支出总额	亿元	81.07	94.91	180.87	404.30	1 000.03	1 175.38
#总消费	亿元	52.74	72.32	134.05	300.64	673.42	766.57
居民消费	亿元	48.24	65.21	115.82	220.39	503.25	565.44
社会消费	亿元	4.50	7.11	18.23	80.25	170.17	201.13
总投资	亿元	30.45	27.68	88.88	169.37	480.48	539.53
固定资产	亿元	23.18	26.35	63.86	120.84	358.75	406.94
存　货	亿元	7.27	1.33	25.02	48.53	121.73	132.79
固定资产投资							
全社会固定资产投资总额	亿元	20.35	27.80	57.99	103.72	324.33	372.00
#国有单位	亿元	17.20	23.25	39.81	73.85	226.61	256.48
集体单位	亿元	1.91	2.26	4.27	6.96	21.53	22.00
个体经济	亿元	1.24	2.29	13.91	22.90	55.54	66.84
财　政							
地方财政收入	亿元	19.76	15.81	20.30	41.19	95.19	117.22
地方财政支出	亿元	18.30	18.28	27.50	53.91	102.69	121.79
物价指数(上年＝100)							
商品零售价格总指数	%	100.5	104.7	106.5	101.6	117.0	108.1
居民消费价格总指数	%		105.3	107.0	101.3	119.0	109.7
农副产品收购价格总指数	%	104.3	106.9	107.8	100.3	122.8	100.1

2—3 续表 1

指 标	单 位	1978 年	1980 年	1985 年	1990 年	1995 年	1996 年
利用外资							
签订利用外资协议额	万美元			48 022	2 210	101 249	70 222
实际利用外资额	万美元			1 374	5 268	54 487	47 467
能源生产与消费(标准费)							
能源生产总量	万吨	1 223	1 330	1 993	2 505	3 311	3 775
能源消费总量	万吨	1 165	1 218	1 776	2 239	3 052	3 470
产 业							
农 业							
耕地面积	千公顷	3 854	3 816	3 627	3 533	3 393	3 359
农林牧渔业从业人员	万人	708	838	884	1 001	1 049	1 046
农林牧渔业总产值	亿元	36.27	41.88	79.58	169.96	381.65	438.51
主要农产品产量							
粮 食	万吨	800	757	952	1 071	913	1 217
棉 花	万吨	10.54	8.08	4.30	7.78	3.99	3.12
油 料	万吨	5.56	10.97	29.86	33.39	38.15	37.42
烤 烟	万吨	1.38	0.57	6.26	12.32	6.34	11.09
蚕 茧	吨	2 278	2 909	4 862	9 505	17 720	14 579
茶 叶	吨	1 408	1 428	2 822	4 548	5 252	5 831
水 果	万吨	33.41	28.00	33.58	62.03	283.96	362.15
猪牛羊肉	万吨	14.20	23.20	29.30	44.44	71.59	75.40
工 业							
工业总产值	亿元	96.48	109.96	192.08	442.58	1 182.72	1 239.25
主要工业产品产量							
纱	万吨	13.85	14.99	15.75	15.46	14.02	12.72
布	亿米	5.81	6.58	6.43	7.29	7.89	7.32
电视机	万部	0.35	4.05	48.31	106.67	31.43	62.39
#彩色电视机	万部	0.01		21.88	58.78	28.62	54.01
家用洗衣机	万台		0.04	22.97	21.95	13.58	7.86
家用电冰箱	万台			0.04	22.60	63.92	56.18
原 煤	万吨	1 666	1 792	2 693	3 328	4 248	4 614
原 油	万吨	6.03	8.44	22.10	70.11	167.00	221.00
发电量	亿千瓦小时	66.10	79.14	108.77	149.74	230.77	268.68
钢	万吨	24.29	24.49	34.71	49.05	53.67	54.07
钢 材	万吨	17.38	18.59	24.13	31.36	58.78	47.98
水 泥	万吨	210.66	229.42	383.76	530.25	851.50	915.89
化 肥	万吨	13.69	19.66	26.60	47.85	68.46	83.21

2—3 续表 2

指　　标	单　位	1978 年	1980 年	1985 年	1990 年	1995 年	1996 年
国有经济独立核算工业企业							
年底固定资产原价	亿元	116.50	134.14	193.52	316.70	843.50	947.46
年底固定资产净值	亿元	84.19	95.41	133.06	214.83	600.00	608.49
利润和税金总额	亿元	16.52	18.30	26.08	34.71	37.24	26.94
交通运输							
货物运输量	万吨	7 160	6 253	17 464	21 467	29 148	30 292
#铁　路	万吨	2 400	2 440	3 024	3 330	3 543	3 644
公　路	万吨	4 733	3 799	14 427	18 112	25 560	26 600
货物周转量	亿吨公里	176.11	190.26	336.19	457.96	563.91	584.51
#铁　路	亿吨公里	165.58	179.57	282.25	385.45	458.77	477.27
公　路	亿吨公里	10.39	10.54	53.62	72.06	104.23	106.13
旅客运输量	万人	5 621	7 071	15 625	20 278	24 343	25 067
#铁　路	万人	2 009	2 418	2 978	2 372	2 849	2 463
公　路	万人	3 605	4 632	12 576	17 777	21 252	22 320
旅客周转量	亿人公里	60.73	80.29	157.01	208.19	296.30	300.39
#铁　路	亿人公里	47.56	62.88	106.85	121.35	168.13	159.29
公　路	亿人公里	12.95	16.23	44.75	72.34	97.76	103.25
邮电通信业							
邮电业务总量	万元	5 025	5 595	7 871	30 243	145 408	206 467
函　件	万件	9 188	10 386	13 275	15 955	24 277	26 456
报刊期发数	万份	319	494	869	506	1 017	1 122
交换机容量	万门	12.40	12.67	14.81	22.58	129.88	180.82
城　市	万门	4.78	5.44	7.88	14.78	109.47	149.05
农　村	万门	7.62	7.23	6.93	7.80	20.41	31.77
电话机	万部	12.26	13.57	18.91	32.37	93.73	128.98
城　市	万部	8.73	10.32	15.83	28.28	83.64	110.77
农　村	万部	3.53	3.25	3.08	4.09	10.09	18.21
国内商业							
社会消费品零售总额	亿元	33.37	43.38	80.01	159.67	369.46	432.14
对外经济贸易和旅游							
进出口总额	万美元			15 712	57 728	173 323	178 406
进口额	万美元			5 353	11 669	45 062	51 484
出口额	万美元	1 190	973	10 359	46 059	128 261	126 922
国际旅游							
旅游人数	万人	1.37	4.00	21.15	25.88	44.23	50.03
旅游外汇收入	万元	305	1 757	7 099	19 778	117 096	164 308

2—3 续表 3

指　　标	单　位	1978 年	1980 年	1985 年	1990 年	1995 年	1996 年
金融保险							
国家银行各项存款	亿元	35.33	47.67	100.10	278.44	814.93	1 090.84
国家银行各项贷款	亿元	51.74	59.37	140.61	385.21	943.56	1 127.63
农村信用社各项存款	亿元	4.72	6.86	15.53	56.13	170.75	214.41
农村信用社各项贷款	亿元	1.67	2.48	10.47	35.65	117.92	146.67
国内保险承保额	亿元		75.53	230.24	701.03	1 665.11	2 730.36
国外保险承保额	亿元		0.14	1.54	36.80	311.45	349.70
教育・科技・文化							
教　育							
专任教师数	万人	27.87	30.28	29.07	31.26	32.44	32.54
普通高等学校	万人	1.07	1.21	1.65	1.96	2.02	1.97
中等学校	万人	9.50	10.33	10.50	11.62	12.10	12.44
小　学	万人	17.30	18.74	16.92	17.68	18.32	18.13
在校学生数	万人	650.19	644.94	558.33	513.92	636.49	674.60
普通高等学校	万人	3.44	5.39	8.21	9.54	12.83	13.56
中等学校	万人	196.24	187.41	182.25	150.63	172.08	186.77
小　学	万人	450.51	452.14	367.87	353.75	451.58	474.27
科　技							
国有企事业单位专业技术人员	万人					81.38	83.30
从事科技活动人员数	万人				9.90	16.49	17.65
#科学家和工程师	万人				5.40	8.82	9.97
研究与发展经费支出	亿元					13.47	15.62
文　化							
出版数量							
图　书	万册	7 661	10 390	11 546	14 962	17 005	19 651
杂　志	万册	1 423	2 124	2 653	2 202	4 280	4 178
报　纸	万份		19 318	40 562	33 173	46 508	51 949
电视节目制作时间	小时			1 053	1 151	8 152	8 644
家庭・生活・环境							
家　庭							
家庭总户数	万户	560.82	584.78	676.75	802.00	878.08	893.02
城镇居民平均每户家庭人口	人			3.85	3.39	3.17	3.13
农村居民平均每户家庭人口	人		5.68	5.04	4.85	4.65	4.62

2—3续表 4

指　　标	单　位	1978年	1980年	1985年	1990年	1995年	1996年
婚　姻							
结婚数	对	136 230	231 345	270 124	262 919	241 605	240 208
离婚数	对	3 732	4 819	5 750	7 858	10 598	10 409
居　住							
城市居民人均居住面积	平方米			7.58	9.32	10.66	11.15
农村居民人均住房面积	平方米			12.18	14.62	18.42	18.60
生　活							
城镇居民人均生活费收入	元	290	381	608	1 263	3 048	3 487
农村居民人均纯收入	元	134	142	295	530	963	1 165
城乡储蓄存款余额	亿元	7.79	13.51	44.77	204.57	734.04	942.21
工资和福利							
工资总额	亿元	16.44	21.55	36.84	76.10	172.26	192.16
职工平均工资	元	654	785	1 122	2 042	4 396	4 882
职工保险福利费	亿元	1.85	3.38	8.03	21.99	47.81	55.08
离休、退休、退职职工人数	万人			28.90	55.12	77.18	78.80
离退休、退职职工保险福利费	亿元	0.16	0.89	2.70	8.85	26.81	33.56
卫　生							
医　院	个	3 064	3 095	2 218	2 521	3 313	3 315
医　生	万人	3.43	3.72	4.97	5.91	6.28	6.30
医院床位数	万张	4.99	5.52	6.46	7.80	9.05	9.05
市政建设							
自来水供应量	万吨	21 119	23 627	26 472	65 538	70 949	74 170
下水道长度	公里	431	509	754	1 179	1 858	1 969
城市煤气和天然气供应量	万立方米			740	9 594	11 395	11 194
公共汽(电)车总数	辆	638	707	1 034	1 536	2 130	2 266
铺装道路长度	公里	639	688	839	1 626	2 027	2 103
绿地面积	公顷	488	661	1 795	6 042	10 164	7 907
环境、灾害							
治理污染资金使用额	万元			3 745	7 729	16 855	13 132
环境污染事故数	次				37	69	68
环境污染事故罚款金额	万元				19	17	41
火灾发生数	起				895	737	420
火灾损失	万元				720	1 862	1 689
交通事故发生数	件	3 979	3 554	6 026	8 352	9 554	10 771
交通事故损失	万元	165	107	310	959	3 395	4 171

注：(1)本表价值量指标均按当年价格计算。(2)财政收入为老口径数字，按新口径计算的财政收入 1995 年为 51.30 亿元，1996 年为 67.60 亿元。(3)邮电业务总量 1990 年以前按 1980 年不变价格计算，1990 年及以后各年按 1990 年不变价格计算。

2—4 国民经济和社会发展速度指标

指　　标	1996年为以下各年%					1979—1996年平均增长%
	1978年	1980年	1985年	1990年	1995年	
人口与就业						
人　　口						
年底总人口	127.4	125.2	118.0	106.8	100.9	1.4
市镇人口	426.2	371.5	166.2	129.2	111.6	8.4
乡村人口	69.0	69.5	87.4	88.4	90.4	−2.0
男性人口	127.1	125.0	117.2	106.3	99.9	1.3
女性人口	127.8	125.3	118.9	107.5	101.8	1.4
就　　业						
从业人员	164.7	153.4	129.2	112.7	101.6	2.8
#职工人数	154.9	141.1	118.1	105.0	100.8	2.5
城镇失业人数		73.5	135.6	97.5	118.1	
宏观经济						
国民核算						
国内生产总值	509.0	441.5	262.9	170.5	110.2	9.5
第一产业	282.8	237.8	173.3	137.7	112.0	5.9
第二产业	578.6	529.4	316.0	206.6	111.6	10.2
第三产业	876.8	656.8	292.8	156.4	107.2	12.8
国内支出总额	511.0	443.2	263.9	170.9	110.2	9.5
#总消费	350.6	281.8	171.7	121.7	105.5	7.2
居民消费	277.0	226.9	145.4	119.7	104.2	5.8
社会消费	1 153.1	781.1	339.1	127.3	109.3	14.5
总投资	610.4	553.5	182.6	145.1	103.9	10.6
固定资产	460.0	398.1	176.1	154.0	104.4	8.8
存　　货	2 003.6	3 343.7	190.4	124.1	102.5	18.1
固定资产投资						
全社会固定资产投资总额	1 828.0	1 338.1	641.5	358.7	114.7	16.6
#国有单位	1 491.2	1 103.1	644.3	347.3	113.2	15.1
集体单位	1 151.8	973.5	515.2	316.1	102.2	13.5
个体经济	5 390.3	2 918.8	480.5	291.9	120.3	28.3
财　　政						
地方财政收入	593.2	741.4	577.4	284.6	123.1	10.4
地方财政支出	665.5	666.2	442.9	225.9	118.6	11.1
物价指数						
商品零售价格总指数	421.0	395.7	338.4	206.2	108.1	8.3
居民消费价格总指数	445.1	415.6	353.5	215.0	109.7	8.6
农副产品收购价格总指数	507.5	388.9	322.4	199.7	100.1	9.4

2—4 续表 1

指　　标	1996年为以下各年%					1979—1996年平均增长%
	1978年	1980年	1985年	1990年	1995年	
利用外资						
签订利用外资协议额			146.2	3 177.5	69.4	
实际利用外资额			3 454.7	901.0	87.1	
能源生产与消费(标准费)						
能源生产总量	308.7	283.8	189.4	150.7	114.0	6.5
能源消费总量	297.9	284.9	195.4	155.0	113.7	6.3
产　　业						
农　业						
耕地面积	87.2	88.0	92.6	95.1	99.0	—0.8
农林牧渔业从业人员	134.1	124.8	118.3	104.5	99.7	1.6
农林牧渔业总产值	284.2	292.9	191.7	148.2	113.3	6.0
主要农产品产量						
粮　　食	152.1	160.8	127.8	113.6	133.3	2.4
棉　　花	29.6	38.6	72.6	40.1	78.2	—6.5
油　　料	673.0	341.1	125.3	112.1	98.1	11.2
烤　　烟	803.6	1 945.6	177.2	90.0	174.9	12.3
蚕　　茧	640.0	501.2	299.9	153.4	82.3	10.9
茶　　叶	414.1	408.3	206.6	128.2	111.0	8.2
水　　果	1 084.0	1 293.4	1 080.1	583.8	127.5	14.2
猪牛羊肉	531.0	325.0	257.3	169.7	105.3	9.7
工　业						
工业总产值	785.4	721.7	424.7	239.6	115.3	12.1
主要工业产品产量						
纱	91.9	84.9	80.8	82.3	90.7	—0.5
布	126.0	111.2	113.8	100.4	92.8	1.3
电视机	17 825.7	1 540.5	129.1	58.5	198.5	33.4
#彩色电视机	540 100.0		246.8	91.9	188.7	61.2
家用洗衣机		19 650.0	34.2	35.8	57.9	
家用电冰箱			140 450.0	248.6	87.9	
原　　煤	277.0	257.5	171.3	138.6	108.6	5.8
原　　油	3 665.0	2 618.5	1 000.0	315.2	132.3	22.1
发 电 量	406.5	339.5	247.0	179.4	113.5	8.1
钢	222.6	220.8	155.8	110.2	100.7	4.5
钢　　材	276.1	258.1	198.8	153.0	81.6	5.8
水　　泥	434.8	399.2	238.7	172.7	107.6	8.5
化　　肥	607.8	423.2	312.8	173.9	121.5	10.5

2—4 续表 2

指 标	1996 年为以下各年%					1979—1996 年平均增长%
	1978 年	1980 年	1985 年	1990 年	1995 年	
国有经济独立核算工业企业						
年底固定资产原价	813.3	706.3	489.6	299.2	112.3	12.3
年底固定资产净值	722.8	637.8	457.3	283.2	101.4	11.6
利润和税金总额	163.1	147.2	103.3	77.6	72.3	2.8
交通运输						
货物运输量	423.1	484.4	173.5	141.1	103.9	8.3
#铁 路	151.8	149.3	120.5	109.4	102.9	2.3
公 路	562.0	700.2	184.4	146.9	104.1	10.1
货物周转量	331.9	307.2	173.9	127.6	103.7	6.9
#铁 路	288.2	265.8	169.1	123.8	104.0	6.1
公 路	1 021.5	1 006.9	197.9	147.3	101.8	13.8
旅客运输量	446.0	354.5	160.4	123.6	103.0	8.7
#铁 路	122.6	101.9	82.7	103.8	86.5	1.1
公 路	619.1	481.9	177.5	125.6	105.0	10.7
旅客周转量	494.6	374.1	191.3	144.3	101.4	9.3
#铁 路	334.9	253.3	149.1	131.3	94.7	6.9
公 路	797.3	636.2	230.7	142.7	105.6	12.2
邮电通信业						
邮电业务总量	2 300.5	2 066.5	1 469.0	682.7	142.0	19.0
函 件	287.9	254.7	199.3	165.8	109.0	6.1
报刊期发数	351.7	227.1	129.1	221.7	110.3	7.2
交换机容量	1 458.2	1 427.2	1 220.9	800.8	139.2	16.1
城 市	3 118.2	2 739.9	1 891.5	1 008.5	136.2	21.1
农 村	416.9	439.4	458.4	407.3	155.7	8.3
电话机	1 052.0	950.5	682.1	398.5	137.6	14.0
城 市	1 268.8	1 073.4	699.7	391.7	132.4	15.2
农 村	515.9	560.3	591.2	445.2	180.5	9.5
国内商业						
社会消费品零售总额	1 295.0	996.2	540.1	270.6	117.0	15.3
对外经济贸易和旅游						
进出口总额			1 135.5	309.0	102.9	
进口额			961.8	441.2	111.3	
出口额	10 665.7	13 044.4	1 225.2	275.6	99.0	29.6
国际旅游						
旅游人数	3 651.8	1 250.8	236.5	193.3	113.1	22.1
旅游外汇收入	53 871.5	9 351.6	2 314.5	830.8	140.3	41.8

2—4 续表 3

指　　标	1996年为以下各年%					1979—1996年平均增长%
	1978年	1980年	1985年	1990年	1995年	
金融保险						
国家银行各项存款	3 087.6	2 288.3	1 089.8	391.8	133.9	21.0
国家银行各项贷款	2 179.4	1 899.3	802.0	292.7	119.5	18.7
农村信用社各项存款	4 542.6	3 125.5	1 380.6	382.0	125.6	23.6
农村信用社各项贷款	8 782.6	5 914.1	1 400.9	411.4	124.4	28.2
国内保险承保额		3 614.9	1 185.9	389.5	164.0	
国外保险承保额		251 040.9	22 707.8	950.3	112.3	
教育・科技・文化						
教　育						
专任教师数	116.8	107.5	111.9	104.1	100.3	0.9
普通高等学校	184.1	162.8	119.4	100.5	97.5	3.4
中等学校	130.9	120.4	118.5	107.1	102.8	1.5
小　学	104.8	96.7	107.2	102.5	99.0	0.3
在校学生数	103.8	104.6	120.8	131.3	106.0	0.2
普通高等学校	394.2	251.6	165.2	142.1	105.7	7.9
中等学校	95.2	99.7	102.5	124.0	108.5	—0.3
小　学	105.3	104.9	128.9	134.1	105.0	0.3
科　技						
国有企事业单位专业技术人员					102.4	
从事科技活动人员数				178.3	107.0	
#科学家和工程师				184.6	113.0	
研究与发展经费支出					116.0	
文　化						
出版数量						
图　书	256.5	189.1	170.2	131.3	115.6	5.4
杂　志	293.6	196.7	157.5	189.7	97.6	6.2
报　纸		268.9	128.1	156.6	111.7	
电视节目制作时间			820.9	751.0	106.0	
家庭・生活・环境						
家　庭						
家庭总户数	159.2	152.7	132.0	111.3	101.7	2.6
城镇居民平均每户家庭人口			81.3	92.3	98.7	
农村居民平均每户家庭人口		81.3	91.7	95.3	99.4	

2—4 续表 4

指　　标	1996年为以下各年%					1979—1996年平均增长%
	1978年	1980年	1985年	1990年	1995年	
婚　姻						
结婚数	176.3	103.8	88.9	91.4	99.4	3.2
离婚数	278.9	216.0	181.0	132.5	98.2	5.9
居　住						
城市居民人均居住面积			147.1	119.6	104.6	
农村居民人均住房面积			152.7	127.2	101.0	
生　活						
城镇居民人均生活费收入	1 202.4	915.2	573.5	276.1	114.4	14.8
农村居民人均纯收入	869.4	820.4	394.9	219.8	121.0	12.8
城乡储蓄存款余额	12 095.1	6 974.2	2 104.6	460.6	128.4	30.5
工资和福利						
工资总额	1 168.9	891.7	521.6	252.5	111.6	14.6
职工平均工资	746.5	621.9	435.1	239.1	111.1	11.8
职工保险福利费	2 977.3	1 629.6	685.9	250.5	115.2	20.7
离休、退休、退职职工人数			272.7	143.0	102.1	
离退休、退职职工保险福利费	20 975.0	3 770.8	1 243.0	379.0	125.2	34.6
卫　生						
医　院	108.2	107.1	149.5	131.5	100.1	0.4
医　生	183.7	169.4	126.8	106.6	100.3	3.4
医院床位数	181.4	163.9	140.1	116.0	100.0	3.4
市政建设						
自来水供应量	351.2	313.9	280.2	113.2	104.5	7.2
下水道长度	456.8	386.8	261.1	167.0	106.0	8.8
城市煤气和天然气供应量			1 512.7	116.7	98.2	
公共汽(电)车总数	355.2	320.5	219.1	147.5	106.4	7.3
铺装道路长度	329.1	305.7	250.7	129.3	103.7	6.8
绿地面积	1 620.3	1 196.2	440.5	130.9	77.8	16.7
环境、灾害						
治理污染资金使用额			350.7	169.9	77.9	
环境污染事故数				183.8	98.6	
环境污染事故罚款金额				215.8	241.2	
火灾发生数				46.9	57.0	
火灾损失				234.6	90.7	
交通事故发生数	270.7	303.1	178.7	129.0	112.7	5.7
交通事故损失	2 527.9	3 898.1	1 345.5	434.9	122.9	19.7

注:本表国内生产总值、国内支出总额、物价指数、农林牧渔业总产值、工业总产值、邮电业务总量的发展速度均按可比价格计算。

指　　标	单　位	1978 年	1980 年	1985 年	1990 年	1995 年	1996 年
每公顷耕地化肥施用量	公斤	62	79	119	192	330	344
每公顷耕地生产的农业产值	元	941	1 098	2 194	4 811	11 247	13 055
农业从业者人均农产品产量							
粮　　食	公斤	1 026	903	1 077	1 070	870	1 163
棉　　花	公斤	14	10	5	8	4	3
油　　料	公斤	8	13	34	33	36	36
猪牛羊肉	公斤	18	27	33	45	69	72
水 产 品	公斤	0.3	0.4	0.7	2.1	3.6	3.9
每公顷播种面积农产品产量							
粮　　食	公斤	1 785	1 755	2 400	2 595	2399	3 003
棉　　花	公斤	420	330	450	690	548	524
油　　料	公斤	435	690	1 245	1 245	1 263	1 196
工　　业							
独立核算企业效益							
固定资产利税率	%		14.25	14.21	11.09	5.51	4.47
资金利税率	%		13.72	14.16	9.60	4.31	3.37
产值利税率	%		19.42	17.28	10.86	6.49	5.24
国有独立核算企业效益							
固定资产利税率	%	14.18	13.65	13.48	10.96	4.41	2.84
资金利税率	%	13.44	13.31	13.79	9.70	3.70	2.27
产值利税率	%	20.54	20.10	18.14	11.70	6.20	4.19
建 筑 业							
技术装备率	元/人					4 375	4 642
产值利润率	%					0.3	0.1
全员劳动生产率	元/人					35 466	30 918
运输邮电通信业							
铁路网密度	公里/平方公里			0.009	0.009	0.010	0.011
公路网密度	公里/平方公里			0.180	0.185	0.193	0.196
铁路货运密度	万吨/公里			1.44	0.64	1.56	1.88
城镇百人拥有电话机数	部	1.9	2.0	1.4	1.9	4.8	5.7
农村百人拥有电话机数	部	0.2	0.1	0.2	0.2	0.6	1.1
国内商业							
人均消费品零售额	元	121	154	268	490	1 057	1 225
金　　融							
银行存款相当于							
国内生产总值比例	%	43.4	50.1	55.2	68.7	81.5	92.8

2—6 续表 2

指　　标	单　位	1978 年	1980 年	1985 年	1990 年	1995 年	1996 年
银行贷款相当于							
国内生产总值比例	%	63.6	62.4	77.5	95.1	94.4	95.9
银行现金支出相当于收入比例	%	102.7	102.7	102.8	100.4	97.4	98.5
教　育							
学龄儿童入学率	%	95.7	95.9	97.1	98.1	99.0	99.2
小学升学率	%	95.6	80.6	74.1	86.4	90.1	91.2
初中升学率	%	51.7	67.4	32.6	28.0	34.4	31.5
学校教师负担系数							
高等学校	人	3.2	4.5	5.0	4.9	6.4	6.9
中等学校	人	20.7	18.1	17.4	13.0	14.2	15.0
小　学	人	26.0	24.1	21.7	20.0	24.7	26.2
科　技							
研究与发展经费支出相于							
国内生产总值比例	%					1.3	1.3
文　化							
每万人有电影放映单位	个	1.43	1.41	1.80	1.42		0.80
每万人有艺术表演团体	个	0.05	0.05	0.05	0.04	0.03	0.03
每万人有公共图书馆	个	0.02	0.02	0.04	0.03	0.03	0.03
每万人有博物馆	个	0.01	0.01	0.01	0.02	0.02	0.02
生活、福利							
城镇与农村居民收入增长率比例	%			1.05	1.04	1.03	0.95
职工保险福利相当于							
工资总额比例	%	11.3	15.7	21.8	28.9	27.8	28.7
离退休退职相当于在职人数比例	%			8.6	14.65	19.5	19.8
卫　生							
每万人医院数	个	1.1	1.1	0.7	0.8	0.9	0.9
每万人医生数	人	12	13	17	18	18	18
每万人医院病床数	张	18	20	22	24	26	26
市政建设							
城市自来水普及率	%				92.3	96.0	97.1
城市用气普及率	%		0.40	6.10	23.50	52.40	53.72
每万人绿地面积	公顷	0.18	0.23	0.60	1.82	2.89	3.34
环境、灾害							
平均每起环境污染事故罚金	元				5 135	2 464	6 029
平均每起火灾损失	元				8 045	25 265	40 214
平均每起交通事故损失	元	415	301	514	1 148	3 553	3 872

注：本表价值量指标均按当年价格计算。

2—9 主要年份国民生产总值

单位:亿元

年　　份	国民生产总值	第一产业	第二产业	第三产业	人均国民生产总值(元)
1952	12.85	8.40	1.92	2.53	85
1957	25.58	13.17	6.06	6.35	144
1962	26.85	13.35	7.30	6.20	135
1965	35.93	17.51	11.78	6.64	169
1970	46.84	18.89	20.42	7.53	196
1975	64.92	23.76	29.87	11.29	243
1978	81.33	24.70	42.39	14.24	294
1979	94.80	32.52	44.92	17.36	337
1980	95.21	28.47	47.94	18.80	338
1981	102.41	35.40	46.57	20.44	360
1982	112.30	37.02	50.71	24.57	389
1983	123.80	40.00	55.56	28.24	424
1984	149.79	51.04	63.57	35.18	508
1985	181.36	53.39	81.23	46.74	608
1986	208.83	58.00	91.49	59.34	690
1987	245.54	67.84	105.11	72.59	796
1988	314.99	82.69	133.69	98.61	1 006
1989	359.06	91.28	150.27	117.51	1 126
1990	405.11	105.56	157.87	141.67	1 244
1991	467.72	116.88	186.61	164.23	1 412
1992	539.39	127.02	217.97	194.40	1 593
1993	662.77	148.67	280.62	233.48	1 930
1994	816.58	181.78	336.14	298.66	2 344
1995	1 000.03	227.25	405.53	367.25	2 843
1996	1 175.38	262.74	475.01	437.63	3 313

注:本表按当年价格计算。根据第三次工业普查资料,对1991年至1994年各年的第二产业增加值及国民生产总值等历史资料进行了必要的调整。

2—10 国民生产总值指数

（上年＝100）

单位：%

年份	国民生产总值	第一产业	第二产业	第三产业	人均国民生产总值
1978	111.0	98.4	114.7	122.2	115.5
1979	107.5	109.1	102.7	123.7	110.0
1980	107.3	109.0	106.4	107.9	98.0
1981	104.5	113.7	96.3	108.1	103.5
1982	109.1	106.5	108.5	115.3	107.6
1983	107.3	101.5	109.5	112.7	106.3
1984	117.8	112.5	120.0	121.9	116.9
1985	116.5	99.3	121.9	131.0	115.1
1986	108.7	104.6	105.9	118.2	107.7
1987	110.0	101.8	110.8	116.6	107.8
1988	120.8	105.3	125.0	127.9	119.2
1989	103.3	106.5	102.8	101.6	101.4
1990	103.4	105.3	101.8	104.5	101.3
1991	107.0	106.8	112.6	100.8	105.4
1992	109.8	103.1	109.0	116.1	108.0
1993	112.0	109.6	114.5	110.9	112.2
1994	107.9	97.5	115.2	106.9	109.2
1995	109.0	104.5	114.0	105.2	107.9
1996	110.2	112.0	111.6	107.2	109.3

注：本表按可比价计算。

2—11 主要年份国民生产总值指数

单位:%

年份	国民生产总值	第一产业	第二产业	第三产业
(1952年=100)				
1952	100.0	100.0	100.0	100.0
1957	174.7	134.7	327.8	243.7
1962	150.0	102.4	365.3	207.7
1965	242.4	173.1	673.6	237.7
1970	335.2	173.2	1 404.2	283.5
1975	454.9	193.7	2 133.1	405.1
1978	553.4	193.5	2 811.1	530.0
1979	595.0	211.2	2 887.0	655.6
1980	638.4	230.2	3 071.8	707.4
1981	667.1	261.7	2 958.2	764.7
1982	727.8	278.7	3 210.0	881.7
1983	781.0	282.9	3 515.0	993.7
1984	920.0	318.3	4 218.0	1 221.3
1985	1 071.8	316.0	5 141.7	1 586.8
1986	1 165.0	330.6	5 445.1	1 875.6
1987	1 281.5	336.5	6 033.2	2 186.9
1988	1 548.1	354.3	7 541.5	2 797.0
1989	1 599.1	377.4	7 752.7	2 841.8
1990	1 653.5	397.4	7 892.2	2 969.7
1991	1 769.2	424.4	8 886.6	2 993.5
1992	1 942.6	437.6	9 686.4	3 475.5
1993	2 175.7	479.6	11 090.9	3 854.3
1994	2 347.6	467.6	12 776.7	4 120.2
1995	2 558.9	488.6	14 565.4	4 334.5
1996	2 819.9	547.2	16 255.0	4 646.6
平均每年增长	7.9	3.9	12.3	9.1
(1978年=100)				
1978	100.0	100.0	100.0	100.0
1979	107.5	109.1	102.7	123.7
1980	115.3	118.9	109.3	133.5
1981	120.5	135.2	105.3	144.3
1982	131.5	144.0	114.3	166.4
1983	141.7	146.2	125.2	187.5
1984	166.2	164.4	150.2	228.6
1985	193.6	163.2	183.1	299.5
1986	210.4	170.8	193.9	354.0
1987	231.4	173.9	214.8	412.8
1988	279.5	183.1	268.5	528.0
1989	288.7	195.0	276.0	536.4
1990	298.5	205.3	280.0	560.0
1991	319.4	219.3	316.4	565.0
1992	350.7	226.1	344.9	656.0
1993	392.8	247.8	394.9	727.5
1994	423.8	241.6	454.9	777.7
1995	461.9	252.5	518.6	818.1
1996	509.0	282.8	578.6	876.8
平均每年增长	9.5	5.9	10.2	12.8

注:本表按可比价格计算。

2—12 分行业国民生产总值

单位:亿元

指　　标	1995年	1996年	1996年为1995年%
国民生产总值	**1 000.03**	**1 175.38**	**110.2**
第一产业	227.25	262.74	112.0
1. 农　业	227.25	262.74	112.0
第二产业	405.53	475.01	111.6
2. 工　业	338.95	395.18	112.2
3. 建筑业	66.58	79.83	106.9
第三产业	367.25	437.63	107.2
4. 农林牧渔服务业	4.16	4.63	101.4
5. 地质勘探业、水利管理业	6.52	7.48	104.6
6. 交通运输、仓储、邮电通讯业	74.10	93.10	110.5
交通运输业和仓储业	62.11	76.10	108.3
邮电通讯业	11.99	17.00	120.6
7. 批发零售贸易、餐饮业	61.90	74.81	104.8
批发和零售贸易业	37.41	46.49	
餐饮业	24.49	28.32	
8. 金融保险业	71.75	78.41	101.1
金融业	19.08	27.03	
保险业	1.53	1.93	
其　他	51.14	49.45	
9. 房地产业	9.93	11.63	107.5
房地产管理业	0.54	0.31	
房地产开发业	1.21	1.58	
城市居民自有住房	1.17	1.25	
农村居民自有住房	7.01	8.49	
10. 社会服务业	20.34	24.53	103.0
11. 卫生、体育、社会福利事业	12.50	16.23	118.4
12. 教育、文艺、广播电影电视事业	32.12	41.25	117.1
13. 科学研究和综合技术服务事业	11.29	13.13	105.9
14. 国家政党机关和社会团体	35.94	40.33	102.2
15. 其他	26.70	32.10	109.6

注:本表绝对数按当年价格计算,发展速度按可比价格计算。

2—13 国民生产总值构成项目

(1996年)　　单位:亿元

指　　标	增加值	劳动者报酬	固定资产折旧	生产税净额	营业盈余
国民生产总值	1 175.38	713.35	161.88	129.67	170.48
第一产业	262.74	202.63	13.80	12.43	33.88
农　业	262.74	202.63	13.80	12.43	33.88
第二产业	475.01	211.18	69.01	94.55	100.27
工　业	395.18	168.64	63.24	87.20	76.10
建筑业	79.83	42.54	5.77	7.35	24.17
第三产业	437.63	299.54	79.07	22.69	36.33
农林牧渔服务业	4.63	4.26	0.37		
地质勘探业、水利管理业	7.48	6.51	0.52	0.26	0.19
交通运输、仓储、邮电通讯业	93.10	46.03	29.85	7.61	9.61
批发和零售贸易、餐饮业	74.81	66.29	15.82	−1.40	−5.90
金融保险业	78.41	15.78	8.17	12.65	41.81
房地产业	11.63	4.81	10.07	0.49	−3.74
社会服务业	24.53	26.56	2.14	2.23	−6.40
卫生、体育、社会福利事业	16.23	15.44	0.65	0.09	0.05
教育、文艺、广播电影电视事业	41.25	34.84	5.38	0.25	0.78
科学研究和综合技术服务事业	13.13	9.91	2.94	0.35	−0.07
国家政党机关和社会团体	40.33	37.63	2.54	0.16	
其　他	32.10	31.48	0.62		

注:本表按当年价格计算。

2—14 国民生产总值使用额

单位:亿元

指　　标	1992年	1993年	1994年	1995年	1996年
总　产　出	**1 236.71**	**1 557.76**	**2 074.50**	**2 539.33**	**2 977.64**
中间使用	698.28	896.34	1 257.92	1 539.30	1 802.26
最终使用	538.43	661.42	816.58	1 000.03	1 175.38
总消费	372.42	442.73	570.34	673.42	766.57
居民总消费	270.51	324.71	420.88	503.25	565.44
社会总消费	101.91	118.02	149.46	170.17	201.13
总投资	196.80	326.29	398.55	480.48	539.53
固定资产形成总额	165.22	247.41	300.27	358.75	406.94
库存增加	31.58	78.88	98.28	121.73	132.59
净流出	−30.79	−107.60	−152.31	−153.87	−130.72

注:本表按当年价格计算;"−"号表示净流入。

2—15 总消费

单位:亿元

指标	1995年	1996年	1996年为1995年%
总消费	**673.42**	**766.57**	**105.5**
一、居民消费	503.25	565.44	104.2
1. 农业居民	264.35	285.51	102.0
自给性消费	108.64	112.27	
商品性消费	128.96	138.89	
文化生活服务性消费	16.92	23.09	
住房及水电消费	9.83	11.26	
#住房消费	7.01	8.49	
2. 非农业居民	238.70	279.93	106.5
商品性消费	192.15	213.85	
文化生活服务性消费	37.08	52.26	
住房及水电消费	9.67	13.82	
#住房消费	6.11	8.73	
二、社会消费	170.17	201.13	109.3

注:本表绝对数按当年价格计算,发展速度按可比价格计算。

2—16 总投资

(1996年)

单位:亿元

指标	合计	第一产业	第二产业	第三产业
总投资	**539.53**	**42.19**	**182.89**	**314.45**
固定资产形成	406.94	31.44	154.21	221.29
存货增加	132.59	10.75	28.68	93.16
1. 国有经济	322.79	1.44	144.37	176.98
固定资产形成总额	272.74	1.57	135.24	135.93
存货增加	50.05	—0.13	9.13	41.05
2. 城镇集体经济	21.86	0.11	9.32	12.43
固定资产形成总额	6.41	0.08	1.07	5.26
存货增加	15.45	0.03	8.25	7.17
3. 农村集体经济	31.83	7.64	16.32	7.87
固定资产形成总额	24.83	7.53	9.23	8.07
存货增加	7.00	0.11	7.09	—0.20
4. 其他经济	163.05	33.00	12.88	117.17
固定资产形成总额	102.96	22.26	8.67	72.03
#城乡居民个人建房	54.01	—	—	54.01
城镇居民	4.95	—	—	4.95
农村居民	49.06	—	—	49.06
存货增加	60.09	10.74	4.21	45.14

注:本表按当年价格计算。

2—17 各地市县国民生产总值

(1996 年)

地　县	国民生产总值(万元)	人均国民生产总值(元)	地　县	国民生产总值(万元)	人均国民生产总值(元)
西安市	**4 121 737**	**6 322**	乾　县	105 411	2 007
长安县	203 400	2 337	礼泉县	134 508	3 039
蓝田县	94 097	1 552	永寿县	25 864	1 417
临潼县	185 946	2 912	彬　县	53 949	1 757
周至县	139 519	2 310	长武县	21 251	1 328
户　县	193 859	3 473	旬邑县	40 317	1 590
高陵县	61 509	2 718	淳化县	31 161	1 736
铜川市	**305 467**	**3 789**	武功县	75 156	1 903
耀　县	52 588	1 837	**渭南市**	**1 300 873**	**2 543**
宜君县	12 848	1 403	临渭区	250 044	2 981
宝鸡市	**1 345 307**	**3 871**	韩城市	153 526	4 179
宝鸡县	172 006	2 445	华阴市	72 414	3 019
凤翔县	123 230	2 440	华　县	88 690	2 597
岐山县	109 232	2 339	潼关县	60 296	4 264
扶风县	75 140	1 723	大荔县	132 656	1 951
眉　县	66 735	2 305	蒲城县	165 258	2 321
陇　县	47 500	2 011	澄城县	96 763	2 632
千阳县	18 537	1 474	白水县	59 395	2 244
麟游县	12 665	1 504	合阳县	58 433	1 376
凤　县	41 455	4 221	富平县	110 440	1 490
太白县	20 272	4 112	**汉中市**	**1 144 243**	**3 154**
咸阳市	**1 727 802**	**3 706**	汉台区	199 412	4 165
杨陵区	28 771	2 489	南郑县	211 830	4 049
兴平市	151 977	2 855	城固县	176 534	3 572
三原县	116 035	3 030	洋　县	78 785	1 807
泾阳县	121 430	2 546	西乡县	60 815	1 520

2—17 续表　　　　　　　　(1996 年)

地　　县	国民生产总值（万元）	人均国民生产总值(元)	地　　县	国民生产总值（万元）	人均国民生产总值(元)
勉　县	136 825	3 298	宝塔区	127 682	3 892
宁强县	53 436	1 639	延长县	27 542	1 996
略阳县	53 860	2 685	延川县	79263	4 863
镇巴县	33 014	1 204	子长县	33 816	1 546
留坝县	9 934	2 143	安塞县	48 850	3 228
佛坪县	7 665	2 203	志丹县	28 348	2 465
安康地区	**606 384**	**2 091**	吴旗县	35 156	2 954
安康市	196 504	2 155	甘泉县	20 486	2822
汉阴县	41 626	1 474	富　县	27 976	2 027
石泉县	40 630	2 241	洛川县	106 818	5 723
宁陕县	20 895	2 847	宜川县	20 445	1 809
紫阳县	45 342	1 313	黄龙县	10 452	2 323
岚皋县	26 400	1 552	黄陵县	52 090	4 647
平利县	48 491	2 122	**榆林地区**	**593 515**	**1 902**
镇坪县	10 674	1 876	榆林市	121 522	3 091
旬阳县	78 163	1 761	神木县	122 722	3 643
白河县	29 680	1 441	府谷县	65 603	3 282
商洛地区	**349 825**	**1 497**	横山县	57 264	1 890
商州市	67 407	1 277	靖边县	42 664	1 666
洛南县	58 310	1 361	定边县	32 142	1 147
丹凤县	37 237	1 283	绥德县	49 622	1 492
商南县	26 357	1 126	米脂县	26 229	1 268
山阳县	52 340	1 245	佳　县	27 397	1 169
镇安县	42 376	1 497	吴堡县	11 409	1 672
柞水县	15 860	1 025	清涧县	23 709	1 149
延安市	**622 337**	**3 280**	子洲县	27 671	964

注：各地、市、县国民生产总值，由于有些采用了第三次工业普查数据，有些则没有采用，故口径不完全相同。下表情况相同。

2—18　各地市国内生产总值构成项目

（1996 年）　　　　单位：万元

地　　区	增加值	劳动者报酬	固定资产折旧	生产税净额	营业盈余
国内生产总值					
西安市	4 104 259	2 328 938	808 130	500 523	466 668
铜川市	305 467	147 470	73 730	10 076	74 191
宝鸡市	1 345 307	758 019	173 649	193 812	219 827
咸阳市	1 727 802	793 320	211 889	225 158	497 435
渭南市	1 300 873	654 255	166 415	79 080	401 123
汉中市	1 144 243	614 525	132 017	173 144	224 557
安康地区	606 374	417 467	56 726	55 067	77 114
商洛地区	349 825	240 210	40 882	27 572	41 161
延安市	622 337	335 027	60 246	84 434	142 630
榆林地区	593 515	394 929	81 334	40 730	76 522
第一产业					
西安市	464 603	370 946	14 212	13 869	65 576
铜川市	32 520	23 509	2 209	1 806	4 996
宝鸡市	243 451	206 984	14 772	8 997	12 698
咸阳市	494 093	378 194	36 697	34 484	44 718
渭南市	388 340	263 816	22 269	23 667	78 588
汉中市	349 637	294 713	19 937	13 214	21 773
安康地区	247 545	227 721	5 043	11 375	3 406
商洛地区	157 875	133 008	7 894	9 473	7 500
延安市	231 514	167 068	4 885	6 604	52 957
榆林地区	246 241	187 521	12 324	6 112	40 284
第二产业					
西安市	1 613 621	998 145	402 041	227 464	－14 029
铜川市	178 584	82 975	51 942	927	42 740
宝鸡市	626 345	273 235	81 739	166 126	105 245
咸阳市	736 855	233 362	105 151	151 615	246 727
渭南市	544 894	230 689	76 142	33 834	204 229
汉中市	480 361	181 731	58 879	121 562	118 189
安康地区	143 688	47 183	25 252	23 629	47 624
商洛地区	83 752	48 576	10 411	8 750	16 015
延安市	205 650	59 342	24 929	62 108	59 271
榆林地区	179 865	102 317	42 779	18 843	15 926
第三产业					
西安市	2 026 035	959 847	391 877	259 190	415 121
铜川市	94 363	40 986	19 579	7 343	26 455
宝鸡市	475 511	277 800	77 138	18 689	101 884
咸阳市	496 854	181 764	70 041	39 059	205 990
渭南市	367 639	159 750	68 004	21 579	118 306
汉中市	314 245	138 081	53 201	38 368	84 595
安康地区	215 141	142 563	26 431	20 063	26 084
商洛地区	108 198	58 626	22 577	9 349	17 646
延安市	185 173	108 617	30 432	15 722	30 402
榆林地区	167 409	105 091	26 231	15 775	20 312

2—19 各地市国民生产总值使用额

(1996 年)

单位:万元

地　　区	国民生产总值使用额	总消费	居民消费	社会消费	总投资	固定资产形成总额	库存增加
西 安 市	4 617 860	2 900 197	2 175 681	724 516	1 717 663	1 231 932	485 731
铜 川 市	283 058	165 689	118 601	48 097	117 369	65 340	52 029
宝 鸡 市	1 332 646	765 620	605 644	159 976	567 026	301 615	265 411
咸 阳 市	1 742 589	996 171	843 897	152 274	746 418	424 522	321 896
渭 南 市	1 394 762	807 812	632 850	174 962	586 950	493 274	93 676
汉 中 市	1 055 913	668 511	567 133	101 378	387 402	303 381	84 021
安康地区	567 810	428 914	368 879	60 035	138 896	106 031	32 865
商洛地区	359 954	217 885	178 987	38 898	142 069	88 887	53 182
延 安 市	625 925	358 258	242 592	115 666	267 667	210 964	56 703
榆林地区	813 431	347 980	301 688	46 292	465 451	386 596	78 855

注:本表按当年价格计算。

2—20 主要年份工农业总产值

单位:亿元

年份	工农业总产值	农林牧渔业总产值	工业总产值		
				轻工业总产值	重工业总产值
1949	10.85	7.99	2.86	2.26	0.60
1952	15.70	10.75	4.95	3.77	1.18
1957	29.06	17.72	11.34	8.33	3.01
1962	37.50	19.36	18.14	9.90	8.24
1965	53.31	23.66	29.65	14.82	14.83
1970	77.77	26.16	51.61	19.82	31.79
1975	109.31	33.95	75.36	31.95	43.41
1978	132.75	36.27	96.48	43.06	53.42
1979	151.65	45.86	105.79	47.23	58.56
1980	151.84	41.88	109.96	55.10	54.86
1981	155.11	46.47	108.64	59.25	49.39
1982	174.60	56.90	117.70	58.99	58.71
1983	192.72	60.96	131.76	61.86	69.90
1984	224.39	73.69	150.70	64.55	86.15
1985	271.66	79.58	192.08	80.11	111.97
1986	306.46	87.20	219.26	92.44	126.82
1987	361.83	103.39	258.44	108.09	150.35
1988	462.26	130.52	331.74	139.95	191.79
1989	554.52	147.81	406.71	168.70	238.01
1990	612.54	169.96	442.58	188.03	254.55
1991	694.18	185.37	508.81	214.41	294.40
1992	804.88	205.34	599.54	239.85	359.69
1993	1 044.27	250.49	793.78	281.03	512.75
1994	1 312.14	302.38	1 009.76	370.68	639.08
1995	1 564.37	381.65	1 182.72	441.45	741.27
1996	1 677.76	438.51	1 239.25	465.99	773.26

注:本表按当年价格计算。

2—21 主要年份工农业总产值指数

(1952 年=100)　　单位:%

年　份	工农业总产值	农林牧渔业总产值	工业总产值	轻工业总产值	重工业总产值
1949	74.9	80.4	57.7	59.7	51.4
1952	100.0	100.0	100.0	100.0	100.0
1957	165.0	141.2	239.3	226.4	280.7
1962	180.5	115.0	350.8	246.5	704.7
1965	320.0	183.8	666.9	429.0	1 476.4
1970	543.6	186.1	1 420.3	702.9	3 868.1
1975	764.8	212.4	2 152.2	978.6	6 106.8
1978	925.0	215.6	2 811.3	1 283.2	7 954.1
1979	994.9	243.5	2 974.2	1 380.0	8 312.3
1980	991.0	209.2	3 059.4	1 592.3	7 758.0
1981	993.9	220.9	3 020.2	1 719.1	6 983.2
1982	1 121.6	272.8	3 269.3	1 744.4	8 122.3
1983	1 225.4	274.0	3 713.3	1 858.5	9 819.3
1984	1 402.8	311.0	4 266.8	2 034.9	11 769.4
1985	1 628.7	319.7	5 198.5	2 391.2	14 765.5
1986	1 797.4	335.2	5 840.4	2 680.8	16 616.1
1987	1 999.4	344.3	6 665.5	2 987.8	19 310.3
1988	2 306.1	368.1	7 859.1	3 444.8	23 145.5
1989	2 510.0	389.9	8 617.6	3 718.0	25 666.3
1990	2 679.8	413.6	9 216.3	4 026.6	27 206.2
1991	2 952.4	431.7	10 352.0	4 287.4	31 783.2
1992	3 329.3	457.7	11 915.2	4 986.2	36 328.2
1993	3 941.9	522.3	14 268.4	5 104.2	48 011.4
1994	4 446.5	520.2	16 651.2	6 548.7	52 956.6
1995	5 011.2	541.0	19 148.9	7 504.8	61 059.0
1996	5 756.1	612.8	22 078.7	8 803.1	69 607.3

注:本表按可比价格计算,下表同。

2—22 主要年份工农业总产值指数

(上年=100)　　单位:%

年　份	工农业总产值	农林牧渔业总产值	工业总产值	轻工业总产值	重工业总产值
1978	113.3	102.7	118.8	114.0	122.7
1980	99.6	85.9	102.9	115.4	93.3
1985	116.1	102.8	121.8	117.5	125.5
1986	110.3	104.8	112.3	112.1	112.5
1987	111.2	102.7	114.1	111.5	116.2
1988	115.3	106.9	117.9	115.3	119.9
1989	108.8	105.9	109.7	107.9	110.9
1990	106.8	106.1	107.0	108.3	106.0
1991	110.2	104.4	112.3	106.5	116.8
1992	112.8	106.0	115.1	116.3	114.3
1993	118.4	114.1	119.7	102.4	132.2
1994	112.8	99.6	116.7	128.3	110.3
1995	112.7	104.0	115.0	114.6	115.3
1996	114.9	113.3	115.3	117.3	114.0

2—23　各地市国民经济主要指标

（1996年）

指　　标	单　位	关　中	西安市	铜川市	宝鸡市	咸阳市	渭南市
一、年底总人口	**万人**	**2 067**	**655**	**81**	**349**	**469**	**513**
二、职工人数	**万人**	**286**	**136**	**19**	**40**	**48**	**43**
三、国民生产总值	**亿元**	**880.12**	**412.17**	**30.55**	**134.53**	**172.78**	**130.09**
四、全社会固定资产投资总额	**亿元**	**228.54**	**112.89**	**7.63**	**31.55**	**37.39**	**39.09**
#国有单位固定资产投资	亿元	152.75	80.66	6.13	15.33	24.58	26.05
集体单位固定资产投资	亿元	16.30	8.73	0.20	3.54	1.62	2.21
五、地方财政收入	**亿元**	**42.75**	**23.78**	**0.95**	**5.30**	**6.62**	**6.10**
地方财政支出	亿元	51.93	22.87	2.23	7.76	9.88	9.19
六、职工工资总额	**亿元**	**139.77**	**71.02**	**7.46**	**19.95**	**23.00**	**18.33**
职工平均货币工资	元		5 263	4 146	5 047	4 808	4 341
七、居民总消费水平	**元**		3 337	1 590	1 742	1 810	1 297
农业居民	元		1 628	1 000	1 122	1 516	1 087
非农业居民	元		5 930	2 319	4 071	3 174	2 448
八、农林牧渔业总产值	**亿元**	**285.38**	**82.13**	**6.17**	**44.89**	**81.65**	**70.54**
粮食产量	万吨	700.03	187.52	20.59	124.33	179.79	187.80
棉花产量	吨	29 857	2 396	70	281	4 136	22 974
油料产量	吨	158 382	18 250	6 116	23 561	38 334	72 121
九、工业总产值	**亿元**	**767.88**	**339.00**	**29.85**	**130.20**	**177.04**	**91.80**
轻工业	亿元	267.55	123.62	4.51	58.46	56.39	24.57
重工业	亿元	500.33	215.37	25.34	71.73	120.66	67.23
十、邮电业务总量	**亿元**	**16.43**	**10.60**	**0.36**	**1.74**	**2.18**	**1.55**
函　件	万件	21 642	17 578	265	1 015	1 542	1 242
报刊累计数	万份	33 135	16 237	1 459	2 417	6 584	6 438
十一、社会消费品零售总额	**亿元**	**341.93**	**212.82**	**10.53**	**43.24**	**41.39**	**33.95**
十二、卫生机构数	**个**	**3 109**	**1 441**	**178**	**437**	**548**	**505**
#医　院	个	1 308	399	68	254	281	306
医院床位数	万张	6.07	2.83	0.35	0.96	0.99	0.94
卫生技术人员	万人	8.27	3.94	0.45	1.18	1.50	1.20

2—23 续表　　　　　　　　　　(1996 年)

指　　标	单位	陕南	汉中市	安康地区	商洛地区	陕北	延安市	榆林地区
一、年底总人口	万人	887	363	290	234	503	190	313
二、职工人数	万人	61	32	16	13	38	18	20
三、国民生产总值	亿元	210.04	114.42	60.64	34.98	121.58	62.23	59.35
四、全社会固定资产投资总额	亿元	45.27	22.94	14.29	8.04	42.83	16.96	25.87
#国有单位固定资产投资	亿元	24.48	14.12	7.40	2.95	28.44	12.37	16.08
集体单位固定资产投资	亿元	1.86	1.13	0.61	0.11	3.85	0.99	2.86
五、地方财政收入	亿元	7.03	3.68	1.93	1.42	6.58	3.86	2.72
地方财政支出	亿元	18.12	8.52	5.59	4.01	15.98	9.00	6.98
六、职工工资总额	亿元	24.53	13.25	6.80	4.48	15.48	7.82	7.67
职工平均货币工资	元		4 156	4 355	3 731		4 360	3 897
七、居民总消费水平	元		1 563	1 272	766		1 279	967
农业居民	元		1 200	1 012	627		1 123	816
非农业居民	元		3 397	3 246	2 356		1 950	2 089
八、农林牧渔业总产值	亿元	120.40	56.85	38.38	25.17	71.92	33.34	38.58
粮食产量	万吨	308.80	135.73	104.13	68.94	214.76	89.17	125.59
棉花产量	吨	234	136	85	13	1 089	989	100
油料产量	吨	108 362	68 020	28 525	11 817	107 100	26 795	80 305
九、工业总产值	亿元	11.60	77.83	20.19	13.58	73.25	53.14	20.11
轻工业	亿元	43.11	31.03	8.75	3.33	13.16	6.45	6.71
重工业	亿元	68.49	46.80	11.44	10.25	60.09	46.69	13.40
十、邮电业务总量	亿元	2.62	1.23	1.03	0.36	1.34	0.71	0.63
函　件	万件	3 435	1 610	1 385	440	1 379	658	721
报刊累计数	万份	10 003	4 227	3 869	1 907	7 776	4 095	3 681
十一、社会消费品零售总额	亿元	63.10	34.97	16.90	11.23	27.12	10.16	16.96
十二、卫生机构数	个	2 025	827	635	563	899	387	512
#医　院	个	1 490	577	499	414	517	225	292
医院床位数	万张	1.96	1.07	0.49	0.40	1.02	0.48	0.54
卫生技术人员	万人	2.46	1.22	0.72	0.52	1.27	0.62	0.65

注:①本表价值量指标均按当年价格计算。②地方财政收入为新口径。③工业总产值,轻工业、重工业产值为乡及乡以上数字。④邮电业务总量按 1990 年不变价格计算。

主 要 统 计 指 标 解 释

国内生产总值 是按市场价格计算的国内生产总值的简称。它是一个国家(地区)所有常住单位在一定时期内生产活动的最终成果。国内生产总值有三种表现形态,即价值形态、收入形态和产品形态。从价值形态看,它是所有常住单位在一定时期内所生产的全部货物和服务价值超过同期投入的全部非固定资产货物和服务价值的差额,即所有常住单位的增加值之和;从收入形态看,它是所有常住单位在一定时期内所创造并分配给常住单位和非常住单位的初次分配收入之和;从产品形态看,它是最终使用的货物和服务减去进口货物和服务。在实际核算中,国内生产总值的三种表现形态表现为三种计算方法,即生产法、收入法和支出法。三种方法分别从不同的方面反映国内生产总值及其构成。

国民生产总值 是按市场价格计算的国民生产总值的简称。它是一个国家所有常住单位在一定时期内收入初次分配的最终成果。一国常住单位从事生产活动所创造的增加值在初次分配过程中主要分配给该国的常住单位,但也有一部以劳动者报酬和财产收入等形式分配给该国的非常住单位,同时,国外生产所创造的增加值也有一部分以劳动者报酬和财产收入等形式分配给该国的常住单位。从而产生了国民生产总值概念,它等于国内生产总值加上来自国外的劳动者报酬和财产收入减去付给国外的劳动者报酬和财产收入。与国内生产总值不同,国内生产总值是一个生产概念,而国民生产总值则是个收入概念。

国民生产总值同社会总产值、国民收入的区别,从核算范围看,社会总产值和国民收入都只计算物质生产部门的劳动成果,而国民生产总值除计算物质生产部门劳动成果外,还计算非物质生产部门的劳动成果。从这三个指标的价值构成看,社会总产值计算了社会产品的全部价值;国民生产总值计算在生产产品和提供劳务过程中增加的价值,即增加值,不计算中间产品和中间劳务投入的价值;而国民收入除了不计算中间产品价值外,还不包括固定资产折旧价值,即只计算净产值。

当年价格 指报告期的实际价值,如工厂的出厂价值,农产品的收购价值,商业的零售价格等。按当年价格计算,是指一些以货币表现的物量指标,按照当年的实际价值来计算总量。使用当年价格计算的数字,是为了使国民经济各项指标互相衔接,便于考察当年社会经济效益,便于对生产和流通、生产和分配、生产和消费进行经济核算和综合平衡。

按当年价格计算的价值指标,在不同年份之间进行对比时,因为包含有各年间价值变动的因素,不能确切地反映实物量的增减变动。必须消除价格变动因素后,才能真实反映经济发展动态。因此,在计算增长速度时都使用按可比价格计算的数字。

可比价格 指在不同时期的价值指标对比时,扣除了价格变动的因素,以确切反映物量的变化。按可比价格计算有两种方法,一种是直接用产品产量乘其不变价格计算,一种是用价格指数换算。

不变价格 用某一时期的同类产品的平均价格作为固定价格,来计算各个时期的产品价值。按不变价格计算的产品价值消除了价格变动因素,不同时期对比可以反映生产的发展速度。新中国成立后,随着工农业产品价格水平的变化,国家统计局先后五次制定了全国统一的工业产品不变价格和农业产品不变价格,从 1949 年到 1957 年使用 1952 年工(农)业产品不变价格。从 1957 年到 1971 年使用 1957 不变价格,从 1971 年到 1981 年使用 1970 年的不变价格,从 1981 年到 1990 年使用 1980 年不变价格,从 1990 年开始使用 1990 年不变价格。

平均每年增长速度 计算平均每年增长速度有两种方法：一种是“水平法”，又称几何平均法，它是以间隔期最后一年的水平同基期水平对比来计算平均每年增长(或下降)速度；另一种是“累计法”，又称代数平均法或方程法，是以间隔期内各年水平的总和同基期水平对比，来计算平均每年增长(或下降)速度。

在一般正常情况下，两种方法计算的平均每年增长速度比较接近，但在经济发展不平衡，出现大起大落时，两种方法计算结果差别较大。这是因为“水平法”主要考虑期末水平，而不注意中间各年的增减变化情况；“累计法”则主要考虑各年水平的累计数，而忽视期末水平的高低。两者在使用上都有其局限性，采用哪种方法，应视指标的性质而定。

本《年鉴》内所列的平均每年增长速度，除固定资产投资是用“累计法”计算以外，其余均用“水平法”计算，从某年到某年平均增长速度的年份，均不包括基期年在内。

各个计划时期 表内所用各个“时期”代表的年份如下：恢复时期为1950年到1952年；第一个五年计划时期(简称一五时期)为1953年到1957年；第二个五年计划时期(简称二五时期)为1958年1962年；第三个五年计划时期(简称三五时期)为1966年到1970年；第四个五年计划时期(简称四五时期)为1971年1975年；第五个五年计划时期(简称五五时期)为1976年到1980年；第六个五年计划时期(简称六五时期)为1981年到1985年；第七个五年计划时期(简称七五时期)为1986年到1990年；第八个五年计划时期(简称八五时期)为1991年到1995年。

国有经济单位 指生产资料归国家所有的各种企业、事业单位，以及各级国家机关、人民团体等单位。

集体经济单位 指生产资料归公民集体所有的各种企业、事业单位。包括农村各种经济组织经营的农、林、牧、渔业，乡、村经营的企业、事业单位；城市、县、镇以及街道举办的集体经济性质的企业、事业单位。

私营经济单位 指生产资料归公民私人所有的单位。包括私营独资企业、私营合伙企业和私营有限责任公司。

个体经济 是指生产资料归劳动者个人所有，以个体劳动为基础，劳动成果归劳动者个人占有和支配的一种经济类型。包括所有按照《民法通则》和《城乡个体工商户管理暂行条例》规定登记注册的个体工商户和个人合伙。

联营经济单位 指不同所有制性质的企业之间或者企业、事业单位之间共同投资组成新的经济实体。包括紧密型联营企业，半紧密型联营企业和松散型联营企业。

股份制经济单位 指全部注册资本由全体股东共同出资，并以股份形式投资举办企业。主要包括股份有限公司和有限责任公司。

外商投资经济单位 指外国投资者根据中华人民共和国有关涉外经济的法律、法规，以合资、合作或独资的形式在中国大陆境内开办企业。包括中外合资经营企业、中外合作经营企业和外资企业。

港、澳、台投资经济单位 指港、澳、台地区投资者参照中华人民共和国有关涉外经济的法律、法规，以合资、合作或独资的形式在大陆举办企业。包括合资经营企业、合作经营企业和独资企业。

三次产业 根据社会生产活动历史发展的顺序对产业结构的划分，产品直接取自自然界的部门称为第一产业。对初级产品进行再加工的部门称为第二产业，为生产和消费提供各种服务的部门称为第三产业。它是世界上通用的产业结构分类，但各国的划分不尽一致。我国的三次产业划分是：

第一产业:农业(包括种植业、林业、牧业和渔业)。

第二产业:工业(包括采掘工业、制造业、自来水、电力、蒸气、热水、煤气)和建筑业。

第三产业:除第一、第二产业以外的其他各业。由于第三产业包括的行业多、范围广,根据我国的实际情况,第三产业可分为两大部分:一是流通部门,二是服务部门。具体又可分为四个层次。

第一层次:流通部门,包括交通运输业、邮电通讯业、商业、饮食业、物资供销和仓储业。

第二层次:为生产和生活服务的部门,包括金融、保险业,地质普查业,房地产、公用事业,居民服务业,咨询服务业和综合技术服务业,农、林、牧、渔、水利服务业和水利业,公路、内河(湖)航道养护业等。

第三层次:为提高科学文化水平和居民素质服务的部门,包括教育、文化、广播电视,科学研究、卫生、体育和社会福利事业等。

第四层次:为社会公共需要服务的部门,包括国家机关、政党机关、社会团体,以及军队和警察等。

总消费 指常住单位在一定时期内的货物和服务的全部最终消费支出,也就是常住单位为满足人们物质、文化和精神生产的需要,从本国经济领土或外国购买的货物和服务的消费支出(不包括非常住居民在本国经济领土内的消费支出)。总消费分为居民消费和社会消费。

(1)居民消费 指常住居民在一定时期内对于货物和服务的全部最终消费。包括居民以货币直接购买的各种消费品和直接支付的房租、交通、医疗、文教等各种服务费支出,居民本期自产自用的消费品和自有住房的虚拟消费;居民以实物工资形式获得的各种生活消费品等。不包括居民用于购买房屋和生产的支出。

(2)社会消费 指政府部门的总产出扣除其销售收入后的价值,也就是指社会公共服务部门将其生产活动总成果提供给政府,由政府部门购买并提供给全社会享用的社会消费支出。

总投资 指常住单位在核算期内对固定资产和库存的投资支出合计,分为固定资产形成和库存增加两项。

(1)固定资产形成 指从常住单位在一定时期内购置,转入和自产自用的固定资产中,扣除已有固定资产的销售和转出后的价值。固定资产形成包括在一定时期内完成的建筑工程、安装工程和设备器具购置价值,以及新增役、种、奶、毛、娱乐用牲畜和新增经济林价值等。

(2)库存增加 指常住单位一定时期内库存实物量变动的市场价值。期初与期末差额为正值表示库存增加,负值表示库存减少。具体包括本期购买的原材料、燃料和储备物资等商品库存;本期生产的产成品、半成品和在制品等产品库存。

3 人口

RENKOU

资料整理　　邵晓绒

3. 人 口

1996 年全省		
年底总人口	3543 万人	比上年增长 0.9%
# 市镇人口	1939 万人	比上年增长 11.6%
# 非农业人口	744 万人	比上年增长 3.0%
人口出生率	14.99‰	
人口死亡率	6.51‰	
自然增长率	8.48‰	
人口密度	172 人/平方公里	

人口出生率、死亡率、自然增长率

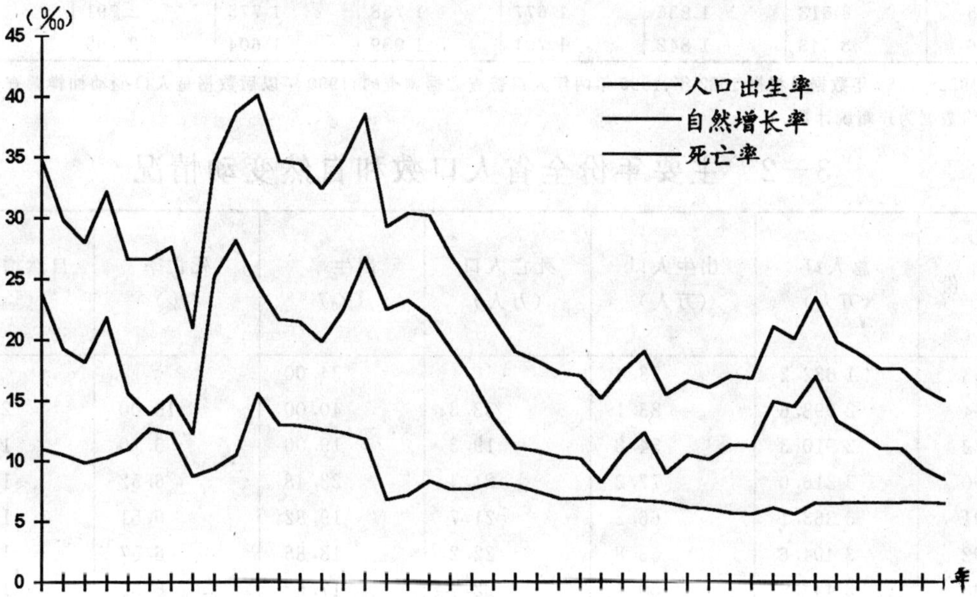

3—1 人口数和构成

单位:万人

年份	年底总人口	按性别分		按城乡分		按农业、非农业分	
		男	女	市镇人口	乡村人口	农业人口	非农业人口
1978	2 780	1 444	1 335	454	2 325	2 371	408
1979	2 807	1 456	1 351	469	2 339	2 381	426
1980	2 831	1 468	1 363	522	2 309	2 390	441
1981	2 865	1 486	1 379	535	2 329	2 405	459
1982	2 904	1 507	1 397	548	2 356	2 433	471
1983	2 931	1 525	1 406	577	2 354	2 446	484
1984	2 966	1 545	1 420	1 111	1 865	2 457	509
1985	3 002	1 566	1 436	1 167	1 834	2 462	540
1986	3 042	1 588	1 454	1 203	1 839	2 501	541
1987	3 088	1 613	1 476	1 244	1 844	2 530	558
1988	3 140	1 640	1 500	1 405	1 735	2 565	574
1989	3 198	1 671	1 527	1 438	1 759	2 604	594
1990	3 316	1 727	1 589	1 501	1 815	2 699	617
1991	3 363	1 754	1 609	1 539	1 824	2 730	633
1992	3 405	1 777	1 628	1 576	1 829	2 748	657
1993	3 443	1 799	1 644	1 654	1 789	2 769	674
1994	3 481	1 819	1 662	1 668	1 813	2 784	697
1995	3 513	1 836	1 677	1 738	1 775	2 791	722
1996	3 543	1 842	1 701	1 939	1 604	2 799	744

注:1982—1989 年数据是根据 1982 年、1990 年两年人口普查数据调查的,1990 年以后数据是人口变动抽样调查数,其余年份数据为户籍统计数。

3—2 主要年份全省人口数和自然变动情况

年份	总人口(万人)	出生人口(万人)	死亡人口(万人)	出生率(‰)	死亡率(‰)	自然增长率(‰)
1953	1 632.2	53.4		34.00		
1964	2 098.6	83.1	33.3	40.00	16.00	24.00
1982	2 910.3	54.8	19.3	19.00	6.70	12.30
1990	3 316.0	77.2	21.4	23.48	6.52	16.96
1991	3 363.1	66.2	21.7	19.82	6.51	13.31
1992	3 404.6	63.8	22.2	18.85	6.57	12.28
1993	3 442.5	60.4	22.4	17.63	6.55	11.08
1994	3 480.5	60.9	22.9	17.59	6.60	10.99
1995	3 513.1	55.7	23.0	15.93	6.57	9.36
1996	3 543.0	52.9	23.0	14.99	6.51	8.48

注:本表资料为人口普查、人口变动情况抽样调查推算数。

3—3 各地市人口及变动情况

（1996 年）

地 区	总人口（人）	出 生（人）	死 亡（人）	迁 入（人）	迁 出（人）	出生率（‰）	死亡率（‰）
全 省	**34 576 855**	**389 228**	**202 263**	**534 351**	**466 092**	**11.30**	**5.87**
西安市	6 548 724	72 620	34 111	119 435	88 757	11.15	5.24
铜川市	808 123	10 722	4 431	8 996	11 513	13.30	5.50
宝鸡市	3 489 380	37 271	18 791	63 910	53 627	10.72	5.41
咸阳市	4 687 342	56 994	24 817	76 024	57 509	12.23	5.32
渭南市	5 134 891	63 897	29 744	76 937	70 803	12.49	5.82
汉中市	3 632 940	40 244	26 881	56 666	59 205	11.09	7.41
安康地区	2 903 426	29 084	22 357	30 730	31 993	10.03	7.71
商洛地区	2 341 596	23 182	17 732	39 014	37 884	9.92	7.59
延安市	1 903 756	21 173	8 922	25 625	26 114	11.16	4.70
榆林地区	3 126 677	34 041	4 477	37 014	28 687	10.94	4.65

注：本表为公安年报统计数。

3—4 各地市计划生育情况

（1996 年）

地 区	已婚育龄妇女人数（人）	早婚率（%）	晚婚率（%）	领取独生子女证人数（人）	节育率（%）	绝育率（%）	上环率（%）
全 省	**6 637 040**	**0.53**	**59.79**	**986 964**	**92.31**	**56.75**	**28.88**
西安市	1 253 130	0.01	73.08	372 534	91.74	47.02	38.00
铜川市	162 486	0.00	75.81	36 308	91.44	45.50	39.72
宝鸡市	720 181	0.03	50.95	86 658	93.09	59.38	25.29
咸阳市	870 220	0.32	72.42	92 257	89.89	61.02	22.25
渭南市	1 017 683	0.31	51.51	216 094	92.58	60.14	25.75
汉中市	708 983	0.00	68.03	120 060	96.88	44.78	44.89
安康地区	508 690	1.54	44.60	26 469	94.36	65.02	23.36
商洛地区	436 410	0.83	40.38	4 588	93.95	66.70	20.95
延安市	354 635	0.91	60.16	17 676	90.78	60.80	23.68
榆林地区	604 622	3.37	34.05	14 320	88.42	62.52	21.33

3—5 各地(市)、县(区)总户数和总人口数

(1996 年)　　　　单位:人

地区	总户数	总人口			总人口中	
		合计	男	女	非农业人口	市镇人口
陕西省	**8 930 201**	**34 576 855**	**18 080 587**	**16 496 268**	**7 258 782**	**18 920 497**
西安市	**1 739 679**	**6 548 724**	**3 382 756**	**3 165 968**	**2 612 786**	**4 683 602**
市辖区	868 548	3 033 056	1 571 403	1 461 653	2 205 941	3 033 056
新城区	143 548	465 547	239 609	225 938	453 928	465 547
碑林区	160 762	549 341	291 525	257 816	538 313	549 341
莲湖区	175 408	558 596	289 104	269 492	523 994	558 596
灞桥区	111 247	420 634	213 214	207 420	153 249	420 634
未央区	99 577	353 387	178 980	174 407	151 450	353 387
雁塔区	120 785	458 583	243 171	215 412	316 270	458 583
阎良区	57 221	226 968	115 800	111 168	68 737	226 968
长安县	221 324	872 452	444 179	428 273	96 778	346 883
蓝田县	153 934	607 570	315 757	291 813	56 300	220 022
临潼县	161 324	641 320	325 882	315 438	100 149	376 974
周至县	142 105	606 461	318 826	287 635	41 712	299 288
户　县	137 568	561 591	291 324	270 267	91 560	332 186
高陵县	54 876	226 274	115 385	110 889	20 346	75 193
铜川市	**197 715**	**808 123**	**429 401**	**378 722**	**359 947**	**553 103**
市辖区	105 158	430 179	230 113	200 066	293 425	430 179
城　区	51 101	204 286	107 439	96 847	163 633	204 286
郊　区	54 057	225 893	122 674	103 219	129 792	225 893
耀　县	70 890	286 311	150 219	136 092	56 681	101 517
宜君县	21 667	91 633	49 069	42 564	9 841	21 407
宝鸡市	**897 619**	**3 489 380**	**1 826 554**	**1 662 826**	**742 345**	**1 490 309**
市辖区	156 635	519 226	271 573	247 653	413 399	519 226
渭滨区	81 724	282 282	147 258	135 024	207 678	282 282
金台区	74 911	236 944	124 315	112 629	205 721	236 944
宝鸡县	168 620	705 150	369 401	335 749	87 794	231 517
凤翔县	119 343	495 781	256 047	239 734	38 510	119 654
岐山县	121 575	447 292	233 265	214 027	70 039	157 018
扶风县	107 188	436 829	225 749	211 080	29 896	189 847
眉　县	72 016	290 521	152 702	137 819	26 130	134 309
陇　县	60 085	236 751	125 487	111 264	21 889	40 270
千阳县	31 331	125 785	67 689	58 096	14 261	24 319
麟游县	21 582	84 476	45 717	38 759	10 416	14 297
凤　县	27 115	98 274	52 532	45 742	20 535	36 985
太白县	12 129	49 295	26 392	22 903	9 476	22 867
咸阳市	**1 157 354**	**4 687 342**	**2 440 736**	**2 246 606**	**841 231**	**2 388 930**
市辖区	211 957	836 653	433 763	402 890	427 655	836 653
秦都区	96 018	376 821	195 144	181 677	196 326	376 821
杨陵区	24 735	116 001	61 689	54 312	33 085	116 001
渭城区	91 204	343 831	176 930	166 901	198 244	342 831
三原县	102 417	384 322	197 017	187 305	62 944	138 207
泾阳县	112 267	478 610	245 090	233 520	39 337	192 719
乾　县	123 542	527 696	276 110	251 586	35 634	134 081
礼泉县	122 848	447 967	229 265	218 702	47 183	164 951
永寿县	42 629	177 100	95 295	81 805	14 594	74 640

3—5 续表1　　(1996 年)　　单位:人

地　区	总户数（户）	总　人　口			总人口中	
		合计	男	女	非农业人口	市镇人口
彬　县	72 440	308 301	162 738	145 563	24 795	77 219
长武县	41 853	164 472	87 609	76 863	12 502	22 589
旬邑县	61 675	255 241	137 222	118 019	16 868	114 477
淳化县	45 985	179 449	95 360	84 089	16 121	17 943
武功县	86 500	395 089	205 585	189 504	38 062	83 009
兴平市	133 241	532 442	275 682	256 760	105 536	532 442
渭南市	**1 280 157**	**5 134 891**	**2 627 543**	**2 507 348**	**805 616**	**2 730 621**
市辖区	213 398	842 198	428 702	413 496	190 258	842 198
临渭区	213 398	842 198	428 702	413 496	190 258	842 198
华　县	88 434	341 770	174 961	166 809	67 172	169 140
潼关县	34 308	139 749	71 588	68 161	24 381	76 106
大荔县	162 246	681 327	343 762	337 565	57 487	209 340
合阳县	108 945	426 415	217 252	209 163	35 386	123 759
澄城县	96 110	370 123	190 583	179 540	64 394	157 354
蒲城县	171 276	714 906	363 850	351 056	84 364	288 605
白水县	64 582	264 631	137 430	127 201	37 643	79 640
富平县	186 807	744 093	382 472	361 621	75 057	174 800
韩城市	93 949	369 641	192 494	177 147	102 983	369 641
华阴市	60 102	240 038	124 449	115 589	66 501	240 038
汉中市	**1 038 280**	**3 632 940**	**1 918 952**	**1 713 988**	**625 527**	**2 774 885**
汉台区	165 348	515 098	266 717	248 381	230 586	515 098
南郑县	141 136	489 721	256 503	233 218	36 466	348 423
城固县	142 120	495 115	258 968	236 147	66 305	385 870
洋　县	124 358	435 895	230 533	205 362	59 725	350 331
西乡县	112 936	401 496	215 024	186 472	44 660	322 956
勉　县	126 851	415 340	218 187	197 154	73 319	343 808
宁强县	84 210	325 797	172 501	153 296	30 245	211 614
略阳县	47 988	200 741	108 064	92 677	51 217	127 255
镇巴县	70 875	273 479	148 779	124 700	20 001	142 122
留坝县	12 612	45 315	24 414	20 901	6 766	16 371
佛坪县	9 846	34 943	19 262	15 681	6 237	11 037
安康地区	**758 641**	**2 903 426**	**1 581 848**	**1 321 578**	**340 384**	**1 435 393**
安康市	233 194	913 796	495 635	418 161	168 741	913 796
汉阴县	78 255	282 845	154 599	128 246	22 459	40 547
石泉县	49 386	181 387	98 562	82 825	23 614	39 903
宁陕县	20 413	73 401	40 161	33 240	11 966	12 439
紫阳县	85 757	346 568	190 055	156 513	29 422	101 253
岚皋县	44 952	170 060	94 806	75 254	14 903	24 228
平利县	60 305	228 033	124 700	103 324	17 864	14 472
镇坪县	15 743	56 879	30 930	25 949	5 935	5 457
旬阳县	118 057	444 215	239 697	204 518	29 112	268 027
白河县	52 579	206 242	112 694	93 548	16 368	15 271
商洛地区	**603 332**	**2 341 596**	**1 248 863**	**1 092 733**	**195 923**	**845 151**
商州市	135 499	528 953	281 754	247 199	67 509	528 953

3—5 续表 2　　(1996年)　　单位:人

地区	总户数(人)	总人口			总人口中	
		合计	男	女	非农业人口	市镇人口
洛南县	116 529	429 720	224 237	205 483	33 618	109 598
丹凤县	76 286	290 186	153 737	136 449	19 203	54 774
商南县	58 217	234 465	124 355	110 110	17 032	55 239
山阳县	106 355	420 337	224 811	195 526	27 417	46 173
镇安县	70 137	283 114	155 983	127 131	18 281	31 613
柞水县	40 309	154 821	83 986	70 835	12 863	18 801
延安市	**463 354**	**1 903 756**	**995 477**	**908 279**	**362 332**	**868 085**
宝塔区	80 847	328 373	171 150	157 223	130 711	328 373
延长县	35 140	138 564	72 293	66 271	19 104	50 394
延川县	40 477	164 465	85 079	79 386	22 865	50 518
子长县	52 281	219 442	114 128	105 314	30 041	66 670
安塞县	35 253	149 738	77 219	72 519	13 039	49 020
志丹县	27 790	115 345	61 315	54 030	12 424	31 619
吴旗县	27 242	118 850	62 246	56 604	12 031	31 236
甘泉县	18 716	72 721	37 807	34 914	16 900	19 957
富　县	33 953	137 920	72 786	65 134	23 187	60 955
洛川县	43 143	186 642	97 367	89 275	24 509	60 862
宜川县	28 731	113 562	58 340	55 222	12 838	39 873
黄龙县	12 534	45 394	25 511	19 883	11 913	17 347
黄陵县	27 247	112 740	60 236	52 504	32 770	61 261
榆林地区	**794 070**	**3 126 677**	**1 628 457**	**1 498 220**	**372 691**	**1 150 418**
榆林市	104 922	394 960	204 543	190 417	100 731	394 960
神木县	93 426	339 682	178 778	160 904	50 494	142 470
府谷县	51 108	201 656	107 124	94 532	26 137	36 464
横山县	72 793	303 962	159 165	144 797	20 316	85 974
靖边县	58 270	257 537	132 320	125 217	23 451	46 674
定边县	62 664	281 692	146 832	134 860	29 122	79 172
绥德县	88 319	333 767	173 168	160 599	37 298	114 612
米脂县	50 682	207 415	107 101	100 314	21 499	49 199
佳　县	63 952	234 835	122 473	112 362	16 421	58 034
吴堡县	21 129	76 111	39 109	37 002	10 059	14 168
清涧县	56 228	206 924	108 749	98 175	16 596	54 640
子洲县	70 577	288 136	149 095	139 041	20 567	74 051

注:本表为公安年报统计数。

主 要 统 计 指 标 解 释

人口数 指一定时点全省行政管辖范围内的有生命的个人的总和。年度统计的年末人口数是指 12 月 31 日 24 时常住户口和未落户口的人口数。

市镇人口 指市、镇辖区内的常住人口数。

乡村人口 指县(不含镇)辖区内的常住人口数。

市 是指当年经国家批准成立市建制的城市。

镇 是指经省批准的镇。1963 年以前是根据“国务院划分城乡标准”的规定,即县、市以上国家机关所在地和常住人口在 2 000 人以上,非农业人口占 50%以上者作为城镇,城镇辖区内的农业人口也包括在市镇人口内。1964 年以后,根据“中共中央国务院关于调整市镇建制,缩小城市郊区的指示”规定,改为常住人口在 3 000 人以上,非农业人口占 70%以上,或常住人口在 2 500 以上,不满 3 000 人,非农业人口占 85%以上者作为镇。1971 年后,我省规定,凡经省人民政府批准,设置镇建制的镇均作为镇,未经批准,人口数量虽符合上述条件的,也不作为镇统计。

农业人口 指凡在农村从事农、林、牧、副、渔的劳动者,以及乡(不包括乡)以下,不直接从事农业生产的各种人员及其抚养的家属。

非农业人口 指从事农、林、牧、副、渔业以外各种行业的人员。包括国营的农、林、牧、渔、园艺场、拖拉机站、抽水机站等,在编的行政管理人员、文教卫生、财贸、邮电等人员,以及附属的独立核算的工业企业中常年不从事农业生产的国家职工。包括抚养的家属。

性别比 指在总人口中或各组年龄组人口中男性人数和女性人数之比。计算公式:

$$性别比=\frac{男性人口数}{女性人口数}\times 100$$

出生率 指一年内平均每千人所出生的人数比例,一般以千分率表示。计算公式:

$$出生率=\frac{全年出生人数}{年平均人数}\times 1000‰$$

出生人数指活产婴儿,即胎儿脱离母体时(不管怀孕月数),有过呼吸或其他生命现象。

年平均人数是年初、年末人口数的平均数。

死亡率 指一年内平均每千人所死亡的人数比例,一般以千分率表示。计算公式:

$$死亡率=\frac{全年死亡人数}{年平均人数}\times 1000‰$$

人口自然增长率 指一年内人口自然增长数(出生人数减死亡人数)与平均人数之比例,一般以千分率表示。计算公式:

$$人口自然增长率=\frac{年内出生人数-年内死亡人数}{年平均人数}\times 1000‰$$

$$人口自然增长率=人口出生率-人口死亡率$$

人口密度 指在一定时点一定地区的人口数与该地区的面积数之比,即一定时点的单位土地面积上的人口数,通常以每平方公里的居民人数来表示。计算公式:

$$人口密度=\frac{该地区的人口数}{该地区的土地面积数}$$

4 从业人员和职工工资

CONG YE REN YUAN HE ZHI GONG GONG ZI

资料整理　贠小鹏　方　志　何永生

4. 从业人员和职工工资

1996 年全省		
年底从业人员	1776 万人	比上年增长 1.6%
# 职工人数	398 万人	比上年增长 0.8%
从业人员劳动报酬	194.74 亿元	比上年增长 11.2%
# 职工工资总额	192.16 亿元	比上年增长 11.6%
全部职工平均工资	4882 元	比上年增长 11.1%
离休退休职工人数	75.57 万人	比上年增长 2.5%

从业人员数

(万人)

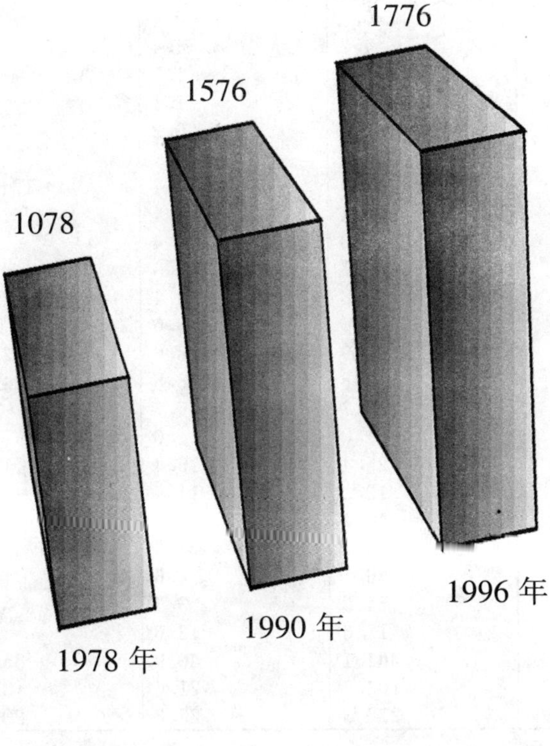

构成:%

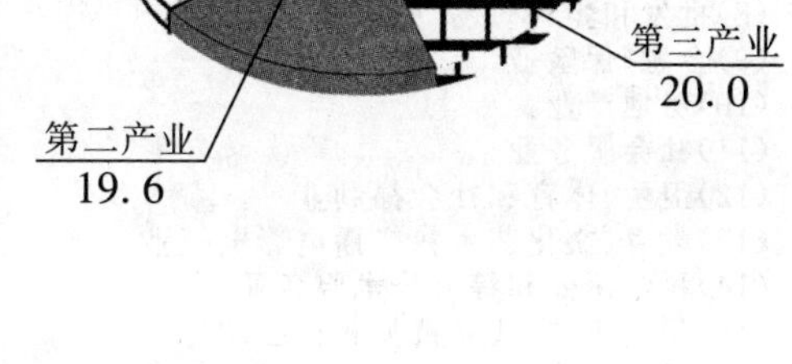

4—1 城乡劳动力资源配置情况

(1996 年)　　　　单位:万人

指　　标	城乡合计	城　镇	乡　村
一、年末劳动力资源总数	**2371.4**	**498.0**	**1873.4**
#当年新增加的劳动力资源	49.2	10.3	38.9
1、年末16岁以上全部人数	2484.3	521.7	1962.6
#不计入劳动力资源的人数	112.3	23.6	88.7
2、机械变动差额、跨地区调整数	−0.6	−0.1	−0.5
二、经济活动人口	**1969.3**	**451.1**	**1518.2**
(一)、从业人员	1956.7	438.5	1518.2
1、按就业身份分组			
(1)全部职工	398.0	375.9	22.1
(2)再就业的离退休人员	3.7	3.7	0
(3)私营业主	4.0	2.8	1.2
(4)个体户主	55.6	18.9	36.7
(5)私营企业和个体从业人员	85.4	37.2	48.2
(6)乡镇企业从业人员	134.3	0	134.3
(7)农村劳动力	1269.1	0	1269.1
(8)其他	6.6	0	6.6
2、按经济类型分组			
(1)国有经济	345.6	323.0	22.6
(2)集体经济	1458.3	49.4	1408.9
(3)私营经济	27.9	15.6	12.3
(4)个体经济	117.1	43.3	73.8
(5)联营经济	0.5	0.4	0.1
(6)股份制经济	4.7	4.4	0.3
(7)外商投资经济	1.2	1.1	0.1
(8)港、澳、台投资经济	1.2	1.1	0.1
(9)其他经济	0.2	0.2	0
3、按国民经济行业分组			
(1)农、林、牧、渔业	1246.5	6.1	1240.4
(2)采掘业	24.4	19.4	5.0
(3)制造业	219.8	147.4	72.4
(4)电力、煤气及热水生产和供应业	7.3	7.3	0
(5)建筑业	100.8	26.4	74.4
(6)地质勘查业、水利管理业	6.0	6.0	0
(7)交通运输、仓储及邮电通信业	62.9	28.0	34.9
(8)批发和零售贸易、餐饮业	119.8	78.8	41.0
(9)金融、保险业	10.7	7.7	3.0
(10)房地产业	1.0	1.0	0
(11)社会服务业	25.4	15.4	10.0
(12)卫生、体育和社会福利业	12.2	11.9	0.3
(13)教育、文化艺术和广播电影电视业	40.7	36.5	4.2
(14)科学研究和综合技术服务业	8.6	8.6	0
(15)国家机关、政党机关和社会团体	36.1	34.6	1.5
(16)其他行业	34.5	3.4	31.1
(二)、失业人员	12.6	12.6	0
三、非经济活动人口	**402.1**	**46.9**	**355.2**
#16岁以上在校学生	102.7	21.6	81.1
家务劳动者	230.3	23.3	207.0

4—2 主要年份从业人员人数

单位:万人

年份	从业人员人数	职工人数					城镇私营及个体劳动者	乡村劳动者	其他从业人员
			国有经济单位	城镇集体经济单位	其他各种经济单位				
						三资企业			
1952	631		34		32			565	
1957	766		68		31			667	
1962	810	100	81	19			5	705	
1965	868	129	97	32			2	737	
1970	971	171	145	26				800	
1975	1 039	210	180	30			…	829	
1978	1 078	257	222	35			…	821	
1979	1 105	265	225	40			…	840	
1980	1 158	282	239	43			1	875	
1981	1 202	297	250	47			2	903	
1982	1 250	308	258	50			3	939	
1983	1 285	312	261	51			4	969	
1984	1 337	323	260	63	…	…	7	1 007	
1985	1 375	337	271	65	…	…	9	1 029	
1986	1 409	350	282	67	…	…	10	1 049	
1987	1 449	358	289	68	…	…	14	1 077	
1988	1 494	366	298	68	1	1	15	1 112	
1989	1 529	374	304	68	1	1	17	1 138	
1990	1 576	379	311	67	1	1	17	1 180	
1991	1 640	390	321	68	1	1	18	1 232	
1992	1 672	395	326	67	2	1	19	1 258	
1993	1 708	398	326	66	6	2	24	1 272	14
1994	1 720	392	327	60	5	2	32	1 283	13
1995	1 748	395	333	56	6	2	42	1 298	13
1996	1 776	398	336	54	8	2	59	1 308	11

4—3 分行业从业人员数

(1996 年)

单位:万人

行业	合计	国有经济单位从业人员	城镇集体经济单位从业人员	其他各种经济单位从业人员	城镇私营及个体劳动者	乡村劳动者
总计	1 775.6	345.6	54.9	7.8	58.9	1 308.4
第一产业	1 052.5	6.0	0.4	…		1 046.1
1、农、林、牧、渔业	1 052.5	6.0	0.4	…		1 046.1
第二产业	341.4	168.1	32.1	4.3	9.3	127.6
2、采掘业	22.3	21.2	0.7	0.1	0.3	
3、制造业	218.3	117.9	23.3	4.1	7.5	65.5
4、电力、煤气及水生产和供应业	7.4	7.4	0.0	…		
5、建筑业	93.4	21.6	8.1	0.1	1.5	62.1
第三产业	381.7	171.5	22.4	3.5	49.6	134.7
6、地质勘查业、水利管理业	6.0	6.0	…			
7、交通运输、仓储及邮电通信业	58.3	23.1	1.4	…	3.9	29.9
8、批发和零售贸易、餐饮业	114.9	25.5	14.4	2.0	38.2	34.8
9、金融、保险业	10.8	5.8	2.0	0.1		2.9
10、房地产业	1.1	0.9	0.1	0.1		
11、社会服务业	15.7	7.1	0.8	1.1	6.7	
12、卫生、体育和社会福利业	12.2	10.6	1.6	…		
13、教育、文化艺术和广播电影电视业	47.4	46.6	0.6	0.2		
14、科学研究和综合技术服务业	8.7	8.6	0.1	…		
15、国家机关、政党机关和社会团体	36.1	35.7	0.4			
16、其他行业	70.5	1.6	1.0		0.8	67.1

注:本表乡村劳动者未包括城镇从业人员中来自乡村的 22.1 万人。

4—4　全部职工年末人数

（1996年）　　单位：人

行　业	年末人数	#女　性	国有经济单　位	城镇集体经济单位	其他各种经济类型单　位
总　计	**3 979 602**	**1 412 849**	**3 360 749**	**542 417**	**76 436**
1、农、林、牧、渔业	63 454	16 300	59 673	3 744	37
2、采掘业	218 591	47 071	211 535	6 036	1 020
3、制造业	1 447 365	600 055	1 176 434	230 314	40 617
4、电力、煤气及水的生产和供应业	73 859	24 410	73 325	165	369
5、建筑业	290 746	62 241	210 013	79 782	951
6、地质勘查业、水利管理业	60 321	14 426	60 093	228	
7、交通运输、仓储及邮电通信业	238 174	55 132	224 045	14 046	83
8、批发和零售贸易、餐饮业	417 420	192 005	254 314	142 234	20 172
9、金融、保险业	77 777	29 866	57 197	20 141	439
10、房地产业	10 273	3 589	8 740	1 162	371
11、社会服务业	89 467	42 638	70 568	7 880	11 019
12、卫生、体育和社会福利业	120 834	62 733	105 127	15 671	36
13、教育、文化艺术和广播电影电视业	403 265	143 743	396 691	5 346	1 228
14、科学研究和综合技术服务业	86 054	29 455	85 311	649	94
15、国家机关、政党机关和社会团体	356 003	79 189	351 977	4 026	
16、其他行业	25 999	9 996	15 706	10 293	

4—5　国有经济单位合同制职工分行业年末人数

单位：人

行　业	1995年	1996年	1996年为1995年（%）
总　计	**1 448 300**	**1 795 611**	**124.0**
1、农、林、牧、渔业	14 077	16 475	117.0
2、采掘业	131 694	172 794	131.2
3、制造业	835 289	986 067	118.1
4、电力、煤气及水的生产和供应业	50 858	60 630	119.2
5、建筑业	103 774	160 512	154.7
6、地质勘查业、水利管理业	10 419	13 294	127.6
7、交通运输、仓储及邮电通信业	49 473	76 397	154.4
8、批发和零售贸易．餐饮业	126 017	162 128	128.7
9、金融、保险业	4 555	7 980	175.2
10、房地产业	2 315	2 214	95.6
11、社会服务业	25 289	33 066	130.8
12、卫生、体育和社会福利业	11 368	11 663	102.6
13、教育、文化艺术和广播电影电视业	32 295	33 446	103.6
14、科学研究和综合技术服务业	10 340	10 028	97.0
15、国家机关、政党机关和社会团体	38 850	42 294	108.9
16、其他行业	1 687	6 623	392.6

4—6 从业人员分行业和经济类型劳动报酬

(1996 年)　　单位:万元

行　业	合　计	国有经济单位	城镇集体经济单位	其他各种经济单位
总　计	**1 947 352.5**	**1 734 484.1**	**165 772.6**	**47 095.8**
1、农、林、牧、渔业	23 994.7	22 968.4	1 011.2	15.1
2、采掘业	114 743.1	112 760.0	1 417.6	565.5
3、制造业	654 660.9	560 688.8	67 786.1	26 186.0
4、电力、煤气及水的生产和供应业	57 081.9	56 865.2	81.7	135.0
5、建筑业	142 117.3	115 520.7	26 247.8	348.8
6、地质勘查业、水利管理业	33 546.9	33 455.2	91.7	
7、交通运输、仓储及邮电通信业	172 742.1	169 335.8	3 364.3	42.0
8、批发和零售贸易、餐饮业	138 546.8	89 093.4	38 571.2	10 882.2
9、金融、保险业	50 684.8	39 301.2	10 982.9	400.7
10、房地产业	5 137.9	4 560.0	385.2	192.7
11、社会服务业	41 567.7	31 511.3	2 537.1	7 519.3
12、卫生、体育和社会福利业	61 770.2	55 668.4	6 087.0	14.8
13、教育、文化艺术和广播电影电视业	210 523.7	207 937.4	1 886.2	700.1
14、科学研究和综合技术服务业	58 511.5	58 215.1	202.8	93.6
15、国家机关.政党机关和社会团体	170 265.9	168 682.2	1 583.7	
16、其他行业	11 457.1	7 921.0	3 536.1	

4—7 从业人员分行业和经济类型平均劳动报酬

(1996 年)　　单位:万元

行　业	合　计	国有经济单位	城镇集体经济单位	其他各种经济单位
总　计	**4 820**	**5 064**	**3 077**	**6 179**
1、农、林、牧、渔业	3 801	3 871	2 697	3 283
2、采掘业	5 383	5 447	2 906	4 568
3、制造业	4 555	4 800	2 954	6 574
4、电力、煤气及水的生产和供应业	7 870	7 875	6 642	6 995
5、建筑业	4 688	5 219	3 246	3 675
6、地质勘查业、水利管理业	5 558	5 565	3 902	
7、交通运输、仓储及邮电通信业	7 209	7 472	2 607	5 060
8、批发和零售贸易、餐饮业	3 361	3 552	2 726	5 481
9、金融、保险业	6 539	6 835	5 597	10 490
10、房地产业	5 051	5 264	3 376	5 236
11、社会服务业	4 662	4 491	3 180	6 819
12、卫生、体育和社会福利业	5 105	5 297	3 830	3 895
13、教育、文化艺术和广播电影电视业	4 481	4 499	3 473	3 312
14、科学研究和综合技术服务业	6 773	6 798	3 000	10 517
15、国家机关、政党机关和社会团体	4 744	4 753	3 938	
16、其他行业	4 450	5 134	3 426	

4—8 全部职工工资总额及平均工资

(1996年)

指　　标	金额（万元）	指　　标	金额（元）
一、工资总额	**1 921 595.0**	**二、平均工资**	**4 882**
国有经济单位	1 712 334.7	国有经济单位	5 142
城镇集体经济单位	163 921.7	城镇集体经济单位	3 082
其他各种经济类型单位	45 338.6	其他各种经济类型单位	6 054
联营经济	2 262.1	联营经济	4 723
股份制经济	29 359.3	股份制经济	6 495
外商投资经济	6 578.8	外商投资经济	5 640
港澳台投资经济	6 414.8	港澳台投资经济	5 576
其他经济	723.6	其他经济	4 188
工资总额中：		**平均工资中：**	
计时和计件标准工资	1 265 144.7	计时和计件标准工资	3 214
国有经济单位	1 108 482.1	国有经济单位	3 229
城镇集体经济单位	127 024.2	城镇集体经济单位	2 390
其他各种经济类型单位	29 638.4	其他各种经济类型单位	3 958
奖金和计件超额工资	204 173.0	奖金和计件超额工资	519
国有经济单位	185 973.2	国有经济单位	558
城镇集体经济单位	9 960.4	城镇集体经济单位	187
其他各种经济类型单位	8 239.4	其他各种经济类型单位	1 100
津贴和补贴	352 464.9	津贴和补贴	895
国有经济单位	332 840.4	国有经济单位	1 000
城镇集体经济单位	15 059.0	城镇集体经济单位	283
其他各种经济类型单位	4 565.5	其他各种经济类型单位	610

4—9 全部职工平均工资和指数

年份	全部职工平均工资（元）	指数(1978年=100)		国有经济单位（元）	指数(1978年=100)		城镇集体经济单位（元）	指数(1978年=100)	
		货币工资	实际工资		货币工资	实际工资		货币工资	实际工资
1978	654	100.0	100.0	669	100.0	100.0	558	100.0	100.0
1980	785	120.0	112.3	811	121.2	113.4	636	114.0	106.6
1983	824	126.0	111.0	857	128.1	112.8	652	116.8	102.8
1984	973	148.8	126.7	1 024	153.1	130.3	757	135.7	115.5
1985	1 122	171.6	135.8	1 182	176.7	139.8	869	155.7	123.2
1986	1 291	197.4	146.7	1 363	203.7	151.2	987	176.9	131.3
1987	1 409	215.4	146.5	1 493	223.2	151.7	1 054	188.9	128.4
1988	1 680	256.9	145.5	1 788	267.3	151.3	1 206	216.2	122.3
1989	1 856	283.8	136.7	1 975	295.2	142.1	1 319	236.4	113.8
1990	2 042	312.2	146.4	2 174	325.0	152.4	1 425	255.4	119.8
1991	2 198	336.1	147.1	2 332	348.6	152.5	1 554	278.5	121.9
1992	2 434	372.2	146.5	2 594	387.7	152.6	1 634	292.8	115.2
1993	2 890	441.9	152.4	3 077	459.9	158.6	1 918	343.7	118.5
1994	3 803	581.5	158.2	4 050	605.4	164.8	2 299	412.0	112.1
1995	4 396	672.2	155.0	4 639	693.4	159.9	2 795	500.9	115.5
1996	4 882	746.5	154.4	5 142	768.6	159.0	3 082	552.3	114.3

4—10 全部职工分行业和经济类型工资总额

(1996 年)　　单位:万元

行　　业	合　　计	国有经济单　位	城镇集体经济单位	其他各种经济单位
总　计	**1921 595.0**	**1712 334.7**	**163 921.7**	**45 338.6**
1、农、林、牧、渔业	23 893.5	22 875.1	1 006.6	11.8
2、采掘业	114 448.6	112 589.3	1 414.8	444.5
3、制造业	653 138.1	560 150.0	67 105.6	25 882.5
4、电力、煤气及水的生产和供应业	56 805.1	56 588.4	81.7	135.0
5、建筑业	137 506.3	111 348.3	25 809.6	348.4
6、地质勘查业、水利管理业	33 445.2	33 354.8	90.4	
7、交通运输、仓储及邮电通信业	169 755.1	166 363.4	3 349.7	42.0
8、批发和零售贸易、餐饮业	137 985.7	88 867.5	38 295.0	10 823.2
9、金融、保险业	50 262.0	39 048.2	10 813.1	400.7
10、房地产业	5 085.9	4 510.8	385.2	189.9
11、社会服务业	40 135.3	31 296.0	2 473.6	6 365.7
12、卫生、体育和社会福利业	61 379.7	55 369.2	5 995.7	14.8
13、教育、文化艺术和广播电影电视业	199 225.7	196 803.9	1 835.3	586.5
14、科学研究和综合技术服务业	58 314.3	58 022.9	197.8	93.6
15、国家机关、政党机关和社会团体	168 844.0	167 262.0	1 582.0	
16、其他行业	11 370.5	7 884.9	3 485.6	

4—11 全部职工分行业工资构成

(1996 年)　　单位:万元

行　　业	工资总额	#计时计件标准工资	#奖金计件超额工资	#津贴补贴
总　计	**1 921 595.0**	**1 265 144.7**	**204 173.0**	**352 464.9**
1、农、林、牧、渔业	23 893.5	16 908.7	566.9	4 881.8
2、采掘业	114 448.6	75 900.6	15 785.1	18 323.8
3、制造业	653 138.1	464 831.2	77 434.7	83 535.3
4、电力、煤气及水的生产和供应业	56 805.1	33 256.5	14 886.4	6 364.5
5、建筑业	137 506.3	89 683.0	16 639.8	22 860.3
6、地质勘查业、水利管理业	33 445.2	19 548.6	1 745.7	10 146.7
7、交通运输、仓储及邮电通信业	169 755.1	81 080.9	40 691.4	43 757.3
8、批发和零售贸易、餐饮业	137 985.7	105 841.4	11 227.7	12 358.4
9、金融、保险业	50 262.0	26 240.5	2 363.2	18 366.6
10、房地产业	5 085.9	2 969.3	269.3	1 658.9
11、社会服务业	40 135.3	26 728.0	3 256.2	7 819.6
12、卫生、体育和社会福利业	61 379.7	39 490.2	3 037.3	16 082.9
13、教育、文化艺术和广播电影电视业	199 225.7	130 340.1	6 735.0	48 524.9
14、科学研究和综合技术服务业	58 314.3	29 489.1	2 787.9	22 208.1
15、国家机关、政党机关和社会团体	168 844.0	114 483.0	5 671.6	34 224.8
16、其他行业	11 370.5	8 353.6	1 074.8	1 351.0

4—12 全部职工分行业和经济类型平均工资

(1996 年)　　　　单位:万元

行　业	合　计	国有经济单　位	城镇集体经济单位	其他各种经济单位
总　计	**4 882**	**5 142**	**3 084**	**6 054**
1、农、林、牧、渔业	3 807	3 877	2 694	3 189
2、采掘业	5 401	5 453	3 211	4 472
3、制造业	4 560	4 804	2 963	6 519
4、电力、煤气及水的生产和供应业	7 916	7 920	6 642	6 995
5、建筑业	4 664	5 197	3 243	3 675
6、地质勘查业、水管理业	5 561	5 567	3 965	
7、交通运输、仓储及邮电通信业	7 276	7 549	2 608	5 060
8、批发和零售贸易、餐饮业	3 367	3 556	2 734	5 454
9、金融、保险业	6 546	6 852	5 571	10 490
10、房地产业	5 061	5 280	3 376	5 203
11、社会服务业	4 552	4 510	3 179	5 792
12、卫生、体育和社会福利业	5 128	5 318	3 862	3 895
13、教育、文化艺术和广播电影电视业	4 979	5 000	3 465	4 800
14、科学研究和综合技术服务业	6 799	6 824	3 015	10 517
15、国家机关、政党机关和社会团体	4 777	4 787	3 937	
16、其他行业	4 456	5 135	3 430	

4—13 各地市城镇从业人员及职工人数

(1996 年)　　　　单位:万人

地　区	从业人员	#职工	国有经济单　位	城镇集体经济单位	其他各种经济单位	#三资企业
总　计	**4 082 902**	**3 979 602**	**3 360 749**	**542 417**	**76 436**	**23 461**
西 安 市	1 370 269	1 355 440	1 069 906	246 134	39 400	15 835
铜 川 市	189 470	185 731	153 429	31 881	421	
宝 鸡 市	410 253	399 095	327 549	54 689	16 857	3 371
咸 阳 市	497 766	479 594	428 086	45 130	6 378	1 329
渭 南 市	446 624	431 978	378 399	47 328	6 251	1 277
汉 中 市	330 965	321 967	276 868	44 603	496	330
安康地区	161 176	156 217	133 073	21 649	1 495	256
商洛地区	129 588	125 834	111 575	13 921	338	167
延 安 市	189 364	183 661	168 302	15 313	46	
榆林地区	207 764	196 905	170 382	21 769	4 754	896
其他单位	149 663	143 180	143 180			

注:本表不包括城镇个体及私营企业。

4—14 各地市城镇从业人员报酬及职工工资总额

(1996 年)　　　　单位:万元

地　　区	从业人员报　酬	#职工工资总额	国有经济单　位	城镇集体经济单位	其他各种经济单位	#三资企业
总　计	**1 947 352.5**	**1 921 595.0**	**1 712 334.7**	**163 921.7**	**45 338.6**	**12 993.6**
西安市	715 883.3	710 209.6	607 368.3	78 609.1	24 232.2	9 773.5
铜川市	75 053.7	74 647.6	67 230.4	7 278.1	139.1	
宝鸡市	203 286.9	199 474.2	168 574.9	17 862.0	13 037.3	1 702.7
咸阳市	234 469.9	230 004.2	213 280.8	13 236.9	3 486.5	631.6
渭南市	185 961.0	183 333.2	168 441.5	12 763.4	2 128.3	407.2
汉中市	133 655.2	132 487.8	119269.9	13 038.0	179.9	133.6
安康地区	68 898.9	67 983.3	60 715.1	6 718.4	549.8	77.5
商洛地区	45 603.4	44 821.5	41 106.0	3 668.4	47.1	25.4
延安市	78 957.8	78 150.6	73 792.8	4 342.9	14.9	
榆林地区	78 660.7	76 689.6	68 761.6	6 404.5	1 523.5	242.1
其他单位	126 921.7	123 793.4	123 793.4			

4—15 各地市城镇从业人员平均报酬及职工平均工资

(1996 年)　　　　单位:万人

地　　区	从业人员平均报酬	#职　工平均工资	国有经济单　位	城镇集体经济单位	其他各种经济单位	#三资企业
总　计	**4 820**	**4 882**	**5 142**	**3 084**	**6 054**	**6 220**
西安市	5 248	5 263	5 697	3 216	6 225	6 175
铜川市	4 081	4 146	4 409	2 680	3 418	
宝鸡市	5 003	5 047	5 182	3 355	7 488	5 179
咸阳市	4 717	4 808	4 988	2 964	5 685	4 703
渭南市	4 256	4 341	4 558	2 742	3 382	3 130
汉中市	4 077	4 156	4 344	2 981	3 562	4 098
安康地区	4 277	4 355	4 544	3 170	4 229	3 163
商洛地区	3 683	3 731	3 838	2 876	1 732	1 801
延安市	4 280	4 360	4 498	2 868	3 239	
榆林地区	3 784	3 897	4 050	2 832	3 474	3 483
其他单位	8 696	8 856	8 856			

4—16 就业人员来源和安置去向

单位:万人

指　　标	1992年	1993年	1994年	1995年	1996年
总　计	**19.50**	**21.64**	**22.96**	**26.6**	**31.77**
1、按来源分					
城镇劳动力	8.84	9.24	11.51	13.08	19.86
农村劳动力	2.94	4.15	3.07	3.70	3.12
大学、中专、技校毕业生	5.30	4.86	5.21	5.88	5.28
复员转业军人	1.88	1.58	1.48	1.40	1.14
其　他	0.54	1.81	1.69	2.54	2.37
2、按安置去向分					
国有经济单位	12.92	14.60	12.16	13.11	11.68
城镇集体经济单位	4.40	2.15	2.44	2.62	1.87
其他经济单位	0.41	0.59	0.46	0.77	1.12
城镇个体劳动者	1.77	4.30	7.90	10.1	17.1

4—17 城镇失业人数及失业率

单位:人

年　份	城镇失业人员总数	年末实有失业人数	失业率%
1980	373 083	216 209	7.1
1981	329 485	150 086	4.8
1982	274 538	113 209	3.5
1983	229 969	104 549	3.2
1984	213 579	72 422	2.1
1985	201 841	67 044	1.9
1986	223 160	76 415	2.1
1987	236 372	95 292	2.5
1988	251 773	104 216	2.7
1989	258 160	110 327	3.0
1990	280 553	112 345	3.0
1991	279 301	100 790	3.0
1992	283 228	90 844	3.0
1993	285 993	108 306	3.0
1994	275 100	99 800	3.3
1995	231 800	85 700	3.2
1996	273 800	125 700	3.3

4—18 保险福利费用总额

单位:万元

年份	保险福利费用总额	国有经济单位	#离退休、退职费	#医疗卫生费	城镇集体经济单位	其他各种经济单位	保险福利费相当于工资总额的%
1978	18 489	18 489	1 607	8 860			11.2
1980	33 792	30 325	8 949	10 403	3 467		15.7
1985	80 305	70 735	27 023	19 087	9 548	22	21.8
1986	98 057	86 388	37 203	19 190	11 634	35	22.2
1987	124 214	109 247	47 795	22 813	14 917	50	25.1
1988	200 152	181 565	60 571	46 608	18 424	163	33.3
1989	171 095	151 810	73 411	32 949	19 203	82	25.1
1990	219 933	196 008	88 482	40 841	23 639	286	28.9
1991	257 112	229 560	112 332	46 332	27 170	382	30.5
1992	300 468	270 377	137 520	56 241	29 503	588	31.7
1993	373 428	333 601	172 874	62 938	34 150	5 677	32.9
1994	388 699	349 435	212 157	69 514	32 238	7 026	26.4
1995	478 101	428 083	268 083	81 445	39 108	10 910	27.8
1996	550 784	499 221	335 613	82 280	37 789	13 775	28.7

4—19 国有经济单位在职职工保险福利费

单位:万元

项目	1992年	1993年	1994年	1995年	1996年
总计	**132 857**	**160 726**	**137 278**	**160 071**	**163 608**
医疗卫生费	56 241	62 938	69 514	81 449	82 280
丧葬抚恤救济费	2 334	2 539	2 838	3 790	3 504
生活困难补助	2 033	2 539	2 531	2 626	2 525
文体宣传费	3 767	4 900	5 364	6 022	6 184
集体福利事业补助费	9 938	11 622			
集体福利设施费	9 033	12 466	22 104	27 432	29 166
计划生育补贴	2 759	2 924	2 904	3 188	2 742
上下班交通费补贴	4 510	9 068			
洗理卫生费	18 898	22 890			
其他	23 344	28 840	32 023	35 564	37 207

4—20 国有经济单位非在职职工保险福利费

单位:万元

项目	1992年	1993年	1994年	1995年	1996年
总计	**137 520**	**172 874**	**212 157**	**268 083**	**335 613**
离休金	64 222	16 774	25 940	34 195	36 228
退休金	64 648	80 836	125 108	162 147	217 959
退职生活费	1 824	2 238	2 561	3 200	3 958
医疗卫生费	21 428	27 792	31 347	37 386	46 751
护理费	664	1 171			
生活补贴	8 401	9 858			
交通费补贴	804	1 702	2 989	2 572	5 027
丧葬抚恤救济费	2 766	2 728	2 534	4 145	4 346
其他	22 713	29 775	21 678	24 438	21 344

4—21 国有经济单位职工个人保险福利费

(1996 年)　　单位:万元

行　业	合　计	丧葬抚恤救济费	生活困难补　助	计划生育补　助	冬季取暖补　贴	其　他
总　计	**41 866.7**	**35 040**	**2 525.0**	**2 741.7**	**16 386.6**	**16 709.4**
1、农、林、牧、渔业	1 137.3	91.9	72.5	77.6	451.8	443.5
2、采掘业	2 382.6	653.3	139.0	148.4	690.7	751.2
3、制造业	9 912.8	718.7	581.9	864.4	4 085.5	3 662.3
4、电力、煤气及水的生产和供应业	1 804.2	136.0	75.2	122.0	422.7	1 048.3
5、建筑业	1 314.9	104.5	149.0	88.7	634.3	338.4
6、地质勘查业、水利管理业	738.1	106.7	81.1	42.0	243.0	265.3
7、交通运输、仓储及邮电通信业	2 046.6	199.2	167.8	182.6	972.6	524.4
8、批发和零售贸易·餐饮业	2 677.7	167.1	181.1	175.8	1 325.1	828.6
9、金融、保险业	1 430.9	56.0	51.4	68.8	441.3	813.4
10、房地产业	580.6	18.2	14.1	24.4	280.1	243.8
11、社会服务业	1 257.4	65.5	48.0	96.1	451.0	596.8
12、卫生、体育和社会福利业	1 699.2	106.9	91.0	99.1	747.4	654.8
13、教育·文化艺术和广播电影电视业	5 625.2	363.3	314.2	257.0	2 357.4	2 333.3
14、科学研究和综合技术服务业	1 883.9	131.5	167.0	97.0	565.6	922.8
15、国家机关、政党机关和社会团体	6 274.0	519.4	346.1	318.4	2 519.6	2 570.5
16、其他行业	1 101.3	65.8	45.6	79.4	198.5	712.0

4—22 离休、退休、退职人数

单位:人

指　标	1992 年	1993 年	1994 年	1995 年	1996 年
总　计	**638 501**	**699 758**	**719 344**	**771 835**	**788 034**
1. 离休职工	63 730	61 066	61 997	62 111	60 262
2. 退休职工	539 995	601 444	620 924	675 242	695 411
3. 领取定期生活费退职职工	34 776	37 248	36 423	34 482	32 361

4—23 参加养老保险社会统筹单位、职工及离退休人员

(1996 年)

指　标	单位数(个)	职工人数(人)	离退休职工(人)
总　计	**19 248**	**1 679 000**	**419 659**
一、国有企业	12 209	1 480 571	351 724
二、集体企业	2 949	182 452	67 845
三、三资企业	202	11 390	63
四、个体私营	3 888	4 587	27

4—24 养老基金收拨情况

(1996 年)　单位:万元

指　标	收　入	单　位	个　人	拨　付	拨付率(%)
总　计	**139 469.90**	**127 940.90**	**11 529.00**	**122 954.84**	**98.29**
一、国有企业	128 957.76	118 537.34	10 420.42	114 689.34	98.51
二、集体企业	9 015.15	8 095.35	919.80	8 241.14	94.92
三、三资企业	1 372.00	1 271.90	100.10	23.17	100.00
四、个体私营	124.99	36.31	88.68	1.19	96.75

4—25 职业介绍服务机构情况

(1996 年)

指　标	数　量	指　标	数　量
一、职业介绍所(个)	**1 554**	5. 社会团体	38
1. 劳动部门所属	1 167	6. 私人	217
2. 机关所属	51	7. 其他	12
3. 事业单位所属	56	**二、登记人数(万人)**	**40.8**
4. 企业所属	13	**三、登记成功人数(万人)**	**13.6**

4—26 劳动部门职业介绍情况

(1996 年)

指　标	数　量	指　标	数　量
一、求职登记总人数	**35.7**	**三、介绍成功人数**	**10.5**
#本年求职登记人数	24.0	#1. 失业人员	2.8
二、用人登记总人数	**13.2**	2. 农村劳动力	6.8
#本年用人登记人数	10.4	**四、期末结余登记人数**	**25.2**

主 要 统 计 指 标 解 释

劳动力资源总数 指一定时点上在劳动年龄内人口总数中，有劳动能力的人口数和不足或超过劳动年龄，但实际经常参加社会劳动并取得劳动报酬或经营收入的人口数。包括从业人员、城镇待业人员和其他在劳动年龄内有劳动能力的人口数。但不包括现役军人，在劳动年龄内的在押犯人和因病残而丧失劳动能力的人口数。

经济活动人口 指在16岁以上，有劳动能力，参加或要求参加社会经济活动的人口。

包括从业人员和失业人员。

从业人员 指从事一定社会劳动并取得劳动报酬或经营收入的全部劳动力。包括：

(1)全部职工

(2)城镇私营企业从业人员

(3)城镇个体劳动者

(4)农村社会劳动者

(5)其他社会劳动者

这一指标反映了一定时期内全部劳动力资源的实际利用情况，是研究我国基本国情国力的重要指标。

各单位的从业人员是指在各级国家机关、政党机关、社会团体及企业、事业单位中工作，并取得劳动报酬的全部人员。包括职工、再就业的离退休人员、民办教师以及在各单位中工作的外方人员和港、澳、台方人员。

各单位的从业人员反映了各单位实际参加生产或工作的全部劳动力。

职工 指在国有经济、城镇集体经济、联营经济、股份制经济、外商和港、澳、台投资经济、其他经济单位及其附属机构工作，并由其支付工资的各类人员。

合同制职工 指各单位根据国务院国发(1986)77号文件和国务院令第99号的规定，通过签订有固定期限劳动合同、无固定期限劳动合同和以完成一项工作为期限劳动合同所使用的职工。包括实行全员劳动合同制单位的全部职工。

国有经济单位职工 指在国有经济单位及其附属机构工作，并由其支付工资的各类人员，国有经济单位职工不包括返聘的离退休人员、民办教师、有国有经济单位工作的外方人员和港澳台人员。

城镇集体经济单位职工 指在城镇集体经济单位及其管理部门工作，并由其支付工资的各类人员。

其他经济单位职工 指在联营经济、股份制经济、外商投资经济、港、澳、台投资经济单位工作，并由其支付工资的各类人员。

城镇私营和个体劳动者 城镇私营从业人员指在工商管理部门注册登记，其经营地址设在县城关镇(含城关镇)以上的私营企业从业人员。城镇个体从业人员指在工商管理部门注册登记，并持有城镇户口或在城镇长期居住，经批准从事个体工商经营的从业人员。

其他从业人员 指劳动统计制度规定不作职工统计但实际参加社会劳动并取得劳动报酬的人员。

各单位的其他从业人员是指单位中除职工以外的全部参加本单位生产或工作并取得劳动报酬的人员。包括再就业的离退休人员、民办教师以及在各单位中工作的外方人员和港、澳、台方人员。

城镇失业人员 指有非农业户口，在一定的劳动年龄内(16岁以上及男50岁以下、女45岁以下)，有劳动能力，无业而要求就业，并在当地就业服务机构进行求职登记的人员。

城镇失业率 是指城镇失业人数同城镇从业人数加城镇失业人数之比。计算公式为：

$$城镇失业率=\frac{城镇失业人数}{城镇从业人数+城镇失业人数}\times 100\%$$

从业人员劳动报酬 指各单位在一定时期内直接支付给本单位全部从业人员的劳动报酬总额。包括职工工资总额和本单位其他从业人员劳动报酬两部分。

职工工资总额 指各单位在一定时期内直接支付给本单位全部职工的劳动报酬总额。

工资总额的计算原则应以直接支付给职工的全部劳动报酬为根据。各单位支付给职工的劳动报酬以及其他根据有关规定支付的工资，不论是计入成本的还是不计成本的，不论是按国家规定列入计征奖金税项目的，还是未列入计征奖金税项目的，不论是以货币形式支付的还是以实物形式支付的，均包括在工资总额内。

计时工资 指按计时工资标准(包括地区生活费补贴)和工作时间支付给个人的劳动报酬，以及根据国家法律、法规和政策规定，因病、工伤、产假、计划生育假、婚丧假、事假、探亲假、定期休假、停工学习、执行国家或社会义务等原因按计时工资标准或计时工资标准的一定比例支付的工资。

计件标准工资 是指实行计件工资制的单位按照批准的计件单价和规定的劳动定额或工作量应支付给计件工人的劳动报酬。

计件超额工资 是计件工资的一部分，指计件工人超额完成定额任务所得的工资。即计件工人实行的全部计件工资减去应得的计件标准工资后的数额。某些企业的工人由于从事生产的工作的等级高于本人工资等级，因而其计件标准工资高于本人标准工资，其计件超额工资也就是全部工资减去应得的计件标准工资后的数额。

奖金 指支付给职工的超额劳动报酬和增收节支的劳动报酬。

津贴和补贴 指为了补偿职工特殊或额外的劳动消耗和因其他特殊原因支付给职工的津贴，以及为了保证职工工资水平不受物价影响支付给职工的物价补贴。

职工平均工资 指企业、事业、机关单位的职工在一定时期内平均每人所得的货币工资额。它表明一定时期职工工资收入的高低程度，是反映职工工资水平的主要指标。计算公式为：

$$职工平均工资=\frac{报告期实际支付的全部职工工资总额}{报告期全部职工平均人数}$$

职工平均实际工资 指扣除物价变动因素后的职工平均工资。计算公式为：

$$职工平均实际工资=\frac{报告期职工平均工资}{报告期职工生活费价格指数}$$

保险福利费用 指企业、事业、机关单位在工资以外实际支付给职工和离休、退休、退职人员个人以及用于集体的劳动保险和福利费用。职工保险福利费用包括：医疗卫生费、丧葬抚恤救济费、生活困难补助、文体宣传费、集体福利事业补贴费、集体福利设施费、计划生育补贴及其他。离休、退休、退职人员保险福利费用包括：离休金、退休金、退职生活费、医疗卫生费、护理费、生活补贴、交通费补贴、丧葬抚恤救济费及其他。

5 固定资产投资

GU DING ZI CHAN TOU ZI

资料整理　周亚莉　刘吉庆　徐菊梅　王冬羽
陈晓峰　赵　翔　李菊英

5. 固定资产投资

1996 年全省		
全社会固定资产投资	372.00 亿元	比上年增长 14.7%
# 国有经济单位投资	256.48 亿元	比上年增长 13.2%
# 基本建设投资	150.64 亿元	比上年增长 7.4%
全社会新增固定资产	278.20 亿元	比上年增长 12.2%
全社会房屋竣工面积	3 305.57 万平方米	比上年增长-9.0%
# 住宅	2 814.39 万平方米	比上年增长-9.5%

全社会固定资产投资

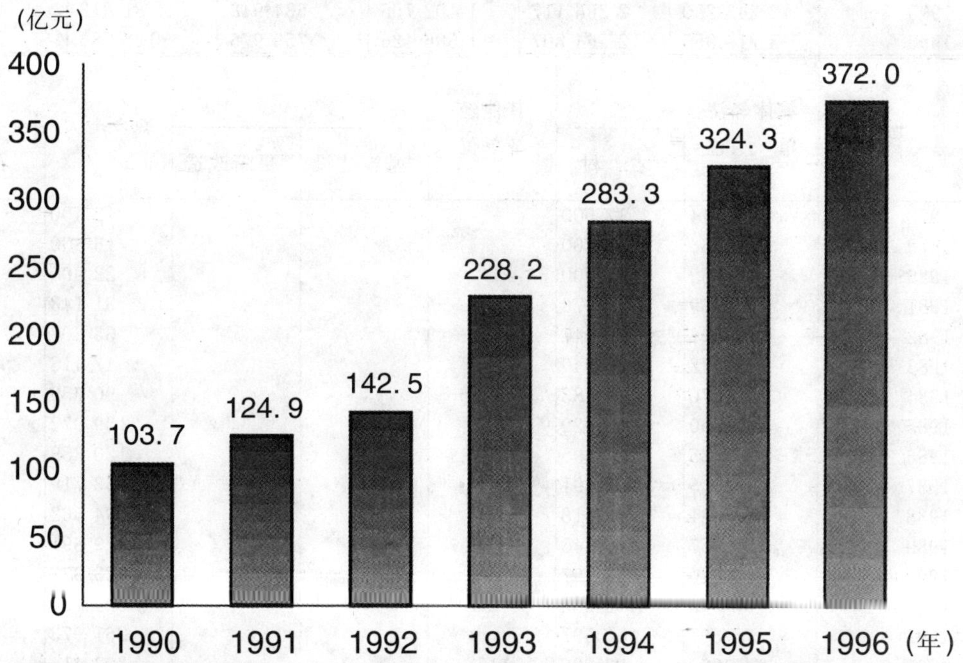

5—1 全社会固定资产投资

单位:万元

年份	合计	国有经济单位	基本建设	更新改造	其他固定资产投资	房地产开发
1978	203 548	172 004	159 104	12 900		
1979	211 622	174 656	156 916	17 740		
1980	278 020	232 468	205 241	27 227		
1981	229 244	174 732	133 373	41 359	…	
1982	294 805	233 192	166 718	66 474	…	
1983	308 266	249 870	165 200	77 665	7 005	
1984	403 864	280 735	186 105	77 192	17 438	
1985	579 881	398 109	252 243	124 141	21 725	
1986	635 300	472 526	290 702	163 638	18 186	
1987	808 912	581 118	343 640	207 063	30 415	
1988	947 210	670 827	393 011	241 020	36 796	
1989	951 793	671 345	401 423	222 124	47 798	
1990	1 037 154	738 541	427 635	231 948	78 958	
1991	1 249 323	853 623	506 297	242 730	104 596	
1992	1 424 653	1 087 073	647 390	335 921	103 762	
1993	2 282 062	1 718 582	998 278	550 215	71 983	98 106
1994	2 832 912	2 029 222	1 256 693	522 544	123 896	126 089
1995	3 243 250	2 266 117	1 402 705	634 948	81 812	146 652
1996	3 719 955	2 564 807	1 506 426	759 975	128 785	169 621

年份	集体经济单位	#农村	其他经济单位	#基本建设	#更新改造	城乡个人	#农村
1978	19 144	17 500				12 400	12 300
1979	20 166	18 200				16 800	16 600
1980	22 652	18 900				22 900	22 500
1981	23 369	19 676				31 143	30 497
1982	28 006	20 947				33 607	32 174
1983	10 978	5 940				47 418	45 337
1984	32 370	26 783				90 759	87 621
1985	42 700	29 629				139 072	133 478
1986	42 385	27 495				120 389	111 942
1987	74 075	56 291				153 719	143 355
1988	81 821	62 618				194 562	181 510
1989	60 757	45 545				219 691	204 099
1990	69 640	53 797				228 973	215 107
1991	93 903	72 682				301 797	288 933
1992	75 607	50 593				261 973	240 887
1993	140 072	97 226	115 993			307 415	269 274
1994	178 850	135 000	146 640	40 960	54 765	478 200	432 000
1995	215 301	126 318	206 420	56 329	37 101	555 412	513 176
1996	219 995	156 178	266 783	139 577	28 004	668 370	618 875

5—2 全社会新增固定资产

单位:万元

年份	合计	国有经济单位	基本建设	更新改造	其他固定资产投资	房地产开发
1978	306 592	279 677	273 277	6 400		
1979	166 626	134 528	125 763	8 765		
1980	183 920	143 679	124 740	18 939		
1981	186 900	137 735	108 760	28 975		
1982	278 208	223 060	176 985	46 075		
1983	265 055	207 231	147 240	52 986	7 005	
1984	340 505	217 725	137 584	66 850	13 291	
1985	413 505	236 663	144 227	76 652	15 784	
1986	483 223	325 006	198 149	116 107	10 750	
1987	627 094	402 508	234 783	145 351	22 374	
1988	720 909	448 912	263 583	169 651	15 678	
1989	709 572	432 089	247 026	146 033	39 030	
1990	971 952	674 200	370 526	227 366	76 308	
1991	1 024 825	638 164	353 506	197 166	87 492	
1992	1 290 871	965 763	630 747	260 585	74 431	
1993	1 446 400	988 503	523 698	368 949	59 444	36 412
1994	2 018 204	1 344 305	685 447	450 919	114 088	93 851
1995	2 479 568	1 617 723	966 578	503 846	53 461	93 838
1996	2 782 014	1 892 545	1 105 938	619 224	71 310	96 073

年份	集体经济单位	#农村	其他经济单位	#基本建设	#更新改造	城乡个人	#农村
1978	14 515	13 300				12 400	12 300
1979	15 298	13 800				16 800	16 600
1980	17 341	14 400				22 900	22 500
1981	18 022	14 953				31 143	30 497
1982	21 541	15 710				33 607	32 174
1983	10 406	5 940				47 418	45 337
1984	32 021	26 783				90 759	87 621
1985	37 770	29 629				139 072	133 478
1986	37 828	27 495				120 389	111 942
1987	70 867	56 291				153 719	143 355
1988	77 435	62 618				194 562	181 510
1989	57 792	45 545				219 691	204 099
1990	68 779	53 797				228 973	215 107
1991	84 884	72 400				301 707	288 933
1992	63 135	46 148				261 973	240 887
1993	118 049	89 645	32 433			307 415	269 274
1994	112 986	77 452	82 713	22 016	24 976	478 200	432 000
1995	167 873	112 359	138 560	47 513	51 648	555 412	513 176
1996	172 863	127 928	74 737	11 303	24 065	641 869	592 374

5—3 全社会竣工住宅建筑面积

单位:万平方米

年份	合计	国有经济单位	基本建设	更新改造	其他固定资产投资	房地产开发
1978	706.09	135.61	127.33	8.28		
1979	951.05	187.73	176.39	11.34		
1980	1 277.11	249.08	228.62	20.46		
1981	1 627.18	250.48	218.54	31.94		
1982	1 598.73	289.49	227.82	61.67		
1983	2 400.03	304.84	221.80	83.04		
1984	1 930.28	290.78	229.78	59.35	1.65	
1985	2 622.98	339.80	284.22	43.00	12.58	
1986	2 336.38	350.84	270.73	74.40	5.71	
1987	2 295.25	305.51	223.77	63.26	18.48	
1988	2 943.49	263.75	196.45	57.70	9.60	
1989	1 630.46	224.30	166.57	49.82	7.91	
1990	2 257.86	250.12	155.19	44.83	50.10	
1991	2 583.58	267.14	179.09	36.86	51.19	
1992	1 943.91	309.04	206.43	45.16	57.45	
1993	2 072.95	372.39	259.74	42.26	6.06	64.33
1994	2 613.12	434.00	290.99	40.00	3.68	99.33
1995	3 111.15	485.16	339.36	35.79	0.03	109.98
1996	2 814.39	462.62	320.64	26.25	2.30	113.43

年份	集体经济单位	#农村	其他经济单位	#基本建设	城乡个人	#农村
1978	32.61	30.33			537.87	535.55
1979	35.90	31.47			727.42	722.78
1980	39.08	32.84			988.95	979.67
1981	39.13	34.10			1 337.57	1 322.56
1982	32.65	21.77			1 276.59	1 242.54
1983	17.81	9.31			2 077.38	2 032.45
1984	70.40	63.07			1 569.10	1 521.75
1985	84.86	77.06			2 198.32	2 136.94
1986	110.02	97.91			1 875.52	1 801.08
1987	110.66	103.67			1 879.08	1 796.30
1988	65.49	56.85			2 614.25	2 534.19
1989	48.26	37.48			1 357.90	1 290.77
1990	94.12	85.82			1 913.62	1 850.44
1991	60.15	54.00			2 256.29	2 202.00
1992	5.32				1 629.55	1 566.80
1993	25.93	10.90	2.97		1 671.66	1 561.00
1994	29.61	11.35	14.09	0.62	2 135.42	2 009.83
1995	45.28	10.56	29.86	2.70	2 550.85	2 470.00
1996	51.86	15.44	29.97	1.65	2 269.94	2 198.42

5—4　全社会固定资产投资主要指标及构成

(1996 年)　　单位:万元

指　　标	合　　计	国有经济单　位	集体经济单　位	联营经济单　位	股份有限公　司
一、投资总额	**3 719 955**	**2 564 807**	**219 995**	**53 229**	**43 740**
1. 按隶属关系分					
中央	1 297 410	1 254 663	694		
地方	2 422 545	1 310 144	219 301	53 229	43 740
2. 按构成分					
建筑工程	2 241 693	1 308 267	129 433	9 642	21 941
安装工程	247 342	195 775	10 144	32 660	1 336
设备、工器具购置	766 997	677 066	58 064	3 666	12 154
其他费用	463 923	383 699	22 354	7 261	8 309
#土地购置费	98 702	69 938	4 510	1 491	1 140
3. 按建设性质分					
#新建	1 912 714	1 007 463	106 671	49 348	8 827
扩建	888 559	801 435	50 854	2 604	29 121
改建	423 480	406 300	13 116		1 599
4. 按工程用途分					
第一产业	95 444	15 735	5 600		
第二产业	1 462 550	1 292 758	99 312	4 752	9 811
第三产业	2 161 961	1 256 314	115 083	48 477	33 929
#商业运输邮电业	661 045	511 115	25 827	45 881	27 048
住宅	973 370	392 326	51 809	502	5 478
二、本年新增固定资产	**2 782 014**	**1 892 545**	**172 863**	**4 892**	**14 712**
三、房屋建筑面积及竣工价值					
施工面积(万平方米)	4 662.34	1 734.20	281.63	5.79	28.74
竣工面积(万平方米)	3 305.57	723.23	171.41	1.20	9.05
#住宅	2 814.39	462.62	51.86	0.30	4.75
竣工价值	1 348 022	508 386	160 196	469	6 828
#住宅	834 486	289 195	41 491	62	3 930

注:由于合计中包括了城乡个人投资,故各种经济类型相加小于合计。下表同。

指　　标	有限责任公司	中外合资经营	中外合作经营	外　资企　业	与大陆合资经营企业	与大陆合作经营企业	港澳台独　资企　业	其　他经　济
一、投资总额	**68 116**	**60 828**	**14 566**	**5 433**	**10 548**	**8 021**	**437**	**1 865**
1. 按隶属关系分								
中央	41 873							180
地方	26 243	60 828	14 566	5 433	10 548	8 021	437	1 685
2. 按构成分								
建筑工程	32 745	40 151	12 358	3 253	7 004	6 996	19	1 514
安装工程	3 471	3 259	644		4		49	
设备、工器具购置	4 301	7 456	830	2 080	710	45	274	351
其他费用	27 599	9 962	734	100	2 830	980	95	
#土地购置费	15 871	5 420	209	100			23	
3. 按建设性质分								
#新建	48 409	17 469	1 083	4 122			437	515
扩建	3 971	574						
改建	1 866				50			549
4. 按工程用途分								
第一产业								
第二产业	29 481	11 879	730	3 942	50		342	75
第三产业	38 635	48 949	13 836	1 491	10 498	8 021	95	1 790
#商业运输邮电业	436	12 884	972		79	1 151		311
住宅	9 905	13 881	8 501	511	6 819	4 770	5	638
二、本年新增固定资产	**15 176**	**26 889**	**6 607**		**684**	**4 900**	**46**	**831**
三、房屋建筑面积及竣工价值								
施工面积(万平方米)	24.89	84.82	22.37	3.76	10.43	9.64	0.12	2.64
竣工面积(万平方米)	6.11	19.95	3.69		0.57	2.22		0.90
#住宅	3.67	15.71	2.94		0.57	1.69		0.34
竣工价值	5 064	16 234	2 912		684	4 900		480
#住宅	2 430	12 409	1 972		684	3 900		188

5—4 续表 2　　　　(1996 年)　　　　单位:万元

指　　标	基本建设	#地方	更新改造	#地方	其他投资	#城镇集体	房地产开发
一、投资总额	**1 646 003**	**801 927**	**787 979**	**362 631**	**160 172**	**22 935**	**301 253**
1. 按隶属关系分							
中央	844 076		425 348		16 842	694	11 144
地方	801 927	801 927	362 631	362 631	143 330	22 241	290 109
2. 按构成分							
建筑工程	994 737	541 890	148 489	77 517	113 538	15 960	228 687
安装工程	136 269	56 647	84 390	40 469	12 537	969	6 117
设备、工器具购置	213 958	88 654	479 415	194 691	16 838	4 580	4 574
其他费用	301 039	114 736	75 685	49 954	17 259	1 426	61 875
#土地购置费	67 454	28 919	4 978	2 626	4 405	541	21 865
3. 按建设性质分							
#新建	1 042 589	420 264	58 916	8 384	43 928	7 760	
扩建	332 087	202 672	464 452	270 327	47 476	6 310	
改建	112 147	64 432	239 757	68 875	61 816	3 356	
4. 按工程用途分							
第一产业	15 390	15 390	257	133	738	650	
第二产业	847 799	249 001	447 626	240 217	66 119	7 724	
第三产业	782 814	537 536	340 096	122 281	93 315	14 561	301 253
#商业运输邮电业	244 760	184 349	269 052	94 190	71 962	6 436	22 807
住宅	236 904	142 789	35 179	8 186	8 603	5 923	194 918
二、本年新增固定资产	**1 117 241**	**455 742**	**643 289**	**322 513**	**102 025**	**21 683**	**149 662**
三、房屋建筑面积及竣工价值							
施工面积(万平方米)	1 213.41	798.45	178.48	85.99	52.42	41.05	614.04
竣工面积(万平方米)	527.26	349.03	73.14	39.38	25.00	21.00	[illegible]
#住宅	322.29	197.09	28.38	7.13	11.57	9.08	166.78
竣工价值	362 550	217 411	56 649	34 093	22 013	14 187	137 013
#住宅	191 195	109 488	18 352	5 550	6 708	4 550	120 465

5—5 地方全社会固定资产投资主要指标及构成

（1996年） 单位：万元

指　　标	合　计	国有经济单　位	集体经济单　位	联营经济单　位	股份有限公　司
一、投资总额	**2 422 545**	**1 310 144**	**219 301**	**53 229**	**43 740**
1. 按构成分					
建筑工程	1 696 916	780 830	128 808	9 642	21 941
安装工程	122 665	72 600	10 144	32 660	1 336
设备、工器具购置	356 358	266 984	58 041	3 666	12 154
其他费用	246 606	189 730	22 308	7 261	8 309
#土地购置费	56 098	42 762	4 489	1 491	1 140
2. 按建设性质分					
#新建	1 226 452	363 204	106 507	49 348	8 827
扩建	564 532	478 109	50 367	2 604	29 121
改建	201 994	184 814	13 116		1 599
3. 按工程用途分					
第一产业	95 320	15 611	5 600		
第二产业	640 213	489 575	99 312	4 752	9 811
第三产业	1 687 012	804 958	114 389	48 477	33 929
#商业运输邮电业	424 978	275 048	25 827	45 881	27 048
住宅	845 816	265 086	51 593	502	5 479
二、本年新增固定资产	**1 778 138**	**889 397**	**172 370**	**4 892**	**14 712**
三、房屋建筑面积及竣工价值					
施工面积（万平方米）	4 128.45	1 209.26	279.74	5.79	28.74
竣工面积（万平方米）	3 087.66	506.55	170.43	1.20	9.05
#住宅	2 663.53	312.22	51.56	0.30	4.75
竣工价值	1 173 558	334 572	159 726	469	6 828
#住宅	734 301	189 320	41 279	62	3 930

5—5 续表 (1996年) 单位:万元

指标	有限责任公司	中外合资经营	中外合作经营	外资企业	与大陆合资经营企业	与大陆合作经营企业	港澳台独资企业	其他经济
一、投资总额	**26 243**	**60 828**	**14 566**	**5 433**	**10 548**	**8 021**	**437**	**1 685**
1. 按构成分								
建筑工程	16 210	40 151	12 358	3 253	7 004	6 996	19	1 334
安装工程	1 969	3 259	644		4		49	
设备、工器具购置	3 767	7 456	830	2 080	710	45	274	351
其他费用	4 297	9 962	734	100	2 830	980	95	
#土地购置费	464	5 420	209	100			23	
2. 按建设性质分								
#新建	6 750	17 469	1 083	4 122			437	335
扩建	3 757	574						
改建	1 866				50			549
3. 按工程用途分								
第一产业								
第二产业	10 327	11 879	730	3 942	50		342	75
第三产业	15 916	48 949	13 836	1 491	10 498	8 021	95	1 610
#商业运输邮电业	436	12 884	972		79	1 151		311
住宅	9 905	13 881	8 501	511	6 819	4 770	5	540
二、本年新增固定资产	**15 121**	**26 889**	**6 607**		**684**	**4 900**	**46**	**651**
三、房屋建筑面积及竣工价值								
施工面积(万平方米)	18.11	84.82	22.37	3.76	10.43	9.64	0.12	2.40
竣工面积(万平方米)	6.11	19.95	3.69		0.57	2.22		0.65
#住宅	3.67	15.71	2.94		0.57	1.69		0.18
竣工价值	5 064	16 234	2 912		684	4 900		300
#住宅	2 430	12 409	1 972		684	3 900		90

5—6 各地市全社会固定资产投资

（1996 年）　　　　单位：万元

地　　区	总　　计	国有经济单位	#地　方	集体经济单位	#农　村	其他经济单　　位	城乡个人	#农　村
全　省	**3 719 955**	**2 564 807**	**1 310 144**	**219 995**	**156 178**	**266 783**	**668 370**	**618 875**
关　中	**2 285 448**	**1 527 474**	**866 039**	**162 969**	**112 035**	**210 657**	**384 348**	**347 561**
西安市	1 128 899	806 600	517 679	87 323	48 963	124 800	110 176	89 304
铜川市	76 277	61 252	32 993	2 013	1 355	2 510	10 502	10 088
宝鸡市	315 491	153 305	88 662	35 406	30 696	62 806	63 974	62 197
咸阳市	373 883	245 792	106 635	16 160	14 492	16 069	95 862	88 128
渭南市	390 898	260 525	120 070	22 067	16 529	4 472	103 834	97 844
陕　南	**452 732**	**244 768**	**135 948**	**18 563**	**11 325**	**9 406**	**179 995**	**173 965**
汉中市	229 428	141 230	72 699	11 319	7 134	6 935	69 944	67 457
安康地区	142 853	73 999	38 178	6 132	3 941	1 820	60 902	57 988
商洛地区	80 451	29 539	25 071	1 112	250	651	49 149	48 520
陕　北	**428 341**	**284 417**	**248 859**	**38 463**	**32 818**	**1 434**	**104 027**	**97 349**
延安市	169 625	123 667	101 998	9 888	8 743	180	35 890	34 038
榆林地区	258 716	160 750	146 861	28 575	24 075	1 254	68 137	63 311
不分地区	553 434	508 148	59 298			45 286		

5—7 全省固定资产投资财务拨款资金来源

(1996 年)　　　　单位:万元

指　标	合　计	基本建设	更新改造	其他投资	房地产开　发	农村集体
一、本年资金来源合计	**3 334 437**	**1 699 995**	**885 920**	**162 163**	**429 802**	**156 557**
1. 上年末结余资金	235 589	53 595	121 904	550	59 540	
2. 本年资金来源小计	3 098 848	1 646 400	764 016	161 613	370 262	156 557
(1)国家预算内资金	204 594	184 380	11 825	299	2 745	5 345
(2)国内贷款	888 279	423 164	259 824	45 108	126 417	33 766
(3)债券	5 566	5 566				
(4)利用外资	217 060	166 054	21 256	2 206	12 108	15 436
#外商直接投资	113 185	98 782	2 759	2 206	9 438	
对外借款	63 009	44 532	17 807		670	
#统借统还	38 785	32 342	6 443			
(5)自筹资金	1 350 287	668 954	439 742	102 564	73 528	65 499
中央各部门自筹	240 253	166 210	71 379	2 664		
省自筹	169 380	125 766	8 722	34 892		
地(市)自筹	103 731	64 378	15 434	23 919		
县自筹	49 444	40 899	5 110	3 435		
企、事业单位自有资金	672 815	271 701	339 097	37 654	24 363	
#发行股票	9 860	3 348	6 512			
(6)其他资金来源	433 062	198 282	31 369	11 436	155 464	36511
#集资	199 320	148 337	15 184	6 248	5 510	24 041
二、本年各项应付款合计	**337 398**	**182 308**	**30 542**	**4 594**	**119 954**	
#工程款	250 238	158 032	8 716	3 245	80 245	
设备、器材款	29 894	9 493	15 759	554	4 088	

注:房地产开发和农村集体自筹资金中无详细分组指标(下同)。

5—8　国有经济单位投资资金来源

（1996 年）　　单位:万元

指　标	合　计	基本建设	更新改造	其他投资	房地产开　发
一、本年资金来源合计	**2 777 674**	**1 562 986**	**853 334**	**128 770**	**232 584**
1. 上年末结余资金	193 676	50 452	118 405	100	24 719
2. 本年资金来源小计	2 583 998	1 512 534	734 929	128 670	207 865
(1)国家预算内资金	183 980	169 170	11 785	280	2 745
(2)国内贷款	766 838	410 335	255 608	38 496	62 399
(3)债券	5 566	5 566			
(4)利用外资	170 382	150 940	19 222		220
#外商直接投资	88 743	87 968	725		50
对外借款	62 209	44 232	17 807		170
#统借统还	38 785	32 342	6 443		
(5)自筹资金	1 137 431	587 124	418 433	86 327	45 547
中央各部门自筹	231 447	157 968	71 379	2 100	
省自筹	143 897	100 303	8 722	34 872	
地(市)自筹	102 275	63 209	15 434	23 632	
县自筹	48 671	40 702	5 107	2 862	
企、事业单位自有资金	574 697	224 942	317 791	22 861	9 103
#发行股票	280	278	2		
(6)其他资金来源	319 801	189 399	29 881	3 567	96 954
#集资	164 223	146 967	14 396	630	2 230
二、本年各项应付款合计	**234 186**	**143 544**	**29 005**	**3 093**	**58 544**
#工程款	180 877	121 207	7 904	2 010	49 756
设备、器材款	24 699	7 955	15 305	324	1 115

5—9 各地市国有经济单位投资资金来源

(1996 年)

单位:万元

地区	一、本年资金来源合计	#本年资金来源小计	(1)国家预算内资金	(2)国内贷款	(3)债券	(4)利用外资	#外商直接投资	#对外借款
全省	**2 777 674**	**2 583 998**	**183 980**	**766 838**	**5 566**	**170 382**	**88 743**	**62 209**
关中	**1 690 707**	**1 543 358**	**99 344**	**430 983**	**1 420**	**74 462**	**12 623**	**44 920**
西安市	918 773	838 050	55 416	221 761		27 266	8 618	8 420
铜川市	71 623	68 035	5 837	22 319	1 400	1 833		1 833
宝鸡市	199 534	180 646	10 959	56 712		604		604
咸阳市	224 375	190 564	14 500	38 106		6 642	855	4 877
渭南市	276 402	266 063	12 632	92 085	20	38 117	3 150	29 186
陕南	**274 169**	**248 405**	**47 160**	**58 935**	**4 146**	**3 066**	**87**	**2 979**
汉中市	164 055	143 435	43 883	41 870		2 396	50	2 346
安康地区	78 790	75 170	2 413	10 878	4 146	157	12	145
商洛地区	31 324	29 800	864	6 187		513	25	488
陕北	**275 071**	**257 811**	**13 158**	**97 039**		**81**	**50**	**20**
延安市	121 619	116 076	10 075	56 002		70	50	20
榆林地区	153 452	141 735	3 083	41 037				
不分地区	537 727	534 424	24 318	179 881		92 773	75 983	14 290

地区	(5)自筹资金	#企事业单位自有资金	#发行股票	(6)其他资金来源	#集资	二、本年各项应付款合计	#工程款	#设备器材款
全省	**1 137 431**	**574 697**	**280**	**319 801**	**164 223**	**234 186**	**180 877**	**24 699**
关中	**678 471**	**427 415**	**183**	**258 678**	**118 040**	**179 915**	**143 511**	**14 594**
西安市	373 593	232 740	42	160 014	60 545	92 359	76 219	5 869
铜川市	29 071	24 376		7 575	4 206	5 682	3 565	484
宝鸡市	79 243	47 771	141	33 128	21 886	6 782	4 496	1 545
咸阳市	100 982	63 534		30 334	15 335	52 172	42 068	5 655
渭南市	95 582	58 994		27 627	16 068	22 920	17 163	1 041
陕南	**97 665**	**48 448**	**78**	**37 433**	**26 641**	**24 423**	**14 473**	**6 190**
汉中市	40 005	23 621		15 281	10 080	18 608	9 859	5 853
安康地区	45 749	21 570	78	11 827	8 216	4 501	3 446	192
商洛地区	11 911	3 257		10 325	8 345	1 314	1 168	145
陕北	**124 483**	**52 322**	**19**	**23 050**	**18 902**	**24 717**	**18 024**	**3 915**
延安市	42 665	12 759		7 264	5 955	5 638	5 070	558
榆林地区	81 818	39 563	19	15 786	12 947	19 079	12 954	3 357
不分地区	236 812	46 512		640	640	5 131	4 869	

5—10 全省按国民经济行业及构成分的基本建设投资

（1996 年）

单位：万元

行业	投资额	建筑工程	安装工程	设备工器具购置	其他费用
总计	**1 646 003**	**994 737**	**136 269**	**213 958**	**301 039**
一、农、林、牧、渔业	5 917	5 012	60	222	623
农业	1 183	1 006		83	94
林业	904	619			285
畜牧业	538	437	42	24	35
渔业	40	40			
农、林、牧、渔服务业	3 252	2 910	18	115	209
二、采掘业	348 766	200 954	38 848	57 850	51 114
煤炭采选业	119 253	46 442	11 083	29 733	31 995
石油和天然气开采业	203 176	142 719	25 903	20 025	14 529
有色金属矿采选业	24 437	11 112	1 769	7 232	4 324
非金属矿采选业	780	200	20	470	90
其他矿采选业	437	19	49	274	95
木材及竹材采运业	683	462	24	116	81
三、制造业	221 726	105 800	7 236	62 011	46 679
食品加工业	5 324	3 922	307	293	802
食品制造业	4 962	2 504	79	2 360	19
饮料制造业	579	506	35		38
烟草加工业	1 441	1 441			
纺织业	8 529	6 444	181	249	1 655
皮革、毛皮、羽绒及其制品业	680	680			
木材加工及竹、藤、棕、草制品业	1 007	1 007			
家具制造业	148	135		13	
造纸及纸制品业	883	830			53
印刷业	3 078	1 371		1 450	257
石油加工及炼焦业	8 618	5 265	3	11	3 339
化学原料及化学制品制造业	41 492	8 373	1 748	16 360	15 011
医药制造业	3 760	2 178	370	693	519
化学纤维制造业	279	18			261
橡胶制品业	486	174			312
塑料制品业	120		5	115	
非金属矿物制品业	4 285	3 472	88	470	255
黑色金属冶炼及压延加工业	10 421	5 148	1 153	2 512	1 608
有色金属冶炼及压延加工业	43 482	8 376	123	21 498	13 485
金属制品业	3 569	1 566	60	1 380	563
普通机械制造业	10 906	3 703	706	4 325	2 172
专用设备制造业	9 624	7 686	242	1 156	540
交通运输设备制造业	34 457	26 682	831	4 937	2 007
武器弹药制造业	7 978	4 577	260	2 067	1 074
电气机械及器材制造业	3 094	2 632			462
电子及通信设备制造业	6 359	3 907	25	198	2 229
仪器仪表及文化、办公用机械制造业	6 147	3 203	1 020	1 924	
其他制造业	18				18
四、电力、煤气及水的生产和供应业	309 833	118 177	40 057	35 903	115 696
电力、蒸汽、热水的生产和供应业	250 952	77 876	39 484	34 896	98 696
煤气生产和供应业	24 036	15 456	139	389	8 052
自来水的生产和供应业	34 845	24 845	434	618	8 948
五、建筑业	18 364	12 360	332	309	5 363

5—10 续表　　(1996 年)　　单位:万元

行　　业	投资额	建筑工程	安装工程	设备工器具购置	其他费用
土木工程建筑业	14 591	9 015	307	259	5 010
线路、管道和设备安装业	3 773	3 345	25	50	353
六、地质勘查业、水利管理业	26 617	15 372	2 144	4 541	4 560
地质勘查业	3 539	3 047			492
水利管理业	23 078	12 325	2 144	4 541	4 068
七、交通运输、仓储及邮电通信业	272 030	169 356	37 379	28 209	37 086
铁路运输业	78 517	65 538	128	947	11 904
公路运输业	42 306	35 631	40	3	6 632
管道运输业	45 286	6 994	32 500		5 792
航空运输业	2 648	2 385			263
交通运输辅助业	19 630	14 485	65	3 239	1 841
其他交通运输业	214	214			
仓储业	2 472	2 147	25	59	241
邮电通信业	80 957	41 962	4 621	23 961	10 413
八、批发和零售贸易、餐饮业	69 322	48 391	3 108	6 699	11 124
食品、饮料、烟草和家庭日用品批发业	12 752	10 625	628	228	1 271
能源、材料和机械电子设备批发业	5 639	4 900	34	10	695
其他批发业	4 676	2 984	406	123	1 163
零售业	45 351	29 121	1 990	6 338	7 902
餐饮业	904	761	50		93
九、金融、保险业	31 685	26 249	1 445	462	3 529
金融业	29 981	24 557	1 445	462	3 517
保险业	1 704	1 692			12
十、房地产业	4 761	4 545			216
房地产开发与经营业	23	15			8
房地产管理业	4 471	4 304			167
房地产代理与经纪业	267	226			41
十一、社会服务业	74 768	61 762	511	4 094	8 401
公共设施服务业	69 289	57 034	424	3 681	8 150
居民服务业	890	842		40	8
旅馆业	3 550	2 887	72	348	243
旅游业	150	130	15	5	
娱乐服务业	412	392		20	
其他社会服务业	477	477			
十二、卫生、体育和社会福利业	15 983	14 303	375	498	807
卫　生	13 514	12 438	228	445	403
体　育	650	450	147	53	
社会福利保障业	1 819	1 415			404
十三、教育、文化艺术及广播电影电视业	89 099	79 189	1 550	5 825	2 535
教　育	76 821	68 859	678	4 890	2 394
文化艺术	7 803	7 226	206	312	59
广播电影电视业	4 475	3 104	666	623	82
十四、科学研究和综合技术服务业	25 465	14 459	1 229	6 217	3 560
科学研究业	21 834	12 496	707	5 934	2 697
综合技术服务业	3 631	[illegible]	522	283	863
十五、国家机关、政党机关和社会团体	96 464	89 624	721	579	5 540
国家机关	89 906	83 507	721	571	5 107
政党机关	5 116	5 072		8	36
社会团体	1 442	1 045			397
十六、其他行业	35 203	29 184	1 274	539	4 206

5—11 地方按国民经济行业及构成分的基本建设投资

（1996 年）

单位：万元

行　　业	投资额	建筑工程	安装工程	设备工器具购置	其他费用
总　计	**801 927**	**541 890**	**56 647**	**88 654**	**114 736**
一、农、林、牧、渔业	5 917	5 012	60	222	623
农　业	1 183	1 006		83	94
林　业	904	619			285
畜牧业	538	437	42	24	35
渔　业	40	40			
农、林、牧、渔服务业	3 252	2 910	18	115	209
二、采掘业	54 656	29 622	1 927	19 603	3 504
煤炭采选业	14 505	9 119	576	2 368	2 442
石油和天然气开采业	26 412	12 612	620	12 980	200
有色金属矿采选业	11 839	7 210	638	3 395	596
非金属矿采选业	780	200	20	470	90
其他矿采选业	437	19	49	274	95
木材及竹材采运业	683	462	24	116	81
三、制造业	108 438	51 743	3 866	22 878	29 951
食品加工业	5 324	3 922	307	293	802
食品制造业	4 962	2 504	79	2 360	19
饮料制造业	579	506	35		38
纺织业	8 529	6 444	181	249	1 655
皮革、毛皮、羽绒及其制品业	680	680			
木材加工及竹、藤、棕、草制品业	1 007	1 007			
家具制造业	148	135		13	
造纸及纸制品业	883	830			53
印刷业	2 142	680		1 450	12
石油加工及炼焦业	8 618	5 265	3	11	3 339
化学原料及化学制品制造业	40 113	7 331	1 748	16 023	15 011
医药制造业	3 760	2 178	370	693	519
化学纤维制造业	279	18			261
橡胶制品业	486	174			312
塑料制品业	120		5	115	
非金属矿物制品业	4 187	3 374	88	470	255
黑色金属冶炼及压延加工业	4 698	2 494	60	536	1 608
有色金属冶炼及压延加工业	1 839	693			1 146
金属制品业	1 168	566	10	29	563
普通机械制造业	4 505	2 664	27	115	1 699
专用设备制造业	5 063	4 150	53	521	339
交通运输设备制造业	477	477			
电气机械及器材制造业	595	522			73
电子及通信设备制造业	6 136	3 907			2 229
仪器仪表及文化、办公用机械制造业	2 122	1 222	900		
其他制造业	18				18
四、电力、煤气及水的生产和供应业	102 549	62 764	6 984	9 459	23 342
电力、蒸汽、热水的生产和供应业	43 668	22 463	6 411	8 452	6 342
煤气生产和供应业	24 036	15 456	139	389	8 052
自来水的生产和供应业	34 845	24 845	434	618	8 948
五、建筑业	6 537	2 558	25	56	3 898
土木工程建筑业	6 302	2 398		6	3 898
线路、管道和设备安装业	235	160	25	50	

行　　业	投资额	建筑工程	安装工程	设备工器具购置	其他费用
六、地质勘查业、水利管理业	22 381	11 986	2 068	4 381	3 946
地质勘查业	59	59			
水利管理业	22 322	11 927	2 068	4 381	3 946
七、交通运输、仓储及邮电通信业	145 666	75 789	34 327	18 518	17 032
铁路运输业	995	752		69	174
公路运输业	42 104	35 429	40	3	6 632
管道运输业	45 286	6 994	32 500		5 792
交通运输辅助业	19 630	14 485	65	3 239	1 841
其他交通运输业	214	214			
仓储业	1 937	1 612	25	59	241
邮电通信业	35 500	16 303	1 697	15 148	2 352
八、批发和零售贸易、餐饮业	68 712	47 874	3 108	6 675	11 055
食品、饮料、烟草和家庭日用品批发业	12 353	10 319	628	204	1 202
能源、材料和机械电子设备批发业	5 639	4 900	34	10	695
其他批发业	4 605	2 913	406	123	1 163
零售业	45 211	28 981	1 990	6 338	7 902
餐饮业	904	761	50		93
九、金融、保险业	880	251			629
金融业	835	206			629
保险业	45	45			
十、房地产业	4 761	4 545			216
房地产开发与经营业	23	15			8
房地产管理业	4 471	4 304			167
房地产代理与经纪业	267	226			41
十一、社会服务业	74 768	61 762	511	4 094	8 401
公共设施服务业	69 289	57 034	424	3 681	8 150
居民服务业	890	842		40	8
旅馆业	3 550	2 887	72	348	243
旅游业	150	130	15	5	
娱乐服务业	412	392		20	
其他社会服务业	477	477			
十二、卫生、体育和社会福利业	15 490	14 045	375	268	802
卫　生	13 083	12 237	228	215	403
体　育	633	433	147	53	
社会福利保障业	1 774	1 375			399
十三、教育、文化艺术及广播电影电视业	60 958	57 060	1 153	1 296	1 449
教　育	48 700	46 750	281	361	1 308
文化艺术业	7 783	7 206	206	312	59
广播电影电视业	4 475	3 104	666	623	82
十四、科学研究和综合技术服务业	2 928	2 306	273	112	237
科学研究业	846	795	51		
综合技术服务业	2 082	1 511	222	112	237
十五、国家机关、政党机关和社会团体	93 193	86 499	696	553	5 445
国家机关	86 635	80 382	696	545	5 012
政党机关	5 116	5 072		8	36
社会团体	1 442	1 045			397
十六、其他行业	34 093	28 074	1 274	539	4 206

5—12 基本建设项目财务拨款资金来源

（1996 年）

单位：万元

	总计	按经济类型分		按隶属关系分	
		国有经济单位	其他经济单位	中央单位	地方单位
一、本年资金来源合计	**1 699 995**	**1 562 986**	**137 009**	**857 090**	**842 905**
1. 上年末结余资金	53 595	50 452	3 143	13 723	39 872
2. 本年资金来源小计	1 646 400	1 512 534	133 866	843 367	803 033
(1)国家预算内资金	184 380	169 170	15 210	138 161	46 219
(2)国内贷款	423 164	410 335	12 829	261 443	161 721
(3)债券	5 566	5 566		4 146	1 420
(4)利用外资	166 054	150 940	15 114	95 583	70 471
#外商直接投资	98 782	87 968	10 814	79 033	19 749
对外借款	44 532	44 232	300	14 050	30 482
#统借统还	32 342	32 342		2 400	29 942
(5)自筹资金	668 954	587 124	81 830	296 697	372 257
中央各部门自筹	166 210	157 968	8 242	153 611	12 599
省自筹	125 766	100 303	25 463	45 194	80 572
地（市）自筹	64 378	63 209	1 169	2 761	61 617
县自筹	40 899	40 702	197	2 025	38 874
企事业单位自有资金	271 701	224 942	46 759	93 106	178 595
#发行股票	3 348	278	3 070	186	3 162
(6)其他资金来源	198 282	189 399	8 883	47 337	150 945
#集资	148 337	146 967	1 370	37 556	110 781
二、本年各项应付款合计	**182 308**	**143 544**	**38 764**	**49 866**	**132 442**
#工程款	158 032	121 207	36 825	46 017	112 015
设备、器材款	9 493	7 955	1 538	2 477	7 016

5—13 能源工业及交通运输、邮电通信业基本建设投资

单位：万元

行业	1991 年	1992 年	1993 年	1994 年	1995 年	1996 年
投资总额	**506 297**	**647 390**	**998 278**	**1 297 653**	**1 459 034**	**1 646 003**
能源工业投资合计	186 530	211 291	294 157	410 730	496 418	640 880
煤炭采选业	58 723	66 206	69 618	136 646	134 184	119 253
石油和天然气开采加工业	7 755	19 286	38 063	110 572	123 731	211 635
电力蒸汽热水的生产和供应业	119 134	125 303	184 972	160 167	231 033	285 797
#火力发电机	68 235	70 977	126 350	104 670	160 989	188 566
水力发电业	36 895	34 255	21 834	22 372	31 113	16 669
炼焦煤气及煤制品业	918	496	1 504	3 345	7 470	24 195
交通运输、邮电通信业合计	59 650	106 982	169 110	172 605	198 420	269 558
#铁路运输业	16 242	44 929	72 940	48 921	62 625	78 517
公路运输业	24 301	40 804	43 018	44 666	97 519	42 306
航空运输业	11 616	6 786	2 789	11 248	4 092	2 648
邮电通信业	7 491	13 840	48 468	57 396	27 356	80 957

5—14 全省国民经济各行业基本建设施工、投产项目个数及新增固定资产

（1996 年）

行　　业	施工项目（个）	全部建成投产项目（个）	施工项目计划总投资（万元）	本年完成投资额（万元）	本年新增固定资产（万元）
总　　计	**2 773**	**1 440**	**7 679 611**	**1 646 003**	**1 117 241**
一、农、林、牧、渔业	83	50	17 256	5 917	4 843
农　业	5	3	3 781	1 183	809
林　业	16	11	2 124	904	486
畜牧业	6	2	4 675	538	904
渔　业	1	1	104	40	104
农、林、牧、渔服务业	55	33	6 572	3 252	2 540
二、采掘业	56	17	1 660 659	348 766	195 981
煤炭采选业	27	3	1 372 290	119 253	58 430
石油和天然气开采业	6	5	201 766	203 176	111 412
有色金属矿采选业	13	6	71 765	24 437	24 573
非金属矿采选业	2	1	980	780	180
其他矿采选业	1		1 536	437	46
木材及竹材采运业	7	2	12 322	683	1 340
三、制造业	280	119	1 147 920	221 726	186 319
食品加工业	21	14	6 759	5 324	1 889
食品制造业	10	6	14 966	4 962	1 435
饮料制造业	6	2	9 233	579	403
烟草加工业	4	4	2 660	1 441	2 648
纺织业	25	15	19 653	8 529	10 905
皮革、毛皮、羽绒及其制品业	2	1	1 270	680	320
木材加工及竹、藤、棕、草制品业	2	1	2 084	1 007	1 056
家具制造业	1		260	148	
造纸及纸制品业	5	2	7 992	883	356
印刷业	10	8	4 245	3 078	3 106
石油加工及炼焦业	3	1	59 365	8 618	309
化学原料及化学制品制造业	25	11	412 132	41 492	7 604
医药制造业	3		15 168	3 760	204
化学纤维制造业	2	1	386	279	411
橡胶制品业	2	1	1 340	486	140
塑料制品业	1		300	120	
非金属矿物制品业	24	15	17 270	4 285	3 234
黑色金属冶炼及压延加工业	5	3	57 887	10 421	25 076
有色金属冶炼及压延加工业	7	3	196 988	43 482	47 677
金属制品业	9	4	17 192	3 569	5 839
普通机械制造业	16	6	48 006	10 906	12 316
专用设备制造业	26	7	20 603	9 624	7 198
交通运输设备制造业	40	6	154 158	34 457	36 115
武器弹药制造业	10	2	29 605	7 978	3 998
电气机械及器材制造业	5	1	19 688	3 094	3 355
电子及通信设备制造业	7	2	17 299	6 359	4 051
仪器仪表及文化、办公用机械制造业	8	3	11 377	6 147	6 674
其他制造业	1		34	18	
四、电力、煤气及水的生产和供应业	109	41	2 038 226	309 833	277 999
电力、蒸汽、热水的生产和供应业	75	27	1 643 102	250 952	250 904
煤气生产和供应业	4	1	99 879	24 036	6 480
自来水的生产和供应业	30	13	295 245	34 845	20 615
五、建筑业	46	16	108 714	18 364	14 357

5—14 续表　　　　(1996 年)

行　　业	施工项目（个）	全部建成投产项目（个）	施工项目计划总投资（万元）	本年完成投资额（万元）	本年新增固定资产（万元）
土木工程建筑业	35	13	96 996	14 591	10 973
线路、管道和设备安装业	11	3	11 718	3 773	3 384
六、地质勘查业、水利管理业	47	17	164 778	26 617	8 655
地质勘查业	14	3	16 861	3 539	3 069
水利管理业	33	14	147 917	23 078	5 586
七、交通运输、仓储及邮电通信业	232	115	1 182 138	272 030	134 026
铁路运输业	7		643 151	78 517	13 181
公路运输业	73	40	248 806	42 306	48 546
管道运输业	1		77 400	45 286	
航空运输业	3	1	14 973	2 648	6 590
交通运输辅助业	26	14	23 283	19 630	18 721
其他交通运输业	2	2	3 445	214	3 445
仓储业	17	9	6 103	2 472	3 042
邮电通信业	103	49	164 977	80 957	40 501
八、批发和零售贸易、餐饮业	211	109	213 829	69 322	29 481
食品、饮料、烟草和家庭日用品批发业	72	33	31 177	12 752	9 749
能源、材料和机械电子设备批发业	44	26	16 509	5 639	5 648
其他批发业	15	10	5 026	4 676	827
零售业	70	33	158 580	45 351	12 473
餐饮业	10	7	2 537	904	784
九、金融、保险业	132	74	73 595	31 685	22 580
金融业	121	69	70 461	29 981	22 006
保险业	11	5	3 134	1 704	574
十、房地产业	21	10	9 037	4 761	3 964
房地产开发与经营业	1		50	23	
房地产管理业	18	9	8 531	4 471	3 908
房地产代理与经纪业	2	1	456	267	56
十一、社会服务业	106	58	196 679	74 768	38 801
公共设施服务业	61	35	180 184	69 289	34 252
居民服务业	4	1	3 090	890	280
旅馆业	33	18	11 484	3 550	2 845
旅游业	1	1	150	150	150
娱乐服务业	2	1	1 181	412	1 008
其他社会服务业	5	2	590	477	266
十二、卫生、体育和社会福利业	151	90	34 572	15 983	11 963
卫　生	125	79	25 187	13 514	9 811
体　育	8	3	3 912	650	1 692
社会福利保障业	18	8	5 473	1 819	460
十三、教育、文化艺术及广播电影电视业	574	343	344 590	89 099	91 170
教　育	501	307	267 513	76 821	76 100
文化艺术	46	21	26 506	7 803	3 103
广播电影电视业	27	15	50 571	4 475	11 967
十四、科学研究和综合技术服务业	53	22	140 968	25 465	26 103
科学研究业	32	8	127 412	21 834	23 584
综合技术服务业	21	14	13 556	3 631	2 519
十五、国家机关、政党机关和社会团体	652	353	207 930	96 464	61 630
国家机关	614	337	191 352	89 906	57 068
政党机关	30	12	13 519	5 116	4 023
社会团体	8	4	3 059	1 442	539
十六、其他行业	20	6	138 720	35 203	9 369

5—15 地方国民经济各行业基本建设施工、投产项目个数及新增固定资产

（1996 年）

行业	施工项目（个）	全部建成投产项目（个）	施工项目计划总投资（万元）	本年完成投资额（万元）	本年新增固定资产（万元）
总计	**2 284**	**1 253**	**3 293 900**	**801 927**	**455 742**
一、农、林、牧、渔业	83	50	17 256	5 917	4 843
农业	5	3	3 781	1 183	809
林业	16	11	2 124	904	486
畜牧业	6	2	4 675	538	904
渔业	1	1	104	40	104
农、林、牧、渔服务业	55	33	6 572	3 252	2 540
二、采掘业	45	14	198 139	54 656	39 966
煤炭采选业	20	3	123 899	14 505	3 998
石油和天然气开采业	5	4	26 420	26 412	26 172
有色金属矿采选业	10	4	32 982	11 839	8 230
非金属矿采选业	2	1	980	780	180
其他矿采选业	1		1 536	437	46
木材及竹材采运业	7	2	12 322	683	1 340
三、制造业	200	100	699 138	108 438	51 213
食品加工业	21	14	6 759	5 324	1 889
食品制造业	10	6	14 966	4 962	1 435
饮料制造业	6	2	9 233	579	403
纺织业	25	15	19 653	8 529	10 905
皮革、毛皮、羽绒及其制品业	2	1	1 270	680	320
木材加工及竹、藤、棕、草制品业	2	1	2 084	1 007	1 056
家具制造业	1		260	148	
造纸及纸制品业	5	2	7 992	883	356
印刷业	9	8	3 216	2 142	3 106
石油加工及炼焦业	3	1	59 365	8 618	309
化学原料及化学制品制造业	22	10	408 197	40 113	6 285
医药制造业	3		15 168	3 760	204
化学纤维制造业	2	1	386	279	411
橡胶制品业	2	1	1 340	486	140
塑料制品业	1		300	120	
非金属矿物制品业	22	13	17 122	4 187	3 098
黑色金属冶炼及压延加工业	4	3	33 787	4 698	1 776
有色金属冶炼及压延加工业	3	3	33 582	1 839	810
金属制品业	7	3	12 910	1 168	4 622
普通机械制造业	12	6	21 097	4 505	7 169
专用设备制造业	17	4	9 733	5 063	2 469
交通运输设备制造业	4	1	1 103	477	200
电气机械及器材制造业	4	1	928	595	140
电子及通信设备制造业	6	1	14 349	6 136	1 168
仪器仪表及文化、办公用机械制造业	6	3	4 304	2 122	2 942
其他制造业	1		34	18	
四、电力、煤气及水的生产和供应业	82	33	609 926	102 549	46 626
电力、蒸汽、热水的生产和供应业	48	19	214 802	43 668	19 531
煤气生产和供应业	4	1	99 879	24 036	6 480
自来水的生产和供应业	30	13	295 245	34 845	20 615
五、建筑业	20	9	67 495	6 537	1 181
土木工程建筑业	19	8	67 260	6 302	946
线路、管道和设备安装业	1	1	235	235	235

5—15 续表 (1996 年)

行　　业	施工项目（个）	全部建成投产项目（个）	施工项目计划总投资（万元）	本年完成投资额（万元）	本年新增固定资产（万元）
六、地质勘查业、水利管理业	33	13	147 451	22 381	5 254
地质勘查业	2		419	59	
水利管理业	31	13	147 032	22 322	5 254
七、交通运输、仓储及邮电通信业	138	71	587 193	145 666	94 458
铁路运输业	2		159 527	995	1 651
公路运输业	71	38	248 558	42 104	48 298
管道运输业	1		77 400	45 286	
交通运输辅助业	26	14	23 283	19 630	18 721
其他交通运输业	2	2	3 445	214	3 445
仓储业	14	8	4 703	1 937	2 662
邮电通信业	22	9	70 277	35 500	19 681
八、批发和零售贸易、餐饮业	202	105	212 579	68 712	29 075
食品、饮料、烟草和家庭日用品批发业	65	30	30 335	12 353	9 550
能源、材料和机械电子设备批发业	44	26	16 509	5 639	5 648
其他批发业	14	9	4 818	4 605	620
零售业	69	33	158 380	45 211	12 473
餐饮业	10	7	2 537	904	784
九、金融、保险业	3	2	8 261	880	245
金融业	2	1	8 216	835	200
保险业	1	1	45	45	45
十、房地产业	21	10	9 037	4 761	3 964
房地产开发与经营业	1		50	23	
房地产管理业	18	9	8 531	4 471	3 908
房地产代理与经纪业	2	1	456	267	56
十一、社会服务业	106	58	196 679	74 768	38 801
公共设施服务业	61	35	180 184	69 289	34 252
居民服务业	4	1	3 090	890	280
旅馆业	33	18	11 484	3 550	2 845
旅游业	1	1	150	150	150
娱乐服务业	2	1	1 181	412	1 008
其他社会服务业	5	2	590	477	266
十二、卫生、体育和社会福利业	146	87	32 201	15 490	11 601
卫　生	122	78	22 926	13 083	9 566
体　育	7	2	3 840	633	1 620
社会福利保障业	17	7	5 435	1 774	415
十三、教育、文化艺术及广播电影电视业	539	340	168 727	60 958	56 928
教　育	468	304	91 900	48 700	41 858
文化艺术业	44	21	26 256	7 783	3 103
广播电影电视业	27	15	50 571	4 475	11 967
十四、科学研究和综合技术服务业	22	16	5 277	2 928	2 741
科学研究业	5	4	1 230	846	1 069
综合技术服务业	17	12	4 047	2 082	1 672
十五、国家机关、政党机关和社会团体	626	339	203 381	93 193	59 477
国家机关	588	323	186 803	86 635	54 915
政党机关	30	12	13 519	5 116	4 023
社会团体	8	4	3 059	1 442	539
十六、其他行业	18	6	131 160	34 093	9 369

5—16　基本建设大中型项目一览表

（1996年）　　　　单位:万元

建设项目名称	开工时间	全投时间	计划总投资	累计完成投资	累计新增固定资产	本年计划投资
西安化工厂	1990.11	1996.08	17 055	17 055	16 389	555
西安交通大学	1984.10		30 150	26 214	21 396	1 870
西安市黑河引水工程	1987.12		225 700	125 902	3 742	24 000
西安电力机械制造公司	1990.11		18 760	18 118	6 196	2 724
西安市西郊热电厂	1990.06		36 369	23 108	10 946	2 500
西安市天然气城市气化工程	1994.12		63 885	26 306	713	18 000
铜川矿务局	1970.01		150 000	90 855	52 945	7 750
宝鸡第二发电有限责任公司	1996.10		372 617	39 159		43 000
陕西铅峒山铅锌矿	1994.12	1996.12	17 283	18 121	15 592	7 426
渭河电厂建设公司	1992.09	1996.12	123 341	220 800	218 402	41 300
东雷抽黄工程	1990.07		88 726	46 630	2 808	16 805
渭南至潼关高速公路	1996.12		141 045	4 455		14 247
陕西省渭河化肥厂	1990.12		304 912	309 084	1 949	
韩城矿务局	1970.01		102 321	102 112	68 295	10 611
陕西省华山化肥总厂	1995.12		62 800	15 574	2 885	21 000
蒲白矿务局	1970.01		114 030	77 383	44 808	7 840
蒲城发电厂	1990.11		243 451	240 684	7 613	53 300
澄合矿务局	1970.01		59 000	56 746	49 080	2 300
汉中二郎坝水电工程建设局	1991.04		35 866	7 388	238	4 045
黄陵矿区管理委员会	1990.03		182 543	121 711	6 760	13 433
神榆铁路	1992.05		53 808	3 208	89	154
长庆油田	1996.01	1996.12	175 346	176 764	85 240	175 346
定边供水工程	1990.07		22 466	18 843	1 100	1 641
陕西汽车制造总厂	1986.06		7 645	4 971	3 491	1 880
宝成复线阳平关—上西坝段	1993.07		49 222	22 977	56	5 059
神华集团神府公司	1985.10		636 559	330 890	274 478	83 380
神华集团自备电厂	1993.04		119 165	67 802		30 000
何家塔煤矿	1994.04		45 691	2 442	31	1 000
西延铁路	1973.01		105 719	116 064	91 038	5 500
蒲城电厂送出	1992.12		70 726	36 651	18 314	10 200
渭河电厂送出	1992.05		121 053	55 579	32 000	22 000
陕西天然气管道建设指挥部	1995.07		77 400	49 188	71	56 230
临潼渭南高速公路	1994.11	1996.12	51 700	36 052	36 052	28 900
西安至安康铁路建设总指挥部	1995.01		264 000	75 000		60 000

5—16 续表　　　　　　　　　　　　　　（1996 年）

建设项目名称	本年完成投资合计（万元）	本年新增固定资产（万元）	建设规模和新增生产能力（或效益）				
			名称	计量单位	建设规模	新增能力	
						累计	本年新增
西安化工厂	36	34	电石	吨/年	90 000	90 000	
西安交通大学	1 870	667	学生席位	个	7 000	2 570	
西安市黑河引水工程	20 718	175	城市自来水供水能力	万吨/日	110	50	15
西安电力机械制造公司	2 499	3 215	火力发电	万千瓦	5	2.5	
西安市西郊热电厂	1 664		火力发电	万千瓦	5	2.5	
西安市天燃气城市气化工程	18 006	333	城市天然气储气能力	万立方米	4		
铜川矿务局	7 876	319	原煤开采	万吨/年	1 087.00	937.00	
宝鸡第二发电有限责任公司	39 159		火力发电	万千瓦	120.00		
陕西铅峒山铅锌矿	8 264	14 336	铅锌采矿（原矿）	万吨/年	26.40	26.40	26.40
渭河电厂建设公司	41 300	217 275	火力发电	万千瓦	60.00	6.00	
东雷抽黄工程	8 313	2 425	有效灌溉面积	万亩	126.50		
渭南至潼关高速公路	4 455		高速公路	公里	78.00		
陕西省渭河化肥厂	13 396		合成氨	吨/年	300 000		
韩城矿务局	11 027	4 708	原煤开采	万吨/年	480.00	360.00	
陕西省华山化肥总厂	15 574	2 885	合成氨	吨/年	80 000		
蒲白矿务局	7 840	421	原煤开采	万吨/年	360.00	270.00	
蒲城发电厂	53 300	185	火力发电	万千瓦	66.00		
澄合矿务局	2 009		原煤开采	万吨/年	360.00	330.00	
汉中二郎坝水电工程建设局	2 385		水力发电	万千瓦	4.60		
黄陵矿区管理委员会	13 433		原煤开采	万吨/年	420.00		
神榆铁路	154	69	新建铁路	公里	137.00		
长庆油田	176 764	85 240	天然原油开采	万吨/年	44.50	44.50	44.50
宝成复线阳平关—上西坝段	5 059	36	增建铁路第二线里程	公里	23.00		
神华集团神府公司	62 426	48 724	砂煤开采	万吨/年	600.00	360.00	
神华集团自备电厂	25 773		火力发电	万千瓦	20.00		
何家塔煤矿	655		原煤开采	万吨/年	120.00		
西延铁路	841	1 582	新建铁路	公里	334	315	
蒲城电厂送出	10 140	2 670	输电线路长度（11 万伏以上）	公里	259.00	259.00	35.00
			变电设备能力（11 万伏以上）	万千伏安	87.00		
渭河电厂送出	12 600		输电设备能力（11 万伏以上）	公里	655.00	188.00	
			变电设备能力（11 万伏以上）	万千伏安	93.00	15.00	
陕西天然气管道建设指挥部	45 286		天然气管输	公里	488.5		
临潼渭南高速公路	16 173	36 052	高速公路	公里	40.77	40.77	40.77
西安至安康铁路建设总指挥部	60 000		电气化铁路主线	公里	267.80		

5—17 基本建设新增生产能力或效益

(1996 年)

名　　称	计　量 单　位	能力或 效　益	名　　称	计　量 单　位	能力或 效　益
洗煤	万吨/年	45	长途电缆	皮长公里	197
天然原油	万吨/年	2	新建微波电路	公里	547
铜选矿:处理原矿	万吨/年	1	市内电话自动交换机	门	117 108
铅锌采矿(原矿)	万吨/年	26	长途自动电话交换设备	路端	1 810
铅锌选矿:(1)处理原矿	万吨/年	26	耕地面积	万亩	1
锌精矿	万吨/年	2	造林面积	万亩	5
(2)铅含量	吨/年	2 340	有效灌溉面积	万亩	1
锌含量	吨/年	13 118	粮食仓库	万公斤	3 586
铅冶炼	吨/年	1 000		平方米	13 122
镁冶炼	吨/年	450	商业饮食服务网点	处	58
金采矿(原矿)	万吨/年	6		平方米	66 482
金选矿:(1)处理原矿	吨/年	49 500	高等院校:学生席位	个	600
(2)金精(块)矿	吨/年	400	建筑面积	平方米	175 770
(3)金含量	公斤/年	28	中等学校:学生席位	个	138 624
矿山成品金	公斤/年	457	建筑面积	平方米	546 778
银采矿(原矿)	万吨/年	10	小学校:学生席位	个	61 919
银选矿:(1)处理原矿	吨/年	99 000	建筑面积	平方米	154 154
(2)银含量	公斤/年	11 600	其他院校:学生席位	个	6 213
水力发电	万千瓦	1	建筑面积	平方米	22 430
火力发电	万千瓦	3	公共图书馆建筑面积	平方米	1 768
输电线路长度(11 万伏及以上)	公里	35	文化馆	平方米	247
木材采运	万立方米/年	7	医院病床	张	1 281
桑蚕缫丝机	绪	3 000	宾馆、旅馆、招待所客房数	间	461
载客汽车购置	辆	5	城市自来水供水能力	万吨/日	75
小汽车购置	辆	54	城市自来水管道长度	公里	42
新建公路	公里	158	城市供热能力:蒸汽	吨/小时	350
#高速公路	公里	41	热水	兆瓦/小时	4
改建公路	公里	194	城市道路扩建长度	公里	57
新建独立公路桥梁	延长米	1 427	城市道路扩建面积	万平方米	120
	座	20	城市排水管道铺设长度	公里	37
新(扩)建客、货运站	个	5	城市污水处理能力	万吨/日	3
	平方米	16 053	城市永久性桥梁	座	3

5—18 各地市按隶属关系和建设性质分的基本建设投资

（1996年）

单位:万元

地　区	总　计	#地　方	#省　属	#新　建	#扩　建	#改　建
全　　省	**1 646 003**	**801 927**	**234 456**	**1 042 589**	**332 087**	**112 147**
关　　中	**875 106**	**504 279**	**115 191**	**403 143**	**266 630**	**85 651**
西安市	383 641	266 854	45 423	148 134	124 963	44 717
铜川市	28 870	17 571	3 698	11 142	6 272	6 482
宝鸡市	125 377	54 222	8 123	73 220	17 485	13 579
咸阳市	156 266	80 291	11 044	57 881	72 453	10 557
渭南市	180 952	85 341	46 903	112 766	45 457	10 316
陕　　南	**151 815**	**78 569**	**13 523**	**84 867**	**33 854**	**10 209**
汉中市	86 590	34 733	11 786	56 847	14 290	4 864
安康地区	43 891	26 755	822	22 319	9 518	5 103
商洛地区	21 334	17 081	915	5 701	10 046	242
陕　　北	**152 103**	**124 868**	**11 686**	**96 519**	**22 964**	**16 287**
延安市	48 597	28 840	3 065	28 655	9 739	1 792
榆林地区	103 506	96 028	8 621	67 864	13 225	14 495
不分地区	466 979	94 211	94 056	458 060	8 639	

5—19 各地市按构成和工程用途分的基本建设投资

（1996年）

单位:万元

地　区	按构成分			按工程用途分				
	#建筑工程	#安装工程	#设备、工具器具购置	农林牧渔业	工业、建筑业	商业运输邮电业	住　宅	其　他
全　　省	**994 737**	**136 269**	**213 958**	**15 390**	**847 799**	**244 760**	**236 904**	**301 150**
关　　中	**527 719**	**50 084**	**105 777**	**11 516**	**328 849**	**121 918**	**178 468**	**234 355**
西安市	274 095	9 805	44 192	735	70 650	67 475	111 650	133 131
铜川市	19 242	1 738	910	114	10 647	1 701	6 141	10 267
宝鸡市	77 692	5 966	8 913	494	50 508	10 597	25 818	37 960
咸阳市	92 903	16 826	14 293	105	72 905	29 321	20 215	33 720
渭南市	63 787	15 749	37 469	10 068	124 139	12 824	14 644	19 277
陕　　南	**89 209**	**3 848**	**31 181**	**528**	**68 011**	**28 007**	**27 483**	**27 786**
汉中市	39 659	1 473	24 502	73	53 007	7 730	12 086	13 694
安康地区	30 895	2 142	5 391	380	12 766	17 630	7 258	5 857
商洛地区	18 655	233	1 288	75	2 238	2 647	8 139	8 235
陕　　北	**98 404**	**11 157**	**24 213**	**872**	**77 082**	**14 916**	**21 510**	**37 723**
延安市	29 625	5 003	1 599	106	22 069	2 985	10 789	12 648
榆林地区	68 779	6 154	22 614	766	55 013	11 931	10 721	25 075
不分地区	279 405	71 180	52 787	2 474	373 857	79 919	9 443	1 286

5—20 各地市按国民经济行业分的基本建设投资

（1996年）

单位：万元

地区	总计	农、林、牧、渔业	采掘业	制造业	电力、煤气及水的生产和供应业	建筑业	地质勘查业、水利管理业	交通运输、仓储及邮电通信业
全省	**1 646 003**	**5 917**	**348 766**	**221 726**	**309 833**	**18 364**	**26 617**	**272 030**
关中	**875 106**	**3 041**	**59 457**	**155 887**	**209 082**	**15 838**	**22 192**	**71 274**
西安市	383 641	1 304	324	64 619	46 853	5 370	3 033	44 453
铜川市	28 870	168	9 872	3 114	1 640	1 310	2 473	348
宝鸡市	125 377	1 000	17 666	23 104	44 812	2 626	759	2 648
咸阳市	156 266	293	6 175	30 703	49 840	4 784	3 885	13 157
渭南市	180 952	276	25 420	34 347	65 937	1 748	12 042	10 668
陕南	**151 815**	**1 662**	**4 503**	**51 693**	**17 751**	**173**	**888**	**25 791**
汉中市	86 590	408	3 277	49 708	4 454		517	5 321
安康地区	43 891	683	30	1 353	11 896	11	203	17 891
商洛地区	21 334	571	1 196	632	1 401	162	168	2 579
陕北	**152 103**	**1 214**	**44 961**	**11 036**	**26 487**	**233**	**977**	**13 374**
延安市	48 597	68	15 291	8 496	2 019	129	962	2 539
榆林地区	103 506	1 146	29 670	2 540	24 468	104	15	10 835
不分地区	466 979		239 845	3 110	56 513	2 120	2 560	161 591

地区	批发和零售贸易餐饮业	金融保险业	房地产业	社会服务业	卫生、体育和社会福利业	教育、文化艺术及广播电影电视业	科学研究和综合技术服务业	国家机关、政党机关和社会团体	其他行业
全省	**69 322**	**31 685**	**4 761**	**74 768**	**15 983**	**89 099**	**25 465**	**96 464**	**35 203**
关中	**60 099**	**16 824**	**4 263**	**65 199**	**11 151**	**66 267**	**24 147**	**56 087**	**34 298**
西安市	37 607	2 827	3 359	47 755	5 119	45 042	21 443	26 562	27 971
铜川市	516	1 671	210	300	115	2 441		4 692	
宝鸡市	10 084	2 808	679	1 702	3 377	6 223	638	6 363	888
咸阳市	10 158	6 461	15	10 666	961	8 796	1 445	3 698	5 229
渭南市	1 734	3 057		4 776	1 579	3 765	621	14 772	210
陕南	**6 540**	**8 276**	**248**	**5 188**	**2 343**	**13 268**	**50**	**12 855**	**586**
汉中市	4 006	4 801	119	3 264	897	5 072	50	4 595	101
安康地区	1 689	1 136	46	1 272	625	3 267		3 304	485
商洛地区	845	2 339	83	652	821	4 929		4 956	
陕北	**2 683**	**6 585**	**250**	**4 381**	**2 489**	**9 074**	**518**	**27 522**	**319**
延安市	1 007	4 046	250	3 552	1 688	3 059	182	5 309	
榆林地区	1 676	2 539		829	801	6 015	336	22 213	319
不分地区						490	750		

5—21 各地市基本建设施工、投产项目个数及新增固定资产

(1996年)

地区	施工项目(个)	全部建成投产项目(个)	施工项目计划总投资(万元)	本年完成投资额(万元)	本年新增固定资产(万元)	固定资产交付使用率(%)
全省	**2 773**	**1 440**	**7 127 812**	**1 646 003**	**1 117 241**	**67.88**
关中	**1 492**	**673**	**4 153 872**	**875 106**	**657 748**	**75.16**
西安市	512	198	1 486 101	383 641	225 259	58.72
铜川市	102	51	233 957	28 870	16 059	55.63
宝鸡市	338	166	682 144	125 377	79 883	63.71
咸阳市	278	137	464 174	156 266	282 150	180.56
渭南市	262	121	1 287 496	180 952	54 397	30.06
陕南	**813**	**478**	**480 160**	**151 815**	**139 432**	**91.84**
汉中市	288	176	332 429	86 590	89 406	103.25
安康地区	332	197	105 775	43 891	33 082	75.37
商洛地区	193	105	41 956	21 334	16 944	79.42
陕北	**440**	**283**	**606 033**	**152 103**	**96 868**	**63.69**
延安市	178	117	323 366	48 597	24 237	49.87
榆林地区	262	166	282 667	103 506	72 631	70.17
不分地区	28	6	1 887 747	466 979	223 193	47.80

5—22 各地市基本建设房屋建筑面积及造价

(1996年)

地区	本年施工房屋面积(万平方米)	#住宅	本年竣工房屋面积(万平方米)	#住宅	本年竣工房屋价值(万元)	竣工房屋造价(元/平方米)
全省	**1 213.41**	**704.14**	**527.26**	**322.29**	**362 550**	**687.6**
关中	**895.18**	**530.56**	**347.61**	**223.77**	**252 462**	**726.3**
西安市	499.46	316.16	177.99	124.02	139 858	785.8
铜川市	25.43	17.56	11.52	6.69	8 040	697.9
宝鸡市	131.92	76.95	56.27	31.73	34 114	606.3
咸阳市	131.91	65.74	60.98	35.32	41 512	680.7
渭南市	106.46	54.15	40.85	26.01	28 938	708.4
陕南	**180.72**	**103.03**	**99.11**	**55.43**	**54 535**	**550.2**
汉中市	85.67	46.79	46.98	25.61	30 037	639.4
安康地区	44.74	25.81	24.78	14.85	11 928	481.4
商洛地区	50.31	30.43	27.35	14.97	12 570	459.6
陕北	**111.16**	**57.86**	**65.10**	**33.26**	**43 161**	**663.0**
延安市	41.54	22.22	23.25	12.88	19 999	860.2
榆林地区	69.62	35.64	41.85	20.38	23 162	553.5
不分地区	26.35	12.69	15.44	9.83	12 392	802.6

5—23 各地市基本建设项目资金来源

（1996 年）

单位：万元

地区	一、本年资金来源合计	#本年资金来源小计	(1)国家预算内资金	(2)国内贷款	(3)债券	(4)利用外资	#外商直接投资	#对外借款
全省	**1 699 995**	**1 646 400**	**184 380**	**423 164**	**5 566**	**166 054**	**98 782**	**44 532**
关中	**911 158**	**874 648**	**100 533**	**185 605**	**1 420**	**71 776**	**21 997**	**29 550**
西安市	414 725	392 759	48 820	62 159		25 028	14 800	
铜川市	36 283	34 535	5 822	9 721	1 400			
宝鸡市	140 627	135 040	18 759	21 461		4 471	107	364
咸阳市	127 648	124 743	14 500	21 323		4 160	3 940	
渭南市	191 875	187 571	12 632	70 941	20	38 117	3 150	29 186
陕南	**155 932**	**147 562**	**46 739**	**16 741**	**4 146**	**1 424**	**752**	**672**
汉中市	87 448	82 855	43 583	7 859		39		39
安康地区	46 715	43 442	2 292	6 384	4 146	353	208	145
商洛地区	21 769	21 265	864	2 498		1 032	544	488
陕北	**143 764**	**140 078**	**12 790**	**40 915**		**81**	**50**	**20**
延安市	48 495	47 449	9 951	18 637		70	50	20
榆林地区	95 269	92 629	2 839	22 278		11		
不分地区	489 141	484 112	24 318	179 903		92 773	75 983	14 290

地区	(5)自筹资金	#企事业单位自有资金	#发行股票	(6)其他资金来源	#集资	二、本年各项应付款合计	#工程款	#设备器材款
全省	**668 954**	**271 701**	**3 348**	**198 282**	**148 337**	**182 308**	**158 032**	**9 493**
关中	**361 011**	**179 784**	**3 251**	**154 303**	**107 528**	**111 767**	**92 483**	**7 186**
西安市	169 425	98 851	3 110	87 327	58 058	39 669	30 246	4 961
铜川市	13 055	8 987		4 537	3 836	3 132	2 537	458
宝鸡市	70 203	23 383	141	20 146	18 548	2 966	2 118	545
咸阳市	62 176	34 295		22 584	14 412	45 387	40 836	760
渭南市	46 152	14 268		19 709	12 674	20 613	16 746	462
陕南	**53 378**	**22 622**	**78**	**25 134**	**23 052**	**11 057**	**9 363**	**582**
汉中市	22 808	10 127		8 566	8 312	6 572	5 919	381
安康地区	22 321	10 096	78	7 946	6 809	3 675	2 734	101
商洛地区	8 249	2 399		8 622	7 931	810	710	100
陕北	**67 447**	**32 398**	**19**	**18 845**	**17 757**	**18 029**	**14 993**	**1 725**
延安市	12 974	2 735		5 817	5 365	3 027	2 979	48
榆林地区	54 473	29 663	19	13 028	12 392	15 002	12 014	1 677
不分地区	187 118	36 897				41 455	41 193	

5—24 全省按国民经济行业及构成分的更新改造投资

(1996 年)　　　　单位:万元

行　　业	投资额	建筑工程	安装工程	设备工器具购置	其他费用
总　计	**787 979**	**148 489**	**84 390**	**479 415**	**75 685**
一、农、林、牧、渔业	109	24	0	85	0
畜牧业	109	24	0	85	0
二、采掘业	71 812	24 555	7 755	30 643	8 859
煤炭采选业	30 582	10 193	3 145	15 455	1 789
石油和天然气开采业	20 152	5 338	2 004	7 028	5 782
黑色金属矿采选业	87	44	9	21	13
有色金属矿采选业	20 949	8 941	2 597	8 136	1 275
非金属矿采选业	42	39	0	3	0
三、制造业	353 649	53 106	37 092	208 115	55 336
食品加工业	2 325	1 001	178	953	193
食品制造业	1 450	720	20	605	105
饮料制造业	9 274	1 640	1 815	4 776	1 043
烟草加工业	9 823	394	710	7 933	786
纺织业	22 143	1 627	701	17 807	2 008
服装及其他纤维制品制造业	299	14	0	283	2
皮革、毛皮、羽绒及其制品业	700	610	0	50	40
造纸及纸制品业	11 649	330	7 481	2 972	866
印刷业	8 167	386	10	7 709	62
文教体育用品制造业	746	28	4	714	0
石油加工及炼焦业	38 558	8 543	8 481	10 134	11 400
化学原料及化学制品制造业	40 737	5 863	5 052	18 413	11 409
医药制造业	6 278	1 948	325	2 210	1 795
化学纤维制造业	17	7	0	0	10
橡胶制品业	1 924	142	168	1 344	270
塑料制品业	198	80	6	112	0
非金属矿物制品业	17 574	5 347	1 426	8 352	2 449
黑色金属冶炼及压延加工业	29 156	8 186	2 482	11 458	7 030
有色金属冶炼及压延加工业	14 781	3 177	3 355	7 189	1 060
金属制品业	999	253	15	701	30
普通机械制造业	8 767	1 430	598	5 997	742
专用设备制造业	30 022	2 448	578	22 023	4 973
交通运输设备制造业	34 845	1 644	1 613	26 427	5 161
武器弹药制造业	5 066	512	69	2 999	1 486
电气机械及器材制造业	16 935	3 982	740	11 272	941
电子及通信设备制造业	37 545	2 688	933	32 499	1 425
仪器仪表及文化、办公用机械制造业	3 671	106	332	3 183	50

5—24 续表　　　　(1996 年)　　　　单位:万元

行　　业	投资额	建筑工程	安装工程	设备工器具购置	其他费用
四、电力、煤气及水的生产和供应业	41 513	10 803	5 224	24 403	1 083
电力、蒸汽、热水的生产和供应业	38 597	8 475	4 911	24 401	810
煤气生产和供应业	860	590	0	0	270
自来水的生产和供应业	2 056	1 738	313	2	3
五、建筑业	9 517	1 153	0	8 364	0
土木工程建筑业	7 032	1 149	0	5 883	0
线路、管道和设备安装业	2 485	4	0	2 481	0
六、地质勘查业、水利管理业	40	0	0	40	0
地质勘查业	40	0	0	40	0
七、交通运输、仓储及邮电通信业	281 047	43 098	33 465	200 419	4 065
铁路运输业	43 877	30 324	1 048	10 175	2 330
公路运输业	1 247	84	0	1 163	0
航空运输业	2 304	1 614	250	0	440
交通运输辅助业	5 235	4 643	0	342	250
仓储业	894	759	46	89	0
邮电通信业	227 490	5 674	32 121	188 650	1 045
八、批发和零售贸易、餐饮业	10 149	7 981	576	375	1 217
食品、饮料、烟草和家庭日用品批发业	2 983	2 308	0	23	652
能源、材料和机械电子设备批发业	753	150	546	57	0
其他批发业	28	28	0	0	0
零售业	5 575	5 345	0	135	95
餐饮业	810	150	30	160	470
九、金融、保险业					
十、房地产业	262	262	0	0	0
房地产管理业	262	262	0	0	0
十一、社会服务业	14 159	6 272	132	2 844	4 911
公共设施服务业	13 133	5 898	0	2 547	4 688
旅馆业	1 026	374	132	297	223
十二、卫生、体育和社会福利业	590	1	0	589	0
卫　生	590	1	0	589	0
十三、教育、文化艺术及广播电影电视业	623	443	0	109	71
教　育	480	371	0	109	0
广播电影电视业	143	72	0	0	71
十四、科学研究和综合技术服务业	2 421	492	131	1 655	143
科学研究业	1 466	338	131	940	57
综合技术服务业	955	154	0	715	86
十五、国家机关、政党机关和社会团体	2 088	299	15	1 774	0
国家机关	2 088	299	15	1 774	0

5—25 地方按国民经济行业及构成分的更新改造投资

（1996 年） 单位：万元

行业	投资额	建筑工程	安装工程	设备工器具购置	其他费用
总计	**362 631**	**77 517**	**40 469**	**194 691**	**49 954**
一、农、林、牧、渔业	109	24		85	
畜牧业	109	24		85	
二、采掘业	9 491	4 677	698	3 190	926
煤炭采选业	943	679	38	216	10
石油和天然气开采业	2 265	1 013	31	1 221	
黑色金属矿采选业	87	44	9	21	13
有色金属矿采选业	6 154	2 902	620	1 729	903
非金属矿采选业	42	39		3	
三、制造业	232 066	42 172	32 056	115 994	41 844
食品加工业	2 325	1 001	178	953	193
食品制造业	1 450	720	20	605	105
饮料制造业	9 274	1 640	1 815	4 776	1 043
烟草加工业	300			300	
纺织业	22 143	1 627	701	17 807	2 008
服装及其他纤维制品制造业	299	14		283	2
皮革、毛皮、羽绒及其制品业	700	610		50	40
造纸及纸制品业	11 649	330	7 481	2 972	866
印刷业	3 095	38	10	3 037	10
文教体育用品制造业	746	28	4	714	
石油加工及炼焦业	38 558	8 543	8 481	10 134	11 400
化学原料及化学制品制造业	37 214	4 171	4 744	17 290	11 009
医药制造业	3 778	767	325	1 676	1 010
化学纤维制造业	17	7			10
橡胶制品业	1 924	142	168	1 344	270
塑料制品业	198	80	6	112	
非金属矿物制品业	17 186	5 117	1 426	8 214	2 429
黑色金属冶炼及压延加工业	29 051	8 124	2 467	11 430	7 030
有色金属冶炼及压延加工业	8 727	1 552	2 389	4 327	459
金属制品业	511	3	1	477	30
普通机械制造业	8 155	1 364	569	5 623	599
专用设备制造业	15 242	2 136	418	10 411	2 277
交通运输设备制造业	740	10	3	698	29
电气机械及器材制造业	16 935	3 982	740	11 272	941
电子及通信设备制造业	1 455	156	102	1 145	52
仪器仪表及文化、办公用机械制造业	394	10	8	344	32

5—25 续表　　(1996年)　　单位:万元

行　　业	投资额	建筑工程	安装工程	设备工器具购　置	其他费用
四、电力、煤气及水的生产和供应业	8 343	5 137	803	1 915	488
电力、蒸汽、热水的生产和供应业	5 427	2 809	490	1 913	215
煤气生产和供应业	860	590			270
自来水的生产和供应业	2 056	1 738	313	2	3
五、建筑业	4 354	1 153		3 201	
土木工程建筑业	4 329	1 149		3 180	
线路、管道和设备安装业	25	4		21	
六、地质勘查业、水利管理业					
七、交通运输、仓储及邮电通信业	80 897	9 230	6 189	65 067	411
公路运输业	1 247	84		1 163	
交通运输辅助业	5 235	4 643		342	250
仓储业	400	400			
邮电通信业	74 015	4 103	6 189	63 562	161
八、批发和零售贸易、餐饮业	10 149	7 981	576	375	1 217
食品、饮料、烟草和家庭日用品批发业	2 983	2 308		23	652
能源、材料和机械电子设备批发业	753	150	546	57	
其他批发业	28	28			
零售业	5 575	5 345		135	95
餐饮业	810	150	30	160	470
九、金融、保险业					
十、房地产业	262	262			
房地产管理业	262	262			
十一、社会服务业	14 159	6 272	132	2 844	4 911
公共设施服务业	13 133	5 898		2 547	4 688
旅馆业	1 026	374	132	297	223
十二、卫生、体育和社会福利业					
十三、教育、文化艺术及广播电影电视业	268	156		41	71
教　育	125	84		41	
广播电影电视业	143	72			71
十四、科学研究和综合技术服务业	445	154		205	86
综合技术服务业	445	154		205	86
十五、国家机关、政党机关和社会团体	2 088	299	15	1 774	
国家机关	2 088	299	15	1 774	

5—26　更新改造项目财务拨款资金来源

（1996 年）　　　　单位：万元

指　　标	总　计	按经济类型分		按隶属关系分	
		国有经济单位	其他经济单位	中央单位	地方单位
一、本年资金来源合计	**885 920**	**853 334**	**32 586**	**474 278**	**411 642**
1. 上年末结余资金	121 904	118 405	3 499	69 446	52 458
2. 本年资金来源小计	764 016	734 929	29 087	404 832	359 184
国家预算内资金	11 825	11 785	40	4 191	7 634
国内贷款	259 824	255 608	4 216	92 947	166 877
利用外资	21 256	19 222	2 034	11 416	9 840
#外商直接投资	2 759	725	2 034	675	2 084
对外借款	17 807	17 807		10 741	7 066
#统借统还	6 443	6 443		6 342	101
自筹资金	439 742	418 433	21 309	278 778	160 964
中央各部门自筹	71 379	71 379		71 379	
省自筹	8 722	8 722		5 378	3 344
地（市）自筹	15 434	15 434			15 434
县自筹	5 110	5 107	3	294	4 816
企事业单位自有资金	339 097	317 791	21 306	201 727	137 370
#发行股票	6 512	2	6 510		6 512
(6)其他资金来源	31 369	29 881	1 488	17 500	13 869
#集资	15 184	14 396	788	6 918	8 266
二、本年各项应付款合计	**30 542**	**29 005**	**1 537**	**10 803**	**19 739**
#工程款	8 716	7 904	812	506	8 210
设备、器材款	15 759	15 305	454	9 287	6 472

5—27　能源工业及交通运输、邮电通信业更新改造投资

单位：万元

行　　业	1991 年	1992 年	1993 年	1994 年	1995 年	1996 年
投资总额	**242 730**	**335 921**	**550 215**	**577 309**	**672 049**	**787 979**
能源工业投资合计	41 524	40 251	49 914	58 871	84 168	130 805
煤炭采选业	17 401	16 874	19 348	19 180	22 939	30 582
石油和天然气开采加工业	11 213	7 449	8 901	11 991	27 174	54 770
电力蒸汽热水生产和供应业	11 524	12 415	16 523	21 730	25 419	40 653
# 火力发电机	4 049	3 981	5 027	7 913	7 203	12 573
水力发电业		679	1 126	1 051	532	906
炼焦煤气及煤制品业	1 386	3 513	5 142	5 970	8 636	4 800
交通运输、邮电通信业合计	14 408	27 810	73 798	53 619	191 373	280 153
#铁路运输业	7 613	14 220	18 764	17 932	13 998	43 877
公路运输业	1 896	2 923	2 233	1 212	1 635	1 247
航空运输业	782	1 435	1 372	176	3 009	2 304
邮电通信业	4 117	9 232	50 978	33 570	170 695	227 490

5—28 全省国民经济各行业更新改造施工、投产项目个数及新增固定资产

（1996 年）

行业	施工项目（个）	全部建成投产项目（个）	施工项目计划总投资（万元）	本年完成投资额（万元）	本年新增固定资产（万元）
总　　计	**1 677**	**888**	**1 703 566**	**787 979**	**643 289**
一、农、林、牧、渔业	1		128	109	10
畜牧业	1		128	109	10
二、采掘业	149	71	118 520	71 812	50 331
煤炭采选业	99	41	67 506	30 582	27 942
石油和天然气开采业	14	12	21 329	20 152	9 818
黑色金属矿采选业	1	1	260	87	31
有色金属矿采选业	34	17	29 125	20 949	12 540
非金属矿采选业	1		300	42	
三、制造业	462	204	1 096 564	353 649	348 556
食品加工业	14	9	4 706	2 325	1 530
食品制造业	7	5	1 936	1 450	758
饮料制造业	9	4	18 975	9 274	9 497
烟草加工业	10	3	51 274	9 823	11 974
纺织业	26	13	48 345	22 143	26 531
服装及其他纤维制品制造业	1	1	391	299	391
皮革、毛皮、羽绒及其制品业	2		3 980	700	50
造纸及纸制品业	12	5	30 613	11 649	25 260
印刷业	10	6	13 143	8 167	7 623
文教体育用品制造业	2	2	746	746	746
石油加工及炼焦业	15	6	127 167	38 558	32 514
化学原料及化学制品制造业	42	23	132 890	40 737	27 792
医药制造业	11	4	15 886	6 278	978
化学纤维制造业			3 200	17	
橡胶制品业	3	1	3 696	1 924	168
塑料制品业	3	1	628	198	68
非金属矿物制品业	41	27	58 946	17 574	25 144
黑色金属冶炼及压延加工业	36	16	105 629	29 156	26 668
有色金属冶炼及压延加工业	23	4	53 281	14 781	15 388
金属制品业	7	2	4 845	999	1 003
普通机械制造业	35	11	45 178	8 767	14 498
专用设备制造业	44	21	89 051	30 022	37 067
交通运输设备制造业	50	13	120 732	34 845	17 442
武器弹药制造业	11	4	16 772	5 066	4 114
电气机械及器材制造业	21	8	45 994	16 935	10 623
电子及通信设备制造业	14	8	87 199	37 545	46 425
仪器仪表及文化、办公用机械制造业	13	7	11 361	3 671	4 304

(1996 年)

行业	施工项目（个）	全部建成投产项目（个）	施工项目计划总投资（万元）	本年完成投资额（万元）	本年新增固定资产（万元）
四、电力、煤气及水的生产和供应业	306	260	62 560	41 513	29 343
电力、蒸汽、热水的生产和供应业	302	258	58 545	38 597	27 287
煤气生产和供应业	1		1 490	860	
自来水的生产和供应业	3	2	2 525	2 056	2 056
五、建筑业	2	1	13 136	9 517	8 368
土木工程建筑业	1		10 651	7 032	5 883
线路、管道和设备安装业	1	1	2 485	2 485	2 485
六、地质勘查业、水利管理业			40	40	40
地质勘查业			40	40	40
七、交通运输、仓储及邮电通信业	675	309	348 531	281 047	182 930
铁路运输业	373	123	69 190	43 877	25 108
公路运输业	3	2	1 402	1 247	965
航空运输业	8	5	4 496	2 304	1 564
交通运输辅助业	5	3	5 925	5 235	4 965
仓储业	8	5	1 087	894	164
邮电通信业	278	171	266 431	227 490	150 164
八、批发和零售贸易、餐饮业	19	11	23 087	10 149	10 686
食品、饮料、烟草和家庭日用品批发业	8	2	12 220	2 983	420
能源、材料和机械电子设备批发业	1	1	619	753	768
其他批发业	1	1	28	28	28
零售业	8	6	9 410	5 575	8 660
餐饮业	1	1	810	810	810
九、金融、保险业					
十、房地产业	1	1	100	262	262
房地产管理业	1	1	100	262	262
十一、社会服务业	32	18	25 513	14 159	8 515
公共设施服务业	26	14	24 147	13 133	7 299
旅馆业	6	4	1 366	1 026	1 216
十二、卫生、体育和社会福利业	1	1	627	590	590
卫生	1	1	627	590	590
十三、教育、文化艺术及广播电影电视业	7	3	6 566	623	366
教育	6	3	566	480	366
广播电影电视业	1		6 000	143	
十四、科学研究和综合技术服务业	18	8	6 046	2 421	1 359
科学研究业	16	7	4 712	1 466	392
综合技术服务业	2	1	1 334	955	967
十五、国家机关、政党机关和社会团体	4	1	2 148	2 088	1 933
国家机关	4	1	2 148	2 088	1 933

5—29 地方国民经济各行业更新改造施工、投产项目个数及新增固定资产

（1996 年）　　单位：万元

行　业	施工项目（个）	全部建成投产项目（个）	施工项目计划总投资（万元）	本年完成投资额（万元）	本年新增固定资产（万元）
总　计	**531**	**252**	**943 607**	**362 631**	**322 513**
一、农、林、牧、渔业	1		128	109	10
畜牧业	1		128	109	10
二、采掘业	26	14	30 608	9 491	10 336
煤炭采选业	9	3	18 071	943	1 363
石油和天然气开采业	4	4	3 442	2 265	3 442
黑色金属矿采选业	1	1	260	87	31
有色金属矿采选业	11	6	8 535	6 154	5 500
非金属矿采选业	1		300	42	
三、制造业	327	162	739 454	232 066	233 779
食品加工业	14	9	4 706	2 325	1 530
食品制造业	7	5	1 936	1 450	758
饮料制造业	9	4	18 975	9 274	9 497
烟草加工业			500	300	500
纺织业	26	13	48 345	22 143	26 531
服装及其他纤维制品制造业	1	1	391	299	391
皮革、毛皮、羽绒及其制品业	2		3 980	700	50
造纸及纸制品业	12	5	30 613	11 649	25 260
印刷业	7	5	6 913	3 095	3 077
文教体育用品制造业	2	2	746	746	746
石油加工及炼焦业	15	6	127 167	38 558	32 514
化学原料及化学制品制造业	38	23	121 845	37 214	26 795
医药制造业	10	4	13 086	3 778	923
化学纤维制造业			3 200	17	
橡胶制品业	3	1	3 696	1 924	168
塑料制品业	3	1	628	198	68
非金属矿物制品业	40	27	58 518	17 186	25 144
黑色金属冶炼及压延加工业	35	15	105 524	29 051	26 563
有色金属冶炼及压延加工业	7	1	25 822	8 727	11 857
金属制品业	3	1	3 996	511	478
普通机械制造业	28	11	40 548	8 155	14 059
专用设备制造业	27	11	44 843	15 242	14 031
交通运输设备制造业	4	2	4 501	740	929
电气机械及器材制造业	21	8	45 994	16 935	10 623
电子及通信设备制造业	10	6	15 624	1 455	925
仪器仪表及文化、办公用机械制造业	3	1	7 357	394	362

5—29 续表　　　　　　(1996 年)　　　　　　单位:万元

行　　业	施工项目（个）	全部建成投产项目（个）	施工项目计划总投资（万元）	本年完成投资额（万元）	本年新增固定资产（万元）
四、电力、煤气及水的生产和供应业	11	6	10 855	8 343	5 548
电力、蒸汽、热水的生产和供应业	7	4	6 840	5 427	3 492
煤气生产和供应业	1		1 490	860	
自来水的生产和供应业	3	2	2 525	2 056	2 056
五、建筑业	2	1	7 973	4 354	3 205
土木工程建筑业	1		7 948	4 329	3 180
线路、管道和设备安装业	1	1	25	25	25
六、地质勘查业、水利管理业					
七、交通运输、仓储及邮电通信业	104	36	96 783	80 897	47 591
公路运输业	3	2	1 402	1 247	965
交通运输辅助业	5	3	5 925	5 235	4 965
仓储业	1		450	400	
邮电通信业	95	31	89 006	74 015	41 661
八、批发和零售贸易、餐饮业	19	11	23 087	10 149	10 686
食品、饮料、烟草和家庭日用品批发业	8	2	12 220	2 983	420
能源、材料和机械电子设备批发业	1	1	619	753	768
其他批发业	1	1	28	28	28
零售业	8	6	9 410	5 575	8 660
餐饮业	1	1	810	810	810
九、金融、保险业					
十、房地产业	1	1	100	262	262
房地产管理业	1	1	100	262	262
十一、社会服务业	32	18	25 513	14 159	8 515
公共设施服务业	26	14	24 147	13 133	7 299
旅馆业	6	4	1 366	1 026	1 216
十二、卫生、体育和社会福利业					
十三、教育、文化艺术及广播电影电视业	2	1	6 191	268	191
教　育	1	1	191	125	191
广播电影电视业	1		6 000	143	
十四、科学研究和综合技术服务业	2	1	767	445	457
综合技术服务业	2	1	767	445	457
十五、国家机关、政党机关和社会团体	4	1	2 148	2 088	1 933
国家机关	4	1	2 148	2 088	1 933

5—30 限额以上更新改造项目一览表

(1996 年)　　　　单位:万元

建设项目名称	开工年月	全部投产时间	计划总投资	累计完成投资	累计新增固定资产	本年计划投资
西安市蓝田县水泥厂筹建处扩建 10 万吨水泥生产线	1993.12		5 464	5 960	45	1 337
西安化工厂 4 万吨/年离子膜烧碱技改	1996.01		19 834	18 928	6 573	13 506
西安石油化工厂油田助剂分厂技改	1991.06	1996.06	13 329	13 329	13 329	478
西北第一印染厂开发高档服装面料和装饰织物工程	1995.07		3 570	2 740		
陕西第十棉纺织厂 FDY 工程	1995.10	1996.02	3 025	3 534	3 534	3 025
陕西省延河水泥机械厂优质耐磨衬板生产线	1994.12	1996.11	4 980	5 258	5 258	
西安照明电器工业公司引进金属卤化物灯生产线	1994.02		3 487	3 158	3 018	
青岛啤酒西安有限责任公司 10 万吨啤酒生产线技改工程	1993.01		6 288	6 967	6 399	
西安市造纸厂万吨牛皮箱板纸技改工程	1992.04		9 424	7 418	5 590	2 388
西安泰联玻璃实业有限公司 6 万吨玻璃制品	1995.08		8 657	4 815	52	4 895
西安筑路机械厂国家重大技术引进项目	1994.01	1996.12	3 900	3 915	3 915	575
西北影城扩建工程	1992.04		6 000	4 336		
陕西建设机械厂更新改造项目	1992.08		5 856	6 081	6 070	455
西安市电信局市话联建项目	1996.04	1996.12	7 558	8 935	8 935	7 558
西安焦化厂焦炉移地改造	1994.10	1996.11	8 100	8 100	8 100	2 516
西安仪表厂(集团)"八五"技术改造项目	1993.08	1996.12	4 046	4 046	3 540	
陕西精密合金厂彩电集成电路用带钢生产	1995.01		8 344	6 212		1 160
陕西精密合金厂复合材生产技术开发工程	1996.07		5 063	1 377		1 000
西安钢铁厂小型轧钢车间	1994.04		19 191	18 250		7 641
西安电力机械制造公司一期双加技改项目	1996.06		6 264	1 489	353	2 910
西安带钢厂易地改造冷轧带钢及深加工项目	1993.03		10 978	9 433		
西安第一轧钢厂热轧线材及辅助配套设施	1992.12		7 300	8 899	8 899	
西安市市容环境卫生管理局江村沟垃圾场	1990.03		3 700	1 684		300
陕西百货文化用品股份有限公司改扩建营业楼工程	1992.04		5 081	6 096		200
西安煤矿机械厂"八五"一条龙	1992.08		4 700	5 367	5 367	
铜川市铝厂电解铝三期扩建	1994.08		14 680	9 071	8 891	8 691
陕西省[illegible]煤矿[illegible]矿改扩工程	1991.08		12 632	2 474	815	2 763
陕西省东风机械厂汽车前后桥生产线二期技改	1994.04		3 857	3 600	3 600	000
宝鸡氮肥厂改产 13 万吨尿素	1990.07	1996.09	21 841	28 793	27 353	3 000
宝鸡卷烟厂"八五"制丝生产线	1993.04	1996.12	4 680	4 698	4 698	
宝鸡叉车厂消化吸收引进项目	1992.10		3 198	1 007	646	

建设项目名称	本年完成投资(万元)	本年新增固定资产(万元)	建设规模和新增生产能力(或效益)				
			名称	单位	建设规模	新增能力	
						累计	本年新增
西安市蓝田县水泥厂筹建处扩建10万吨水泥生产线	1 833		水泥	万吨/年	10		
西安化工厂4万吨/年离子膜烧碱技改	12 600	6 573	烧碱	吨/年	70 000		
西安石油化工厂油田助剂分厂技改	478	1 060	蒸馏设备	万吨/年	10	10	
西北第一印染厂开发高档服装面料和装饰织物工程	250						
陕西第十棉纺织厂FDY工程	2 920	3 534	化学纤维	吨/年	1 000	1 000	1 000
陕西省延河水泥机械厂优质耐磨衬板生产线	3 269	5 258					
西安照明电器工业公司引进金属卤化物灯生产线	30	30	灯泡、灯管	万只/年	80		
青岛啤酒西安有限责任公司10万吨啤酒生产线技改工程	2 639	5 288	啤酒	万吨/年	10	5	
西安市造纸厂万吨牛皮箱板纸技改工程	443	2 435	机制纸及纸板	万吨/年	2		
西安泰联玻璃实业有限公司6万吨玻璃制品	2 109	36	玻璃制品	万吨/年	6		
西安筑路机械厂国家重大技术引进项目	590	3 186	建筑机械制造	台/年	5	5	5
西北影城扩建工程	143		影剧院:座席	个	1 000		
陕西建设机械厂更新改造项目	203	1 096	建筑机械制造	台/年	125	85	85
西安市电信局市话联建项目	8 935	8 935	电话交换机	门	58 000	58 000	58 000
西安焦化厂焦炉移地改造	2 241	8 100	焦炭	万吨/年	10	10	10
西安仪表厂(集团)“八五”技术改造项目	223	223					
陕西精密合金厂彩电集成电路用带钢生产	872		热轧钢材	万吨/年	0.5		
陕西精密合金厂复合材生产技术开发工程	1 377		热轧钢材	万吨/年	0.5		
西安钢铁厂小型轧钢车间	7 641		热轧钢材	万吨/年	20		
西安电力机械制造公司一期双加技改项目	1 489	353					
西安带钢厂易地改造冷轧带钢及深加工项目	195		冷加工钢材	万吨/年	1.5		
西安第一轧钢厂热轧线材及辅助配套设施	263	8 889	热轧钢材	万吨/年	10	10	10
西安市市容环境卫生管理局江村沟垃圾场	284						
陕西百货文化用品股份有限公司扩建营业楼工程	168		商饮网点	平方米	14 233		
西安煤矿机械厂“八五”一条龙	3 365	4 628					
铜川市铝厂电解铝三期扩建	5 506	8 853	电解铝	吨/年	15 000	7 500	7 500
陕西省崔家沟煤矿改扩工程	389	815	原煤开采	万吨/年	150		
陕西省东风机厂汽车前后桥生产线二期技改	629	629					
宝鸡氮肥厂改产13万吨尿素	3 000	12 804	氮肥	万吨/年	5.98	5.98	5.98
宝鸡卷烟厂“八五”制丝生产线	209	4 385					
宝鸡叉车厂消化吸收引进项目	252	476					

5—30 续表 2　　　　　　　　　　　　　(1996 年)　　　　　　　　　　　　　　单位:万元

建设项目名称	开工年月	全部投产时间	计划总投资	累计完成投资	累计新增固定资产	本年计划投资
宝鸡叉车制造公司五厂叉车技术改造						
宝鸡市水泥厂千阳水泥分厂			5 962	10		2 000
宝鸡市百货大楼	1994.02	1996.12	5 100	5 100	5 100	1 905
宝鸡啤酒厂 8 万吨啤酒(热电)工程	1994.09	1996.05	6 000	7 719	7 719	3 020
宝鸡啤酒厂 3 万吨啤酒扩建	1996.08		3 110	1 100		2 100
陕西渭阳柴油机厂奔驰卡车风冷柴油机技改	1990.12		3 913	2 472	1 990	30
咸阳纺织机械厂喷气织机技术引进与国产化	1990.06	1996.07	22 918	22 859	22 859	2 968
陕西省咸阳陶瓷厂“七五”技术总体改造	1987.05	1996.12	8 040	8 040	8 040	
陕西兴秦化纤厂 5000 吨生产线	筹建		3 200	17		17
陕西纺织器材厂喷气织机异形箱项目	1993.02	1996.07	4 336	4 336	4 243	530
咸阳焦化厂 10 万吨捣固焦炉改扩建工程	1992.12	1996.12	6 846	6 846	6 846	650
陕西烤烟复烤厂 30 万吨担打叶复烤线	1993.11		5 200	5 915	180	2 130
咸阳卷烟厂 15 万箱粉丝线改造工程	1991.06	1996.05	4 812	4 812	4 812	182
陕西龙门钢铁总厂西安轧钢工程	1993.12		14 858	10 709	1 752	3 400
黄河工程机械厂引进消化“双加”工程	1996.01		5 447	5 166	249	2 947
陕西省华山化肥总厂磷铵“六改八”技改	1996.10		3 790	144		144
汉中丝织印染总厂引进染整设备	1995.12	1996.12	3 087	3 906	3 906	2 260
汉中市制浆造纸总厂高档涂布白板纸生产线	1992.11	1996.12	17 893	20 895	20 895	10 360
汉中丝织印染总厂喷水织机	1995.12	1996.04	8 068	6 801	6 801	1 760
汉江制药厂多功能化学车间技改	1996.06		7 159	1 884		4 000
陕西西源精密机床集团“双加”工程技改	1996.12		5 570	411	290	3 505
汉中烟草集团有限公司卷烟二厂卷接包设备	1993.03		22 670	17 503		4 100
略阳钢铁厂 300 立方米高炉	1994.08	1996.05	6 617	8 477	7 731	1 539
安康地区一厂喷水机	1993.03		4 403	4 251		1 000
安康正大制药有限公司绞股兰总甙片技术改造工程	1992.07		2 137	4 238	255	600
延炼实业集团公司催化重整及芳烃抽提	1994.04	1996.12	19 294	19 110	19 110	7 030
延炼实业集团公司 150 万吨/年常压装置	1995.12		20 145	2 772		5 114
延炼实业集团公司润滑油项目	1996.08		[illegible]	[illegible]		7 000
榆林地区氮肥厂改造工程筹建处合成氨技改	1993.08		27 836	6 879		14 000
榆林地区天燃气化工厂 6 万吨甲醇生产	1995.03		14 000	12 000		13 075
榆林地区石油助剂厂蒸馏设备、裂化设备	1994.04		17 586	16 452		13 829

建设项目名称	本年完成投资(万元)	本年新增固定资产(万元)	建设规模和新增生产能力(或效益)				
			名称	单位	建设规模	新增能力	
						累计	本年新增
宝鸡叉车制造公司五厂叉车技术改造	24	24					
宝鸡市水泥厂千阳水泥分厂	7		水泥	万吨/年	25		
宝鸡市百货大楼	1 905	5 100	商饮网点	平方米	21 000	21 000	21 000
宝鸡啤酒厂 8 万吨啤酒(热电)工程	3 541	3 541	啤酒	万吨/年	8	8	6
宝鸡啤酒厂 3 万吨啤酒扩建	1 100		啤酒	万吨/年	3		
陕西渭阳柴油机厂奔驰卡车风冷柴油机技改	30		柴油机制造	台/年	1 600		
咸阳纺织机械厂喷气织机技术引进与国产化	7 598	12 657					
陕西省咸阳陶瓷厂“七五”技术总体改造	10	8 040	卫生陶瓷	万件/年	60	60	
陕西兴秦化纤厂 5000 吨生产线	17						
陕西纺织器材厂喷气织机异形箱项目	530	1 160					
咸阳焦化厂 10 万吨捣固焦炉改扩建工程	650	6 846	焦炭	万吨/年	10	10	10
陕西烤烟复烤厂 30 万吨担打叶复烤线	2 130						
咸阳卷烟厂 15 万箱粉丝线改造工程	182	4 762	卷烟	万箱/年	15	15	15
陕西龙门钢铁总厂西安轧钢工程	3 299	1 752	热轧钢材	万吨/年	15		
黄河工程机械厂引进消化“双加”工程	5 166	249	挖掘机	台/年	100	60	60
陕西省华山化肥总厂磷铵“六改八”技改	144		磷肥	吨/年	60 000		
汉中丝织印染总厂引进染整设备	2 260	3 906	棉印染	万米/年	1 000	1 000	1 000
汉中市制浆造纸总厂高档涂布白板纸生产线	10 360	20 895	机制纸及纸板	万吨/年	3	3	3
汉中丝织印染总厂喷水织机	1 760	6 801	丝织机	台	120	120	120
汉江制药厂多功能化学车间技改	1 884		化学原料药	吨/年	768		
陕西西源精密机床集团“双加”工程技改	411	290					
汉中烟草集团有限公司卷烟二厂卷接包设备	4 100						
略阳钢铁厂 300 立方米高炉	3 399	7 731	炼铁	万吨/年	21.60	21.60	21.60
安康地区一厂喷水机	67		丝织机	台	10		
安康正大制药有限公司绞股兰总甙片技术改造工程	574		中成药	吨/年	30		
延炼实业集团公司催化重整及芳烃抽提	10 630	19 110	催化重整设备	万吨/年	15	15	15
延炼实业集团公司 150 万吨/年常压装置	2 772		蒸馏设备	万吨/年	150		
延炼实业集团公司润滑油项目	5 463		润滑油	万吨/年	8		
榆林地区氮肥厂改造工程筹建处合成氨技改	1 066		农用尿素	吨/年	130 000		
榆林地区天燃气化工厂 6 万吨甲醇生产	11 075						
榆林地区石油助剂厂蒸馏设备、裂化设备	13 829		蒸馏设备	万吨/年	15		

5—31　按行业分的大中型工业企业更新改造投资主要指标

（1996年）

行　　业	大中型工业企业（个）	施工项目（个）	全部建成投产项目（个）	施工项目计划总投资（万元）	本年完成投资额（万元）	本年新增固定资产（万元）
总　　计	**252**	**689**	**385**	**1 106 748**	**414 248**	**374 522**
采掘业	10	127	59	101 583	62 776	40 641
煤炭采选业	5	91	38	62 067	30 028	27 394
石油和天然气开采业	1	10	8	17 887	17 887	6 376
有色金属矿采选业	4	26	13	21 629	14 861	6 871
制造业	222	328	122	958 281	321 294	310 197
食品加工业	5	4	1	3 230	1 823	361
饮料制造业	5	5	2	17 834	8 710	9 079
烟草加工业	6	7	2	43 088	8 837	6 712
纺织业	20	26	13	48 331	22 129	26 517
皮革、毛皮、羽绒及其制品制造业	3	2		3 980	700	50
造纸及纸制品业	4	6	2	28 488	11 118	23 989
印刷业	5	6	3	12 929	8 055	7 529
石油加工及炼焦业	9	14	6	126 717	38 147	32 254
化学原料及化学制品制造业	16	21	10	92 062	34 332	23 180
医药制造业	4	5	1	12 296	5 196	565
橡胶制品业	1	1		1 800	650	
塑料制品业	1	1		386	80	
非金属矿物制品业	12	16	9	36 639	10 341	18 120
黑色金属冶炼及压延加工业	14	27	10	89 248	26 282	25 054
有色金属冶炼及压延加工业	5	18	3	40 575	12 417	12 406
金属制品业	6	6	1	4 819	973	977
普通机械制造业	17	24	5	32 841	7 490	7 317
专用设备制造业	28	37	18	84 263	26 529	33 867
交通运输设备制造业	31	48	11	120 432	34 735	17 142
武器弹药制造业	5	11	4	16 772	5 066	4 114
电气机械及器材制造业	7	17	6	43 951	16 537	10 235
电子及通信设备制造业	10	13	8	86 239	37 476	46 425
仪器仪表及文化、办公用机械制造业	8	13	7	11 361	3 671	4 304
电力、煤气及水的生产和供应业	20	234	204	46 884	30 178	23 684
电力、蒸汽、热水的生产和供应业	19	232	203	44 740	28 503	22 009
自来水的生产和供应业	1	2	1	2 144	1 675	1 675

5—32　各地市大中型工业企业更新改造投资主要指标

（1996年）

地　　区	大中型工业企业（个）	施工项目（个）	全部建成投产项目（个）	施工项目计划总投资（万元）	本年完成投资额（万元）	本年新增固定资产（万元）
全　　省	**252**	**689**	**385**	**1 106 748**	**414 248**	**374 522**
关　　中	**201**	**537**	**276**	**818 664**	**304 244**	**291 502**
西安市	94	164	66	364 273	119 873	97 604
铜川市	12	72	35	65 114	25 087	29 674
宝鸡市	46	95	49	129 023	41 327	47 783
咸阳市	26	78	53	156 948	66 842	80 625
渭南市	23	128	73	103 306	51 115	35 816
陕　　南	**41**	**124**	**88**	**140 737**	**45 980**	**53 590**
汉中市	33	95	65	131 878	43 264	51 269
安康地区	6	22	17	8 350	2 156	1 787
商洛地区	2	7	6	509	560	534
陕　　北	**9**	**18**	**13**	**129 460**	**46 137**	**23 054**
延安市	5	15	12	97 794	21 154	22 975
榆林地区	4	3	1	31 666	24 983	79
不分地区	1	10	8	17 887	17 887	6 376

5—33 更新改造新增生产能力或效益

（1996 年）

名　称	计量单位	能力或效益	名　称	计量单位	能力或效益
原煤开采	万吨/年	27	彩色显像管	万只/年	10
焦炭	万吨/年	20	化学纤维(合成纤维)	吨/年	1 000
天然原油	万吨/年	1	棉布织机	台	91
石油加工:催化重整设备	万吨/年	15	丝织机	台	206
铁矿石原矿开采	万吨/年	3	食用植物油	日处理原料:吨	200
铁矿石成品矿	万吨/年	1		日精炼油:吨	20
炼铁	万吨/年	22	肉加工品	吨/年	1 786
炼钢(转炉钢)	万吨/年	5	奶粉	吨/年	1 000
			啤酒	吨/年	110 000
铁合金	吨/年	8 900	白酒	吨/年	500
热轧钢材	万吨/年	10	其他酒	吨/年	4 000
线材	万吨/年	10	卷烟	万箱/年	17
铅锌采矿(原矿)	万吨/年	5	机制纸及纸板	万吨/年	2 004
铅锌选矿:处理原矿	万吨/年	5	合成洗涤剂	吨/年	10 000
铅冶炼	吨/年	1 000	皮鞋	万双/年	20
铅加工	吨/年	3 000	家用电冰箱	万台/年	40
电解铝	吨/年	7 800	铁路货车购置	辆	1
金采矿(原矿)	万吨/年	8	载货汽车购置	辆	130
金选矿(处理原矿)	吨/年	92 000	载客汽车购置	辆	232
输电线路长度(11 万伏及以上)	公里	86	小汽车购置	辆	35
变电设备能力(11 万伏及以上)	万千伏安	26	其它汽车购置	辆	46
水　泥	万吨/年	55	改建公路	公里	80
平板玻璃	万重量箱/年	100	长途电缆	皮长公里	1 390
石墨及炭素制品	吨/年	15 750	市内电话自动交换机	门	399 576
硫　酸	吨/年	13 700	商业饮食服务网点	处	5
合成氨	吨/年	22 000		平方米	44 500
氮肥	吨/年	64 410	中等学校:建筑面积	平方米	1 600
#农用尿素	吨/年	59 800	小学校:学生席位	个	480
磷肥	吨/年	20 000	建筑面积	平方米	1 072
油漆	吨/年	11 000	医院病床	张	12
炭黑	吨/年	5 000	宾馆、旅馆、招待所客房数	间	70
化学药制剂	吨/年	2 500	城市自来水供水能力	万吨/日	4
中成药	吨/年	150	城市自来水管道长度	公里	9
金属切削机床制造	台/年	30	城市公共交通车辆购置	辆	145
铸铁件能力	吨/年	3 000	城市道路扩建面积	万平方米	3
建筑机械制造	台/年	200	城市排水管道铺设长度	公里	1
#挖掘机	台/年	60	由于其他原因而压缩的燃料油	吨/年	530

5—34 各地市按隶属关系和建设性质分的更新改造投资

(1996年)

单位:万元

地区	总计	#地方	#省属	#新建	#扩建	#改建
全省	**787 979**	**362 631**	**83 785**	**58 916**	**464 452**	**239 757**
关中	**577 198**	**258 535**	**62 980**	**33 282**	**345 780**	**175 563**
西安市	324 123	156 394	32 676	23 014	213 705	71 206
铜川市	25 554	10 892	3 228	62	8 173	16 999
宝鸡市	72 932	41 015	6 756	427	46 835	22 970
咸阳市	87 831	26 172	6 589	550	65 187	19 243
渭南市	66 758	24 062	13 731	9 229	11 880	45 145
陕南	**74 441**	**38 920**	**11 545**	**4 713**	**50 357**	**18 812**
汉中市	46 796	30 122	9 644	3 634	35 152	7 679
安康地区	23 629	5 211	1 901	651	12 794	9 984
商洛地区	4 016	3 587		428	2 411	1 149
陕北	**69 499**	**61 176**	**5 260**	**3 034**	**59 675**	**5 068**
延安市	29 740	27 828	2 671	2 666	24 201	2 873
榆林地区	39 759	33 348	2 589	368	35 474	2 195
不分地区	66 841	4 000	4 000	17 887	8 640	40 314

5—35 各地市按构成和工程用途分的更新改造投资

(1996年)

单位:万元

地区	按构成分			按工程用途分				
	#建筑工程	#安装工程	#设备、工器具购置	农林牧渔业	工业、建筑业	商业运输邮电业	住宅	其他
全省	**148 489**	**84 390**	**479 415**	**257**	**447 626**	**269 052**	**35 179**	**35 865**
关中	**80 991**	**56 126**	**392 189**	**176**	**319 986**	**218 432**	**10 312**	**28 292**
西安市	38 572	21 150	229 909	52	126 982	172 476	3 122	21 491
铜川市	6 227	2 657	15 308	124	22 377	325	1 716	1 012
宝鸡市	13 109	18 599	35 719		43 465	25 887	2 414	1 166
咸阳市	5 970	2 838	75 977		75 650	12 007		174
渭南市	17 113	10 882	35 276		51 512	7 737	3 060	4 449
陕南	**14 130**	**11 330**	**43 355**		**52 211**	**16 630**	**3 274**	**2 326**
汉中市	6 542	10 135	25 706		44 428	1 437	783	148
安康地区	5 869	887	15 773		4 476	14 540	2 435	2 178
商洛地区	1 719	308	1 876		3 307	653	56	
陕北	**16 892**	**12 168**	**26 199**	**81**	**55 225**	**9 690**	**1 681**	**2 822**
延安市	8 030	3 580	9 364		25 291	3 000	1 449	
榆林地区	8 862	8 588	16 835	81	29 934	6 690	232	2 822
不分地区	36 476	4 766	17 672		20 204	24 300	19 912	2 425

5—36 各地市按国民经济行业分的更新改造投资

(1996 年)

单位:万元

地　区	总　计	农、林牧、渔业	采掘业	制造业	电力、煤气及水的生产和供应　业	建筑业	地质勘察业、水利管理业	交通运输仓储及邮电通信业
全　省	**787 979**	**109**	**71 812**	**353 649**	**41 513**	**9 517**	**40**	**281 047**
关　中	**577 198**	**10**	**49 156**	**256 919**	**26 827**	**9 517**	**40**	**206 154**
西 安 市	324 123	10	4 609	114 093	9 669	5 908	40	168 237
铜 川 市	25 554		11 996	10 197	3 036			325
宝 鸡 市	72 932		1 208	43 230	2 042			19 556
咸 阳 市	87 831			67 515	5 845	2 460		11 970
渭 南 市	66 758		31 343	21 884	6 235	1 149		6 066
陕　南	**74 441**		**2 273**	**46 401**	**4 978**			**19 648**
汉 中 市	46 796		1 403	40 695	3 121			1 437
安康地区	23 629			3 698	1 428			17 530
商洛地区	4 016		870	2 008	429			681
陕　北	**69 499**	**99**	**2 496**	**50 329**	**6 588**			**9 411**
延 安 市	29 740		2 019	21 449	3 272			3 000
榆林地区	39 759	99	477	28 880	3 316			6 411
不分地区	66 841		17 887		3 120			45 834

地　区	批发和零售贸易餐饮业	房　地产　业	社　会服务业	卫生、体育和社会福利业	教育、文化艺术及广播电影电视业	科学研究和综合技术服务业	国家机关政党机关和社会团体
全　省	**10 149**	**262**	**14 159**	**590**	**623**	**2 421**	**2 088**
关　中	**9 729**	**262**	**13 959**	**72**	**268**	**2 421**	**1 864**
西 安 市	4 750	262	13 825	72	227	2 421	
铜 川 市							
宝 鸡 市	4 932		100				1 864
咸 阳 市					41		
渭 南 市	47		34				
陕　南	**168**		**100**	**518**	**355**		
汉 中 市	140						
安康地区			100	518	355		
商洛地区	28						
陕　北	**252**		**100**				**224**
延 安 市							
榆林地区	252		100				224
不分地区							

5—37 各地市更新改造施工、投产项目个数及新增固定资产

(1996 年)

地 区	施工项目(个)	全部建成投产项目(个)	施工项目计划总投资(万元)	本年完成投资额(万元)	新增固定资产(万元)	固定资产交付使用率(%)
全 省	**1 677**	**888**	**692 132**	**787 979**	**643 289**	**81.64**
关 中	**927**	**503**	**460 690**	**577 198**	**496 287**	**85.98**
西安市	348	172	219 539	324 123	238 648	73.63
铜川市	78	41	31 169	25 554	30 087	117.74
宝鸡市	169	109	65 154	72 932	79 929	109.59
咸阳市	141	61	120 733	87 831	100 464	114.38
渭南市	191	120	24 095	66 758	47 159	70.64
陕 南	**293**	**197**	**77 604**	**74 441**	**74 457**	**100.02**
汉中市	122	84	71 064	46 796	56 166	120.02
安康地区	141	93	6 540	23 629	15 091	63.87
商洛地区	30	20		4 016	3 200	79.68
陕 北	**72**	**51**	**153 838**	**69 499**	**39 107**	**56.27**
延安市	29	20	94 416	29 740	27 664	93.02
榆林地区	43	31	59 422	39 759	11 443	28.78
不分地区	385	137		66 841	33 438	50.03

5—38 各地市更新改造房屋建筑面积及造价

(1996 年)

地 区	本年施工房屋面积(万平方米)	#住 宅	本年竣工房屋面积(万平方米)	#住 宅	本年竣工房屋价值(万元)	竣工房屋造价(元/平方米)
全 省	**178.48**	**74.94**	**73.14**	**28.38**	**56 649**	**774.5**
关 中	**103.08**	**31.71**	**42.41**	**10.99**	**37 476**	**883.7**
西安市	38.42	7.60	10.06	1.46	10 186	1 012.5
铜川市	9.21	5.94	3.84	2.51	2 517	655.5
宝鸡市	20.80	4.15	11.22	2.20	12 270	1 093.6
咸阳市	6.85		4.52		4 438	981.9
渭南市	27.80	14.02	12.77	4.82	8 065	631.6
陕 南	**27.58**	**7.45**	**9.85**	**1.57**	**5 658**	**574.4**
汉中市	15.51	2.05	7.92	1.27	4 964	626.7
安康地区	10.83	5.17	1.37	0.07	468	341.6
商洛地区	1.24	0.23	0.56	0.23	226	403.6
陕 北	**8.33**	**1.51**	**4.85**	**1.31**	**3 731**	**769.3**
延安市	2.83	0.95	2.38	0.95	1 573	660.9
榆林地区	5.50	0.56	2.47	0.36	2 158	873.7
不分地区	39.48	34.27	16.03	14.51	9 784	610.4

5—39 各地市更新改造项目资金来源

（1996 年）

单位：万元

地区	一、本年资金来源合计	#本年资金来源小计	(1)国家预算内资金	(2)国内贷款	(3)利用外资	#外商直接投资	#对外借款
全省	**885 920**	**764 016**	**11 825**	**259 824**	**21 256**	**2 759**	**17 807**
关中	**656 369**	**564 069**	**11 306**	**187 022**	**18 899**	**2 709**	**15 500**
西安市	370 219	326 290	4 051	124 258	10 959	2 709	8 250
铜川市	28 583	27 847	15	10 799	1 833		1 833
宝鸡市	89 893	78 082	7 240	25 132	540		540
咸阳市	96 213	66 423		11 023	5 567		4 877
渭南市	71 461	65 427		15 810			
陕南	**92 922**	**76 846**	**175**	**35 221**	**2 357**	**50**	**2 307**
汉中市	63 436	48 001	100	29 883	2 357	50	2 307
安康地区	24 721	24 441	75	3 298			
商洛地区	4 765	4 404		2 040			
陕北	**68 591**	**55 078**	**344**	**32 603**			
延安市	29 015	24 527	334	15 697			
榆林地区	39 576	30 551	10	16 906			
不分地区	68 038	68 023		4 978			

地区	(4)自筹资金	#企事业单位自有资金	#发行股票	(5)其他资金来源	#集资	二、本年各项应付款合计	#工程款	#设备，器材款
全省	**439 742**	**339 097**	**6 512**	**31 369**	**15 184**	**30 542**	**8 716**	**15 759**
关中	**322 075**	**277 202**	**6 512**	**24 767**	**10 775**	**17 263**	**5 358**	**8 019**
西安市	180 379	145 250	2	6 643	3 425	8 813	3 450	1 811
铜川市	13 342	13 295		1 858	300	462	433	29
宝鸡市	39 999	36 915	6 510	5 171	2 846	1 982	1 150	782
咸阳市	43 911	38 325		5 922	917	5 468	255	4 930
渭南市	44 444	43 417		5 173	3 287	538	70	467
陕南	**35 678**	**23 753**		**3 415**	**2 918**	**8 632**	**2 092**	**5 560**
汉中市	14 280	11 969		1 381	1 361	7 514	1 435	5 371
安康地区	19 331	10 760		1 737	1 358	788	373	144
商洛地区	2 067	1 024		297	199	330	284	45
陕北	**19 584**	**15 648**		**2 547**	**851**	**4 647**	**1 266**	**2 180**
延安市	7 139	5 793		1 357	500	876	366	510
榆林地区	12 445	9 855		1 190	351	3 771	900	1 670
不分地区	62 405	22 494		640	640			

5—40 其他投资主要指标及构成

（1996年）

单位：万元

指 标	合 计	#地方	国有经济单位投资	其他经济单位投资	城镇集体单位投资
一、投资总额	**160 172**	**143 330**	**128 785**	**8 452**	**22 935**
1. 按隶属关系分					
中央	16 842		16 148		694
地方	143 330	143 330	112 637	8 452	22 241
#省属	61 972	61 972	60 018	1 954	
地(市)属	41 447	41 447	37 958	327	3 162
县属	34 440	34 440	14 661	3 956	15 823
2. 按构成分					
建筑工程	113 538	98 149	91 534	6 044	15 960
安装工程	12 537	12 116	11 393	175	969
设备、工器具购置	16 838	16 568	10 908	1 350	4 580
其他费用	17 259	16 497	14 950	883	1 426
#土地购置费	4 405	4 384	3 297	567	541
3. 按建设性质分					
#新建	43 928	30 523	28 276	7 892	7 760
扩建	47 476	46 989	41 070	96	6 310
改建	61 816	58 927	58 460		3 356
4. 按工程用途分					
农林牧渔业用	738	738	88		650
工业、建筑业用	66 119	49 989	56 885	1 510	7 724
商业、运输邮电业用	71 962	71 944	65 117	409	6 436
住宅	8 603	8 387	2 190	490	5 923
其它	12 750	12 272	4 505	6 043	2 202
二、本年新增固定资产	**102 025**	**86 582**	**71 310**	**9 032**	**21 683**
三、房屋建筑面积及竣工价值					
施工面积(万平方米)	52.42	50.33	5.04	6.33	41.05
竣工面积(万平方米)	29.08	27.89	3.37	4.62	21.09
#住宅	11.57	11.28	2.31	0.18	9.08
竣工价值	22 013	21 402	2 746	5 080	14 187
#住宅	6 708	6 496	2 068	90	4 550

5—41 各地市其他投资主要指标及构成

(1996年)　　单位:万元

指标	合计	#地方	国有经济单位投资	其他经济单位投资	城镇集体单位投资
全省	**160 172**	**143 330**	**128 785**	**8 452**	**22 935**
关中	**52 626**	**49 696**	**33 516**	**6 998**	**12 112**
西安市	15 400	15 400	6 371	4 941	4 088
铜川市	3 393	1 831	2 735		658
宝鸡市	6 777	6 757	4 455		2 322
咸阳市	11 359	11 359	8 164	2 057	1 138
渭南市	15 697	14 349	11 791		3 906
陕南	**20 714**	**20 240**	**14 646**	**240**	**5 828**
汉中市	8 382	8 382	4 947		3 435
安康地区	7 666	7 292	5 475	240	1 951
商洛地区	4 666	4 566	4 224		442
陕北	**67 218**	**67 021**	**61 009**	**1 214**	**4 995**
延安市	45 165	44 968	44 670		495
榆林地区	22 053	22 053	16 339	1 214	4 500
不分地区	19 614	6 373	19 614		

5—42 各地市城镇集体投资主要指标及构成

(1996年)　　单位:万元

地区	合计	按构成分			按工程用途分				
		建筑工程	安装工程	设备、工具器具购置	农林牧渔业	工业建筑业	商业运输邮电业	住宅	其他
全省	**22 935**	**15 960**	**969**	**4 580**	**650**	**7 724**	**6 436**	**5 923**	**2 202**
关中	**12 112**	**9 304**	**543**	**1 399**	**70**	**3 641**	**2 630**	**4 289**	**1 482**
西安市	4 088	2 387	357	608		1 056	1 460	1 014	558
铜川市	658	465	49	80	70	130	48	203	207
宝鸡市	2 322	2 027	8	270		348	303	1 473	198
咸阳市	1 138	1 138				10	325	803	
渭南市	3 906	3 287	129	438		2 097	494	796	519
陕南	**5 828**	**3 356**	**386**	**1 527**		**2 289**	**1 880**	**1 134**	**525**
汉中市	3 435	1 730	327	1 000		1 209	1 722	425	79
安康地区	1 951	1 202	59	513		1 062	158	413	318
商洛地区	442	424		14		18		296	128
陕北	**4 995**	**3 300**	**40**	**1 654**	**580**	**1 794**	**1 926**	**500**	**195**
延安市	495	488		6			90	332	73
榆林地区	4 500	2 812	40	1 648	580	1 794	1 836	168	122

5—43　房地产开发投资主要指标及构成

（1996 年）　　　　单位：万元

指　　标	房地产开　发	# 地方	# 省属	按经济类型分：国有经济单　位	集体经济单　位	其他经济单　位	兼营房地　产单　位
一、单位数（个）	**254**	**239**	**25**	**136**	**50**	**68**	**5**
二、投资总额	**301 253**	**290 109**	**30 428**	**169 621**	**40 882**	**90 750**	**4 956**
#商品房建设投资额	236 076	227 830	24 412	135 655	24 422	75 999	2 406
土地开发投资额	31 402	28 733	2 909	17 123	8 112	6 167	5
1. 按隶属关系分							
中央	11 144			11 144			
地方	290 109	290 109	30 428	158 477	40 882	90 750	4 956
#省属	30 428	30 428	30 428	19 318	3 140	7 970	
地（市）属	125 524	125 524		100 878	11 831	12 815	2 545
县属	75 766	75 766		37 661	15 844	22 261	2 411
2. 按构成分							
建筑工程	228 687	223 118	20 005	132 892	25 601	70 194	4 194
安装工程	6 117	5 404	827	2 441	1 146	2 530	393
设备、工器具购置	4 574	4 233	760	943	1 272	2 359	300
其他费用	61 875	57 354	8 836	33 345	12 863	15 667	69
#旧建筑物购置费	1 152	1 152		178	841	133	
土地购置费	21 865	20 169	2 448	13 020	3 969	4 876	51
3. 按工程用途分							
住宅	194 918	188 706	16 508	122 165	26 345	46 408	3 506
#别墅、高档公寓	9 077	9 077			2 204	6 873	165
安居工程	66 714	66 714		58 876	4 246	3 592	
办公楼	40 479	39 071	5 067	13 652	3 670	23 157	537
商业营业用房	22 807	22 031	5 273	10 924	2 268	9 615	530
其　他	43 049	40 301	3 580	22 880	8 599	11 570	383
三、本年新增固定资产	**149 662**	**143 504**	**6 977**	**96 073**	**23 252**	**30 337**	**2 995**
四、房屋建筑面积及竣工价值							
施工面积（万平方米）	614.04	589.68	40.26	391.47	89.83	132.74	13.28
竣工面积（万平方米）	186.94	182.21	5.47	130.33	28.41	28.20	4.70
#　住宅	166.78	162.66	5.20	113.43	27.34	26.01	4.25
竣工价值	137 013	130 855	6 635	94 087	18 081	24 845	2 995
#　住宅	120 465	115 001	6 560	80 777	17 400	22 288	2 635
五、职工人数及工资总额							
年平均职工人数（人）	9 100	8 757	751	5 278	1 790	2 032	97
年末职工人数（人）	9 211	8 841	752	5 402	1 790	2 019	102
全年职工工资总额	5 738	5 485	595	2 958	1 055	1 725	63

5—44　各地市房地产开发投资和新增固定资产

（1996 年）　　　　单位：万元

地　区	计划总投资	自开始建设到本年底		本年计划投资	本年完成投资			本年新增固定资产
		累计完成投资	累计新增固定资产			#商品房建设投资	#土地开发投资	
全　省	**1 395 482**	**707 513**	**266 572**	**411 861**	**301 253**	**236 076**	**31 402**	**149 662**
关　中	**1 348 913**	**682 646**	**251 938**	**391 914**	**284 135**	**221 999**	**29 921**	**138 851**
西 安 市	1 229 171	600 031	210 156	346 406	246 596	191 668	26 501	116 877
铜 川 市	24 707	12 303	5 921	8 767	6 603	5 632	412	2 605
宝 鸡 市	44 247	33 324	12 046	18 739	15 735	13 022	1 045	9 683
咸 阳 市	31 832	21 036	12 875	10 080	8 073	5 810	1 923	5 664
渭 南 市	18 956	15 952	10 940	7 922	7 128	5 867	40	4 022
陕　南	**32 032**	**20 361**	**12 007**	**16 450**	**14 442**	**12 018**	**1 451**	**9 045**
汉 中 市	24 624	15 064	8 887	12 395	10 582	8 410	1 302	6 425
安康地区	5 631	4 261	2 300	2 745	2 824	2 572	149	1 982
商洛地区	1 777	1 036	820	1 310	1 036	1 036		638
陕　北	**14 537**	**4 506**	**2 627**	**3 497**	**2 676**	**2 059**	**30**	**1 766**
延 安 市	3 094	2 504	1 824	1 954	1 490	1 460	30	1 010
榆林地区	11 443	2 002	803	1 543	1 186	599		756

5—45　各地市按构成和工程用途分的房地产开发投资

（1996 年）　　　　单位：万元

地　区	按构成分				按工程用途分					
	建筑安装工程	设备工器具购置	其他费用	#土地购置费	住宅	#别墅高档公寓	#安居工程	办公楼	商业营业用房	其　他
全　省	**234 804**	**4 574**	**61 875**	**21 865**	**194 918**	**9 077**	**66 714**	**40 479**	**22 807**	**43 049**
关　中	**220 928**	**4 565**	**58 642**	**20 463**	**182 289**	**9 077**	**66 714**	**39 063**	**22 064**	**40 719**
西 安 市	190 440	4 542	51 614	16 775	157 551	8 117	65 512	34 256	19 423	35 366
铜 川 市	5 274		1 329	891	3 109		1 202	2 786	52	656
宝 鸡 市	12 826		2 909	1 561	10 205			1 971	1 936	1 623
咸 阳 市	5 548		2 525	1 110	5 222	960			281	2 570
渭 南 市	6 840	23	265	126	6 202			50	372	504
陕　南	**11 277**	**9**	**3 156**	**1 355**	**11 370**			**616**	**743**	**1 713**
汉 中 市	8 050		2 532	1 173	8 609			167	461	1 345
安康地区	2 423	9	392	131	1 981			412	282	149
商洛地区	804		232	51	780			37		219
陕　北	**2 599**		**77**	**47**	**1 259**			**800**		**617**
延 安 市	1 460		30		730			730		30
榆林地区	1 139		47	47	529			70		587

5—46 房地产开发面积及造价

(1996 年)　　单位:平方米

地　区	施工房屋面积(平方米)	#住宅	竣工房屋面积(平方米)	#住宅	竣工房屋价值(万元)	#住宅	竣工房屋造价(元/平方米)	#住宅
全　省	**6 140 367**	**4 800 449**	**1 869 407**	**1 667 750**	**137 013**	**120 465**	**733**	**722**
关　中	**5 735 578**	**4 441 728**	**1 684 996**	**1 498 145**	**126 569**	**111 250**	**751**	**743**
西安市	4 722 267	3 699 706	1 368 718	1 214 617	105 574	92 531	771	762
铜川市	176 013	117 832	29 743	29 743	2 605	2 605	876	876
宝鸡市	502 282	334 805	154 528	133 511	9 674	8 120	626	608
咸阳市	132 259	121 346	62 937	60 224	4 694	4 513	746	749
渭南市	202 757	168 039	69 070	60 050	4 022	3 481	582	580
陕　南	**345 549**	**315 508**	**158 199**	**144 458**	**8 678**	**7 575**	**549**	**524**
汉中市	248 857	236 908	116 198	109 981	6 159	5 752	530	523
安康地区	77 828	62 036	33 332	25 808	1 881	1 185	564	459
商洛地区	18 864	16 564	8 669	8 669	638	638	736	736
陕　北	**59 240**	**43 213**	**26 212**	**25 147**	**1 766**	**1 640**	**674**	**652**
延安市	35 489	22 562	13 027	11 962	1 010	884	775	739
榆林地区	23 751	20 651	13 185	13 185	756	756	573	573

5—47 房地产开发投资财务拨款资金来源

(1996 年)　　单位:万元

指　标	总　计	按经济类型分			按隶属关系分		兼营房地产
		国有经济单位	集体经济单位	其他经济单位	中央单位	地方单位	
一、本年资金来源合计	**429 802**	**232 584**	**53 281**	**143 937**	**19 762**	**410 040**	**6 114**
1. 上年末结余资金	59 540	24 719	10 103	24 718	2 220	57 320	1 036
2. 本年资金来源小计	370 262	207 865	43 178	119 219	17 542	352 720	5 078
(1)国家预算内资金	2 745	2 745				2 745	
(2)国内贷款	126 417	62 399	14 054	49 964	10 239	116 178	970
(3)债券							
(4)利用外资	12 108	220		11 888		12 108	70
#外商直接投资	9 438	50		9 388		9 438	70
对外借款	670	170		500		670	
#统借统还							
(5)自筹资金	73 528	45 547	10 066	17 915	2 241	71 287	850
#自有资金	24 363	9 103	3 005	12 255	578	23 785	
(6)其他资金来源	155 464	96 954	19 058	39 452	5 062	150 402	3 188
#集资	5 510	2 230	2 384	896	70	5 440	120
定金及预收款	73 028	37 032	12 783	23 213	3 261	69 767	80
二、本年各项应付款合计	**119 954**	**58 544**	**25 239**	**36 171**	**2 400**	**117 554**	**3 867**
#工程款	80 245	49 756	9 778	20 711	1 039	79 206	1 296
设备、器材款	4 088	1 115	2 311	662	50	4 038	

5—48 房地产开发经营情况

(1996 年)　　单位:万元

地区	经营收入合计	土地转让收入	商品房屋销售收入	#销售给个人	#住宅销售收入	#销售给个人	房屋出租收入	房地产其他经营收入
全省	**154 857**	**7 732**	**140 653**	**44 988**	**119 983**	**41 385**	**1 042**	**5 430**
关中	**142 264**	**5 018**	**132 185**	**38 612**	**112 298**	**35 738**	**1 013**	**4 048**
西安市	116 277	2 957	110 433	25 788	91 805	23 968	551	2 336
铜川市	4 303		4 241	209	3 984	160	4	58
宝鸡市	8 266	1 030	5 566	1 792	4 914	1 387	431	1 239
咸阳市	7 608	685	6 868	6 084	6 813	6 029	27	28
渭南市	5 810	346	5 077	4 739	4 782	4 194		387
陕南	**8 580**	**1 150**	**6 947**	**5 092**	**6 401**	**4 870**	**24**	**459**
汉中市	6 203	464	5 636	4 422	5 340	4 361	23	80
安康地区	1 778	686	794	593	544	432	1	297
商洛地区	599		517	77	517	77		82
陕北	**4 013**	**1 564**	**1 521**	**1 284**	**1 284**	**777**	**5**	**923**
延安市	559		507	507	507			52
榆林地区	3 454	1 564	1 014	777	777	777	5	871

5—49 商品房屋销售情况

(1996 年)　　单位:平方米

地区	实际销售面积合计	#个人	住宅	#别墅、高档公寓	#安居工程	#个人	办公楼	商业营业用房	其他	预售面积	#住宅	实际销售额(万元)
全省	**1 133 244**	**394 427**	**1 084 785**	**16 413**	**390 380**	**371 797**	**13 448**	**9 185**	**25 826**	**217 966**	**200 871**	**129 432**
关中	**1 015 108**	**303 154**	**969 050**	**16 413**	**390 380**	**288 686**	**11 345**	**8 887**	**25 826**	**183 906**	**170 969**	**121 459**
西安市	781 414	145 254	742 811	6 413	375 030	142 891	10 880	2 047	25 676	92 219	86 449	100 039
铜川市	36 595	2 154	34 595		15 350	2 073	465	1 385	150	4 769	1 217	4 241
宝鸡市	58 223	25 717	55 825			20 870		2 398		75 060	72 445	5 421
咸阳市	68 084	63 037	67 636	10 000		62 469		448		8 148	8 148	6 868
渭南市	70 792	66 992	68 183			60 383		2 609		3 710	2 710	4 890
陕南	**95 178**	**68 315**	**92 777**			**68 153**	**2 103**	**298**		**34 060**	**29 902**	**6 689**
汉中市	76 923	59 377	75 365			59 215	1 260	298		31 840	29 182	5 539
安康地区	9 902	7 626	9 059			7 626	84					633
商洛地区	8 353	1 312	8 353			1 312				2 220	720	517
陕北	**22 958**	**22 958**	**22 958**			**14 958**						**1 284**
延安市	8 000	8 000	8 000									507
榆林地区	14 958	14 958	14 958			14 958						777

5—50 房地产开发企业基本情况

(1996 年)

地 区	开发公司个数(个)	国有经济	集体经济	联营经济	股份有限公司	有限责任公司	中外合资经营	中外合作经营	外资企业	与大陆合资经营企业	与大陆合作经营企业	其他经济
全 省	**254**	**136**	**50**	**1**	**6**	**12**	**28**	**13**	**2**	**3**	**2**	**1**
关 中	**205**	**99**	**42**	**1**	**5**	**10**	**27**	**13**	**2**	**3**	**2**	**1**
西 安 市	133	52	32	1	2	5	24	11	1	2	2	1
铜 川 市	7	4				1		1		1		
宝 鸡 市	26	16	5			2	3					
咸 阳 市	19	15	1		1	1			1			
渭 南 市	20	12	4		2	1		1				
陕 南	**39**	**28**	**7**		**1**	**2**	**1**					
汉 中 市	25	16	5		1	2	1					
安康地区	11	10	1									
商洛地区	3	2	1									
陕 北	**10**	**9**	**1**									
延 安 市	3	2	1									
榆林地区	7	7										

地 区	资本金合计(万元)	资产总计(万元)	本年折旧(万元)	负债总计(万元)	所有者权益合计(万元)	#兼营房地产	职工人数(人) 年平均人数	年末人数	全年职工工资总额(万元)
全 省	**228 865**	**979 827**	**2 494**	**724 760**	**255 067**	**3 459**	**9 100**	**9 211**	**5 738**
关 中	**218 736**	**938 991**	**2 377**	**689 889**	**249 102**	**3 446**	**7 832**	**7 985**	**5 222**
西 安 市	184 856	788 655	1 994	563 710	224 945	3 346	5 177	5 251	3 951
铜 川 市	6 094	13 660	43	10 681	2 979		186	200	119
宝 鸡 市	13 444	82 610	170	70 366	12 244		996	995	497
咸 阳 市	8 011	32 156	117	24 749	7 407	100	607	645	349
渭 南 市	6 331	21 910	53	20 383	1 527		866	894	306
陕 南	**8 554**	**35 604**	**94**	**30 954**	**4 650**	**13**	**700**	**708**	**334**
汉 中 市	6 938	28 000	74	24 540	3 460		464	468	227
安康地区	1 554	5 362	16	4 663	699		155	155	69
商洛地区	62	2 242	4	1 751	101	13	81	85	38
陕 北	**1 575**	**5 232**	**23**	**3 917**	**1 315**		**568**	**518**	**182**
延 安 市	457	2 022	3	1 293	729		173	121	49
榆林地区	1 118	3 210	20	2 624	586		395	397	133

5—51 房地产开发公司一、二级企业一览表

（1996 年）

企业名称	隶属关系	资质等级	施工项目计划总投资（万元）	本年完成投资（万元）	#商品房建设投资	本年新增固定资产（万元）	房屋施工面积（平方米）	房屋竣工面积（平方米）	竣工房屋价值（万元）
一、国有经济									
澄城县城乡建设综合开发公司	县属	二级	680	350	350	310	9 400	4 400	310
省建筑房地产开发公司汉中经理部	省属	二级	779	314			6 654		
西安市户县房产公司	县属	二级	895	769	625	599	19 152	11 333	599
宝鸡市房屋经营开发公司	地(市)属	二级	1 000	403	403	745	27 442	19 081	745
西安市房地产开发第一公司	地(市)属	二级	1 100	542			15 100		
铁道部第二十工程局城建总公司	中央	二级	1 550	693	693	106	1 182	1 182	106
西安市房地产开发总公司	地(市)属	一级	1 560	1 952	1 952	1 402	45 366	19 366	1 402
宝鸡市房地产综合开发公司	地(市)属	二级	1 690	214	200	195	22 300	3 300	195
陕西省工银房地产开发公司渭南经营处	省属	二级	2 000	189	189	177	2 572	1 765	177
西安深圳华翔房地产开发公司	地(市)属	一级	2 000	82	82		13 000		
咸阳市房地产开发公司	地(市)属	一级	2 000	710	150	150	2 867	2 867	150
陕西省城乡建设综合开发公司	省属	二级	2 265	662	533	900	20 416	6 116	900
市城乡建设综合开发公司	县属	二级	2 400	1 119	981	620	32 229	12 546	620
铜川市房地产综合开发公司	地(市)属	二级	2 675	755	755	470	19 292	3 840	470
西安市房地产开发第三公司	地(市)属	二级	4 850	1 846	346	346	70 000	5 000	346
陕西省建银房地产开发总公司	中央	二级	5 275	598	598	4 009	80 939	20 046	4 009
西安市新兴房地产开发公司	地(市)属	二级	5 600	3 400	2 040	1 353	48 171	15 201	1 353
陕西省建材城乡房地产开发公司	省属	二级	6 822	1 291	1 291	1 400	101 844	10 628	1 400
西安市东新物业开发建设公司	县属	二级	8 951	1 822	726	2 841	30 302	30 302	2 445
西安东屹房地产开发有限公司	省属	二级	11 000	9 600	9 600		29 500		
陕西省省级机关房地产开发公司	地(市)属	二级	11 150	1 330	1 330		63 000		
铜川市建设综合开发公司	地(市)属	二级	11 860	2 673	2 363	1 154	76 700	15 500	1 154
陕西省工银房地产开发公司	中央	二级	17 480	1 880	1 880		48 000		
西安城市建设开发总公司	地(市)属	一级	20 000	1 051	1 051	2 000	45 844	24 574	2 000
宝鸡市城乡建设开发总公司	地(市)属	一级	21 080	4 447	4 364	793	160 920	10 995	793
西安市雁塔区城乡建设开发公司	县属	二级	36 500	10 553	7 827	1 213	159 045	8 084	1 213
陕西省城镇建设开发总公司	省属	二级	40 000	1 500		900	15 000	12 000	900
西安市市政建设开发公司	地(市)属	二级	44 190	4 357			199 293		
西安市安居工程办公室	地(市)属	一级	128 700	48 139	48 139	27 000	733 500	385 300	27 000
二、集体经济									
西安市雍华房地产开发公司	县属	二级	1 500	410	410		15 000		
西安市龙泰建设开发公司	县属	二级	156	156					
西安通惠房地产开发公司	县属	二级	3 000	37					
西安海星房地产综合开发公司	其他	二级	4 000	2 180	1 211		35 000		
三、其他经济									
陕西省商业房地产开发公司	省属	二级							
西安黄河房地产开发公司	地(市)属	二级	1 537	297	173	326	5 530	2 230	326
西安万国房地产开发有限公司	县属	二级	1 370	722	722	1 728	25 539	25 539	1 728
海南新大陆房地产开发公司	其他	二级	7 800	7 800	7 800		16 500		
陕西广秦房地产有限公司	其他	二级	7 000	54	10		25 400		
陕西金宝房地产投资开发有限公司	地(市)属	二级	400	100	70	200	8 200	4 200	200
陕西大兴置业发展有限公司	其他	二级	1 000	59	59		9 671		
陕西祥龙房地产置业有限公司	省属	二级	4 500	291			14 421		
陕西建宇房地产开发有限公司	其他	二级	6 600	750	750		34 210		
西安丹尼尔房地产开发有限公司	县属	二级	6 708	4 497	3 913	5 664	190 880	78 616	5 664
西安东光房地产综合开发有限公司	其他	二级	23 709	9 957	9 957		36 000		
陕西塞安尔物业发展有限公司公关经营部	其他	二级	6 800	1 800	1 800	684	48 526	5 698	684

5—51 续表 (1996)年 单位:万元

企 业 名 称	资产总计	负债总计	所有者权益合计	经营收入总计	#商品房屋销售收入	经营成本	销售费用	利润总额	年平均职工人数(人)
一、国有经济									
澄城县城乡建设综合开发公司	1 172	1 013	159	450	450	317	8		115
省建筑房地产开发公司汉中经理部	415	384	31			8		−8	12
西安市户县房产公司	1 221	1 082	139	246	246	300		−62	40
宝鸡市房屋经营开发公司	235	200	35	614	514	418		102	74
西安市房地产开发第一公司	1 170		1 170					−54	83
铁道部第二十工程局城建总公司	3 500	1 860	1 640	868	868	830	17	−110	98
西安市房地产开发总公司	40 990	38 556	2 434	4 900	4 900	3 878	18	397	108
宝鸡市房地产综合开发公司	2 846	2 369	477	241	202	237	1	153	40
陕西省工银房地产开发公司渭南经营处	4		4	208	208	195	4	−742	5
西安深圳华翔房地产开发公司	4 287	3 955	332					−324	53
咸阳市房地产开发公司	8 433	7 790	643	1 575	890	763	10	313	90
陕西省城乡建设综合开发公司	4 505	4 412	93	743	743	373	3	46	69
市城乡建设综合开发公司	7 369	6 800	569	548	256	204	10	2	71
铜川市房地产综合开发公司	847	611	236	790	786	351		274	55
西安市房地产开发第三公司	8 100	1 500	6 600	1 500		1 200		196	40
陕西省建银房地产开发总公司	17 056	16 726	330	1 800	1 800	39	1	1 030	35
西安市新兴房地产开发公司	6 905	6 479	426					−32	38
陕西省建材城乡房地产开发公司	7 743	8 028	−285				4	−422	44
西安市东新物业开发建设公司	19 260	16 932	2 328	1 100	821	735	12	91	102
西安东屹房地产开发有限公司	21 000	3 000	18 000					−18	15
陕西省省级机关房地产开发公司	2 191	1 725	466					−21	16
铜川市建设综合开发公司	5 509	5 423	86	1 618	1 618	1 496	4	6	43
陕西省工银房地产开发公司	25 031	22 821	2 210	250		289		−669	22
西安城市建设开发总公司	29 000	25 600	3 400	3 400	2 200	2 357	20	12	251
宝鸡市城乡建设开发总公司	44 659	40 556	4 103	1 915	755	1 380	80	426	173
西安市雁塔区城乡建设开发公司	15 609	13 027	2 582	3 505	3 314	1 921	16	11	60
陕西省城镇建设开发总公司	6 200	4 700	1 500	2 313	2 300	1 160	100	213	150
西安市市政建设开发公司	5 241	5 098	143	124		30		17	172
西安市安居工程办公室				35 670	35 670	35 670			
二、集体经济									
西安市雍华房地产开发公司	2 592	1 445	1 147					−268	30
西安市龙泰建设开发公司	1 000		1 000						23
西安通惠房地产开发公司	2 623	2 293	330	576	576	517		−43	30
西安海星房地产综合开发公司	4 708	2 908	1 800					−50	30
三、其他经济									
陕西省商业房地产开发公司	7 064	6 064	1 000	2 372	2 372	1 684	3	506	40
西安黄河房地产开发公司	1 809	818	991	520	520	326		105	16
西安万国房地产开发有限公司	8 389	8 652	−263	1 010	1 010	−1 492	15	180	29
海南新大陆房地产开发公司	9 870	10 980	−1 110			−82			140
陕西广秦房地产有限公司	2 176	432	1 744	3 129	3 129	2 107	10	570	22
陕西金宝房地产投资开发有限公司	700	585	115	365	365	310	4	−31	15
陕西大兴置业发展有限公司	011	160	445					−105	8
陕西祥龙房地产置业有限公司	762	762						−12	12
陕西建宇房地产开发有限公司	3 907	1 917	1 990					−16	16
西安丹尼尔房地产开发有限公司	21 286	17 514	3 772	5 500	5 500	3 812	120	550	86
西安东光房地产综合开发有限公司	25 625	23 906	1 719				4	−700	76
陕西塞安尔物业发展有限公司公关经营部	3 383	1 866	1 517	1 837	1 837	1 783	14	−43	25

5—52 农村集体固定资产投资主要指标及构成

（1996 年）　　　　单位：万元

指标	合计	农林牧渔业	工业	建筑业	地质勘查业、水利管理业	交通运输仓储及邮电通信业	批发和零售贸易餐饮业
一、投资额	156 178	4 987	92 047	4 526	1 447	5 358	11 829
# 建筑工程	87 872	3 661	34 856	1 547	972	4 537	9 171
安装工程	8 029	69	6 190	1	148	62	878
设备、工器具购置	52 212	408	45 607	2 502	310	611	1 116
二、本年新增固定资产	127 928	4 576	70 413	4 407	1 040	5 121	9 455
三、项目个数(个)							
本年施工项目	2 177	120	1 001	31	68	212	90
本年竣工投产项目	1 769	98	814	26	54	185	70
四、房屋建筑面积(万平方米)							
施工面积	150.75	2.66	59.53	1.44	0.33	1.81	18.45
竣工面积	121.91	2.46	50.15	1.07	0.33	1.78	13.04
五、本年投资资金来源合计(万元)	156 557	5 017	92 521	4 556	1 417	5 348	11 830
# 国家资金	5 345	1 018	1 234	29	475	395	430
国内贷款	33 766	1 159	26 529	324	135	742	2 319
引进外资	15 436	240	12 510	6	32	96	1 455
自筹资金	65 499	1 771	36 315	3 866	169	1 641	5 596
群众集资	24 041	735	6 295	235	419	2 170	1 893

指标	金融、保险业	房地产业	社会服务业	卫生、体育和社会福利业	教育文化艺术及广播电影电视业	国家机关政党机关和社会团体	其他行业
一、投资额(万元)	89	2 412	10 440	235	19 504	2 504	800
# 建筑工程	74	2 409	9 081	218	18 451	2 312	583
安装工程		1	333	2	224	82	39
设备、工器具购置	15	2	727	13	644	88	169
二、本年新增固定资产(万元)	22	2 315	9 967	199	17 419	2 213	781
三、项目个数(个)							
本年施工项目	5	3	92	16	445	69	25
本年竣工投产项目	2	2	77	14	350	53	24
四、房屋建筑面积(万平方米)							
施工面积	0.11	2.86	10.46	0.74	47.72	4.33	0.31
竣工面积	0.04	2.86	6.82	0.62	38.48	3.95	0.31
五、本年投资资金来源合计(万元)	89	2 412	10 273	235	19 529	2 530	800
# 国家资金	7		281	54	1 217	199	6
国内贷款		210	1 639		633	76	
引进外资	6	300	515		276		
自筹资金	76	1 897	6 641	139	5 205	1 593	590
群众集资		5	915	19	10 580	580	195

主要统计指标解释

全社会固定资产投资　固定资产投资是社会固定资产再生产的主要手段。通过建造和购置固定资产的活动，国民经济不断采用先进技术装备，建立新兴部门，进一步调整经济结构和生产力的地区分布，增强经济实力，为改善人民物质文化生活创造物质条件。这对我国的社会主义现代化建设具有重要意义。

固定资产投资额是以货币表现的建造和购置固定资产活动的工作量，它是反映固定资产投资规模、速度、比例关系和使用方向的综合性指标。全社会固定资产投资包括国有经济单位投资、城乡集体经济单位投资、其他各种经济类型单位投资和城乡居民个人投资。按照我国现行计划管理体制，国有经济单位固定资产投资总额分为基本建设、更新改造、房地产开发投资和其他固定资产投资四个部分；城乡集体经济单位投资包括城镇集体所有制单位投资和农村集体所有制单位投资；其他各种经济类型的单位投资包括联营经济、股份制经济、中外合资经营、中外合作经营、外资、与大陆合资经营、与大陆合作经营、港澳台独资及其他经济类型的单位投资。城乡居民个人投资包括城市、县城、镇、工矿区所辖范围内的个人建房和农村个人建房及购买生产性固定资产的投资。

基本建设投资　基本建设是企业、事业、行政单位以扩大生产能力或工程效益为主要目的的新建、扩建工程及有关工作。包括：(1)列入中央和各级地方本年基本建设计划的建设项目，以及虽未列入本年基本建设计划，但使用以前年度基建计划内结转投资(包括利用基建设备材料)在本年继续施工的建设项目；(2)本年基本建设计划内投资与更新改造计划内投资结合安排的新建项目和新增生产能力(或工程效益)达到大中型项目标准的扩建项目，以及为改变生产力布局而进行的全厂性迁建项目；(3)国有单位既未列入基建计划，也未列入更新改造计划的总投资在5万元以上的新建、扩建、恢复项目和为改变生产力布局而进行的全厂性迁建项目，以及行政、事业单位增建业务用房和行政单位增建生活福利设施的项目。

更新改造投资　更新改造是指国有企业、事业单位对原有设施进行固定资产更新和技术改造，以及相应配套的工程和有关工作(不包括大修理和维护工程)。包括：(1)列入中央和各级地方本年更新改造计划的项目和虽未列入本年更新改造计划，但使用上年更新改造计划内结转的投资在本年继续施工的项目；(2)本年更新改造计划内投资与基本建设计划内投资结合安排的对企、事业单位原有设施进行技术改造或更新的项目和增建主要生产车间、分厂等其新增生产能力(或工程效益)未达到大中型项目标准的项目，以及由于城市环境保护和安全生产的需要而进行的迁建工作；(3)国有企、事业单位既未列入基建计划也未列入更新改造计划，总投资在5万元以上的属于改建或更新改造性质的项目，以及由于城市环境保护和安全生产的需要而进行的迁建工程。

房地产开发投资　包括各种经济类型的房地产开发公司、商品房建设公司及其他房地产开发单位统一开发的包括代建、拆迁还建的住宅、厂房、仓库、饭店、宾馆、度假村、写字楼、办公楼等房屋建筑物和配套的服务设施、土地开发工程，如道路、给水、排水、供电、供热、通讯、平整场地等基础设施工程的投资。包括非房地产企业实际从事的房地产开发或经营活动，不包括单纯的土地交易活动。

其他固定资产投资　全社会固定资产投资中未列入基本建设、更新改造和房地产开发投资的建造和购置固定资产的活动。

固定资产投资的资金来源 根据固定资产投资的资金来源不同，分为上年末结余资金、本年资金来源小计和各项应付款。其中本年资金来源小计又为分国家预算内资金、国内贷款、股票、债券、利用外资、自筹资金和其他资金来源七种：

(1)国家预算内资金 指国家预算、地方财政、主管部门和国家专业投资公司拨给或委托银行贷给建设单位的基本建设拨款和中央基本建设基金，拨给企业单位的更新改造拨款，以及中央财政安排的专项拨款中用于基本建设的资金。

(2)国内贷款 指报告期企、事业单位向银行及非银行金融机构借入的用于固定资产投资的各种国内借款。国内贷款包括：银行利用自有资金及吸收的存款发放的贷款、上级主管部门拨入的国内贷款、国家专项贷款(包括煤代油贷款、劳改煤矿专项贷款等)，地方财政专项资金安排的贷款、国内储备贷款、周转贷款等。

(3)股票 是股份制企业通过发行股票筹集到的，用于固定资产投资的资金。

(4)债券 是企业(公司)或金融机构通过发行各种债券筹集到的用于固定资产投资的资金，包括由银行代理国家专业投资公司发行的重点企业债券和重点建设债券。

(5)利用外资 指报告期收到的用于固定资产投资的国外资金，包括统借统还、自借自还的国外贷款，中外合资项目中的外资，以及无偿捐赠等。其中，国家统借统还的外资，是指由我国政府出面同外国政府、团体和金融组织签订贷款协议、并负责偿还本息的国外贷款。

(6)自筹资金 指建设单位报告期收到的，用于进行固定资产投资的上级主管部门、地方和本单位自筹资金。

(7)其他资金来源 指报告期收到的除以上各种拨款、借款、自筹资金之外，其他用于固定资产投资的资金。

固定资产投资按国民经济行业分 建设项目归哪个行业，按其建成投产后的主要产品或主要用途及社会经济活动性质来确定。基本建设按建设项目划分国民经济行业，更新改造、国有经济单位其他固定资产投资及城镇集体投资根据整个企业、事业单位所属的行业来划分。一般情况下，一个建设项目或一个企业、事业单位只能属于一种国民经济行业。为了更准确地反映国民经济各行业之间的比例关系，联合企业(总厂)所属分厂属于不同行业的，原则上按分厂划分行业。

固定资产投资按建设性质分 建设项目的性质一般分为新建、扩建、改建、迁建、恢复。基本建设按建设项目划分建设性质，更新改造、国民经济单位其他固定资产投资及城镇集体投资按整个企业、事业单位的建设情况确定建设性质。目前基本建设和更新改造是根据我国现行的计划管理体制区分的，所以基本建设和更新改造都可以分别按新建、扩建等划分。

(1)新建 一般是指从无到有、“平地起家”新开始建设单位。有的单位原有的基础很小，经过建设后其新增加的固定资产价值超过原有固定资产价值(原值)三倍以上的也算新建。

(2)扩建 一般是指为扩大原有产品的生产能力，在厂内或其他地点增建主要生产车间(或主要工程)、独立的生产线或总厂之下的分厂的企业；事业单位和行政单位在原单位增建业务用房(如学校增建教学用房、医院增建门诊部或病床用房，行政机关增建办公楼等)也作为扩建。

(3)改建 一般是指现有企业、事业单位为了技术进步，提高产品质量，增加花色品种，促进产品升级换代、降低消耗和成本，加强资源综合利用和三废治理、劳保安全等，采用新技术、新工艺、新设备、新材料等对现有设施、工艺条件进行技术改造或更新(包括相应配套的辅助性生产、生活福利设施)。有的企业为充分发挥现有生产能力，进行填平补齐而增建不增加本单位主要产品生产能力的车间等，也属于改建。

固定资产投资按用途分 固定资产投资按工程的经济用途分为用于第一产业、第二产业、第三产业和住宅四部分的建设，是研究不同用途的固定资产投资之间比例关系的重要指标。基本建设投资、国有经济单位其他固定资产投资及城镇集体投资的用途按单项工程确定，现有企业、事业单位更新改造投资的用途按更新改造项目确定。

固定资产投资按构成分　固定资产投资活动按其工作内容和实现方式分为建筑安装工程，设备、工具、器具购置，其他费用三个部分。

(1)建筑安装工程(建筑工作量)　指各种房屋、建设物的建造工程和各种设备、装置的安装工程。包括各种房屋建造工程；各种用途设备基础和各种工业窑炉的砌筑工程；为施工而进行的各种准备工作和临时工程以及完工后的清理工作等；铁路、道路的铺设，矿井的开凿及石油管道的架设等；水利工程；防空地下建筑等特殊工程；以及各种机械设备的安装工程；为测定安装工程质量，对设备进行的试行工作。在安装工程中，不包括被安装设备本身的价值。

(2)设备、工具、器具购置　指购置或自制达到固定资产标准的设备、工具、器具的价值，固定资产的标准按财务部门规定。新建单位、扩建单位的新建车间按照设计和计划要求购置或自制的全部设备、工具、器具，不论是否达到固定资产标准均计入"设备、工具、器具购置"中。

(3)其他费用　指除建筑安装工程和设备、工具、器具购置以外的投资完成额。它包括两种性质的费用，一种是属于增加固定资产的费用，主要有：建设单位管理费，土地、青苗等补偿费和安置补助费、勘察设计费，研究实验费、农林单位牲畜购置费、各种经济林木的营造费、办公和生活家具、器具购置费、引进技术和进口设备项目的其他费用、联合试运转费等；一种是属于不增加固定资产的费用，主要有：施工机械转移费、生产职工培训费、农业开荒费用及报废工程损失费等。

基本建设项目按大中小型划分　基本建设划分大中小型项目原则上应按照上级批准的设计任务书或初步设计所确定的总规模或总投资划分，没有正式批准设计任务书或初步设计的，按国家或省、自治区、直辖市年度基本建设投资计划中所列的总规模或总投资划分。上述两条均不具备的，按本年计划施工工程的建设总规模或总投资划分。生产单一产品的工业项目，按产品的设计能力划分；生产多种产品的工业项目，按其主要产品的设计能力划分。品种繁多，难以按生产能力划分，按全部计划投资划分。划分标准以国家颁发的《大中小型建设项目划分标准》依据。国家曾在1958年、1962年、1977年和1979年先后五次修订《大中小型建设项目划分标准》，因此各历史时期的大中型项目数不完全可比。

施工项目　指报告期内曾进行建筑或安装工程施工活动的建设项目。包括报告期内新开项目、报告期以前开工跨入报告期继续施工的项目以及报告期施过工并在报告期内全部建设投产或停缓建的项目。

全部建成投产项目　工业项目是指设计文件规定形成生产能力的主体工程及其相应配套的辅助设施全部建成，经负荷试运转，证明具备生产设计规定合格产品的条件，并经过验收鉴定合格或达到竣工验收标准，与生产性工程配套的生产福利设施可以满足近期正常生产的需要，正式移交生产的建设项目。非工业项目是指设计文件规定的主体工程和相应的配套工程全部建成，能够发挥设计规定的全部效益，经验收鉴定合格或达到竣工验收标准，正式移交使用的建设项目。

新增生产能力　指通过固定资产投资活动而增加的设计能力或工程效益，它是用实物形态表示的固定资产投资的成果。新增生产能力的计算，是以能独立发挥生产能力或效益的单项工程(或项目)为对象。当单项工程(或项目)建成，经有关部门鉴定合格，正式移交投入生产，即可计算新增生产能力。

新增生产能力或工程效益有以下几种表现形式：

(1)以建设项目或单项工程建成后的年产能力表示。如煤炭开采、石油开采等。

(2)以建设项目或单项工程建成后处理原料的能力表示。如选矿工程的年处理矿石能力，洗煤厂年洗原煤能力等。

(3)以新增的主要设备数量或容量表示。如棉纺锭枚数、发电机组容量等。

(4)以建筑物容积、容量、面积或长度表示。如水库容量、铁路公路里程等。

新增生产能力的数量一般按设计能力计算。设计能力是指设计文件中规定的在正常情况下能够达到的生产能力，而不论投产后的实际产量如何。以设备数量、建筑物容积、面积、长度等表示的新增生产能力(或效益)，则按建成的实际数量计算。

施工和竣工房屋建筑面积 房屋建筑面积是从房屋外墙线算起的各层平面面积的总和，包括房屋结构(如柱、墙)占用的面积和地下室面积。多层建筑按各自然层面积总和计算，包括房屋内的楼隔层，突出墙面的眺望间、门斗、有柱雨罩的面积。不包括突出墙面结构的构件、艺术装饰等所占的面积，如台阶等。凹阶台、挑阳台按其水平投影面积一半计算建筑面积。

竣工面积 指在报告期内房屋建筑按照设计要求已全部完工，达到住人和使用条件，经验收鉴定合格，正式移交使用单位的建筑面积。

房屋建筑面积竣工率 指一定时期内房屋竣工面积占同期房屋施工面积的比率。它是从房屋建筑施工速度的角度反映投资效果和建筑业经济效益的指标。

新增固定资产 指通过投资活动所形成的新的固定资产价值。包括已经建成投入生产或交付使用的工程价值和达到固定资产标准的设备、工具、器具的价值及有关应摊入的费用。它是以价值形式表示的固定资产投资成果的综合性指标，可以综合反映不同时期、不同部门、不同地区的固定资产投资成果。

建设项目投资率 指一定时期内全部建成投入生产项目个数占同期正式施工项目个数的比率。它是从项目建设速度的角度反映投资效果的指标。

固定资产交付使用率 指一定时期新增固定资产与同期完成投资额的比率。它是反映各个时期固定资产动用速度，衡量建设过程中投资效果的一个综合指标。

未完工程占用率 指年末未完工程累计完成投资额占全年实际完成投资额的比率。它反映未完工程的相对规模，并可从资金占用的角度反映固定资产投资效果。由于未完工程是指已经开工，但尚未建成交付使用的工程，有个跨年度问题，因此未完工程占用率会出现大于1的情况。

6 能源原材料生产和消费

NENG YUAN YUAN CAI LIAO SHENG CHAN HE XIAO FEI

资料整理　何晓红　王恭昌

6. 能源原材料生产和消费

1996 年全省		
能源生产总量	3774.94 万吨标准煤	比上年增长 14.0%
能源消费总量	3469.63 万吨标准煤	比上年增长 13.7%
能源生产增长系数	1.37	
能源消费弹性系数	1.34	
能源加工转换总效率	59.90%	

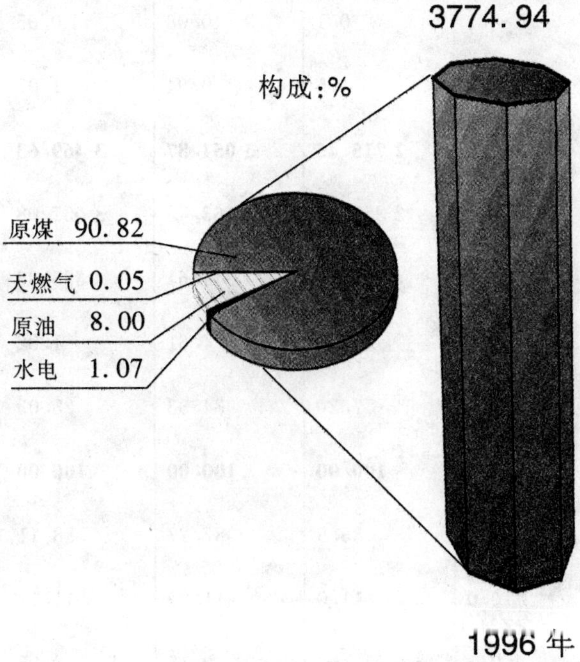

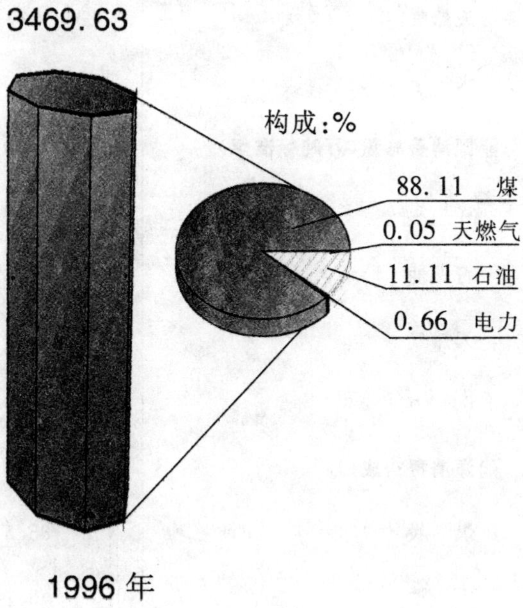

6—1 能源生产、消费总量及构成

指　　标	1990年	1993年	1994年	1995年	1996年
能源生产总量(万吨标准煤)	**2 505.27**	**2 643.92**	**2 890.07**	**3 311.14**	**3774.94**
原　煤	2 355.17	2 428.62	2 652.91	3 034.24	3 428.40
原　油	100.16	161.00	192.86	238.50	302.11
天然气	0.93	3.16	2.67	2.67	1.82
水　电	49.01	51.14	41.63	31.25	40.41
能源生产构成(%)	**100.00**	**100.00**	**100.00**	**100.00**	**100.00**
原　煤	94.0	91.9	91.8	91.64	90.82
原　油	4.0	6.1	6.6	7.20	8.00
天然气	…	0.1	0.1	0.08	0.05
水　电	2.0	1.9	1.5	0.94	1.07
能源消费总量(万吨标准煤)	**2 238.98**	**2 583.48**	**2 715.45**	**3 051.87**	**3 469.63**
煤　炭	1 913.69	2 262.48	2 357.89	2 663.42	3 057.08
石　油	195.46	258.59	297.69	344.61	385.36
天然气	0.93	3.16	2.67	4.61	1.82
电　力	128.90	59.25	57.20	34.83	23.03
能源消费构成(%)	**100.00**	**100.00**	**100.00**	**100.00**	**100.00**
煤　炭	85.5	87.6	86.9	87.27	88.11
石　油	8.7	10.0	11.0	11.29	11.11
天然气	…	0.1	…	0.15	0.05
电　力	5.8	2.3	2.1	1.14	0.66

说明:本表能源消费量中,煤炭消费量包括煤及其制品,石油消费量包括原油及其制品,电力消费量中未包括本省自产火电。

6—2 主要能源平衡情况

（1996 年）

指　　标	综合能源（万吨标准煤）	原煤（万吨）	焦炭（万吨）	电力（亿千瓦小时）
一、可供本地区消费的能源	**3 524.92**	**4 199.89**	**6.05**	**18.74**
年初库存	510.19	598.99	42.69	
一次能源生产量	3 871.95	4 614.27		32.88
外省(区、市)调入量	520.27	307.46	24.78	13.51
进口量	—			
本省(区、市)调出量	−731.34	−691.21	−25.15	−27.65
出口量	−113.59	−51.87	−2.00	
年末库存	−532.57	−577.75	−34.27	
二、加工转换投入(－)产出(＋)量	**−84.57**	**−2 112.21**	**272.07**	**235.79**
火力发电	1.28	−1 366.91		235.79
供热		−85.12		
洗选煤	−24.54	−402.91		
炼焦	−25.81	−197.32	272.07	
炼油	−32.60			
制气	−2.90	−14.82		
煤制品加工		−45.13		
三、损失量	**95.53**			**22.86**
四、终端消费	**3 344.78**	**2 087.67**	**278.12**	**231.67**
农业、牧、渔业	113.16	19.06	1.21	16.59
工业	2 284.01	1 452.79	272.74	158.40
建筑业	51.28	30.56	1.47	2.11
交通运输、仓储及邮电通讯业	186.95	45.61	1.86	12.21
批发另售贸易业、餐饮业	56.42	14.75		6.91
居民消费	514.01	449.71		21.69
其　他	138.98	75.20	0.84	13.76

注：电按等价热值折标。

6—2 续表 (1996年)

指　　标	原油（万吨）	汽油（万吨）	煤油（万吨）	柴油（万吨）	燃料油（万吨）
一、可供本地区消费的能源	**197.21**	**31.44**	**17.66**	**12.46**	**1.30**
年初库存	4.44	5.08	1.95	4.51	2.56
一次能源生产量	211.47				
外省（区、市）调入量	4.00	42.38	17.53	29.36	8.58
进口量					
本省（区、市）调出量	－10.30	－6.53	－0.14	－8.36	－1.67
出口量					
年末库存	－12.40	－9.49	－1.68	－13.05	－8.17
二、加工转换投入（－）产出（＋）量	**－195.70**	**59.50**	**1.31**	**58.49**	**28.73**
火力发电				－8.59	
供　热				－0.08	
洗选煤					
炼　焦					
炼　油	－195.70	59.50	1.31	67.16	28.73
制　气					
煤制品加工					
三、损失量					
四、终端消费量	**1.51**	**90.94**	**18.97**	**70.95**	**30.33**
农、林、牧、渔业		6.21		12.82	
工　业	1.51	35.41	1.62	26.66	28.38
建筑业		6.39	0.30	3.71	0.70
交通运输、仓储及邮电通讯业		29.20	16.55	21.28	0.21
批发另售贸易业、餐饮业		8.72		2.20	
居民消费			0.14		
其　他		5.01	0.36	4.28	0.74

6—3 能源生产增长系数

指　　标	1990年	1993年	1994年	1995年	1996年
能源生产增长速度(%)	7.15	1.76	9.31	14.57	14.01
电力生产增长速度(%)	0.81	14.21	2.98	6.46	13.48
国民生产总值增长速度(%)	3.40	13.31	8.60	9.00	10.20
能源生产增长系数	2.10	0.13	1.08	1.62	1.37
电力生产增长系数	0.24	1.07	0.35	0.72	1.32

6—4 平均每万人能源生产量

品　　种	单　位	1990年	1993年	1994年	1995年	1996年
生产总量	**吨标准煤**	**7 740.68**	**7 771.10**	**8 496.28**	**9 425.12**	**10 654.64**
原　煤	吨	10 281.01	10 089.80	10 918.49	12 091.46	13 023.62
原　油	吨	216.62	334.45	396.88	475.22	596.87
天然气	万立方米	0.22	0.77	0.65	0.63	0.43
电　力	万千瓦小时	462.66	634.94	653.85	673.96	758.33

6—5 能源加工转换效率

指　　标	1990年	1993年	1994年	1995年	1996年
总效率(%)	**53.17**	**54.64**	**54.98**	**56.84**	**59.90**
火力发电	31.75	30.37	30.82	29.74	29.73
供　　热	84.79	78.30	80.26	80.78	78.18
洗　　煤	86.20	86.59	87.60	91.78	91.47
炼　　焦	92.73	86.30	86.13	93.66	91.62
炼　　油	96.19	93.43	89.12	90.50	88.76

6—6 能源利用效益主要指标

指　　标	单　位	1990 年	1993 年	1994 年	1995 年	1996 年
每万元国民生产总值能源消费量	吨标煤	5.53	3.84	3.20	3.05	2.95
每万元工业增加值能源消费量	吨标煤		9.75	8.44	9.12	8.83
每吨能源消费实现的国民生产总值	元	1 809.35	2 603.93	3 129.61	3 276.79	3 387.62
每吨能源消费实现的工业增加值	元		1 025.23	1 185.36	1 096.00	1 132.58

6—7 能源消费弹性系数

指　　标	1990 年	1993 年	1994 年	1995 年	1996 年
能源消费增长速度	3.60	10.14	5.11	12.39	13.69
电力消费增长速度	4.77	14.14	5.62	1.96	6.20
国民生产总值增长速度	3.40	13.31	8.60	9.0	10.20
能源消费弹性系数	1.06	0.76	0.59	1.38	1.34
电力消费弹性系数	1.40	1.06	0.65	0.22	0.61

6—8 平均每天各种能源消费量

品　　种	单　位	1990 年	1993 年	1994 年	1995 年	1996 年
消费总量	**万吨标煤**	**6.13**	**7.08**	**7.44**	**8.34**	**9.48**
煤　炭	万吨	7.47	8.68	9.02	10.32	11.20
焦　炭	吨	2 696.71	3 834.25	3 925.48	8 307.10	7 598.91
原　油	吨	1 670.96	2 580.27	3 195.89	4 206.01	5 388.25
燃料油	吨	613.70	583.29	716.71	770.22	820.49
汽　油	吨	1 273.70	1 809.59	1 967.40	2 251.09	2 484.70
煤　油	吨	222.19	280.27	324.66	471.58	518.31
柴　油	吨	1 268.22	1 587.67	1 766.58	1 981.42	2 175.41
天然气	万立方米	1.92	7.12	6.03	10.38	4.10
电　力	万千瓦小时	4 665.48	6 098.08	6 440.55	6 548.63	6 954.37

6—9　平均每万元工业总产值能源消费量

（1996 年）

行　　业	能源消费量（万吨标煤）	工业总产值（亿元）	产值能耗（吨标煤/万元）
工　业	**2 627.45**	**916.70**	**2.87**
轻工业	385.13	337.37	1.14
重工业	2 242.33	579.33	3.87
（一）采　掘　业	212.17	56.47	3.76
煤炭采运业	134.92	23.04	5.86
石油和天然气开采业	20.58	7.87	2.61
黑色金属矿采选业	6.90	1.08	6.39
有色金属矿采选业	26.18	15.90	1.65
非金属矿采选业	12.85	5.74	2.24
木材及竹材采运业	5.22	2.22	2.35
（二）制　造　业	1 614.71	831.09	1.94
食品加工业	26.22	35.37	0.74
食品制造业	41.15	14.74	2.79
饮料制造业	28.34	13.05	2.17
烟草加工业	12.38	30.27	0.41
纺织业	70.93	59.54	1.19
服装及其他纤维制品制造业	12.52	10.99	1.14
皮革、毛皮、羽绒及其制品业	5.62	7.66	0.73
木材加工及竹、藤、棕、草制品业	18.75	6.31	2.97
家俱制造业	9.09	7.68	1.18
造纸及纸制品业	34.17	29.02	1.18
印刷业、记录媒介的复制	7.27	15.56	0.47
文教体育用品制造业	1.85	0.79	2.34
石油加工及炼焦业	109.98	11.95	9.20
化学原料及化学品制造业	287.45	45.85	6.27
医药制造业	28.56	28.88	0.99
化学纤维制造业	4.03	0.92	4.38
橡胶制品业	16.63	5.29	3.14
塑料制品业	18.09	10.33	1.75
非金属矿物制品业	295.09	60.47	4.88
黑色金属冶炼及压延加工业	206.23	24.61	8.38
有色金属冶炼及压延加工业	39.41	17.03	2.31
金属制品业	34.55	24.16	1.43
普通机械制造业	77.39	40.07	1.93
专用设备制造业	45.38	38.87	1.17
交通运输设备制造业	50.29	84.09	0.60
武器弹药制造业	12.41	9.19	1.35
电气机械及器材制造业	41.56	56.58	0.73
电子及通讯设备制造业	29.63	112.35	0.26
仪器仪表、文化办公用机械制造业	12.63	12.28	1.03
其他制造业	37.13	17.19	2.16
（三）电力、煤气及水生产和供应业	800.57	29.14	27.47
电力、蒸汽、热水的生产和供应业	794.26	27.47	28.91
煤气生产和供应业	1.47	0.16	9.19
自来水的生产和供应业	4.83	1.51	3.20

6—10 全省用电总量

单位:亿千瓦小时

指　　标	1990年	1993年	1994年	1995年	1996年
全省用电量总计	**169.44**	**213.29**	**228.25**	**236.72**	**248.84**
一、农、林、牧、渔、水利业用电	15.28	19.14	21.71	22.84	21.13
# 排灌用电	7.28	9.42	12.51	15.00	13.18
二、工业用电	126.07	153.84	160.35	165.24	175.56
轻工业	23.39	26.97	29.19	29.34	31.13
重工业	102.68	126.87	131.16	135.90	144.43
# 自来水生产和供应业	2.41	3.16	3.48	3.58	3.38
电力、蒸汽、热水生产和供应业	29.91	39.51	40.75	42.34	46.17
# 厂用电量	14.04	17.82	18.79	18.63	21.42
线路损失电量	15.04	20.18	20.27	22.24	22.86
三、地质普查和勘探业用电	0.16	0.20	0.20	0.20	0.19
四、建筑业用电	1.20	1.76	1.90	2.24	2.11
五、交通运输、邮电通讯业用电	8.67	10.51	10.76	11.35	12.18
交通运输业	8.40	10.16	10.32	10.8	11.46
邮电通讯业	0.27	0.35	0.44	0.46	0.72
六、商业、公共饮食业、物资供销和仓储业用电	2.95	4.82	5.62	5.70	6.95
七、其它事业用电	6.79	8.11	9.06	9.44	9.03
八、城乡居民生活用电	8.32	14.91	18.65	19.71	21.69
乡村用电	2.24	4.53	6.55	7.47	8.19
城市用电	6.08	10.38	12.10	12.34	13.50

6—11 主要原材料、能源消费量

（1996年）

名　　称	单　位	合　计	#工　业	#建筑业	#运输邮电业
生　　铁	吨	266 674	265 435	847	264
钢　　材	吨	793 499	474 074	315 346	377
# 铁道用钢材	吨	43 018	27 004	15 986	27
普通大型钢材	吨	15 157	13 620	1 450	
普通中型钢材	吨	55 695	36 610	18 835	6
普通小型钢材	吨	167 656	33 737	133 361	54
钢带	吨	53 650	52 824	826	
线材	吨	136 701	37 133	99 171	129
特厚钢板	吨	4 256	3 962	280	
中厚钢板	吨	95 928	85 509	10 067	13
薄钢板	吨	62 502	58 872	3 523	13
硅钢片	吨	23 581	23 537	29	
优质型钢材	吨	46 732	43 942	1 295	3
无缝钢管	吨	25 739	19 329	6 172	2
焊接钢管	吨	42 910	28 225	14 325	122
重复扎制用钢材	吨	3 161	3 149	12	
铜	吨	8 717	8 680	37	
铝	吨	9 449	9 402	47	
铅	吨	2 138	2 129	7	2
锌	吨	3 148	3 105	43	
锡	吨	78	77	1	
铜　　材	吨	5 869	5 539	322	1
铝　　材	吨	17 475	17 134	189	147
硫　　酸	吨	282 604	282 481	108	15
烧　　碱	吨	46 931	45 531	1 400	
纯　　碱	吨	47 816	47 725	69	
天然橡胶	吨	3 853	3 852		1
合成橡胶	吨	28 615	28 585	10	20
水　　泥	吨	1 599 101	163 355	1 418 315	2 128
平板玻璃	重量箱	95 870	28 733	63 233	1 134
原　　木	立方米	418 993	291 209	126 469	818
# 原木直接消费	立方米	193 874	133 624	59 272	808
锯　　材	立方米	68 651	33 490	35 047	56
润 滑 油	吨	16 980	15 802	1 056	96
原　　煤	吨	22 407 468	22 157 946	49 282	21 483
焦　　炭	吨	830 685	829 531	994	147
焦炉煤气	万立方米	12 769	12 701		68
其他煤气	万立方米	21 964	20 732		
原　　油	吨	1 953 332	1 953 332		
汽　　油	吨	132 771	72 871	15 914	42 465
煤　　油	吨	10 738	10 480	202	27
柴　　油	吨	229 585	179 414	34 440	12 921
燃 料 油	吨	588 235	587 819	11	1
液化石油气	吨	58 724	58 722	2	
天然气	万立方米	3 904	3 873	31	
热　　力	百万千焦	5 942 825	5 650 130	40	
电　　力	万千瓦时	1 533 025	1 491 348	23 578	6 614

6—12 主要原材料、能源消费总值

(1996 年)　　单位:万元

指　标	消费总值	#工　业	#建筑业	#运输邮电业
总　值	**3 165 704**	**2 845 374**	**250 884**	**59 265**
一. 按隶属关系分组				
# 中央	1 100 313	934 760	115 322	44 857
省	859 204	798 476	56 904	1 174
地区	712 435	677 684	25 932	7 236
县	399 191	341 444	51 292	5 884
二. 按经济类型分				
1. 国有经济	2 752 706	2 475 871	209 555	57 415
2. 集体经济	127 993	86 547	39 611	1 732
3. 私营经济	1 516	700	816	
4. 联营经济	4 048	4 048		
5. 股份制经济	143 475	142 353	894	92
6. 中外合资经营企业	99 672	99 600		24
7、中外合作经营企业	2			2
8、外资企业	145	145		
9、与大陆合资经营企业	34 624	34 587	8	
10、与大陆合作经营企业	1 523	1 523		
11、港、澳、台独资企业				
12. 其它经济				
三. 按类值分组				
能源类	859 971	815 230	21 310	15 798
原材料类	2 305 733	2 030 144	229 574	43 467
1. 黑色金属材料类	397 383	310 633	85 929	487
2. 有色金属材料类	162 066	160 636	1 110	200
3. 化工类	298 782	288 345	6 607	3 748
4. 建材类	127 901	43 298	83 623	360
5. 木材类	32 682	19 115	13 381	146
6. 金属制品类	44 590	41 176	3 330	75
7. 一次转移价值的机电产品类	462 028	405 185	19 254	37 272
8、其它类	779 846	761 756	16 340	1 179
四. 按行业分				
采掘业				
煤炭采选业	34 469	32 813	1 647	3
石油和天然气开采业	71 737	71 310	63	130
黑色金属矿采选业	737	695	28	12
有色金属矿采选业	44 598	43 984	551	50
非金属矿采选业	1 365	1 349		16
其他矿采选业				
木材及竹材采运业	1 492	1 323	73	82
制造业				
食品加工业	58 257	58 149	7	4
食品制造业	30 716	30 590	22	85

6—12 续表　　(1996年)　　单位:万元

指　　标	消费总值	#工　业	#建筑业	#运输邮电业
饮料制造业	42 800	42 791		1
烟草加工业	147 428	146 996	244	103
纺织业	305 185	303 953	373	76
服装及其他纤维制品制造业	15 591	15 292	56	43
皮革、毛皮、羽绒及其制品业	12 726	12 726		
木材加工及竹、藤、棕、草制品业	6 249	6 186	11	20
家具制造业	7 671	7 664		5
造纸及纸制品业	24 375	23 972	237	12
印刷业	23 446	23 369		29
文教体育用品制造业	407	407		
石油加工及炼焦业	156 461	151 272	5 048	24
化学原料及化学制品制造业	227 134	226 837	112	94
医药制造业	120 756	120 601		17
化学纤维制造业	550	396	7	14
橡胶制品业	16 160	16 121		38
塑料制品业	14 273	14 268		5
非金属矿物制品业	80 143	78 126	1 449	154
黑色金属冶炼及压延加工业	194 320	188 337	4 280	205
有色金属冶炼及压延加工业	84 801	84 599	143	53
金属制品业	47 326	46 777	486	1
普通机械制造业	60 328	59 678	417	13
专用设备制造业	120 597	118 962	820	146
交通运输设备制造业	198 588	190 933	3 734	625
武器弹药制造业	35 585	35 585		
电气机械及器材制造业	212 784	212 557	50	16
电子及通信设备制造业	221 755	220 975	386	354
仪器仪表及文化、办公用机械制造业	29 110	28 690	207	
其他制造业	10 708	10 687		1
电力、煤气及水的生产和供应业				
电力、蒸汽、热水的生产和供应业	203 650	201 622	1 526	5
煤气生产和供应业	282	282		
自来水的生产和供应业	8 068	7 909	124	8
建筑业				
土木工程建筑业	210 765	3 432	206 504	662
线路管道和设备安装	24 743	2 604	22 095	
装修装饰业				
运输邮电业				
铁路运输业				
公路运输业	12 489	369	21	11 438
管道运输业				
水上运输业	45	8		37
航空运输业	1			1
交通运输辅助业				
其他交通运输业	13			13
邮电通信业	45 020	178	163	44 670

6—13 主要原材料、能源按行业分组消费量

(1996 年)

行　　业	钢　材 (吨)	锯　材 (立方米)	原　煤 (吨)	焦　炭 (吨)	汽　油 (吨)
总　　计	**793 499**	**68 651**	**22 407 468**	**830 685**	**132 771**
采掘业					
煤炭采选业	14 090	870	1 401 957	174	4 497
石油和天然气开采业	15 268		59 676	6 180	13 436
黑色金属矿采选业	87		710		411
有色金属矿采选业	6 394	523	62 732	2 779	4 212
非金属矿采选业	276	19	20 687	340	610
其它矿采选业					
木材及竹材采运业	211	215	2 011		1 186
制造业					
食品加工业	376	9	35 686		698
食品制造业	31		62 512		1 750
饮料制造业	275		182 006		2 119
烟草加工业	235		69 027		633
纺织业	1 573	174	366 550		2 890
服装及其他纤维制品制造业	50	14	16 531		395
皮革、毛皮、羽绒及其制品业	103	20	20 174		286
木材加工及竹、藤、棕、草制品业	64	14 436	47 201		122
家具制造业	5 925	3 288	2 500		161
造纸及纸制品业	490	852	231 336		836
印刷业	134	204	16 306		777
文教体育用品制造业	582		1 527		60
石油加工及炼焦业	4 760	43	477 380		831
化学原料及化学制品制造业	11 222	258	1 835 625	206 599	8 129
医药制造业	344	1	299 893		2 386
化学纤维制造业	164		3 046		60
橡胶制品业	201	4	48 511		674
塑料制品业	442		6 510		242

6—13 续表　　　　　　（1996 年）

行　业	钢　材（吨）	锯　材（立方米）	原　煤（吨）	焦　炭（吨）	汽　油（吨）
非金属矿物制品业	15 704	1 048	1 339 673	16 258	4 065
黑色金属冶炼及压延加工业	54 479	343	254 362	558 603	3 157
有色金属冶炼及压延加工业	2 921	94	99 313	3 393	1 337
金属制品业	46 735	982	41 050	8 419	1 009
普通机械制造业	56 075	3 347	116 299	12 566	3 934
专用设备制造业	77 123	3 380	239 998	9 199	3 074
交通运输设备制造业	83 337	1 711	303 990	1 626	5 020
武器弹药制造业	10 055	240	47 332	118	918
电气机械及器材制造业	52 758	3 666	187 043	1 757	3 080
电子及通信设备制造业	7 175	40	181 175	24	2 034
仪器仪表及文化、办公用机械制造业	7 913	113	43 956	292	800
其他制造业	40	172	98 876	200	785
电力、煤气及水的生产和供应业					
电力、蒸汽、热水的生产和供应业	8 511	116	14 097 315	2 158	3 063
煤气生产和供应业	128		1 581		56
自来水生产和供应业	775		7 833		441
建筑业					
土木工程建筑业	280 635	32 289	50 923		14 413
线路管道和设备安装	25 136	74	3 767		1 165
装修装饰业					
运输邮电业					
铁路运输业					
公路运输业	127	75	4 328		34 939
水上运输业	24				
航空运输业					70
交通运输辅助业					
其他交通运输业					32
邮电通信业	551	31	18 560		1 978

主 要 统 计 指 标 解 释

能源生产总量 指一定时期内全国(地区)一次能源生产量的总和,是观察全国(地区)能源生产水平、规模、构成和发展速度的总量指标。一次能源生产量包括原煤、原油、天然气、水电及其他动力能(如风能、地热能等)发电量。不包括低热值燃料生产量、生物质能、太阳能等的利用和由一次能源加工转换而成的二次能源产量。

能源消费总量 指一定时期内全国(地区)物质生产部门、非物质生产部门和生活消费的各种能源的总和,是观察能源消费水平、构成和增长速度的总量指标。能源消费总量包括原煤和原油及其制品、天然气、电力。不包括低热值燃料、生物质能和太阳能等的利用。能源消费总量分为三部分,即终端能源消费量、能源加工转换损失量和损失量。

(1)**终端能源消费量** 指一定时期内全国(地区)物质生产部门、非物质生产部门和生活消费的各种能源在扣除了用于加工转换二次能源消费量和损失量以后的数量。

(2)**能源加工转换损失量** 指一定时期内全国(地区)投入加工转换的各种能源数量之和与产出各种能源产品数量之和的差额。它是观察能源在加工转换过程中损失量变化的指标。

(3)**能源损失量** 指一定时期内能源在输送、分配、储存过程中发生的损失和由客观原因造成的各种损失量。不包括各种气体能源放空、放散量。

能源生产弹性系数 是研究能源生产量的增长与国民经济增长之间关系的指标。计算公式:

$$能源生产弹性系数=\frac{能源生产总量年平均增长速度}{国民经济年平均增长速度}$$

国民经济年平均增长速度,可根据不同的目的或需要,用国民生产总值,国民收入等指标来计算,本资料是采用国民生产总值指标计算的。

电力生产弹性系数 是研究电力生产量的增长与国民经济增长之间关系的指标。一般来说,电力的发展应当快于国民经济的发展,也就是说电力应超前发展。计算公式:

$$电力生产弹性系数=\frac{电力生产量年平均增长速度}{国民经济年平均增长速度}$$

能源消费弹性系数 是反映能源消费增长速度与国民经济增长速度之间比例关系的指标。计算公式:

$$能源消费弹性系数=\frac{能源消费量年平均增长速度}{国民经济年平均增长速度}$$

能源加工转换效率 指一定时期内能源经过加工转换后,产出的各种能源产品的数量与同期内投入加工转换的各种能源数量的比率。它是观察能源加工转换装置和生产工艺先进与落后、管理水平高低等的重要指标。计算公式:

$$能源加工转换效率=\frac{加工转换产出量}{加工转换投入量}\times100\%$$

7 财 政

CAI ZHENG

资料整理　　　李　艳

7. 财　政

1996 年全省

地方财政收入(新口径)	67.60 亿元	比上年增长 31.8%
(老口径)	117.22 亿元	比上年增长 23.1%
地方财政支出	121.79 亿元	比上年增长 18.6%

地方财政收支

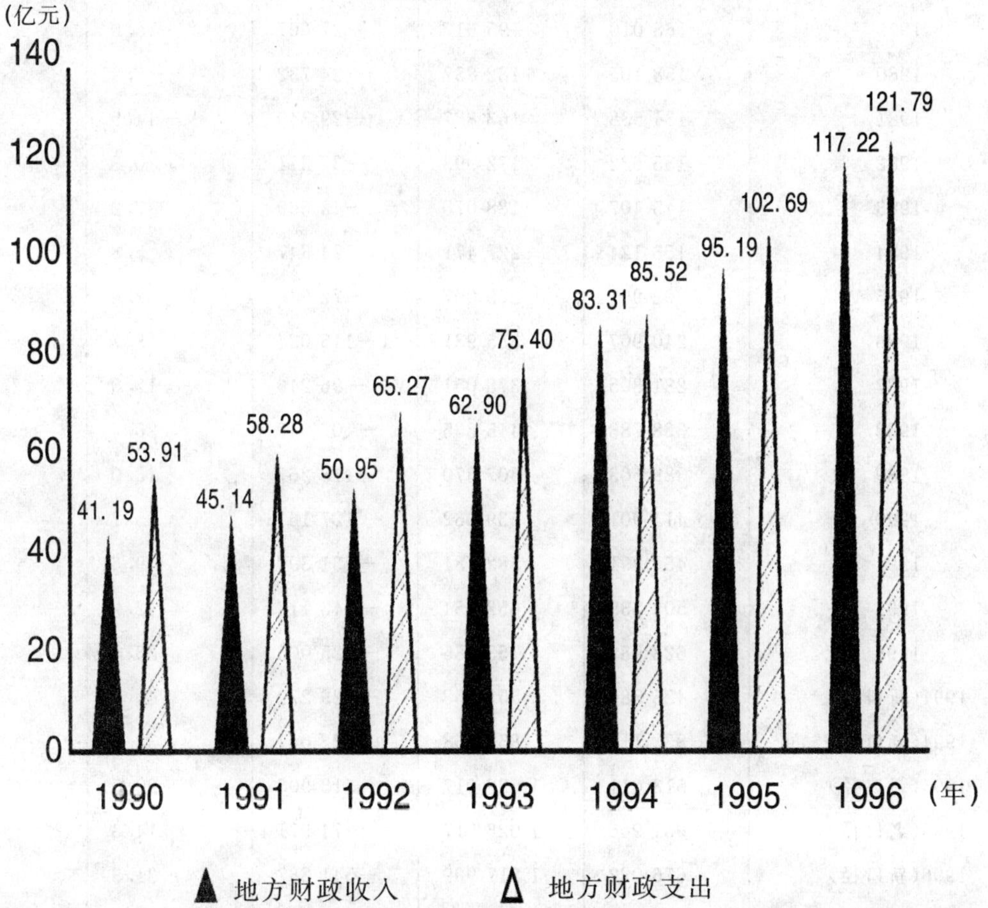

7—1 主要年份地方财政预算内收支及指数

单位:万元

年　　份	总收入	总支出	收支差额	比上年增长%	
				总收入	总支出
1952	18 091	11 140	6 951	33.5	41.1
1957	34 001	26 158	7 843	3.7	－7.5
1962	57 243	31 444	25 799	－14.9	－33.6
1965	65 491	57 946	7 545	11.7	33.9
1970	97 753	92 904	4 849	29.7	30.0
1975	152 258	128 398	23 860	9.0	1.2
1978	197 587	183 026	14 561	31.5	32.4
1979	168 010	195 617	－27 607	－15.0	6.9
1980	158 105	182 837	－24 732	－5.9	－6.5
1981	134 538	163 887	－29 349	－14.9	－10.4
1982	135 622	172 993	－37 371	0.8	5.6
1983	145 407	188 076	－42 669	7.2	8.7
1984	153 124	227 471	－74 347	5.3	20.9
1985	202 967	275 007	－72 040	32.6	20.9
1986	240 907	355 931	－115 024	18.7	29.4
1987	281 805	378 051	－96 246	17.0	6.2
1988	338 788	445 835	－107 047	20.2	17.9
1989	389 603	507 870	－118 267	15.0	13.9
1990	411 901	539 062	－127 161	5.7	6.1
1991	451 391	582 781	－131 390	9.6	8.1
1992	509 539	652 654	－143 115	12.9	12.0
1993	628 982	753 985	－125 003	23.4	15.5
1994(新口径)	425 886	855 158	－429 272	41.0	13.4
1994(老口径)	833 111	855 158	－22 047	32.5	13.4
1995(新口径)	513 011	1 026 917	－513 906	20.5	20.1
1995(老口径)	951 946	1 026 917	－74 971	14.3	20.1
1996(新口径)	676 022	1 217 909	－541 887	31.8	18.6
1996(老口径)	1 172 231	1 217 909	－45 678	23.1	18.6

注:①1990、1991 年全省财政收入中不包括电力建设专项收入,教育费附加和社会保险基金收入;支出中亦不包括。

②因 1994 年实行分税制,故 1994、1995、1996 年财政收入分别按实行分税制前后两个口径计算。

7—2 主要年份地方财政预算内分项目收入

单位:万元

年　份	企业收入	#工　业	#交通邮电	#商业物供	各项税收	#工商税收	#农业税
1952	283	140	2	54	15 858	8 622	6 913
1957	3 729	953	1 173	—	27 405	20 399	7 006
1962	23 036	7 468	853	13 374	32 141	24 969	7 102
1965	26 726	18 896	1 112	5 525	38 170	30 839	7 253
1970	32 935	19 081	1 038	12 361	64 046	55 365	8 481
1975	71 803	53 869	2 509	18 393	80 095	71 438	8 398
1978	88 020	70 382	2 649	17 436	99 218	91 242	7 523
1979	59 595	62 906	1 129	14 258	102 914	93 646	8 962
1980	49 243	52 267	717	15 144	104 629	97 462	6 701
1981	22 355	37 576	493	12 009	109 666	101 996	7 168
1982	13 073	31 584	594	6 744	118 145	108 453	8 919
1983	17 141	34 145	798	3 438	121 474	111 306	9 402
1984	10 790	28 370	1 109	1 341	136 067	125 419	10 026
1985	20 612	32 975	1 016	4 274	178 636	164 636	13 044
1986	31 523	29 505	3 625	9 948	200 992	187 384	13 420
1987	30 753	35 945	1 334	6 067	242 339	227 805	13 347
1988	13 050	－1 376	469	－7 275	307 151	288 629	13 766
1989	－17 733	27 718	394	3 107	380 065	358 087	15 448
1990	－36 843	16 434	272	－42 044	415 635	391 417	16 575
1991	－26 195	27 618	205	－40 545	441 831	417 087	16 077
1992	－13 250	19 096	101	－36 812	489 801	458 777	19 176
1993	－27 496	9 195	108	－37 972	617 793	582 952	20 787
1994	－5 988	12 689	－16	－31 467	377 473	310 963	34 818
1995	－2 750	11 982	－184	－27 671	454 412	378 727	35 674
1996	9 949	13 220	－87	－27 192	555 113	451 069	48 141

注:各项税收中不包括国营企业所得税和国营企业调节税。

7—3 主要年份地方财政预算内分项目支出

单位:万元

年 份	基本建设支出	流动资金	企业挖潜改造资金	科技三项费用	工交商部门事业费
1952	3 296	103			44
1957	7 186	317			682
1962	3 070	543		1 540	654
1965	17 203	3 468		2 225	1 443
1970	50 500	4 225		2 172	1 455
1975	38 136	9 826	2 577	3 782	3 994
1978	43 783	10 585	18 163	2 674	4 086
1979	47 021	6 420	12 583	2 464	4 127
1980	33 764	4 472	15 120	2 308	5 349
1981	18 225	2 311	8 123	1 274	7 891
1982	19 641	2 200	11 357	1 509	6 363
1983	25 708	421	10 450	2 497	6 553
1984	33 049	106	11 461	2 628	8 784
1985	41 858	109	8 458	2 481	9 688
1986	45 735	10	11 271	2 660	11 986
1987	36 450	60	11 136	2 996	13 722
1988	31 753	3	25 572	3 022	16 858
1989	38 971	—	17 240	3 562	22 009
1990	33 432	8	14 777	3 838	21 830
1991	33 358	5	16 255	5 199	22 909
1992	44 125	18	15 852	6 180	23 527
1993	45 308	12	22 830	6 828	23 461
1994	36 231		18 882	6 848	27 656
1995	42 263		45 360	8 137	29 959
1996	70 191	189	43 330	10 343	36 026

年 份	支援农业支出	文教、科学、卫生事业费	抚恤和社会救济费	行政管理费
1952	225	2 467	471	3 458
1957	2 114	7 235	1 243	6 936
1962	4 424	10 301	1 535	7 093
1965	5 478	12 391	3 247	8 035
1970	6 141	12 877	1 778	9 906
1975	17 163	24 904	2 677	12 528
1978	29 038	31 691	4 853	15 043
1979	35 106	37 268	6 956	17 893
1980	29 545	43 297	5 564	22 504
1981	26 741	47 264	8 392	23 819
1982	25 998	57 168	5 933	25 416
1983	25 207	56 764	5 791	29 783
1984	25 668	64 736	6 504	39 808
1985	27 120	75 428	7 831	40 889
1986	34 876	90 107	8 795	47 107
1987	35 813	98 577	9 667	50 205
1988	47 222	118 383	11 171	49 486
1989	60 404	134 907	13 276	60 038
1990	67 449	150 329	14 759	72 143
1991	75 720	166 890	14 517	81 572
1992	82 232	187 814	18 015	92 770
1993	90 189	222 420	20 699	115 990
1994	100 022	269 206	23 721	138 989
1995	111 644	307 023	26 894	158 869
1996	131 105	347 915	31 890	185 309

注:①支援农业支出中包括农、林、水利部门事业费。②1988 年以后行政管理费中不包括公检法支出。

7—4 各地、市、县财政收支

（1996年）　　　　单位：万元

地　区	财政收入	财政支出	收支差额
全　省	**676 022**	**1 217 909**	**—541 887**
省　级	112 401	357 497	—245 096
西 安 市	**237 753**	**228 711**	**9 042**
市本级	138 735	110 979	27 756
新城区	14 086	13 704	382
碑林区	14 266	14 293	—27
莲湖区	13 112	12 593	519
灞桥区	5 167	6 329	—1 162
未央区	7 359	7 946	—587
雁塔区	7 895	7 585	310
阎良区	4 878	4 922	—44
长安县	7 212	10 487	—3 275
蓝田县	2 948	7 576	—4 628
临潼县	8 432	10 523	—2 091
周至县	4 170	7 792	—3 622
户　县	7 303	9 503	—2 200
高陵县	2 190	4 479	—2 289
铜 川 市	**9 482**	**22 317**	**—12 835**
市本级	4 459	9 749	—5 290
城　区	784	1 988	—1 204
郊　区	856	2 832	—1 976
耀　县	2 708	5 278	—2 570
宜君县	675	2 470	—1 795
宝 鸡 市	**53 040**	**77 604**	**—24 564**
市本级	17 642	28 050	—10 408
渭滨区	6 785	5 420	1 365
金台区	4 184	4 406	—222
宝鸡县	5 584	7 356	—1 772
凤翔县	3 029	5 567	—2 538
岐山县	3 736	4 973	—1 237
扶风县	2 230	4 530	—2 300
眉　县	2 629	4 225	—1 596
陇　县	2 558	3 644	—1 086
千阳县	1 078	2 440	—1 362
麟游县	575	2 139	—1 564
凤　县	1 992	3 047	—1 055
太白县	1 018	1 807	—789
咸 阳 市	**66 167**	**98 770**	**—32 603**
市本级	15 353	24 954	—9 601
秦都区	6 428	7 286	858
渭城区	6 435	6 647	—212
杨陵区	911	2 205	—1 294
兴平市	4 401	6 029	—1 628

注：财政收入按分税制后新口径计算。

地　区	财政收入	财政支出	收支差额
三原县	4 311	6 417	−2 106
泾阳县	4 373	6 052	−1 679
乾　县	4 403	6 220	−1 817
礼泉县	5 918	8 658	−2 740
永寿县	1 920	3 761	−1 841
彬　县	3 456	5 057	−1 601
长武县	1 688	2 799	−1 111
旬邑县	2 370	4 557	−2 187
淳化县	2 195	4 349	−2 184
武功县	2 005	3 749	−1 744
渭 南 市	**60 960**	**91 936**	**−30 976**
市本级	3 370	20 519	−17 149
临渭区	6 640	7 865	−1 225
韩城市	6 586	8 475	−1 889
华阴市	2 744	4 018	−1 274
华　县	4 236	4 888	−652
潼关县	5 125	4 962	163
大荔县	5 958	7 139	−1 181
蒲城县	7 537	8 390	−853
澄城县	4 373	7 809	−3 436
白水县	3 810	5 083	−1 273
合阳县	4 539	6 117	−1 578
富平县	6 042	6 671	−629
汉 中 市	**36 831**	**85 170**	**−48 339**
市本级	−143	14 614	−14 757
汉台区	10 175	11 928	−1 753
南郑县	7 618	15 769	−8 151
城固县	4 107	8 338	−4 231
洋　县	2 543	6 231	−3 688
西乡县	2 288	5 470	−3 182
勉　县	3 444	5 740	−2 302
宁强县	1 582	4 517	−2 935
略阳县	2 876	4 863	−1 987
镇巴县	1 160	4 446	−3 286
留坝县	762	1 729	−967
佛坪县	419	1 519	−1 100
安康地区	**19 347**	**55 923**	**−36 586**
地本级	1 807	8 849	−7 042
安康市	5 883	13 224	−7 341
汉阴县	1 687	4 073	−2 386
石泉县	1 196	3 223	−2 027
宁陕县	1 257	2 473	−1 216
紫阳县	1 633	4 703	−3 070

7—4　续表 2　　　　(1996 年)　　　　单位:万元

地　区	财政收入	财政支出	收支差额
岚　县	1 034	3 252	－2 218
平利县	1 610	3 880	－2 270
镇坪县	381	1 687	－1 306
旬阳县	2 203	7 729	－5 526
白河县	656	2 841	－2 185
商洛地区	**14 214**	**40 099**	**－25 885**
地本级	812	6 486	－5 674
商州市	2 675	6 300	－3 625
洛南县	3 301	7 204	－3 903
丹凤县	1 519	4 000	－2 481
商南县	1 652	4 138	－2 486
山阳县	1 604	4 700	－3 096
镇安县	1 630	4 368	－2 738
柞水县	1 021	2 903	－1 882
延 安 市	**38 594**	**90 026**	**－51 432**
市本级	5 830	29 215	－23 385
宝塔区	5 258	9 949	－4 691
延长县	1 524	4 002	－2 478
延川县	1 298	4 181	－2 883
子长县	1 566	4 191	－2 625
安塞县	3 455	5 608	－2 153
志丹县	3 099	4 566	－1 467
吴旗县	2 436	4 170	－1 734
甘泉县	1 339	3 045	－1 706
富　县	2 273	3 753	－1 480
洛川县	4 361	6 168	－1 807
宜川县	1 441	3 354	－1 913
黄龙县	580	2 409	－1 829
黄陵县	4 134	5 415	－1 281
榆林地区	**27 233**	**69 846**	**－42 613**
地本级	2 572	11 924	－9 352
榆林市	4 241	6 197	－1 956
神木县	6 517	8 577	－2 060
府谷县	3 374	4 991	－1 617
横山县	1 425	4 552	－3 097
靖边县	1 581	4 472	－2 891
定边县	1 721	5 474	－3 753
绥德县	1 885	5 256	－3 371
米脂县	800	4 568	－3 768
佳　县	783	4 145	－3 362
吴堡县	501	2 332	－1 831
清涧县	914	3 692	－2 778
子洲县	919	3 696	－2 777

主 要 统 计 指 标 解 释

财政收入 国家财政参与社会产品分配所得的收入，是实现国家职能的财力保证。财政收入所包括的内容几经变化，目前主要包括：

(1)各项税收 包括增值税、营业税、消费税、土地增值税、城市维护建设税、资源税、城市土地使用税、印花税、固定资产投资方向调节税、个人所得税、企业所得税、关税、农牧业税和耕地占用税等。

(2)企业收入 包括各部分所属全民所有制企业、事业单位上交国家的利润和事业收入。1985年，实行国营企业第二步利改税办法，企业利润主要以税收形式上交后，只有尚未实行利改税办法的企业和少数实行利润包干企业上交的收入。

财政支出 国家财政将筹集起来的资金进行分配使用，以满足经济建设和各项事业的需要，主要包括：(1)基本建设支出；(2)企业控潜改造资金；(3)地质勘探费；(4)科技三项费用；(5)支援农村生产支出；(6)农林水利气象等部门的事业费用；(7)工业交通商业等部门的事业费；(8)文教科学卫生事业费；(9)抚恤和社会福利救济费；(10)国防支出；(11)行政管理费；(12)价格补贴支出，等等。

基本建设支出 指按国家有关规定，属于基本建设范围内的基本建设有偿使用、拨款、资本金支出以及经国家批准对专项和政策性基建投资贷款，在部门的基建投资额中统筹支付的贴息支出。

科技三项费用 国家预算用于科技支出的费用，包括新产品试制费、中间试验费、中间试验费、重要科学研究补助费。

文教科学卫生事业费 国家预算用于文化、出版、文物、教育、卫生、中医、公费医疗、体育、档案、地震、海洋、通讯、广播电视、计划生育、自然科学、社会科学、科协等项事业的经费支出和高技术研究经费。

8 物价指数

WU JIA ZHI SHU

资料整理　　许效燕

8. 物价指数

1996 年全省(上年价格=100)

商品零售价格总指数	108.1%
# 城市	107.7%
居民消费价格总指数	109.7%
# 城市	110.3%
农副产品收购价格总指数	100.1%

各种物价指数

(上年=100)

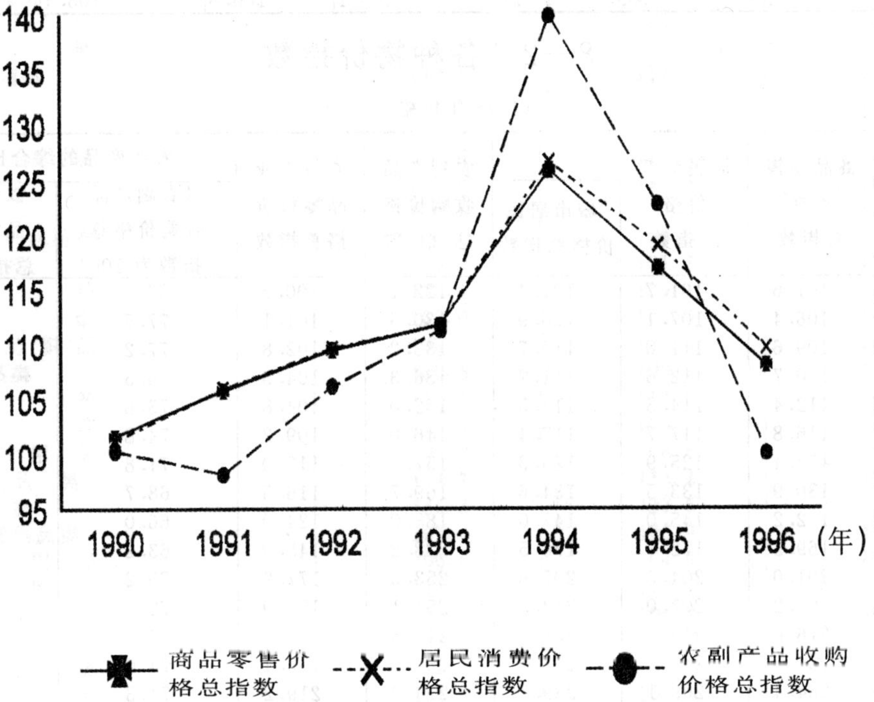

8—4 全省居民消费价格分类指数

（1996年，上年价格＝100）

指　　　　标	全省	城市	农村
居民消费价格总指数	**109.7**	**110.3**	**109.6**
一、食品类	**109.4**	**109.3**	**110.0**
1. 粮　　　　食	111.9	112.2	111.4
2. 淀粉及薯类	114.0	118.8	109.1
3. 干豆类及豆制品	125.2	124.5	126.1
4. 油　　脂　　类	89.0	89.4	89.0
5. 肉禽及其制品	98.7	97.1	101.7
6. 蛋　　　　类	117.1	116.3	119.0
7. 水　产　品　类	102.4	101.3	104.1
8. 菜　　　　类	129.3	129.2	130.2
9. 调　　味　　品	111.7	109.8	114.2
10.糖　　　　类	106.7	103.8	109.3
11.烟　　草　　类	106.4	103.7	109.2
12.酒　和　饮　料	109.2	106.3	112.3
13.干鲜瓜果类	102.9	102.9	102.4
14.糕　　点　　类	112.8	114.2	110.0
15.奶及奶制品	105.1	104.2	107.4
16.其　他　食　品	104.6	104.5	104.7
17.饮　　食　　业	113.8	115.9	112.3
二、衣　着　类	**110.8**	**110.6**	**111.2**
1. 服　　　　装	111.8	111.8	111.8
2. 衣　着　材　料	105.6	105.9	105.3
3. 鞋袜帽及其他衣着	113.0	111.1	115.7
三、家庭设备及用品	**104.2**	**103.1**	**105.5**
1. 耐用消费品	99.5	98.1	101.6
2. 室内装饰品	103.4	103.0	103.9
3. 床　上　用　品	107.7	107.8	107.6
4. 家庭日用杂品	109.4	109.6	108.7
5. 其他日用品	109.3	109.3	109.0
四、医疗保健	**107.2**	**107.7**	**106.8**
1. 医疗器具及保健用品	110.6	110.7	110.8
2. 中　　　　药	109.7	111.6	108.4
3. 西　　　　药	104.5	104.1	104.8
五、交通和通讯工具	**100.2**	**98.9**	**101.7**
1. 交　通　工　具	100.4	99.9	101.7
2. 通　讯　工　具	99.6	95.3	104.3
六、娱乐教育文化用品	**112.8**	**111.7**	**114.2**
1. 文娱用耐用消费品	98.1	98.6	97.5
2. 教材及参考书	137.4	147.0	132.0
3. 文化娱乐用品	119.8	118.0	121.8
七、居　　住	**112.7**	**115.8**	**108.7**
1. 住　　　　房	114.9	127.1	104.3
2. 水　电　、燃　料	111.2	109.8	112.9
八、服务项目	**117.1**	**122.3**	**111.5**
1. 电　　讯　　费	109.4	111.7	105.7
2. 邮　　　　费	108.8	109.3	108.9
3. 交　　通　　费	123.0	130.8	110.3
4. 洗理美容费	107.4	101.7	113.7
5. 文　　娱　　费	145.5	164.3	115.8
6. 学杂保育费	114.2	114.8	113.5
7. 修理及其他服务	114.7	119.1	108.7
8. 医疗保健服务	106.3	101.1	109.6

8—5　农副产品收购价格分类指数

类　别	1978年价格＝100			上年价格＝100		
	1992年	1995年	1996年	1992年	1995年	1996年
总　指　数	**265.0**	**507.0**	**507.5**	**106.2**	**122.8**	**100.1**
粮　　食	277.0	609.5	647.3	120.6	134.1	106.2
经济作物	250.7	513.2	524.0	95.1	125.7	102.1
木　　材	159.0	199.8	196.2	107.7	98.9	98.2
工业用油漆	271.7	333.4	333.4	147.9	100.0	100.0
畜 产 品	340.8	627.9	603.4	103.1	116.8	96.1
蚕茧蚕丝	344.9	573.4	490.8	99.5	107.3	85.6
干 鲜 果	298.3	461.8	369.4	102.9	109.4	80.0
干鲜菜及调味品	345.5	651.2	766.5	139.7	125.3	117.7
药　　材	292.6	184.3	205.5	103.6	108.3	111.5
土特产品	179.5	303.2	302.3	91.0	130.3	99.7
水 产 品	425.3	491.2	486.3	99.2	107.0	99.0

8—6　主要原材料、燃料、动力购进价格指数

（1996年，上年价格＝100）

类　别	指　数	类　别	指　数
全部原材料	**109.4**	（四）化工原材料类	102.2
（一）、燃料、动力类	115.0	（五）木材及纸浆类	103.0
（二）、黑色金属材料类	100.0	（六）建筑材料类	105.4
#钢材	99.5	（七）非金属矿类	103.3
其他	102.5	（八）农副产品类	122.7
（三）、有色金属材料和电线类	97.3	（九）纺织原材料类	94.1

8—7　固定资产投资价格指数

（1996年，上年价格＝100）

类　别	指　数	类　别	指　数
总　指　数	**107.8**	地方材料	**107.2**
一．建筑安装工程	110.6	其它材料	100.0
1. 直接费	110.1	(2)人工费	108.5
(1)材料费	109.9	2. 其它费用	113.9
钢材	103.8	二、设备工器具购置	98.8
水泥	104.3	三、其它费用	111.7
木材	128.3		

8—8 农业生产资料价格分类指数

(1996 年,上年价格=100)

地　区	总指数	一、小农具	二、饲料	三、幼禽家畜	四、大牲畜	五、半机械化农具
全　　省	**110.3**	**110.7**	**108.7**	**105.7**	**115.9**	**103.9**
榆　林	110.2	100.0	105.8	103.0		100.0
安　康	115.1	102.7	125.1	89.3	109.1	94.6
三　原	108.4	123.1	100.9	101.0	92.0	101.8
商　州	107.9	112.8	101.2	93.5	116.1	102.1
西　乡	108.5	107.0	122.6	85.0	118.1	102.5
陇　县	108.0	116.7	104.2	90.0	115.6	99.2
洛　南	111.2	112.1	83.4	109.9	83.5	113.8
蒲　城	110.7	117.7	102.6	128.1	110.0	105.0
户　县	108.6	113.9	102.6	101.2	120.5	104.4
绥　德	112.2	118.7	123.0	93.2	118.5	101.2
华　阴	110.0	111.0	92.7	99.2	147.8	114.4
略　阳	112.7	100.0	118.0	111.2	106.7	102.5

地　区	六、机械化农具	七、化　肥	八、农药及农药械	九、农用机　油	十、其　他
全　　省	**104.8**	**116.8**	**106.3**	**103.2**	**117.1**
榆　林	100.0	121.4	109.1	99.1	112.3
安　康	104.7	118.6	98.4	105.4	153.9
三　原	107.7	112.1	102.1	102.2	125.7
商　州	106.6	117.5	107.3	98.0	104.4
西　乡	102.0	115.8	110.9	100.4	100.8
陇　县	101.6	115.0	102.8	107.5	113.0
洛　南	103.0	120.1	122.4	103.4	118.1
蒲　城	105.2	110.0	113.4	107.0	122.0
户　县	106.3	114.4	102.3	99.6	115.9
绥　德	104.0	121.6	102.1	100.0	107.6
华　阴	107.4	111.2	107.9	109.6	112.6
略　阳	99.6	122.4	109.2	106.6	123.0

8—9 农贸市场农产品成交价格指数

(1996 年,上年价格=100)

类　　别	指　数	地　　区	指　数
农产品成交价格指数	**103.4**	西　安	101.4
1. 粮　食	106.3	铜　川	100.7
2. 油脂类	90.2	宝　鸡	101.2
3. 肉禽蛋	102.7	咸　阳	98.7
4. 水产品	99.6	渭　南	103.5
5. 鲜　菜	115.5	汉　中	104.1
6. 干　菜	114.5	延　安	101.6
7. 鲜　果	97.3		
8. 干　果	108.9		

8—10 工业产品出厂价格指数

(上年价格=100)

指　　标	1992 年	1995 年	1996 年
全部工业品	**107.8**	**112.6**	**104.2**
按轻重工业分			
轻工业	103.7	115.0	101.0
以农产品为原料	107.7	117.8	102.2
以非农产品为原料	101.2	107.2	98.4
重工业	112.8	109.9	107.7
采掘工业	116.6	123.5	115.5
原料工业	117.2	105.2	108.3
加工工业	105.9	109.9	104.8
按用途分			
生产资料	111.3	109.8	106.0
采掘工业	116.6	123.5	115.5
原料工业	116.3	105.6	107.5
加工工业	104.5	109.7	102.4
生活资料	105.3	115.1	102.2
(1)食　品	105.4	120.3	105.7
(2)衣　着	113.9	115.9	100.4
(3)一般日用品	108.3	112.4	103.2
(4)耐用消费品	97.8	101.8	97.5
按工业部门分			
1. 冶金工业	125.6	109.5	95.5
2. 电力工业	109.2	106.2	115.5
3. 煤炭及炼焦工业	119.0	115.7	119.8
4. 石油工业	99.0	102.0	100.0
5. 化学工业	109.0	120.1	110.7
6. 机械工业	100.8	105.5	98.2
7. 建筑材料工业	114.5	101.0	103.5
8. 森林工业	109.2	113.0	105.8
9. 食品工业	105.4	100.0	105.7
10. 纺织工业	115.0	114.9	99.9
11. 缝纫工业			
12. 皮革工业	108.9	112.4	120.0
13. 造纸工业	99.1	113.8	113.0
14. 文教艺术用品工业	100.1	101.4	100.9
15. 其它工业	113.0	111.7	102.6

8—11 全省城市居民基本生活费用价格指数

（1996年，上年价格=100）

商品类别及品名	指　数	商品类别及品名	指　数
总　指　数	**111.4**	25. 袜　子	109.7
一、消费品价格指数	**109.8**	26. 床　单	111.3
1. 粮　食	114.3	27. 毛　巾	123.0
2. 食用植物油	89.2	28. 牙　膏	119.0
3. 鲜　菜	116.3	29. 洗涤用品	108.4
4. 豆　腐	128.0	30. 卫生纸	115.5
5. 肉及肉制品	103.1	31. 信　纸	135.1
6. 鸡	129.7	32. 电　池	117.4
7. 鲜　蛋	116.6	33. 碗	113.0
8. 水产品	96.4	34. 铁　锅	107.6
9. 盐	127.7	35. 灯　泡	115.0
10. 酱　油	108.3	36. 黑白电视机	104.6
11. 醋	109.7	37. 自行车	101.4
12. 味　精	114.0	38. 电风扇	100.5
13. 食　糖	98.5	39. 医　药	101.2
14. 烟　酒	109.9	**二、居住费用价格指数**	**129.1**
15. 茶　叶	101.5	40. 民用燃料	109.8
16. 鲜　果	99.8	41. 房　租	165.9
17. 奶及奶制品	110.3	42. 水电费	114.3
18. 棉　布	111.3	**三、服务项目价格指数**	**107.4**
19. 涤棉布	111.9	43. 托儿费	112.3
20. 衬　衫	114.6	44. 洗理费	109.1
21. 鞋	112.1	45. 医疗费	105.2
22. 混纺毛线	103.4	46. 学杂费	104.1
23. 毛　衣	106.0	47. 市内交通费	110.8
24. 夹克衫	106.1		

8—12 七城市居民基本生活费用价格指数

(1996 年,上年价格=100)

商品类别及品名	西安市	铜川市	宝鸡市	咸阳市	渭南市	汉中市	延安市
总 指 数	**111.7**	**117.4**	**104.6**	**110.1**	**107.1**	**117.5**	**106.6**
一、消费品价格指数	**107.5**	**105.8**	**103.1**	**109.0**	**108.1**	**112.6**	**104.5**
粮 食	108.5	110.5	105.3	110.4	109.3	115.1	111.6
食用植物油	88.7	87.4	85.3	90.9	89.5	97.8	84.5
鲜 菜	129.3	116.2	108.5	140.1	122.6	146.6	86.2
豆 腐	121.6	122.5	119.3	120.1	128.9	129.2	126.5
肉及肉制品	92.6	98.6	92.4	101.0	99.1	104.3	103.0
鸡	118.2	128.1	119.2	129.4	128.5	122.0	124.1
鲜 蛋	115.5	117.0	115.5	116.1	116.9	103.6	119.1
水 产 品	97.4	96.8	93.7	98.9	96.2	98.9	89.8
盐	120.5	113.6	123.6	122.9	143.4	142.3	126.9
酱 油	100.9	125.8	108.2	100.0	117.7	113.3	102.3
醋	104.9	113.3	117.8	100.0	130.5	108.4	101.2
味 精	110.9	133.3	103.5	100.0	101.1	125.5	92.2
食 糖	94.1	100.7	89.2	94.9	94.1	87.8	93.1
烟 酒	105.6	103.4	117.8	115.4	121.4	123.8	95.0
茶 叶	117.0	100.0	96.6	103.6	86.5	113.7	100.0
鲜 果	108.5	98.3	99.6	95.0	105.8	99.5	85.0
奶及奶制品	105.5	105.2	103.6	100.9	120.4	104.6	101.0
棉 布	99.4	107.2	112.3	110.7	104.8	101.5	124.1
涤 棉 布	103.3	120.7	136.5	100.5	106.5	107.4	108.5
衬 衫	103.5	101.6	90.1	99.9	111.4	184.9	99.5
鞋	113.4	100.8	123.7	102.1	97.3	122.5	110.8
混 纺 毛 线	101.6	100.0	106.2	100.0	102.3	112.0	98.5
毛 衣	101.2	100.0	85.1	108.7	121.8	136.3	107.4
夹 克 衫	109.5	100.0	98.4	100.6	127.8	84.3	184.0
袜 子	110.6	100.0	99.5	105.5	100.9	138.9	123.2
床 单	112.4	100.0	115.1	108.8	106.7	116.1	107.6
毛 巾	113.0	129.0	138.3	105.7	125.0	106.3	111.1
牙 膏	117.0	107.2	122.8	114.6	112.2	120.6	115.5
洗 涤 用 品	105.4	101.6	106.9	104.4	105.3	108.8	113.7
卫 生 纸	118.2	105.3	127.1	100.0	108.0	100.0	103.5
信 纸	145.1	100.0	132.2	122.6	125.8	119.7	140.1
电 池	114.0	103.6	114.0	114.5	108.1	150.9	118.8
碗	98.0	100.0	98.5	137.0	102.4	123.5	103.6
铁 锅	102.4	100.0	99.7	100.0	97.9	91.6	103.6
灯 泡	113.1	101.4	116.7	104.4	118.2	112.5	100.0
黑白电视机		100.0	99.9	98.2	107.7	124.8	96.8
自 行 车	101.2	100.0	99.8	101.1	110.0	100.0	97.9
电 风 扇	100.0	100.0	101.1	99.2	106.5	100.0	100.0
医 药	101.6	100.0	100.2	99.8	95.5	107.5	95.6
二、居住费用价格指数	**138.6**	**114.2**	**116.6**	**122.5**	**105.6**	**163.5**	**162.6**
民 用 燃 料	105.4	113.6	103.1	114.7	112.6	107.8	112.8
房 租	171.0	120.3	151.6	159.0	100.0	259.9	241.6
水 电 费	113.9	104.4	150.0	117.3	99.1	119.4	118.0
三、服务项目价格指数	**114.9**	**234.5**	**108.1**	**110.5**	**100.2**	**105.6**	**107.2**
托 儿 费	118.7	100.0	100.0	100.0	123.0	102.8	104.8
洗 理 费	100.6	114.3	102.1	122.8	93.1	112.0	110.0
医 疗 费	100.0	100.0	100.0	100.0	117.4	124.9	111.5
学 杂 费	133.3	355.6	104.4	104.4	103.2	100.0	106.7
市内交通费	155.7	250.0	150.0	100.0	100.0	100.0	100.0

8—13 十九个市、县商品零售价格分类指数

(1996年,上年价格=100)

地　区	总指数	一、食品类	二、饮料烟酒	三、服装鞋帽	四、纺织品类	五、中西药品类	六、化妆品类	七、书报杂志类
全　省	**108.1**	**109.5**	**108.5**	**113.1**	**109.4**	**108.6**	**114.2**	**136.3**
国家调查点								
西安市	107.9	108.9	107.3	113.3	114.9	108.9	117.8	139.9
宝鸡市	106.6	108.8	109.8	110.8	106.3	106.1	111.4	134.5
汉台区	110.2	114.3	105.7	130.8	102.8	110.6	100.7	133.3
咸阳市	107.8	110.0	112.1	106.0	102.3	115.3	107.1	136.3
榆林市	110.7	114.2	111.3	120.9	110.2	108.3	115.3	108.4
安康市	109.2	111.4	110.3	107.8	111.3	99.1	114.8	131.8
三原县	108.6	111.2	110.0	104.0	104.3	108.8	100.8	139.2
商州市	110.3	111.4	107.0	117.4	116.1	108.7	126.9	124.7
省级调查点								
铜川市	109.1	116.4	109.0	104.9	105.3	105.1	107.2	112.2
宝塔区	108.6	110.4	101.4	121.1	112.8	99.8	108.2	119.6
临渭区	106.9	110.2	106.9	103.6	100.8	101.3	102.6	133.6
西乡县	109.5	109.2	111.8	127.0	110.6	103.3	114.2	147.2
陇　县	109.8	109.9	109.3	118.4	105.0	106.7	116.2	134.9
洛南县	108.2	107.0	112.8	115.1	106.7	104.3	103.6	138.7
蒲城县	109.2	112.8	115.2	110.0	106.1	104.6	140.4	123.7
户　县	108.2	110.8	112.3	112.4	103.8	110.5	114.8	113.9
绥德县	110.2	112.5	110.1	121.6	105.8	107.0	101.2	143.3
华阴市	109.0	109.4	108.9	111.2	105.4	107.9	112.9	130.9
略阳县	109.7	106.8	114.3	113.9	98.5	106.9	130.0	159.9

地　区	八、文化体育用品类	九、日用品类	十、家用电器类	十一、首饰类	十二、燃料类	十三、建筑装潢材料类	十四、机电产品类
全　省	**107.4**	**105.8**	**98.7**	**99.9**	**106.1**	**102.4**	**97.3**
国家调查点							
西安市	105.6	106.3	99.1	100.1	103.8	100.6	95.5
宝鸡市	104.8	102.8	98.7	101.0	105.1	102.1	97.0
汉台区	99.8	108.4	100.0	96.8	106.5	105.6	100.0
咸阳市	111.0	109.4	98.1	102.5	108.4	93.8	97.0
榆林市	108.0	111.6	99.1	101.0	112.4	104.8	96.8
安康市	119.7	102.9	99.4	101.7	110.6	115.4	102.1
三原县	107.6	108.9	92.6	99.7	119.6	104.7	99.8
商州市	107.9	108.9	94.0	100.0	106.1	98.2	105.0
省级调查点							
铜川市	100.2	103.6	98.1	100.6	104.8	100.3	99.5
宝塔区	115.5	105.6	98.4	98.6	105.0	102.9	95.3
临渭区	110.8	104.7	95.5	100.2	112.2	103.0	94.1
西乡县	113.5	104.4	93.1	99.2	100.5	112.3	105.6
陇　县	118.0	104.2	102.5	99.6	108.9	105.9	96.7
洛南县	107.1	104.1	95.2		108.8	107.3	118.9
蒲城县	109.1	104.8	94.5	99.4	107.5	100.6	104.1
户　县	110.3	104.0	98.9	99.8	108.6	104.3	100.5
绥德县	102.3	103.5	100.6	97.9	103.7	97.5	98.1
华阴市	108.6	107.1	104.6	97.4	103.9	109.5	101.4
略阳县	146.6	105.2	97.3	97.3	110.4	105.0	103.1

8—14、十九个市、县居民消费价格分类指数

(1996年,上年价格=100)

地　区	总指数	一、食品	二、衣着	三、家庭设备用品	四、医疗保　健
全　　省	**109.7**	**109.4**	**110.8**	**104.2**	**107.2**
国家调查点					
西安市	110.9	108.6	111.5	103.0	107.5
宝鸡市	107.2	106.9	106.3	101.6	105.8
汉台区	113.9	113.8	130.4	101.1	96.9
咸阳市	109.5	110.5	104.7	103.5	114.8
榆林市	110.1	111.0	115.1	104.3	110.1
安康市	107.9	108.6	105.4	103.6	99.9
三原县	110.7	109.7	104.2	105.6	105.3
商州市	109.1	108.8	115.7	105.9	115.4
省级调查点					
铜川市	110.4	115.8	104.3	101.7	106.3
宝塔区	110.1	107.9	119.2	104.4	99.3
临渭区	108.6	111.3	101.2	104.3	101.8
西乡县	111.6	109.7	121.4	105.8	103.6
陇　县	110.5	110.1	113.2	106.7	106.2
洛南县	107.4	107.6	111.3	104.9	103.7
蒲城县	110.1	112.3	106.9	108.3	105.9
户　县	109.3	111.8	108.5	104.5	110.2
绥德县	110.6	110.4	117.2	104.6	106.1
华阴市	109.3	110.5	108.5	106.2	109.0
略阳县	109.1	107.6	108.7	108.4	106.0

地　区	五、交通和通讯	六、娱乐、教育、文化	七、居　住	八、服务项目
全　　省	**100.2**	**112.8**	**112.7**	**117.1**
国家调查点				
西安市	99.2	112.1	114.4	132.9
宝鸡市	95.5	106.5	127.0	109.6
汉台区	98.3	98.8	130.1	113.3
咸阳市	100.8	114.5	119.6	108.6
榆林市	99.4	103.4	117.4	108.8
安康市	102.4	114.4	109.3	111.2
三原县	99.9	119.2	114.6	118.4
商州市	104.4	116.8	95.2	108.3
省级调查点				
铜川市	100.1	101.8	104.8	111.8
延安市	96.5	109.6	127.0	109.0
临渭区	92.1	119.3	105.0	111.9
西乡县	99.8	107.7	108.0	119.9
陇　县	101.7	117.4	125.7	106.5
洛南县	102.9	109.6	104.9	108.0
蒲城县	100.2	109.3	111.9	110.5
户　县	99.2	106.0	104.8	113.6
绥德县	98.4	124.2	106.2	110.1
华阴市	99.6	115.7	107.5	108.9
略阳县	104.4	112.6	120.2	112.7

主 要 统 计 指 标 解 释

零售价格指数 是反映城乡商品零售价格变动趋势的一种经济指数。零售物价的调整变动直接影响到城乡居民的生活支出和国家的财政收入，影响居民购买力和市场供需平衡，影响消费与积累的比例。因此，计算零售价格指数，可以从一个侧面对上述经济活动进行观察和分析。

零售价格指数采用加权算术平均公式计算。每年根据住户调查资料调整一次权数。1992 年全国有 146 个市、80 个县城作为基层填报单位。城市指数所选商品 352 种左右，县城指数所选商品 404 种左右。每种商品的指数采用代表规格品的平均价格计算。

居民消费价格总指数 是反映一定时期内城乡居民所购买的生活消费品价格和服务项目价格变动趋势和程度的相对数。是综合了城市居民消费价格指数和农民消费价格指数计算取得。利用居民消费价格指数，可以观察和分析消费品的零售价格和服务价格变动对城乡居民实际生活费支出的影响程度。

1952 年以前采用固定数量加权综合法（即总值法）计算，1953 年到 1956 年采用加权算术平均公式计算，1957 年以后根据消费品零售价格指数与服务项目价格指数汇编居民生活费用价格指数。1993 年计算指数所选商品和服务项目 382 种。

城市居民消费价格指数 是反映城市职工及其家庭所购买的生活消费品和服务项目价格变动趋势及其程度的相对数。编制城市居民消费价格指数，可以观察和分析消费品的零售价格和服务项目价格变动对职工货币工资的影响，作为研究职工生活和确定工资政策的依据。

农村居民消费价格指数 是反映农村居民家庭所购买的生活消费品的价格和服务项目价格变动趋势和程度的相对数。用它可以观察农村消费品的零售价格和服务项目价格变动对农村居民生活消费支出的影响，直接反映农民生活水平的实际变化情况，为分析和研究农村居民生活问题提供依据。

农产品收购价格总指数 是反映国有商业、集体商业、个体商业、国家机关、社会团体等各种经济类型的商业企业和有关部门收购农产品价格的变动趋势和程度的相对数。农产品收购价格指数可以观察和研究农产品收购价格总水平的变化情况，以及对农民货币收入的影响，作为制订和检查农产品价格政策的依据。计算指数所选的商品有 11 个大类、包括 276 种农副土特产品。采用加权倒数平均公式（即按报告期实际收购金额加权综合法）计算。

农村工业品零售价格指数 是反映农村市场工业品的零售价格水平变动趋势和程度的相对数。通过农村工业品零售价格指数，可以观察工业品零售价格变动对农民货币支出的影响。

农村工业品零售价格指数的计算是根据农村商品零售指数中的油指类、干菜、其它食品、调味品、食糖、糖果、糕点、奶及奶制品、饮料、烟酒、服装、纺织品、西药及医疗用品、化妆品、书报杂志、文化体育用品、日用品、家用电器、首饰、燃料、建材、机电产品和农业生产资料等类指数加权计算。

工农业商品综合比价指数 是反映农副产品和工业品交换比价变动情况的经济指数。根据农副产品收购价格指数和农村工业品零售价格指数计算。反映用农副产品交换工业品的比价变化情况，即不同时期由于价格变动，农民用等量的农副产品所换到的工业品数量是增多了还是减少了，以及增多或减少的程度。

计算公式：$农产品与工业品的综合比价指数（正）=\frac{农副产品收购价格指数}{农村工业品零售价格指数}\times 100\%$

农贸市场农产品成交价格指数 是反映城市农贸市场商品价格变动趋势和程度的相对指数。通过农贸市场农产品成交价格指数,可以观察农贸市场农产品的价格变化情况以及某些价格变化对农业生产和城市居民生活的影响程度。

农贸市场农产品成交价格指数的权数是根据抽中城市相应的商品成交额资料加权平均计算。

农贸市场农产品成交价格指数采用加权算术平均公式计算。

农业生产资料价格 是农业生产资料在流通领域的最后一个环节价格,包括各种经济类型的工业、商业及其它单位和个人售给农民的农业生产资料价格,主要是调查统计小农具、饲料、幼禽家畜、大牲畜、半机械化农具、机械化农具、化学肥料、农药农药械、农用机油等农业生产资料零售价格。

全省农业生产资料价格指数的类及商品权数,由各抽中县计算农业生产资料价格指数的相应的类及商品权数简单平均计算。各抽中县与县的权数是根据商品流转统计中商品销售构成资料计算。权数每年计算一次。

全省农业生产资料价格指数,是在各抽中县单项农业生产资料价格指数的基础上,简单平均计算出全省单项农业生产资料价格指数,然后按加权算术公式分别汇总计算。各县农业生产资料价格指数采用加权算术平均公式计算。

工业品出厂价格指数 是反映全部工业产品出厂价格总水平的变动趋势和程度的相对数。其中包括工业企业售给商业、外贸、物资部门的产品外,还包括售给工业和其他部门的生产资料以及直接售给居民的生活消费品。通过工业生产价格指数能观察出厂价格变动对工业总产值的影响。

固定资产投资价格指数 是反映固定资产投资额价格变动趋势和程度的相对数。固定资产投资额是由建筑安装工程投资完成额、设备、工器具购置投资完成额和其他费用投资完成额三部分组成的。编制固定资产投资价格指数应首先分别编制上述三部分投资的价格指数,然后采用加权算术平均法求出固定资产投资价格总指数。

编制固定资产投资价格指数可以准确地反映固定资产投资中涉及的各类商品和取费项目价格变动趋势和变动幅度,消除按现价计算的固定资产投资指标中的价格变动因素,真实地反映固定资产投资的规模,速度、结构和效益,为国家科学地制定,检查固定资产投资计算并提高宏观调控水平,为完善国民经济核算体系提供科学的,可靠的依据。

9 人民生活

RENMIN SHENG HUO

资料整理 陈金芳 王斌友 李新强 张晓萍
刘秀琴 姜 涛 李 艳 刘凤鸣

9. 人民生活

1996 年全省		
居民总消费水平	1 594 元	比上年增长 3.3%
农民	1 008 元	比上年增长 1.4%
非农业居民	3 910 元	比上年增长 4.6%
农民人均纯收入	1 165 元	比上年增长 202 元
城镇居民人均生活费收入	3 487 元	比上年增长 439 元
城乡居民年末储蓄存款	942 亿元	比上年增长 28.4%
每万人口拥有医生	18 人	
每万人口拥有大学生	39 人	

人 民 生 活

(元)

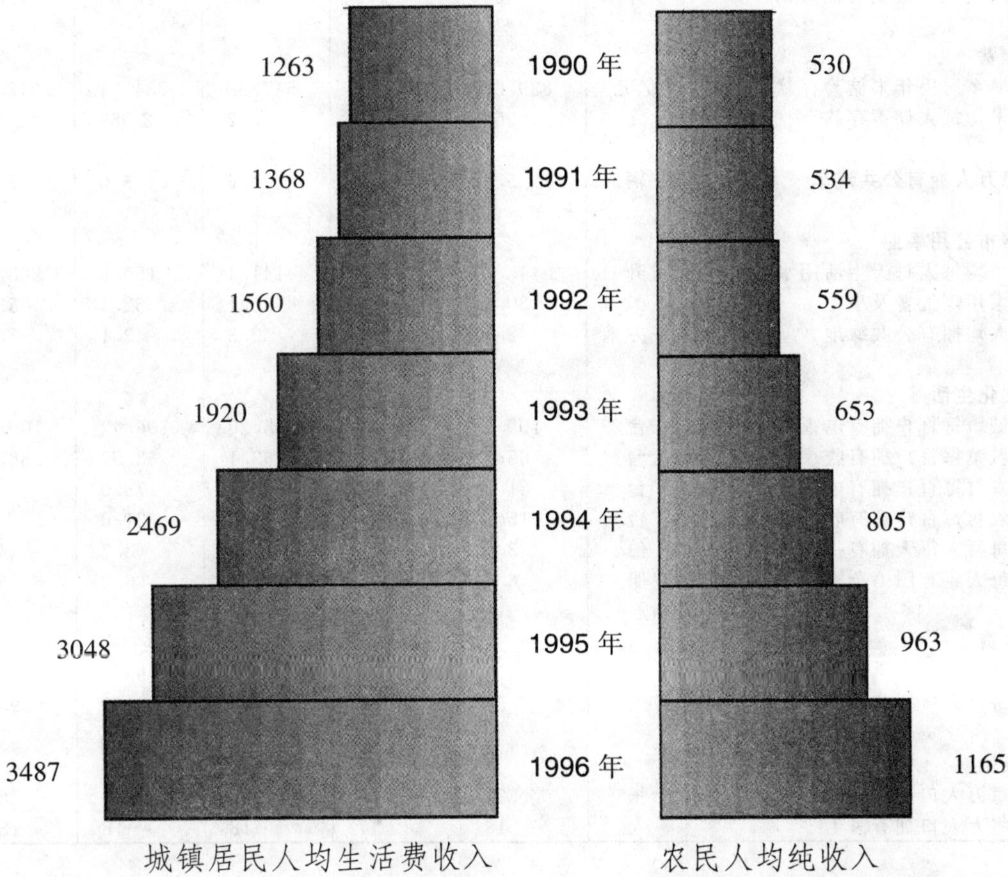

9—1 人民物质文化生活水平

项 目	单 位	1992年	1993年	1994年	1995年	1996年
一、居民总消费水平	**元**	**798**	**945**	**1 208**	**1 431**	**1 594**
农民	元	526	627	793	939	1 008
非农业居民	元	1 899	2 221	2 870	3 398	3 910
二、收入						
农民人均纯收入	元	559	653	805	963	1 165
城镇居民家庭人均生活费收入	元	1 561	1 920	2 469	3 048	3 487
职工年平均工资	元	2 434	2 890	3 803	4 396	4 882
三、就业						
每一农村劳动力负担人数	人	1.56	1.57	1.71	1.69	1.74
每一城镇就业者负担人数	人	1.83	1.82	1.85	1.82	1.81
四、住房						
农村平均每人住房面积	平方米	16.17	17.17	18.04	18.42	18.60
城镇平均每人居住面积	平方米	9.30	9.75	10.38	10.66	11.15
五、储蓄						
城乡居民年末储蓄存款	亿元	329.22	403.81	547.20	734.04	942.21
平均每人储蓄存款	元	967	1 173	1 572	2 089	2 659
六、每万人拥有公共汽车	**辆**	**5.4**	**5.1**	**4.6**	**5.0**	**5.35**
七、城市公用事业						
平均每人每天生活用水量	升	143.1	147.8	141.4	150.6	208.64
家用煤气普及率	%	30.8	34.1	36.1	52.4	53.7
人均拥有公共绿地	平方米	2.1	2.9	2.3	3.1	3.34
八、文化生活						
城镇每百户拥有电视机	台	109.1	109.0	108.20	106.42	109.67
城镇每百户拥有收录机	台	66.7	66.4	63.1	63.97	66.23
农村每百户拥有电视机	台	51.0	59.0	67.0	73.0	78
农村每百户拥有收录机	台	15.0	17.0	20.0	21.0	21
每百人每天拥有报纸	份	3.5	3.6	3.9	3.7	4.1
每人年有图书杂志	册	6.4	6.5	6.7	6.2	6.9
九、教育						
学龄儿童入学率	%	98.1	98.4	98.7	99.0	99.24
每万人口拥有大学生	人	30	34	37	37	39.22
十、卫生						
每万人口拥有病床	张	25	26	26	26	26.0
每万人口拥有医生	人	18	17	18	18	18.0

9—2 主要年份居民总消费水平

单位:元

年　份	全省居民	农　民	非农业居民	非农业居民比农民
1952	81	72	159	2.2∶1
1957	113	97	208	2.1∶1
1962	127	104	264	2.5∶1
1965	131	108	273	2.5∶1
1970	133	103	302	2.9∶1
1975	152	118	342	2.9∶1
1978	173	131	409	3.1∶1
1979	210	169	431	2.6∶1
1980	230	178	498	2.8∶1
1981	252	197	528	2.7∶1
1982	270	216	535	2.5∶1
1983	286	230	562	2.4∶1
1984	333	271	625	2.3∶1
1985	386	300	784	2.6∶1
1986	422	312	921	3.0∶1
1987	470	346	1 018	2.9∶1
1988	616	435	1 396	3.2∶1
1989	635	445	1 450	3.3∶1
1990	677	476	1 525	3.2∶1
1991	723	495	1 685	3.4∶1
1992	798	526	1 899	3.6∶1
1993	945	627	2 221	3.5∶1
1994	1 208	793	2 870	3.6∶1
1995	1 431	939	3 398	3.6∶1
1996	1 594	1 008	3 910	3.9∶1

注:①本表绝对数按当年价格计算。②居民总消费水平是指居民对物质产品和劳务的消费。即居民人均消费。

9—3 居民总消费水平指数

单位：%

年 份	上年＝100			1952年＝100		
	全 省	农 民	非农业居民	全 省	农 民	非农业居民
1952	100.0	100.0	100.0	100.0	100.0	100.0
1957	101.5	101.6	100.9	125.7	119.0	122.5
1962	104.7	110.6	100.4	122.9	109.5	140.4
1965	113.7	119.6	103.1	129.4	116.2	150.6
1970	104.2	106.3	99.4	135.8	112.4	179.2
1975	98.2	96.4	102.5	154.1	125.7	205.1
1978	106.7	105.8	107.6	175.2	139.0	245.5
1979	112.6	117.1	103.4	197.2	162.9	253.9
1980	106.5	102.9	110.6	210.1	167.6	280.9
1981	106.9	108.5	102.4	224.8	181.9	287.6
1982	104.5	108.4	96.9	234.9	197.1	278.7
1983	105.9	104.8	106.7	248.6	206.7	297.2
1984	112.5	114.7	107.6	279.8	237.1	319.7
1985	108.2	103.2	116.5	302.8	244.8	372.5
1986	103.3	99.2	110.7	312.8	242.9	412.4
1987	103.5	103.1	102.2	323.9	250.5	421.3
1988	112.7	108.4	118.5	365.1	271.4	499.4
1989	88.9	88.1	89.4	324.8	239.0	446.6
1990	104.0	104.8	102.5	337.6	250.5	457.9
1991	100.9	101.5	103.0	340.6	254.3	471.6
1992	103.1	99.4	101.8	351.2	252.8	480.1
1993	105.3	106.7	103.5	369.8	269.7	496.9
1994	99.9	96.5	103.9	369.4	260.3	516.3
1995	100.7	98.8	103.1	372.0	257.2	532.3
1996	103.3	101.4	104.6	382.2	263.0	529.0

9—4 主要年份城乡居民储蓄存款

（年末余额） 单位：万元

年份	合计	城镇储蓄			农村储蓄		
		小计	定期	活期	小计	定期	活期
1952	2 812	2 812					
1957	12 234	9 156			3 078		
1962	13 817	10 078	8 628	1 450	3 739		
1965	22 110	17 108	14 781	2 327	5 002		
1970	30 864	26 156	22 489	3 667	4 708		
1975	55 124	46 184	39 521	6 663	8 940		
1978	77 945	61 290	52 782	8 508	16 655		
1980	135 059	105 298	90 025	15 273	29 761		
1985	447 681	328 042	268 671	59 371	119 639	85 840	33 799
1986	624 729	452 680	374 680	78 000	172 049	130 506	41 543
1987	883 660	636 271	508 615	127 656	247 389	189 896	57 493
1988	1 086 483	781 159	603 914	177 245	305 324	229 142	76 182
1989	1 501 146	1 112 266	905 803	206 463	388 880	318 028	70 852
1990	2 045 734	1 543 939	1 279 681	264 258	501 795	420 547	81 248
1991	2 632 769	2 016 186	1 641 848	374 338	616 583	513 488	103 095
1992	3 292 158	2 554 174	2 059 564	494 610	737 984	634 315	103 669
1993	4 038 052	3 181 352	2 528 192	653 160	856 700	752 636	104 064
1994	5 472 014	4 300 976	3 394 708	906 268	1 171 038	966 501	204 537
1995	7 340 408	5 780 248	4 615 126	1 165 122	1 560 160	1 285 953	274 207
1996	9 422 120	7 474 144	5 920 558	1 553 586	1 947 976	1 597 970	350 006

注：1991 年以后城镇储蓄包括城市信用社的居民储蓄。

9—5 城乡居民人均收入及指数

年份	城镇居民人均生活费收入（元）	生活费收入指数（1978 年＝100）	农民人均纯收入（元）	纯收入指数（1978 年＝100）
1978	290	100.0	134	100.0
1979			150	109.9
1980	381	122.9	142	101.8
1981	399	124.3	177	125.5
1982	426	132.2	218	152.4
1983	449	136.4	236	164.3
1984	515	151.3	263	178.9
1985	608	160.0	295	189.8
1986	756	193.7	299	184.0
1987	838	196.6	329	190.7
1988	962	187.9	404	203.5
1989	1 147	190.5	434	182.3
1990	1 263	204.5	530	189.9
1991	1 368	206.4	534	182.8
1992	1 561	211.8	559	179.3
1993	1 920	228.5	653	190.6
1994	2 469	229.2	805	185.3
1995	3 048	239.9	963	184.2
1996	3 487	248.5	1 165	202.6

9—6 城镇居民家庭基本情况

项 目	单 位	1993 年	1994 年	1995 年	1996 年
一．调查户数	**户**	**1 400**	**1 400**	**1 400**	**1 400**
二．平均每户家庭人口数	**人**	**3.18**	**3.18**	**3.17**	**3.13**
三．平均每户就业人口数	**人**	**1.75**	**1.72**	**1.74**	**1.73**
四．平均每一就业者负担人数	**人**	**1.82**	**1.85**	**1.82**	**1.81**
五．平均每户就业面	**%**	**55.03**	**54.09**	**54.86**	**55.21**
六．平均每人每月可支配收入	**元**	**175.14**	**223.67**	**275.81**	**317.47**
七．平均每人每月生活费收入	**元**	**160.00**	**205.71**	**254.01**	**290.61**
八、按每人每月生活费收入分组户数					
占总户数的比例	**%**	**100.00**	**100.00**	**100.00**	**100.0**
100 元及以下	%	18.43	11.12	4.81	3.39
100—150 元	%	29.75	20.20	10.34	7.74
150—200 元	%	25.06	22.36	18.41	15.39
200—250 元	%	12.44	16.95	19.64	16.05
250—300 元	%	7.86	10.44	15.04	14.16
300—350 元	%	3.81	7.46	12.71	13.35
350—400 元	%	1.50	4.06	6.96	8.25
400—450 元	%	0.18	2.76	4.52	6.87
450—500 元	%	0.44	1.80	3.19	5.74
500—550 元	%	0.26	1.18	1.36	3.84
550—600 元	%	0.11	0.23	1.22	2.14
600—650 元	%	—	0.49	0.76	1.31
650—700 元	%	0.04	0.26	0.49	0.49
700—750 元	%	—	0.23	0.23	0.19
750—800 元	%	0.12	—	0.11	0.11
800 元以上	%	—	0.46	0.21	0.98
九、平均每人每月消费性支出	**元**	**142.83**	**187.14**	**236.47**	**267.60**
十、平均每人居住面积	**平方米**	**9.75**	**10.38**	**10.66**	**11.15**

9—7 城镇居民家庭现金收入情况

(平均每人全年)　　单位:元

项　目	1992年	1993年	1994年	1995年	1996年
现金收入	**2 059.10**	**2 772.54**	**3 580.18**	**4 078.94**	**4 543.43**
一、实际收入	**1 718.87**	**2 102.79**	**2 685.70**	**3 311.11**	**3 810.69**
# 生活费收入	1 560.52	1 920.00	2 468.54	3 048.18	3 487.37
1. 国有经济单位职工工资	1 149.85	1 370.58	1 697.35	2 167.16	2 472.38
(1)计时工资	670.61	710.47	988.37	1 499.99	1 882.07
(2)计件工资	6.51	14.24	17.14	25.98	15.35
(3)奖金	189.41	267.74	249.02	223.33	227.67
(4)津贴和补贴	269.26	355.13	398.32	381.48	311.11
(5)加班加点工资	6.38	8.23	12.96	13.69	14.94
(6)特殊情况下的工资	7.68	14.78	31.55	22.69	21.23
2. 集体经济单位职工工资	83.11	96.31	102.87	127.77	127.95
# (1)计时工资	50.93	55.14	63.18	93.30	103.26
(2)计件工资	2.78	3.44	6.52	9.23	6.76
(3)奖金	8.78	14.38	11.32	9.48	6.12
(4)津帖和补贴	17.91	19.26	20.03	14.52	9.53
3. 其它所有制职工全部收入	1.11	2.74	4.50	6.41	12.16
4. 职工从单位得到其它收入	86.77	104.54	129.86	120.57	128.54
5. 个体经营者的净收益	11.00	14.76	30.96	32.61	39.50
6. 个体被雇者收入	2.30	4.49	2.93	11.33	13.72
7. 离退休再就业人员收入	22.66	25.98	32.97	37.63	48.23
8. 其它就业者收入	2.45	1.91	2.58	4.02	4.01
9. 其它劳动收入	10.78	28.43	27.28	32.40	44.09
10. 财产性收入	24.42	36.47	70.07	95.94	126.82
# 利息	21.04	30.60	41.12	36.73	43.59
11. 转移性收入	323.05	415.98	584.10	674.80	792.72
# (1)离退休金	219.21	303.86	442.32	512.48	618.21
(2)赡养收入	32.42	43.32	57.79	73.62	75.32
(3)赠送收入	24.25	26.02	39.45	53.57	61.04
12. 家庭副业生产收入	1.36	0.60	0.24	0.45	0.57
二、储蓄借贷收入	**340.23**	**669.75**	**894.47**	**767.83**	**732.75**
# 1. 提取储蓄存款	234.10	462.37	584.36	520.24	529.46
2. 借入款	71.97	155.63	244.99	190.59	131.47
3. 收回借出款	10.04	15.99	16.64	18.61	24.64
4. 兑售有价证券	7.90	3.05	3.95	7.07	9.27
5. 购买房屋从银行贷款	6.64	6.33	12.73	3.72	10.03

9—8 城镇居民家庭消费支出情况

（平均每人全年） 单位：元

项　　目	1992年	1993年	1994年	1995年	1996年
消费支出	**1 405.25**	**1 714.01**	**2 245.66**	**2 837.69**	**3 211.24**
一、食品	**725.99**	**821.61**	**1 067.65**	**1 339.57**	**1 461.62**
#1、粮食	116.11	128.58	185.12	243.36	261.73
2. 淀粉和薯类	11.88	11.60	17.30	20.57	24.72
3. 干豆类及制品	14.41	16.84	23.86	26.22	31.69
4. 油脂类	28.37	39.43	66.44	65.05	62.13
5. 肉禽及制品	130.77	146.92	188.54	237.38	253.82
6. 蛋类	34.91	40.00	45.73	53.05	60.91
7. 水产品类	20.35	21.48	23.27	26.33	31.71
8. 菜类	80.10	84.09	114.72	149.92	159.10
9. 糖类	9.93	10.94	13.45	16.36	18.48
10. 烟草类	49.72	52.69	56.81	63.37	76.71
11. 酒和饮料	32.17	35.93	43.84	53.75	60.82
12. 干鲜瓜果类	56.26	59.52	74.53	93.19	92.30
13. 坚果及果仁	10.29	12.01	13.41	19.67	20.82
14. 糕点类	20.63	23.39	28.51	33.24	40.47
15. 奶及奶制品	17.42	20.12	27.37	28.42	33.41
二、衣着	**207.48**	**248.36**	**299.58**	**386.22**	**426.47**
#服装	106.41	135.77	167.28	218.44	242.03
三、设备用品及服务	**133.34**	**161.48**	**249.47**	**312.39**	**318.43**
#1. 耐用消费品	75.34	89.05	143.93	184.81	170.34
2. 家庭日用杂品	33.77	42.48	51.67	63.32	72.50
3. 家庭服务	7.09	11.22	26.22	29.13	36.53
四、医疗保健	**47.36**	**65.11**	**96.30**	**119.78**	**144.75**
#医药费	34.24	47.69	74.63	92.27	106.32
五、交通和通讯	**31.62**	**67.15**	**78.83**	**141.07**	**167.61**
#交通	29.05	41.43	50.85	70.09	73.16
六、娱乐文教服务	**132.87**	**158.46**	**203.47**	**245.57**	**294.25**
#1. 耐用消费品	42.35	34.60	47.06	49.43	59.25
2. 教育	60.19	87.46	105.40	135.05	165.17
七、居住	**63.07**	**115.12**	**153.66**	**174.48**	**264.29**
八、杂项商品和服务	**63.52**	**76.72**	**96.69**	**118.60**	**133.82**

9—9 城镇居民家庭人均购买主要商品数量

项　目	单　位	1992 年	1993 年	1994 年	1995 年	1996 年
粮食	公斤	139.50	110.15	112.05	101.07	96.42
食用植物油	公斤	6.36	7.41	7.37	7.20	7.30
鲜菜	公斤	109.18	105.26	102.40	108.13	102.02
干菜	公斤	0.29	0.27	0.20	0.23	0.21
猪肉	公斤	12.75	13.22	11.97	13.12	12.56
牛羊肉	公斤	2.22	2.24	2.03	1.77	2.49
家禽	公斤	2.58	2.00	1.98	2.46	2.35
蛋类	公斤	8.06	8.11	8.42	8.42	8.30
鱼	公斤	2.10	2.02	1.87	2.22	2.75
食糖	公斤	1.15	1.21	1.18	0.87	1.08
卷烟	盒	37.23	35.85	35.26	34.59	33.87
白酒	公斤	1.11	1.03	1.09	0.64	1.17
啤酒	公斤	2.29	2.37	2.52	1.78	2.56
其它酒	公斤	0.49	0.37	0.19	0.79	0.20
茶叶	公斤	0.21	0.21	0.19	0.16	0.22
鲜瓜果类	公斤	44.43	48.79	41.47	42.00	46.11
干果	公斤	3.67	3.70	3.20	5.87	3.61
糖果	公斤	0.66	0.57	0.58	0.42	0.53
糕点	公斤	3.50	3.60	3.43	3.25	3.46
鲜奶	公斤	5.71	6.35	7.23	3.67	5.62
棉布	米	0.89	0.90	0.65	0.34	0.49
棉花化纤混纺布	米	0.35	0.24	0.25	0.19	0.21
化纤布	米	1.60	1.57	1.56	1.15	1.50
呢绒	米	0.17	0.14	0.12	0.06	0.09
绸缎	米	0.43	0.31	0.24	0.15	0.14
服装	件	4.78	4.64	4.44	4.94	5.06
鞋	双	2.58	2.49	2.38	2.48	2.51
# 皮　鞋	双	0.62	0.68	0.71	0.79	0.86
旅游鞋	双	0.16	0.17	0.15	0.11	0.11
布　鞋	双	0.68	0.60	0.51	0.43	0.32
拖　鞋	双	0.37	0.36	0.42	0.46	0.57
肥皂	块	3.45	3.65	4.26	3.39	3.20
洗衣粉	公斤	0.83	0.96	1.05	1.01	1.08
煤炭	公斤	162.91	158.24	175.36	155.84	166.46
液化石油气	公斤	8.16	11.69	10.73	12.73	13.93

9—10 城镇居民不同收入层次家庭基本情况及耐用消费品拥有量

（1996 年）

项　　目	单　位	总平均	最低收入户	低收入户	中　等 偏下户	中　等 收入户	中　等 偏上户	高　收 入　户	最　高 收入户
一．调查户数	**户**	**1 400**	**140**	**140**	**280**	**280**	**280**	**140**	**140**
各组户数占总户数的比重	%	100.00	10.00	10.00	20.00	20.00	20.00	10.00	10.00
二．户均家庭人数	**人**	**3.13**	**3.62**	**3.46**	**3.14**	**3.15**	**3.05**	**2.86**	**2.71**
三．户均就业人数	**人**	**1.73**	**1.46**	**1.63**	**1.68**	**1.82**	**1.85**	**1.83**	**1.67**
四．户均就业面	**%**	**55.27**	**40.33**	**47.11**	**53.50**	**57.78**	**60.66**	**63.99**	**61.62**
五．就业者负担系数	**人**	**1.81**	**2.48**	**2.12**	**1.87**	**1.73**	**1.65**	**1.56**	**1.62**
六．消费品年末百户拥有量									
1. 毛皮大衣	件	30.24	22.86	29.86	26.11	35.93	26.00	27.00	46.64
2. 呢大衣	件	199.19	153.14	168.21	179.57	206.96	214.14	233.00	236.14
3. 毛毯	条	137.62	89.21	114.21	136.11	144.07	143.96	156.50	168.00
4. 地毯	平方米	83.26	28.14	27.71	99.86	39.71	110.57	155.29	121.21
5. 组合家俱	套	43.49	33.71	28.00	47.71	44.82	48.50	49.07	42.07
6. 沙发床	个	46.10	26.57	30.64	45.11	48.14	53.93	54.50	54.93
7. 沙发	个	176.10	120.36	136.36	158.14	192.32	186.21	204.93	226.00
8. 大衣柜	个	76.41	80.43	81.86	69.07	77.00	73.32	77.86	85.21
9. 写字台	张	85.24	74.57	85.50	79.54	89.89	88.11	84.14	93.07
10. 摩托车	辆	2.92	0.71	2.86	3.89	2.89	2.32	3.00	4.43
11. 自行车	辆	181.67	159.79	164.93	187.64	184.25	191.14	178.86	187.07
12. 家用三轮车	辆	1.02	2.21		0.89	0.54	0.71	1.86	1.86
13. 缝纫机	台	63.16	60.86	60.93	61.18	65.32	60.21	59.43	77.00
14. 洗衣机	台	90.32	73.14	82.43	86.57	92.18	97.39	94.71	100.64
15. 电风扇	台	139.71	112.07	129.29	130.25	149.61	139.14	163.93	153.79
16. 电冰箱	台	59.38	36.64	43.64	52.64	62.18	69.00	73.50	72.36
17. 冰柜	台	1.49	3.00		1.11	0.71	1.25	3.57	2.14
18. 彩色电视机	台	94.61	77.79	89.21	89.89	96.54	98.54	102.79	106.36
19. 黑白电视机	台	15.06	21.93	23.29	14.93	13.14	12.54	9.43	14.71
20. 录放像机	台	12.29	7.43	6.29	11.21	12.68	12.61	19.64	16.50
21. 游戏机	台	16.43	11.36	11.64	18.43	15.00	16.46	20.64	20.86
22. 组合音响	套	4.46	1.43	3.21	2.79	5.32	4.57	6.93	7.64
23. 立体声收录机	台	23.82	16.00	15.86	20.39	25.64	28.39	23.86	33.64
24. 普通收录机	台	42.41	29.86	36.79	46.25	41.71	42.82	51.00	44.93
25. 照相机	架	30.03	16.57	13.36	27.50	31.75	32.29	49.79	37.50
26. 钢　琴	架	0.51	0.71			0.36	0.54	0.36	2.21
27. 其它中高档乐器	件	5.31	4.00	3.29	4.96	4.68	3.96	10.86	7.71
28. 家用冷暖风机	台	0.54	1.50		1.07			0.71	1.07
29. 空调器	台	11.27	5.64	5.21	9.25	7.57	15.21	20.64	17.14
30. 电炊具	台	44.22	29.50	28.93	43.32	40.82	47.00	54.71	66.79
31. 淋浴热水器	台	23.51	16.07	11.86	24.68	18.07	27.54	32.71	33.86
32. 脱排油烟机	台	34.50	18.21	25.79	30.43	33.43	41.04	40.43	50.79
33. 吸尘器	台	4.19	1.86	2.21	4.71	3.71	4.57	3.71	8.14

9—11 城镇居民不同收入层次家庭现金收入情况

(1996 年)

单位:元

指　　标	总平均	最低收入户	低收入户	中等偏下户	中等收入户	中等偏上户	高收入户	最高收入户
现金收入	**4 543.43**	**2 276.49**	**2 855.94**	**3 500.12**	**4 455.40**	**5 239.74**	**6 466.14**	**8 749.21**
(一)实际收入	**3 810.69**	**1 840.43**	**2 479.88**	**3 048.47**	**3 725.81**	**4 478.11**	**5 297.32**	**7 031.49**
#生活费收入	3 487.37	1 607.66	2 250.68	2 785.90	3 400.62	4 143.14	4 884.29	6 451.63
1. 国有经济单位职工工资	2 472.38	908.85	1 454.84	2 089.17	2 541.65	3 066.61	3 788.26	3 858.50
(1)计时工资	1 882.07	738.83	1 233.87	1 631.15	1 992.61	2 297.48	2 737.34	2 721.93
(2)计件工资	15.53	18.66	11.63	21.72	17.75	14.18	2.00	12.05
(3)奖　　金	227.67	68.84	75.14	154.44	202.52	279.86	463.56	496.18
(4)津贴和补贴	311.11	71.97	120.73	239.87	302.81	429.53	521.85	568.74
(5)加班加点工资	14.94	3.88	5.44	8.64	16.14	15.28	43.77	22.41
(6)特殊情况下的工资	21.23	6.67	8.03	33.36	9.82	30.27	19.72	37.20
2. 集体经济单位职工工资	127.95	129.02	170.54	116.83	130.12	135.63	72.95	133.71
(1)计时工资	103.26	118.96	126.79	94.69	107.51	96.87	55.96	126.61
(2)计件工资	6.67		26.97	11.74	4.32		5.97	0.16
(3)奖　　金	6.12	1.65	4.63	6.35	5.52	11.40	4.31	4.92
(4)津贴和补贴	9.53	6.53	10.68	2.74	8.45	23.91	5.82	1.89
(5)加班加点工资	0.76	0.51	1.34	0.89	0.23	1.27	0.78	0.13
(6)特殊情况下的工资	1.52	1.37	0.14	0.44	4.10	2.18	0.12	
3. 其它所有制职工全部收入	12.16		5.61	1.59	20.01	1.75		79.24
#奖金	0.12							1.39
4. 职工从单位得到其它收入	128.54	50.81	56.52	94.43	124.51	182.82	180.30	235.88
5. 个体经营者的净收益	39.50	55.78	22.43	12.45	14.72	68.20	16.92	119.14
6. 个体被雇者收入	13.72	24.47	7.27	15.33	22.00		28.38	
7. 离退休再就业人员收入	48.23	19.73	14.84	16.27	51.53	42.78	58.47	196.81
8. 其它就业者收入	4.01	1.48	14.04	3.65	6.17	1.61		
9. 其它劳动收入	44.09	65.76	21.97	42.70	37.59	36.60	40.19	82.72
10. 财产性收入	126.82	65.00	78.34	88.77	111.92	143.94	180.81	298.49
(1)利　息	43.59	15.61	13.82	19.72	33.83	49.15	86.52	139.11
(2)红　利	4.29		0.21	1.08	4.46	3.45	14.41	13.49
(3)其它财产租金收入	78.94	49.39	64.31	67.97	73.64	91.34	79.88	145.88
11. 转移性收入	792.72	519.54	633.48	567.26	663.06	798.01	931.05	2 026.67
(1)离退休金	618.21	405.56	510.88	421.89	533.09	651.66	707.08	1 522.91
(2)价格补贴	1.12	0.26	0.12	1.47	0.98	1.10	2.19	2.00
(3)赡养收入	75.32	52.57	53.82	60.83	47.78	54.54	85.27	266.98
(4)赠送收入	61.04	37.57	43.91	40.92	48.22	57.58	106.11	150.88
(5)亲友搭伙费	11.70	1.59	8.55	18.28	6.10	6.42	2.87	48.19
(6)记帐补贴	17.22	14.89	15.78	17.08	17.67	17.15	18.97	19.71
(7)出售财物收入	2.45	3.38	0.10	2.87	1.70	2.16	4.93	3.02
(8)其　它	5.66	3.73	0.32	3.92	7.51	7.40	3.62	12.98
12. 家庭副业生产收入	0.57				2.53	0.15		0.32
(二)借贷收入	**732.75**	**436.06**	**376.06**	**451.66**	**729.59**	**761.63**	**1 168.82**	**1 717.72**
1. 提取储蓄存款	529.46	278.14	240.48	306.38	502.64	582.67	923.85	1 277.25
2. 提取储金会款	2.73	0.38	2.53	0.45	0.86	9.50	0.56	2.78
3. 借入款	101.47	111.01	100.05	110.02	118.18	103.01	176.22	185.11
4. 收回借出款	24.64	7.09	11.47	8.99	9.17	10.06	27.09	167.28
5. 收回储蓄性保险本金	0.81		0.29	1.34	0.59	1.15	1.85	
6. 兑售有价证券	9.27	1.36	2.48	1.63	15.62	15.43	9.03	17.87
7. 赊　购	0.04				0.22			
8. 购买房屋从银行贷款	10.03				22.68	17.57		23.72
9. 其它借贷收入	24.29	34.17	9.76	13.04	29.62	21.35	30.22	43.71

9—12 城镇居民不同收入层次家庭现金支出情况

（1996年）　　单位：元

指　　标	总平均	最低收入户	低收入户	中等偏下户	中等收入户	中等偏上户	高收入户	最高收入户
一、现金支出	**4 492.37**	**2 313.82**	**2 856.09**	**3 436.89**	**4 403.10**	**5 151.76**	**6 380.87**	**8 665.20**
（一）实际支出	**3 688.06**	**2 032.30**	**2 529.53**	**3 017.29**	**3 670.76**	**4 141.12**	**5 281.11**	**6 270.39**
1. 消费性支出	3 211.24	1 800.64	2 229.85	2 715.91	3 273.64	3 570.63	4 573.57	5 102.71
2. 非消费性支出	476.05	231.12	299.38	301.01	394.99	570.25	706.29	1 167.62
（1）贷款利息	0.41				1.31	0.51	0.55	
（2）个人所得税	0.28			0.26	0.07	0.03	0.14	2.30
（3）其他各种税金	0.32		0.06	0.11	0.57	0.25		1.41
（4）各种非储蓄性保险支出	2.08	0.60	1.21	1.14	2.44	2.19	2.92	5.41
（5）赡养支出	108.33	90.25	88.45	82.33	120.21	100.79	142.07	171.85
（6）赠送支出	185.31	125.52	116.13	144.50	179.07	210.37	247.86	340.04
（7）购房与建房支出	149.57	6.87	81.50	52.39	67.64	214.94	258.07	580.99
（8）其它非消费支出	29.75	7.89	12.04	20.28	23.69	41.17	54.69	65.61
3. 家庭副业生产支出	0.77	0.53	0.30	0.38	2.13	0.24	1.25	0.06
（二）借贷支出	**804.32**	**281.53**	**326.56**	**419.60**	**732.34**	**1 010.64**	**1 099.76**	**2 394.81**
1. 存入储蓄款	551.39	150.93	232.66	270.73	481.77	713.03	779.78	1 700.32
2. 存入储金会款	6.19	2.84	5.35	2.56	9.81	11.33	1.40	5.20
3. 归还借款	70.01	48.81	27.52	33.35	69.96	85.94	73.81	197.76
4. 借出款	27.47	3.22	5.56	3.37	21.54	26.60	12.92	165.47
5. 储蓄性保险支出	23.49	4.33	10.21	19.03	24.51	31.64	34.06	44.86
6. 购买有价证券	9.00		0.06	7.56	3.80	10.96	6.11	46.45
7. 预　购	0.57		1.03	2.27				
8. 归还购买住房银行贷款	2.72		3.40	0.61	8.39	0.47	1.62	3.37
9. 其它借贷支出	113.48	71.39	40.76	76.12	112.56	130.84	190.07	231.38
期末手存现金	**240.71**	**123.36**	**150.31**	**219.33**	**222.83**	**276.40**	**315.38**	**444.58**

9—13　城镇居民不同收入层次家庭消费支出情况

（1996 年）　　　　单位:元

指　　标	总平均	最低收入户	低收入户	中等偏下户	中等收入户	中等偏上户	高收入户	最高收入户
消费性支出	**3 211.24**	**1 800.64**	**2 229.85**	**2 715.91**	**3 273.64**	**3 570.63**	**4 573.57**	**5 102.71**
一、食　　品	**1 461.62**	**955.20**	**1 194.43**	**1 342.45**	**1 459.36**	**1 600.82**	**1 923.13**	**1 959.48**
1. 粮　食	261.73	232.80	249.57	261.30	256.79	272.27	268.99	296.98
2. 淀粉及薯类	24.72	19.82	22.07	23.99	24.83	26.74	24.79	31.46
3. 干豆类及制品	31.69	22.80	26.84	28.98	33.40	33.44	35.19	44.45
4. 油脂类	62.13	60.63	68.25	62.08	62.08	54.55	67.28	68.18
5. 肉禽及制品	253.82	152.87	212.31	233.23	247.02	275.49	331.38	374.43
6. 蛋　类	60.91	41.11	56.83	60.64	59.19	60.93	70.43	87.03
7. 水产品类	31.71	17.69	23.58	28.32	28.53	34.72	51.33	48.53
8. 菜　类	159.10	114.68	138.26	151.29	161.69	167.73	189.26	205.78
9. 调味品	27.81	22.32	23.14	27.17	27.07	29.92	31.69	35.40
10. 糖　类	18.48	10.05	15.04	15.91	19.24	20.60	27.22	24.32
11. 烟草类	76.71	42.77	52.45	68.88	78.03	90.43	116.92	94.73
12. 酒和饮料	60.82	34.72	45.01	46.78	66.91	65.75	100.21	81.61
13. 干鲜瓜果类	92.30	46.39	67.00	82.20	98.31	103.36	131.69	128.88
14. 坚果及果仁	20.82	11.26	16.07	18.26	19.64	23.01	30.45	33.22
15. 糕点类	40.47	21.10	26.53	35.16	45.49	44.41	59.47	55.79
16. 奶及奶制品	33.41	12.58	28.33	24.22	35.88	43.71	42.06	50.98
17. 其它食品	20.37	9.30	9.88	16.60	22.28	23.83	31.15	33.69
18. 在外用餐	183.76	81.74	112.52	156.66	172.09	228.92	312.55	263.23
19. 食品加工费	0.85	0.59	0.72	0.79	0.90	1.00	1.07	0.81
二、衣着	**426.47**	**186.25**	**238.92**	**350.76**	**426.15**	**534.95**	**660.90**	**671.04**
# 服　装	242.03	103.68	131.66	185.96	236.77	305.31	387.51	413.78
三、设备用品及服务	**318.43**	**117.57**	**146.44**	**189.64**	**327.57**	**324.86**	**576.94**	**796.04**
# 1. 耐用消费品	170.34	60.28	61.99	82.62	163.90	164.18	313.84	536.26
2. 家庭日用杂品	72.50	39.24	55.10	59.99	75.10	81.66	95.76	116.95
3. 家庭服务	36.53	9.09	15.43	17.95	43.22	37.93	99.64	57.83
四、医疗保健	**144.75**	**92.40**	**86.77**	**128.01**	**164.48**	**158.33**	**145.34**	**250.33**
# 医药费	106.32	72.96	70.01	92.07	111.58	121.90	104.37	185.00
五、交通和通讯	**167.61**	**67.14**	**58.34**	**134.77**	**166.33**	**172.10**	**295.82**	**374.83**
1. 交　通	73.16	32.05	30.49	74.42	73.20	70.20	111.91	145.20
2. 通　讯	94.46	35.09	27.85	60.36	93.13	101.96	183.91	229.63
六、娱乐文教服务	**294.25**	**167.67**	**221.48**	**239.32**	**327.42**	**293.44**	**453.42**	**440.10**
1. 耐用消费品	59.25	20.56	24.39	35.10	63.87	38.06	134.82	168.58
2. 教　育	165.17	108.74	157.63	150.57	193.03	177.47	217.54	136.26
3. 文化娱乐	69.82	38.37	39.45	53.65	70.51	77.91	101.06	135.26
七、居　住	**264.29**	**156.98**	**210.15**	**231.28**	**281.44**	**318.28**	**336.97**	**315.04**
1. 住　房	127.72	60.44	93.35	107.56	142.38	162.68	174.69	145.72
2. 水电燃料其它	136.58	96.54	116.79	123.72	139.07	155.60	162.27	169.32
八、杂项商品和服务	**133.82**	**57.42**	**73.32**	**99.67**	**120.88**	**167.83**	**181.06**	**295.86**
# 1. 理发、美容用品	21.32	6.04	11.71	15.36	20.76	29.46	36.97	34.21
2. 旅　游	21.82	3.55	6.60	10.58	16.59	31.08	20.24	84.73
3. 服务费	12.51	7.34	7.55	11.02	11.46	15.30	19.01	18.51

9—14 城镇居民不同收入层次家庭主要商品购买数量

(1996 年,平均每人全年)

项目	单位	总平均	最低收入户	低收入户	中等偏下户	中等收入户	中等偏上户	高收入户	最高收入户
粮食	公斤	96.42	94.03	96.28	96.55	93.12	97.89	93.64	106.81
油脂类	公斤	7.53	7.46	8.43	7.53	7.51	6.53	8.15	8.13
# 菜籽油	公斤	6.72	6.82	7.68	6.76	6.75	5.71	7.19	7.00
豆油	公斤	0.25	0.22	0.20	0.25	0.18	0.25	0.32	0.43
动物油	公斤	0.23	0.20	0.30	0.23	0.23	0.20	0.28	0.21
猪肉	公斤	12.56	8.80	11.71	12.24	12.38	13.04	15.39	15.80
牛肉	公斤	1.16	0.65	1.15	1.11	1.11	1.15	1.31	2.02
羊肉	公斤	1.33	0.72	0.91	1.24	1.31	1.49	1.71	2.15
白条鸡	公斤	0.85	0.51	0.71	0.77	0.79	0.93	1.19	1.22
活鸡	公斤	1.07	0.60	1.01	0.97	0.99	1.19	1.08	1.93
蛋类	公斤	8.30	5.59	7.75	8.24	8.09	8.34	9.64	11.75
# 鸡蛋	公斤	7.91	5.33	7.42	7.88	7.72	7.94	9.10	11.21
鲜菜	公斤	102.02	81.76	96.90	98.04	102.48	105.14	111.40	127.26
食糖	公斤	1.08	0.84	1.09	1.03	1.21	0.92	1.27	1.36
卷烟	盒	33.87	22.01	24.54	32.27	35.44	38.90	45.42	38.13
白酒	公斤	1.17	0.78	1.08	0.93	1.34	1.23	1.82	1.09
啤酒	公斤	2.56	1.92	1.91	1.88	2.63	2.96	3.64	3.65
茶叶	公斤	0.22	0.20	0.20	0.20	0.22	0.21	0.32	0.29
干鲜瓜果类	公斤	46.47	27.12	35.45	43.13	50.32	50.05	61.00	61.72
糕点	公斤	3.46	1.88	2.46	3.11	3.85	3.83	4.60	4.74
鲜奶	公斤	5.62	1.61	4.92	3.54	6.08	7.51	7.11	9.75
奶粉	公斤	0.55	0.27	0.49	0.45	0.61	0.64	0.74	0.65
服装	件	5.06	2.55	3.12	4.58	5.43	5.97	7.14	6.90
男士服装	件	1.76	0.87	1.13	1.69	1.78	2.01	2.48	2.52
女士服装	件	2.40	1.12	1.46	2.03	2.58	2.87	3.60	3.38
各式童装	件	0.91	0.55	0.54	0.87	1.07	1.09	1.06	1.00
棉布	米	0.49	0.19	0.30	0.37	0.46	0.41	0.72	1.46
棉花化纤混纺布	米	0.21	0.08	0.18	0.25	0.15	0.28	0.20	0.27
化纤布	米	1.50	0.80	0.85	1.50	1.43	1.91	2.11	1.84
呢绒	米	0.09	0.03	0.03	0.07	0.07	0.15	0.12	0.13
绸缎	米	0.14	0.05	0.09	0.11	0.18	0.19	0.22	0.14
毛线	公斤	0.41	0.19	0.29	0.42	0.47	0.51	0.56	0.39
鞋类	双	2.51	1.58	1.98	2.51	2.65	2.81	3.07	2.83
# 皮鞋	双	0.86	0.43	0.55	0.83	0.95	0.98	1.21	1.08
旅游鞋	双	0.11	0.10	0.13	0.09	0.10	0.12	0.13	0.09
布鞋	双	0.32	0.28	0.35	0.32	0.31	0.32	0.31	0.44
肥皂	块	3.20	3.51	3.89	3.24	2.83	2.78	2.74	4.15
洗衣粉	公斤	1.08	1.09	0.92	0.94	1.07	1.14	1.20	1.31
水	吨	21.18	15.82	17.84	19.86	20.45	23.46	25.21	28.00
电	度	114.46	86.47	89.91	105.52	106.99	135.58	131.93	155.33
煤炭	公斤	166.46	157.20	195.74	156.38	169.87	154.55	128.14	224.20
液化石油气	公斤	13.93	8.60	11.51	13.43	13.68	16.97	14.93	18.00
管道煤气	立方米	7.26	4.68	6.12	6.88	6.20	8.59	14.18	5.19

9—15　城镇居民家庭居住情况

项　目	单　位	1996 年	项　目	单　位	1996 年
调查户数	**户**	**1 400**	**五、按取暖设备拥有情况分**	%	**100.00**
平均每户常住人口	**人**	**3.13**	无取暖设备	%	16.56
平均每户居住面积	**平方米**	**34.88**	空调设备	%	0.43
平均每户辅助面积	**平方米**	**11.35**	暖气	%	33.62
平均每户居住间数	**间**	**2.36**	火炕、火炉、火盆等	%	49.39
平均每人居住面积	**平方米**	**11.15**	**六、按厨房使用情况分**	%	**100.00**
一、按人均居住面积分	%	**100.00**	无厨房	%	9.03
无房户	%	0.36	独用厨房	%	89.32
4 平方米以下	%	1.00	公用厨房	%	1.65
4—6 平方米	%	10.64	**七、　按燃料使用情况分**	%	**100.00**
6—8 平方米	%	21.64	管道煤气	%	7.60
8—10 平方米	%	19.57	液化石油气	%	49.03
10—12 平方米	%	12.86	煤	%	39.93
12—14 平方米	%	10.64	其他	%	3.44
14 平方米以上	%	23.29	**八、按电话拥有情况分**	%	**100.00**
二、按房屋产权分	%	100.00	无电话	%	65.52
公房	%	76.49	公费电话	%	4.89
租赁私房	%	0.93	自费电话	%	29.32
自有房	%	21.29	公用电话	%	0.29
其它	%	1.29	**九、按住宅建筑式样分**	%	**100.00**
三、按自来水使用情况分	%	**100.00**	家庭单栋配套住宅	%	0.36
无自来水	%	2.00	单元式配套住宅	%	69.32
独用自来水	%	81.94	(1).一居室	%	4.30
公用自来水	%	16.06	(2).二居室	%	40.72
四、按卫生设备拥有情况分	%	100.00	(3).三居室	%	22.51
无卫生设备	%	12.33	(4).四居室及以上	%	1.79
有浴室厕所	%	28.46	普通楼房	%	12.54
有厕所无浴室	%	44.59	普通平房	%	17.78
公用卫生设备	%	14.62			

9—16 各市县城镇住户调查主要指标

（1996年）

地　区	调查户数（户）	户均家庭人口（人）	户均就业人口（人）	人均实际收入（元）	人均生活费收入（元）	人均消费性支出（元）	人均食品支出（元）
全　省	**1 400**	**3.13**	**1.73**	**3 810.69**	**3 487.37**	**3 211.24**	**1 461.62**
城　市	**800**	**3.08**	**1.72**	**4 376.29**	**4 073.56**	**3 781.18**	**1 681.29**
西　安	300	3.07	1.73	5 049.76	4 712.40	4 434.47	1 889.92
宝　鸡	100	2.98	1.70	3 860.23	3 627.99	3 162.78	1 545.34
咸　阳	100	3.23	1.79	3 406.88	3 159.00	3 069.73	1 420.21
汉　台	100	2.85	1.54	3 470.97	3 178.80	2 841.93	1 541.44
铜　川	100	3.22	1.56	2 828.89	2 609.70	2 201.45	1 121.15
延　安	50	3.25	1.61	2 407.55	2 182.40	2 099.46	1 095.09
临　渭	50	3.26	1.90	3 289.33	2 994.20	2 755.60	1 209.56
县　城	**600**	**3.20**	**1.75**	**3 083.72**	**2 733.94**	**2 478.70**	**1 179.28**
榆　林	50	3.34	1.60	2 764.97	2 381.18	2 276.19	1 084.77
安　康	50	3.17	1.61	3 467.40	3 094.21	2 799.41	1 284.97
三　原	50	3.22	1.86	3 295.78	2 987.32	2 272.74	1 079.97
商　州	50	3.27	2.03	2 536.10	2 231.62	2 002.33	992.85
西　乡	50	3.18	1.77	2 698.94	2 349.54	2 259.48	1 241.48
陇　县	50	3.10	1.33	2 916.48	2 347.15	2 266.66	1 019.69
洛　南	50	3.05	1.99	3 238.01	2 946.69	2 639.06	1 115.25
蒲　城	50	3.10	1.72	2 813.25	2 566.55	2 142.86	999.38
户　县	50	3.13	1.70	4 530.05	3 984.10	3 515.23	1 546.34
绥　德	50	3.26	1.34	2 266.40	2 057.13	1 872.13	961.45
华　阴	50	3.28	2.08	2 949.50	2 786.77	2 640.38	1 370.33
略　阳	50	3.29	1.92	3 583.48	3 121.40	3 083.40	1 450.84

9—17 农村住户基本情况

指　　标	单　位	1992 年	1993 年	1994 年	1995 年	1996 年
调查户数	**户**	**2 220**	**2 220**	**2 220**	**2 220**	**2 220**
调查户人口						
1. 常住人口	人	10 597	10 477	10 420	10 313	10 254
2. 平均每户常住人口	人	4.77	4.72	4.69	4.65	4.62
3. 平均每户整、半劳动力	人	2.68	2.71	2.74	2.74	2.66
4. 平均每劳动力负担人口(含本人)	人	1.78	1.74	1.71	1.69	1.74
平均每人全年的收入						
1. 总收入	元	815.45	917.53	1 155.40	1 440.13	1 741.05
2. 纯收入	元	558.79	652.99	804.84	962.89	1 165.10
3. 现金收入	元	533.39	567.39	715.99	881.10	1 079.35
按人均纯收入分组的户数占调查户的比重						
300 元以下	%	14.64	7.57	4.10	2.66	1.58
300 元—500 元	%	32.34	24.68	14.60	9.95	5.94
500 元—800 元	%	35.49	41.22	37.34	30.31	22.61
800 元—1000 元	%	8.83	14.14	18.87	19.46	18.83
1000 元—1500 元	%	6.94	9.73	18.29	24.51	30.41
1500 元以上	%	1.76	2.66	6.80	12.61	20.63
平均每人全年的支出						
1. 总支出	元	781.32	840.83	1 119.78	1 423.48	1 716.57
# 生产投资	元	241.46	239.55	321.20	427.65	452.33
# 生活消费支出	元	497.82	559.60	736.60	913.73	1 097.33
2. 现金支出	元	540.27	573.80	698.08	922.73	1 217.07
# 生产费用支出	元	181.56	184.18	227.85	297.26	333.51
# 生活消费支出	元	301.30	331.49	399.68	527.65	701.17
平均每户年末住房间数	间/户	5.02	5.08	4.39	4.45	4.26
平均每人年末住房面积	平方米	16.17	17.17	18.04	18.42	18.60
#砖木结构面积	平方米	5.36	6.99	6.35	6.59	7.48
钢筋混泥土结构面积	平方米	1.89	1.93	2.29	2.94	3.44
年末住房价值	元/间	887.84	929.11	1 215.33	1 296.61	1 956.64
平均每人经营耕地面积	亩	2.71	2.78	2.83	2.81	2.60
#承包耕地面积	亩	2.25	2.58	2.61	2.60	2.43
#承包山地面积	亩	0.36	0.45	0.48	0.61	0.71
平均每户年末拥有生产用固定资产原值	元	1 284.96	1 398.89	1 638.31	1 793.35	2 228.55

注:现金收支不含借贷收支

9—18 农村住户人均总收入和纯收入

单位:元

指　　标	1992年	1993年	1994年	1995年	1996年
一、全年总收入	**815.45**	**917.53**	**1 155.4**	**1 440.1**	**1 741.05**
(一)基本收入	778.95	879.81	1 103.9	1 378.7	1 660.26
1、劳动者报酬收入	112.40	116.47	139.30	186.04	196.71
2、家庭经营收入	666.55	763.34	964.64	1 192.7	1 463.55
(二)、转移性及财产性收入	36.50	37.72	51.46	61.40	80.79
二、全年纯收入	**558.79**	**652.99**	**804.84**	**962.89**	**1 165.10**
按收入来源分					
(一)、基本纯收入	528.14	620.82	759.75	909.20	1 091.97
1. 劳动者报酬收入	112.40	116.47	139.30	186.04	196.71
2. 家庭经营纯收入	415.74	540.34	620.45	723.16	895.26
# 种植业收入	278.95	334.57	422.39	529.93	654.46
林业收入	5.54	6.78	7.11	5.44	11.72
牧业收入	58.84	67.82	79.34	60.39	66.53
渔业收入	0.11	0.37	0.71	0.40	0.92
手工业收入	4.13	1.53	4.76	6.27	8.86
采集捕猎收入	11.95	14.95	25.56	23.27	20.24
工业收入	5.91	6.9	9.80	11.40	15.74
建筑业收入	10.18	13.28	12.05	17.41	18.67
运输业收入	16.53	17.59	16.30	21.78	32.01
商业性收入	7.74	11.70	14.26	15.45	23.23
饮食业收入	3.64	3.09	4.04	3.44	3.61
服务业收入	6.04	5.32	5.10	6.16	6.20
(二)、转移性及财产性收入	30.65	32.18	45.09	53.69	73.13
按收入性质分					
1. 生产性收入	528.14	620.82	759.75	909.20	1 091.97
第一产业收入	478.10	445.14	568.72	660.88	786.97
第二产业收入	16.09	73.30	82.47	118.89	160.26
第三产业收入	33.95	102.38	108.56	129.43	144.74
2. 非生产性收入	30.65	32.18	45.09	53.69	73.13
按收入形态分					
1. 现金纯收入	329.28	332.60	411.96	473.82	558.15
2. 实物纯收入	229.51	320.39	392.88	489.07	606.95

9—19 农村住户按人均纯收入分组基本情况

（1996 年）

项目	单位	合计	300 元以下	300—500 元	500—800 元	800—1000 元	1000—1500 元	1500 元以上
一、调查户数	户	**2 220**	**35**	**132**	**502**	**418**	**675**	**458**
比　重	%	100	1.58	5.94	22.61	18.83	30.41	20.63
常住人口	人	10 254	165	629	2 490	1 956	3 066	1 948
比　重	%	100	1.61	6.13	24.28	19.08	29.29	19.00
平均每户常住人口	人	4.62	4.71	4.77	4.96	4.68	4.54	4.25
平均每户整、半劳动力	人	2.66	2.94	2.74	2.70	2.69	2.61	2.61
平均每劳动力负担人口	人	1.74	1.60	1.74	1.84	1.74	1.74	1.63
二、平均每人全年收入								
总　收　入	元	1 741.05	926.29	851.05	1 121.18	1 385.25	1 792.49	2 917.31
#劳动者报酬收入	元	196.71	80.77	86.26	125.63	158.75	232.53	314.79
家庭经营收入	元	1 463.55	810.47	738.18	947.14	1 169.20	1 477.75	2 437.56
纯　收　入	元	1 165.10	165.44	415.44	670.68	897.12	1 218.14	2 060.64
(1)劳动者报酬收入	元	196.71	80.77	86.26	125.63	158.75	232.53	314.79
#乡村企业劳动报酬收入	元	113.34	30.39	53.54	66.67	88.63	135.63	189.06
(2)家庭经营收入	元	895.26	59.70	310.75	503.77	687.95	911.22	1 589.43
(3)转移性收入	元	46.01	11.74	13.30	29.17	35.71	52.61	80.97
(4)财产性收入	元	27.12	13.23	5.13	12.11	14.71	21.78	75.45
现金收入	元	1 079.35	930.34	487.33	645.25	835.52	1 099.66	2 050.89
三、平均每人全年支出								
总　支　出	元	1 716.57	1 741.91	1 290.81	1 345.73	1 523.16	1 745.54	2 474.54
#生活费支出	元	1 097.59	960.70	842.13	857.31	990.49	1 134.80	1 547.77
#家庭经营费用支出	元	452.33	601.07	335.55	348.94	391.97	453.33	668.63
现金支出	元	1 217.07	1 405.94	925.48	873.22	994.46	1 225.92	1 944.30
平均每人年末住房面积	平方米	18.60	14.36	28.19	14.88	15.67	19.75	21.73
#砖木结构面积	平方米	7.48	10.16	18.46	4.78	5.94	7.39	8.75
钢筋混泥土结构面积	平方米	3.44		1.41	1.81	1.98	4.19	6.74
平均每人经营耕地面积	亩	2.60	2.31	2.06	2.26	2.52	2.94	2.76
平均每人经营山地面积	亩	0.71	0.37	0.65	0.65	0.65	0.83	0.70
平均每人年末拥有生产用固定资产原值	元	482.48	751.36	387.36	401.02	432.49	476.50	654.17

9—20 农村住户按劳动力文化程度分组基本情况

(1996 年)

项　　目	单位	(半)文盲	小　学	初　中	高　中	中　专	大　专	无劳动力
一、调查户数	**户**	**42**	**341**	**1 238**	**537**	**38**	**19**	**5**
比　重	%	1.89	15.36	55.77	24.19	1.71	0.86	0.22
常住人口	人	182	1 511	5 671	2 602	182	95	11
比　重	%	1.77	14.74	55.31	25.38	1.77	0.90	0.13
平均每户常住人口	人	4.33	4.43	4.58	4.85	4.79	5	2.2
平均每户整、半劳动力	人	2.07	2.45	2.72	2.65	3.42	3.47	
平均每劳动力负担人口	人	2.09	1.81	1.69	1.83	1.40	1.44	
二、平均每人全年收入								
总　收　入	元	1 313.57	1 599.00	1 705.65	1 752.03	1 643.25	1 673.77	2 122.82
# 劳动者报酬收入	元	129.93	173.48	198.18	201.22	275.75	336.97	144.55
家庭经营收入	元	1 101.69	1 358.83	1 431.93	1 457.45	1 239.79	1 229.72	1 246.36
纯　收　入	元	803.03	1 079.31	1 115.09	1 167.32	1 068.58	1 187.77	1 541.05
(1)劳动者报酬收入	元	129.93	173.48	198.19	201.22	275.75	336.97	144.55
# 乡村企业劳动报酬收入	元	13.04	23.54	21.96	16.29	11.81		
(2)家庭经营收入	元	603.77	845.78	848.85	880.92	673.99	751.81	675.27
(3)转移性收入	元	51.08	33.04	42.62	52.05	103.24	96.79	675.18
(4)财产性收入	元	18.25	27.01	25.43	33.13	15.60	2.20	46.00
现金收入		1 038.56	1 205.48	1 420.27	1 507.47	1 512.10	2 018.23	1 573.53
三、平均每人全年支出								
总支出	元	1 456.82	1 579.71	1 733.56	1 768.98	1 693.81	1 945.87	2 054.82
# 生活消费支出	元	968.31	1 024.98	1 100.16	1 133.37	1 075.33	1 364.19	1 485.91
家庭经营费用支出	元	418.43	400.23	462.89	464.17	457.41	386.87	406.82
现金支出	元	1 032.35	1 144.16	1 360.16	1 433.81	1 322.80	1 878.08	1 614.27
平均每人承包耕地面积	亩	2.78	3.32	2.35	2.13	1.80	1.37	1.57
平均每人承包山地面积	亩	1.89	0.85	0.52	0.39	0.38	0.16	0.41
平均每人年末住宅面积	平方米	12.96	16.02	19.04	19.20	18.71	26.80	21.36
平均每户年末拥有生产性固定资产原值	元	1 979.40	1 857.96	2 373.28	2 213.95	1 629.61	2 118.42	302

9—21 农村住户按家庭规模分组基本情况

（1996 年）

项　　目	单位	1 人家庭	2 人家庭	3 人家庭	4 人家庭	5 人家庭	6 人家庭	6 人以上
一、调查户数	**户**	**4**	**73**	**282**	**740**	**661**	**297**	**163**
比　重	%	0.18	3.29	12.70	33.33	29.77	13.38	7.35
常住人口	人	4	146	846	2 960	3 305	1 782	1 211
比　重	%	0.04	1.42	8.25	28.87	32.23	17.38	11.81
平均每户常住人口	人	1	2	3	4	5	6	7.43
平均每户整、半劳动力	人	1	1.70	2.22	2.43	2.71	3.11	3.87
平均每劳动力负担人口（含本人）	人	1	1.18	1.35	1.64	1.84	1.93	1.92
二、平均每人全年收入								
总　收　入	元	1 777.25	2 184.08	2 004.73	1 862.74	1 638.55	1 561.06	1 350.33
# 劳动者报酬收入	元	61.25	187.16	256.18	238.63	186.62	168.10	123.95
家庭经营收入	元	1 503.00	1 746.02	1 612.92	1 539.46	1 377.47	1 325.72	1 177.01
纯　收　入	元	1 154.75	1 421.60	1 318.28	1 225.30	1 089.04	1 003.38	925.42
（1）劳动者报酬收入	元	61.25	187.16	256.18	238.63	186.62	168.10	123.95
# 乡村企业劳动报酬收入	元		39.73	14.35	27.73	19.31	17.84	9.37
（2）家庭经营收入	元	1 017.50	1 006.57	939.10	910.50	834.70	775.33	756.57
（3）转移性收入	元	72.50	150.92	82.45	47.60	41.01	38.49	28.65
（4）财产性收入	元	3.50	76.95	40.55	28.57	26.71	22.46	16.25
现金收入	元	1 139.75	1 906.34	1 725.76	1 603.73	1 355.29	1 254.78	1 045.71
三、平均每人全年的支出								
总　支　出	元	1 718.50	2 298.40	2 123.35	1 910.17	1 662.53	1 504.31	1 348.91
# 生活费支出	元	1 271.50	1 522.58	1 357.46	1 224.23	1 069.84	908.51	908.67
家庭经营费用支出	元	385.25	602.47	539.59	502.56	431.01	442.52	323.31
现金支出	元	1 236.75	1 749.42	1 687.04	1 532.18	1 306.79	1 134.18	1 019.84
平均每人承包耕地面积	亩	3.35	2.56	3.18	2.20	2.40	2.37	2.60
平均每人承包山地面积	亩	0.48	1.10	0.58	0.33	0.54	0.72	0.78
平均每人年末住宅面积	平方米	35.25	31.13	24.85	20.09	16.23	15.16	20.53
平均每户年末拥有								
生产性固定资产原值	元	680	907.33	1 594.58	1 837.01	2 356.32	3 144.08	3 546.38

9—22 按纯收入分组的农村住户人均生活消费支出

（1996年）　　单位：元

指　　标	合　计	300元以下	300—500元	500—800元	800—1000元	1000元—1500元	1500元以上
生活消费性支出	**1 097.59**	**960.70**	**842.13**	**857.31**	**990.49**	**1 134.80**	**1 547.77**
1. 食品	**622.77**	**542.30**	**512.56**	**546.39**	**607.00**	**629.51**	**768.03**
(1)主食	357.25	312.15	303.07	337.27	367.56	361.29	387.38
(2)副食	153.25	111.24	120.84	127.95	142.73	156.96	204.34
(3)其他食品	84.33	77.05	66.75	65.15	74.54	85.17	123.62
(4)在外饮食	18.49	34.08	8.97	7.47	13.54	16.63	42.26
(5)食品加工费	9.45	7.78	12.92	8.55	8.63	9.46	10.44
2. 衣着	**86.14**	**76.62**	**67.20**	**62.91**	**72.46**	**90.59**	**129.49**
(1)服装	44.33	40.20	35.11	29.68	37.13	48.05	67.73
(2)衣着材料	18.96	19.33	17.01	15.49	15.87	18.32	28.11
(3)鞋袜帽类	19.97	15.44	12.83	15.81	17.22	21.09	28.95
(4)衣着加工修理费	1.20	1.04	1.13	0.80	0.93	1.34	1.79
(5)其他	1.69	0.61	1.12	1.13	1.32	1.79	2.90
3. 居住	**142.32**	**128.07**	**60.07**	**72.06**	**114.73**	**165.79**	**250.67**
(1)住房	93.27	96.61	24.24	32.02	69.20	109.23	192.64
(2)电费	8.41	7.42	7.54	7.37	8.47	8.65	9.67
(3)燃料	36.32	23.88	26.93	29.18	33.94	43.22	41.09
(4)其他	4.31	0.16	1.36	3.48	3.13	4.69	7.28
4. 家庭设备、用品及服务	**55.61**	**32.64**	**43.06**	**38.80**	**47.41**	**54.90**	**92.47**
(1)耐用消费品	16.87	4.16	16.43	9.36	12.29	14.82	35.53
(2)室内装饰品	0.10	0.15	0.34	0.07	0.10	0.08	0.07
(3)床上用品	5.73	6.19	3.90	4.32	4.08	6.40	8.86
(4)家庭日用杂品	28.78	21.25	20.25	22.10	26.98	29.26	41.76
(5)做家具材料	1.96		1.04	1.07	1.75	2.24	3.34
(6)设备用品加工修理费	0.34	0.10	0.14	0.34	0.33	0.24	0.60
(7)其他	1.83	0.79	0.97	1.54	1.87	1.86	2.49
5. 医疗保健	**54.18**	**68.23**	**51.65**	**39.48**	**48.72**	**56.68**	**74.14**
(1)医疗卫生保健用品	38.83	32.85	37.17	28.71	34.67	43.59	49.49
(2)医疗保健服务费	15.06	35.31	14.39	10.64	13.63	12.69	24.36
(3)医疗保健设备用品修理费						0.00	0.01
(4)其他	0.28	0.07	0.09	0.13	0.42	0.39	0.28
6. 交通和通讯	**23.91**	**38.06**	**20.52**	**15.45**	**11.56**	**19.58**	**53.83**
(1)交通、通讯工具	13.05	33.24	8.03	8.87	2.54	9.21	34.89
(2)交通费、邮电费	9.96	3.79	11.85	6.04	8.33	9.39	17.43
(3)交通、通讯工具修理费	0.89	1.03	0.64	0.54	0.69	0.97	1.51
7. 文教娱乐用品及服务	**98.10**	**69.15**	**76.29**	**74.36**	**78.19**	**101.79**	**152.16**
(1)文化教育娱乐用品	33.13	19.42	22.76	24.84	21.92	35.28	56.10
(2)文化教育娱乐服务	64.97	49.72	53.54	49.52	56.27	66.50	96.06
8. 其他商品和服务	**14.55**	**5.64**	**10.77**	**7.85**	**10.42**	**15.97**	**26.97**
(1)商品性支出	3.05	0.82	1.43	1.49	1.31	4.45	5.27
(2)服务支出	11.50	4.82	9.34	6.36	9.12	11.52	21.71

9—23 按劳动力文化程度分组的农村住户人均生活消费支出

(1996 年)

单位:元

指　　标	(半)文盲	小　学	初　中	高　中	中　专	大　专	无劳动力
生活消费支出	**968.31**	**1 024.98**	**1 100.16**	**1 133.37**	**1 075.33**	**1 364.2**	**485.91**
1. 食品	**591.16**	**637.74**	**619.18**	**621.30**	**612.30**	**679.59**	**1 031.09**
(1)主食	377.76	381.11	353.70	351.25	341.65	324.77	525.82
(2)副食	144.32	157.37	152.77	151.35	140.83	193.98	288.73
(3)其他食品	56.04	74.83	85.43	88.64	77.93	106.01	185.18
(4)在外饮食	7.27	16.14	17.10	20.79	44.40	48.86	11.45
(5)食品加工费	5.75	8.29	10.18	9.02	7.49	5.97	19.91
2. 衣着	**46.99**	**70.37**	**88.30**	**94.55**	**72.80**	**81.75**	**61.27**
(1)服装	21.99	34.38	45.71	49.39	34.62	44.12	30.45
(2)衣着材料	6.85	16.53	19.31	20.52	19.65	16.12	19.36
(3)鞋袜帽类	12.97	17.35	20.32	21.66	15.88	17.44	4.91
3. 居住	**167.57**	**129.03**	**147.34**	**137.16**	**68.13**	**294.19**	**103.36**
(1)住房	117.76	75.41	100.43	86.14	21.06	247.43	2.18
(2)电费	8.75	8.10	8.37	8.74	8.11	5.94	16.64
(3)燃料	40.93	42.18	34.68	36.08	35.74	34.96	84.55
4. 家庭设备、用品及服务	**31.73**	**43.69**	**59.44**	**55.43**	**64.62**	**48.29**	**76.45**
(1)耐用消费品	3.73	12.26	18.95	15.42	30.52	6.91	
(2)床上用品	3.55	4.25	6.24	5.45	5.63	6.84	38.27
(3)家庭日用杂品	20.57	24.66	30.13	28.81	26.69	32.69	31.73
(4)做家具材料	1.92	1.19	2.15	2.15	0.52	0.39	
5. 医疗保健	**21.37**	**43.36**	**56.15**	**56.82**	**71.34**	**54.87**	**152.36**
(1)医疗卫生保健	15.40	30.40	41.25	38.55	51.59	47.87	115.00
(2)医疗保健服务费	5.98	12.87	14.56	18.04	19.54	4.38	37.36
6. 交通和通讯	**15.32**	**16.21**	**22.84**	**30.69**	**32.79**	**25.34**	**11.91**
(1)交通、通讯工具	10.47	8.80	11.23	19.28	17.53	16.26	
(2)交通费、邮电费	4.63	6.72	10.57	10.58	14.90	8.66	11.91
7. 文教娱乐用品及服务	**82.96**	**77.29**	**91.61**	**120.36**	**133.13**	**175.59**	**41.36**
(1)文化教育娱乐用品	32.74	26.61	32.55	38.14	39.88	22.79	26.27
(2)文化教育娱乐服务	50.23	50.68	59.06	82.22	93.25	152.80	15.09
8. 其他商品和服务	**11.21**	**7.29**	**15.32**	**17.31**	**20.24**	**4.57**	**8.09**
(1)商品性支出	1.82	1.67	3.12	3.94	1.79	1.17	0.82
(2)服务支出	9.38	5.62	12.20	13.37	18.45	3.40	7.27

9—24　按家庭规模分组的农村住户人均生活消费支出

（1996 年）　　　　单位：元

指　　标	1 人家庭	2 人家庭	3 人家庭	4 人家庭	5 人家庭	6 人家庭	6 人以上家庭
生活消费支出	**1 271.75**	**1 522.58**	**1 357.46**	**1 224.23**	**1 069.84**	**908.51**	**908.67**
1. 食品	**899.00**	**973.95**	**776.10**	**662.58**	**603.26**	**551.89**	**532.67**
(1)主食	453.00	511.53	415.50	365.64	353.89	333.78	320.82
(2)副食	282.75	300.57	207.68	168.97	142.24	129.25	123.99
(3)其他食品	135.75	123.42	116.68	94.62	80.41	68.41	65.81
(4)在外饮食	17.00	24.60	25.23	23.13	18.19	12.79	10.95
(5)食品加工费	9.75	13.83	11.01	10.21	8.54	7.67	11.09
2. 衣着	**33.00**	**115.34**	**111.90**	**99.01**	**83.85**	**70.25**	**63.00**
(1)服装	19.50	60.46	58.83	51.39	41.36	38.27	32.08
(2)衣着材料	3.50	26.12	24.25	21.17	19.44	14.62	14.15
(3)鞋袜帽类	9.25	28.84	24.91	23.66	19.54	15.02	15.26
3. 居住	**134.50**	**152.86**	**156.26**	**178.05**	**139.83**	**94.35**	**121.39**
(1)住房	60.25	64.43	92.05	125.43	90.21	52.52	87.43
(2)电费	10.75	14.72	11.29	9.25	8.04	6.67	7.14
(3)燃料	63.50	65.36	47.94	36.27	38.32	31.97	25.72
4. 家庭设备、用品及服务	**32.25**	**94.10**	**76.47**	**64.08**	**58.17**	**37.88**	**34.90**
(1)耐用消费品		27.15	26.17	18.03	21.26	7.43	8.27
(2)床上用品		12.12	7.40	6.72	5.66	4.77	2.97
(3)家庭日用杂品	27.00	47.54	36.24	34.23	27.85	22.39	19.95
(4)做家具材料		4.69	3.42	2.20	1.38	1.69	2.02
5. 医疗保健	**137.25**	**65.95**	**78.82**	**66.70**	**42.72**	**45.15**	**49.22**
(1)医疗卫生保健	137.25	54.79	60.56	47.83	29.33	30.83	37.11
(2)医疗保健服务费		10.75	18.04	18.56	13.20	14.14	11.42
6. 交通和通讯	**4.00**	**22.64**	**40.29**	**25.11**	**25.14**	**13.62**	**21.54**
(1)交通、通讯工具		8.43	23.82	11.51	16.78	6.09	9.97
(2)交通费、邮电费	4.00	12.99	15.37	12.59	7.47	6.72	11.03
7. 文教娱乐用品及服务	**28.50**	**68.73**	**99.78**	**112.19**	**103.38**	**82.89**	**74.28**
(1)文化教育娱乐用品	28.50	40.86	39.66	35.86	38.56	24.28	19.18
(2)文化教育娱乐服务		27.86	60.12	76.32	64.82	58.61	55.10
8. 其他商品和服务	**3.25**	**29.01**	**17.84**	**16.51**	**13.49**	**12.48**	**11.67**
(1)商品性支出		9.23	3.73	4.03	1.61	2.66	3.90
(2)服务支出	3.26	19.79	14.11	12.48	11.88	9.81	7.77

9—25 农村住户平均每人主要实物消费量和每百户耐用物品拥有量

指　　标	单位	1992年	1993年	1994年	1995年	1996年
实物消费量						
粮　　食	公斤	228.81	240.95	232.04	228.12	234.99
蔬　　菜	公斤	64.88	62.49	53.69	56.07	55.01
食　　油	公斤	4.39	4.40	4.28	4.22	4.53
肉　　类	公斤	6.32	7.05	5.54	4.95	5.61
蛋类及蛋制品	公斤	1.69	1.48	1.52	1.18	1.00
奶和奶制品	公斤	0.86	0.42	0.48	0.49	0.82
水 产 品	公斤	0.07	0.08	0.08	0.09	0.12
食　　糖	公斤	1.06	0.83	0.74	0.70	0.95
酒	公斤	1.89	1.81	1.85	1.89	2.19
卷　　烟	盒	29.29	26.18	25.21	26.85	29.26
水　　果	公斤	5.02	5.87	6.05	9.81	13.85
棉　　布	米	1.07	0.83	0.74	0.70	0.46
化 纤 布	米	0.20	0.14	0.12	0.12	2.29
呢　　绒	米	0.04	0.04	0.04	0.04	0.03
绸　　缎	米	0.87	0.84	0.92	0.87	0.03
毛线及毛线织品	公斤	0.09	0.09	0.10	0.11	0.13
耐用物品拥有量						
自 行 车	辆	116	122	124	126	127
缝 纫 机	架	65	69	72	73	70
钟	只	42	49	51	55	61
手　　表	只	150	155	164	158	127
# 电子表	只	36	48	61	56	51
电 风 扇	台	17	18	25	28	38
洗 衣 机	台	9	10	12	14	17
电 冰 箱	台	…	…	…	…	1
摩 托 车	辆	2	2	2	2	4
大型家具	件	232	416	434	449	469
# 组合家具	件		10	15	17	21
沙　　发	个	38	42	50	55	56
床	个		69	78	79	86
大衣柜	个	73	66	70	70	70
写字台	张	52	56	64	65	68
收 音 机	台	36	38	36	37	28
黑白电视机	台	45	51	56	59	56
彩色电视机	台	6	8	11	14	22
收 录 机	台	15	17	20	21	21

9—26 农村住户平均每人主要实物消费量和每百户耐用物品拥有量

（1996年，按纯收入分组）

指　　标	单位	合计	300元以下	300—500元	500—800元	800—1000元	100—1500元	1500元以上
实物消费量								
粮　　食	公斤	234.99	193.29	201.30	220.47	240.48	240.03	254.49
蔬　　菜	公斤	55.01	40.53	39.41	50.51	54.00	57.29	64.42
食　　油	公斤	4.53	3.18	3.75	3.80	4.38	4.46	6.11
肉　　类	公斤	5.61	3.33	3..3	4.87	5.37	5.66	7.55
蛋类及蛋制品	公斤	1.00	1.16	0.60	0.72	0.80	1.09	1.51
奶和奶制品	公斤	0.82	0.27	0.82	0.69	0.64	0.65	1.46
水 产 品	公斤	0.12	0.07	0.18	0.06	0.10	0.14	0.20
食　　糖	公斤	0.95	1.05	0.83	0.80	0.89	0.97	1.17
水　　果	公斤	13.85	17.83	10.39	8.84	10.69	13.26	24.92
酒	公斤	2.19	0.88	1.19	1.63	2.24	2.29	3.12
卷　　烟	盒	29.26	24.11	24.67	24.18	28.72	28.97	38.64
棉　　布	米	0.46	0.67	0.50	0.29	0.37	0.53	0.63
化 纤 布	米	2.29	1.87	1.98	1.89	2.08	2.35	3.03
呢　　绒	米	0.03	0.04	0.01	0.02	0.02	0.05	0.05
绸　　缎	米	0.03	0.02	0.08	0.03	0.03	0.02	0.05
毛线及毛线织品	公斤	0.13	0.12	0.09	0.11	0.11	0.14	0.18
耐用物品拥有量								
自 行 车	辆	127	126	113	113	111	131	158
缝 纫 机	架	70	80	77	61	69	70	78
钟	只	61	83	60	44	59	65	76
手　　表	只	127	100	115	116	117	132	145
电 子 表	只	51	23	48	44	49	56	57
电 风 扇	台	38	48	23	22	27	42	64
洗 衣 机	台	17	37	16	9	9	18	32
电 冰 箱	台	1			…	…	…	2
摩 托 车	辆	4	8	7	4	2	3	8
大型家俱	件	469	380	403	450	451	487	508
#组合家具	件	21	31	24	18	21	19	28
沙　　发	个	56	71	65	47	41	56	74
床	个	86	40	46	84	79	94	96
大衣柜	个	70	77	66	62	68	71	79
写字台	张	68	60	65	65	63	69	74
收 音 机	台	28	28	30	25	15	28	33
黑白电视机	台	56	40	47	54	56	61	54
彩色电视机	台	22	31	26	16	18	19	35
收 录 机	台	21	20	14	16	20	20	30

9—27 农村住户平均每人主要实物消费量和每百户耐用物品拥有量

(1996年,按文化程度分组)

指　　标	单位	(半)文盲	小学	初中	高中	中专	大学	无劳力
实物消费量								
粮　　食	公斤	253.79	247.63	233.88	229.87	223.42	213.27	350.09
蔬　　菜	公斤	55.13	60.06	54.67	52.70	46.27	69.02	103.64
食　　油	公斤	4.37	4.52	4.57	4.48	4.23	4.33	5.91
肉　　类	公斤	5.57	6.98	5.32	5.38	5.25	7.42	8.45
家　　禽	公斤	0.11	0.16	0.13	0.19	0.17	0.19	0.73
蛋　　类	公斤	1.29	0.86	0.97	1.06	0.75	2.37	6.00
牛 羊 奶	公斤	0.29	0.50	0.69	1.18	1.36	3.11	1.00
食　　糖	公斤	0.42	0.62	0.82	0.80	0.73	1.18	1.45
酒	公斤	3.05	5.30	5.65	4.88	3.68	6.12	11.09
卷　　烟	盒	23.97	28.95	30.19	27.90	26.45	28.24	53.55
棉　　布	米	0.20	0.41	0.46	0.50	0.44	0.65	1.55
化 纤 布	米	1.26	2.00	2.37	2.40	1.90	1.68	2.18
呢　　绒	米		0.02	0.03	0.04	0.04		
绸　　缎	米		0.04	0.03	0.03	0.06		
毛线及毛线织品	公斤	0.05	0.12	0.13	0.15	0.12	0.18	
耐用物品拥有量								
自 行 车	辆	69	100	126	150	137	158	60
缝 纫 机	架	45	57	71	77	66	74	
钟	只	36	39	63	71	71	100	40
手　　表	只	62	107	124	148	158	168	60
电 风 扇	台	7	19	38	51	37	79	20
洗 衣 机	台		6	18	25	16	32	
电 冰 箱	台		1	1	1			
摩 托 车	辆	2	2	5	6	3	5	
大型家俱	件	293	436	451	540	518	616	
# 沙发	个	26	35	55	70	81	89	
大衣柜	个	45	56	70	78	79	79	20
写字台	张	31	55	68	77	74	58	40
收 音 机	台	17	10	00	01	07	10	60
黑白电视机	台	40	51	58	57	47	47	20
彩色电视机	台	14	13	21	28	34	47	20
收 录 机	台	10	17	21	24	21	47	20
照 相 机	架			1	1	3	5	

9—28 农村住户平均每人主要实物消费量和每百户耐用物品拥有量

(1996年,按家庭规模分组)

指　　标	单位	1人家庭	2人家庭	3人家庭	4人家庭	5人家庭	6人家庭	6人以上
实物消费量								
粮　　食	公斤	300.00	339.14	271.98	241.40	232.02	219.09	212.21
蔬　　菜	公斤	109.50	132.62	71.33	56.73	53.20	50.52	40.71
食　　油	公斤	6.00	8.80	5.67	5.61	4.08	3.45	3.43
肉　　类	公斤	12.00	11.05	7.62	5.87	5.05	4.89	5.47
家禽	公斤		0.31	0.29	0.14	0.11	0.18	0.13
蛋类	公斤	1.00	1.45	1.40	1.07	0.89	0.97	0.84
牛羊奶	公斤	0.25	0.84	1.54	0.73	0.70	1.01	0.56
食　　糖	公斤	0.25	1.21	1.49	1.09	0.90	0.72	0.65
酒	公斤	6.25	9.01	6.85	6.15	5.10	4.04	4.34
卷　　烟	盒	121.75	45.95	38.59	33.80	28.96	21.37	21.73
棉　　布	米		0.47	0.61	0.44	0.48	0.41	0.45
化 纤 布	米	1.00	3.89	2.93	2.66	2.18	1.89	1.61
呢　　绒	米		0.02	0.06	0.04	0.03	0.03	0.03
绸　　缎	米		0.03	0.04	0.05	0.03	0.02	0.04
毛线及毛线织品	公斤		0.18	0.16	0.15	0.12	0.10	0.11
耐用物品拥有量								
自 行 车	辆	25	84	114	125	133	139	139
缝 纫 机	架	25	40	58	67	74	82	80
钟	只		32	57	62	64	69	55
手　　表	只	75	78	113	121	128	138	174
电 风 扇	台		27	33	43	34	39	43
洗 衣 机	台		14	17	17	17	18	23
电 冰 箱	台		1	1	1	1		1
摩 托 车	辆			3	4	5	7	2
大型家俱	件	250	297	400	448	464	533	671
# 沙发	个		33	48	52	57	61	88
大衣柜	个	25	38	59	72	69	78	84
写字台	张		45	63	68	64	72	93
收 音 机	台		22	25	29	27	31	31
黑白电视机	台	25	38	50	55	59	59	64
彩色电视机	台		18	23	20	22	26	25
收 录 机	台		12	21	19	20	24	34
照 相 机	架		2			1	1	1

9—29 调查县农村住户主要指标

（1996 年，平均每人）

县名	总支出（元）			现金收入（元）	现金支出（元）	消费粮食（公斤）	结存粮食（公斤）
		#生产费用	#生活消费				
陕西省	**1 716.57**	**452.33**	**1 097.59**	**1 079.35**	**1 217.06**	**234.99**	**359.95**
长安县	1 889.55	260.53	1 512.48	1 339.78	1 576.28	213.12	301.91
临潼县	2 083.58	521.39	1 422.24	1 643.00	1 715.54	214.60	523.85
周至县	1 618.99	522.90	961.66	1 164.34	1 139.55	257.59	325.44
户　县	2 397.66	783.46	1 421.99	1 926.78	1 924.28	220.46	441.07
耀　县	1 225.38	307.47	850.06	654.77	619.00	294.09	252.17
宜君县	1 735.77	575.92	962.27	878.98	1 050.30	235.74	976.94
宝鸡县	1 921.72	350.66	1 444.18	1 171.25	1 552.44	212.35	287.02
凤翔县	1 940.51	566.55	1 236.96	1 371.52	1 627.91	177.31	241.12
扶风县	2 188.63	871.64	1 108.43	1 538.52	1 656.75	231.03	631.78
眉　县	1 996.73	574.36	1 219.92	1 438.27	1 538.59	242.97	407.98
泾阳县	1 764.05	560.51	1 046.70	1 373.15	1 389.58	214.39	429.60
礼泉县	2 533.45	607.36	1 504.39	1 733.67	2 193.11	227.57	446.77
彬　县	1 718.30	424.38	1 111.74	971.98	1 313.77	225.08	236.01
旬邑县	1 582.81	357.06	978.46	733.40	1 190.20	287.32	360.61
临渭区	1 690.78	478.45	1 067.51	761.00	1 291.20	230.67	272.92
大荔县	2 000.25	554.40	1 210.54	1 753.81	1 685.14	159.08	290.00
蒲城县	2 223.62	818.59	1 077.84	1 459.74	2 083.58	138.45	279.74
澄城县	1 854.08	379.94	1 143.21	1 026.47	1 393.11	245.19	150.80
合阳县	2 122.47	438.50	1 437.02	1 403.39	1 603.36	203.44	306.78
富平县	2 201.81	688.95	1 172.10	1 270.03	1 425.80	262.93	324.09
城固县	1 795.60	396.01	1 084.46	1 098.60	1 088.67	257.51	213.98
略阳县	1 240.12	331.73	852.59	515.98	622.52	233.88	251.66
安康市	1 327.68	247.19	1 029.24	797.56	858.48	225.71	166.46
汉阴县	1 135.14	194.68	851.39	794.55	871.04	227.35	57.67
紫阳县	1 082.74	130.22	865.69	572.60	666.29	178.34	57.67
旬阳县	1 528.55	308.13	1 136.01	1 026.62	899.63	225.74	160.99
商州市	1 036.23	234.97	720.20	672.65	716.32	186.25	154.54
洛南县	1 390.40	248.20	1 054.82	699.30	863.93	302.68	127.35
宝塔区	1 828.88	446.58	1 257.56	1 039.77	1 124.53	348.20	344.92
子长县	1 238.10	323.67	797.14	724.72	787.56	189.34	506.28
志丹县	1 412.02	417.28	869.82	896.46	778.08	243.91	698.99
榆林市	1 908.79	564.41	1 021.15	1 159.92	1 146.91	290.50	980.94
神木县	1 585.52	441.64	1 048.47	1 030.58	971.80	218.68	499.83
定边县	1 836.63	447.05	1 270.41	807.02	971.83	322.10	452.22
绥德县	1 284.74	183.27	1 038.76	833.49	986.56	263.63	114.01
清涧县	1 554.71	410.98	1 015.74	950.96	1 105.93	229.46	389.71
子洲县	1 907.19	783.08	967.91	1 009.02	1 010.09	237.84	452.96

主要统计指标解释

总消费　是指常住单位在一定时期内对于货物和服务的全部最终消费，也就是常住单位为满足人们物质、文化和精神生活的需要，从本国经济领土或外国购买的货物和服务。不包括非常住居民在本国经济领土内的消费。

城镇居民家庭就业人口　指城镇居民从事社会劳动并取得劳动报酬或经营收入的人口。就业人口包括通过国家统筹规划和指导同劳动部门介绍就业，自愿组织起来就业和自谋职业等方式，在国有制、集体所有制、中外合资、中外合作、外资在华独资的企事业单位和私营企业单位工作或从事个体劳动的有固定性职业或临时性职业的人口。被聘用和留用的离退休人员也计入就业人口。本指标可以反映城镇居民的就业情况，是计算就业面、负担系数的重要资料。

城镇居民家庭全部收入　指被调查城镇居民家庭全部的实际现金收入，包括经常或固定得到的收入和一次性收入。不包括周转性收入，如提取银行存款、向亲友借入款、收回借出款以及其他各种暂收款。

城镇居民家庭可支配收入　指调查城镇居民家庭在支付个人所得税之后，所余下的实际收入。

城镇居民家庭生活费收入　指被调查的城镇居民家庭全部收入中能用于安排家庭日常生活的实际收入。即城镇居民家庭的全部实际收入除“赡养支出”、“赠送支出”和缴纳的各种税款以及被调查户非本家庭人口的经济用饭人口所交的“搭伙费”。

城镇居民家庭消费性支出　指被调查的城镇居民家庭用于日常生活的全部支出，包括购买商品支出和文化生活、服务等非商品性支出。不包括罚没、丢失款和缴纳的各种税款（如个人所得税、牌照税、房产税等），也不包括个体劳动者生产经营过程中发生的各项费用。

城镇居民家庭购买商品支出　指被调查的城镇居民家庭购买商品的全部支出，包括从商店、工厂、饮食业、工作单位食堂、集市以及直接从农民购买各种商品的开支。共分九类：食品、衣着品、日用品、文化娱乐用品、书报杂志、药及医疗用品、房屋及建筑材料、燃料、其他商品。不论自用的或赠送亲友的都包括在内。

农村居民家庭纯收入　指农村常住居民家庭总收入中，扣除从事生产和非生产经营用支出、缴纳税款和上交承包集体任务金额以后剩余的，可直接用于进行生产性、非生产性建设投资、生活消费和积蓄的那一部分收入。它是反映农民家庭实际收入水平的综合性的主要指标。农民家庭纯收入，既包括从事生产性和非生产性的经营收入，又包括取自在外人口寄回带回和国家财政救济、各种补贴等非经营性收入；既包括货币收入，又包括自产自用的实物收入。但不包括向银行、信用社和向亲友借款等属于借贷性的收入。

农村居民家庭整半劳动力　指农村常住居民家庭成员中有劳动能力并经常参加实际劳动的人员。是生产的基本要素指标之一，是发展生产增加农民家庭收入的重要源泉。按规定，农村男18周岁至50周岁、女18周岁至45周岁为整劳动力；男16周岁到17周岁、51周岁到60周岁，女16周岁到17周岁、46周岁至55周岁为半劳动力。农民家庭整半劳动力，既包括在上述规定劳动的年龄内和在劳动的年龄以外有劳动能力并经常参加实际劳动的男女整半劳动力；也包括农民家庭常住人员中属于职工的劳动力。但不包括在劳动年龄内已丧失劳动能力的人员。

农村居民家庭生活消费支出　指农村常住居民家庭年内用于日常生活的全部开支。它是用来反映和研究农民家庭实际生活消费水平高低的重要指标。农民家庭生活消费支出，包括用于吃、穿、住、烧、用等生活消费品开支和文化、生活服务费用开支两大部分。

农村居民家庭商品性生活消费支出　指农村常住居民家庭用其货币收入，在市场上购买食品、衣着、家庭用家具器皿、日用杂品、燃料、耐用消费品，以及文教卫生用品等生活消费总量。包括向国有商店、集体商店和集市贸易市场以及其他流通渠道购买的全部生活消费品。农民家庭商品性生活消费支出，是农民家庭生活消费支出的一个重要组成部分，是用来反映和分析农民家庭生活消费水平的商品化程度，及其由自给经济向商品经济发展趋势的重要指标，也首研究和预测农民家庭对市场消费品需求，制定商品供应计划的重要依据。

城乡储蓄存款余额　城乡储蓄存款，包括城镇居民储蓄存款和农民个人储蓄存款两部分。不包括居民的手存现金和工矿企业、部队、机关团体等集团存款。储蓄存款余额，是指城乡居民存入银行及农村信用社储蓄的时点数（存入数扣除取出数的余额），如月末、季末和年末数额。

10 城市概况

CHENG SHI GAI KUANG

资料整理　　孙士梅

10. 城市概况

1996 年全省 13 个城市(不包括市辖县)

年底总人口	948 万人	占全省 27.4%,
年末从业人员	532 万人	占全省 30.0%
土地面积	2.47 万平方公里	占全省 12.0%
每万人拥有公共交通车辆	5.4 辆	
人均公共绿地面积	3.3 平方米	
人均居住面积	7.4 平方米	
自来水普及率	97.1%	

城市人口密度

(人/平方公里)

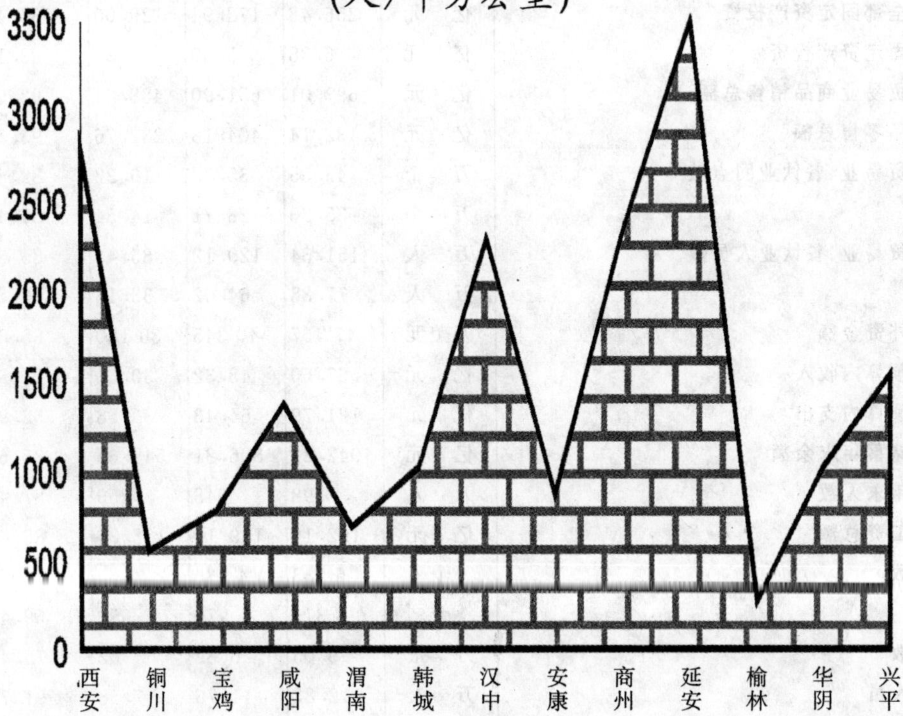

10—1 城市社会经济主要指标及占全省比重

(1996年)

指标	单位	全省总计	13个城市合计		占全省比重(%)	
			包括市辖县	不包括市辖县	包括市辖县	不包括市辖县
年末总人口	万人	3 458	2 647	948	76.5	27.4
# 非农业人口	万人	726	644	451	88.7	62.1
年末全部从业人员数	万人	1 776	1 483	532	83.5	30.0
土地面积	万平方公里	20.56	9.96	2.47	48.4	12.0
农林牧渔业总产值(按当年价格计算)	亿元	438.51	363.98	85.35	83.0	19.5
农林牧渔业商品产值(按当年价格计算)	亿元	263.34	205.66	49.17	78.1	18.7
年末实有耕地面积	千公顷	3 359	2 165	467	64.5	13.9
乡及乡以上工业总产值(按现行价格计算)	亿元	952.73	883.00	644.62	92.7	67.7
年末邮电局(所)数	处	2 064	1 427	557	69.1	30.0
邮电业务总量(按1990年不变价格计算)	亿元	20.65	18.70	13.30	90.6	64.4
全年用电量	亿千瓦小时	248.84	181.22	105.41	72.8	42.4
# 工业用电	亿千瓦小时	175.56	118.73	72.99	67.6	41.6
城乡居民生活用电	亿千瓦小时	21.69	19.35	11.33	89.2	52.2
国有经济全部固定资产投资	亿元	256.48	172.94	129.00	67.4	50.3
城镇集体固定资产投资	亿元	6.38	5.30	4.35	83.1	68.2
批发零售贸易业商品销售总额	亿元	697.01	651.90	488.84	93.5	70.1
社会消费品零售总额	亿元	432.14	404.18	281.76	93.5	65.2
批发零售贸易业、餐饮业网点数	万个	43.55	35.88	19.22	82.4	44.1
# 个体	万个	35.26	28.71	14.54	81.4	41.2
批发零售贸易业、餐饮业人员数	万人	151.34	129.12	85.48	85.3	56.5
# 个体	万人	77.38	64.02	33.16	82.7	51.8
实际利用外资金额	万美元	47 467	40 345	30 180	85.0	63.6
地方财政预算内收入	亿元	67.60	48.32	30.68	71.5	45.4
地方财政预算内支出	亿元	121.79	64.43	33.58	52.9	27.6
城乡居民储蓄年末余额	亿元	942.21	806.81	545.65	85.6	57.9
全部职工年末人数	万人	398	348	250	87.4	62.8
全部职工工资总额	亿元	192.16	169.14	128.34	88.0	66.8
卫生机构数	个	6 033	4 436	2 466	73.5	40.9
# 医院	个	3 315	1 970	681	59.4	20.5
医院床位数	万张	9.05	6.82	4.62	75.4	51.0
卫生技术人员	万人	12.82	11.75	7.58	91.7	59.1
# 医生	万人	6.30	4.63	2.91	73.5	62.9

10—2 城市基本情况

（1996 年）

指　　标	单　位	西安市	铜川市	宝鸡市	咸阳市
一、人口、社会劳动者和土地面积					
年末总人口	万　人	303.31	43.02	51.92	83.67
# 非农业人口	万　人	220.59	29.34	41.34	42.77
年末总户数	万　户	86.85	10.52	15.66	21.20
年末全部从业人员数	万　人	171.51	23.20	37.37	52.82
# 城镇个体劳动者	万　人	17.73	1.36	3.24	0.16
城镇失业人员年末数	人	48 500	15 478	4 895	8 005
土地面积	平方公里	1 066	781	555	619
# 建成区土地面积	平方公里	148	20	31	35
二、国内生产总值（按当年价格计算）	**万　元**	3 225 929	235 699	514 292	838 142
第一产业	万　元	105 651	5 869	9 800	68 527
第二产业	万　元	1 321 760	149 423	327 080	547 944
第三产业	万　元	1 798 518	80 407	177 412	221 671
三、农业					
农林牧渔业总产值（按现行计算）	万　元	173 771	14 726	16 400	115 005
农林牧渔业商品产值（按现行计算）	万　元	128 860	5 983	12 054	69 156
年末实有耕地面积	千公顷	53	17	7	38
蔬菜产量	万　吨	74.51	1.26	8.68	27.44
水果产量	吨	43 816	57 524	9 393	56 635
猪肉产量	吨	10 277	748	1 129	10 833
牛羊肉产量	吨	1 565	135	135	1 266
四、工业					
企业单位数（乡及乡以上独立与附营）	个	2 693	364	581	369
# 国有经济	个	490	75	82	102
全部工业总产值（按现行计算）	万　元	4 121 339	269 358	776 422	1 690 909
# 乡及乡以上工业总产值	万　元	2 914 559	231 338	762 316	1 379 693
# 国有经济	万　元	1 867 549	182 988	522 579	1 095 433
五、批发零售贸易与外经、旅游					
批发零售贸易业商品销售总额	万　元	3 449 694	85 576	496 323	114 325
社会消费品零售总额	万　元	1 994 045	70 566	195 951	93 007
批发零售贸易业、餐饮业网点数	个	75 207	4 728	18 948	34 664
# 个体	个	4 620	4 086	16 580	33 011
批发零售贸易业、餐饮业人员数	人	509 151	15 196	63 655	86 099
# 个体	人	128 318	7 565	31 762	67 250
利用外资新签协议合同数	个	163	3	15	7
协议合同外资金额	万美元	34 851	506	2 018	698
实际利用外资金额	万美元	20 510	197	980	2 583
境外旅游者人数	人	453 861	1 530	6 201	198 000
涉外旅馆数	个	36	1	28	10
旅游外汇收入	万美元	18 000	160	136	2 271

10—2 续表 1　　　　　　　　(1996 年)

指　　标	单　位	西安市	铜川市	宝鸡市	咸阳市
六、财政、金融、保险					
地方财政预算内收入	万　元	205 498	5 990	17 644	29 128
地方财政预算内支出	万　元	178 351	14 247	28 050	41 092
# 科学教育事业费支出	万　元	27 118	4 589	1 900	6 058
城乡居民储蓄年末余额	万　元	3 398 136	160 967	405 123	495 218
年末银行各项贷款余额	万　元	4 064 723	246 074	750 004	768 210
承保额	万　元	16 719 619	285 363	1 020 345	672 580
保费	万　元	57 414	2 476	7 173	5 332
已决赔款	万　元	18 768	1 240	2 985	1 993
七、固定资产投资					
国有经济全部固定资产投资	万　元	739 460	45 396	85 194	168 435
城镇集体固定资产投资	万　元	34 671	192	1 085	20
其他经济类型固定资产投资	万　元	114 189		21 922	13 109
房地产开发投资额	万　元	243 919	6 603	10 295	8 073
本年新增固定资产	万　元	551 302	42 526	150 306	345 515
# 国有经济	万　元	535 195	42 029	101 884	339 479
商品房销售额	万　元	97 314	3 848	3 794	6 868
商品房销售建筑面积	万平方米	74.68	3.66	4.00	6.81
施工住宅建筑面积(包括商品房)	万平方米	645.60	17.27	228.49	37.08
竣工住宅建筑面积(包括商品房)	万平方米	221.89	9.43	176.39	19.08
八、交通、邮电、电力					
铁路客运量(发送量)	万　人	2 754	17	181	212
铁路货运量(发送量)	万　吨	3 477	480	156	85
公路客运量(发送量)	万　人	2 134	412	1 580	1 060
公路货运量(发送量)	万　吨	5 188	645	505	1 536
年末邮电局(所)数	处	184	24	29	51
邮电业务总量(按 1990 年不变价格计算)	万　元	82 704	2 418	10 276	12 518
年末电话机数	部	536 147	25 860	61 051	69 410
年末无线寻呼用户数	户	415 300	10 289	29 922	5 355
年末移动电话用户数	户	58 578	791	4 650	4 201
全年用电量	万千瓦小时	457 561	147 502	119 841	114 532
# 工业用电	万千瓦小时	265 097	140 870	96 332	87 442
城乡居民生活用电	万千瓦小时	53 894	5 132	7 866	14 362

10—2 续表 2　　　　　　　　　（1996 年）

指　　标	单　位	西安市	铜川市	宝鸡市	咸阳市
九、劳动工资、人民生活					
全部职工年末人数	万　人	125.51	15.52	22.57	28.38
全部职工工资总额	万　元	694 884	61 659	136 338	155 935
城市居民人均生活费收入	元	5 047	2 818	3 858	3 407
城市居民人均消费支出	元	4 427	2 198	3 163	3 070
# 食品支出	元	1 889	1 121	1 545	1 426
衣着商品支出	元	558	353	409	431
家庭设备、用品及服务	元	520	119	253	277
每百户拥有黑白电视机	台	9	24	10	13
每百户拥有彩色电视机	台	106	85	101	93
每百户拥有电冰箱	台	88	41	81	63
每百户拥有录像机	台	22	11	18	4
居民消费价格指数(以上年为 100)	%	110.9	110.4	107.2	109.4
商品零售物价指数(以上年为 100)	%	107.9	109.1	106.6	107.7
# 食品价格指数	%	108.9	116.4	108.8	110.0
十、教育、科技、卫生、文化					
学校数					
高等学校	个	29		1	6
中等专业学校	个	42	1	11	12
普通中学	个	226	46	48	70
农、职业中学	个	42	4	3	18
技工学校	个	58	3	17	13
小学	个	507	251	99	277
在校学生数					
高等学校	人	115 862		2 604	15 917
中等专业学校	人	34 851	726	8 219	16 722
普通中学	万　人	16.24	2.35	2.87	4.96
农、职业中学	人	19 456	2 169	3 285	8 315
技工学校	人	17 000	3 153	5 201	7 543
小学	万　人	31.38	5.26	5.03	10.75
成人高等教育学校在校学生数	人	86 059	301	5 800	5 012
专业技术人员数	万　人	34.16	2.12	5.50	5.03
剧场、影剧院数	个	20	8	7	7
公共图书馆个数	个	9	3	3	3
公共图书馆藏书	千　册	2 821	218	548	314
卫生机构数	个	1 082	119	166	203
# 医院	个	199	34	[illegible]	40
卫生机构床位数	张	22 862	2 956	3 990	3 717
# 医院床位数	张	22 013	2 856	3 812	3 577
卫生技术人员	人	40 237	4 252	5 610	6 186
# 医生	人	13 078	1 587	2 010	2 839

10—2 续表 3　　　　　　(1996 年)

指　　标	单　位	渭南市	汉中市	延安市	兴平市
一、人口、社会劳动者和土地面积					
年末总人口	万　人	84.22	51.51	32.84	53.24
# 非农业人口	万　人	19.03	23.06	13.07	10.55
年末总户数	万　户	21.34	16.53	8.08	13.32
年末全部从业人员数	万　人	46.46	27.84	16.06	30.80
# 城镇个体劳动者	万　人	1.81	2.65	0.88	0.51
城镇失业人员年末数	人	508	5 745	2 300	3 150
土地面积	平方公里	1 221	556	3 556	510
# 建成区土地面积	平方公里	27	27	12	12
二、国内生产总值(按当年价格计算)	万　元	250 044	199 412	127 682	151 977
第一产业	万　元	54 213	36 636	22 666	44 222
第二产业	万　元	94 481	92 435	73 702	80 452
第三产业	万　元	101 350	70 341	31 314	27 303
三、农业					
农林牧渔业总产值(按现行价格计算)	万　元	113 818	57 352	31 990	81 411
农林牧渔业商品产值(按现行价格计算)	万　元	60 667	42 520	14 076	44 101
年末实有耕地面积	千公顷	77	18	32	34
蔬菜产量	万　吨	4.84	9.03	2.48	7.22
水果产量	吨	22 762	1 419	30 120	62 500
猪肉产量	吨	8 272	11 723	5 761	14 200
牛羊肉产量	吨	4 596	94	1 579	848
四、工业					
企业单位数(乡及乡以上)	个	343	319	133	120
# 国有经济	个	55	66	68	26
全部工业总产值(按现行价计算)	万　元	193 695	229 615	167 999	256 468
# 乡及乡以上工业总产值	万　元	163 310	178 531	160 581	145 908
# 国有经济	万　元	103 859	130 835	152 962	119 209
五、批发零售贸易与外经、旅游					
批发零售贸易业商品销售总额	万　元	143 896	207 491	77 784	62 141
社会消费品零售总额	万　元	72 700	133 190	23 984	30 770
批发零售贸易业、餐饮业网点数	个	8 480	15 002	4 796	3 081
# 个体	个	7 453	10 138	4 510	2 815
批发零售贸易业、餐饮业人员数	人	27 200	67 872	13 916	6 093
# 个体	人	15 600	27 245	7 893	3 726
利用外资新签协议合同数	个	11	2		
协议合同外资金额	万美元	10 672	26		
实际利用外资金额	万美元	4 408	5		
境外旅游者人数	人	6 415	5 259	1 050	
涉外旅馆数	个	16	13	2	
旅游外汇收入	万美元	398	33	7	

指　　标	单　位	渭南市	汉中市	延安市	兴平市
六、财政、金融、保险					
地方财政预算内收入	万　元	6 640	10 175	5 258	4 401
地方财政预算内支出	万　元	7 864	11 928	9 949	6 029
# 科学教育事业费支出	万　元	2 882	2 747	2 838	2 405
城乡居民储蓄年末余额	万　元	107 286	187 016	110 231	124 296
年末银行各项贷款余额	万　元	198 568	277 241	144 897	137 684
承保额	万　元	413 867	241 976	115 773	13 874
保费	万　元	2 225	2 352	1 726	748
已决赔款	万　元	994	728	799	513
七、固定资产投资					
国有经济全部固定资产投资	万　元	41 339	39 585	20 122	5 196
城镇集体固定资产投资	万　元	2 122	1 346	60	560
其他经济类型固定资产投资	万　元	288	3 268		
房地产开发投资额	万　元	3 018	8 316	2 100	135
本年新增固定资产	万　元	19 840	62 313	14 740	5 415
#国有经济	万　元	16 798	56 268	14 600	4 915
商品房销售额	万　元	2 796	3 686		62
商品房销售建筑面积	万平方米	3.64	3.79		0.28
施工住宅建筑面积(包括商品房)	万平方米	20.68	34.44	10.49	2.67
竣工住宅建筑面积(包括商品房)	万平方米	8.19	19.61	6.78	2.67
八、交通、邮电、电力					
铁路客运量(发送量)	万　人	82	66		14
铁路货运量(发送量)	万　吨	64	107		70
公路客运量(发送量)	万　人	11	1 206	1 201	173
公路货运量(发送量)	万　吨	1 332	63	316	75
年末邮电局(所)数	处	56	30	22	16
邮电业务总量(按 1990 年不变价计算)	万　元	4 342	5 339	2 428	1 775
年末电话机数	部	24 173	40 128	15 232	11 150
年末无线寻呼用户数	户	12 703	14 243	6 957	3 320
年末移动电话用户数	户	1 313	1 116	481	204
全年用电量	万千瓦小时	18 852	43 647	9 625	12 165
# 工业用电	万千瓦小时	4 936	31 763	4 238	3 348
城乡居民生活用电	万千瓦小时	4 817	4 706	5 387	1 530

10—2 续表 5　　　　　　　　　　　(1996 年)

指　　标	单　位	渭南市	汉中市	延安市	兴平市
九、劳动工资、人民生活					
全部职工年末人数	万　人	9.62	9.85	6.10	6.07
全部职工工资总额	万　元	40 318	40 998	23 743	17 686
城市居民人均生活费收入	元	3 289	3 471	2 408	2 395
城市居民人均消费支出	元	2 755	2 842	2 099	2 176
# 食品支出	元	1 209	1 541	1 095	972
衣着商品支出	元	405	357	269	300
家庭设备、用品及服务	元	226	178	125	220
每百户拥有黑白电视机	台	14	19	20	8
每百户拥有彩色电视机	台	96	89	86	96
每百户拥有电冰箱	台	44	55	50	27
每百户拥有录像机	台	4	9	4	8
居民消费价格指数(以上年为100)	%	108.6	113.9	110.1	110.7
商品零售物价指数(以上年为100)	%	106.9	110.2	108.6	108.8
# 食品价格指数	%	110.5	114.3	110.4	110.0
十、教育、科技、卫生、文化					
学校数					
高等学校	个	4	3	2	
中等专业学校	个	3	6	5	3
普通中学	个	63	44	33	35
农、职业中学	个	7	7	2	3
技工学校	个	3	7	1	7
小学	个	481	198	502	226
在校学生数					
高等学校	人	3 656	3 975	3 407	
中等专业学校	人	1 534	6 207	3 165	112
普通中学	万　人	3.84	2.38	1.68	2.74
农、职业中学	人	2 828	3 159	535	2 517
技工学校	人	1 438	2 429	505	1 580
小学	万　人	10.28	4.58	6.01	7.47
成人高等教育学校在校学生数	人	1 546	8 978	3 132	
专业技术人员数	万　人	1.39	0.90	0.54	
剧场、影剧院	个	6	5	31	3
公共图书馆个数	个	1	1	1	1
公共图书馆藏书	千　册	225	178	164	36
卫生机构数	个	105	149	91	47
# 医院	个	36	44	33	24
卫生机构床位数	张	1 876	4 816	1 388	1 420
# 医院床位数	张	1 518	4 301	1 228	1 358
卫生技术人员	人	2 540	3 693	1 841	1 627
# 医生	人	1 240	1 665	968	672

10—2 续表 6　　　　　　　　　　(1996 年)

指　　标	单　位	韩城市	华阴市	安康市	商州市	榆林市
一、人口、社会劳动者和土地面积						
年末总人口	万　人	36.96	24.00	91.38	52.90	39.49
# 非农业人口	万　人	10.39	6.65	16.87	6.75	10.73
年末总户数	万　户	9.39	6.01	23.32	13.55	10.49
年末全部从业人员数	万　人	18.89	11.73	45.00	29.40	20.67
# 城镇个体劳动者	万　人	0.64	0.19	1.66	1.60	0.46
城镇失业人员年末数	人	6 612	708	2 300	1 500	2 601
土地面积	平方公里	1 621	817	3 643	2 672	7 053
# 建成区土地面积	平方公里	15	13	19	11	17
二、国内生产总值(按当年价格计算)	万　元	153 526	72 414	191 489	61 484	120 772
第一产业	万　元	27 966	9 958	54 841	20 350	28 366
第二产业	万　元	82 428	44 553	51 442	15 799	50 089
第三产业	万　元	43 132	17 903	85 206	25 335	42 317
三、农业						
农林牧渔业总产值(按现行价格计算)	万　元	44 996	19 753	95 674	36 999	51 574
农林牧渔业商品产值(按现行价格计算)	万　元	26 256	9 863	40 632	14 427	23 123
年末实有耕地面积	千公顷	30	16	52	26	67
蔬菜产量	万　吨	8.69	2.03	5.63	3.39	4.89
水果产量	吨	31 921	2 387	4 353	10 744	3 722
猪肉产量	吨	4 263	1 392	23 243	7 455	13 877
牛羊肉产量	吨	1 211	596	727	979	2 034
四、工业						
企业单位数(乡及乡以上独立与附营)	个	94	89	255	163	193
# 国有经济	个	27	24	70	69	47
全部工业总产值(按现行价格计算)	万　元	190 181	160 308	119 472	51 408	89 019
# 乡及乡以上工业总产值(按现行价格计算)	万　元	157 384	139 159	103 545	44 957	64 930
# 国有经济	万　元	139 075	132 061	83 165	37 289	42 396
五、批发零售贸易与外经、旅游						
批发零售贸易业商品销售总额	万　元	29 973	32 212	121 245	43 266	24 523
社会消费品零售总额	万　元	34 727	21 963	77 196	33 567	35 972
批发零售贸易业、餐饮业网点数	个	5 217	2 688	12 665	3 643	3 091
# 个体	个	4 842	2 481	12 082	3 068	2 682
批发零售贸易业、餐饮业人员数	人	11 905	9 150	24 869	9 687	10 018
# 个体	人	9 210	5 599	16 404	5 255	5 732
利用外资新签协议合同数	个					
协议合同外资金额	万美元					
实际利用外资金额	万美元		2	1 467	18	
境外旅游者人数	人		1 052	132		
涉外旅馆数	个		2	4	1	
旅游外汇收入	万美元		3	2		

10—2 续表 7　　　　　　　　　　(1996 年)

指　　　标	单　位	韩城市	华阳市	安康市	商州市	榆林市
六、财政、金融、保险						
地方财政预算内收入	万　元	6 586	2 744	5 883	2 675	4 241
地方财政预算内支出	万　元	8 475	4 018	13 224	6 300	6 197
# 科学教育事业费支出	万　元	1 739	903	3 582	2 417	1 976
城乡居民储蓄年末余额	万　元	93 129	54 845	151 166	101 805	67 243
年末银行各项贷款余额	万　元	121 104	82 753	299 152	131 298	144 479
承保额	万　元	128 130	265 719	139 909	164 332	9 012
保费	万　元	1 404	925	1 611	7 972	3 183
已决赔款	万　元	543	354	507	3 000	1 985
七、固定资产投资						
国有经济全部固定资产投资	万　元	40 249	13 618	44 915	5 923	40 581
城镇集体固定资产投资	万　元		324	427		2 680
其他经济类型固定资产投资	万　元	837	405	671		1 214
房地产开发投资额	万　元	340		1 516	470	770
本年新增固定资产	万　元	28 166	9 506	30 044	6 283	21 862
#国有经济	万　元	27 135	8 788	28 692	6 283	19 527
商品房销售额	万　元	230		210	540	107
商品房销售建筑面积	万平方米	0.35		0.35	0.90	0.10
施工住宅建筑面积(包括商品房)	万平方米	7.61	8.95	18.12	8.20	13.50
竣工住宅建筑面积(包括商品房)	万平方米	4.59	4.56	5.77	3.70	7.30
八、交通、邮电、电力						
铁路客运量(发送量)	万　人	65	91	138		
铁路货运量(发送量)	万　吨	557	82	36		
公路客运量(发送量)	万　人	547	59	970	384	393
公路货运量(发送量)	万　吨	426	44	529	148	41
年末邮电局(所)数	处	19	14	59	23	30
邮电业务总量(按 1990 年不变价格计算)	万　元	1 486	1 437	5 025	1 236	2 000
年末电话机数	部	9 552	8 398	31 461	9 881	10 402
年末无限寻呼用户数	户	3 530	1 745	7 414	3 199	2 979
年末移动电话用户数	户	225	127	1 035	162	200
全年用电量	万千瓦小时	64 485	15 934	24 112	17 726	8 075
# 工业用量	万千瓦小时	50 890	9 060	19 786	12 862	3 274
城乡居民生活用电	万千瓦小时	3 964	2 367	3 585	2 585	3 111

10—2 续表 8　　　　　　　　(1996 年)

指　　　标	单　位	韩城市	华阳市	安康市	商州市	榆林市
九、劳动工资、人民生活						
全部职工年末人数	万　人	5.45	3.50	7.42	3.97	6.03
全部职工工资总额	万　元	27 163	14 716	34 825	13 388	21 408
城市居民人均生活费收入	元	3 420	2 949	3 050	2 536	2 761
城市居民人均消费支出	元	2 769	2 641	2 798	2 002	3 707
# 食品支出	元	1 396	1 370	1 284	993	1 084
衣着商品支出	元	354	430	340	306	306
家庭设备、用品及服务	元	192	147	224	134	191
每百户拥用黑白电视机	台	26	16	32	16	30
每百户拥有彩色电视机	台	82	92	88	88	82
每百户拥有电冰箱	台	56	72	54	40	36
每百户拥有录像机	台	6	8	6	6	4
居民消费价格指数(以上年为100)	%	108.2	109.3	107.9	109.1	110.1
商品零售物价指数(以上年为100)	%	107.6	109.0	109.2	110.9	110.7
# 食品价格指数	%	109.7	109.4	108.6	110.3	114.2
十、教育、科技、卫生、文化						
学校数						
高等学校	个			1	1	1
中等专业学校	个			7	4	7
普通中学	个	30	24	86	57	33
农、职业中学	个	5	2	3	3	2
技工学校	个	1	3	3	1	1
小学	个	343	179	790	702	558
在校学生数						
高等学校	人			890	537	1 120
中等专业学校	人			5 009	3 759	5 193
普通中学	万　人	1.96	0.98	3.00	1.94	2.16
农、职业中学	人	2 627	1 261	2 222	1 577	774
技工学校	人	206	644	1 677	810	360
小学	万　人	5.18	3.35	12.00	7.44	6.58
成人高等教育学校在校学生数	人		783	3 024	2 613	200
专业技术人员数	人	1.06	0.60	1.23	1.11	0.80
剧场、影剧院	个	2	6	22	4	1
公共图书馆个数	个	1	1	2	2	1
公共图书馆藏书	千　册	90	25	102	269	80
卫生机构数	个	63	31	165	129	116
# 医院	个	35	25	117	81	16
卫生机构床位数	张	1 185	958	2 115	1 455	1 043
# 医院床位数	张	560	958	2 014	1 178	865
卫生技术人员	人	2 005	947	3 179	1 478	2 236
# 医生	人	1 303	386	1 537	744	1 103

10—3 城市设施水平

(1996年)

城市	人均居住面积(平方米)	人均公共绿地面积(平方米)	人均拥有道路面积(平方米)	人均日生活用水量(升)	自来水普及率(%)	用气普及率(%)	每万人拥有公共交通车辆(标含)
总计	**7.42**	**3.34**	**5.21**	**208.64**	**97.1**	**53.7**	**5.35**
西安市	7.95	4.21	4.84	239.49	99.0	58.0	6.54
铜川市	7.38	1.02	2.30	72.16	90.5	28.6	3.88
宝鸡市	7.37	3.79	4.69	145.22	99.9	42.9	4.61
咸阳市	6.35	0.99	4.70	314.75	100.0	77.6	4.06
兴平市	8.56	0.09	7.78	246.14	96.3	61.1	
渭南市	7.10	0.93	5.79	158.16	86.8	31.4	1.32
韩城市	7.64	4.36	9.52	69.39	73.4	72.3	7.77
华阴市	5.22	3.94	8.86	238.36	98.1	75.0	16.67
汉中市	6.04	5.45	7.92	262.37	97.9	41.0	1.88
安康市	6.81	6.09	6.17	140.80	96.2	48.9	8.35
商州市	6.20	1.99	8.50	147.24	94.9	36.9	3.25
延安市	5.49	0.78	8.90	145.08	98.8	95.5	7.60
榆林市	9.64	1.48	4.12	38.56	95.9		1.75

10—4 城市市政工程情况

(1996年)

城市	年末实有铺装道路长度(公里)	年末实有铺装道路面积(万平方米)	城市桥梁(座)	#立交桥	城市路灯(千盏)	城市下水道总长度(公里)	城市污水日处理能力(万立方米)
总计	**2 103**	**2 270**	**334**	**28**	**43 028**	**1 969**	**34.0**
西安市	869	1 070	56	16	18 580	687	29.5
铜川市	89	68	37	4	1 428	74	0.7
宝鸡市	232	188	81		5 220	619	
咸阳市	129	182	36	4	4 226	115	3.6
兴平市	102	84	34	1	945	38	
渭南市	114	132	6	1	3 020	78	
韩城市	67	90	10	1	2 178	60	
华阴市	34	32	10		446	31	
汉中市	147	164	9	1	2 860	87	
安康市	124	82	3		1 781	65	0.2
商州市	60	47	19		310	44	
延安市	87	91	26		1 264	27	
榆林市	49	40	7		770	44	

10—5 城市自来水情况

（1996 年）

城 市	年末自来水生产能力（万立方米/日）	#地下水	全年供水总量（万立方米）	#生产用量	生活用量	用水人口（万人）	#非农业用水人口
总 计	**304.0**	**233.4**	**74 170**	**32 264**	**37 237**	**488.98**	**422.75**
西安市	133.2	77.2	38 996	13 952	21 486	245.80	219.00
铜川市	6.5	2.2	1 499	679	748	28.40	26.60
宝鸡市	42.6	40.6	7 961	4 452	2 832	53.43	40.09
咸阳市	47.5	47.5	9 623	4 683	4 940	43.00	38.64
兴平市	22.1	22.1	2 946	1 760	1 123	12.50	10.40
渭南市	13.7	13.7	2 464	1 012	1 397	24.20	19.80
韩城市	7.4	5.7	2 081	1 715	271	10.70	6.90
华阴市	4.3	4.3	1 310	875	435	5.00	3.53
汉中市	13.6	13.6	3 470	1 344	2 126	22.20	20.30
安康市	5.0	1.3	1 322	546	776	15.10	12.80
商州市	2.6	2.6	812	363	395	7.35	5.25
延安市	3.4	0.5	947	331	556	10.50	10.14
榆林市	2.2	2.2	739	552	152	10.80	9.30

10—6 城市公共汽（电）车、出租车情况

（1996 年）

城 市	年末运营辆数（辆）	#公共汽车	#小公共	全年客运总量（万人次）	#公共汽车	#小公共	出租汽车数（辆）
总 计	**2 266**	**2 115**	**747**	**43 225**	**34 415**	**3 338**	**15 028**
西安市	1 156	1 005	184	29 082	20 272	1 163	9 825
铜川市	161	161	100	1 553	1 553	63	390
宝鸡市	169	169	30	6 490	6 490	850	1 980
咸阳市	140	140		2 308	2 308		1 084
兴平市	36						
渭南市	36	36	15	200	200	100	
韩城市	143	143	118	992	992	762	
华阴市	85	85	70				
汉中市	48	48		663	663		750
安康市	176	130	130	550	550	250	650
商州市	36	36	30	82	82	33	26
延安市	92	92	46	1 163	1 163	3	90
榆林市	24	24	24	93	93	93	205

10—7 城市煤气、液化石油气和集中供热情况

(1996 年)

城市	煤气			液化石油气			集中供热		
	供气总量(万立方米)	#家庭用量	用气人口(万人)	供气总量(吨)	#家庭用量	用气人口(万人)	供热总量 蒸汽(万吨)	供热总量 热水(万百万千焦)	集中供热面积(万平方米)
总　计	**11 194**	**6 761**	**40.93**	**49 807**	**46 762**	**193.01**	**284**	**515**	**1 437**
西安市	8 366	5 719	27.43	30 309	27 697	100.82	176	240	762
铜川市				785	785	8.40			
宝鸡市	1 280	732	10.60	2 300	2 300	6.60	34	270	302
咸阳市				5 387	5 237	30.00	38	1	136
兴平市	1 548	310	2.90	590	590	3.70	33		214
渭南市				1 509	1 309	7.15			
韩城市				494	475	6.80			
华阴市				335	325	2.70	3	1	18
汉中市				543	489	8.50			
安康市				3 900	3 900	6.50			
商州市				455	455	2.04			
延安市				3 200	3 200	9.80		3	5
榆林市									

10—8 城市环境卫生情况

(1996 年)

城市	实际清扫面积(万平方米)	#机械清扫	生活垃圾清运量(万吨)	粪便清运量(万吨)	公厕数量(座)	#水冲式	环卫机械总数(台)
总　计	**2 012**	**117**	**169**	**41**	**1 340**	**578**	**588**
西安市	1 292	117	78	4	431	336	354
铜川市	39		11	1	119	17	17
宝鸡市	126		12	21	311	60	46
咸阳市	117		13	5	60	59	35
兴平市	31		7		26	18	7
渭南市	92		7	1	25	7	13
韩城市	43	7	5	2	13	7	9
华阴市	20		3	2	10	5	19
汉中市	94		12		59	31	33
安康市	40		13	2	31	15	28
商州市	13		1		15	7	3
延安市	64		4	2	92	16	9
榆林市	42		3	1	148		15

10—9 城市园林绿化情况

(1996年)

城市	园林绿化覆盖面积(公顷)	#建成区	园林绿地面积(公顷)	#公共绿地	公园个数(个)	公园面积(公顷)	游人量(万人次)
总计	**11 540**	**8 559**	**7 907**	**1 456**	**77**	**1 070**	**1 614**
西安市	5 616	5 339	3 390	931	39	747	955
铜川市	1 211	387	1 192	30	2	29	25
宝鸡市	698	698	499	152	7	97	270
咸阳市	418	418	382	38	2	33	131
兴平市	281	101	97	1			
渭南市	298	227	230	21	1	12	25
韩城市	255	158	47	41	3	12	31
华阴市	124	124	107	14	6	13	13
汉中市	570	443	283	113	3	96	76
安康市	361	346	341	81	1	8	3
商州市	296	112	238	11	2	10	12
延安市	1 302	131	1 057	8	7	4	42
榆林市	110	75	44	14	4	10	31

10—10 国家级风景名胜区

(1996年)

风景区名称	风景区面积(平方公里)	旅游接待能力			游人量(万人次)	
		#供游览面积	住宿床位(床)	旅游车辆(辆)		#国外游人
总计	**546**	**115**	**9 500**	**330**	**253**	**35**
骊山风景区	87	54	4 800	260	200	35
宝鸡天台	133					
华山	148	49	3 500	60	36	
黄河壶口瀑布	178	12	1 200	10	17	

主 要 统 计 指 标 解 释

年末自来水生产能力 指年末城建部门管理的自来水厂和社会单位自备水源的取水、净化、送水、出厂输水干管等环节的实际生产能力。

年末供水管道长度 指从送水泵至用户水表之间所有管道的长度。

全年供水总量 指公用自来水厂和社会单位自备水源全年的供水总量,包括有效供水量及损失水量。

生活用水量 指居民日常生活与公共福利设施的用水量。包括居民饮食店、旅馆、医院、理发店、浴池、洗衣店、游泳池、商店、学校、机关、部队等单位的用水量。

人工煤气生产能力 指城市煤气厂制气、净化、输送等环节的综合实际生产能力。

输气管道长度 指由压缩机、鼓风机、储气罐的出口到用户立管之间的全部管道长度。

煤气供气总量 指售给各类用户的全部煤气量。包括工业用量、家庭用量和其它用量。

城市供热能力 指热电厂和热力公司每小时向城市输送的蒸汽、热水能力。

供热总量 指热电厂和热力公司全年向城市输送的全部蒸汽、热水量。

供热管道长度 指热电厂和热力公司管理的集中供热热源到用户之间的全部供气、供热水的管道长度。

年末实有铺装道路长度 指除土路外,路面经过铺装宽度在3.5米以上的道路,包括高级、次高级道路和普通道路。

城市桥梁 指城市范围内,修建在河道上的桥梁和道路与道路立交、道路跨越铁路的立交桥以及人行天桥。包括永久性和半永久性桥,不包括临时性桥、铁路桥、涵洞。

城市下水道总长度 指所有排水总管、干管、支管及暗渠、检查井、连接井进出水口等长度之和。

城市污水日处理能力 指污水处理厂每昼夜处理污水量的设计能力。

年末实有公共汽(电)车辆 指年底可参加营运的全部车辆数,包括年底营运车辆数和库存查封未参加营运的车辆,不包括非营运车辆,如架线车,油罐车、工程车、货车及其他专用车辆和借入的客运车辆。

营运线路长度 指设置的固定营运线路长度,包括郊区营运线路长度。不包括临时行驾的线路长度。

城市园林绿地面积 指城市公共绿地、专用绿地、生产绿地、防护绿地、郊区风景名胜区的全部面积。

公共绿地 指供游览休息的各种公园、动物园、植物园、陵园以及花园、游园和供游览休息用的林荫道绿地、广场绿地。不包括一般栽植的人行道树及林荫道的面积。

城市人口用水普及率、用气普及率 指城市人口中的非农业人口用自来水、用煤气(包括人工煤气、液化石油气、天然气用气量)的普及情况。

11 农　业

NONG YE

资料整理　　李集凤

11. 农　业

1996 年全省		
耕地面积	3358.98 千公顷	占全省土地面积 16.3%
# 水浇地	996.37 千公顷	占全省耕地面积 29.7%
农林牧渔业总产值	438.51 亿元	比上年增长 13.3%
农作物播种面积	4777.32 千公顷	比上年增长 6.2%
粮食产量	1217.30 万吨	比上年增长 33.3%

农林牧渔业总产值

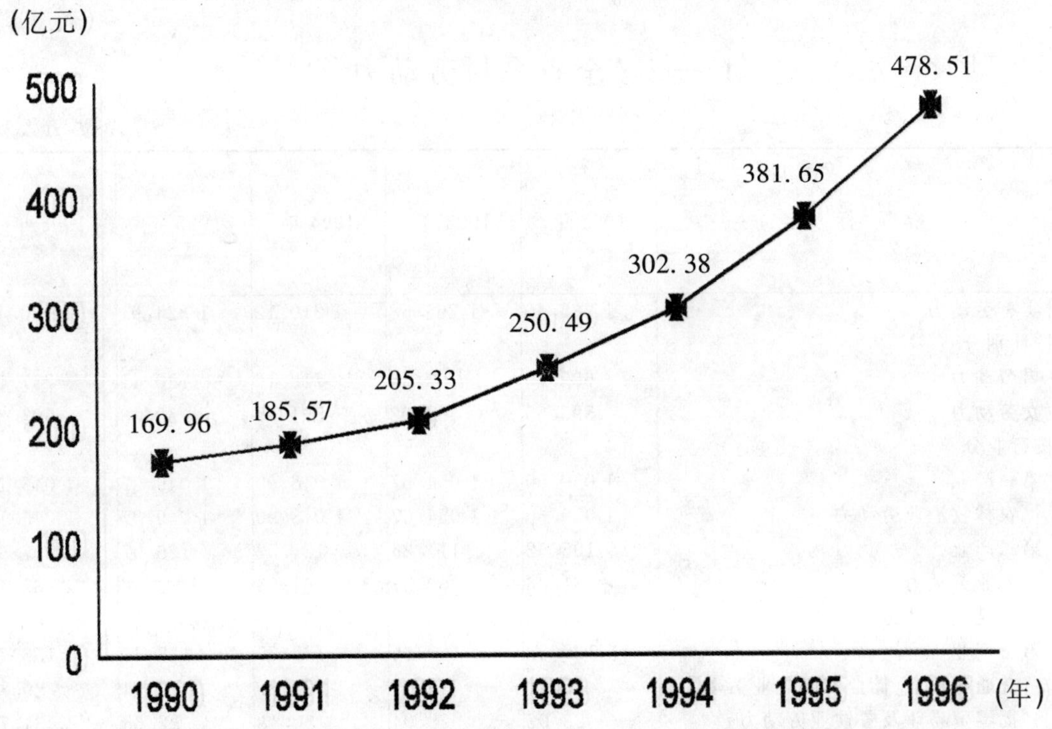

11—1 农村基层组织、乡村户数及人口

地区	乡镇政府（个）	乡政府	镇政府	村民委员会（个）	乡村户数（万户）	乡村人口（万人）
陕西省	**2 182**	**1 623**	**559**	**32 469**	**680.58**	**2 754.43**
西安市	183	131	52	3 154	96.34	397.36
铜川市	43	32	11	543	10.72	44.91
宝鸡市	183	148	35	2 115	67.32	276.93
咸阳市	221	181	40	3 841	91.81	392.21
渭南市	243	169	74	3 232	105.31	435.60
汉中市	270	146	124	3 463	83.81	300.29
安康地区	224	130	94	4 000	65.67	258.04
商洛地区	359	331	28	2 856	55.80	215.86
延安市	194	146	48	3 416	35.38	151.53
榆林地区	262	215	47	5 849	68.42	281.70

11—2 全省乡村劳动力

单位：万人

指标	1992年	1993年	1994年	1995年	1996年
乡村实有劳动力	1 285.40	1 295.58	1 310.12	1 324.91	1 330.48
(1)按性别分					
男劳动力	689.75	707.56	718.16	730.41	737.18
女劳动力	595.65	588.02	591.96	594.5	593.30
(2)按行业分					
第一产业	1 059.60	1 054.67	1 048.90	1 049.27	1 046.12
农林牧渔业劳动力	1 059.60	1 054.67	1 048.90	1 049.27	1 046.12
第二产业	105.52	111.25	121.52	126.97	127.63
工业劳动力	61.06	60.57	64.79	66.66	65.48
建筑业劳动力	44.46	50.68	56.73	60.31	62.15
第三产业	120.28	129.66	139.70	148.67	156.73
交通运输、仓储业和邮电业劳动力	23.11	26.07	28.30	29.54	29.87
批零贸易业及餐饮业劳动力	23.02	28.04	30.48	32.68	34.79
金融、保险业劳动力	1.24	1.48	1.93	2.07	2.88
其它非农业劳动力	72.91	74.07	78.99	84.38	89.19

11—3 各地市乡村劳动力

（1996 年）　　　　单位：万人

地区	总计	农林牧渔业	工业	建筑业	交通运输邮电通讯业	批零贸易餐饮仓储业	金融保险业	其他非农行业
陕西省	**1 330.48**	**1 046.12**	**65.48**	**62.15**	**29.87**	**34.79**	**2.88**	**89.19**
西安市	213.92	152.48	17.13	14.98	6.79	6.01	0.30	16.23
铜川市	21.82	18.03	1.57	0.46	0.50	0.40	0.01	0.85
宝鸡市	138.51	98.04	10.94	11.87	4.41	4.88	0.39	7.98
咸阳市	194.75	152.85	9.96	10.69	4.51	6.03	1.10	9.61
渭南市	232.43	193.75	9.30	9.60	5.56	5.88	0.59	7.75
汉中市	142.29	111.60	5.16	4.05	2.51	4.00	0.08	14.89
安康地区	118.47	96.56	3.65	2.35	0.95	1.44	0.03	13.49
商洛地区	93.51	73.66	2.46	2.47	1.16	1.73	0.23	11.80
延安市	59.13	52.41	1.10	1.03	1.13	1.45	0.04	1.97
榆林地区	115.65	96.74	4.21	4.65	2.35	2.97	0.11	4.62

11—4 耕地面积

年份	年末耕地面积（千公顷）	#水田	#水浇地	每一农业人口占有耕地（公顷）	#水田水浇地
1978	3 853.60	170.07	1 047.93	0.16	0.05
1979	3 838.87	169.60	1 071.53	0.16	0.05
1980	3 815.67	169.93	1095.80	0.16	0.05
1981	3 788.80	169.07	1 094.73	0.16	0.05
1982	3 775.33	168.33	1 092.40	0.16	0.05
1983	3 758.47	167.47	1 085.60	0.15	0.05
1984	3 686.20	165.67	1 029.80	0.15	0.05
1985	3 627.07	166.13	1 003.33	0.15	0.05
1986	3 590.27	167.27	1 001.13	0.14	0.05
1987	3 562.67	165.80	994.87	0.14	0.05
1988	3 551.07	166.60	996.60	0.14	0.05
1989	3 541.07	168.80	992.33	0.14	0.04
1990	3 533.00	171.47	998.20	0.13	0.04
1991	3 521.13	173.20	1 006.13	0.13	0.04
1992	3 487.67	174.87	1 009.53	0.13	0.04
1993	3 458.53	178.20	1017.00	0.13	0.04
1994	3 421.00	176.30	1009.99	0.13	0.04
1995	3 393.44	176.04	995.59	0.12	0.04
1996	3 358.98	173.54	996.37	0.12	0.04

11—5 各地市耕地面积

（1996 年）

地区	年末耕地面积（千公顷）	#水田	#水浇地	每一农业人口占有耕地（公顷）	#水田水浇地
陕西省	**3 358.98**	**173.54**	**996.37**	**0.12**	**0.04**
西安市	301.00	9.47	189.17	0.08	0.05
铜川市	74.45	0.09	9.19	0.17	0.02
宝鸡市	349.20	2.41	146.69	0.13	0.05
咸阳市	450.74	0.24	233.19	0.12	0.06
渭南市	558.63	0.84	285.00	0.13	0.07
汉中市	253.85	110.58	3.52	0.08	0.04
安康地区	259.68	39.01	1.34	0.10	0.02
商洛地区	146.98	3.26	25.71	0.07	0.01
延安市	309.88	1.08	11.05	0.20	0.01
榆林地区	646.08	6.31	86.28	0.23	0.03

11—6 造林面积

（1996 年）

单位：千公顷

地区	当年造林面积	#经济林	#用材林	零星植树（万株）	育苗面积（公顷）	幼林抚育作业面积	迹地更新面积
陕西省	**373.27**	**135.32**	**108.25**	**21 048.00**	**12 036.00**	**412.09**	**19.32**
西安市	15.18	6.80	2.17	882.00	383.00	6.70	0.08
铜川市	9.27	3.19	3.19	643.00	190.00	7.67	0.12
宝鸡市	28.52	5.14	12.37	1 458.00	759.00	12.02	0.62
咸阳市	23.66	5.05	1.70	1 711.00	1 334.00	13.23	
渭南市	18.80	11.62	1.31	1 874.00	1 343.00	25.96	0.27
汉中市	19.45	9.27	7.61	6 070.00	613.00	55.58	4.09
安康地区	59.24	17.93	32.30	3 208.00	1 196.00	29.94	4.63
商洛地区	55.74	31.30	22.74	2 049.00	1 025.00	32.00	3.93
延安市	78.95	30.46	17.10	1 289.00	2 943.00	100.67	5.31
榆林地区	64.24	14.56	7.54	1 863.00	770.00	120.49	

注：本表未列省直单位，故十地市相加不等于全省合计。

11—7 农林牧渔业总产值

单位:万元

年 份	农林牧渔业总产值	农 业	林 业	牧 业	副 业	渔 业
1978	362 748	268 833	11 717	41 498	40 555	145
1979	458 613	338 365	14 813	52 282	52 970	183
1980	418 773	291 047	16 625	51 551	59 382	168
1983	609 543	411 746	39 681	75 400	82 350	366
1984	736 907	526 004	43 109	108 620	58 363	811
1985	795 777	543 700	50 751	131 383	68 615	1 328
1986	872 005	594 483	56 027	139 511	79 638	2 346
1987	1 033 944	693 029	61 304	187 971	87 966	3 674
1988	1 305 226	804 596	83 700	298 853	112 292	5 785
1989	1 478 101	942 362	84 514	316 168	128 122	6 935
1990	1 699 568	1 092 063	90 170	356 672	152 177	8 486
1991	1 853 663	1 171 098	105 429	401 668	165 202	10 266
1992	2 053 356	1 274 909	130 261	452 790	182 247	13 149
1993	2 504 923	1 794 104	152 586	543 443		14 790
1994	3 023 811	2 095 000	170 974	738 162		19 675
1995	3 816 465	2 578 674	168 848	1 046 501		22 442
1996	4 385 103	3 029 267	190 692	1 136 821		28 323

注:本表按当年价格计算。

11—8 各地市农林牧渔业总产值

(1996 年)

单位:万元

地 区	农林牧渔业总产值	农 业 总产值	林 业 总产值	牧 业 总产值	渔 业 总产值
陕 西 省	**4 385 103**	**3 029 267**	**190 692**	**1 136 821**	**28 323**
西 安 市	821 268	551 372	7 573	255 833	6 490
铜 川 市	61 687	49 137	2 600	9 552	398
宝 鸡 市	448 871	328 235	16 953	101 300	2 383
咸 阳 市	816 480	637 100	15 730	161 895	1 755
渭 南 市	705 364	553 361	19 703	124 027	8 273
汉 中 市	568 540	381 714	42 703	138 751	5 372
安康地区	383 778	259 615	24 951	97 615	1 579
商洛地区	251 720	156 891	27 834	66 563	432
延 安 市	333 397	240 181	19 067	73 487	662
榆林地区	385 796	263 724	13 574	107 576	922

注:全省数字为省上直接计算的,故不等于各地市之和。

11—9 农林牧渔业总产值指数

(1952 年=100)

年 份	农林牧渔业	农业	林 业	牧 业	副 业	渔 业
1978	215.6	199.0	1 715.5	273.1	60.2	83.6
1979	243.5	223.6	1 936.6	307.1	85.0	94.5
1980	209.2	187.0	2 115.0	294.3	64.8	95.1
1981	220.9	193.5	1 952.4	296.3	151.6	95.1
1982	272.8	248.5	2 237.6	328.7	152.3	109.3
1983	274.0	238.9	2 599.7	320.8	254.4	122.5
1984	311.0	263.5	2 852.1	374.7	370.9	170.5
1985	319.7	257.1	3 242.2	433.2	430.9	253.9
1986	335.2	268.5	3 164.5	451.3	489.9	391.2
1987	344.3	274.5	3 006.8	477.9	518.9	500.4
1988	368.1	279.4	3 406.9	563.4	613.4	608.4
1989	389.9	300.6	3 232.5	578.7	661.3	720.1
1990	413.6	315.1	3 030.7	628.3	763.0	830.3
1991	431.7	321.2	3 127.3	692.3	816.5	934.1
1992	457.7	333.3	3 762.2	744.6	877.7	1 109.9
1993	522.3	444.3	4 243.7	831.3		1 260.1
1994	520.2	417.1	4 316.0	960.8		1 357.5
1995	541.0	437.2	4 313.8	987.6		1 535.6
1996	612.8	513.4	4 507.6	1 037.9		1 796.2

注:本表按可比价格计算,下表同。

11—10 农林牧渔业总产值指数

(1978 年=100)

年 份	农业林牧渔业	农 业	林 业	牧 业	渔 业
1978	100.0	100.0	100.0	100.0	100.0
1979	112.9	112.7	112.9	112.7	113.0
1980	97.0	97.0	123.3	98.2	113.8
1981	102.5	101.4	113.8	101.9	113.8
1982	126.5	126.3	130.4	124.0	130.7
1983	127.1	126.6	151.5	125.6	146.5
1984	144.2	142.8	166.3	141.3	203.9
1985	148.3	142.5	189.0	161.1	303.7
1986	155.5	150.5	184.5	168.0	467.9
1987	159.7	154.6	175.3	177.8	598.6
1988	170.7	160.9	198.6	209.6	727.8
1989	180.8	173.1	188.4	215.5	861.4
1990	191.8	184.4	176.7	233.8	993.2
1991	200.2	189.2	182.3	257.6	1 117.3
1992	212.3	197.1	219.3	277.5	1 327.6
1993	242.3	227.1	247.4	308.8	1 507.3
1994	241.3	213.2	251.6	357.0	1 623.8
1995	250.9	223.5	251.5	366.9	1 836.8
1996	284.2	262.4	262.8	385.6	2 147.2

11—11 农林牧渔业分项产值

单位:万元

指　　标	1995年		1996年	
	按1990年不变价计算	按当年价计算	按年1990年不变价计算	按当年价计算
农林牧渔业总产值	2 309 088	3 816 465	2 615 535	4 385 103
一、农业总产值	**1 524 139**	**2 578 674**	**1 789 671**	**3 029 267**
(一)种植业	1 264 220	2 317 541	1 514 826	2 727 281
1. 主产品产值	1 173 814	2 229 790	1401 482	2 611 755
(1)粮食作物	532 616	1 205 549	659 258	1 488 179
谷物	459 847	1 031 573	535 887	1 200 540
豆类	36 386	60 391	66 441	136 479
薯类	36 383	113 585	56 930	151 160
(2)油料	53 250	95 981	52 938	95 580
(3)棉花	28 436	58 277	22 248	50 447
(4)麻类	392	459	408	693
(5)糖料	155	514	414	891
(6)烟叶	19 953	26 834	34 660	63 161
(7)药材	18 824	22 339	19 770	27 551
(8)蔬菜、瓜类	158 417	362 245	174 880	403 652
(9)茶、桑、果	351 925	447 218	423 011	464 523
(10)其它作物	9 846	10 374	13 895	17 078
#饲料作物	1 554	1 944	1 292	2 122
2. 副产品产值	90 406	87 751	113 344	115 526
粮食作物	85 835	83 476	108 617	110 746
#谷物副产品	76 693	74 945	95 009	111 106
其它副产品	4 571	4 275	4 727	4 780
(二)其它农业	259 919	261 133	274 845	301 986
1. 采集野生植物	65 229	69 154	69 907	79 690
2. 农业家庭兼营工业	194 690	191 979	204 938	222 296
二、林业产值	**142 868**	**168 848**	**149 288**	**190 692**
(一)营林	62 610	78 369	66 404	91 623
(二)林产品	53 104	60 311	55 880	70 232
(三)村及村以下竹木采伐	27 154	30 168	27 004	28 837
三、牧业产值	**627 203**	**1 046 501**	**659 184**	**1 136 821**
(一)牲畜	331 546	661 029	349 891	681 041
1. 大牲畜繁殖增长增重	42 411	80 872	44 551	77 702
(1)牛	37 827	71 937	39 354	70 890
(2)马	472	752	458	680
(3)驴	2 988	5 005	3 461	4 214
(4)骡	1 124	3 178	1 278	1 918
2. 猪	270 935	532 160	283 621	547 479
3. 羊	17 110	46 907	19 564	53 776
4. 其它	1 090	1 090	2 155	2 084
(二)家禽饲养	53 959	62 490	53 103	71 036
(三)活的畜禽产品	217 092	294 260	236 618	360 407
(四)捕猎	1 638	1 918	1 538	1 824
(五)其它动物饲养	22 968	26 804	18 034	22 513
四、渔业产值	14 878	22 442	17 392	28 323
#养殖	13 954	20 958	12 546	20 055

11—12 农林牧渔业增加值

单位:万元

指　　　标	1993 年	1994 年	1995 年	1996 年
农林牧渔业增加值	**1 553 186**	**1 817 752**	**2 266 980**	**2 619 121**
农业	1 163 021	1 308 881	1 638 120	1 917 839
# 种植业	1 047 573	1 163 070	1 477 856	1 745 516
其它农业	115 448	145 811	160 264	172 323
# 农民家庭兼营商品性工业	70 788	99 654	94 305	113 324
林业	111 905	124 294	115 550	131 520
牧业	269 393	372 390	501 875	554 312
渔业	8 867	12 187	11 435	15 450

11—13 各地市农林牧渔业增加值

(1996 年)

单位:万元

地　区	农林牧渔业	农　　业	林　　业	牧　　业	渔　　业
陕 西 省	**2 619 121**	**1 917 839**	**131 520**	**554 312**	**15 450**
西 安 市	463 249	354 336	4 473	100 664	3 776
铜 川 市	33 518	27 981	1 015	4 211	311
宝 鸡 市	243 451	184 121	11 748	46 699	883
咸 阳 市	494 093	403 431	11 034	78 715	913
渭 南 市	388 340	314 227	12 400	57 490	4 223
汉 中 市	349 637	247 126	30 869	68 721	2 921
安康地区	247 545	177 115	16 790	52 549	1 091
商洛地区	157 875	106 342	21 111	30 184	238
延 安 市	231 514	166 994	12 759	51 299	462
榆林地区	246 241	172 571	9 321	63 727	622

注:全省合计为省上调整数。

11—14 农村非农行业总产值

单位:亿元

年份	农村工业总产值	农村建筑业总产值	农村运输业总产值	农村批发零售贸易业餐饮业总产值
1978	6.07	3.80	1.16	1.42
1979	6.59	2.90	1.18	1.58
1980	7.69	3.70	1.35	1.58
1981	7.17	5.27	1.28	1.83
1982	8.50	6.76	1.23	3.02
1983	9.03	7.79	1.34	3.97
1984	14.64	7.01	2.68	3.65
1985	25.63	10.02	4.53	5.37
1986	37.14	11.86	7.12	7.46
1987	47.92	13.78	9.80	10.19
1988	61.48	17.25	12.86	13.74
1989	80.94	19.17	16.49	14.35
1990	92.67	20.67	20.31	16.15
1991	106.18	24.12	23.13	19.47
1992	140.06	31.89	27.44	23.37
1993	222.72	47.06	37.68	37.11
1994	328.27	66.48	52.34	49.29
1995	472.63	93.63	80.90	74.37
1996	646.23	119.45	105.38	106.89

11—15 各地市农村非农行业总产值

(1996 年)

单位:万元

地区	农村非农行业总产值	农村工业总产值	农村建筑业总产值	农村运输业总产值	农村批发零售贸易业餐饮业总产值
陕西省	**9 779 463**	**6 462 255**	**1 194 496**	**1 053 758**	**1 068 954**
西安市	3 887 551	2 770 390	394 954	369 570	352 637
铜川市	136 605	88 192	14 250	14 513	19 650
宝鸡市	1 526 989	1 024 628	239 498	133 969	128 894
咸阳市	1 399 884	892 062	194 463	156 724	156 635
渭南市	1 024 604	662 463	101 930	130 992	129 219
汉中市	865 656	496 394	100 260	124 187	144 815
安康地区	180 145	98 481	24 271	22 268	35 125
商洛地区	230 935	105 629	55 457	33 500	36 349
延安市	132 078	73 147	16 233	23 238	19 460
榆林地区	395 016	250 869	53 180	44 796	46 170

11—16 主要农作物播种面积

单位：千公顷

年份	总播种面积	粮食作物		夏粮		秋粮			
		播种面积	占总播种面积%		#小麦		#稻谷	#玉米	#大豆
1978	5 254.67	4 488.00	85.4	1 949.33	1 604.67	2 493.33	160.00	1 090.67	206.00
1979	5 114.00	4 304.67	84.2	1 994.67	1 597.33	2 355.33	156.00	1 037.33	195.33
1980	5 072.67	4 310.37	85.0	1 906.67	1 590.67	2 404.00	162.67	1 076.67	211.33
1981	4 841.33	4 079.33	84.3	1 842.00	1 547.33	2 237.33	161.33	1 007.33	200.67
1982	4 734.67	4 024.00	85.0	1 872.67	1 616.00	2 151.33	158.67	988.00	193.33
1983	4 761.33	4 048.67	85.0	1 922.67	1 677.33	2 126.00	160.67	944.00	214.00
1984	4 704.70	4 013.33	85.3	1 927.33	1 688.67	2 086.00	160.00	950.7	196.00
1985	4 663.33	3 965.33	85.0	1 928.00	1 693.33	2 037.33	156.67	950.67	202.00
1986	4 678.00	3 977.33	85.0	1 932.67	1 698.00	2 045.33	156.00	950.00	217.33
1987	4 794.67	4 108.00	85.7	1 935.33	1 697.33	2 172.67	156.00	1 016.00	250.67
1988	4 777.33	4 074.00	85.3	1 946.00	1 696.67	2 128.00	154.67	940.00	272.67
1989	4 834.00	4 106.00	84.9	1 928.00	1 686.67	2 178.00	158.00	995.33	279.33
1990	4 860.00	4 134.67	85.1	1 925.33	1 690.67	2 209.33	159.33	1 024.67	288.67
1991	4 883.33	4 088.67	83.7	1 921.33	1 688.00	2 167.33	162.00	1 028.00	286.67
1992	4 883.33	4 059.33	83.1	1 897.33	1 660.00	2 162.00	160.67	1 000.00	274.00
1993	4 790.00	4 049.33	84.5	1 868.67	1 643.33	2 180.67	162.00	1 000.67	301.33
1994	4 806.21	4 103.80	85.4	1 847.68	1 623.78	2 256.12	158.10	1 024.12	344.91
1995	4 496.85	3 807.73	84.7	1 805.33	1 600.23	2 002.40	139.35	902.63	240.51
1996	4 777.32	4 052.85	84.8	1 813.62	1 597.84	2 239.23	156.87	1 087.38	277.12

年份	经济作物		棉花	油料		烤烟	其它农作物		
	播种面积	占总播种面积%			#油菜籽			#蔬菜	#瓜类
1978	418.00	8.0	252.67	130.00	73.33	7.60	348.67	78.67	14.67
1979	414.00	8.1	250.67	135.33	76.67	3.47	395.33	88.00	21.27
1980	426.67	8.4	242.00	160.00	89.33	3.33	335.33	79.33	20.27
1981	490.67	10.1	260.00	200.00	124.67	9.33	271.33	85.33	15.47
1982	456.67	9.6	251.33	169.33	96.67	15.33	257.33	89.33	18.47
1983	461.33	9.7	251.33	178.00	106.67	11.33	251.33	85.33	9.47
1984	423.33	9.0	195.33	180.67	96.67	22.00	268.00	102.00	12.47
1985	405.33	8.7	94.67	240.00	114.00	34.67	292.67	121.33	30.60
1986	380.67	8.1	54.00	268.67	150.00	30.00	320.00	134.00	55.13
1987	383.33	8.0	59.33	266.67	152.67	28.00	303.33	142.00	44.60
1988	410.67	8.6	80.00	241.33	110.67	59.40	292.67	160.00	45.00
1989	452.00	9.4	82.00	258.00	120.00	83.67	275.33	168.00	30.13
1990	478.67	9.8	112.67	269.33	132.00	72.13	246.67	145.33	22.87
1991	547.33	11.2	134.67	305.33	145.33	81.20	243.33	144.00	32.53
1992	588.00	12.0	138.67	323.33	152.00	94.13	235.33	146.00	33.40
1993	504.67	10.5	90.00	302.67	139.33	70.67	236.00	152.00	39.00
1994	477.39	9.9	84.67	311.38	149.49	52.33	225.02	143.17	32.39
1995			72.75	302.18	169.77	48.33		174.23	27.63
1996			59.55	312.91	168.20	62.36		194.28	26.68

11—17 各地市主要农作物播种面积

（1996年）

单位：千公顷

地区	总播种面积	粮食	夏粮	#小麦	秋粮	#稻谷	#玉米	#大豆
陕西省	**4 777.32**	**4 052.85**	**1 813.62**	**1 597.84**	**2 239.23**	**156.87**	**1 087.38**	**277.12**
西安市	520.55	472.56	249.31	244.18	223.25	6.13	191.17	17.56
铜川市	88.15	78.14	42.57	41.90	35.57	0.08	21.81	5.96
宝鸡市	509.98	431.48	238.91	234.81	192.57	1.84	141.34	15.93
咸阳市	596.34	505.17	289.50	284.27	215.67	0.16	165.13	12.69
渭南市	687.47	573.23	362.76	348.59	210.47	0.09	132.60	35.35
汉中市	465.92	381.62	144.89	98.96	236.74	104.15	81.42	19.98
安康地区	528.44	452.32	189.70	117.09	262.62	35.70	138.16	28.24
商洛地区	306.94	275.52	127.11	97.82	148.41	1.81	91.40	29.78
延安市	378.35	316.52	104.59	91.59	211.93	1.08	54.06	36.96
榆林地区	683.40	555.43	58.81	33.14	496.62	5.58	68.22	72.75

地区	油料	#油菜籽	棉花	麻类	糖料	烤烟	蔬菜	瓜类
陕西省	**312.91**	**168.20**	**59.55**	**1.39**	**2.22**	**62.36**	**194.28**	**26.68**
西安市	12.48	10.37	5.06	0.05			26.04	1.81
铜川市	6.47	6.28	0.07	0.02	0.16	0.25	2.22	0.68
宝鸡市	28.41	23.06	0.45	0.21		5.98	36.25	2.49
咸阳市	25.06	21.41	9.94		1.64	15.32	33.90	4.27
渭南市	40.76	19.60	41.15			4.18	20.17	7.24
汉中市	46.20	41.75	0.27	0.18	0.07	2.45	29.28	1.15
安康地区	35.81	25.48	0.13	0.45	0.01	9.48	21.85	0.46
商洛地区	16.15	11.28	0.03	0.28		2.81	9.49	0.16
延安市	28.35	8.92	2.02	0.12		18.23	5.42	3.18
榆林地区	73.02		0.38	0.07	0.30	3.67	9.52	4.91

11—18 主要农作物产品产量

单位:万吨

年 份	粮 食	夏 粮	#小 麦	秋 粮	#稻 谷	#玉 米	#大 豆	#高 粱
1978	800.0	293.5	251.0	542.0	81.5	292.0	19.95	21.77
1979	909.5	404.5	359.5	505.0	79.5	287.5	14.64	16.44
1980	757.0	264.0	229.9	493.0	75.7	274.7	17.86	14.02
1981	750.0	388.0	354.2	362.0	52.9	202.3	10.57	12.00
1982	925.0	455.5	421.0	469.5	79.5	282.5	13.46	13.32
1983	965.0	477.0	444.5	488.0	84.5	288.0	16.87	10.66
1984	1 023.5	484.5	449.6	539.0	93.2	313.1	16.72	12.97
1985	951.9	459.2	423.3	492.7	88.3	291.6	18.35	9.35
1986	965.5	480.4	441.1	485.1	93.2	272.9	20.97	11.04
1987	987.9	452.7	417.7	535.2	94.7	325.0	25.02	9.84
1988	983.6	449.3	410.9	534.3	90.0	289.0	29.93	16.14
1989	1 049.3	509.1	470.1	540.2	99.0	316.7	25.98	10.26
1990	1 070.7	501.7	463.7	569.0	100.4	333.8	30.75	12.21
1991	1 047.0	483.6	440.6	563.5	102.7	353.5	26.18	8.90
1992	1 031.6	471.0	418.3	560.6	99.7	346.2	26.51	8.56
1993	1 215.6	552.3	495.5	663.3	86.3	425.2	33.46	10.34
1994	944.6	455.3	403.5	489.3	70.4	271.5	36.04	10.62
1995	913.4	457.8	410.4	455.6	64.2	282.3	20.46	4.71
1996	1 217.30	433.90	405.7	783.4	104.7	472.3	39.80	11.60

年 份	棉 花	油 料	#油菜籽	#花生	#芝麻	糖 料	麻 类	烤 烟
1978	10.54	5.56	4.01	0.51	0.36	1.89	0.50	1.38
1979	10.25	9.59	7.30	0.72	0.41	1.60	0.45	0.46
1980	8.08	10.97	7.72	1.15	0.32	3.11	0.27	0.57
1981	5.83	16.81	13.63	0.11	0.26	2.85	0.17	1.44
1982	12.55	15.93	11.88	0.18	0.22	4.98	0.08	2.86
1983	3.96	16.49	12.28	0.21	0.10	6.32	0.05	2.14
1984	7.39	19.31	11.50	4.60	0.15	5.79	0.06	4.23
1985	4.30	29.86	16.40	10.05	0.38	7.85	0.24	6.26
1986	4.16	30.13	18.00	7.62	0.64	4.87	0.20	4.12
1987	5.62	31.51	19.75	7.84	1.06	2.45	0.24	4.95
1988	5.53	24.65	9.31	9.61	1.01	7.13	0.27	10.75
1989	5.64	31.06	19.89	6.22	0.68	5.27	0.21	11.77
1990	7.78	33.39	19.25	7.03	0.89	5.92	0.18	12.32
1991	8.99	35.43	21.06	6.88	2.14	9.32	0.15	14.42
1992	5.52	35.63	20.71	5.78	2.70	7.48	0.15	15.29
1993	5.04	40.81	23.13	7.44	2.64	6.73	0.17	11.07
1994	4.20	34.24	17.83	6.31	1.35	5.10	0.13	7.48
1995	3.99	38.15	25.45	6.02	1.20	1.03	0.11	6.34
1996	3.12	37.42	19.05	6.63	1.85	2.75	0.12	11.09

11—19 各地市主要农物产品产量

（1996 年）　　　　单位：万吨

地　区	粮食	夏粮	#小麦	秋粮	#稻　谷	#玉　米	#高　粱	#大　豆
陕　西　省	**1 227.66**	**446.95**	**409.19**	**780.71**	**105.62**	**476.34**	**11.67**	**40.14**
西　安　市	187.52	80.13	78.40	107.38	3.37	95.60	0.03	5.21
铜　川　市	20.59	7.67	7.56	12.92	0.05	10.56	0.20	0.86
宝　鸡　市	124.33	51.75	51.07	72.57	1.07	62.54	3.12	1.51
咸　阳　市	179.79	90.37	88.86	89.41	0.07	78.39	1.40	2.21
渭　南　市	187.80	102.77	99.19	85.04	0.05	64.18	0.35	6.57
汉　中　市	135.73	34.69	26.46	101.04	72.51	20.17	0.21	1.72
安康地区	104.13	28.78	17.33	75.36	23.51	36.00	0.01	2.59
商洛地区	68.94	26.65	21.14	42.30	1.03	31.03	0.03	4.45
延　安　市	89.17	15.26	12.33	73.92	0.52	36.20	0.58	7.16
榆林地区	125.59	6.78	4.76	118.81	3.32	40.63	5.33	7.48

地　区	油料（吨）	#油菜籽	#花　生	棉　花（吨）	麻　类（吨）	糖　料（吨）	烤　烟（吨）
陕　西　省	**374 198**	**190 514**	**66 276**	**31 231**	**1 167**	**27 489**	**110 831**
西　安　市	18 250	15 520	382	2 396	33		4
铜　川　市	6 116	5 901	22	70	6	799	410
宝　鸡　市	23 561	20 755	137	281	160		9 527
咸　阳　市	38 334	32 424	1 637	4 136		20 075	24 776
渭　南　市	72 121	25 292	38 954	22 974	2		8 249
汉　中　市	68 020	61 315	5 547	136	88	2 786	5 140
安康地区	28 525	18 222	3 656	85	487	369	15 578
商洛地区	11 817	4 597	5 658	13	287		5 100
延　安　市	26 795	6 423	3 780	989	58		33 360
榆林地区	80 305		6 287	100	44	3 310	8 678

注：全省粮食产量为农调队抽样调查数字。

11—20 主要农作物单位面积产量

单位:公斤/公顷

年 份	粮食	夏粮	#小麦	秋粮	#稻谷	#玉米
1978	1 785	1 395	1 470	2 175	5 130	2 520
1979	2 115	2 070	2 250	2 145	5 835	2 775
1980	1 755	1 380	1 440	2 055	4 650	2 550
1981	1 845	2 100	2 280	1620	3 285	2 010
1982	2 295	2 430	2 625	2 175	5 010	2 880
1983	2 385	2 475	2 655	2 295	5 250	3 045
1984	2 550	2 520	2 565	2 580	5 835	3 300
1985	2 400	2 385	2 550	2 415	5 640	3 060
1986	2 475	2 595	2 730	2 370	5 970	2 880
1987	2 400	2 340	2 460	2 460	6 060	3 195
1988	2 415	2 310	2 430	2 505	5 835	3 075
1989	2 550	2 640	2 790	2 475	6 255	3 180
1990	2 595	2 610	2 745	2 580	6 300	3 255
1991	2 565	2 520	2 610	2 595	6 345	3 435
1992	2 535	2 490	2 520	2 595	6 195	3 465
1993	3 000	2 955	3 105	3 045	5 325	4 245
1994	2 302	2 464	2 485	2 169	4 454	2 651
1995	2 399	2 536	2 565	2 275	4 609	3 128
1996	3 003	2 392	2 539	3 498	6 674	4 343

年 份	棉花	油料	#油菜籽	#花生	麻类	糖料	烤烟
1978	420	435	555	1 080	1 065	7 260	1 815
1979	405	705	960	1 245	705	7 440	1 320
1980	330	690	855	1 320	735	9 600	1 830
1981	240	840	1 095	1 125	525	7 305	1 500
1982	495	945	1 230	1 815	525	13 275	1 845
1983	165	930	1 155	1 755	480	14 535	1 845
1984	375	1 065	1 200	2 340	525	16 065	1 905
1985	450	1 245	1 440	2 155	1 095	18 210	1 815
1986	765	1 125	1 200	1 905	915	13 530	1 380
1987	945	1 185	1 290	2 190	465	8 715	1 755
1988	690	1 020	840	2 265	570	15 855	1 815
1989	690	1 200	1 665	1 335	540	15 150	1 410
1990	690	1 245	1 455	1 770	615	16 755	1 710
1991	675	1 155	1 440	1 890	690	22 815	1 770
1992	405	1 095	1 365	1 905	735	16 665	1 620
1993	555	1 350	1 665	2 310	690	17 745	1 575
1994	496	1 099	1 193	1 708	719	15 520	1 433
1995	548	1 263	1 499	1 830	726	4 531	1 312
1996	524	1 196	1 133	2 120	841	12 399	1 777

11—21　各地市主要农物单位面积产量

（1996 年）　　　　单位：公斤/公顷

地　区	粮食	夏粮	#小麦	粮	#稻　谷	#玉　米
陕 西 省	**3 029**	**2 464**	**2 561**	**3 487**	**6 733**	**4 381**
西 安 市	3 968	3 124	3 211	4 810	5 491	5 001
铜 川 市	2 634	1 802	1 805	3 631	6 171	4 843
宝 鸡 市	2 881	2 116	2 175	3 769	5 825	4 425
咸 阳 市	3 559	3 122	3 126	4 146	4 503	4 748
渭 南 市	3 276	2 833	2 845	4 040	5 805	4 840
汉 中 市	3 557	2 394	2 674	4 268	6 963	2 477
安康地区	2 302	1 517	1 480	2 869	6 586	2 606
商洛地区	2 502	2 096	2 161	2 850	5 658	3 396
延 安 市	2 817	1 459	1 346	3 488	4 780	6 696
榆林地区	2 261	1 153	1 437	2 392	5 953	5 955

地　区	油料（吨）	#油菜籽	#花　生	棉　花	麻　类	糖　料	烤　烟
陕 西 省	**1 196**	**1 133**	**2 120**	**524**	**841**	**12 399**	**1 777**
西 安 市	1 463	1 497	1 990	473	717		4 000
铜 川 市	945	939	1 048	1 077	375	5 025	1 667
宝 鸡 市	829	900	1 986	630	751		1 593
咸 阳 市	1 530	1 515	2 101	416		12 271	1 618
渭 南 市	1 769	1 290	2 536	558	2 000		1 975
汉 中 市	1 472	1 469	1 748	498	481	37 649	2 096
安康地区	796	715	1 381	639	1 080	30 750	1 643
商洛地区	732	408	2 009	464	1 021		1 815
延 安 市	945	720	1 717	490	492		1 830
榆林地区	1 100		1 602	267	620	10 924	2 365

11—22 茶、茧、果面积及产量

年 份	茶 园（千公顷）	茶 叶（吨）	蚕 茧（吨）	果 园（千公顷）	水果产量（万吨）	#苹果	#柑桔
1978	31.07	1 408	2 278	98.60	33.41	9.92	0.12
1979	28.20	1 330	2 326	108.00	23.89	10.18	0.13
1980	24.00	1 428	2 909	104.27	28.00	8.93	0.30
1981	25.17	1 532	3 210	101.47	29.42	12.69	0.21
1982	25.73	1 907	4 439	99.72	28.23	9.92	0.27
1983	26.51	2 262	4 790	95.39	27.18	12.19	0.49
1984	26.61	2 680	4 803	99.05	26.21	9.41	0.29
1985	26.16	2 822	4 862	109.93	33.53	14.09	0.52
1986	25.15	3 112	5 270	165.23	37.70	15.16	0.51
1987	26.35	3 660	5 982	218.79	48.76	21.25	0.76
1988	27.73	4 361	7 382	262.46	51.90	23.76	0.59
1989	28.80	4 125	8 424	289.47	54.27	27.74	1.16
1990	29.19	4 548	9 505	304.78	62.03	34.93	0.89
1991	30.31	4 994	10 873	334.32	80.06	50.52	1.59
1992	29.92	5 403	12 704	379.87	114.69	84.30	0.20
1993	31.03	5 879	14 035	477.79	168.22	131.00	1.32
1994	30.54	5 407	15 584	607.31	219.89	178.56	0.71
1995	30.64	5 252	17 720	685.35	283.96	233.76	1.12
1996	30.96	5 831	14 579	702.19	362.15	295.89	1.52

11—23 水果生产情况

指 标	1990年		1995年		1996年	
	面 积（公顷）	产 量（吨）	面 积（公顷）	产 量（吨）	面 积（公顷）	产 量（吨）
总 计	**304 778**	**620 282**	**685 347**	**2 839 552**	**702 193**	**3 621 473**
1. 苹果	198 300	349 300	491 644	2 337 632	502 422	2 958 884
2. 柑桔	14 137	8 855	8 718	11 183	8 564	15 169
3. 梨	13 379	20 544	51 506	118 538	55 032	244 382
4. 葡萄	3 487	20 210	5 348	40 040	5 061	48 928
5. 桃	9 703	28 961	12 330	85 587	11 726	107 400
6. 红枣	26 844	33 956	51 823	46 905	51 683	43 319
7. 杏	16 568	13 123	33 405	17 802	35 474	24 601
8. 柿子	6 442	132 992	7 773	135 882	7 984	131 918
9. 其它水果	15 920	12 341	22 800	45 983	24 247	46 872

11—24 各地市茶、茧、果面积及产量

（1996 年）

地区	茶园（千公顷）	茶叶（吨）	蚕茧（吨）	果园（千公顷）	水果产量（万吨）	苹果（吨）
陕西省	**30.96**	**5 831**	**14 579**	**702.19**	**362.15**	**2 958 884**
西安市			3	44.26	28.74	155 339
铜川市				21.75	10.30	100 400
宝鸡市			651	63.35	42.74	393 769
咸阳市			5	153.32	137.05	1 126 155
渭南市		2	77	126.58	95.32	846 406
汉中市	8.47	2 730	1 816	12.06	3.28	4 519
安康地区	18.95	2 886	11 098	7.64	2.20	1 080
商洛地区	3.55	213	642	7.27	3.74	5 561
延安市			221	153.44	30.36	277 904
榆林地区			66	112.22	8.22	45 720

地区	柑桔（吨）	梨（吨）	葡萄（吨）	桃（吨）	红枣（吨）	杏（吨）	其它水果（吨）
陕西省	**15 169**	**244 382**	**48 928**	**107 400**	**43 319**	**24 601**	**178 790**
西安市		20 579	17 011	39 904	1 568	4 269	48 728
铜川市		89	84	322	2	144	1 975
宝鸡市		4 963	4 084	11 305	16	608	12 615
咸阳市		156 615	20 577	25 175	4 684	4 484	32 796
渭南市	22	45 405	3 917	20 982	9 556	1 564	25 317
汉中市	10 858	3 430	496	2 124	97	162	11 091
安康地区	4 048	1 158	218	1 541	49	277	13 650
商洛地区	241	758	746	1 413	148	361	28 197
延安市		5 683	870	2 867	3 114	9 919	3 240
榆林地区		5 700	925	1 757	24 085	2 813	1 181

11—25 主要林产品产量

单位:吨

年份	生漆	油桐籽	五倍籽	核桃	板栗	木耳	香菇	花椒
1978	668	14 800	50	28 275	3 460	262		577
1979	1 240	16 110	35	13 705	2 065	308		564
1980	930	17 685	83	25 700	2 715	385		539
1981	1 042	16 614	154	15 901	1 135	242		552
1982	1 064	21 328	182	20218	1 411	253		738
1983	978	20 853	485	10 329	1 300	515	12	639
1984	642	19 949	403	21 615	2 535	709	64	797
1985	635	17 718	337	12 826	1 777	1 033	132	694
1986	961	15 852	376	19 989	3 211	1 455	141	
1987	1 173	13 997	536	19 926	4 533	2 357	352	1 203
1988	1 198	18 955	577	27 991	5 625	2 914	841	1 609
1989	850	17 070	1 499	19 315	3 394	2 108	943	2 104
1990	685	18 672	1 589	16 833	4 770	1 531	1 036	2 501
1991	803	19 971	1 414	18 153	5 253	1 300	1 122	2 594
1992	851	19 290	1 589	26 157	6 436	1 568	1 557	577
1993	1 101	20 300	1 668	30 419	6 895	2 775	2 748	5 116
1994	902	18 785	2 616	28 906	8 304	3 430	3 129	4 657
1995	773	15 460	2 922	30 599	8 019	3 185	3 275	7 135
1996	978	15 409	2 260	30 433	10 635	2 785	4 090	8 411

11—26 各地市主要林产品产量

(1996 年)

单位:吨

地区	生漆	油桐籽	五倍籽	核桃	板栗	木耳	香菇	花椒
陕西省	**978**	**15 409**	**2 260**	**30 433**	**10 635**	**2 785**	**4 090**	**8 411**
西安市	18		1	956	344	86	21	96
铜川市				1 015		1		159
宝鸡市	88		1	6 869	562	437	138	793
咸阳市				219				38
渭南市	3			1 422	130	4	2	6 472
汉中市	221	2 653	1 717	4 506	3 177	1 121	2 002	98
安康地区	583	7 864	437	1 931	1 923	475	1 482	131
商洛地区	60	4 892	104	11 643	4 199	638	445	47
延安市	5			1 847	300	23		568
榆林地区				25				9

11—27　畜牧业和渔业生产情况

指　　标	单位	1992年	1993年	1994年	1995年	1996年
一、牲畜年末头数						
(一)大牲畜	万头	305.4	311.0	326.7	336.0	345.7
# 能繁母畜	万头	113.3	116.3	121.7	131.7	149.4
从事劳役的	万头	202.1	199.7	204.6	206.0	220.8
牛	万头	242.4	250.0	265.5	278.1	286.3
马	万匹	4.1	4.0	3.5	3.3	3.3
驴	万头	40.9	39.2	40.4	38.6	37.6
骡	万头	18.0	17.7	17.3	16.1	18.6
(二)年末猪存栏数	万头	874.1	886.6	878.3	906.4	904.5
# 能繁殖的母猪	万头	62.5	62.2	59.3	56.8	58.5
(三)年末羊存栏数	万只	601.9	619.5	647.4	663.4	740.9
山羊	万只	445.0	461.0	490.5	521.9	576.7
# 奶山羊	万只	75.0	75.4	77.9	84.7	101.3
绵羊	万只	156.9	158.5	156.9	141.5	164.2
(四)家兔年末存栏	万只	118.4	122.4	93.6	106.9	105.8
(五)家禽年末存栏数	万只	5 837.1	6 406.7	7 277.1	6 328.0	6 921.0
(六)年末养蜂箱数	万箱	31.2	26.9	24.2	25.2	25.5
二、畜产品产量						
肉类总产量	万吨	59.6	65.9	73.4	79.3	82.9
# 猪肉总产量	万吨	48.1	52.5	56.8	60.2	63.4
牛肉产量	万吨	4.6	5.2	6.6	7.3	7.5
羊肉产量	万吨	2.8	3.2	3.6	4.2	4.5
奶类产量	万吨	25.6	27.4	31.3	32.6	40.4
牛奶	万吨	13.1	15.3	17.4	17.4	20.6
羊奶	万吨	12.5	12.1	13.9	15.2	19.8
其它畜产品产量	吨					
山羊毛产量	吨	98	1 097	1 137	1 128	1 282
绵羊毛产量	吨	3 915	3 860	3 937	3 713	4 089
羊绒产量	吨	546	627	650	662	755
禽蛋产量	万吨	29.0	34.7	40.5	40.1	41.6
三、渔业						
1.水产品产量	万吨	2.7	3.1	3.4	3.8	4.1
2.养殖面积	千公顷	28.80	29.00	29.34	29.46	28.0

11—28 各地市牲畜存栏情况

(1996 年)

单位:万头

地 区	大牲畜年末头数	#能繁母畜	#役畜	牛	#奶 牛	马	驴	骡
陕 西 省	**345.67**	**130.88**	**220.76**	**286.31**	**9.57**	**3.23**	**37.57**	**18.57**
西 安 市	29.84	14.73	19.10	28.40	2.93	0.23	0.19	1.02
铜 川 市	11.59	4.66	6.64	11.50	0.01	0.01	0.06	0.02
宝 鸡 市	37.62	14.27	24.17	36.12	2.16	0.25	0.61	0.64
咸 阳 市	40.57	16.41	23.53	38.98	3.12	0.52	0.40	0.67
渭 南 市	57.37	23.52	36.91	53.64	0.67	0.51	1.59	1.63
汉 中 市	35.72	12.12	20.47	35.29	0.12	0.38	0.04	0.01
安康地区	24.43	8.61	15.04	24.36			0.07	
商洛地区	24.58	8.59	13.19	24.54	0.02		0.01	0.03
延 安 市	44.51	15.33	31.80	25.18	0.05	0.71	14.07	4.55
榆林地区	39.24	12.60	29.86	8.09	0.50	0.62	20.54	9.99

地 区	猪 年末头数	#母猪	羊 (万只)	#山羊	#奶山羊	兔 (万只)	家禽 (万只)	蜂 (万箱)
陕 西 省	**904.52**	**58.50**	**740.92**	**576.70**	**101.34**	**105.78**	**6 920.99**	**25.48**
西 安 市	121.33	7.00	40.78	39.72	27.49	10.41	1 687.61	2.35
铜 川 市	6.79	0.61	9.95	9.25	1.78	1.20	78.13	0.03
宝 鸡 市	70.88	4.58	23.18	21.27	12.39	10.36	686.98	3.40
咸 阳 市	90.47	9.79	45.03	33.66	23.78	47.30	1 162.63	0.97
渭 南 市	78.53	7.05	61.53	45.73	30.13	4.77	1 113.39	2.30
汉 中 市	174.30	9.10	18.35	17.55	0.06	1.11	583.97	7.07
安康地区	142.89	7.26	32.96	32.96		0.70	381.68	4.15
商洛地区	89.46	4.22	28.21	27.35	0.66	0.91	487.92	2.04
延 安 市	50.83	3.60	191.96	170.90	2.04	8.35	261.85	1.67
榆林地区	78.62	5.26	287.95	177.30	3.00	20.67	475.72	1.51

11—29 各地市主要畜产品和水产品产量

（1996年）

单位：吨

地 区	肉类总产量	#猪 肉	#牛 肉	#羊 肉	奶类产量	牛 奶	羊 奶
陕 西 省	**829 175**	**634 365**	**75 472**	**44 780**	**403 878**	**205 903**	**197 975**
西 安 市	130 508	91 545	10 746	5 348	119 728	64 799	54 929
铜 川 市	6 912	3 064	2 746	624	417	183	234
宝 鸡 市	77 516	57 374	11 726	1 959	70 659	49 513	21 146
咸 阳 市	89 548	64 207	13 254	3 667	118 573	65 525	53 048
渭 南 市	92 097	54 868	21 231	4 883	73 476	10 469	63 007
汉 中 市	143 846	129 221	4 199	1 323	3 266	3 102	164
安康地区	87 556	80 176	1 594	2 067	15	15	
商洛地区	71 787	61 697	4 509	3 629	421	216	205
延 安 市	47 822	31 943	4 178	7 718	1 198	682	516
榆林地区	81 467	60 185	1 282	13 542	16 100	11 384	4 716

地 区	山羊毛	绵羊毛	羊 绒（公斤）	禽 蛋	蜂 蜜（公斤）	水产品产 量	养殖面积（公顷）
陕 西 省	**1 282**	**4 089**	**754 632**	**415 874**	**3 326 530**	**41 429**	**27 986**
西 安 市	2	11		140 028	476 290	8 921	2 198
铜 川 市	8	17	4	4 113	7 162	464	461
宝 鸡 市	48	35	770	37 008	469 675	3 840	2 320
咸 阳 市	42	263		72 332	240 905	3 900	1 798
渭 南 市	66	303	13 647	79 687	511 138	9 281	2 635
汉 中 市	14	14		19 377	747 390	9 241	4 087
安康地区				8 842	157 466	2 118	901
商洛地区	14	7	50	18 918	209 503	746	595
延 安 市	354	435	387 521	14 480	151 408	1 193	1 476
榆林地区	732	3 004	352 258	21 027	355 593	1 725	11 516

11—30 商品粮基地县情况

单位：面积：公顷
产量：吨

县名	1986年		1990年		1995年		1996年	
	播种面积	产量	播种面积	产量	播种面积	产量	播种面积	产量
陕西省	**3 977 533**	**9 655 000**	**4 134 673**	**10 707 000**	**3 807 728**	**9 133 900**	**4 052 851**	**12 276 593**
基地县合计	1 987 796	6 407 829	2 099 425	7 101 606	1 882 600	6 255 772	2 029 838	7 346 015
基地县占全省%	49.98	66.37	50.78	66.33	49.44	68.49	50.08	59.84
阎良区	133	357	24 413	101 546	21 166	106 834	23 874	112 962
长安县	91 933	294 542	94 860	325 265	89 938	259 600	91 527	307 339
蓝田县	72 600	182 037	70 887	197 572	71 759	172 684	72 093	205 691
临潼县	92 867	341 562	76 627	274 091	73 153	300 732	78 239	316 129
周至县	67 933	229 864	71 873	228 110	68 345	243 284	68 665	279 431
户　县	63 533	260 025	66 260	244 250	65 553	296 345	64 291	286 766
高陵县	30 200	137 217	33 493	169 615	29 093	207 873	31 451	209 600
耀　县	37 867	77 499	40 187	95 251	35 237	77 964	41 520	109 284
宝鸡县	87 733	265 476	88 600	280 402	81 855	185 979	87 500	208 478
凤翔县	59 200	183 624	63 347	211 400	59 872	176 795	68 191	203 395
岐山县	43 533	158 187	51 460	183 803	45 902	157 666	54 453	185 345
扶风县	55 533	217 678	62 367	249 000	48 932	220 586	56 755	256 001
眉　县	36 267	126 246	38 180	133 923	36 651	131 916	36 225	136 495
陇　县	40 933	84 535	43 500	112 948	43 392	59 315	45 935	82 650
秦都区	22 867	86 779	24 647	105 383	18 202	84 773	23 877	107 528
杨陵区	8 733	36 539	9 340	39 642	7 882	37 371	8 055	40 020
渭城区	20 933	79 476	25 293	101 125	19 935	79 042	25 580	106 418
兴平市	51 733	228 354	52 113	226 284	45 926	188 232	51 262	208 516
三原县	48 933	164 034	46 887	168 209	42 981	130 868	45 415	172 500
泾阳县	59 533	220 669	60 307	228 557	46 314	166 921	53 331	209 990
乾　县	64 467	201 668	69 860	243 917	59 802	216 320	62 046	259 406
礼泉县	60 133	187 318	62 980	210 215	46 378	141 878	54 416	189 424
武功县	37 400	155 312	42 120	181 836	40 600	168 616	42 001	179 525
临渭区	82 267	286 082	90 533	327 513	86 020	359 987	94 508	375 432
韩城市	34 067	78 874	35 153	96 610	31 470	70 669	32 399	101 683
大荔县	58 933	186 202	68 320	222 219	58 397	223 168	68 554	237 228
蒲城县	97 200	253 536	104 413	274 512	85 677	254 704	95 063	275 581
澄城县	52 400	107 601	59 467	142 236	48 767	95 819	50 382	109 044
合阳县	59 333	146 757	62 920	170 582	48 684	124 721	56 312	169 644
富平县	82 533	250 662	85 293	249 802	71 946	282 278	78 002	313 649
汉台区	26 600	140 282	25 833	155 085	23 985	134 190	24 341	149 018
南郑县	50 000	226 426	50 020	245 468	46 239	188 428	47 593	216 523
城固县	45 533	223 012	45 413	227 338	44 156	197 267	44 600	236 229
洋　县	43 067	153 683	43 020	185 093	35 032	94 957	41 028	165 588
西乡县	44 933	117 290	44 540	142 505	41 254	88 778	43 856	139 559
勉　县	44 533	165 817	44 053	178 499	52 901	130 604	42 083	153 466
榆林市	50 600	88 947	55 433	105 207	52 901	121 819	57 288	175 436
横山县	60 800	63 660	65 413	66 593	67 424	76 789	67 127	155 022

注：全省粮食产量为抽样调查数。

11—31 商品棉基地县情况

单位：面积：公顷
产量：吨

县 名	1986年		1990年		1995年		1996年	
	播种面积	产 量	播种面积	产 量	播种面积	产 量	播种面积	产 量
陕西省	**54 267**	**41 630**	**112 393**	**77 755**	**72 748**	**39 851**	**59 549**	**31 231**
基地县合计	34 267	31 472	71 507	54 331	42 876	26 268	33 899	20 278
基地县占全省%	63.15	75.60	63.62	69.87	58.94	65.92	56.93	64.93
阎良区			3 047	2 582	3 112	1 165	1 161	665
临潼县	4 667	3 284	4 427	3 452	3 471	1 337	3 099	1 278
临渭区	8 667	7 747	17 560	14 578	12 938	7 832	10 802	6 875
华 县	2 067	1 978	4 333	2 787	980	818	882	728
大荔县	15 933	16 117	26 667	24 321	12 704	9 505	9 589	6 937
蒲城县	333	1 528	9 200	4 351	6 204	3 722	4 616	2 108
富平县	2 600	818	6 273	2 260	3 467	1 889	3 750	1 687

11—32 奶山羊基地县情况

县 名	1986年		1990年		1995年		1996年	
	存栏（万头）	奶产量（吨）	存栏（万头）	奶产量（吨）	存栏（万头）	奶产量（吨）	存栏（万头）	奶产量（吨）
陕西省	**65.30**	**103 286**	**73.56**	**116 984**	**84.66**	**152 235**	**101.34**	**197 975**
基地县合计	47.12	86 422	36.63	90 458	57.95	108 074	64.01	138 324
基地县占全省%	72.16	83.67	49.80	77.33	68.45	70.99	63.16	69.87
阎良区	0.14	274	3.10	4 544	4.23	4 772	3.15	7 560
临潼县	7.95	12 129	5.55	9 877	7.15	19 551	8.26	24 138
高陵县	3.05	7 732	3.23	7 215	4.77	10 977	5.42	9 733
扶风县	1.23	4 000	0.93	2 162	0.63	1 366	0.69	2 869
眉 县	0.42	605	0.14	727	0.51	1 104	0.44	929
千阳县	1.47	969	1.87	2 286	1.83	2 303	2.43	2 700
三原县	6.58	7 339	6.58	12 177	4.73	7 954	5.80	9 185
泾阳县	5.39	8 721	5.35	8 896	8.55	17 681	10.15	22 100
武功县	0.22	184			0.27	600	0.51	1 438
临渭区	4.25	8 740	4.26	9 604	4.48	7 047	4.75	7 973
蒲城县	2.73	4 087	4.16	5 653	5.83	9 664	6.29	10 297
富平县	13.69	31 642	1.46	27 317	14.97	25 055	16.12	39 402

11—33 商品瘦肉型猪基地县情况

县名	1986年		1990年		1995年		1996年	
	存栏（万头）	肉产量（吨）	存栏（万头）	肉产量（吨）	存栏（万头）	肉产量（吨）	存栏（万头）	肉产量（吨）
陕西省	**778.20**	**297 528**	**812.23**	**390 939**	**906.44**	**601 799**	**900.85**	**634 365**
基地县合计	309.32	132 083	313.58	172 892	350.39	256 920	329.89	253 967
基地县占全省%	39.75	44.39	38.61	44.22	38.66	42.69	36.62	40.03
临潼县	12.41	4 950	8.51	4 602	16.17	12 929	15.50	15 123
户　县	17.25	10 137	16.19	11 597	23.86	15 705	25.13	16 045
宝鸡县	13.56	5 464	13.60	8 754	15.26	12 410	14.47	13 184
扶风县	11.54	6 727	10.21	6 409	12.58	10 937	10.80	10 170
眉　县	5.33	4 141	8.63	5 042	9.61	8 452	8.33	7 911
兴平市	10.34	8 640	10.56	9 901	16.50	13 200		
乾　县	9.68	3 409	9.88	3 674	11.62	6 039	11.66	6 103
武功县	10.81	6 735	11.09	6 734	14.20	9 902	13.00	10 000
临渭区	9.55	3 441	8.96	3 804	11.05	8 491	11.15	8 272
大荔县	9.66	3 432	5.45	2 568	9.16	6 682	8.55	6 839
澄城县	9.02	2 463	6.82	2 970	7.49	4 660	9.12	5 679
合阳县	9.19	3 052	8.38	3 186	9.13	4 519	8.86	4 318
富平县	10.26	3 190	10.18	3 229	11.21	6 787	13.21	8 590
汉台区	11.85	5 568	14.25	8 475	11.84	10 002	11.69	11 723
南郑县	29.76	11 803	30.56	19 822	28.84	28 416	25.49	27 941
城固县	18.66	8 178	22.49	13 805	24.38	17 029	24.55	18 273
洋　县	15.50	4 929	19.99	10 251	18.30	12 656	17.33	11 694
西乡县	17.64	5 695	21.49	8 838	21.85	13 993	22.56	15 138
勉　县	24.73	10 779	26.78	13 017	26.52	17 726	25.51	17 498
商州市	14.12	5 109	12.90	7 423	12.24	7 170	11.98	7 455
洛南县	13.75	4 953	13.16	6 383	14.39	12 102	15.08	13 810
丹凤县	9.48	3 757	8.57	5 920	10.14	8 118	10.33	8 599
山阳县	15.23	5 531	14.93	6 488	14.05	8 995	15.09	9 602

11—34 秦川牛基地县情况

县名	1986年		1990年		1995年		1996年	
	存栏（万头）	肉产量（吨）	存栏（万头）	肉产量（吨）	存栏（万头）	肉产量（吨）	存栏（万头）	肉产量（吨）
陕西省	**266.90**	**9 966**	**241.58**	**31 620**	**278.07**	**72 591**	**286.31**	**75 472**
基地县合计	24.53	2 326	30.00	8 006	43.26	16 027	42.27	18 800
基地县占全省%	9.19	23.34	12.42	25.32	15.56	22.08	14.76	24.91
扶风县	1.94	108	1.54	387	0.68	524	0.57	408
乾　县	2.93	226	3.28	690	4.21	1 623	4.22	1 625
礼泉县	3.04	613	2.88	862	4.94	621	4.40	625
临渭区	4.24	392	5.26	1 392	7.27	2 917	7.67	3 670
大荔县	3.75	232	5.19	880	5.95	2 331	6.06	2 335
蒲城县	5.15	519	7.02	1 486	13.72	6 026	12.56	6 564
富平县	3.48	236	4.83	2 309	6.49	1 985	6.79	3 573

11—35 烤烟基地县情况

单位：面积：公顷
产量：吨

县名	1986年		1990年		1995年		1996年	
	播种面积	产量	播种面积	产量	播种面积	产量	播种面积	产量
陕西省	**30 000**	**41 202**	**72 100**	**123 216**	**48 328**	**63 391**	**62 364**	**110 831**
基地县合计	29 533	40 621	65 331	114 350	43 625	55 783	53 080	91 481
基地县占全省%	98.44	98.59	90.61	92.80	90.27	88.00	85.11	82.54
宜君县	133	142	1 173	1 426	441	734	239	404
陇　县	1 000	1 028	2 373	2 134	2 790	4 181	3 130	6 095
千阳县	333	290	1 720	2 196	1 022	996	1 883	2 097
三原县	1 667	2 487	2 440	3 871	1 000	1 050	1 159	2 173
泾阳县		6	547	1 377	250	338	273	410
乾　县	133	70	833	625	390	234	222	167
永寿县	1 800	2 418	3 353	6 883	3 330	4 150	3 333	6 970
彬　县	1 867	2 875	3 973	6 516	3 066	3 090	3 301	4 000
长武县	867	1 066	2 740	5 163	2 687	2 599	2 741	3 783
旬邑县	1 533	2 814	4 413	9 818	3 529	3 626	3 580	6 000
淳化县	1 800	3 128	3 980	7 857	387	250	707	1 273
武功县		6						
蒲城县	533	817	1 400	3 341	95	185	103	162
澄城县	1 933	2 347	3 087	6 043	1 368	1 920	1 452	2 888
白水县	1 133	1 183	1 560	3 253	73	73	153	241
合阳县	4 267	4 893	4 647	6 160	1 380	1 565	1 497	2 700
富平县	67	25	687	1 133	446	730	964	1 241
洋　县			993	1 077	2	3	622	536
西乡县			340	532	244	150	600	1 490
平利县			133	142	29	58	370	531
旬阳县	200	228	3 113	3 226	3 769	5 074	7 502	12 525
洛南县			1 087	678	2 022	2 297	2 434	4 403
山阳县					52	89	143	325
宝塔区	333	765	1 973	3 356	360	499	530	1 004
延长县	200	313	1 460	1 729	919	1 274	878	1 534
延川县	67	71	280	451	121	166	798	1 290
安塞县	67	39	1 533	2 722	813	1 240	1 125	2 785
甘泉县	133	220	687	1 437	1 295	1 622	1 414	2 365
富　县	2 400	3 522	3 820	8 252	3 039	5 180	3 464	6 666
洛川县	3 667	5 314	4 773	9 743	3 480	4 852	2 774	5 352
宜川县	2 067	2 811	2 933	6 555	3 733	5 305	3 958	6 080
黄龙县	600	906	920	1 771	828	1 065	981	1 457
黄陵县	733	805	2 020	4 431	655	1 183	683	1 388
绥德县		32	340	452	10	5	67	146

11—36 苹果基地县情况

单位:吨

县　　名	1986年	1990年	1995年	1996年
陕西省	**151 638**	**349 300**	**2 337 632**	**2 958 884**
基地县合计	71 613	200 000	1 617 765	2 082 357
基地县占全省%	47.23	57.26	69.21	70.38
铜川郊区	2 000	1 760	31 200	41 444
耀　县	785	1 353	20 300	27 984
宜君县	456	385	10 490	15 792
宝鸡县	4 151	12 328	118 746	127 106
凤翔县	173	766	19 303	33 000
扶风县	1 624	6 488	35 088	47 248
乾　县	2 529	1 680	83 372	126 744
礼泉县	13 913	50 235	362 129	500 000
永寿县	806	803	17 472	18 000
彬　县	640	547	43 131	55 332
长武县	941	2 282	30 247	35 300
旬邑县	743	2 719	51 526	58 692
淳化县	7 772	17 629	140 700	170 000
蒲城县	3 696	8 456	75 874	106 484
澄城县	1 488	10 087	105 254	118 025
白水县	6 197	36 272	224 158	301 118
合阳县	3 040	7 466	67 757	76 874
宝塔区	3 205	7 836	23 694	28 688
富　县	2 659	4 339	20 500	27 537
洛川县	10 746	15 104	95 033	121 400
宜川县	1 099	5 360	18 791	20 589
黄陵县	2 950	6 105	23 000	25 000

11—37 农业现代化情况

指　标	单位	1992 年	1993 年	1994 年	1995 年	1996 年
农用机械总动力合计	亿瓦特	73.10	73.31	73.91	78.05	80.20
大中型拖拉机	台	20 725	19 472	19 493	19 373	19 519
	亿瓦特	7.31	6.75	6.69	6.63	6.62
小型拖拉机	万台	24.26	24.12	23.47	22.94	22.38
	亿瓦特	24.90	25.06	24.53	24.53	23.97
大中型拖拉机配套农具	万部	2.38	2.36	2.44	2.99	2.64
小型拖拉机配套农具	万部	26.41	26.57	26.21	25.46	25.30
农用排灌动力机械	万台	17.85	17.80	20.80	23.82	23.35
	亿瓦特	13.56	13.46	13.80	14.23	14.82
其中:柴油机	万台	1.82	1.76	1.77	1.90	1.98
	亿瓦特	1.81	1.75	1.75	1.86	2.02
电动机	万台	16.00	16.04	16.73	19.84	20.27
	亿瓦特	11.75	11.71	12.06	12.25	12.68
农用水泵	万台	16.48	16.55	18.22	20.52	21.60
喷灌机械	套	1 361	1 582	1 260	1 442	1 575
联合收割机	台	1 179	1 843	2 312	3 233	4 030
	万瓦特	644.70	805.60	1 174.20	2 894.0	4 680
机动脱粒机	万台	12.73	12.56	12.53	11.67	11.47
喷雾机	万台	1.61	3.45	1.95	2.63	2.87
	万瓦特	2 426.80	2 587.10	2 867.20	5 598.8	6 500
牧草收割机	台	75	1 203	27	4	2 900
渔用机动船	艘	62	141	186	226	256
	吨	186	640	522	656	1 400
	千瓦特	610	1 244	1 550	1 979	2 000
碾米机、磨面机	万台	13.98	13.95	13.94	14.06	14.04
榨花机	万台	0.85	0.83	0.78	0.67	0.62
榨油机	万台	1.14	1.16	1.17	1.18	1.21
农用载重汽车	万辆	1.47	1.48	1.61	1.69	1.81
	亿瓦特	11.54	11.68	12.33	13.24	14.10
农用化肥施用量						
(折纯量)	万吨	84.74	93.08	100.88	111.99	115.53
氮肥	万吨	55.99	60.04	63.59	66.88	69.36
磷肥	万吨	11.96	13.16	15.13	17.81	17.63
钾肥	万吨	2.60	3.81	4.45	5.72	5.22
复合肥	万吨	14.19	16.07	16.98	21.58	21.41
农用塑料薄膜使用量	吨	13 178	12 236	12 215	13 636	14 200
# 地膜使用量	吨	8 570	7 657	7 299	8 506	8 886
地膜覆盖面积	公顷		272 229	194 158	198 455	230 505
农用柴油使用量	万吨		43.63	24.89	32.49	45.63
农药使用量	吨	11 081	10 737	10 511	10 740	10 536
农村用电量	亿瓦特小时	32 594.90	36 046.00	40 782.64	44 585.64	45 873.50

11—38 受灾面积和成灾面积

(1996 年)　　单位:公顷

地　区	受灾面积	成灾面积	成灾面积占受灾面积%	水灾		旱灾	
				受灾面积	成灾面积	受灾面积	成灾面积
陕西省	**2 480 285**	**1 834 119**	**73.9**	**559 778**	**416 451**	**1 170 982**	**846 236**
关　中							
西安市	294 585	242 177	82.2	161 760	133 877	48 673	35 361
铜川市	55 137	47 660	86.4	333	330	34 304	323 336
宝鸡市	258 882	139 758	54.0	8 254	5 308	215 062	110 539
咸阳市	393 556	287 865	73.1	21 316	9 897	259 199	193 114
渭南市	558 997	439 480	78.6	54 497	38 563	394 509	313 601
陕　南							
汉中市	163 416	118 442	72.5	34 964	24 810	79 641	59 277
安康地区	196 169	139 480	71.1	137 446	102 766	19 469	12 784
商洛地区	86 276	65 110	75.5	24 559	16 308	38 885	34 411
陕　北							
延安市	180 826	147 162	81.4	26 369	21 370	49 205	37 723
榆林地区	292 441	206 985	70.8	90 280	63 222	32 035	17 090

11—39 水利水保

(1996 年)　　单位:千公顷

地　区	水库座数(座)	库　容(万立方米)	旱涝保收面积	水土保持林面积	封山育林面积	水保治理面积
陕西省	**1 076**	**411 796**	**877.044**	**4 595.97**	**452.34**	**7 891.51**
关　中						
西安市	100	15 523	194.92	97.6	64.00	232.64
铜川市	26	3 574	7.90	84.87	5.72	149.24
宝鸡市	129	54 824	117.49	310.57	26.01	610.72
咸阳市	70	26 977	162.05	208.83	8.61	540.70
渭南市	106	26 811	159.00	148.42	25.65	454.71
陕　南						
汉中市	336	43 614	89.71	581.94	110.62	887.66
安康地区	106	6 623	31.30	432.18	69.75	678.69
商洛地区	49	14 075	22.77	481.61	87.14	736.87
陕　北						
延安市	28	49 417	16.97	1 007.21	12.86	1 671.24
榆林地区	111	84 322	72.46	1 242.74	41.98	1 929.04

注:因前三项指标未列农管处、监管局及省属单位,故十地市相加不等于全省。

11—40 农村乡镇企业基本情况

指　　标	单位	1992 年	1993 年	1994 年	1995 年	1996 年
一、乡镇企业单位数	**万个**	**68.99**	**76.93**	**80.64**	**81.55**	**82.03**
1. 按隶属关系分						
乡办企业	万个	1.11	1.21	1.22	1.15	1.09
村办企业	万个	3.13	3.32	3.28	3.07	2.95
2. 按国民经济部门分						
农业	万个	0.97	1.01	1.00	0.95	0.89
工业	万个	22.31	23.76	24.50	21.66	21.99
交通运输业	万个	18.54	20.22	20.82	22.89	23.18
建筑业	万个	3.55	4.14	4.61	4.70	4.62
其他	万个	23.62	27.80	29.72	31.35	31.35
二、乡镇企业人数	**万人**	**281.11**	**317.08**	**340.21**	**359.52**	**368.02**
1. 按隶属关系分						
乡办企业	万人	41.65	45.34	46.76	48.24	48.16
村办企业	万人	53.86	59.96	62.28	63.18	63.33
2. 按国民经济部门分						
农业	万人	6.34	6.59	6.66	6.94	6.56
工业	万人	131.77	147.49	159.47	160.80	166.50
交通运输业	万人	31.77	34.50	37.58	41.21	42.39
建筑业	万人	56.44	64.65	66.47	73.68	76.41
其他	万人	54.79	63.86	70.03	76.89	76.16
三、总收入	**亿元**	**246.34**	**367.85**	**546.98**	**755.52**	**1 034.67**
1. 按隶属关系分						
乡办企业	亿元	46.28	71.28	96.17	121.86	147.72
村办企业	亿元	54.73	84.35	129.26	169.87	226.35
2. 按国民经济部门分						
农业	亿元	3.37	4.50	5.89		
工业	亿元	126.84	195.13	291.68		
交通运输业	亿元	29.62	41.55	61.83		
建筑业	亿元	31.11	44.91	69.21		
其他	亿元	55.40	81.56	118.37		

11—40 续表

指　　标	单 位	1992年	1993年	1994年	1995年	1996年
四、总产值	亿元	**236.43**	**361.02**	**547.00**	**755.53**	**1 047.43**
农业	亿元	3.90	5.18		8.54	9.77
工业	亿元	141.16	221.49		464.11	651.48
交通运输业	亿元	28.88	38.66		88.33	115.95
建筑业	亿元	42.55	63.99		118.11	153.04
其他	亿元	19.94	31.71		76.44	
五、乡镇企业主要产品产量						
发电量	亿千瓦时	1.06	1.10	1.59	1.20	1.09
原煤	万吨	1 404	1 613	1 864	2 228	2 523
硫铁矿石	万吨	15	11	20		87
氮肥	万吨				0.01	0.31
铁制农具	万件	2 188	2 622	1 748		
木制农具	万件	979	1 175	1 156		
竹制农具	万件	270	586	283		
水泥	万吨	205	261	354	341	512
砖	亿块	171.17	209.31	221.42	222.33	280.22
石灰	万吨	643	784	1 247		376.4
丝织品	万米	101	33	35	80	39
机制纸及纸板	万吨	38.15	44.83	56.81	63.13	69.65
原盐	万吨	6.07	6.92	7.60	7.00	22
糖	万吨	0.02	0.02	0.06	0.05	0.01
食用植物油	万吨	4.39	4.64	5.20	6.94	8.27
塑料制品	吨		9 137		18 341	76 607
罐头食品	吨	16 403	17 525	22 099	23 581	23 853
# 水果罐头	吨	9 573	9 518	12 558	13 028	12 645
蔬菜罐头	吨	140	804	822	357	426
乳制品	吨	5 963	6 648	12 264	13 276	15 966
配合饲料	万吨	52	151	418	96	132
丝	万吨	160	11	24		31
服装	万件	5 348	7 319	6 166	6 198	6 050

11—41 乡镇企业主要经济效益指标

(1996 年)

单位:元

地 区	企业人均营业收入	企业人均创利税	百元收入提供利税	百元固定资产原值创利税	乡镇企业人均工资	农村人口人均乡镇企业营业收入	从业人员占农村劳动力比重(%)
陕西省	**29 182**	**2 467**	**8.45**	**29.82**	**2 581**	**3 756**	**27.66**
西安市	43 119	3 498	8.11	34.51	2 694	9 610	42.59
铜川市	23 544	1 587	6.74	11.31	3 584	3 029	26.86
宝鸡市	29 242	2 549	8.72	28.66	2 423	5 909	41.51
咸阳市	33 450	2 356	7.04	27.68	2 999	3 856	25.65
渭南市	20 436	1 951	9.55	30.54	2 144	2 478	23.37
汉中市	28 615	2 024	7.07	21.76	2 505	3 467	26.22
安康地区	15 270	1 963	12.85	35.56	2 140	882	12.72
商洛地区	14 179	1 672	11.79	39.56	1 895	1 390	23.62
延安市	14 311	1 982	13.85	36.46	2 427	1 207	21.92
榆林地区	19 635	1 950	9.93	21.68	3 679	1 459	18.88

11—42 乡镇企业上规模的县、乡、村、企业单位数

(1996 年)

单位:个

地 区	营业收入过亿元的县(区)	营业收入过亿元的乡(镇)	营业收入过亿元的村	营业收入1000 万元以上的企业	#工业企业	出口交货值500 万元以上的出口企业	营业收入 5000 万元以上的企业集团
陕西省	**91**	**247**	**53**	**340**	**255**	**40**	**19**
西安市	13	85	26	152	120	7	8
铜川市	4	3	—	5	4	—	—
宝鸡市	10	63	14	95	66	14	3
咸阳市	14	40	6	41	33	7	4
渭南市	11	20	1	14	11	2	1
汉中市	8	24	5	20	14	1	2
安康地区	7	4					—
商洛地区	7	—	—	4	4	1	—
延安市	6	2	—	4	—	—	—
榆林地区	11	6	1	5	3	8	1

11—43 乡镇企业营业收入过亿元的县

(1996 年)

单位:万元

县(市、区)名称	营业收入	县(市、区)名称	营业收入
西安市未央区	790 348	汉中市西乡县	60 566
西安市雁塔区	688 418	渭南市华县	59 342
西安市灞桥区	535 255	商洛地区洛南县	58 118
西安市长安县	454 507	商洛地区山阳县	55 097
西安市户县	405 575	铜川市耀县	52 277
宝鸡市宝鸡县	400 083	榆林地区绥德县	49 020
宝鸡市岐山县	336 939	商洛地区丹凤县	47 136
西安市临潼县	304 174	延安市宝塔区	46 160
汉中市南郑县	290 552	宝鸡市凤县	43 772
咸阳市秦都区	252 800	铜川市郊区	41 624
宝鸡市凤翔县	214 700	安康地区旬阳县	41 062
咸阳市泾阳县	210 042	汉中市宁强县	40 479
咸阳市兴平市	201 561	榆林地区榆林市	38 630
渭南市临渭区	200 098	渭南市华阴市	38 081
咸阳市三原县	185 565	延安市黄陵县	34 615
汉中市汉台区	184 530	宝鸡市千阳县	33 012
咸阳市渭城区	182 942	汉中市略阳县	30 336
宝鸡市扶风县	175 818	咸阳市旬邑县	30 050
宝鸡市眉县	170 800	商洛地区商南县	27 433
汉中市城固县	169 982	咸阳市杨陵区	26 059
汉中市勉县	155 695	铜川市城区	24 703
渭南市蒲城县	147 025	安康地区汉阴县	24 149
西安市蓝田县	142 713	咸阳市彬县	23 648
咸阳市礼泉县	135 509	榆林地区靖边县	23 070
渭南市富平县	125 720	榆林地区米脂县	22 760
西安市周至县	120 696	咸阳市淳化县	22 538
咸阳市乾县	120 072	商洛地区镇安县	22 267
西安市阎良区	114 629	西安市碑林区	21 633
渭南市韩城市	110 717	咸阳市永寿县	20 504
渭南市大荔县	106 385	榆林地区横山县	18 800
宝鸡市渭滨区	105 901	榆林地区子州县	18 126
西安市高陵县	93 136	榆林地区定边县	18 004
榆林地区神木县	92 801	安康地区石泉县	16 551
安康地区安康市	90 232	延安市子长县	15 201
咸阳市武功县	89 730	榆林地区佳县	15 023
榆林地区府谷县	88 510	延安市洛川县	14 878
汉中市洋县	86 049	榆林地区吴堡县	14 143
商洛地区商州市	79 579	安康地区宁陕县	13 145
西安市莲湖区	78 905	延安市延川县	12 520
渭南市潼关县	76 546	咸阳市长武县	11 685
渭南市合阳县	75 617	安康地区白河县	11 649
宝鸡市陇县	70 592	铜川市宜君县	11 626
渭南市澄城县	70 070	延安市志丹县	10 654
渭南市白水县	69 825	商洛地区柞水县	10 628
西安市新城区	68 767	安康地区平利县	10 059
宝鸡市金台区	68 613		

11—44　乡镇企业营业收入过亿元的乡

(1996年)　　　　单位:万元

乡(镇)名称	营业收入	乡(镇)名称	营业收入
西安市未央区三桥镇	169 800	西安市雁塔区大雁塔街道办事处	43 097
西安市雁塔区长延堡街道办事处	118 169	西安市户县草堂镇	40 554
西安市未央区大明宫乡	117 680	汉中市南郑县大河坎镇	40 307
西安市未央区谭家乡	117 605	咸阳市渭城区渭阳乡	40 040
西安市雁塔区电子城街道办事处	111 620	西安市户县光明乡	38 000
西安市雁塔区等驾坡街道办事处	107 130	咸阳市乾县城关镇	37 800
西安市雁塔区鱼化街道办事处	98 841	西安市户县大王镇	33 810
西安市雁塔区丈八乡	87 704	宝鸡市渭滨区马营镇	33 104
西安市未央区未央宫乡	83 564	宝鸡市凤翔县陈村镇	32 850
宝鸡市宝鸡县虢镇镇	81 085	西安市临潼县秦陵镇	32 791
西安市户县甘亭镇	75 866	咸阳市三原县大程镇	32 441
西安市灞桥区洪庆街道办事处	75 781	西安市灞桥区灞陵乡	32 136
西安市雁塔区曲江乡	74 947	西安市户县余下镇	31 626
西安市灞桥区灞桥镇	74 560	西安市灞桥区狄寨乡	31 530
宝鸡市宝鸡县阳平镇	74 490	咸阳市渭城区周陵乡	31 326
西安市灞桥区十里铺街道办事处	73 035	咸阳市秦都区沣西乡	31 156
西安市未央区汉城乡	69 000	榆林地区府谷县高石崖乡	30 578
西安市灞桥区新筑乡	68 600	宝鸡市岐山县凤鸣镇	30 258
西安市灞桥区席王街道办事处	68 476	咸阳市礼泉县城关镇	29 385
咸阳市三原县城关镇	68 410	宝鸡市扶风县城关镇	28 324
西安市灞桥区红旗街道办事处	67 960	宝鸡市岐山县麦禾营乡	28 200
西安市雁塔区小寨路街道办事处	67 910	咸阳市兴平市赵村乡	28 100
咸阳市秦都区古渡乡	66 142	宝鸡市宝鸡县陵塬乡	28 004
汉中市汉台区北关街道办事处	63 950	西安市长安县郭杜镇	27 850
西安市长安县韦曲镇	60 221	西安市临潼县代王镇	27 668
宝鸡市岐山县蔡家坡镇	58 897	宝鸡市岐山县五丈塬镇	27 250
咸阳市泾阳县泾干镇	54 513	渭南市临潼区杜桥街道办事处	27 180
西安市未央区张家堡街道办事处	52 600	渭南市韩城市龙门镇	25 750
宝鸡市金台区陈仓乡	52 567	西安市周至县哑柏镇	25 737
西安市未央区六村堡乡	52 291	西安市未央区徐家湾街道办事处	25 620
西安市未央区二府庄街道办事处	50 900	西安市阎良区阎良乡	25 520
汉中市勉县勉阳镇	48 556	西安市阎良区康桥乡	25 351
咸阳市秦都区渭滨乡	48 380	宝鸡市渭滨区石坝河乡	25 235
汉中市城固县博望镇	48 031	宝鸡市扶风县降帐镇	25 205
西安市未央区草滩镇	47 166	咸阳市泾阳县永乐镇	24 978
西安市临潼县骊山镇	45 855	汉中市南郑县中所镇	24 806
西安市户县秦渡镇	45 696	宝鸡市眉县齐镇镇	24 401
汉中市南郑县城关镇	44 533	宝鸡市渭滨区高家村乡	24 103
咸阳市渭城区底张镇	43 687	宝鸡市凤翔县纸坊乡	23 649
宝鸡市宝鸡县杨家沟乡	43 602	宝鸡市渭滨区神农乡	23 459
咸阳市秦都区沣东乡	43 180	西安市阎良区武屯乡	22 260

11—44 续表 1　　　　　　　　(1996 年)　　　　　　　　单位:万元

乡(镇)名称	营业收入	乡(镇)名称	营业收入
咸阳市礼泉县烽火乡	21 772	咸阳市兴平市东城街道办事处	16 731
汉中市洋县洋洲镇	21 763	延安市黄陵县店头镇	16 701
西安市灞桥区新合乡	21 714	西安市临潼县新丰镇	16 680
西安市阎良区振兴乡	21 507	榆林神木县大柳塔镇	16 300
汉中市南郑县新集镇	21 118	西安市蓝田县蓝关镇	16 134
宝鸡市岐山县马江乡	21 090	西安市高陵县鹿苑镇	16 100
西安市灞桥区水流乡	21 020	宝鸡市金台区长寿乡	16 046
宝鸡市眉县常兴镇	20 998	西安市蓝田县前卫镇	15 982
西安市临潼县相桥镇	20 985	宝鸡市岐山县蒲村乡	15 877
汉中市汉台区铺镇镇	20 860	咸阳市兴平市店张镇	15 737
汉中市西乡县城关镇	20 692	宝鸡市陇县城关镇	15 726
宝鸡市岐山县北郭乡	20 605	宝鸡市宝鸡县桥镇	15 465
宝鸡市凤翔县横水乡	20 564	宝鸡市陇县东南乡	15 426
西安市周至县二曲镇	20 557	西安市蓝田县华胥镇	15 300
汉中市南郑县梁山镇	19 705	西安市临潼县新市乡	15 300
宝鸡市眉县汤峪乡	19 679	西安市户县渭丰乡	15 190
西安市长安县纪阳乡	19 677	宝鸡市岐山县益店镇	15 050
宝鸡市凤翔县南指挥乡	19 650	西安市周至县终南镇	15 043
咸阳市兴平市西吴乡	19 600	宝鸡市陇县城关乡	15 019
宝鸡市岐山县枣林乡	19 270	宝鸡市岐山县故郡乡	14 910
西安市长安县马王镇	19 100	咸阳市三原县高渠乡	14 842
西安市户县庞龙乡	18 865	铜川市耀县城关镇	14 788
宝鸡市宝鸡县天王镇	18 783	咸阳市渭城区北杜乡	14 783
宝鸡市岐山县安乐乡	18 635	西安市长安县大兆乡	14 531
汉中市汉台区七里镇	18 575	汉中市南郑县高台镇	14 420
宝鸡市眉县马家镇	18 530	宝鸡市宝鸡县蟠龙乡	14 380
咸阳市渭城区窑店乡	18 400	宝鸡市岐山县孝子陵乡	14 240
咸阳市泾阳县云阳镇	18 398	西安市未央区辛家庙街道办事处	14 122
咸阳市秦都区马泉乡	18 242	渭南市潼关县太要镇	14 060
西安市长安县兴隆乡	18 206	宝鸡市宝鸡县贾村镇	14 016
西安市长安县斗门镇	18 131	宝鸡市岐山县祝家庄乡	13 966
咸阳市兴平市半化乡	18 090	渭南市临渭区人民办事处	13 934
宝鸡市眉县城关镇	18 050	咸阳市兴平市大皇乡	13 902
渭南市蒲城县城关镇	18 000	咸阳市秦都区钓台乡	13 714
宝鸡市眉县营头乡	17 600	西安市临潼县零口镇	13 636
西安市户县玉蝉乡	17 600	宝鸡市凤翔县田家庄乡	13 632
西安市临潼县雨金镇	17 431	渭南市韩城市金城办事处	13 600
咸阳市兴平市冉店乡	17 280	咸阳市兴平市桑镇	13 580
宝鸡市凤翔县柳林镇	17 231	宝鸡市宝鸡县周原乡	13 555
榆林府谷县府谷镇	17 000	西安市长安县细柳镇	13 530
宝鸡市宝鸡县千河乡	16 900	西安市高陵县张卜乡	13 480

11—44 续表 2　　(1996 年)　　单位:万元

乡(镇)名称	营业收入	乡(镇)名称	营业收入
渭南市蒲城县东陈镇	13 312	西安市阎良区北屯乡	11 304
安康地区安康市新城办事处	13 296	渭南市临渭区店南乡	11 227
宝鸡市凤翔县彪角镇	13 295	宝鸡市扶风县午井乡	11 180
宝鸡市扶风县新店乡	13 210	汉中市城固县老庄镇	1 114
西安市长安县丰惠乡	13 182	榆林地区府谷县新民乡	11 129
渭南市富平县杜村镇	13 160	宝鸡市扶风县杏林镇	11 100
西安市临潼县油槐乡	13 076	铜川市城区黄堡镇	11 087
西安市长安县祝村乡	12 980	渭南市潼关县枫峪镇	11 067
宝鸡市岐山县青化乡	12 808	汉中市勉县金泉镇	11 014
西安市长安县黄良乡	12 800	渭南市蒲城县罕井镇	11 000
咸阳市渭城区渭城乡	12 560	汉中市城固县柳林镇	11 000
宝鸡市扶风县揉谷乡	12 525	汉中市城固县龙头镇	10 993
汉中市南郑县圣水寺镇	12 508	渭南市白水县西固镇	10 938
西安市高陵县姬家乡	12 500	咸阳市三原县陵前镇	10 873
宝鸡市凤翔县郭店乡	12 464	宝鸡市眉县槐芽镇	10 815
渭南市合阳县王村乡	12 400	汉中市汉台区东关街道办事处	10 779
宝鸡市眉县金渠镇	12 330	咸阳市秦都区马庄乡	10 766
西安市长安县杨庄乡	12 308	安康地区安康市老城街道办事处	10 765
汉中市南郑县阳春镇	12 300	宝鸡市凤翔县糜杆桥乡	10 731
西安市长安县高桥乡	12 268	咸阳市秦都区平陵乡	10 720
西安市临潼县北田镇	12 110	渭南市潼关县安乐乡	10 678
宝鸡市扶风县召台镇	12 070	宝鸡市宝鸡县蜀仓乡	10 670
汉中市勉县定军山镇	12 043	西安市临潼县栎阳镇	10 650
渭南市大荔县东七乡	12 003	延安市宝塔区桥沟乡	10 628
咸阳市渭城区韩家湾乡	11 952	咸阳市兴平市田阜乡	10 610
汉中市勉县黄沙镇	11 921	汉中市南郑县协税镇	10 600
西安市长安县引镇	11 898	西安市蓝田县小寨乡	10 564
铜川市郊区金锁乡	11 894	咸阳市秦都区双昭乡	10 500
宝鸡市宝鸡县八鱼乡	11 888	宝鸡市岐山县曹家乡	10 445
咸阳市三原县渠岸乡	11 845	榆林地区神木县神木镇	10 378
渭南市临渭区向阳办事处	11 815	安康地区汉阴县城关镇	10 365
西安市户县牛东乡	11 713	渭南市大荔县城关镇	10 260
渭南市合阳县城关镇	11 632	宝鸡市宝鸡县慕仪乡	10 230
咸阳市武功县贞元乡	11 610	宝康地区安康市恒口镇	10 215
西安市长安县杜曲镇	11 590	咸阳市泾阳县王桥镇	10 200
西安市长安县义井乡	11 566	西安市高陵县崇皇乡	10 142
榆林地区神木县店塔镇	11 551	咸阳市三原县独立乡	10 107
西安市长安县镐东乡	11 450	西安市周至县楼观镇	10 086
宝鸡市扶风县上宋乡	11 450	西安市长安县申店乡	10 082
渭南市临渭区白杨乡	11 370	汉中市南郑县郭滩乡	10 076
咸阳市武功县苏坊乡	11 366	渭南市临渭区阳郭镇	10 070
宝鸡市宝鸡县蟠溪乡	11 350		

11—45 乡镇企业营业收入过亿元的村

(1996 年)　　单位:万元

村　　名	营业收入	村　　名	营业收入
西安市雁塔区鱼化办事处鱼化村	58 194	汉中市汉台区北关办青龙观村	12 675
西安市雁塔区电子城北山门村	47 760	礼泉县烽火乡烽火村	12 600
西安市未央区三桥镇三桥村	41 889	岐山县蔡家坡镇水寨村	12 365
西安市未央区大明宫乡先锋村	36 430	长安县韦曲镇西围村	12 340
宝鸡市金台区陈仓乡联盟村	34 305	西安市雁塔区曲江乡北池头村	12 337
泾阳县泾干镇吉元村	34 254	岐山县五丈塬镇北星村	12 018
临潼县骊山镇西街村	30 398	西安市雁塔区小寨办一府庄村	11 981
西安市未央区张家堡办红色村	28 325	西安市雁塔区丈八乡西辛庄村	11 818
西安市未央区大明宫乡东前进村	27 680	凤翔县陈村镇水沟村	11 718
西安市雁塔区等驾坡办田家湾村	24 500	西安市雁塔区长延堡办长延堡村	11 584
西安市未央区汉城乡郭家村	23 002	西安市灞桥区席王办粱家街村	11 558
咸阳市秦都区沣东乡七里铺村	20 469	长安县韦曲镇东围村	11 460
宝鸡县阳平镇宝丰村	20 207	西安市雁塔区丈八乡廿家寨村	11 308
渭南市临渭区杜桥办五里铺村	20 095	西安市未央区三桥镇贺家村	11 013
宝鸡县杨家沟乡巩家泉村	20 026	宝鸡县虢镇镇西堡村	11 010
岐山县蔡家坡镇岐星村	19 669	勉县勉阳镇高潮村	10 850
宝鸡县陵原乡宝陵村	19 648	西安市灞桥区十里铺办十里铺村	10 800
兴平市赵村乡晁庄村	16 800	西安市雁塔区小寨办吉祥村	10 619
汉中市汉台区北关办黄家塘村	15 312	西安市雁塔区鱼化办老烟庄村	10 206
宝鸡县阳平镇窑底村	15 120	宝鸡县虢镇镇光芒村	10 158
西安市莲湖区五一村	14 842	岐山县蔡家坡镇另胡村	10 153
周至县哑柏镇哑兴村	14 797	西安市未央区二府庄办方家村	10 100
西安市未央区三桥镇后围寨村	14 132	宝鸡县杨家沟乡大工村	10 065
咸阳市秦都区古渡乡七里铺村	13 742	府谷县高石崖乡西山村	10 038
宝鸡县虢镇镇高家堎村	13 058	咸阳市秦都区渭滨乡留印村	10 016
汉中市汉台区北关办张万营村	12 706	南郑县大河坎镇大河坎村	10 011
西安市未央区谭家乡红旗村	12 678		

11—46 营业收入5000万元以上的乡镇企业集团公司一览表

(1996年)　　　　单位:万元、人

公司详细名称	公司详细地址	成员企业个数	职业年平均人数	营业收入	现价增加值	固定资产原值年末数
宝鸡东岭集团公司	陈仓乡联盟村	4	470	30 805	707	1 568
东方工贸集团公司	临潼县人民南路	28	1 090	22 860	4 552	9 070
西安翠宝首饰集团公司	新城区爱民路19号	1	289	21 800	6 746	3 909
宝鸡县宝丰集团公司	阳平镇宝丰村	6	1 802	20 207	4 969	3 139
陕西省泾云实业开发总公司	泾阳县云阳镇	12	10 376	18 398	2 814	12 421
三桥造纸集团公司	未央区三桥新街	27	2 959	14 866	4 356	6 253
西安通惠实业集团公司	西安市环城西路	13	776	14 842	219	1 142
西安鱼化企业集团	雁塔区鱼化街	27	914	14 590	2 946	4 463
吉元线缆电器制造公司	泾阳县吉元工业区	4	425	13 495	1 272	9 176
北星工业总公司	岐山县五丈塬镇	16	2 326	12 018	1 153	2 683
勉县汉江化工集团	勉阳镇高潮村	10	2 649	10 594	3 040	6 444
西安银桥企业集团	临潼县相桥镇	8	305	10 050	2 750	2 247
蒲城县石羊集团	蒲城县东陈街	3	307	9 870	2 559	1 400
天桥化工集团公司	府谷县人民西路	13	700	9 800	3 000	5 800
袁家集团总公司	礼泉县袁家村	16	2 747	8 401	3 100	17 776
陕西伟志集团公司	汉中市南环路	3	1 167	6 156	2 289	525
西安信和集团公司	长安县韦曲北街	17	[illegible]	[illegible]	[illegible]	[illegible]
西安明天企业集团	长安县高桥乡	10	387	5 466	1 716	2 049
咸阳神果集团有限责任公司	武功县苏坊街	4	235	5 254	1 126	951

11—47 各地市县农村经济主要指标

（1996 年）

地　县	乡镇个数（个）	村民委员会（个）	乡村劳动力（万人）	年末耕地面积（公顷）	农林牧渔产业总产值（万元）	农业增加值（万元）	农业商品产值（万元）
陕西省	**2 182**	**32 469**	**1 330.48**	**3 358 980**	**4 385 103**	**2 619 121**	**2 633 375**
西安市	**183**	**3 154**	**213.92**	**301 003**	**821 268**	**463 249**	**558 232**
新城区		13	0.59	161	665	514	440
碑林区		16	0.76	45	209	160	134
莲湖区		35	1.69	483	3 547	2 022	3 142
灞桥区	6	229	15.01	15 974	48 184	32 201	36 225
未央区	7	212	11.08	10 943	33 897	24 052	24 924
雁塔区	2	120	7.82	7 055	30 227	19 319	22 404
阎良区	7	79	8.94	17 329	50 700	27 336	35 778
长安县	44	671	42.08	55 347	124 745	65 280	80 902
蓝田县	29	519	29.47	42 591	83 797	39 395	49 141
临潼县	28	285	28.11	53 248	127 603	72 999	85 130
周至县	29	375	30.35	42 943	136 771	78 641	92 905
户　县	21	513	26.27	36 065	98 783	60 526	66 992
高陵县	10	87	11.75	17 609	75 798	39 368	53 900
铜川市	**43**	**543**	**21.82**	**74 452**	**61 687**	**33 518**	**25 342**
铜川城区	3	39	2.09	4 654	3 616	1 851	1 969
铜川郊区	9	107	4.37	12 453	11 110	6 523	5 014
耀　县	17	218	11.53	38 158	31 900	16 838	10 615
宜君县	14	179	3.83	19 187	15 061	8 306	7 744
宝鸡市	**183**	**2 115**	**138.51**	**349 205**	**448 871**	**243 451**	**252 930**
渭滨区	4	80	4.25	6 175	11 647	6 154	8 392
金台区	2	24	1.63	1 434	4 799	2 917	3 667
宝鸡县	36	493	31.29	69 063	80 514	36 851	42 206
凤翔县	21	250	23.26	50 781	69 021	41 358	40 117
岐山县	19	188	17.72	37 388	55 169	30 447	26 870
扶风县	15	205	21.78	43 188	71 102	34 224	36 692
眉　县	12	155	14.49	25 936	54 619	28 152	33 456
陇　县	19	240	10.89	46 445	40 958	25 082	24 983
千阳县	14	132	3.94	23 856	21 274	15 512	14 117
麟游县	16	110	3.28	26 106	11 727	5 944	4 948
凤　县	14	149	4.01	12 427	16 398	10 362	10 233
太白县	11	89	1.97	6 406	11 643	6 448	7 249
咸阳市	**221**	**3 841**	**194.75**	**450 737**	**816 480**	**494 093**	**491 036**
秦都区	9	155	10.78	16 267	68 775	41 617	49 417
杨陵区	4	71	4.59	5 411	15 303	9 831	8 518
渭城区	8	149	8.57	16 153	30 927	20 304	11 221
三原县	17	334	18.98	34 729	91 263	55 322	64 148
泾阳县	20	262	23.97	45 383	106 450	60 994	69 348
乾　县	25	411	21.76	61 166	79 406	62 143	27 770

11—47 续表 1　　　　　　　　(1996 年)

地　县	乡镇个数(个)	村民委员会(个)	乡村劳动力(万人)	年末耕地面积(公顷)	农林牧渔产业总产值(万元)	农业增加值(万元)	农业商品产值(万元)
礼泉县	20	445	19.57	52 444	113 622	74 999	93 009
永寿县	17	254	7.57	29 880	25 475	13 957	12 301
彬　县	20	325	12.10	40 813	37 467	21 937	16 786
长武县	14	235	8.10	20 042	19 842	11 455	13 521
旬邑县	17	280	9.64	31 049	40 294	26 274	4 974
淳化县	20	370	7.71	35 172	44 863	21 052	30 742
武功县	15	306	18.66	27 913	61 382	29 986	45 180
兴平市	15	244	22.75	34 315	81 411	44 222	44 101
渭南市	**343**	**3 232**	**232.43**	**558 632**	**705 364**	**388 340**	**418 281**
临渭区	33	512	36.26	77 082	113 818	54 213	64 643
华　县	19	241	15.05	26 795	38 270	19 728	12 230
潼关县	9	83	6.16	11 736	11 512	6 436	6 831
大荔县	33	414	32.38	73 738	102 045	55 520	62 747
合阳县	21	353	21.04	62 320	55 026	30 580	29 989
澄城县	18	266	15.22	52 277	55 976	35 813	35 305
蒲城县	31	373	35.67	104 921	109 397	74 917	67 641
白水县	18	194	10.95	30 363	64 017	30 454	50 795
富平县	32	334	37.66	74 350	92 610	42 756	53 919
韩城市	19	276	13.38	30 417	44 995	27 965	26 349
华阴市	10	186	8.66	14 633	17 698	9 958	7 832
汉中市	**270**	**3 463**	**142.29**	**253 853**	**568 540**	**349 637**	**308 998**
汉台区	10	224	15.39	18 107	57 352	36 636	42 520
南郑县	37	496	24.38	32 542	92 295	55 423	44 031
城固县	30	393	19.75	31 700	138 508	90 162	84 469
洋　县	32	368	16.13	28 998	51 886	28 090	28 435
西乡县	25	351	15.90	30 625	52 117	32 559	32 227
勉　县	30	372	17.74	28 929	68 119	40 963	37 485
宁强县	32	366	13.93	28 563	45 793	26 592	16 490
略阳县	25	260	6.27	20 429	22 654	10 312	9 167
镇巴县	28	474	10.10	27 701	28 087	20 760	9 024
留坝县	10	100	1.96	3 640	7 562	5 541	3 477
佛坪县	11	59	0.74	2 619	4 167	2 599	1 673
安康地区	**224**	**4 000**	**118.47**	**259 677**	**383 778**	**247 545**	**152 133**
安康市	47	878	36.74	52 403	95 674	59 973	40 732
汉阴县	20	263	12.41	20 401	35 176	23 037	15 674
石泉县	16	260	6.82	18 307	21 067	12 687	11 257
宁陕县	19	144	2.83	8 450	14 234	9 734	5 382
紫阳县	28	553	15.18	35 106	41 753	27 398	12 538
岚皋县	18	338	7.19	23 739	25 057	14 860	7 838
平利县	17	383	8.20	23 539	46 910	33 752	17 529

11—47 续表 2 (1996 年)

地　县	乡镇个数（个）	村民委员会（个）	乡村劳动力（万人）	年末耕地面积（公顷）	农林牧渔产业总产值（万元）	农业增加值（万元）	农业商品产值（万元）
平利县	17	383	8.20	23 539	46 910	33 752	17 529
镇坪县	12	94	2.34	7 143	9 195	5 043	2 970
旬阳县	29	771	18.07	50 668	62 591	42 033	28 205
白河县	18	307	9.19	19 831	29 121	19 028	10 008
商洛地区	**359**	**2 856**	**93.51**	**146 984**	**251 720**	**157 875**	**108 730**
商州市	60	632	20.16	26 102	36 999	24 909	14 427
洛南县	61	543	17.05	32 363	54 978	35 025	26 800
丹凤县	43	327	10.93	15 202	34 177	20 750	17 127
商南县	37	246	10.68	13 569	28 499	17 877	11 517
山阳县	64	482	16.76	27 612	48 689	29 367	18 978
镇安县	58	421	11.98	24 080	35 129	20 392	15 272
柞水县	36	205	5.95	8 056	13 249	9 555	4 609
延安市	**194**	**3 416**	**59.13**	**309 884**	**333 397**	**231 514**	**158 577**
宝塔区	24	629	8.89	32 116	31 990	22 461	14 076
延长县	14	288	3.99	24 801	23 535	17 189	8 862
延川县	17	345	4.01	31 083	27 236	19 461	12 274
子长县	16	351	6.32	33 045	27 193	18 883	11 489
安塞县	14	210	5.14	29 543	33 820	26 395	14 676
志丹县	13	189	4.05	24 680	21 907	15 163	8 658
吴旗县	14	163	3.94	32 400	25 313	18 156	12 280
甘泉县	9	116	2.17	10 525	13 486	9 547	7 035
富　县	15	248	5.35	18 065	22 897	16 436	11 370
洛川县	19	362	6.53	27 831	58 856	35 402	36 837
宜川县	14	214	4.14	21 658	17 620	12 650	9 549
黄龙县	13	110	1.01	9 678	10 844	7 497	4 543
黄陵县	12	191	3.59	14 459	18 700	12 274	6 928
榆林地区	**262**	**5 849**	**115.65**	**646 082**	**385 796**	**246 241**	**159 116**
榆林市	28	486	13.22	67 007	51 574	28 366	23 344
神木县	22	978	13.35	67 681	39 900	25 312	18 704
府谷县	23	364	8.33	48 628	22 566	12 087	7 888
横山县	21	356	14.53	61 308	45 683	28 442	16 033
靖边县	26	206	9.51	59 441	32 497	21 687	13 254
定边县	30	338	10.30	113 334	45 109	27 385	18 840
绥德县	23	661	11.11	52 824	37 824	26 740	17 301
米脂县	15	396	6.65	33 311	24 501	18 131	9 578
佳　县	24	653	7.99	42 387	25 344	16 273	11 902
吴堡县	10	221	1.84	11 397	7 906	5 947	2 193
清涧县	18	640	7.22	42 461	25 093	15 631	8 823
子洲县	22	550	11.60	46 303	27 799	20 240	11 256

11—47 续表 3　　　　　　　　　　　　　　（1996 年）

地　县	乡镇企业总收入（万元）	粮　食总产量（万吨）	棉　花总产量（吨）	油　料总产量（吨）	肉　类总产量（吨）	大牲畜存栏数（万头）	生　猪存栏数（万头）	羊存栏数（万只）
陕西省	**10 346 743**	**12 276 593**	**31 231**	**374 198**	**829 175**	**345.67**	**900.85**	**740.92**
西安市	**3 818 756**	**875 152**	**2 396**	**18 250**	**130 508**	**29.84**	**121.33**	**40.78**
新城区	68 767	301			6	0.01	0.01	
碑林区	21 633	36			40	0.01	0.02	
莲湖区	78 905	417		12	64		0.08	
灞桥区	535 255	68 195	68	624	2 680	0.52	3.22	1.11
未央区	790 348	56 711	7	578	3 517	0.37	3.99	0.54
雁塔区	688 418	28 346	11	176	3 202	0.14	2.34	0.28
阎良区	114 629	112 962	665	533	4 261	1.27	5.68	3.50
长安县	454 507	307 339	45	6 173	29 500	4.47	23.00	4.20
蓝田县	142 713	205 691	146	1 674	11 491	11.39	10.13	12.71
临潼县	304 174	316 129	1 278	4 019	20 929	3.39	15.50	9.73
周至县	120 696	279 431	61	2 223	23 652	5.09	24.54	1.41
户　县	405 575	286 766	63	1 033	18 975	1.54	25.13	1.70
高陵县	93 136	209 600	52	1 197	11 934	1.10	7.69	5.60
铜川市	**136 054**	**205 851**	**70**	**6 116**	**6 912**	**11.59**	**6.79**	**9.95**
铜川城区	24 703	7 256		81	240	0.28	0.18	0.27
铜川郊区	41 624	32 051	2	445	1 003	1.83	1.31	1.36
耀　县	58 101	109 284	68	4 362	3 769	5.16	3.60	4.42
宜君县	11 626	57 260		1 228	1 900	4.33	1.71	3.90
宝鸡市	**1 636 566**	**1 243 250**	**281**	**23 561**	**77 516**	**37.62**	**70.88**	**23.18**
渭滨区	105 901	17 356		361	1 199	0.50	0.74	0.28
金台区	68 613	2 422		21	231	0.09	0.14	0.03
宝鸡县	400 083	208 478	34	3 033	17 516	7.88	14.47	3.37
凤翔县	214 700	203 395		4 468	13 057	6.39	13.66	2.46
岐山县	336 939	185 345		4 409	11 521	2.45	10.75	1.85
扶风县	175 818	256 001	193	4 041	12 099	0.57	10.80	0.81
眉　县	170 800	136 495	53	2 115	8 943	0.65	8.33	1.37
陇　县	70 592	82 650		2 118	4 542	6.66	4.17	4.89
千阳县	33 012	51 973		1 331	2 618	3.74	1.50	2.98
麟游县	6 852	44 952		1 112	1 742	4.34	1.55	3.93
凤　县	43 772	36 359		384	2 669	3.04	3.40	0.61
太白县	9 484	17 824		168	1 379	1.31	1.36	0.61
咸阳市	**1 512 705**	**1 797 885**	**4 136**	**38 334**	**89 548**	**40.57**	**90.47**	**45.03**
秦都区	252 800	107 528	302	2 955	7 515	0.94	7.09	0.43
杨陵区	26 059	40 020	12	171	2 778	0.17	2.19	0.09
渭城区	182 942	106 418	231	3 388	4 216	0.91	2.97	0.83
三原县	185 565	172 500	264	2 663	8 525	3.15	10.12	7.23
泾阳县	210 042	209 990	1 924	2 533	11 177	2.60	1.08	10.95
乾　县	120 072	259 406	815	7 685	8 277	4.46	11.66	1.53

（1996 年）

地　县	乡镇企业总收入（万元）	粮　食总产量（万吨）	棉　花总产量（吨）	油　料总产量（吨）	肉　类总产量（吨）	大牲畜存栏数（万头）	生　猪存栏数（万头）	羊存栏数（万只）
礼泉县	135 509	189 424	333	4 543	3 219	4.42	8.20	2.40
永寿县	20 504	46 280	37	1 269	4 091	4.15	4.25	2.90
彬　县	23 648	80 458		1 926	4 047	8.45	2.61	4.40
长武县	11 685	44 255		476	1 940	2.30	2.88	3.57
旬邑县	30 050	80 595		1 816	4 179	3.29	4.23	4.37
淳化县	22 538	72 970	25	2 601	2 792	2.81	4.01	4.50
武功县	89 730	179 525	173	4 562	11 217	1.10	13.00	0.56
兴平市	201 561	208 516	20	1 701	15 575	1.81	16.20	1.25
渭南市	**1 079 426**	**1 878 032**	**22 974**	**72 121**	**92 097**	**57.37**	**78.53**	**61.53**
临渭区	200 098	375 432	6 875	9 795	16 574	7.81	11.15	6.33
华　县	59 342	110 432	728	2 865	4 892	1.58	3.98	1.41
潼关县	76 546	35 156	325	1 309	1 366	1.33	1.44	0.19
大荔县	106 385	237 228	6 937	30 109	11 289	6.35	8.55	6.15
合阳县	75 617	169 664	2 233	7 738	6 824	7.01	8.86	6.73
澄城县	70 070	109 044	576	3 029	7 150	4.56	9.12	3.50
蒲城县	147 025	275 581	2 108	5 407	15 091	13.12	9.83	8.41
白水县	69 825	75 154	78	2 582	6 780	3.44	3.90	2.59
富平县	125 720	313 649	1 687	6 099	14 303	6.82	13.21	18.20
韩城市	110 717	101 683	908	977	5 722	4.61	7.16	7.12
华阴市	38 081	75 010	519	2 211	2 106	0.75	1.31	0.91
汉中市	**1 041 172**	**1 357 263**	**136**	**68 020**	**143 846**	**35.72**	**174.30**	**18.35**
汉台区	183 665	149 018		7 925	13 287	0.95	11.69	0.11
南郑县	290 432	216 523	3	10 584	31 082	3.99	25.49	0.92
城固县	170 116	236 229	13	14 148	20 433	3.43	24.55	1.18
洋　县	86 049	165 588	91	6 520	12 651	4.98	17.83	1.48
西乡县	60 588	139 559	15	10 997	17 121	4.25	22.56	3.57
勉　县	155 770	153 466	14	7 631	18 780	3.30	25.51	0.16
宁强县	40 479	106 963		5 324	16 633	6.53	17.43	1.51
略阳县	30 336	62 713		1 260	4 455	3.29	6.07	0.84
镇巴县	12 418	96 858		2 084	7 577	4.12	20.56	8.33
留坝县	7 357	18 533		1 127	1 054	0.61	1.44	0.08
佛坪县	3 962	11 813		420	773	0.28	1.16	0.17
安康地区	**227 635**	**1 041 330**	**85**	**28 525**	**87 556**	**24.43**	**139.20**	**32.96**
安康市	90 232	258 411	9	7 998	25 047	7.21	39.17	6.23
汉阴县	24 149	107 025	24	3 339	8 782	2.26	11.69	0.69
石泉县	16 551	75 228	3	1 888	6 752	1.67	8.00	1.45
宁陕县	13 145	37 407		799	1 833	0.64	3.10	0.42
紫阳县	9 739	127 260		1 564	9 585	1.18	15.73	4.55
岚皋县	7 669	73 507		1 229	5 102	0.46	9.11	2.24
平利县	10 059	101 464	4	4 432	8 724	1.47	16.91	2.29

11—47 续表 5 (1996 年)

地　县	乡镇企业总收入（万元）	粮　食总产量（万吨）	棉　花总产量（吨）	油　料总产量（吨）	肉　类总产量（吨）	大牲畜存栏数（万头）	生　猪存栏数（万头）	羊存栏数（万只）
平利县	10 059	101 464	4	4 432	8 724	1.47	16.91	2.29
镇坪县	3 380	25 963		464	1 988	0.30	0.41	0.57
旬阳县	41 062	167 281	45	4 358	13 829	7.55	27.85	10.25
白河县	11 649	67 784		2 454	5 914	1.69	7.22	4.27
商洛地区	**300 258**	**689 444**	**13**	**11 817**	**71 787**	**24.58**	**89.46**	**28.21**
商州市	79 579	120 486		758	8 310	4.40	11.98	1.82
洛南县	58 118	157 810		1 975	16 775	9.66	15.08	3.99
丹凤县	47 136	76 698	1	941	9 778	3.21	10.33	1.80
商南县	27 433	69 787		4 279	7 725	1.67	11.06	2.88
山阳县	55 097	124 082	11	2 417	11 209	2.20	15.09	6.89
镇安县	22 267	99 623	1	1 070	13 508	2.79	20.78	10.42
柞水县	10 628	40 958		377	4 482	0.65	5.14	0.41
延安市	**182 934**	**891 738**	**989**	**26 795**	**47 822**	**44.51**	**50.83**	**191.96**
宝塔区	46 160	131 450		868	7 630	5.33	10.20	28.50
延长县	6 150	64 000	790	2 608	3 152	3.60	3.28	16.30
延川县	12 520	71 974	136	2 520	2 950	2.27	3.88	16.30
子长县	15 205	92 622		1 298	4 431	2.27	5.39	12.00
安塞县	8 819	76 506		3 976	5 065	4.12	4.39	23.72
志丹县	10 654	66 200		1 912	4 113	4.99	3.63	25.18
吴旗县	8 045	67 360		6 314	4 515	4.45	4.67	20.09
甘泉县	6 300	40 543		647	1 874	2.16	1.94	10.19
富　县	9 532	63 858		1 340	4 290	3.90	3.50	11.60
洛川县	14 878	97 951		2 657	4 134	4.62	5.16	8.29
宜川县	4 760	50 327	63	799	1 772	2.50	1.72	12.33
黄龙县	5 300	26 329		507	1 380	1.58	1.14	6.08
黄陵县	34 611	42 618		1 349	2 516	2.71	1.92	6.10
榆林地区	**411 237**	**1 255 879**	**100**	**80 305**	**81 467**	**39.24**	**78.62**	**287.95**
榆林市	38 630	175 436		5 183	16 461	4.28	14.70	39.30
神木县	92 801	136 921		3 617	9 435	5.53	8.62	45.61
府谷县	88 510	68 349		1 853	5 369	2.41	4.28	18.30
横山县	18 800	155 022		4 266	12 315	6.24	10.21	41.55
靖边县	23 070	120 219		4 805	8 228	5.33	9.12	34.06
定边县	18 054	150 533		23 904	8 641	7.70	9.10	45.12
绥德县	49 020	104 742	61	16 918	4 016	0.93	4.44	11.80
米脂县	22 760	69 797		4 017	3 215	1.58	1.81	8.39
佳　县	15 023	73 170		1 018	4 689	1.78	4.21	18.21
吴堡县	14 143	24 042	5	2 087	627	0.08	0.25	1.80
清涧县	12 300	76 017	34	4 255	3 936	1.86	7.14	11.91
子洲县	18 126	101 631		8 382	4 535	1.51	4.74	11.90

主 要 统 计 指 标 解 释

农林牧渔业总产值 是以货币表现的农、林、牧、渔业全部产品的总量，它反映一定时期内农业生产的总规模和总成果。农、林、牧、渔业的统计范围是：

(1)**农业** 包括农作物种植业和其他农业。

农作物种植业 包括谷物、豆类、薯类、棉、油料、糖料、麻类、烟叶、蔬菜、药材、瓜类和其他农作物的种植，以及茶园、桑园、果园的生产经营。

其他农业 包括采集野生植物的果实、纤维、树胶、树脂、油料以及柴草、野生药材、菌类等农民家庭兼营的商品性工业。

(2)林业 包括林木的栽培(不包括茶园、桑园和果园的栽培、管理和收获等活动)、林产品的采集和村及村以下合作经济组织和农户的竹木采伐。

(3)**牧业** 包括除渔业养殖以外的一切动物饲养和放牧以及野生动物的捕猎和饲养。

(4)**渔业** 包括水生动物和海藻类植物的养殖和捕捞。

从所有制看，包括国有经济的各种专业农(农、林、牧、渔)场以及国家各级机关团体学校、科研机构、部队经营的农业；集体所有制的乡镇村各级办农场；农村各种经济组织经营的农林牧渔业以及工矿企业家属集体经营的农业；农民家庭自营的农林牧渔业及兼营商品性工业等。

农业总产值的计算方法通常是按农林牧渔业产品及其副产品的产量分别乘以各自单位产品价格求得，少数生产周期较长，当年没有产品或产品产量不易统计的，则采用间接方法匡算其产值，然后将四业产品产值相加即为农业总产值。

1957年以前的农业总产值包括了厩肥和农民自给性手工业(如农民自制衣服、鞋、袜，自己从事粮食初步加工等)。1958年及以后的农业总产值，林业中增加了村及村以下竹木采伐产值；牧业中取消厩肥产值；副业中取消了农民自给性手工业产值，增加了村及村以下办的工业产值。；渔业中增加了海洋捕捞水产品产值。1980年及以后的农业总产值，在副业中增加了农民家庭兼营工业商品部分的产值。从1984年起村及村以下办工业产值划归工业。从1993年起，取消副业。将野生动物的捕猎划入牧业，野生植物采集和农民家庭兼营商品性工业划归农业。

农业增加值 是指报告期内从事农业、林业、牧业、渔业生产活动的各种单位从事农业、林业、牧业、渔业经营活动所提供的最终成果的货币表现。

统计范围：

包括农村农户、集体统一经营、中外合资、合营、外资以及国营农场，但不包括农业科研机构和国营农场附属的工业、建筑业、运输业、商业、饮食业、服务业等，也不包括军事部门的 军马生产等。

农业增加值的计算方法

农业增加值采用生产法和分配法(收入法)两种方法计算。

1.生产法计算公式：

农业增加值＝农业总产出－农业中间消耗

2.分配法计算公式：

农业增加值＝劳动者所得＋福利基金＋利润＋税金＋固定资产折旧及大修理基金＋其他

粮食产量 指全社会的产量。包括国有经济经营的、集体统一经营的和农民家庭经营的粮食产量，还包括工矿企业家属办的农场和其他生产单位的产量。粮食除包括稻谷、小麦、玉米、高粱、谷子及其他杂粮外，还包括薯类和大豆。其产量计算方法，豆类按去豆荚后的干豆计算；薯类(包括甘薯和马铃薯，不包括芋头和木薯)1963年以前按每4公斤鲜薯折1公斤粮食计算，从1964年开始及以后改为按5公斤鲜薯折1公斤粮食计算。城市郊区作为蔬菜的薯类(如马铃薯等)按鲜品计算，并且不做为粮食统计。其他粮食一律按脱粒后的原粮计算。

油料产量 指全部油料作物的生产量。包括花生、油菜籽、芝麻、向日葵籽、胡麻籽(亚麻籽)和其他油料。不包括大豆，也不包括木本油料和野生油料。花生以带壳干花生计算。

水产品产量 指人工养殖的水产品和天然生长的水产品的捕捞量。包括海水的鱼类、虾蟹类、贝类和藻类以及内陆水域的鱼类、虾蟹类和贝类，不包括淡水生植物。

猪、牛、羊肉产量 指当年出栏并已屠宰后除去头蹄下水后带骨肉(即胴体重)的重量。

耕地面积 指年初可以用来种植农作物、经常进行耕锄的田地，除包括熟地、当年新开荒地、连续撂荒未满三年的耕地和当年的休闲地(轮歇地)外，还包括以种植农作物为主并附带种植桑树、茶树和其他林木的土地，以及沿海、沿湖地区已围垦利用的"海洋"、"湖田"等面积。但不包括属于专业性的桑园、茶园、果园、果木苗圃、林地、芦苇地、天然或人工草地面积。

农作物播种面积 指实际播种或移植有农作物的面积。凡是实际种植有农作物的面积，不论种植在耕地上还是种植在非耕地上，均包括在农作物播种面积中，同时还包括因遭灾而重新改种和补种的农作物面积，种一公顷算一公顷。

有效灌溉面积 指具有一定的水源，地块比较平整，灌溉工程或设备已经配套，在一般年景下当年能够进行正常灌溉的耕地面积。

农用化肥施用量 指本年内实际用于农业生产的化肥数量。包括氮肥、磷肥、钾肥和复合肥。化肥施用量要求按折纯量计算数量。折纯法化肥施用量是把氮肥、磷肥和钾肥分别按含氮、含五氧化二磷、含氧化钾的百分之一百成份折算后的数量。复合肥按其所含主要成分折算。

农业机械总动力 指主要用于农、林、牧、渔业的各种动力机械的动力总和。包括耕作机械、排灌机械、收获机械、农产品加工机械、运输机械、植物保护机械、牧业机械、林业机械、渔业机械和其他农业机械[内燃机按引擎马力折成瓦(特)计算，电动机按功率折成瓦(特)计算]。不包括专门用于乡、镇、村、组办工业、基本建设、非农业运输、科学试验和教学等非农业生产方面用的动力机械与作业机械。

农林牧渔业劳动力 指直接参加农林牧渔业生产劳动的劳动力。

期初(末)畜禽存栏头(只)数 指本期期初(末)农村各种合作经济组织和国营农场、农民个人、机关、团体、学校、工矿企业、部队等单位以及城镇居民饲养的大牲畜、猪、羊、家禽等畜禽的存栏头(只)数。

12 工 业

GONG YE

资料整理　　韩　豫

12. 工 业

1996 年全省

工业企业单位数	16.30 万个	
#大中型工业企业	467 个	
工业总产值	1239.25 亿元	比上年增长 15.3%
# 乡及乡以上工业总产值	952.73 亿元	比上年增长 13.0%

全部工业总产值

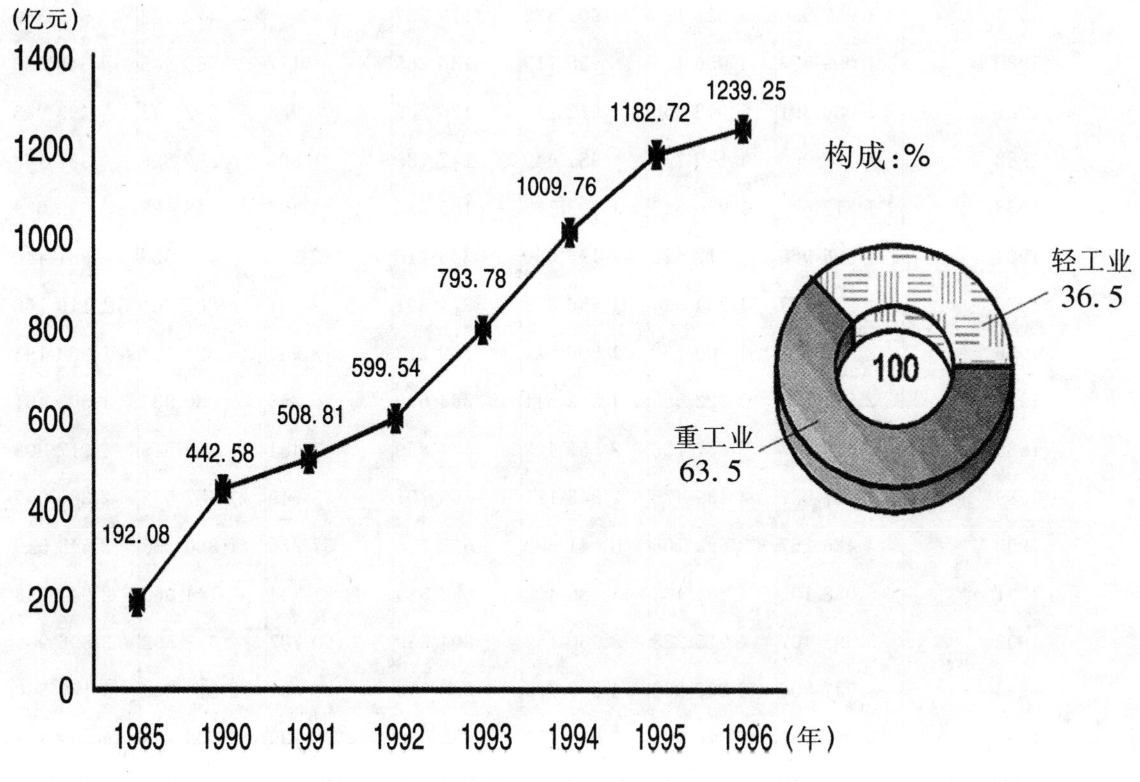

12—1 主要年份全部工业总产值

单位:万元

年份	全部工业总产值	乡及乡以上工业	国有经济	集体经济	其他经济类型	轻工业	重工业
1952	49 492	33 011	11 334	297	21 380	37 713	11 779
1957	113 399	111 131	63 050	14 969	33 112	83 348	30 051
1962	181 444	179 448	153 320	26 128		99 068	82 376
1965	296 456	296 456	271 257	25 199		148 228	148 228
1970	516 132	516 132	476 906	39 226		198 195	317 937
1975	753 553	737 766	654 398	83 368		319 506	434 047
1978	964 783	931 784	812 623	119 161		430 615	534 168
1979	1 057 930	1 021 130	901 878	119 252		472 342	585 589
1980	1 099 578	1 056 154	925 712	130 265	177	550 945	548 633
1981	1 086 391	1 048 430	912 233	135 209	988	592 448	493 943
1982	1 177 066	1 130 730	981 640	147 785	1 305	589 898	587 168
1983	1 317 677	1 270 345	1 103 777	165 085	1 483	618 638	699 039
1984	1 506 960	1 412 422	1 196 530	213 715	2 177	645 520	861 440
1985	1 920 827	1 734 624	1 456 872	274 891	2 861	801 061	1 119 766
1986	2 192 621	1 909 732	1 596 572	309 213	3 947	924 427	1 268 194
1987	2 584 397	2 222 555	1 852 541	364 649	5 365	1 080 936	1 503 461
1988	3 317 423	2 837 732	2 355 412	474 869	7 451	1 399 515	1 917 908
1989	4 067 087	4 439 475	2 849 125	566 701	23 649	1 687 032	2 380 055
1990	4 425 767	3 692 105	3 041 692	613 178	37 235	1 880 238	2 545 529
1991	5 088 106	4 261 463	3 486 405	693 324	81 734	2 144 068	2 944 038
1992	5 995 407	4 915 228	3 960 162	804 359	150 707	2 398 502	3 596 905
1993	7 937 800	6 285 300	4 839 700	1 068 700	376 900	2 810 300	5 127 500
1994	10 097 561	7 814 976	5 850 772	1 386 065	578 139	3 706 733	6 390 828
1995(原规定)	11 827 247	9 486 913	7 190 074	1 535 445	761 394	4 414 531	7 412 716
1995(新规定)	10 687 123	8 346 789	6 279 888	1 385 641	681 260	3 981 339	6 705 784
1996	12 392 472	9 527 333	6 714 800	1 736 817	1 075 716	4 523 842	7 868 630

注:本表按当年价格计算。

12—2 全部工业企业单位数及工业总产值

(1996 年)　　　　　　　　　　　　　　　　单位:万元

指　　标	企　业 单位数 (个)	工业总产值	
		按 1990 年不变价计算	按现价计算
总　计	**162 974**	**10 544 373**	**12 392 472**
一、按经济类型分			
1. 乡及乡以上工业	13 677	7 851 142	9 527 333
国有经济	3 149	5 216 769	6 714 800
中央企业	359	2 546 892	3 164 069
地方企业	2 790	2 669 877	3 550 731
集体经济	9 794	1 643 513	1 736 817
私营经济	102	22 092	24 398
联营经济	102	58 688	76 928
股份制经济	258	301 766	312 162
外商投资经济	147	323 998	394 603
中外合资经营企业	133	309 232	379 689
中外合作经营企业	10	14 020	14 133
外资企业	4	746	781
港、澳、台投资经济	119	280 358	255 506
与大陆合资经营企业	106	266 902	241 707
与大陆合作经营企业	1	2 100	2 411
港、澳、台独资企业	12	11 356	11 388
其他经济	6	3 958	12 119
2. 村及村以下工业	149 297	2 693 231	2 865 139
农村村办工业	14 714	1 236 992	1 315 949
农村合作经营工业	4 006	198 488	211 157
农村个体工业	109 155	677 168	720 391
城镇合作经营工业	483	21 506	22 879
城镇个体工业	7 383	39 158	41 657
私营工业	13 556	519 919	553 106
二、按轻重工业分			
轻工业	102 618	4 109 182	4 523 842
重工业	60 356	6 435 191	7 868 630
三、按企业规模分			
大型企业	200	3 818 210	4 522 626
中型企业	267	765 109	1 071 435
小型企业	162 507	5 961 054	6 798 411

12—3 乡及乡以上工业企业单位数及工业总产值

（1996 年）　　　　单位：万元

指　　标	企业单位数（个）	工业总产值		工业销售产值（现价）
		按 1990 年不变价格计算	按现价计算	
总　计	**13 677**	**7 851 142**	**9 527 333**	**8 991 333**
一、按经济类型分				
国有经济	3 149	5 216 769	6 714 800	6 397 552
中央企业	359	2 546 892	3 164 069	3 014 685
地方企业	2 790	2 669 877	3 550 731	3 382 867
省属企业	308	1 004 885	1 277 936	1 226 696
地属企业	604	1 015 117	1 375 835	134 3935
县属企业	1 878	649 875	896 960	812 236
集体经济	9 794	1 643 513	1 736 817	1 588 766
省属企业	29	10 640	15 118	14 699
地属企业	420	80 500	82 001	79 065
县属企业	1 545	298 094	323 369	289 453
街道企业	751	165 720	165 729	158 830
镇属企业	1 329	229 799	243 232	214 783
乡属企业	4 775	705 846	742 744	678 780
其它企业	945	152 914	164 624	153 165
私营经济	102	22 092	24 398	21 869
联营经济	102	58 688	76 928	74 447
股份制经济	258	301 766	312 162	296 219
外商投资经济	147	323 998	394 603	363 839
中外合资经营企业	133	309 232	379 689	349 411
中外合作经营企业	10	14 020	14 133	13 714
外资企业	4	746	781	714
港、澳、台投资经济	119	280 358	255 506	236 548
与大陆合资经营企业	106	266 902	241 707	223 095
与大陆合作经营企业	1	2 100	2 411	1 882
港、澳、台独资企业	12	11 356	11 388	11 571
其他经济	6	3 958	12 119	12 093
在总计中：乡属企业	4 874	755 130	796 137	728 246
在总计中："三资"企业	266	604 356	650 109	600 387
二、按轻重工业分				
轻工业	6 077	2 772 778	3 238 209	3 043 212
以农产品为原料	4 375	1 868 575	2 283 506	2 142 963
以非农产品为原料	1 702	904 203	954 703	900 249
重工业	7 600	5 078 364	6 289 124	5 948 121
采掘工业	1 312	476 454	770 911	744 082
原料工业	1 521	1 024 957	1 750 551	1 682 284
加工工业	4 767	3 576 953	3 767 662	3 521 755
三、按企业规模分				
大型企业	200	3 818 210	4 522 626	4 359 501
中型企业	267	765 109	1 071 435	1 017 710
小型企业	13 210	3 267 823	3 933 272	3 614 122

12—3 续表　　　　(1996 年)　　　　单位:万元

指　　标	企　业单位数(个)	工业总产值		工业销售产　值(现价)
		按 1990 年不变价格计算	按现价计算	
四、按工业行业大中类分				
煤炭采选业	486	201 409	251 435	247 427
石油和天然气开采业	71	78 666	257 864	254 180
黑色金属矿采选业	53	8 783	11 108	10 126
有色金属矿采选业	316	150 566	207 984	194 240
非金属矿采选业	320	27 889	30 646	27 521
其他矿采选业	3	224	242	147
木材及竹材采运业	77	15 419	20 022	18 146
食品加工业	805	233 475	375 690	352 205
食品制造业	499	110 000	149 549	141 886
饮料制造业	292	108 220	156 684	149 828
烟草加工业	19	302 667	335 057	324 108
纺织业	518	549 018	626 067	606 273
服装及其他纤维制品制造业	384	77 088	83 644	74 257
皮革、毛皮、羽绒及其制品业	105	60 703	70 335	59 783
木材加工及竹、藤、棕、草制品业	473	42 221	45 987	39 422
家具制造业	318	37 995	40 266	35 990
造纸及纸制品业	606	159 511	185 461	161 155
印刷业、记录媒介的复制	438	133 302	153 366	148 699
文教体育用品制造业	85	6 870	7 097	5 896
石油加工及炼焦业	77	112 068	270 111	266 096
化学原料及化学制品制造业	667	411 536	555 734	515 135
医药制造业	229	281 560	345 828	317 478
化学纤维制造业	9	8 576	9 685	8 794
橡胶制品业	120	48 501	52 995	49 826
塑料制品业	341	80 611	85 253	76 009
非金属矿物制品业	1 790	344 411	412 998	387 531
黑色金属冶炼及压延加工业	164	204 123	323 575	304 514
有色金属冶炼及压延加工业	118	158 934	179 637	169 789
金属制品业	702	173 571	186 517	173 704
普通机械制造业	746	327 982	331 932	316 768
专用设备制造业	634	371 246	406 670	380 057
交通运输设备制造业	452	825 197	840 011	745 964
武器弹药制造业	7	91 874	108 611	108 219
电气机械及器材制造业	435	526 923	528 698	508 678
电子及通信设备制造业	216	1 101 706	1 025 980	976 685
仪器仪表及文化、办公用机械制造业	177	122 046	114 068	112 535
其他制造业	362	65 891	74 344	66 861
电力、蒸汽、热水的生产和供应业	407	274 049	633 785	623 137
煤气生产和供应业	10	1 415	3 573	3 865
自来水的生产和供应业	146	14 896	28 824	28 399

12—4 独立核算工业企业主要经济指标

（1996年） 单位：万元

指标	企业单位数（个）	#亏损企业	工业总产值 现行价格	工业总产值 1990年不变价格	工业增加值（生产法）
总计	12 839	2 791	9 196 582	7 633 925	2 975 834
一、按经济类型分					
国有经济	2 677	1 067	6 436 657	5 044 327	2 146 217
中央企业	243	81	2 938 288	2 413 700	1 162 426
地方企业	2 434	986	3 498 369	2 630 627	983 791
省属企业	268	121	1 263 102	991 679	304 050
地属企业	520	255	1 368 114	1 008 294	379 899
县属企业	1 646	610	867 153	630 654	299 842
集体经济	9 452	1 503	1 696 797	1 607 892	527 668
省属企业	27	8	14 979	10 502	4 753
地属企业	286	154	64 875	65 404	15 814
县属企业	1 421	406	306 138	283 140	98 914
街道企业	749	85	165 728	165 719	49 583
镇属企业	1 323	152	242 506	229 170	67 058
乡属企业	4 753	410	740 682	703 705	221 342
其它企业	893	288	161 889	150 252	70 204
私营经济	90	2	22 242	19 863	4 685
联营经济	96	8	74 185	55 834	28 746
股份制经济	253	105	316 421	301 489	77 782
外商投资经济	147	60	394 603	323 999	148 215
中外合资经营企业	133	53	379 689	309 232	145 308
中外合作经营企业	10	4	14 133	14 020	2 700
外资企业	4	3	781	747	207
港澳台投资经济	119	44	255 506	280 357	42 455
与大陆合资经营企业	106	39	241 707	266 902	36 919
与大陆合作经营企业	1	0	2 411	2 100	916
港澳台独资企业	12	5	11 388	11 355	4 620
其他经济	5	2	171	164	66
在总计中：乡属企业	4 852	418	794 075	752 990	229 390
在总计中："三资"企业	266	104	650 109	604 356	190 670
二、按轻重工业分					
轻工业	5 730	1 335	3 183 628	2 728 483	902 557
以农产品为原料	4 133	936	2 242 392	1 835 027	660 644
以非农产品为原料	1 597	399	941 236	893 456	241 913
重工业	7 109	1 456	6 012 954	4 905 442	2 073 277
采掘工业	1 209	119	649 640	432 543	299 530
原料工业	1 459	290	1 706 991	1 009 707	647 503
加工工业	4 441	1 047	3 656 323	3 463 192	1 126 244
三、按企业规模分					
大型企业	200	80	4 525 174	3 818 210	1 574 926
中型企业	267	150	1 077 090	766 596	293 224
小型企业	12 372	2 561	3 594 318	3 049 119	1 107 684

12—4 续表 1 (1996 年) 单位:万元

指标	企业单位数(个)	#亏损企业	工业总产值 现行价格	工业总产值 1990年不变价格	工业增加值(生产法)
四、按工业行业大中类分					
煤炭采选业	440	35	243 032	193 280	109 917
石油和天然气开采业	65	2	151 271	48 477	89 093
黑色金属矿采选业	53	10	11 108	8 783	3 811
有色金属矿采选业	306	39	205 265	147 953	80 770
非金属矿采选业	315	31	30 099	27 462	10 809
其他矿采选业	3	0	242	224	69
木材及竹材采运业	28	3	15 002	10 801	6 882
食品加工业	739	170	360 837	223 651	72 096
食品制造业	460	101	147 355	107 793	40 794
饮料制造业	277	58	153 833	106 071	45 278
烟草加工业	19	5	335 057	302 667	173 564
纺织业	498	157	621 474	544 816	98 850
服装及其他纤维制品制造业	369	88	83 001	76 550	29 026
皮革、毛皮、羽绒及其制品业	103	34	70 311	60 682	23 883
木材加工及竹、藤、棕、草制品业	439	61	43 808	40 174	17 905
家具制造业	305	58	37 106	35 441	12 328
造纸及纸制品业	591	103	184 220	158 484	50 965
印刷业、记录媒介的复制	402	104	144 657	125 077	58 377
文教体育用品制造业	80	13	6 997	6 772	1 714
石油加工及炼焦业	72	9	228 490	98 397	60 945
化学原料及化学制品制造业	638	160	549 604	405 894	151 628
医药制造业	212	73	343 604	279 509	145 836
化学纤维制造业	8	3	8 767	7 768	1 145
橡胶制品业	114	25	51 086	46 609	15 246
塑料制品业	327	93	83 396	78 942	25 265
非金属矿物制品业	1 696	260	403 686	335 717	137 864
黑色金属冶炼及压延加工业	163	36	322 903	203 636	62 944
有色金属冶炼及压延加工业	112	22	178 248	157 855	37 998
金属制品业	686	157	185 568	172 764	46 950
普通机械制造业	704	184	322 537	319 640	101 417
专用设备制造业	599	170	381 309	346 649	100 693
交通运输设备制造业	361	91	798 288	782 480	206 654
武器弹药制造业	7	2	108 611	91 874	16 220
电气机械及器材制造业	410	126	523 586	521 917	128 714
电子及通信设备制造业	205	81	1 014 000	1 085 249	385 681
仪器仪表及文化、办公用机械制造业	173	72	113 573	121 582	27 903
其他制造业	323	65	69 456	62 717	20 950
电力、蒸汽、热水的生产和供应业	393	50	633 722	274 000	363 116
煤气生产和供应业	8	2	3 523	1 365	376
自来水的生产和供应业	136	38	27 950	14 194	12 158

12—4 续表 2 (1996 年) 单位:万元

指　　　　标	全部职工年平均人数(人)	资本金合计	年末资产负债及所有者权益		
			流动资产合计	#存货	#产成品
总　　计	**2 040 325**	**4 353 816**	**7 875 697**	**3 112 525**	**1 180 556**
一、按经济类型分					
国有经济	1 458 877	3 350 364	6 095 217	2 387 859	828 643
中央企业	518 082	1 601 062	2 757 304	1 018 471	262 413
地方企业	940 795	1 749 302	3 337 913	1 369 388	566 230
省属企业	361 418	565 170	1 301 525	560 772	219 907
地属企业	319 812	798 100	1 361 325	542 429	211 001
县属企业	259 565	386 032	675 063	266 187	135 322
集体经济	510 703	546 359	951 812	433 347	230 686
省属企业	4 606	4 843	13 581	4 204	1 740
地属企业	38 289	42 537	81 521	36 536	17 112
县属企业	103 938	118 413	260 377	122 726	65 840
街道企业	24 390	34 345	60 331	29 449	14 162
镇属企业	54 260	70 301	110 781	49 997	30 107
乡属企业	208 070	190 732	294 326	130 477	74 838
其它企业	77 150	85 188	130 895	59 958	26 887
私营经济	4 809	6 065	11 760	3 790	1 626
联营经济	6 456	43 314	33 178	8 057	3 669
股份制经济	30 339	148 434	299 090	105 415	46 471
外商投资经济	17 233	173 148	311 144	87 138	31 247
中外合资经营企业	16 044	163 924	299 606	83 447	30 004
中外合作经营企业	834	8 034	11 152	3 524	1 126
外资企业	355	1 190	386	167	117
港澳台投资经济	11 733	85 964	172 732	86 420	38 125
与大陆合资经营企业	10 527	79 174	159 279	80 290	35 626
与大陆合作经营企业	75	708	2 548	1 115	645
港澳台独资企业	1 131	6 082	10 905	5 015	1 854
其他经济	175	168	764	499	89
在总计中:乡属企业	214 124	206 884	316 014	139 598	78 939
在总计中:"三资"企业	28 966	259 112	483 876	173 558	69 372
二、按轻重工业分					
轻工业	646 192	1 137 791	2 219 365	941 434	460 277
以农产品为原料	486 096	763 457	1 479 675	656 847	337 995
以非农产品为原料	160 096	374 334	739 690	284 587	122 282
重工业	1 394 133	3 216 025	5 656 332	2 171 091	720 279
采掘工业	260 657	443 966	455 654	121 470	52 945
原料工业	280 886	1 049 344	1 375 411	452 506	144 115
加工工业	852 590	1 722 715	3 825 267	1 597 115	523 219
三、按企业规模分					
大型企业	814 039	2 191 779	4 474 055	1 701 227	512 453
中型企业	289 819	543 633	1 000 784	432 477	193 954
小型企业	936 467	1 618 404	2 400 858	978 821	474 149

指　　标	全部职工年平均人数（人）	资本金合计	年末资产负债及所有者权益		
			流动资产合计	#存货	#产成品
四、按工业行业大中类分					
煤炭采选业	165 546	229 088	212 805	50 040	24 193
石油和天然气开采业	17 352	106 164	59 612	15 709	3 304
黑色金属矿采选业	4 512	5 918	9 474	2 259	1 739
有色金属矿采选业	44 069	77 962	151 832	45 239	18 462
非金属矿采选业	17 401	11 385	17 465	6 422	4 627
其他矿采选业	721	132	188	82	34
木材及竹材采运业	11 896	15 013	10 395	3 472	2 094
食品加工业	39 732	98 713	188 330	95 019	30 161
食品制造业	29 690	66 085	79 538	35 470	16 497
饮料制造业	25 020	77 022	110 984	50 533	20 354
烟草加工业	15 221	43 727	193 827	60 703	35 093
纺织业	201 650	221 951	519 008	234 966	140 083
服装及其他纤维制品制造业	29 939	29 932	56 532	26 864	16 059
皮革、毛皮、羽绒及其制品业	11 049	20 064	56 022	39 702	17 491
木材加工及竹、藤、棕、草制品业	17 743	28 524	27 318	12 209	7 559
家具制造业	10 975	9 483	20 566	10 643	5 301
造纸及纸制品业	52 257	66 853	110 318	45 779	29 167
印刷业、记录媒介的复制	48 141	78 960	75 600	32 337	14 514
文教体育用品制造业	3 537	4 706	6 905	3 373	1 641
石油加工及炼焦业	13 556	65 762	126 268	25 969	12 018
化学原料及化学制品制造业	114 053	222 613	366 320	136 300	65 625
医药制造业	37 603	81 773	255 355	86 579	36 416
化学纤维制造业	2 162	4 513	7 709	3 071	269
橡胶制品业	17 070	21 303	39 941	16 621	8 280
塑料制品业	21 904	59 117	61 293	26 249	13 393
非金属矿物制品业	169 375	218 859	316 214	112 240	60 389
黑色金属冶炼及压延加工业	63 069	118 665	325 808	156 105	53 666
有色金属冶炼及压延加工业	27 993	98 669	141 049	55 065	20 205
金属制品业	49 269	79 601	164 476	81 631	41 772
普通机械制造业	113 619	196 967	422 845	204 628	84 012
专用设备制造业	130 552	226 576	491 572	242 235	102 620
交通运输设备制造业	196 092	438 148	1 055 279	450 756	96 769
武器弹药制造业	43 781	68 430	120 615	46 254	12 106
电气机械及器材制造业	87 553	171 449	547 723	208 422	86 743
电子及通信设备制造业	75 968	294 902	732 989	279 789	65 191
仪器仪表及文化、办公用机械制造业	43 484	114 262	210 006	88 463	23 461
其他制造业	17 000	33 239	61 349	18 439	8 252
电力、蒸汽、热水的生产和供应业	58 231	564 740	489 972	99 470	520
煤气生产和供应业	1 808	9 891	9 651	1 097	60
自来水的生产和供应业	9 732	72 655	22 544	2 321	416

12—4 续表 4　　(1996 年)　　单位：万元

指标	年末资产负债及所有者权益				
	流动资产年平均余额	固定资产合计	固定资产原价合计	累计折旧	#本年折旧
总计	**7 357 478**	**8 914 970**	**10 771 690**	**3 168 937**	**494 260**
一、按经济类型分					
国有经济	5 774 132	7 798 159	9 474 596	2 843 077	420 781
中央企业	2 527 323	3 682 845	4 689 630	1 445 755	209 207
地方企业	3 246 809	4 115 314	4 784 966	1 397 322	211 574
省属企业	1 308 110	1 602 725	1 972 671	648 352	91 857
地属企业	1 291 342	1 614 922	1 875 655	535 780	77 586
县属企业	647 357	897 667	936 640	213 190	42 131
集体经济	872 672	684 712	826 113	215 778	44 029
省属企业	13 633	13 580	15 159	2 551	617
地属企业	81 896	53 299	49 067	17 390	2 114
县属企业	229 302	158 106	193 881	49 967	8 598
街道企业	56 192	38 024	50 378	13 731	3 900
镇属企业	98 167	92 050	112 381	28 242	6 527
乡属企业	274 885	273 227	333 092	84 253	18 230
其它企业	118 597	56 426	72 155	19 644	4 043
私营经济	8 535	8 526	8 479	1 141	461
联营经济	29 837	41 899	47 979	6 893	3 282
股份制经济	256 482	157 181	165 327	51 670	8 768
外商投资经济	266 500	129 262	151 582	31 113	10 232
中外合资经营企业	256 663	119 331	140 385	29 832	9 327
中外合作经营企业	9 453	8 945	10 100	1 158	828
外资企业	384	986	1 097	123	77
港澳台投资经济	148 678	94 975	97 221	19 129	6 693
与大陆合资经营企业	136 743	83 389	81 968	14 459	4 592
与大陆合作经营企业	3 001	1 135	1 267	133	38
港澳台独资企业	8 934	10 451	13 986	4 537	2 063
其他经济	642	256	393	136	14
在总计中：乡属企业	294 493	292 739	357 514	90 649	20 427
在总计中："三资"企业	415 178	224 237	248 803	50 242	16 925
二、按轻重工业分					
轻工业	2 118 629	2 079 997	2 440 268	629 665	108 493
以农产品为原料	1 460 795	1 524 688	1 789 196	444 832	76 979
以非农产品为原料	657 834	555 309	651 072	184 833	31 514
重工业	5 238 849	6 834 973	8 331 422	2 539 272	385 767
采掘工业	429 164	987 902	1 168 462	320 645	55 674
原料工业	1 190 508	2 517 757	3 008 852	875 064	144 057
加工工业	3 619 177	3 329 314	4 154 108	1 343 563	186 036
三、按企业规模分					
大型企业	4 193 258	5 161 094	6 519 143	2 047 482	298 677
中型企业	968 437	1 310 379	1 528 493	476 398	65 802
小型企业	2 195 783	2 443 497	2 724 054	645 057	129 781

12—4 续表 5　　(1996 年)　　单位:万元

指　标	年末资产负债及所有者权益				
	流动资产年平均余额	固定资产合计	固定资产原价合计	累计折旧	#本年折旧
四、按工业行业大中类分					
煤炭采选业	196 155	512 168	623 837	161 306	23 615
石油和天然气开采业	52 889	224 468	257 463	71 660	15 636
黑色金属矿采选业	7 766	9 472	11 858	3 498	505
有色金属矿采选业	151 618	207 473	235 749	71 679	13 779
非金属矿采选业	16 305	16 831	21 092	6 513	1 597
其他矿采选业	165	187	265	78	29
木材及竹材采运业	9 540	27 530	30 119	7 597	759
食品加工业	177 656	150 450	178 158	36 272	6 356
食品制造业	72 197	87 947	102 179	19 823	3 291
饮料制造业	107 081	156 626	161 623	43 547	7 086
烟草加工业	212 688	133 478	135 486	27 240	7 841
纺织业	523 653	601 073	761 397	219 754	31 743
服装及其他纤维制品制造业	50 849	34 915	43 495	11 483	1 224
皮革、毛皮、羽绒及其制品业	48 752	32 269	39 632	10 482	2 623
木材加工及竹、藤、棕、草制品业	25 126	45 521	52 613	9 007	1 517
家具制造业	18 316	13 954	15 168	3 941	790
造纸及纸制品业	113 791	124 964	138 155	31 492	5 905
印刷业、记录媒介的复制	70 942	120 207	144 669	32 611	8 605
文教体育用品制造业	6 421	3 296	4 497	1 656	196
石油加工及炼焦业	90 728	169 887	152 247	25 997	6 480
化学原料及化学制品制造业	346 341	536 519	633 275	197 475	34 702
医药制造业	222 523	141 488	163 848	49 568	7 118
化学纤维制造业	8 129	15 428	17 745	3 973	357
橡胶制品业	38 240	29 122	40 733	13 645	2 068
塑料制品业	58 290	65 671	70 796	17 197	4 540
非金属矿物制品业	294 563	469 086	536 532	143 434	33 776
黑色金属冶炼及压延加工业	305 424	399 447	383 796	110 467	15 407
有色金属冶炼及压延加工业	130 162	155 055	209 156	81 013	8 103
金属制品业	163 857	135 454	171 230	50 745	7 975
普通机械制造业	408 686	316 956	427 503	146 146	16 910
专用设备制造业	478 759	443 186	534 775	183 192	20 201
交通运输设备制造业	947 087	783 226	986 005	314 547	38 919
武器弹药制造业	116 617	308 401	320 955	68 626	6 118
电气机械及器材制造业	518 052	345 489	407 039	117 270	14 026
电子及通信设备制造业	693 305	423 982	597 616	229 122	43 938
仪器仪表及文化、办公用机械制造业	200 898	200 483	245 607	78 165	10 728
其他制造业	51 116	35 767	35 275	7 828	1 878
电力、蒸汽、热水的生产和供应业	390 388	1 336 959	1 754 513	528 729	83 415
煤气生产和供应业	8 642	10 224	12 351	2 440	349
自来水的生产和供应业	20 461	90 311	113 238	29 719	4 155

指 标	年末资产负债及所有者权益				
	固定资产净值年平均余额	资产总计	负债总计	#流动负债合计	所有者权益合计
总 计	**6 968 665**	**17 928 499**	**12 678 095**	**8 685 817**	**5 250 404**
一、按经济类型分					
国有经济	6 084 850	14 837 185	10 623 645	7 078 748	4 213 540
中央企业	2 890 895	6 834 973	4 381 920	2 674 423	2 453 054
地方企业	3 193 955	8 002 212	6 241 725	4 404 325	1 760 486
省属企业	1 284 090	3 150 906	2 569 679	1 821 972	581 227
地属企业	1 204 061	3 186 562	2 355 487	1 718 060	831 075
县属企业	705 804	1 664 744	1 316 559	864 293	348 184
集体经济	560 837	1 730 410	1 270 083	929 967	460 327
省属企业	12 760	28 984	27 175	16 996	1 809
地属企业	29 489	152 702	139 598	99 294	13 104
县属企业	137 072	446 847	357 286	277 170	89 561
街道企业	29 455	102 613	64 899	53 333	37 714
镇属企业	72 492	211 281	141 048	101 586	70 233
乡属企业	232 954	595 937	403 799	263 313	192 138
其它企业	46 615	192 046	136 278	118 275	55 768
私营经济	5 420	22 271	14 215	13 501	8 056
联营经济	38 903	88 862	56 621	44 936	32 241
股份制经济	101 532	490 301	300 509	257 946	189 792
外商投资经济	108 216	473 832	240 393	213 943	233 439
中外合资经营企业	99 568	450 117	224 890	202 619	225 228
中外合作经营企业	7 682	22 094	14 919	10 757	7 174
外资企业	966	1 621	584	567	1 037
港澳台投资经济	68 647	284 535	171 643	145 792	112 892
与大陆合资经营企业	60 963	258 252	154 770	132 281	103 482
与大陆合作经营企业	1 135	3 789	3 100	3 100	688
港澳台独资企业	6 549	22 494	13 773	10 411	8 722
其他经济	260	1 103	986	984	117
在总计中:乡属企业	248 641	638 524	433 247	286 532	205 277
在总计中:"三资"企业	176 863	758 367	412 036	359 735	346 331
二、按轻重工业分					
轻工业	1 683 643	4 658 861	3 573 791	2 704 491	1 085 070
以农产品为原料	1 250 755	3 293 270	2 699 396	2 011 533	593 874
以非农产品为原料	432 888	1 365 591	874 395	692 958	491 196
重工业	5 285 022	13 269 638	9 104 304	5 981 326	4 165 334
采掘工业	868 657	1 522 049	893 406	458 190	628 643
原料工业	1 920 760	4 147 633	2 868 380	1 494 598	1 279 253
加工工业	2 495 605	7 599 956	5 342 518	4 028 538	2 257 438
三、按企业规模分					
大型企业	4 035 838	10 336 702	7 171 047	4 748 464	3 165 655
中型企业	980 785	2 454 629	1 896 916	1 345 705	557 713
小型企业	1 952 042	5 137 168	3 610 132	2 591 648	1 527 036

12—4 续表 7　　　　　　　　(1996 年)　　　　　　　　单位:万元

指　　标	年末资产负债及所有者权益				
	固定资产净值年平均余额	资产总计	负债总计	#流动负债合计	所有者权益合计
四、按工业行业大中类分					
煤炭采选业	486 258	757 586	418 634	203 261	338 952
石油和天然气开采业	188 630	289 860	167 486	79 700	122 374
黑色金属矿采选业	7 622	19 516	15 019	9 226	4 497
有色金属矿采选业	157 544	390 863	263 110	146 717	127 753
非金属矿采选业	12 693	37 478	26 853	18 393	10 625
其他矿采选业	127	382	260	202	122
木材及竹材采运业	21 972	43 004	17 118	10 342	25 886
食品加工业	136 998	356 521	278 704	232 810	77 817
食品制造业	78 363	179 878	132 091	101 476	47 786
饮料制造业	113 052	297 375	228 926	157 660	68 449
烟草加工业	105 132	342 010	288 227	246 660	53 783
纺织业	507 968	1 287 395	1 177 020	847 587	110 375
服装及其他纤维制品制造业	29 660	95 615	69 617	57 452	25 997
皮革、毛皮、羽绒及其制品业	25 468	93 635	73 630	58 874	20 005
木材加工及竹、藤、棕、草制品业	36 682	76 051	50 383	32 776	25 668
家具制造业	10 494	35 831	27 434	21 504	8 397
造纸及纸制品业	92 832	247 867	205 668	137 686	42 199
印刷业、记录媒介的复制	103 039	210 644	121 306	75 016	89 338
文教体育用品制造业	2 772	11 012	8 280	6 615	2 732
石油加工及炼焦业	99 960	301 641	198 081	132 630	103 559
化学原料及化学制品制造业	394 619	940 691	656 962	446 731	283 729
医药制造业	93 915	411 342	256 389	195 455	154 953
化学纤维制造业	15 155	25 655	24 042	14 576	1 613
橡胶制品业	24 944	71 572	50 875	39 496	20 697
塑料制品业	50 619	144 375	107 810	77 707	36 566
非金属矿物制品业	386 282	828 480	647 423	394 966	181 057
黑色金属冶炼及压延加工业	257 680	745 717	620 970	423 330	124 747
有色金属冶炼及压延加工业	123 781	319 314	210 960	151 593	108 355
金属制品业	109 303	316 970	229 630	155 780	87 340
普通机械制造业	247 783	768 175	564 771	435 641	203 404
专用设备制造业	327 407	986 811	733 841	533 147	252 970
交通运输设备制造业	556 000	1 925 015	1 405 147	1 043 187	519 869
武器弹药制造业	246 938	439 544	238 118	150 209	201 427
电气机械及器材制造业	198 188	938 926	637 459	551 033	301 467
电子及通信设备制造业	352 754	1 318 271	946 957	794 733	371 314
仪器仪表及文化、办公用机械制造业	182 992	438 164	295 743	212 520	142 421
其他制造业	26 757	104 661	48 084	40 285	56 577
电力、蒸汽、热水的生产和供应业	1 067 465	1 995 009	1 195 374	420 336	799 635
煤气生产和供应业	9 560	20 124	10 640	10 420	9 484
自来水的生产和供应业	79 257	115 519	29 053	18 085	86 465

指　标	损益及分配				
	产品销售收入	产品销售成本	产品销售费用	产品销售税金及附加	产品销售利润
总　计	**8 326 983**	**6 524 077**	**284 675**	**217 966**	**1 227 342**
一、按经济类型分					
国有经济	6 026 803	4 733 495	130 078	185 499	913 861
中央企业	2 761 980	2 081 086	33 595	133 117	468 854
地方企业	3 264 823	2 652 409	96 483	52 382	445 007
省属企业	1 215 685	1 023 926	28 314	6 932	148 552
地属企业	1 324 468	1 066 213	42 291	33 559	173 698
县属企业	724 670	562 270	25 878	11 891	122 757
集体经济	1 360 443	1 099 764	61 402	26 584	165 179
省属企业	19 514	17 169	397	234	1 725
地属企业	57 176	44 981	2 084	553	8 898
县属企业	212 784	174 692	8 011	2 061	26 561
街道企业	124 630	102 553	6 172	2 739	12 971
镇属企业	187 152	151 645	8 344	4 067	21 762
乡属企业	615 424	494 333	31 447	14 901	72 976
其它企业	143 763	114 391	4 957	2 029	20 286
私营经济	24 940	18 653	2 001	5 343	3 270
联营经济	68 388	50 280	1 641	1 693	14 702
股份制经济	293 318	234 031	17 097	2 272	39 791
外商投资经济	357 664	225 640	63 061	283	68 077
中外合资经营企业	343 377	213 344	62 660	254	66 517
中外合作经营企业	13 566	11 604	355	10	1 596
外资企业	721	692	46	19	—36
港澳台投资经济	195 262	162 113	9 387	1 097	22 410
与大陆合资经营企业	183 944	153 361	9 039	937	20 352
与大陆合作经营企业	1 882	1 490	12	76	304
港澳台独资企业	9 436	7 262	336	84	1 754
其他经济	165	101	8	4	52
在总计中:乡属企业	670 228	536 639	34 717	15 958	81 069
在总计中:"三资"企业	552 926	387 753	72 448	1 380	90 487
二、按轻重工业分					
轻工业	2 729 460	2 161 686	152 529	132 807	261 493
以农产品为原料	1 921 248	1 558 097	77 494	127 436	138 306
以非农产品为原料	808 212	603 589	75 035	5 371	123 187
重工业	5 597 523	4 362 391	132 146	85 159	965 849
采掘工业	562 450	376 154	19 203	17 045	148 788
原料工业	1 742 076	1 437 192	27 905	48 065	182 331
加工工业	3 292 997	2 549 045	85 038	20 049	634 730
三、按企业规模分					
大型企业	4 345 253	3 328 565	119 082	133 218	707 391
中型企业	977 746	813 247	28 350	22 667	112 909
小型企业	3 003 984	2 382 265	137 243	62 081	407 042

12—4 续表 9　　(1996 年)　　单位:万元

指标	损益及分配				
	产品销售收入	产品销售成本	产品销售费用	产品销售税金及附加	产品销售利润
四、按工业行业大中类分					
煤炭采选业	221 807	153 232	10 193	4 748	52 750
石油和天然气开采业	115 599	73 866	1 319	7 550	32 864
黑色金属矿采选业	9 369	6 721	741	210	1 686
有色金属矿采选业	180 369	118 264	4 735	2 566	54 634
非金属矿采选业	24 040	18 051	1 683	635	3 599
其他矿采选业	244	191	8	10	35
木材及竹材采运业	16 684	9 533	719	1 308	5 011
食品加工业	315 538	292 977	9 807	1 796	10 258
食品制造业	134 054	110 759	8 065	939	14 142
饮料制造业	143 460	99 739	8 346	14 249	13 781
烟草加工业	277 861	162 599	2 194	100 939	12 004
纺织业	544 718	516 500	8 386	2 989	8 962
服装及其他纤维制品制造业	63 961	52 508	2 495	652	7 403
皮革、毛皮、羽绒及其制品业	53 791	43 034	1 626	642	8 411
木材加工及竹、藤、棕、草制品业	33 361	26 624	1 909	726	3 889
家具制造业	27 946	21 341	2 273	440	3 867
造纸及纸制品业	140 636	113 665	4 604	2 440	19 643
印刷业、记录媒介的复制	136 089	98 513	3 662	1 292	30 395
文教体育用品制造业	6 392	4 911	247	102	1 065
石油加工及炼焦业	224 105	176 839	3 098	15 376	27 661
化学原料及化学制品制造业	489 818	400 204	8 827	3 459	76 912
医药制造业	304 468	166 938	70 053	969	66 167
化学纤维制造业	8 379	7 865	177	43	294
橡胶制品业	43 926	35 085	1 828	768	6 233
塑料制品业	68 336	57 131	2 494	792	7 691
非金属矿物制品业	346 901	271 940	18 744	5 703	49 995
黑色金属冶炼及压延加工业	290 004	259 278	5 701	1 434	23 436
有色金属冶炼及压延加工业	160 796	137 854	2 553	831	19 447
金属制品业	156 277	121 096	6 334	1 679	26 011
普通机械制造业	287 842	210 716	12 855	2 664	61 313
专用设备制造业	345 895	267 674	11 639	2 510	63 837
交通运输设备制造业	782 486	591 466	17 502	3 141	168 465
武器弹药制造业	112 615	91 168	1 140	356	19 951
电气机械及器材制造业	538 957	430 436	23 055	2 649	82 783
电子及通信设备制造业	751 919	590 652	14 977	3 190	142 857
仪器仪表及文化、办公用机械制造业	120 379	88 563	5 538	825	25 449
其他制造业	55 757	42 100	1 817	967	10 858
电力、蒸汽、热水的生产和供应业	760 865	626 900	1 956	26 023	61 172
煤气生产和供应业	3 969	3 913	377	29	—350
自来水的生产和供应业	27 370	23 225	998	325	2 761

12—4 续表 10　　(1996 年)　　单位:万元

指标	损益及分配					本年应交增值税
	管理费用	利息支出	利润总额	亏损企业亏损总额	利税总额	
总计	**897 287**	**626 971**	**—114 882**	**479 208**	**482 146**	**379 062**
一、按经济类型分						
国有经济	731 794	531 254	—204 647	410352	269 410	288 558
中央企业	322 539	190 429	67 070	62 469	337 462	137 275
地方企业	409 255	340 825	—271 717	347 883	—68 052	151 283
省属企业	172 465	134 810	—147 311	163 770	—86 588	53 792
地属企业	157 093	139 437	—114 992	140 864	—19 219	62 214
县属企业	79 697	66 578	—9 414	43 249	37 755	35 277
集体经济	99 357	64 733	23 407	37 016	95 953	45 962
省属企业	2 631	670	—1 513	2 024	—87	1 192
地属企业	12 684	6 719	—5 720	9 062	—3 103	2 064
县属企业	24 869	15 621	—7 605	11 268	3 796	9 340
街道企业	6 883	3 143	3 461	1 047	10 294	4 094
镇属企业	8 695	9 209	7 074	3 055	17 079	5 938
乡属企业	27 719	25 659	24 011	6 408	55 040	16 128
其它企业	15 876	3 712	3 699	4 152	12 934	7 206
私营经济	1 722	618	963	20	2 095	597
联营经济	5 992	3 158	4 569	231	8 543	2 281
股份制经济	21 714	12 465	8 097	14 225	19 809	9 440
外商投资经济	26 914	6 149	44 344	12 432	70 748	26 121
中外合资经营企业	25 580	5 256	44 865	11 080	70 893	25 774
中外合作经营企业	1 158	879	—388	1 219	—59	319
外资企业	176	14	—133	133	—86	28
港澳台投资经济	9 776	8 558	8 392	4 922	15 579	6 090
与大陆合资经营企业	8 372	7 663	8 428	4 499	15 153	5 788
与大陆合作经营企业	57	247	2		130	52
港澳台独资企业	1 347	648	—38	423	296	250
其他经济	18	36	—7	10	9	13
在总计中:乡属企业	31 207	27 714	26 979	6 858	60 430	17 493
在总计中:"三资"企业	36 690	14 707	52 736	17 354	86 327	32 211
二、按轻重工业分						
轻工业	235 974	183 516	—109 028	221 223	146 188	122 409
以农产品为原料	166 322	145 415	—136 055	182 697	70 789	79 409
以非农产品为原料	69 652	38 101	27 027	38 526	75 399	43 000
重工业	661 313	443 455	—5 854	257 985	335 958	256 653
采掘工业	101 261	34 271	20 308	24 207	77 009	39 655
原料工业	116 812	121 525	15 069	60 937	165 962	102 829
加工工业	443 240	287 659	—41 231	172 841	92 987	114 169
三、按企业规模分						
大型企业	496 499	337 043	—52 150	225 306	298 777	217 709
中型企业	127 909	102 081	—66 999	103 058	—810	43 523
小型企业	272 879	187 847	4 267	150 844	184 179	117 830

12—4 续表 11　　(1996 年)　　单位:万元

指　　标	损益及分配					本年应交增值税
	管理费用	利息支出	利润总额	亏损企业亏损总额	利税总额	
四、按工业行业大中类分						
煤炭采选业	51 578	12 169	−12 230	18 502	11 445	18 926
石油和天然气开采业	10 758	9 861	14 140	171	35 268	13 579
黑色金属矿采选业	1 010	926	−133	505	564	487
有色金属矿采选业	31 205	10 861	17 672	4 409	25 762	5 525
非金属矿采选业	2 369	947	342	794	2 042	1 065
其他矿采选业	19	16	4		22	8
木材及竹材采运业	4 963	314	1 020	49	2 621	292
食品加工业	17 376	17 644	−18 688	23 342	−14 462	2 430
食品制造业	10 360	6 611	−1 972	6 132	4 382	5 415
饮料制造业	12 033	10 980	−8 764	9 929	12 882	7 397
烟草加工业	16 685	8 803	2 336	997	120 071	16 795
纺织业	60 309	70 521	−120 128	122 713	−93 651	23 488
服装及其他纤维制品制造业	6 785	3 804	−2 409	4 112	-64	1 820
皮革、毛皮、羽绒及其制品业	4 906	4 029	1 821	2 712	3 357	894
木材加工及竹、藤、棕、草制品业	3 407	3 215	−1 662	2 987	379	1 315
家具制造业	2 289	1 194	602	926	2 191	1 149
造纸及纸制品业	12 430	11 394	−2 125	5 758	5 934	5 620
印刷业、记录媒介的复制	14 445	6 236	12 428	2 709	20 934	7 214
文教体育用品制造业	993	396	−20	264	400	318
石油加工及炼焦业	6 917	7 388	16 650	154	43 592	11 566
化学原料及化学制品制造业	61 232	34 277	−10 238	20 722	6 950	13 730
医药制造业	23 382	9 853	39 644	7 390	67 149	26 535
化学纤维制造业	993	1 169	−1 754	1 775	−1 356	354
橡胶制品业	5 158	2 706	−1 264	2 390	1 016	1 512
塑料制品业	6 767	5 372	−3 359	5 188	−1 219	1 349
非金属矿物制品业	39 626	37 053	−21 750	31 560	3 847	19 893
黑色金属冶炼及压延加工业	22 262	23 338	−19 899	22 019	−11 015	7 449
有色金属冶炼及压延加工业	11 930	11 943	−1 868	7 367	7 170	8 208
金属制品业	20 182	11 745	−4 037	7 334	3 953	6 312
普通机械制造业	46 071	26 877	−4 721	18 328	11 498	13 555
专用设备制造业	61 824	35 156	−27 184	33 178	−8 387	16 288
交通运输设备制造业	107 425	70 146	−3 184	22 938	19 119	19 162
武器弹药制造业	20 850	13 288	−6 955	7 112	5 024	1 575
电气机械及器材制造业	51 795	35 219	3 500	10 277	25 136	18 987
电子及通信设备制造业	76 830	63 415	8 400	52 183	44 051	32 461
仪器仪表及文化、办公用机械制造业	25 521	14 200	−7 243	12 807	−2 428	3 989
其他制造业	3 568	2 375	6 220	1 400	9 784	2 597
电力、蒸汽、热水的生产和供应业	34 821	41 496	43 191	6 468	126 665	57 451
煤气生产和供应业	1 037	−19	−32	42	169	172
自来水的生产和供应业	5 176	53	−1 233	1 565	1 271	2 180

12—5　独立核算国有工业企业主要经济指标

（1996 年）　　　　单位:万元

指　　标	企业单位数（个）	#亏损企业	工业总产值 现行价格	工业总产值 1990年不变价格	工业增加值（生产法）
总　　计	**2 677**	**1 067**	**6 436 657**	**5 044 327**	**2 146 217**
一、按经济类型分					
中央企业	243	81	2 938 288	2 413 700	1 162 426
地方企业	2 434	986	3 498 369	2 630 627	983 791
省属企业	268	121	1 263 102	991 679	304 050
地属企业	520	255	1 368 114	1 008 294	379 899
县属企业	1 646	610	867 153	630 654	299 842
二、按轻重工业分					
轻工业	1 242	546	1 699 361	1 343 798	482 867
以农产品为原料	913	421	1 451 120	1 130 513	420 249
以非农产品为原料	329	125	248 241	213 285	62 618
重工业	1 435	521	4 737 296	3 700 529	1 663 350
采掘工业	250	62	492 866	296 051	236 012
原料工业	404	125	1 408 246	746 962	549 894
加工工业	781	334	2 836 184	2 657 516	877 444
三、按企业规模分					
大型企业	191	79	4 141 415	3 479 667	1 457 711
中型企业	244	139	1 007 620	703 622	275 988
小型企业	2 242	849	1 287 622	861 038	412 518
四、按工业行业大中类分					
煤炭采选业	102	26	194 044	137 984	85 745
石油和天然气开采业	32	1	127 493	40 477	75 552
黑色金属矿采选业	9	6	3 134	2 040	868
有色金属矿采选业	68	19	153 806	104 550	66 597
非金属矿采选业	20	9	7 014	5 484	2 807
其他矿采选业	1	0	157	142	44
木材及竹材采运业	22	3	14 846	10 677	6 802
食品加工业	265	131	241 027	127 908	43 245
食品制造业	164	65	58 341	37 626	16 415
饮料制造业	72	36	119 515	74 449	43 421

12—5 续表 1　　　　　　　　(1996 年)　　　　　　　　单位:万元

指　　标	企业单位数(个)	#亏损企业	工业总产值		工业增加值(生产法)
			现行价格	1990 年不变价格	
烟草加工业	17	5	331 917	299 477	173 670
纺织业	111	75	481 162	427 944	62 211
服装及其他纤维制品制造业	38	11	20 000	16 592	5 608
皮革、毛皮、羽绒及其制品业	14	8	24 678	14 230	9 884
木材加工及竹、藤、棕、草制品业	38	15	8 173	7 353	4 015
家具制造业	23	12	3 417	2 565	1 139
造纸及纸制品业	59	25	61 554	46 119	16 277
印刷业、记录媒介的复制	98	35	81 525	61 237	34 335
文教体育用品制造业	6	1	456	418	—403
石油加工及炼焦业	20	2	207 826	79 124	53 833
化学原料及化学制品制造业	159	58	420 624	287 947	118 019
医药制造业	87	34	121 416	105 972	37 177
化学纤维制造业	4	3	8 484	7 495	1 064
橡胶制品业	15	7	25 761	20 748	6 055
塑料制品业	35	15	16 683	13 982	3 560
非金属冶炼及压延加工业	244	93	216 593	165 926	66 435
黑色金属冶炼及压延加工业	35	19	254 457	147 119	47 468
有色金属冶炼及压延加工业	24	10	120 380	98 298	23 150
金属制品业	57	30	67 843	47 693	20 453
普通机械制造业	109	50	196 067	190 094	56 357
专用设备制造业	169	82	270 567	233 160	74 829
交通运输设备制造业	108	30	740 749	727 589	192 331
武器弹药制造业	7	2	108 611	91 874	16 220
电气机械及器材制造业	58	28	239 377	242 425	58 881
电子及通信设备制造业	44	25	747 408	789 942	333 229
仪器仪表及文化、办公用机械制造业	37	19	86 842	94 891	20 764
其他制造业	28	6	7 775	3 529	4 283
电力、蒸汽、热水的生产和供应业	165	34	615 008	264 054	351 509
煤气生产和供应业	6	1	3 358	1 284	336
自来水的生产和供应业	107	36	27 585	13 909	12 032

12—5 续表 2　　(1996 年)　　单位:万元

指　　标	全部职工年平均人数(人)	资本金合计	年末资产负债及所有者权益		
			流动资产合计	#存货	#产成品
总　计	**1 458 877**	**3 350 364**	**6 095 217**	**2 387 859**	**828 643**
一、按经济类型分					
中央企业	518 082	1 601 062	2 757 304	1 018 471	262 413
地方企业	940 795	1 749 302	3 337 913	1 369 388	566 230
省属企业	361 418	565 170	1 301 525	560 772	219 907
地属企业	319 812	798 100	1 361 325	542 429	211 001
县属企业	259 565	386 032	675 063	266 187	135 322
二、按轻重工业分					
轻工业	384 785	689 665	1 286 496	547 093	268 669
以农产品为原料	300 258	486 163	1 031 519	443 200	225 595
以非农产品为原料	84 527	203 502	254 977	103 893	43 074
重工业	1 074 092	2 660 699	4 808 721	1 840 766	559 974
采掘工业	207 766	386 164	394 561	104 109	42 314
原料工业	211 414	954 910	1 200 243	384 044	106 941
加工工业	654 912	1 319 625	3 213 917	1 352 613	410 719
三、按企业规模分					
大型企业	800 193	2 120 846	4 156 481	1 597 743	471 709
中型企业	278 799	507 389	935 665	408 659	181 846
小型企业	379 885	722 129	1 003 071	381 457	175 088
四、按工业行业大中类分					
煤炭采选业	143 382	211 151	193 162	44 593	21 342
石油和天然气开采业	14 926	89 060	52 423	15 577	3 304
黑色金属矿采选业	1 708	3 560	4 049	763	546
有色金属矿采选业	30 205	65 668	132 651	38 561	14 326
非金属矿采选业	6 726	4 082	8 772	3 336	2 507
其他矿采选业	681	85	159	67	21
木材及竹材采运业	11 804	14 989	10 359	3 460	2 082
食品加工业	26 211	74 716	144 798	74 999	23 449
食品制造业	17 331	44 375	43 309	18 380	9 035
饮料制造业	18 746	33 195	85 802	39 808	16 252

12—5 续表 3　　　　　　　　(1996 年)　　　　　　　　单位:万元

指　　　标	全部职工年平均人数(人)	资本金合计	年末资产负债及所有者权益		
			流动资产合计	#存　货	#产成品
烟草加工业	14 877	43 198	189 669	60 106	34 520
纺织业	164 723	172 751	399 576	172 395	99 495
服装及其他纤维制品制造业	7 028	7 938	19 587	9 621	5 609
皮革、毛皮、羽绒及其制品业	4 953	8 869	25 272	18 894	10 068
木材加工及竹、藤、棕、草制品业	4 456	15 929	8 793	3 414	2 143
家具制造业	1 414	1 487	3 935	1 682	814
造纸及纸制品业	20 208	25 213	54 254	21 113	15 119
印刷业、记录媒介的复制	17 679	51 087	43 173	18 732	8 037
文教体育用品制造业	342	814	1 208	698	515
石油加工及炼焦业	9 877	58 779	108 425	20 122	10 348
化学原料及化学制品制造业	88 284	177 777	286 292	103 266	46 690
医药制造业	26 260	33 338	92 353	43 744	17 982
化学纤维制造业	2 054	4 284	7 545	2 976	249
橡胶制品业	10 780	9 654	25 143	9 525	4 610
塑料制品业	4 098	9 821	13 158	5 954	3 727
非金属矿物制品业	86 553	154 726	226 323	72 408	39 119
黑色金属冶炼及压延加工业	51 477	99 512	289 859	138 555	43 382
有色金属冶炼及压延加工业	21 024	88 418	108 943	42 646	14 356
金属制品业	21 584	36 777	90 114	46 942	25 859
普通机械制造业	78 835	139 342	326 042	161 536	62 366
专用设备制造业	103 661	167 308	399 439	199 052	84 579
交通运输设备制造业	180 631	416 825	1 023 139	434 435	89 233
武器弹药制造业	43 781	68 430	120 615	46 254	12 106
电气机械及器材制造业	52 495	83 969	324 152	113 644	38 924
电子及通信设备制造业	63 372	200 001	548 719	222 618	47 662
仪器仪表及文化、办公用机械制造业	37 473	91 171	167 908	73 940	16 782
其他制造业	2 677	5 600	4 462	1 653	608
电力、蒸汽、热水的生产和供应业	55 330	554 652	479 834	99 067	460
煤气生产和供应业	1 738	9 571	9 346	1 000	0
自来水的生产和供应业	9 493	72 242	22 455	2 314	417

12—5 续表 4　　(1996 年)　　单位:万元

指　标	年末资产负债及所有者权益				
	流动资产年平均余额	固定资产合计	固定资产原值合计	累计折旧	#本年折旧
总　计	**5 774 132**	**7 798 159**	**9 474 596**	**2 843 077**	**420 781**
一、按经济类型分					
中央企业	2 527 323	3 682 845	4 689 630	1 445 755	209 207
地方企业	3 246 809	4 115 314	4 784 966	1 397 322	211 574
省属企业	1 308 110	1 602 726	1 972 671	648 352	91 857
地属企业	1 291 341	1 614 922	1 875 655	535 780	77 586
县属企业	647 358	897 666	936 640	213 190	42 131
二、按轻重工业分					
轻工业	1 301 734	1 530 722	1 814 501	426 262	73 909
以农产品为原料	1 074 146	1 181 698	1 398 093	361 676	57 079
以非农产品为原料	227 588	349 024	416 408	114 586	16 830
重工业	4 472 398	6 267 437	7 660 095	2 366 815	346 872
采掘工业	374 714	908 264	1 074 606	301 448	49 929
原料工业	1 031 575	2 349 638	2 825 118	826 634	134 019
加工工业	3 066 109	3 009 535	3 760 371	1 238 733	162 924
三、按企业规模分					
大型企业	3 928 893	5 059 351	6 404 177	2 011 913	291 375
中型企业	903 710	1 263 966	1 482 744	464 942	63 042
小型企业	941 529	1 474 842	1 587 675	366 222	66 364
四、按工业行业大中类分					
煤炭采选业	179 049	482 124	589 413	154 452	22 043
石油和天然气开采业	46 427	200 103	228 874	67 075	13 150
黑色金属矿采选业	3 553	6 786	8 275	2 390	344
有色金属矿采选业	133 450	194 496	219 485	67 615	13 078
非金属矿采选业	8 626	8 297	10 855	4 327	967
其他矿采选业	151	176	251	75	28
木材及竹材采运业	9 514	27 501	30 084	7 589	757
食品加工业	138 605	117 549	139 579	29 579	4 266
食品制造业	39 641	57 886	67 113	12 483	1 514
饮料制造业	83 424	99 805	105 546	33 619	4 336

12—5 续表 5　　(1996 年)　　单位:万元

指标	年末资产负债及所有者权益				
	流动资产年平均余额	固定资产合计	固定资产原值合计	累计折旧	#本年折旧
烟草加工业	208 531	132 963	134 897	27 129	7 836
纺织业	426 007	539 318	685 753	201 345	28 823
服装及其他纤维制品制造业	18 656	15 153	20 646	5 702	408
皮革、毛皮、羽绒及其制品业	24 515	14 619	18 906	5 305	666
木材加工及竹、藤、棕、草制品业	8 257	26 498	30 790	4 938	489
家具制造业	3 526	2 304	2 630	715	95
造纸及纸制品业	64 859	69 293	71 636	15 676	1 995
印刷业、记录媒介的复制	41 215	92 949	108 013	24 917	6 469
文教体育用品制造业	936	656	1 064	439	27
石油加工及炼焦业	75 157	157 527	143 308	23 821	6 056
化学原料及化学制品制造业	273 061	479 369	558 400	172 159	30 819
医药制造业	82 106	95 782	103 458	26 655	3 499
化学纤维制造业	8 010	15 260	17 608	3 946	351
橡胶制品业	25 813	17 693	26 211	10 224	1 224
塑料制品业	11 928	13 870	14 824	4 036	491
非金属矿物制品业	214 156	365 716	414 809	107 798	26 861
黑色金属冶炼及压延加工业	271 312	365 125	352 651	105 277	14 045
有色金属冶炼及压延加工业	101 629	137 485	189 954	76 876	7 080
金属制品业	93 583	89 134	114 506	36 133	4 561
普通机械制造业	320 743	266 811	361 554	126 940	12 408
专用设备制造业	392 759	393 493	471 890	165 230	16 202
交通运输设备制造业	917 593	762 118	960 458	309 092	37 854
武器弹药制造业	116 617	308 401	320 955	68 626	6 118
电气机械及器材制造业	324 917	248 725	305 570	88 046	8 953
电子及通信设备制造业	529 804	371 537	539 677	219 294	39 580
仪器仪表及文化、办公用机械制造业	161 045	188 370	230 858	74 270	9 923
其他制造业	4 079	8 055	8 505	1 311	202
电力、蒸汽、热水的生产和供应业	383 127	1 325 611	1 741 014	525 977	82 793
煤气生产和供应业	8 367	9 730	11 856	2 352	335
自来水的生产和供应业	20 384	89 871	112 720	29 644	4 135

指　　标	年末资产负债及所有者权益				
	固定资产净值年平均余额	资产总计	负债总计	#流动负债合计	所有者权益合计
总　计	**6 084 850**	**14 837 185**	**10 623 645**	**7 078 748**	**4 213 540**
一、按经济类型分					
中央企业	2 890 895	6 834 973	4 381 920	2 674 423	2 453 054
地方企业	3 193 955	8 002 212	6 241 725	4 404 325	1 760 486
省属企业	1 284 089	3 150 906	2 569 679	1 821 972	581 227
地属企业	1 204 062	3 186 562	2 355487	1 718 060	831 075
县属企业	705 804	1 664 744	1 316 559	864 293	348 184
二、按轻重工业分					
轻工业	1 252 895	3 095 991	2 548 829	1 889 158	547 162
以农产品为原料	977 553	2 455 260	2 098 309	1 555 596	356 951
以非农产品为原料	275 342	640 731	450 520	333 562	190 211
重工业	4 831 955	11 741 194	8 074 816	5 189 590	3 666 378
采掘工业	799 516	1 374 379	802 485	404 700	571 894
原料工业	1 796 824	3 779 531	2 581 286	1 295 411	1 198 245
加工工业	2 235 615	6 587 284	4 691 045	3 489 479	1 896 239
三、按企业规模分					
大型企业	3 962 170	9 906 958	6 940 132	4 537 856	2 966 826
中型企业	947 748	2 321 413	1 801 437	1 281 292	519 976
小型企业	1 174 932	2 608 814	1 882 076	1 259 600	726 738
四、按工业行业大中类分					
煤炭采选业	460 362	705 482	384 506	184 861	320 976
石油和天然气开采业	165 893	255 390	148 007	71 538	107 384
黑色金属矿采选业	5 758	10 975	9 101	4 615	1 873
有色金属矿采选业	145 641	358 199	244 181	132 080	114 019
非金属矿采选业	6 208	19 637	15 841	11 213	3 796
其他矿采选业	117	342	230	174	112
木材及竹材采运业	21 950	42 938	17 090	10 321	25 848
食品加工业	107 012	277 654	223 673	193 916	53 981
食品制造业	53 360	109 554	81 882	64 562	27 671
饮料制造业	76 357	207 070	184 151	125 008	22 919

12—5 续表 7　　　　(1996 年)　　　　单位:万元

指　　标	年末资产负债及所有者权益				
	固定资产净值年平均余额	资产总计	负债总计	#流动负债合计	所有者权益合计
烟草加工业	104 655	337 217	284 002	242 435	53 215
纺织业	452 029	1 097 629	1 021 204	724 127	76 425
服装及其他纤维制品制造业	14 473	36 631	26 291	22 424	10 340
皮革、毛皮、羽绒及其制品业	11 852	43 528	34 273	25 421	9 255
木材加工及竹、藤、棕、草制品业	21 304	36 877	21 604	16 414	15 273
家具制造业	1 843	6 373	5 428	4 283	945
造纸及纸制品业	46 379	128 146	116 298	77 327	11 848
印刷业、记录媒介的复制	76 358	143 823	78 561	42 992	65 262
文教体育用品制造业	638	2 167	1 362	1 158	806
石油加工及炼焦业	94 100	270 438	172 274	112 644	98 164
化学原料及化学制品制造业	346 278	794 426	547 529	363 049	246 897
医药制造业	62 701	195 784	156 720	112 555	39 064
化学纤维制造业	15 032	25 294	23 897	14 431	1 397
橡胶制品业	14 547	43 939	34 684	28 434	9 255
塑料制品业	11 775	28 823	22 071	16 827	6 752
非金属矿物制品业	301 409	619 531	495 044	306 786	124 487
黑色金属冶炼及压延加工业	234 995	673 456	565 977	379 906	107 479
有色金属冶炼及压延加工业	112 094	267 111	169 162	115 564	97 949
金属制品业	71 062	186 662	142 610	88 637	44 051
普通机械制造业	207 311	615 120	456 640	348 568	158 481
专用设备制造业	284 054	837 149	645 827	458 837	191 322
交通运输设备制造业	540 491	1 865 995	1 366 125	1 011 496	499 870
武器弹药制造业	246 938	439 545	238 118	150 209	201 427
电气机械及器材制造业	131 895	602 436	425 952	361 905	176 484
电子及通信设备制造业	312 548	1 052 142	770 062	627 021	282 080
仪器仪表及文化、办公用机械制造业	172 961	380 345	262 353	181 975	117 992
其他制造业	6 962	12 918	7 238	5 115	5 680
电力、蒸汽、热水的生产和供应业	1 057 530	1 972 164	1 184 677	412 083	787 487
煤气生产和供应业	9 154	19 289	10 043	9 823	9 245
自来水的生产和供应业	78 824	114 986	28 957	18 014	86 029

12—5 续表 8　　(1996 年)　　单位:万元

指　　标	损益及分配				
	产品销售收入	产品销售成本	产品销售费用	产品销售税金及附加	产品销售利润
总　计	**6 026 803**	**4 733 495**	**130 078**	**185 499**	**913 861**
一、按经济类型分					
中央企业	2 761 980	2 081 086	33 595	133 117	468 854
地方企业	3 264 823	2 652 409	96 483	52 382	445 007
省属企业	1 215 685	1 023 926	28 314	6 932	148 552
地属企业	1 324 468	1 066 213	42 291	33 559	173 698
县属企业	724 670	562 270	25 878	11 891	122 757
二、按轻重工业分					
轻工业	1 520 081	1 234 681	44 866	119 916	105 750
以农产品为原料	1 299 586	1 054 854	32 958	118 172	78 815
以非农产品为原料	220 495	179 827	11 908	1 544	26 935
重工业	4 506 722	3 498 814	85 212	65 783	808 111
采掘工业	425 431	277 030	11 155	11 357	125 708
原料工业	1 487 160	1 223 850	18 472	44 338	154 413
加工工业	2 594 131	1 997 934	55 585	10 088	527 990
三、按企业规模分					
大型企业	3 990 702	3 101 748	66 362	132 390	633 539
中型企业	895 891	746 061	22 148	22 164	104 991
小型企业	1 140 210	885 686	41 568	30 945	175 331
四、按工业行业大中类分					
煤炭采选业	178 834	123 909	7 421	2 367	45 080
石油和天然气开采业	93 096	57 460	568	6 214	28 854
黑色金属矿采选业	2 909	1 777	184	85	864
有色金属矿采选业	135 241	84 865	2 234	1 374	46 756
非金属矿采选业	5 366	3 758	253	110	1 244
其他矿采选业	154	118	6	2	28
木材及竹材采运业	16 557	9 448	706	1 303	4 986
食品加工业	214 320	203 362	6 397	494	3 946
食品制造业	50 793	40 451	3 138	329	6 845
饮料制造业	109 013	70 978	4 476	13 069	12 960

12—5 续表 9　　　　(1996 年)　　　　单位:万元

指　　标	损益及分配				
	产品销售收入	产品销售成本	产品销售费用	产品销售税金及附加	产品销售利润
烟草加工业	273 423	159 072	2 155	100 889	11 181
纺织业	455 888	436 683	5 307	2 029	4 868
服装及其他纤维制品制造业	23 574	20 280	582	102	2 605
皮革、毛皮、羽绒及其制品业	16 582	11 964	781	17	3 820
木材加工及竹、藤、棕、草制品业	4 320	3 615	176	100	428
家具制造业	2 761	2 071	62	38	590
造纸及纸制品业	44 753	35 826	883	249	7 796
印刷业、记录媒介的复制	84 364	60 499	1 011	591	22 092
文教体育用品制造业	1 152	744	17	17	374
石油加工及炼焦业	205 048	160 871	2 139	15 094	25 841
化学原料及化学制品制造业	379 648	304 707	4 812	1 905	67 947
医药制造业	101 173	72 331	13 367	692	14 563
化学纤维制造业	8 144	7 703	168	28	246
橡胶制品业	23 306	19 085	773	341	3 107
塑料制品业	14 020	12 137	328	41	1 515
非金属矿物制品业	198 655	151 857	10 928	1 765	33 972
黑色金属冶炼及压延加工业	227 415	203 957	3 337	817	19 211
有色金属冶炼及压延加工业	116 156	98 869	1 590	524	15 172
金属制品业	57 542	41 698	2 093	371	13 090
普通机械制造业	185 568	136 110	7 275	1 023	41 152
专用设备制造业	249 734	189 482	7 735	1 206	51 294
交通运输设备制造业	733 708	551 058	15 224	2 123	163 454
武器弹药制造业	112 615	91 168	1 140	356	19 951
电气机械及器材制造业	295 455	239 113	7 216	560	48 565
电子及通信设备制造业	542 340	412 533	9 608	2 550	108 559
仪器仪表及文化、办公用机械制造业	84 271	59 970	2 570	564	21 164
其他制造业	4 687	3 794	293	111	489
电力、蒸汽、热水的生产和供应业	743 532	614 491	1 702	25 713	56 869
煤气生产和供应业	3 711	3 752	269	17	—328
自来水的生产和供应业	26 975	22 929	956	319	2 711

12—5 续表 10　　(1996 年)　　单位:万元

指　标	损益及分配					本年应交增值税
	管理费用	利息支出	利润总额	亏损企业亏损总额	利税总额	
总　计	**731 794**	**531 254**	**−204 647**	**410 352**	**269 410**	**288 558**
一、按经济类型分						
中央企业	322 539	190 429	67 070	62 469	337 462	137 275
地方企业	409 255	340 825	−271 717	347 883	−68 052	151 283
省属企业	172 465	134 810	−147 311	163 770	−86 588	53 792
地属企业	157 093	139 437	−114 992	140 864	−19 219	62 214
县属企业	79 697	66 578	−9 414	43 249	37 755	35 277
二、按轻重工业分						
轻工业	157 398	134 219	−162 488	185 788	28 038	70 810
以农产品为原料	124 152	113 308	−138 229	158 183	38 789	58 846
以非农产品为原料	33 246	20 911	−24 259	27 605	−10 751	11 964
重工业	574 396	397 035	−42 159	224 564	241 372	217 748
采掘工业	93 243	29 282	10 533	22 741	56 528	34 638
原料工业	102 742	108 012	11 436	55 398	148 364	92 591
加工工业	378 411	259 741	−64 128	146 425	36 480	90 519
三、按企业规模分						
大型企业	477 820	329 707	−105 011	225 250	221 801	194 422
中型企业	122 513	97 370	−66 749	99 454	−3 810	40 774
小型企业	131 461	104 177	−32 887	85 648	51 419	53 362
四、按工业行业大中类分						
煤炭采选业	48 865	10 854	−16 161	18 030	3 242	17 037
石油和天然气开采业	9 243	8 052	13 851	19	32 563	12 498
黑色金属矿采选业	626	655	−332	389	11	258
有色金属矿采选业	28 818	9 902	13 243	3 868	18 991	4 375
非金属矿采选业	1 471	421	−514	611	27	430
其他矿采选业	18	12	1	0	8	5
木材及竹材采运业	4 960	311	1 007	49	2 597	287
食品加工业	13 556	13 959	−18 647	20 727	−16 715	1 439
食品制造业	6 750	4 118	−4 413	5 253	−1 249	2 835
饮料制造业	9 292	8 450	−4 313	4 789	15 345	6 588

12—5 续表 11　　(1996 年)　　单位:万元

指　　标	损益及分配					本年应交增值税
	管理费用	利息支出	利润总额	亏损企业亏损总额	利税总额	
烟草加工业	16 356	8 412	2 224	997	119 489	16 376
纺织业	53 197	62 817	－113 380	113 778	－90 290	21 060
服装及其他纤维制品制造业	2 123	1 764	－2 180	2 276	－1 663	415
皮革、毛皮、羽绒及其制品业	2 931	1 427	266	1 367	690	407
木材加工及竹、藤、棕、草制品业	1 724	1 561	－2 038	2 154	－1 665	273
家具制造业	472	177	－121	144	－12	71
造纸及纸制品业	5 589	6 152	－3 929	4 084	－1 208	2 473
印刷业、记录媒介的复制	10 325	3 483	8 849	2 022	14 340	4 900
文教体育用品制造业	290	87	16	2	114	81
石油加工及炼焦业	6 140	6 161	16 184	141	41 922	10 644
化学原料及化学制品制造业	52 714	28 734	－6 337	13 840	5 541	9 973
医药制造业	10 806	8 795	－3 961	5 578	2 354	5 622
化学纤维制造业	983	1 149	－1 775	1 775	－1 399	349
橡胶制品业	3 180	1 905	－1 735	2 124	－842	552
塑料制品业	1 271	935	－216	636	－501	－326
非金属矿物制品业	30 763	29 263	－23 686	26 780	－7 248	14 673
黑色金属冶炼及压延加工业	20 068	21 695	－20 880	21 320	－14 168	5 896
有色金属冶炼及压延加工业	9 693	9 838	－2 282	6 653	5 266	7 024
金属制品业	11 875	6 728	－4 848	5 407	－1 707	2 770
普通机械制造业	36 464	22 177	－12 085	15 846	－986	10 075
专用设备制造业	51 254	31 610	－26 783	29 069	－13 283	12 297
交通运输设备制造业	103 397	68 262	－2 905	21 094	16 685	17 467
武器弹药制造业	20 850	123 288	－6 955	7 112	－5 024	1 575
电气机械及器材制造业	32 149	25 718	－5 188	6 940	6 115	10 742
电子及通信设备制造业	62 271	57 940	－6 730	48 069	22 033	26 213
仪器仪表及文化、办公用机械制造业	21 545	13 400	－6 946	9 209	－3 749	2 633
其他制造业	693	386	－225	347	－66	48
电力、蒸汽、热水的生产和供应业	33 903	40 652	40 526	6 284	122 425	56 186
煤气生产和供应业	1 004	－44	5	5	182	160
自来水的生产和供应业	5 165	48	－1 254	1 564	1 242	2 177

12—6 独立核算工业企业主要经济效益指标

（1996年）　　　　单位：%

指标	工业增加值率	工业产品销售率	资产负债率	资金利税率	产值利税率
总　计	**28.51**	**95.02**	**70.71**	**3.37**	**5.24**
一、按经济类型分					
国有经济	29.10	96.33	71.60	2.27	4.19
中央企业	34.21	97.63	64.11	6.23	11.48
地方企业	24.73	95.25	78.00	−1.06	−1.95
省属企业	20.95	95.81	81.55	−3.34	−6.86
地属企业	24.17	97.71	73.92	−0.77	−1.40
县属企业	31.40	90.54	79.08	2.79	4.35
集体经济	28.49	91.34	73.40	6.69	5.65
省属企业	26.46	97.75	93.76	−0.33	−0.58
地属企业	21.34	95.24	91.42	−2.79	−4.78
县属企业	29.32	89.24	79.96	1.04	1.24
街道企业	27.53	95.84	63.25	12.02	6.21
镇属企业	25.79	88.28	66.76	10.01	7.04
乡属企业	27.76	91.37	67.76	10.84	7.43
其它企业	37.88	92.95	70.96	7.83	7.99
私营经济	18.97	88.93	63.83	15.01	9.42
联营经济	35.44	96.60	63.72	12.43	11.52
股份制经济	21.16	93.54	61.29	5.53	6.26
外商投资经济	32.67	92.20	50.73	18.88	17.93
中外合资经营企业	33.22	92.03	49.96	19.90	18.67
中外合作经营企业	17.53	97.04	67.53	−0.35	−0.42
外资企业	23.31	91.33	36.03	−6.40	−11.05
港澳台投资经济	15.08	92.58	60.32	7.17	6.10
与大陆合资经营企业	13.87	92.30	59.93	7.66	6.27
与大陆合作经营企业	34.72	78.04	81.83	3.13	5.37
港澳台独资企业	36.52	101.61	61.23	1.91	2.60
其他经济	27.15	84.77	89.43	0.99	5.19
在总计中：乡属企业	26.78	91.45	67.85	11.13	7.61
在总计中："三资"企业	25.94	92.35	54.33	14.58	13.28
二、按轻重工业分					
轻工业	25.13	93.99	76.71	3.84	4.59
以农产品为原料	26.23	93.81	81.97	2.61	3.16
以非农产品为原料	22.53	94.39	64.03	6.91	8.01
重工业	30.29	95.57	68.61	3.19	5.59
采掘工业	41.68	96.32	58.70	5.93	11.85
原料工业	32.75	96.06	69.16	5.33	9.72
加工工业	27.14	95.20	70.30	1.52	2.54
三、按企业规模分					
大型企业	30.07	97.93	69.37	3.63	6.60
中型企业	23.83	94.65	77.28	−0.04	−0.08
小型企业	27.91	91.47	70.27	4.44	5.12

12—6 续表 1 （1996 年） 单位：%

指　　标	工　业 增加值率	工业产品 销售率	资　产 负债率	资　金 利税率	产　值 利税率
四、按工业行业大中类分					
煤炭采选业	39.51	98.33	55.26	1.68	4.71
石油和天然气开采业	52.85	99.13	57.78	14.60	23.31
黑色金属矿采选业	31.91	91.16	76.96	3.66	5.07
有色金属矿采选业	36.89	93.37	67.32	8.33	12.55
非金属矿采选业	33.49	89.76	71.65	7.04	6.78
其他矿采选业	25.62	60.65	68.12	7.55	9.08
木材及竹材采运业	45.02	90.94	39.81	8.32	17.47
食品加工业	18.93	93.29	78.17	—4.60	—4.01
食品制造业	24.52	94.99	73.43	2.91	2.97
饮料制造业	25.33	95.52	76.98	5.85	8.37
烟草加工业	44.73	96.73	84.27	37.78	35.84
纺织业	13.93	96.92	91.43	—9.08	—15.07
服装及其他纤维制品制造业	32.22	88.73	72.81	0.08	0.08
皮革、毛皮、羽绒及其制品业	32.25	84.98	78.63	4.52	4.77
木材加工及竹、藤、棕、草制品业	38.59	85.25	66.25	0.61	0.87
家具制造业	30.35	89.47	76.56	7.61	5.91
造纸及纸制品业	25.15	86.91	82.98	2.87	3.22
印刷业、记录媒介的复制	35.07	96.84	57.59	12.03	14.47
文教体育用品制造业	21.66	82.97	75.19	4.35	5.71
石油加工及炼焦业	23.07	98.51	65.67	22.86	19.08
化学原料及化学制品制造业	25.01	92.83	69.84	0.94	1.26
医药制造业	36.66	91.97	62.33	21.22	19.54
化学纤维制造业	11.04	92.19	93.71	—5.82	—15.47
橡胶制品业	26.57	94.36	71.08	1.61	1.99
塑料制品业	27.53	89.05	74.67	—1.12	—1.46
非金属矿物制品业	31.00	93.59	78.15	0.56	0.95
黑色金属冶炼及压延加工业	16.89	94.12	83.27	—1.96	—3.41
有色金属冶炼及压延加工业	18.50	94.65	66.07	2.82	4.02
金属制品业	22.70	93.13	72.45	1.45	2.13
普通机械制造业	27.51	95.49	73.52	1.75	3.56
专用设备制造业	23.13	93.09	74.36	—1.04	—2.20
交通运输设备制造业	23.19	97.15	72.99	1.27	2.40
武器弹药制造业	14.04	99.64	54.17	—1.38	—4.63
电气机械及器材制造业	21.18	96.22	67.89	3.51	4.80
电子及通信设备制造业	32.40	94.88	71.83	4.21	4.34
仪器仪表及文化、办公用机械制造业	20.83	98.66	67.50	—0.63	—2.14
其他制造业	27.04	90.55	45.04	12.05	14.09
电力、蒸汽、热水的生产和供应业	48.43	98.32	59.92	8.69	19.99
煤气生产和供应业	9.25	108.30	52.87	0.93	4.79
自来水的生产和供应业	41.97	98.40	25.15	1.27	4.55

12—6续表2 (1996年)

指　　标	工　业 成本费用 利润率(%)	工业全员 劳　动 生产率 (元/人)	流动资产 周　转 次　数 (次)	每百元固 定资产 实现利税 (元)	每百元销 售收入 实现利税 (元)
总　　计	**-1.38**	**14 585**	**1.13**	**4.48**	**5.79**
一、按经济类型分					
国有经济	-3.34	14 711	1.04	2.84	4.47
中央企业	2.55	22 437	1.09	7.20	12.22
地方企业	-7.77	10 457	1.01	-1.42	-2.08
省属企业	-10.84	8 413	0.93	-4.39	-7.12
地属企业	-8.18	11 879	1.03	-1.02	-1.45
县属企业	-1.28	11 552	1.12	4.03	5.21
集体经济	1.77	10 332	1.56	11.61	7.05
省属企业	-7.25	10 319	1.43	-0.58	-0.45
地属企业	-8.61	4 130	0.70	-6.32	-5.43
县属企业	-3.41	9 517	0.93	1.96	1.78
街道企业	2.91	20 329	2.22	20.43	8.26
镇属企业	3.98	12 359	1.91	15.20	9.13
乡属企业	4.15	10 638	2.24	16.52	8.94
其它企业	2.66	9 100	1.21	17.93	9.00
私营经济	4.19	9 743	2.92	24.71	8.40
联营经济	7.48	44 527	2.29	17.81	12.49
股份制经济	2.84	25 638	1.14	11.98	6.75
外商投资经济	13.78	86 006	1.34	46.67	19.78
中外合资经营企业	14.62	90 568	1.34	50.50	20.65
中外合作经营企业	-2.78	32 374	1.44	-0.59	-0.44
外资企业	-14.37	5 817	1.88	-7.87	-11.97
港澳台投资经济	4.42	36 185	1.31	16.02	7.98
与大陆合资经营企业	4.72	35 071	1.35	18.49	8.24
与大陆合作经营企业	0.09	122 260	0.63	10.22	6.89
港澳台独资企业	-0.39	40 846	1.06	2.12	3.14
其他经济	-4.47	3 783	0.26	2.27	5.38
在总计中:乡属企业	4.28	10 713	2.28	16.90	9.02
在总计中:"三资"企业	10.31	65 825	1.33	34.70	15.61
二、按轻重工业分					
轻工业	-3.99	13 967	1.29	5.99	5.36
以农产品为原料	-6.99	13 591	1.32	3.96	3.68
以非农产品为原料	3.44	15 110	1.23	11.58	9.33
重工业	-0.10	14 871	1.07	4.03	6.00
采掘工业	3.83	11 491	1.31	6.59	13.69
原料工业	0.88	23 052	1.46	5.52	9.53
加工工业	-1.23	13 210	0.91	2.24	2.82
三、按企业规模分					
大型企业	-1.22	19 347	1.04	4.58	6.88
中型企业	-6.25	10 118	1.01	-0.05	-0.08
小型企业	0.14	11 828	1.37	6.76	6.13

12—6 续表 3　　　　　　　　(1996 年)

指　　标	工业成本费用利润率(%)	工业全员劳动生产率(元/人)	流动资金周转次数(次)	每百元固定资产实现利税(元)	每百元销售收入实现利税(元)
四、按工业行业大中类分					
煤炭采选业	−5.38	6 640	1.13	1.83	5.16
石油和天然气开采业	14.76	51 345	2.19	13.70	30.51
黑色金属矿采选业	−1.42	8 447	1.21	4.75	6.02
有色金属矿采选业	10.71	18 328	1.19	10.93	14.28
非金属矿采选业	1.48	6 212	1.47	9.68	8.49
其他矿采选业	1.50	956	1.48	8.31	9.02
木材及竹材采运业	6.57	5 785	1.75	8.70	15.71
食品加工业	−5.53	18 145	1.78	−8.12	−4.58
食品制造业	−1.45	13 740	1.86	4.29	3.27
饮料制造业	−6.68	18 097	1.34	7.97	8.98
烟草加工业	1.23	114 029	1.31	88.62	43.21
纺织业	−18.32	4 902	1.04	−12.30	−17.19
服装及其他纤维制品制造业	−3.67	9 695	1.26	0.15	0.10
皮革、毛皮、羽绒及其制品业	3.40	21 616	1.10	8.47	6.24
木材加工及竹、藤、棕、草制品业	−4.73	10 092	1.33	0.72	1.14
家具制造业	2.22	11 233	1.53	14.45	7.84
造纸及纸制品业	−1.50	9 753	1.24	4.30	4.22
印刷业、记录媒介的复制	10.12	12 126	1.92	14.47	15.38
文教体育用品制造业	−0.31	4 847	1.00	8.88	6.25
石油加工及炼焦业	8.57	44 958	2.47	28.63	19.45
化学原料及化学制品制造业	−2.03	13 295	1.41	1.10	1.42
医药制造业	14.67	38 783	1.37	40.98	22.05
化学纤维制造业	−17.19	5 295	1.03	−7.64	−16.19
橡胶制品业	−2.82	8 932	1.15	2.49	2.31
塑料制品业	−4.68	11 534	1.17	−1.72	−1.78
非金属矿物制品业	−5.92	8 140	1.18	0.72	1.11
黑色金属冶炼及压延加工业	−6.41	9 980	0.95	−2.87	−3.80
有色金属冶炼及压延加工业	−1.14	13 574	1.24	3.43	4.46
金属制品业	−2.53	9 529	0.95	2.31	2.53
普通机械制造业	−1.59	8 926	0.70	2.69	3.99
专用设备制造业	−7.22	7 713	0.72	−1.57	−2.42
交通运输设备制造业	−0.40	10 539	0.83	1.94	2.44
武器弹药制造业	−5.50	3 705	0.97	−1.57	−4.46
电气机械及器材制造业	0.65	14 701	1.04	6.18	4.66
电子及通信设备制造业	1.13	50 769	1.08	7.37	5.86
仪器仪表及文化、办公用机械制造业	−5.41	6 417	0.60	−0.99	−2.02
其他制造业	12.47	12 323	1.02	27.74	17.55
电力、蒸汽、热水的生产和供应业	6.12	62 358	1.95	7.22	16.65
煤气生产和供应业	−0.61	2 079	0.46	1.37	4.26
自来水的生产和供应业	−4.19	12 493	1.34	1.12	4.64

12—7 独立核算国有工业企业主要经济效益指标

(1996年)

单位:%

指标	工业增加值率	工业产品销售率	资产负债率	资金利税率	产值利税率
总计	**29.10**	**96.33**	**71.60**	**2.27**	**4.19**
一、按经济类型分					
中央企业	34.21	97.63	64.11	6.23	11.48
地方企业	24.73	95.25	78.00	−1.06	−1.95
省属企业	20.95	95.81	81.55	−3.34	−6.86
地属企业	24.17	97.71	73.92	−0.77	−1.40
县属企业	31.40	90.54	79.08	2.79	4.35
二、按轻重工业分					
轻工业	24.96	95.10	82.33	1.10	1.65
以农产品为原料	25.47	95.17	85.46	1.89	2.67
以非农产品为原料	22.05	94.70	70.31	−2.14	−4.33
重工业	30.57	96.78	68.77	2.59	5.10
采掘工业	42.67	97.08	58.39	4.81	11.47
原料工业	33.38	97.53	68.30	5.25	10.54
加工工业	27.07	96.35	71.21	0.69	1.29
三、按企业规模分					
大型企业	30.43	97.89	70.05	2.81	5.36
中型企业	24.01	94.95	77.60	−0.21	−0.38
小型企业	28.73	92.42	72.14	2.43	3.99
四、按工业行业大中类分					
煤炭采选业	37.84	99.68	54.50	0.51	1.67
石油和天然气开采业	52.68	98.97	57.95	15.34	25.54
黑色金属矿采选业	24.28	94.46	82.93	0.12	0.36
有色金属矿采选业	40.47	92.99	68.17	6.80	12.35
非金属矿采选业	36.20	86.76	80.67	0.18	0.38
其他矿采选业	24.73	49.74	67.31	2.96	5.04
木材及竹材采运业	44.98	90.98	39.80	8.25	17.49
食品加工业	16.84	91.36	80.56	−6.81	−6.93
食品制造业	24.77	92.65	74.74	−1.34	−2.14
饮料制造业	31.33	96.48	88.93	9.60	12.84
烟草加工业	45.26	96.78	84.22	38.15	36.00
纺织业	11.18	98.52	93.04	−10.28	−18.77

12—7 续表 1　　(1996 年)　　单位：%

指　　标	工　业 增加值率	工业产品 销 售 率	资　产 负债率	资　金 利税率	产　值 利税率
服装及其他纤维制品制造业	25.42	89.20	71.77	−5.02	−8.32
皮革、毛皮、羽绒及其制品业	37.98	70.89	78.74	1.90	2.80
木材加工及竹、藤、棕、草制品业	45.68	76.92	58.58	−5.63	−20.37
家具制造业	30.83	84.58	85.17	−0.22	−0.35
造纸及纸制品业	23.48	84.35	90.75	−1.09	−1.96
印刷业、记录媒介的复制	36.03	100.22	54.62	12.20	17.59
文教体育用品制造业	−62.01	86.72	62.83	7.23	24.96
石油加工及炼焦业	22.32	98.95	63.70	24.77	20.17
化学原料及化学制品制造业	25.86	93.17	68.92	0.89	1.32
医药制造业	26.48	90.24	80.05	1.63	1.94
化学纤维制造业	10.59	92.04	94.48	−6.07	−16.49
橡胶制品业	20.90	94.62	78.94	−2.09	−3.27
塑料制品业	19.57	87.10	76.58	−2.11	−3.00
非金属矿物制品业	26.94	95.84	79.91	−1.41	−3.35
黑色金属冶炼及压延加工业	15.95	95.35	84.04	−2.80	−5.57
有色金属冶炼及压延加工业	16.42	102.22	63.33	2.46	4.37
金属制品业	26.95	89.74	76.40	−1.04	−2.52
普通机械制造业	24.60	97.13	74.24	−0.19	−0.50
专用设备制造业	23.99	92.97	77.15	−1.96	−4.91
交通运输设备制造业	23.27	97.32	73.21	1.14	2.25
武器弹药制造业	14.04	99.64	54.17	−1.38	−4.63
电气机械及器材制造业	20.78	97.99	70.70	1.34	2.55
电子及通信设备制造业	37.36	97.45	73.19	2.62	2.95
仪器仪表及文化、办公用机械制造业	20.39	99.21	68.98	−1.12	−4.32
共他制造业	51.92	97.49	56.03	−0.60	−0.85
电力、蒸汽、热水的生产和供应业	48.16	98.32	60.07	8.50	19.87
煤气生产和供应业	8.63	109.22	52.07	1.04	5.41
自来水的生产和供应业	42.07	98.06	25.18	1.25	4.50

12—7 续表 2 (1996 年)

指标	工业成本费用利润率（%）	工业全员劳动生产率（元/人）	流动资产周转次数（次）	每百元固定资产实现利税（元）	每百元销售收入实现利润（元）
总计	**—3.34**	**14 711**	**1.04**	**2.84**	**4.47**
一、按经济类型分					
中央企业	2.55	22 437	1.09	7.20	12.22
地方企业	—7.77	10 457	1.01	—1.42	—2.08
省属企业	—10.84	8 413	0.93	—4.39	—7.12
地属企业	—8.18	11 879	1.03	—1.02	—1.45
县属企业	—1.28	11 552	1.12	4.03	5.21
二、按轻重工业分					
轻工业	—10.34	12 549	1.17	1.55	1.84
以农产品为原料	—10.43	13 996	1.21	2.77	2.98
以非农产品为原料	—9.87	7 408	0.97	—2.58	—4.88
重工业	—0.93	15 486	1.01	3.15	5.36
采掘工业	2.56	11 359	1.14	5.26	13.29
原料工业	0.79	26 010	1.44	5.25	9.98
加工工业	—2.38	13 398	0.85	0.97	1.41
三、按企业规模分					
大型企业	—2.64	18 217	1.02	3.46	5.56
中型企业	—6.76	9 899	0.99	—0.26	—0.43
小型企业	—2.83	10 859	1.21	3.24	4.51
四、按工业行业大中类分					
煤炭采选业	—8.46	5 980	1.00	0.55	1.81
石油和天然气开采业	18.39	50 618	2.01	14.23	34.98
黑色金属矿采选业	—10.24	5 083	0.82	0.14	0.38
有色金属矿采选业	10.53	22 048	1.01	8.65	14.04
非金属矿采选业	—8.70	4 174	0.62	0.24	0.49
其他矿采选业	0.32	645	1.03	3.14	5.12
木材及竹材采运业	6.53	5 762	1.74	8.63	15.69
食品加工业	—7.86	16 499	1.55	—11.98	—7.80
食品制造业	—8.10	9 471	1.28	—1.86	—2.46
饮料制造业	—4.62	23 163	1.31	14.54	14.08
烟草加工业	1.20	116 737	1.31	88.58	43.70
纺织业	—20.32	3 777	1.07	—13.17	—19.81

12—7 续表 3 (1996 年)

指标	工业成本费用利润率(%)	工业全员劳动生产率(元/人)	流动资产周转次数(次)	每百元固定资产实现利税(元)	每百元销售收入实现利润(元)
服装及其他纤维制品制造业	−8.81	7 979	1.26	−8.06	−7.06
皮革、毛皮、羽绒及其制品业	1.56	19 955	0.68	3.65	4.16
木材加工及竹、藤、棕、草制品业	−28.20	9 011	0.52	−5.41	−38.53
家具制造业	−4.34	8 058	0.78	−0.45	−0.43
造纸及纸制品业	−8.11	8 055	0.69	−1.69	−2.70
印刷业、记录媒介的复制	11.75	19 421	2.05	13.28	17.00
文教体育用品制造业	1.40	−11 787	1.23	10.69	9.87
石油加工及炼焦业	9.23	54 504	2.73	29.25	20.44
化学原料及化学制品制造业	−1.62	13 368	1.39	0.99	1.46
医药制造业	−3.76	14 157	1.23	2.28	2.33
化学纤维制造业	−17.74	5 178	1.02	−7.94	−17.17
橡胶制品业	−6.96	5 617	0.90	−3.21	−3.61
塑料制品业	−1.47	8 687	1.18	−3.38	−3.57
非金属矿物制品业	−10.63	7 676	0.93	−1.75	−3.65
黑色金属冶炼及压延加工业	−8.38	9 221	0.84	−4.02	−6.23
有色金属冶炼及压延加工业	−1.90	11 011	1.14	2.77	4.53
金属制品业	−7.77	9 476	0.61	−1.49	−2.97
普通机械制造业	−5.98	7 149	0.58	−0.27	−0.53
专用设备制造业	−9.56	7 219	0.64	−2.81	−5.32
交通运输设备制造业	−0.39	10 648	0.80	1.74	2.27
武器弹药制造业	−5.50	3 705	0.97	−1.57	−4.46
电气机械及器材制造业	−1.71	11 217	0.91	2.00	2.07
电子及通信设备制造业	−1.22	52 583	1.02	4.08	4.06
仪器仪表及文化、办公用机械制造业	−7.13	5 541	0.52	−1.62	−4.45
其他制造业	−4.35	15 998	1.15	−0.77	−1.41
电力、蒸汽、热水的生产和供应业	5.87	63 529	1.95	7.03	16.47
煤气生产和供应业	0.10	1 931	0.44	1.53	4.90
自来水的生产和供应业	−4.31	12 675	1.32	1.10	4.60

12—8 主要工业产品产量

（1996年）

产品名称	单位	产量	产品名称	单位	产量
原煤	万吨	4 614	机制纸及纸板	万吨	85.46
炼焦用洗精煤	万吨	155	# 机制纸	万吨	50.09
原油	万吨	221	机制纸板	万吨	35.36
天然气（油田天然气）	万立方米	1 531	原油加工量	万吨	195.70
铁矿石原矿量	万吨	201	汽油	万吨	59.50
钼精矿折合量（折纯钼45%）	吨	19 556	煤油	万吨	1.31
硫铁矿生产量（折含硫35%）	万吨	49.50	柴油	万吨	67.16
磷矿石生产量（所含 P_2O_5 30%）	万吨	21.19	润滑油	万吨	0.92
原盐	万吨	5.79	燃料油	万吨	36.02
木材	万立方米	116.06	液化气	万吨	6.87
石棉	吨	15 598	焦炭	万吨	272.07
食用植物油	吨	130 267	硫酸（折100%）	万吨	58.65
糖	吨	824	轴承	万套	812.28
乳制品	吨	29 711	盐酸（含量31%以上）	万吨	9.09
# 奶粉	吨	24 181	磷酸（含量85%以上）	万吨	7.91
罐头	吨	29 786	硼酸	吨	1 966
饮料酒	吨	279 276	氢氧化钠（烧碱）	吨	8.30
# 白酒	吨	56 626	无水碳酸钠（纯碱）	吨	7.94
啤酒	吨	180 605	电石（折合量）	万吨	16.62
葡萄酒	吨	7 175	合成氨	万吨	86.01
卷烟	万箱	121.47	农用化肥（折纯）	万吨	83.21
纱	万吨	12.72	氮肥	万吨	55.87
布	万米	73 241.24	磷肥	万吨	27.03
印染布	万米	23 808.28	钾肥	万吨	0.31
毛线	吨	1 436	化学农药（折纯）	吨	1 558
呢绒	万米	691.57	油漆	吨	19 772
毛毯	万条	15.46	塑料树脂及共聚物	吨	25 287
丝	吨	1 242	肥皂	吨	11 759
丝织品	万米	2 185.97	合成洗涤剂	吨	41 517
锯材	万立方米	39.47	牙膏	万支	863.13
人造板	万立方米	16.80	化学原料药	吨	10 968
# 胶合板	万立方米	5.45	中成药	吨	4 444
木质纤维板	万立方米	5.69	化学纤维	吨	22 306
刨花板	万立方米	1.46	轮胎外胎	万条	14.37
家具	万件	1 085.30			

12—8 续表　　　　　　(1996 年)

产品名称	单位	产量	产品名称	单位	产量
轮胎内胎	万条	10.12	工业泵	台	10 628
手推车外胎	万条	12.00	农业泵	台	28 806
自行车外胎	万条	23.00	风　机	台	9 294
水　泥	万吨	915.89	矿山设备	吨	5 494
砖	亿块	242.89	冶炼设备	吨	2 548
瓦	亿片	16.67	金属轧制设备	吨	8 310
油　毡	万卷	45.48	石油钻采设备	吨	10 215
平板玻璃	万重量箱	308.89	小型拖拉机	台	19 829
卫生陶瓷	万件	0.63	汽　车	辆	10 032
日用陶瓷	万件	5 196.94	摩托车	辆	18 567
玻璃纤维纱	吨	2.86	自行车	万辆	18 410
玻璃纤维布	万米	2 638.33	发电设备	台	1 611
生　铁	万吨	107.49		千瓦	64 391
钢	万吨	54.07	交流电动机	万千瓦	105.26
成品钢材	万吨	47.98	变压器	万千伏安	1 381.58
铁合金	万吨	8.79	家用洗衣机	万台	7.86
铜	吨	2 996	家用电冰箱	万台	56.18
铝	吨	41 315	房间空调器	万台	6.33
锌	吨	19 696	灯　泡	万只	12 278.57
铅	吨	7 929	微型电子计算机	部	10 918
日用搪瓷制品	吨	2 745	电子管	万只	572.77
日用精铝制品	吨	494	#彩色显象管	万只	565.76
工业锅炉	台	993	电视机	万部	62.39
	蒸发量吨	2 861	#彩色电视机	万部	54.01
内燃机生产量	万千瓦	38.05	组合音响	部	1 116
金属切削机床	台	3 185	收音机	部	81 034
# 数控机床	台	376	表	万只	48.75
高精度机床	台	104	地　毯	万平方米	93.75
大型机床	台	77	发电量	亿千瓦小时	268.68
锻压机械	台	439	# 火电	亿千瓦小时	235.80
起重运输设备	吨	1 268	水电	亿千瓦小时	32.88
叉车	吨	912	铁路货车	辆	3 068
泵	台	48 932	推土机	台	257

12—9 主要产品生产能力

(1996 年)

产品名称	单位	生产能力	产品名称	单位	生产能力
铁矿石开采	万吨	184.15	塑料	万吨	3.39
铁矿选矿处理能力	万吨	207.93	化学农药	吨	1 495
炼　铁	万吨	128.78	重型汽车	辆	13 400
炼　钢	万吨	106.95	手扶拖拉机	台	40 000
钢　材	万吨	133.21	化学纤维	吨	41 000
铁合金	万吨	12.42	机制纸及纸板	万吨	62
铜:采　矿	万吨	27.50	缝纫机(按两班)	万架	71.18
电解铜	吨	3 220	自行车(按两班)	万辆	30
电解铝	吨	50 800	手表	万只	204
钼:采　矿	万吨	660	水泥	万吨	1 034
选　矿	万吨	660	日用搪瓷制品	吨	7 938
发电设备装机容量	万千瓦	545.96	合成洗涤剂	万吨	8.03
水　电	万千瓦	123.36	原盐	万吨	11.79
火　电	万千瓦	422.60	卷烟(按两班)	万箱	162.34
6000千瓦及以上电厂	万千瓦	515.62	工业锅炉	蒸吨	9 939
# 火电	万千瓦	408.90	内燃机	万千瓦	147.62
原煤开采	万吨	5 225	交整流电动机	万千瓦	333
机　焦	万吨	184.66	印染布	万米	60 582
原油开采	万吨	222.48	电视机	万台	197
原油加工	万吨	230.00	# 彩色电视机	万台	172
硫　酸	万吨	53.25	家用洗衣机	万台	29
纯　碱	万吨	8.50	彩色显象管	万只	700
烧　碱	万吨	8.25	轮胎外胎	万条	42.00
农用化肥	万吨	106.76	油漆	万吨	6.76
氮肥	万吨	83.66	合成氨	万吨	114.4
磷肥	万吨	23.11	微型计算机	万台	10
金属切削机床	台	6 349			

12—10 各地市乡及乡以上工业企业单位数

(1996年)　　单位:个

地　区	工业企业单位数	国有经济	集体经济	其他经济类型	轻工业	重工业
全　省	**13 677**	**3 149**	**9 794**	**734**	**6 077**	**7 600**
关　中	**8 691**	**1 792**	**6 418**	**481**	**3 818**	**4 873**
西安市	3 738	678	2 754	306	1 632	2 106
铜川市	597	111	465	21	234	363
宝鸡市	1 685	355	1 252	78	720	965
咸阳市	1 235	311	878	46	539	696
渭南市	1 436	337	1 069	30	693	743
陕　南	**3 480**	**775**	**2 629**	**76**	**1 587**	**1 893**
汉中市	1 654	317	1 289	48	724	930
安康地区	1 059	226	823	10	557	502
商洛地区	767	232	517	18	306	461
陕　北	**1 506**	**582**	**747**	**177**	**672**	**834**
延安市	632	288	317	27	277	355
榆林地区	874	294	430	150	395	479

12—11 各地市乡及乡以上工业总产值

(1996年)　　单位:万元

地　区	工业总产值	国有经济	集体经济	其他经济类型	轻工业	重工业
全　省	**9 527 333**	**6 714 800**	**1 736 817**	**1 075 716**	**3 238 207**	**6 289 126**
关　中	**7 678 820**	**5 277 963**	**1 404 229**	**996 628**	**2 675 491**	**5 003 329**
西安市	3 389 963	2 147 159	737 182	505 622	1 236 220	2 153 743
铜川市	298 476	223 718	71 337	3 421	45 104	253 372
宝鸡市	1 301 950	860 168	195 809	245 973	584 646	717 304
咸阳市	1 770 442	1 336 867	221 585	211 990	563 856	1 206 586
渭南市	917 989	710 051	178 316	29 622	245 665	672 324
陕　南	**1 116 023**	**833 182**	**256 154**	**26 687**	**431 083**	**684 940**
汉中市	778 318	602 718	159 533	16 067	310 287	468 031
安康地区	201 890	137 519	56 323	8 056	87 514	114 384
商洛地区	135 807	92 945	40 298	2 564	33 282	102 525
陕　北	**732 490**	**603 655**	**76 434**	**52 401**	**131 633**	**600 857**
延安市	531 391	482 978	34 903	13 510	64 533	466 858
榆林地区	201 099	120 677	41 531	38 891	67 100	133 999

12—12 各地市独立核算工业企业工业增加值

(1996 年) 单位:万元

地　区	工业增加值	国有经济	集体经济	其他经济类型	轻工业	重工业
全　省	**2 975 834**	**2 146 217**	**527 668**	**301 949**	**902 557**	**2 073 277**
关　中	**2 330 914**	**1 650 495**	**411 578**	**268 841**	**700 589**	**1 630 325**
西安市	890 903	549 607	187 006	154 290	292 418	598 485
铜川市	117 099	830 004	32 747	1 348	17 921	99 178
宝鸡市	396 718	274 526	66 756	55 436	185 618	211 100
咸阳市	583 648	461 519	72 966	49 163	141 123	442 525
渭南市	342 546	281 839	52 103	8 604	63 509	279 037
陕　南	**400 362**	**300 097**	**85 551**	**14 714**	**151 508**	**248 854**
汉中市	271 534	206 448	58 893	6 193	118 238	153 296
安康地区	93 881	69 301	16 638	7 942	25 621	68 260
商洛地区	34 947	24 348	10 020	579	7 649	27 298
陕　北	**244 558**	**195 625**	**30 539**	**18 394**	**50 460**	**194 098**
延安市	179 257	162 623	16 584	50	31 619	147 638
榆林地区	65 301	33 002	13 955	18 344	18 841	46 460

12—13 各地市独立核算工业企业职工人数

(1996 年) 单位:万人

地　区	全部职工年平均人数	国有经济	集体经济	其他经济类型	轻工业	重工业
全　省	**204**	**146**	**51**	**7**	**66**	**138**
关　中	**163**	**118**	**39**	**6**	**52**	**111**
西安市	74	52	20	2	25	49
铜川市	12	10	2	0	2	10
宝鸡市	27	19	6	2	9	18
咸阳市	26	19	6	1	10	16
渭南市	24	18	5	1	6	18
陕　南	**29**	**20**	**9**	**0**	**9**	**20**
汉中市	19	14	5	0	5	14
安康地区	5	3	2	0	3	2
商洛地区	5	3	2	0	1	4
陕　北	**12**	**8**	**3**	**1**	**5**	**7**
延安市	6	4	1	1	2	4
榆林地区	6	4	2	0	3	3

12—14 各地市独立核算工业企业产品销售收入

(1996 年)　　单位:万元

地　　区	产品销售收入	国有经济	集体经济	其他经济类型	轻工业	重工业
全　　省	**8 326 983**	**6 026 803**	**1 360 443**	**939 737**	**2 729 460**	**5 597 523**
关　　中	**6 816 352**	**4 836 334**	**1 096 853**	**883 165**	**2 305 900**	**4 510 452**
西 安 市	3 239 046	2 138 460	605 430	495 156	1 106 815	2 132 231
铜 川 市	234 857	205 734	27 304	1 819	21 075	213 782
宝 鸡 市	1 185 679	796 489	164 082	225 108	526 130	659 549
咸 阳 市	1 454 933	1 141 072	173 809	140 052	477 002	977 931
渭 南 市	701 837	554 579	126 228	21 030	174 878	526 959
陕　　南	**958 284**	**741 016**	**196 808**	**20 460**	**325 695**	**632 589**
汉 中 市	684 878	553 479	119 418	11 981	234 658	450 220
安康地区	164 470	111 878	45 806	6 786	68 148	96 322
商洛地区	108 936	75 659	31 584	1 693	22 889	86 047
陕　　北	**552 347**	**449 453**	**66 782**	**36 112**	**97 865**	**454 482**
延 安 市	357 765	328 378	29 250	137	44 374	313 391
榆林地区	194 582	121 075	37 532	35 975	53 491	141 091

12—15 各地市独立核算工业企业资产总计

(1996 年)　　单位:万元

地　　区	资产总计	国有经济	集体经济	其他经济类型	轻工业	重工业
全　　省	**17 928 499**	**14 837 185**	**1 730 410**	**1 360 904**	**4 658 861**	**13 269 638**
关　　中	**14 618 399**	**11 953 355**	**1 410 669**	**1 254 375**	**3 872 420**	**10 745 980**
西 安 市	7 268 451	5 807 565	724 483	736 403	1 977 354	5 291 097
铜 川 市	701 541	631 367	66 538	3 636	62 528	639 013
宝 鸡 市	2 307 254	1 822 893	190 596	293 765	752 544	1 554 711
咸 阳 市	2 699 006	2 296 837	234 884	167 285	717 225	1 981 781
渭 南 市	1 642 147	1 394 693	194 168	53 286	362 769	1 279 378
陕　　南	**2 183 480**	**1 895 428**	**239 252**	**48 800**	**557 751**	**1 625 728**
汉 中 市	1 360 021	1 197 834	144 478	17 709	364 455	995 565
安康地区	572 576	487 289	58 135	27 152	137 168	435 408
商洛地区	250 883	210 305	36 639	3 939	56 128	194 755
陕　　北	**1 126 620**	**988 402**	**80 489**	**57 729**	**228 690**	**897 930**
延 安 市	686 968	648 964	37 341	663	97 994	588 974
榆林地区	439 652	339 438	43 148	57 066	130 696	308 956

12—16 大中型工业企业在全省工业中的地位

（1996 年）　　单位：万元

指　　标	企业单位数（个）	#亏损企业	工业总产值（现价）	工业增加值（生产法）
一、绝对数				
大中型企业合计	467	230	5 602 265	1 868 150
# 国有企业	435	218	5 149 035	1 733 698
1.大型企业	200	80	4 525 174	7 574 926
# 国有企业	191	79	4 141 415	1 457 710
2.中型企业	267	150	1 077 091	293 224
# 国有企业	244	139	1 007 620	275 988
二、比重(%)				
大中型企业占全部独立核算企业	3.6	8.2	60.9	62.8
大中型企业占国有企业	17.4	21.6	87.0	87.0
大型企业占全部独立核算企业	1.6	2.9	49.2	52.9
大型企业占国有企业	7.5	7.5	70.3	73.4
中型企业占全部独立核算企业	2.1	5.4	11.7	9.9
中型企业占国有企业	10.0	14.1	16.7	13.7

指　　标	资本金合　计	流动资产合　计	流动资产平均余额	固定资产合　计	固定资产原　价
一、绝对数					
大中型企业合计	2 735 412	5 474 839	5 161 695	6 471 473	8 047 636
# 国有企业	2 628 235	5 092 145	4 832 602	6 323 317	7 886 920
1.大型企业	2 191 779	4 474 055	4 193 258	5 161 095	6 519 143
# 国有企业	2 120 846	4 156 481	3 928 893	5 059 351	6 404 177
2.中型企业	543 633	1 000 784	968 437	1 310 378	1 528 493
# 国有企业	507 389	935 664	903 709	1 263 966	1 482 743
二、比重(%)					
大中型企业占全部独立核算企业	62.8	69.5	70.2	72.6	74.7
大中型企业占国有企业	81.7	89.8	89.4	83.0	84.9
大型企业占全部独立核算企业	50.3	56.8	57.0	57.9	60.5
大型企业占国有企业	65.4	73.4	72.6	66.2	68.8
中型企业占全部独立核算企业	12.5	12.7	13.0	14.7	14.2
中型企业占国有企业	16.2	16.4	16.8	16.8	16.1

12—16 续表　　　　(1996年)　　　　单位:万元

指　　标	固定资产净值平均余额	资　产总　计	流动负债合　计	长期负债合　计
一、绝对数				
大中型企业合计	5 016 622	12 791 331	6 094 168	2 931 379
# 国有企业	4 909 918	12 228 372	5 819 148	2 884 931
1.大型企业	4 035 838	10 336 702	4 748 464	2 387 865
# 国有企业	3 962 170	9 906 959	4 537 856	2 372 333
2.中型企业	980 784	2 454 629	1 345 704	543 514
# 国有企业	947 748	2 321 413	1 281 292	512 598
二、比重(%)				
大中型企业占全部独立核算企业	72.0	71.4	70.2	75.0
大中型企业占国有企业	82.4	86.2	86.1	84.0
大型企业占全部独立核算企业	57.9	57.7	54.7	61.1
大型企业占国有企业	66.3	69.7	67.1	68.4
中型企业占全部独立核算企业	14.1	13.7	15.5	13.9
中型企业占国有企业	16.1	16.5	19.0	15.6

指　　标	产品销售收　　入	盈亏相抵后利润总额	利　　税总　　额	全部职工平均人数(万人)
一、绝对数				
大中型企业合计	5 322 999	—119 149	297 967	110
# 国有企业	4 886 593	—171 759	217 991	108
1.大型企业	4 345 253	—52 150	298 777	81
# 国有企业	3 990 702	—105 011	221 801	80
2.中型企业	977 746	—66 999	—810	29
# 国有企业	895 891	—66 748	—3 810	28
二、比重(%)				
大中型企业占全部独立核算企业	63.9	—	61.8	53.9
大中型企业占国有企业	88.3	—	110.6	75.3
大型企业占全部独立核算企业	52.2	—	62.0	39.7
大型企业占国有企业	72.1	—	110.9	55.5
中型企业占全部独立核算企业	11.7	—	—	14.2
中型企业占国有企业	16.2	—	—	19.9

12—17 大中型工业企业主要指标一览表

(1996年)

单位：万元

企业名称	工业总产值(新规定) 现行价格	工业总产值(新规定) 不变价	工业增加值	年末资产总计	流动资产年平均余额	固定资产原价
国营西安钟表元件厂	693	692	—787	6 159	1 307	5 170
西安市塑料制品厂	4 368	3 196	400	7 208	2 812	3 365
西安焦化厂	10 210	6 145	2 093	26 555	10 294	16 755
西安玻璃制品厂	898	670	251	1 956	862	1 438
西安大方实业总公司	177	188	—730	3 808	1 563	3 595
西安无线电二厂	11 196	15 160	2 821	25 639	10 904	10 827
西安淀粉厂	1 346	830	—28	5 362	1 740	1 807
西安华联制皮工业有限公司	22 013	21 924	8 805	23 563	11 299	10 470
陕西省宁强县锰矿	743	424	423	2 437	841	1 613
西安曼森照明企业集团	1 255	1 144	—279	13 552	5 156	3 289
西安蝴蝶手表厂	2 005	2 547	—62	16 428	7 727	11 059
西安毛纺厂	4 972	5 794	123	8 439	3 365	3 652
西安诺克实业总公司	963	893	269	2 097	924	1 542
西安人民搪瓷厂	5 026	4 898	890	14 030	4 881	9 986
西安市永固纸袋厂	338	171	142	3 374	623	1 678
西安旅游食品厂	14 677	7 753	4 217	13 766	5 805	6 900
中国标准缝纫机公司兴平缝纫机厂	1 317	1 013	271	2 576	1 528	1 865
中国标准缝纫机公司	16 928	16 661	6 257	49 776	1 798	27 997
西安钟表材料厂	2 581	2 795	277	10 115	2 502	7 891
西安久和塑胶有限公司	97	64	—190	6 051	1 930	4 558
西安市塑料彩印厂	2 498	5 163	347	4 656	2 844	2 151
西安帆布厂	6 345	3 499	782	8 694	3 258	3 450
西安西域彩色印刷有限公司	3 173	2 736	649	3 332	1 512	1 719
西安第一印刷厂	3 856	3 662	1 634	11 171	2 289	7 246
国营西安酒厂	1 504	985	949	5 551	2 652	2 950
西安沣河实业总公司	3 020	2 767	669	8 303	2 635	7 157
中国标准缝纫机公司西安缝纫机厂	300	257	84	654	288	481
西安长乐毛纺织厂	1 700	1 401	—252	8 896	3 349	3 054
福乐家具有限公司	6 176	6 070	1 815	4 688	2 069	1 675
西安市衡器厂	1 284	1 000	475	6 521	2 490	3 114
西安市肉类联合加工总厂	2 272	1 745	894	16 867	5 484	14 012
西安高压陶瓷电容器厂	403	608	—361	3 014	1 282	2 969
西安市第二印刷厂	4 027	3 173	1 073	12 873	3 108	9 582
西安市食品厂	1 734	1 257	1 213	8 496	2 635	4 959
国营第一钟表机械厂	863	1 010	—592	17 889	5 384	5 800
西安市第三印刷厂	590	754	—190	6 265	1 704	3 282
西安市建材厂	345	224	95	751	331	552
西安市第一丝绸厂	134	117	—56	3 110	1 342	1 685
西安矿山机械厂	3 727	2 480	890	8 314	6 101	3 517
西安市石棉制品总厂	1 360	1 153	373	2 963	1 306	2 178
国营风雷仪表厂	522	545	—126	11 939	2 813	4 504
西安市石膏板厂	1 005	875	187	5 450	979	4 462
西安市群众面粉厂	15 637	4 709	—1 984	23 907	14 985	7 657
西安市人民面粉厂	11 402	3 598	—2 045	13 333	6 772	6 572
西安锻压机床厂	1 181	1 002	—143	6 789	3 678	4 815

12—17 续表 1　　　　(1996 年)　　　　单位:万元

企业名称	固定资产净值年平均余额	产品销售收入	利润总额	利税总额	职工平均人数(人)
国营西安钟表元件厂	3 905	396	－1 544	－1 522	852
西安市塑料制品厂	2 166	4 049	－96	－281	554
西安焦化厂	5 769	10 323	142	958	1 330
西安玻璃制品厂	669	883	3	45	280
西安大方实业总公司	2 593	212	－1 172	－1 145	788
西安无线电二厂	6 566	9 136	21	341	1 307
西安淀粉厂	1 556	1 501	－443	－329	258
西安华联制皮工业有限公司	7 596	17 945	2 019	2 019	320
陕西省宁强县锰矿	1 274	615	－62	17	371
西安曼森照明企业集团	2 442	1 186	－1 731	－1 707	1 501
西安蝴蝶手表厂	5 209	1 175	－1 505	－1 468	2 761
西安毛纺厂	2 789	5 262	－1 092	－770	950
西安诺克实业总公司	717	947	3	48	1 251
西安人民搪瓷厂	7 021	4 420	－147	43	1 547
西安市永固纸袋厂	1 564	126	－307	－318	217
西安旅游食品厂	5 403	14 798	104	1 322	1 400
中国标准缝纫机公司兴平缝纫机厂	1 128	1 274	－471	－417	860
中国标准缝纫机公司	15 781	17 141	51	1 595	3 445
西安钟表材料厂	4 489	1 979	－465	－378	720
西安久和塑胶有限公司	4 112	198	－569	－548	80
西安市塑料彩印厂	1 581	2 237	－15	44	244
西安帆布厂	2 814	5 044	－124	－11	987
西安西域彩色印刷有限公司	1 227	3 470	59	154	130
西安第一印刷厂	5 746	2 923	88	219	406
国营西安酒厂	2 567	1 302	－536	－254	371
西安沣河实业总公司	5 340	1 385	－999	－940	1 387
中国标准缝纫机公司西安缝纫机厂	224	295	1	15	1 349
西安长乐毛纺织厂	2 533	937	－1 493	－1 493	1 208
福乐家具有限公司	1 326	4 837	258	525	292
西安市衡器厂	2 437	1 257	－55	27	653
西安市肉类联合加工总厂	11 408	2 168	－1487	－1 393	1 397
西安高压陶瓷电容器厂	87	537	－589	－580	579
西安市第二印刷厂	7 998	3 982	11	186	762
西安市食品厂	4 609	1 207	－1 078	－1 040	349
国营第一钟表机械厂	3 387	342	－1 092	－1 156	1 450
西安市第三印刷厂	2 479	741	－1 061	－1 002	449
西安市建材厂	257	339	2	16	685
西安市第一丝绸厂	627	285	－458	－419	787
西安矿山机械厂	2 177	2 713	30	199	490
西安市石棉制品总厂	1 013	1 338	5	61	1 215
国营风雷仪表厂	1 710	193	－867	－866	1 177
西安市石膏板厂	2 538	660	－409	－313	428
西安市群众面粉厂	6 799	14 711	－3 056	－3 050	737
西安市人民面粉厂	5 520	12 379	－1 736	－1 681	535
西安锻压机床厂	3 235	1 245	－1 248	－1 223	1 129

12—17 续表 2　　(1996 年)　　单位:万元

企业名称	工业总产值(新规定)		工业增加值	年末资产总计	流动资产年平均余额	固定资产原价
	现行价格	不变价				
陕西潼关金矿	878	436	312	5 267	2 485	5 959
西安市造纸厂	249	184	68	543	239	399
西安裕民毛纺有限公司	3 256	2 399	—501	4 454	3 209	1 894
西安市日用化学工业公司	5 841	5 469	1 127	20 270	7 643	16 457
西安造纸网总厂	5 270	3 678	2 040	13 750	5 298	9 311
陕西宴友思集团公司	16 403	16 185	3 957	14 393	9 089	3 035
西安汽车配件一厂	163	95	—414	9 525	3 407	6 676
西安市油脂厂	8 634	4 359	2 683	7 704	3 333	4 175
中国黄金总公司东桐峪金矿	9 719	4 874	4 706	14 145	3 986	10 286
第五砂轮厂	1 530	1 540	377	6 307	4 016	7 709
西安市红旗乳品厂	1 762	778	385	7 539	1 865	6 117
陕西鼓风机厂	23 177	23 677	7 875	56 537	38 770	31 069
西安高压阀门厂	4 354	4 762	1 876	8 950	4 184	4 800
西安机床厂	869	868	—13	8 198	3 637	5 153
西安电梯厂	3 196	2 898	1 546	7 886	3 189	4 396
西安标准件总厂	1 157	841	—161	5 630	2 277	5 053
陕西省户县造纸厂	11 949	7 035	2 414	21 116	18 714	15 390
西安市硅酸盐厂	760	503	122	5 763	899	5 067
西安市水泥制管厂	2 442	1 429	655	8 405	2 994	6 205
西安胶鞋厂	452	381	127	985	434	724
西安电力机械制造公司	172 653	182 992	40 133	428 209	237 784	219 087
西安京西制药厂	7 891	10 008	2 165	5 239	3 305	2 212
陕西省秦川玻璃仪器厂	6 519	5 410	2 003	9 109	5 045	5 489
陕西省西安市周至县造纸厂	3 821	2 646	1 363	4 772	1 304	4 082
陕西省户县水泥厂	3 012	2 248	1 772	9 276	3 339	3 631
西安电机厂	14 659	12 200	3 168	36 713	19 206	22 948
西安石油化工厂	19 100	8 332	4 775	29 612	9 317	21 001
西安市内燃机配件厂	4 195	2 918	1 515	6 973	4 525	3 503
西安锅炉总厂	4 578	7 696	—381	12 276	6 123	7 615
城固县酒厂	9 720	6 399	3 643	11 341	7 401	5 424
国营西安雁塔水泥厂	5 894	3 401	1 560	13 559	3 003	3 219
西安硫酸厂	5 353	3 028	1 662	6 134	2 119	5 513
西安化学试剂厂	1 779	1 652	235	5 046	1 654	4 059
西安新华橡胶总厂	1 187	1 246	332	2 587	1 140	1 902
西安光华制药厂	3 242	4 041	139	6 476	1 899	2 840
陕西省西安农业机械厂	4 119	2 877	1 525	11 299	3 596	8 408
西安化工厂	29 458	23 888	8 704	61 898	16 801	41 766
西安氮肥厂	7 242	5 408	1 168	17 834	5 268	13 089
西安油漆厂	5 265	5 630	228	10 478	3 566	8 110
西安筑路机械厂	11 438	9 901	3 880	20 365	12 290	10 452
西安制革制鞋厂(3513)	20 535	10 859	8 205	26 917	17 073	12 692
汉江机床厂	4 094	3 399	1 060	23 898	11 918	20 270
汉川机床厂	7 686	7 944	3 869	22 917	11 909	13 485
西安钢铁厂	21 330	11 504	—2 743	60 338	23 998	28 342
铁道部宝鸡工程机械厂	9 062	7 869	2 355	21 624	9 603	13 543

12—17 续表 3　　　　(1996 年)　　　　单位:万元

企业名称	固定资产净值年平均余额	产品销售收入	利润总额	利税总额	职工平均人数(人)
陕西潼关金矿	2 480	583	−354	−354	1 081
西安市造纸厂	186	245	1	11	947
西安裕民毛纺有限公司	1 216	1 842	−660	−721	133
西安市日用化学工业公司	12 036	5 706	−1 068	−656	139
西安造纸网总厂	6 379	4 850	6	485	1 567
陕西宴友思集团公司	4 871	37 061	1 310	2 139	1 600
西安汽车配件一厂	5 769	530	−896	−818	771
西安市油脂厂	3 397	7 498	−132	−15	389
中国黄金总公司东桐峪金矿	7 191	8 350	2 566	2 591	1 255
第五砂轮厂	5 532	1 244	−1 098	−1 026	1 554
西安市红旗乳品厂	5 172	1 362	−650	−623	773
陕西鼓风机厂	13 653	19 090	151	1 465	3 878
西安高压阀门厂	3 564	4 922	14	366	1 445
西安机床厂	4 170	800	−1 539	−1 610	1 121
西安电梯厂	2 514	2 838	9	105	1 050
西安标准件总厂	3 480	1 231	−708	−644	829
陕西省户县造纸厂	8 644	8 020	−1 240	−809	1 629
西安市硅酸盐厂	4 471	660	−411	−371	585
西安市水泥制管厂	5 018	2 362	3	116	868
西安胶鞋厂	337	445	2	23	661
西安电力机械制造公司	80 203	235 267	1 077	9 787	28 674
西安京西制药厂	1 729	5 565	105	371	1 031
陕西省秦川玻璃仪器厂	4 013	3 496	15	302	1 871
陕西省西安市周至县造纸厂	3 256	3 451	19	255	1 496
陕西省户县水泥厂	1 588	3 461	151	383	836
西安电机厂	12 067	14 952	21	488	3 609
西安石油化工厂	16 148	20 238	96	1 337	1 199
西安市内燃机配件厂	1 900	3 651	−384	−271	1 003
西安锅炉总厂	5 387	4 706	−2 443	−2 419	2 355
城固县酒厂	4 260	12 549	−495	1 901	1 414
国营西安雁塔水泥厂	2 013	5 339	153	460	584
西安硫酸厂	3 917	4 841	263	487	838
西安化学试剂厂	3 070	1 963	−120	−56	6 760
西安新华橡胶总厂	884	1 168	4	60	1 566
西安光华制药厂	2 465	2 902		153	869
陕西省西安农业机械厂	5 835	3 795	−650	−539	2 131
西安化工厂	24 119	29 969	9	2 024	3 307
西安氮肥厂	9 772	6 735	−478	−251	1 376
西安油漆厂	5 926	5 485	6	324	884
西安筑路机械厂	6 996	10 736	284	844	1 759
西安制革制鞋厂(3513)	7 342	14 604	1 634	1 959	2 703
汉江机床厂	6 287	4 484	−800	−504	3 876
汉川机床厂	8 066	7 634	18	784	2 855
西安钢铁厂	28 208	20 763	−7 226	−7 513	4 641
铁道部宝鸡工程机械厂	9 835	9 161	−1 081	−522	3 074

12—17 续表 4　　(1996 年)　　单位:万元

企业名称	工业总产值(新规定)		工业增加值	年末资产总计	流动资产年平均余额	固定资产原价
	现行价格	不变价				
秦川电站仪表厂	1 089	1 086	442	5 976	3 656	2 477
陕西重型机器厂	9 064	7 458	1 890	37 861	18 946	29 819
国营西安骊山汽车制造厂	7 084	5 147	1 630	14 872	6 852	10 061
铜川市电瓷电机总厂	788	802	279	5 093	2 454	2 734
宝鸡制药机械厂	1 757	1 703	240	7 298	3 674	4 206
宝鸡市有机化工厂	637	439	—358	3 759	1 544	2 413
宝鸡车辆厂	6 375	6 120	1 113	12 204	6 521	5 706
陕西太白金矿	11 554	5 812	4 247	26 817	3 553	13 521
咸阳市深井泵厂	1 160	1 090	311	3 016	1 742	1 831
中国人民解放军第 3530 工厂	19 040	14 791	2 198	14 390	8 993	8 149
陕西纺织器材厂	1 933	1 502	722	11 745	3 958	9 446
陕西省塑料厂	4 427	3 873	—47	6 826	3 715	2 747
西北人造板机器厂	4 523	4 891	1 123	4 957	3 263	3 883
渭南煤矿专用设备厂	963	1 043	106	3 345	2 050	2 471
陕西华山工业集团总公司	396	236	—277	2 529	1 152	1 943
汉江钢铁厂	43 421	21 876	10 635	90 375	37 231	55 122
汉中橡胶总厂	5 557	5 879	1 559	3 041	1 706	1 627
陕西省磷化工总厂	1 772	880	715	4 263	1 299	4 563
延长油矿管理局	87 734	28 108	47 453	157 903	30 192	155 331
宝鸡秦明医学器材有限公司	2 628	2 524	843	9 868	5 969	3 103
国营陕西第十一棉纺织厂	16 400	15 504	1 846	35 899	9 841	31 387
陕西省第十二棉纺织厂	21 161	19 358	4 579	22 726	8 422	21 609
黄河工程机械厂	20 985	15 628	5 850	51 877	29 609	19 124
陕西省骊山床单厂	602	405	—310	3 683	934	2 957
西安教学仪器厂	49	123	—3	1 552	652	932
西安造纸机械厂	74	76	41	7 044	1 990	2 918
国营西北第一棉纺织厂	31 686	25 971	5 460	63 627	33 618	35 909
陕西省西安制药厂	32 087	17 848	8 516	44 395	13 829	30 741
国营陕西第十棉纺织厂	22 717	25 475	1 176	41 601	12 654	32 404
西安新华印刷厂	3 457	2 648	1 284	9 896	2 496	7 014
中国西北电力集团公司(管理机关)	401 922	183 706	270 391	1 409 778	360 885	1 235 151
略阳钢铁厂	36 909	18 360	10 093	73 573	26 742	38 136
如意电气总公司	4 813	5 721	1 293	58 452	37 253	10 207
西安仪表厂(集团)	21 473	22 320	9 959	58 987	37 487	38 776
陕西省黄河制药厂	4 818	3 586	1 137	3 781	1 763	2 135
陕西烤烟复烤厂	16 230	109	2 574	24 495	7 673	3 079
西安制鞋厂(3538)	9 797	5 909	2 754	10 136	5 874	5 141
陕西钢厂	32 956	20 035	—3 090	112 873	63 143	48 269
西安冶金机械厂	13 658	11 588	3 982	34 945	22 735	23 700
西北第五棉纺织厂	13 127	11 633	—2 383	89 903	41 194	35 546
陕西省钢窗厂	1 055	1 159	352	6 608	1 820	5 373
第二印染厂	6 617	5 401	—298	16 563	7 311	8 388
华山冶金车辆厂	1 896	1 515	497	17 851	9 412	11 270
陕西省印刷厂	6 632	4 879	2 550	17 707	4 646	13 752
澄城卷烟厂	22 461	24 906	6 371	33 156	22 147	12 986

12—17 续表 5　　　　　　(1996 年)　　　　　　单位:万元

企 业 名 称	固定资产净值年平均余额	产品销售收入	利 润 总 额	利 税 总 额	职工平均人数(人)
秦川电站仪表厂	723	951		47	567
陕西重型机器厂	20 742	8 554	−3 995	−3 525	5 234
国营西安骊山汽车制造厂	6 938	4 922	23	30	1 771
铜川市电瓷电机总厂	1 981	696	−280	−232	923
宝鸡制药机械厂	2 760	1 462	−874	−810	1 370
宝鸡市有机化工厂	1 784	809	−982	−949	399
宝鸡车辆厂	3 994	5 050		85	1 511
陕西太白金矿	6 448	10 961	411	519	1 438
咸阳市深井泵厂	805	1 225	2	55	599
中国人民解放军第 3530 工厂	4 605	18 314	334	427	1 050
陕西纺织器材厂	3 001	1 852	−908	−800	1 366
陕西省塑料厂	1 626	3 477	−223	−573	745
西北人造板机器厂	1 122	3 302	21	88	990
渭南煤矿专用设备厂	1 271	861	−663	−603	1 327
陕西华山工业集团总公司	1 050	305	−500	−526	742
汉江钢铁厂	41 247	41 020	30	757	4 900
汉中橡胶总厂	1 120	5 398	38	302	1 121
陕西省磷化工总厂	2 998	1 503	−76	−72	642
延长油矿管理局	101 113	56 331	1 000	13 976	9 536
宝鸡秦明医学器材有限公司	2 215	3 423	20	363	567
国营陕西第十一棉纺织厂	21 206	15 261	−4 555	−3 908	5 174
陕西省第十二棉纺织厂	12 779	20 989	−2 698	−1 415	6 488
黄河工程机械厂	16 012	20 311	211	1 549	3 244
陕西省骊山床单厂	2 412	720	−499	−442	1 127
西安教学仪器厂	613	66	−113	−110	420
西安造纸机械厂	1 783	173	−348	−348	464
国营西北第一棉纺织厂	23 069	33 014	−3 809	−997	6 815
陕西省西安制药厂	12 710	26 226	613	2 221	3 224
国营陕西第十棉纺织厂	20 469	22 518	−3 765	−3 449	4 770
西安新华印刷厂	5 343	3 593	6	264	1 150
中国西北电力集团公司(管理机关)	763 606	597 888	5 508	59 859	58 186
略阳钢铁厂	24 654	36 812	22	2 101	8 858
如意电气总公司	5 580	4 162	−1 556	−1 326	3 074
西安仪表厂(集团)	25 407	22 253	1 823	3 807	5 358
陕西省黄河制药厂	1 605	2 999	12	200	712
陕西烤烟复烤厂	1 803	14 355	78	1 656	290
西安制鞋厂(3538)	4 004	8 021	365	460	1 636
陕西钢厂	41 372	28 006	−8 846	−9 835	7 663
西安冶金机械厂	13 455	14 683	−1 396	−599	4 877
西北第五棉纺织厂	26 604	12 655	−14 895	−13 787	8 530
陕西省钢窗厂	3 435	1 069	−275	−247	722
第二印染厂	5 397	6 512	−898	−759	1 203
华山冶金车辆厂	8 704	1 489	−2 758	−2 492	2 403
陕西省印刷厂	6 509	9 119	6	279	1 221
澄城卷烟厂	11 310	21 893	714	6 887	973

12—17 续表 6　　　　(1996 年)　　　　单位:万元

企业名称	工业总产值(新规定)		工业增加值	年末资产总计	流动资产年平均余额	固定资产原价
	现行价格	不变价				
海红轴承厂	7 823	5 905	2 264	26 263	18 346	9 955
陕西省莲花寺石碴厂	3 523	1 976	328	5 535	2 203	5 605
宝鸡卷烟厂	123 421	110 810	75 527	74 042	41 704	58 437
陕西建设机械厂(陕西省金属结构厂)	13 785	16 002	4 546	47 432	23 634	21 194
陕西华山半导体材料厂	1 185	1 424	436	8 983	3 484	3 136
汉江油泵油嘴厂	3 384	3 728	775	15 188	7 940	8 304
陕西省水利机械厂	1 994	1 261	725	4 200	2 438	2 006
陕西第九棉纺织厂	29 043	23 247	4 573	111 445	24 884	50 549
陕西汽车制造总厂	60 221	62 063	5 301	142 594	55 109	64 995
西安化纤厂(3546)	484	383	—31	5 113	1 995	5 476
陕西省延河水泥机械厂	2 511	2 196	323	23 040	8 726	14 041
西安毛巾厂(3511)	6 405	3 041	1 611	8 758	3 568	4 814
陕西机床厂(陕西洗衣机厂)	8 195	8 536	2 083	30 662	20 913	15 498
陕西省建筑木材厂	1 503	1 064	908	8 790	1 672	7 874
西安中唱磁带公司	408	264	—435	5 767	1 530	4 172
陕西印刷机器厂	2 572	2 562	1 016	11 534	4 893	8 211
国营咸阳纺织机械厂	5 869	3 271	—580	44 269	12 417	13 493
陕西省耀县水泥厂	27 208	17 883	10 236	90 779	29 091	77 290
汉江工具厂	10 119	6 830	5 529	24 448	14 749	14 370
秦川机床集团有限公司	11 435	12 186	5 529	33 518	12 326	23 983
国营陕西第三印染厂	10 386	9 357	—516	34 712	15 352	20 046
国营西北第二棉纺织厂	29 312	24 867	6 499	54 480	16 745	50 123
国营西北第三棉纺织厂	20 453	18 153	5 674	35 505	11 298	29 555
陕西第二汽车制造厂	459	427	—28	4 586	3 347	3 270
国营四达机械制造公司	13 770	11 402	5 764	26 259	12 638	28 316
西安康贝制衣实业公司(3507)	14 473	11 691	4 830	25 362	13 293	14 981
国营西北第七棉纺织厂	34 191	30 428	7 512	41 369	16 891	47 762
西北第二合成药厂	5 159	5 302	946	14 622	4 794	11 900
西北耐火材料厂	3 314	3 291	1 290	16 171	7 309	9 883
陕西省红旗水泥制品总厂	4 547	3 102	177	18 811	8 388	13 823
陕西省唐都机械厂	749	579	164	3 052	1 511	3 816
国营陕西第八棉纺织厂	12 440	9 269	900	19 640	11 578	11 493
国营西北第四棉纺织厂	24 043	25 848	2 975	64 754	21 314	46 703
陕西第一毛纺织厂	16 938	16 779	2 875	57 978	29 495	22 929
陕西省第十三棉纺织厂	5 257	3 370	1 480	8 041	2 366	5 915
西北橡胶总厂	8 944	7 670	1 358	21 514	14 051	13 640
陕西玻璃厂	8 512	7 820	1 743	34 172	12 480	20 459
西安石油勘探仪器总厂	17 965	22 682	—1 858	113 347	51 177	57 023
陕西省建筑构件公司	1 227	954	—32	12 470	3 567	9 585
陕西第二棉织厂	513	229	—136	3 500	1 408	3 282
国营西北第一印染厂	14 172	14 299	—2 880	24 285	13 168	22 568
西安煤矿仪表厂	708	636	112	3 289	931	2 328
国营西北第六棉纺织厂	12 520	8 016	—1 425	25 548	12 998	17 036
宝鸡石油钢管厂	38 376	20 665	4 269	115 910	54 464	72 958
陕西省化工总厂	6 872	5 062	2 346	14 296	5 661	11 041

12—17 续表 7　　(1996 年)　　单位:万元

企业名称	固定资产净值年平均余额	产品销售收入	利润总额	利税总额	职工平均人数(人)
海红轴承厂	4 871	7 810	4	542	3 066
陕西省莲花寺石碴厂	2 732	2 909	84	−25	817
宝鸡卷烟厂	44 870	105 385		51 469	3 001
陕西建设机械厂(陕西省金属结构厂)	10 756	9 248	131	501	2 306
陕西华山半导体材料厂	2 509	838	−97	−15	1 197
汉江油泵油嘴厂	5 771	3 119	866	1 141	2 496
陕西省水利机械厂	1 334	1 339	−86	29	525
陕西第九棉纺织厂	36 000	31 349	−1 454	307	7 336
陕西汽车制造总厂	26 753	63 545	85	1 649	6 458
西安化纤厂(3546)	3 245	594	−736	−694	870
陕西省延河水泥机械厂	11 620	1 865	−1 532	−1 441	2 227
西安毛巾厂(3511)	3 780	5 683	−83	18	1 955
陕西机床厂(陕西洗衣机厂)	9 514	7 246	2	277	3 430
陕西省建筑木材厂	3 913	550		115	826
西安中唱磁带公司	3 037	481	−796	−818	420
陕西印刷机器厂	2 889	2 141	1	77	2 213
国营咸阳纺织机械厂	8 176	5 493	−2 249	−2 079	3 142
陕西省耀县水泥厂	57 488	25 669	−6 132	−3 503	4 968
汉江工具厂	8 061	9 664	50	915	2 954
秦川机床集团有限公司	14 113	11 501	800	1 575	2 359
国营陕西第三印染厂	12 071	9 625	−3 307	−3 145	2 636
国营西北第二棉纺织厂	35 855	29 999	−4 908	−2 754	7 672
国营西北第三棉纺织厂	20 494	18 625	−4 064	−2 862	6 806
陕西第二汽车制造厂	1 275	518	−1 368	−1 310	644
国营四达机械制造公司	7 735	13 627	20	12	4 819
西安康贝制衣实业公司(3507)	10 164	19 299	−1 160	−829	3 008
国营西北第七棉纺织厂	20 309	35 503	−3 438	−765	8 158
西北第二合成药厂	6 312	4 227	−1 400	−1 340	2 757
西北耐火材料厂	6 470	3 365	−1 210	−902	2 512
陕西省红旗水泥制品总厂	13 820	6 185	−1 256	−926	2 603
陕西省唐都机械厂	1 335	556	−377	−346	475
国营陕西第八棉纺织厂	7 171	11 900	−2 675	−2 127	4 630
国营西北第四棉纺织厂	28 943	25 799	−10 008	−8 888	8 347
陕西第一毛纺织厂	13 183	14 452	−1 970	−1 017	5 513
陕西省第十三棉纺织厂	3 487	5 136	−2 596	−2 314	2 620
西北橡胶总厂	6 009	9 339	−1 793	−1 251	4 008
陕西玻璃厂	18 936	9 115	−971	−7	1 992
西安石油勘探仪器总厂	40 335	19 883	121	−520	5 420
陕西省建筑构件公司	6 337	1 430	−397	−294	1 000
陕西第二棉织厂	2 149	7 772	−668	−594	1 707
国营西北第一印染厂	14 699	13 610	−5 629	−5 591	2 750
西安煤矿仪表厂	1 556	294	−388	−357	883
国营西北第六棉纺织厂	8 694	12 889	−5 947	−5 157	5 173
宝鸡石油钢管厂	28 211	37 916	163	1 754	3 562
陕西省化工总厂	7 911	6 692	−1 915	−1 381	2 008

12—17 续表 8　　　　　　　　(1996 年)　　　　　　　　单位:万元

企业名称	工业总产值(新规定)		工业增加值	年末资产总计	流动资产年平均余额	固定资产原价
	现行价格	不变价				
陕西省冷冻厂	6 345	3 513	1 220	4 466	3 278	3 340
宝鸡石油机械厂	15 477	14 505	5 665	70 438	34 760	33 469
陕西省骊山棉织厂	1 029	933	48	1 968	627	1 448
延安卷烟厂	29 644	20 817	19 454	26 478	28 517	14 041
陕西省压延设备厂	19 664	12 318	7 783	30 696	17 976	19 544
西安铁路信号工厂	12 051	4 302	3 681	27 257	10 873	17 415
西安印钞厂	40 850	24 693	21 766	40 093	9 384	36 750
金堆城钼业公司	55 020	46 692	30 255	158 977	67 562	104 199
长岭(集团)股份有限公司	132 838	135 267	25 213	175 009	102 523	38 823
长安信息产业(集团)股份有限公司	17 470	16 585	4 502	25 043	13 875	1 901
铁道部宝鸡桥梁工厂	32 032	15 586	8 086	63 099	38 479	33 248
陕西汽车齿轮总厂	14 365	16 698	3 911	58 996	22 409	43 483
陕西精密合金厂	10 807	9 534	1 860	55 833	19 360	18 425
西安电力树脂厂	4 007	4 486	353	17 649	6 015	9 718
邮电部西安微波设备厂	4 445	4 721	1 169	19 345	8 123	8 290
西安市煤气公司	2 964	930	327	12 304	4 501	9 662
西安车辆厂	54 564	31 019	11 287	63 311	38 060	36 352
西安无线电一厂	2 221	2 376	250	28 976	22 528	7 796
中国人民解放军 7226 工厂	2 652	2 365	1 318	6 461	2 921	4 786
西安煤矿机械厂	6 014	6 177	1 861	29 419	14 199	20 058
西安市自来水公司	11 685	7 030	4 823	56 908	9 818	60 785
西安电力机械厂	6 148	4 846	1 433	16 130	7 075	12 780
邮电第二实验工厂	901	940	—809	21 198	14 455	7 766
陕西省宁西林业局	3 684	2 086	2 008	10 273	2 238	9 114
陕西省铜川市东风建材厂	1 931	1 500	547	16 901	2 157	2 296
陕西省铜川市纺织厂	6 105	5 293	2 290	11 311	4 222	8 227
铜川市水泥厂	4 471	3 803	1 950	9 689	3 331	8 583
陕西省崔家沟煤矿	7 197	3 748	3 405	20 202	6 038	21 762
铜川矿务局	45 973	25 985	18 924	216 541	69 848	164 531
陕西省新川水泥厂	4 584	3 016	911	18 512	5 773	18 486
铜川市整流变压器厂	3 729	4 263	1 116	7 298	4 008	3 992
陕西省铜川市钢铁耐磨材料厂	2 637	1 127	1 378	3 599	2 411	1 347
陕西省铜川市铝厂	47 387	33 674	10 744	63 016	24 326	44 027
铜川市耐火材料厂	1 036	1 021	331	3 179	1 628	2 005
铜川市制药厂	225	223	83	2 268	771	1 783
铜川市面粉厂	6 110	2 100	2 651	2 399	1 307	1 594
宝鸡市棉纺织厂	8 064	7 160	905	11 068	5 231	7 465
宝鸡市塑料厂	885	1 301	—100	1 864	1 043	1 347
陕西省宝鸡红光钢铁(集团)有限责任公司	6 519	3 424	1 501	11 987	7 834	3 815
陕西省宝鸡氮肥厂	10 246	6 568	1 775	52 251	3 825	22 378
宝鸡机床厂	10 003	11 719	3 517	22 656	9 358	12 319
陕西宝鸡新秦造纸厂	4 688	2 974	1 169	3 378	2 000	1 399
宝鸡铁塔厂	4 310	1 590	1 425	7 394	5 452	3 831
宝鸡市益门堡粮食仓库	347	296	—738	8 768	6 833	3 061
宝鸡市肉类联合加工厂	5 154	2 966	674	4 241	2 055	2 407

12—17 续表 9　　　　(1996 年)　　　　单位:万元

企业名称	固定资产净值年平均余额	产品销售收入	利润总额	利税总额	职工平均人数(人)
陕西省冷冻厂	1 189	5 409	—53	108	516
宝鸡石油机械厂	18 872	16 032	—995	—402	6 268
陕西省骊山棉织厂	1 384	1 019	—198	—192	520
延安卷烟厂	10 522	17 953	524	8 801	1 474
陕西省压延设备厂	10 472	16 162	350	1 615	4 983
西安铁路信号工厂	12 249	11 885	—479	252	3 536
西安印钞厂	27 719	40 917	10 278	13 742	2 279
金堆城钼业公司	67 792	50 395	6 015	9 739	8 529
长岭(集团)股份有限公司	25 748	123 302	6 278	10 446	4 876
长安信息产业(集团)股份有限公司	1 483	25 554	1 581	1 704	353
铁道部宝鸡桥梁工厂	19 603	32 741	668	2 345	4 041
陕西汽车齿轮总厂	17 409	16 238	3	1 348	3 878
陕西精密合金厂	11 438	11 768	51	523	2 707
西安电力树脂厂	6 132	3 520		—6	602
邮电部西安微波设备厂	3 763	5 472	1	258	1 827
西安市煤气公司	7 354	2 963	—5	96	1 329
西安车辆厂	24 763	54 983	318	2 580	8 619
西安无线电一厂	4 725	4 488	—4 068	—3 516	2 152
中国人民解放军 7226 工厂	2 986	3 547	175	299	608
西安煤矿机械厂	10 503	5 377	—489	—188	3 040
西安市自来水公司	40 142	11 685	—746	710	2 576
西安电力机械厂	3 954	6 674	—247	181	1 459
邮电第二实验工厂	622	1 688	1 475	1 510	1 396
陕西省宁西林业局	6 968	3 775	112	550	2 632
陕西省铜川市东风建材厂	1 087	1 605	—7	65	1 001
陕西省铜川市纺织厂	6 933	2 944	—1 081	—975	2 553
铜川市水泥厂	2 623	4 222	11	456	1 723
陕西省崔家沟煤矿	12 551	7 197	110	848	2 364
铜川矿务局	146 582	46 523	—11 000	—5 449	53 009
陕西省新川水泥厂	12 375	4 387	—2 067	—1 804	2 731
铜川市整流变压器厂	2 604	3 787	3	170	834
陕西省铜川市钢铁耐磨材料厂	1 080	2 075	—241	—90	666
陕西省铜川市铝厂	20 822	44 537	4 023	6 677	3 382
铜川市耐火材料厂	1 006	794	—319	—220	924
铜川市制药厂	1 220	200	—357	—348	392
铜川市面粉厂	688	4 339	—19	—19	307
宝鸡市棉纺织厂	5 888	7 782	—1 155	—889	2 589
宝鸡市塑料厂	968	964	—460	—437	356
陕西省宝鸡红光钢铁(集团)有限责任公司	2 314	5 882	9	429	1 098
陕西省宝鸡氮肥厂	15 071	9 905	8	136	2 834
宝鸡机床厂	6 073	10 096	661	940	1 904
陕西宝鸡新秦造纸厂	798	2 595	—116	75	1 124
宝鸡铁塔厂	2 075	3 541	20	260	654
宝鸡市益门堡粮食仓库	2 158	1 549	—690	—688	430
宝鸡市肉类联合加工厂	1 849	3 955	46	46	417

12—17 续表 10　　　　(1996 年)　　　　单位:万元

企业名称	工业总产值(新规定)		工业增加值	年末资产总计	流动资产年平均余额	固定资产原价
	现行价格	不变价				
宝鸡消防器材总厂	5 524	4 789	915	6 093	3 336	4 057
宝鸡水泵厂	3 373	3 302	676	8 414	5 312	3 729
陕西省宝嘉应用化学(集团)有限责任公司	9 215	8 677	2 500	14 130	5 974	8 242
宝鸡医药玻璃厂	1 830	2 137	−1 825	15 920	4 817	12 917
宝鸡有色金属加工厂	32 398	32 577	6 792	103 815	43 254	84 862
陕西省太白林业局	3 543	2 507	1 593	7 792	1 737	6 717
宝鸡仪表衡器集团(有限)责任公司	824	936	934	2 958	1 260	2 052
宝鸡电力设备厂(宝鸡电力车辆厂)	5 402	3 106	1 534	10 474	5 921	4 785
铁道部宝鸡桥梁厂第一分厂	2 534	1 969	−75	3 832	1 856	1 919
国营五二三厂陕西省现代印务公司	2 619	2 050	378	6 513	2 380	5 665
宝鸡市原纸油毡厂	2 535	1 855	258	6 451	2 104	4 413
陕西省西凤酒厂	17 098	7 648	7 502	44 723	9 432	24 635
陕西省宝鸡市煤气公司	340	298	44	6 378	3 866	2 086
宝鸡市自来水公司	1 847	834	1 142	6 496	767	8 235
陕西省宝鸡轴承厂	2 847	2 900	960	5 813	3 523	3 348
陕西省宝鸡焦化制气有限责任公司	8 242	4 836	1 488	12 538	7 184	6 231
宝鸡双力叉车(集团)有限责任公司	8 740	7 419	2 362	29 285	16 847	13 796
宝鸡华裕丝绸实业有限公司	1 563	1 495	246	2 130	1 387	1 002
宝鸡市印染厂	1 151	1 230	−31	7 707	2 836	5 721
陕西宝鸡啤酒厂陕西宝鸡酒精厂	44 315	23 443	13 567	47 107	17 931	21 327
陕西省西秦酒厂	1 390	1 299	165	2 775	1 606	1 050
陕西省宝鸡五一造纸总厂	2 573	3 508	−184	6 738	4 393	3 303
陕西宝鸡市玻璃纸厂(陕西宝鸡化学纤维厂)	998	656	−294	4 772	1 304	2 848
陕西省宝鸡市床单总厂	968	740	−453	6 202	2 632	1 389
陕西省卫东实业总公司	4 641	2 978	758	4 915	2 788	2 390
陕西省太白酒厂	1 722	1 966	589	4 119	2 099	1 142
陕西省渭河玻璃厂	2 840	2 132	613	6 932	3 209	4 351
陕西省炭素厂	4 087	2 883	893	10 627	3 684	6 961
陕西省银母寺铅锌矿	3 212	2 521	1 677	6 851	3 398	3 252
陕西省咸阳造纸厂	6 818	4 761	2 476	9 351	3 424	6 573
西北医疗器械一厂	1 664	1 401	721	4 899	2 193	3 164
咸阳市自来水公司	1 311	716	204	3 846	1 256	3 256
陕西省咸阳市肉类联合加工厂	950	242	142	7 121	3 404	3 154
陕西省咸阳陶瓷厂	481	430	−131	16 262	3 337	4 011
陕西省内燃机配件一厂	1 306	1 383	208	2 931	1 788	1 281
国营陕西第二针织厂	1 697	1 169	−121	4 654	2 200	3 822
陕西省第一纺织机械厂	1 144	1 022	176	6 168	3 400	2 376
陕西省咸阳电子材料厂	2 351	1 998	−1 098	6 841	3 184	4 052
陕西省第二纺织机械厂	924	882	51	4 376	2 322	2 967
第二毛纺织厂	3 088	2 219	149	16 347	3 806	2 463
咸阳石油钢管钢绳厂	13 614	7 502	4 453	36 685	18 861	22 056
陕西咸阳涤纶纤维厂	5 991	5 457	1 093	12 458	3 781	7 285
咸阳铸字机械厂	493	519	64	4 809	2 407	2 025
咸阳偏转线圈股份有限公司	17 569	18 550	5 067	41 125	28 094	9 437
陕西省兴平化肥厂	34 522	17 446	13 596	43 705	21 159	43 816

12—17 续表 11　　　　(1996年)　　　　单位:万元

企业名称	固定资产净值年平均余额	产品销售收入	利润总额	利税总额	职工平均人数(人)
宝鸡消防器材总厂	1 376	5 699	113	422	971
宝鸡水泵厂	2 188	3 471	9	321	1 298
陕西省宝嘉应用化学(集团)有限责任公司	5 735	9 152	282	821	1 414
宝鸡医药玻璃厂	10 496	2 080	－2 747	－2 647	2 001
宝鸡有色金属加工厂	44 340	36 947	326	3 810	6 073
陕西省太白林业局	4 569	4 634	167	494	3 107
宝鸡仪表衡器集团(有限)责任公司	861	640		78	774
宝鸡电力设备厂(宝鸡电力车辆厂)	2 629	4 997	10	263	816
铁道部宝鸡桥梁厂第一分厂	1 428	2 437	－116	18	678
国营五二三厂陕西省现代印务公司	3 293	3 001	15	153	904
宝鸡市原纸油毡厂	3 786	2 184	－198	－101	574
陕西省西凤酒厂	18 430	13 092	48	4 207	2 477
陕西省宝鸡市煤气公司	1 800	573	10	75	301
宝鸡市自来水公司	5 388	2 044	4	144	548
陕西省宝鸡轴承厂	1 755	2 541	－142	－70	1 376
陕西省宝鸡焦化制气有限责任公司	3 988	6 851	105	501	890
宝鸡双力叉车(集团)有限责任公司	8 697	9 218	44	713	3 923
宝鸡华裕丝绸实业有限公司	671	1 459	－336	－295	966
宝鸡市印染厂	3 853	1 123	－859	－816	931
陕西宝鸡啤酒厂陕西宝鸡酒精厂	14 729	44 060	201	7 024	3 065
陕西省西秦酒厂	639	1 247	－381	－188	346
陕西省宝鸡五一造纸总厂	1 375	3 106	5	131	733
陕西宝鸡市玻璃纸厂(陕西宝鸡化学纤维厂)	3 950	918	－651	－614	250
陕西省宝鸡市床单总厂	1 151	929	－772	－743	817
陕西省卫东实业总公司	1 874	4 434	－349	－188	830
陕西省太白酒厂	636	1 599	－229	307	462
陕西省渭河玻璃厂	3 552	2 482	7	107	982
陕西省炭素厂	6 273	4 582	3	395	779
陕西省银母寺铅锌矿	2 379	2 474	662	842	396
陕西省咸阳造纸厂	4 200	6 200	19	518	1 223
西北医疗器械一厂	1 395	1 310	6	133	1 049
咸阳市自来水公司	1 676	1 311	6	24	360
陕西省咸阳市肉类联合加工厂	1 664	1 227	－170	－180	629
陕西省咸阳陶瓷厂	2 561	689	－1 526	－1 494	1 678
陕西省内燃机配件一厂	622	1 630		－105	572
国营陕西第二针织厂	2 374	1 760	－560	－486	1 391
陕西省第一纺织机械厂	1 899	907	－578	－572	702
陕西省咸阳电子材料厂	3 002	2 078	－2 668	－2 567	996
陕西省第二纺织机械厂	2 144	930	－479	－409	920
第二毛纺织厂	5 291	1 990	－1 535	－1 538	1 300
咸阳石油钢管钢绳厂	11 197	12 048	250	730	1 956
陕西咸阳涤纶纤维厂	5 957	5 689	－388	－174	774
咸阳铸字机械厂	934	414	－181	－141	743
咸阳偏转线圈股份有限公司	5 467	17 386	3 092	4 339	907
陕西省兴平化肥厂	17 342	31 441	1 615	3 048	3 877

企业名称	工业总产值(新规定) 现行价格	工业总产值(新规定) 不变价	工业增加值	年末资产总计	流动资产年平均余额	固定资产原价
兴平宝塔山油漆有限公司	6 728	9 117	1 820	4 399	2 214	1 700
陕西玻璃纤维总厂	7 767	7 358	3 614	10 472	4 712	7 411
陕西建筑工程机械厂	3 390	3 026	1 924	7 120	4 919	3 104
陕西省兴平造纸厂	6 136	3 946	1 143	8 741	3 456	4 412
陕西省汽车标准件厂	1 691	1 402	205	6 236	2 907	3 596
陕西省柴油机厂	2 326	1 614	1 586	7 810	5 035	4 148
陕西省齿轮厂	1 378	1 206	－82	7 647	2 917	4 908
永寿县制药厂	2 298	2 878	370	7 137	2 740	2 220
陕西省咸阳市冷冻厂	234	207	72	3 623	604	2 802
渭南市肉类联合加工厂	161	124	39	2 741	745	2 869
国营渭南纺织机械厂	2 620	2 817	822	10 748	3 425	8 025
渭南市通用机械厂	2 705	2 554	759	7 018	2 193	3 639
西北林业机械厂	3 876	2 983	1 415	7 809	3 537	4 463
陕西华山冶金机械厂	2 847	3 002	1 004	9 179	4 461	2 666
澄合矿务局	17 925	13 504	8 421	76 862	15 985	72 377
韩城矿务局	45 079	29 842	18 451	111 633	27 868	103 433
渭南针织厂	2 110	1 650	472	5 055	1 993	4 061
陕西省渭南纺织厂	5 327	3 658	919	23 632	2 402	14 102
陕西拖拉机厂	5 712	4 157	569	10 540	6 629	4 895
蒲白矿务局	14 549	7 505	5 984	70 853	18 429	59 673
陕西省华山造纸厂	601	316	193	7 897	719	4 328
陕西龙门钢铁总厂	27 167	14 428	11 873	66 702	9 791	45 309
陕西韩焦股份有限公司	7 464	5 044	2 040	18 631	5 468	11 413
国营光华纺织厂	12 077	8 619	1 886	12 694	3 406	11 766
陕西省杜康酒厂	657	643	217	6 849	3 845	2 989
陕西省合阳县烟叶复烤厂	10 044	9 747	2 750	6 337	5 220	1 096
陕西省钢球厂	316	315	91	2 380	1 234	2 157
陕西省焦化厂	10 341	6 503	2 174	19 490	9 680	9 504
汉中变压器厂	3 543	3 341	923	5 030	3 140	1 935
陕西省陕南石棉矿	691	479	209	2 093	1 254	1 926
汉中冲剪机床厂	445	437	－152	3 819	1 388	3 034
汉江制药厂	8 254	10 010	1 016	17 576	7 167	7 798
陕西省汉中铁合金厂	7 072	4 076	1 449	29 934	5 700	17 189
汉中精密仪器厂	1 267	1 360	392	3 261	1 531	2 168
陕西省汉中地区城固肉类联合加工厂	2 545	1 753	512	2 883	1 588	1 818
汉中化肥总厂	2 928	1 513	1 175	13 156	3 547	5 325
陕西八一铜矿	7 773	5 457	2 031	10 493	5 455	4 433
汉中市粮油机械食品总厂	2573	1 735	449	3 274	522	1 923
汉中市自来水公司	1 263	544	931	3 911	382	3 929
汉江建材工业股份有限公司	8 606	7 001	4 481	20 093	5 727	7 566
汉中市缫丝厂	1 966	2 226	653	6 535	2 471	2 791
汉中市丝织印染总厂	5 255	4 943	1 685	11 670	3 629	6 737
汉中市碑酒饮料食品总厂	2 532	1 341	662	8 992	2 284	6 629
汉中市电石厂	3 259	2 745	515	4 082	1 458	2 583
汉中市制浆造纸总厂	3 083	2 553	446	13 002	6 690	3 463

12—17 续表 13　　　　(1996 年)　　　　单位:万元

企业名称	固定资产净值年平均余额	产品销售收入	利润总额	利税总额	职工平均人数(人)
兴平宝塔山油漆有限公司	1 489	6 610	355	661	494
陕西玻璃纤维总厂	5 134	8 218	172	937	3 410
陕西建筑工程机械厂	1 641	3 126	−76	97	976
陕西省兴平造纸厂	3 521	4 771	1	410	1 200
陕西省汽车标准件厂	1 634	1 637	−400	−291	868
陕西省柴油机厂	2 644	1 547	−1 549	−1 543	1 992
陕西省齿轮厂	3 145	846	−811	−751	1 409
永寿县制药厂	797	1 449	−595	−546	1 057
陕西省咸阳市冷冻厂	2 697	311	−99	−105	320
渭南市肉类联合加工厂	1 773	192	6	14	448
国营渭南纺织机械厂	8 589	1 673	−394	−21	1 265
渭南市通用机械厂	2 071	2 643	111	284	1 100
西北林业机械厂	2 523	3 913	88	473	1 413
陕西华山冶金机械厂	848	1 805	12	135	1 199
澄合矿务局	51 601	11 912	−2 948	−1 837	16 259
韩城矿务局	61 831	40 917	235	4 495	20 458
渭南针织厂	2 870	2 118	−707	−639	873
陕西省渭南纺织厂	9 373	4 223	−5 520	−5 365	4 346
陕西拖拉机厂	2 631	5 066	−438	−322	2 138
蒲白矿务局	43 763	14 076	−2671	−1 285	16 822
陕西省华山造纸厂	4 289	106	−194	−181	713
陕西龙门钢铁总厂	27 568	13 970	141	1 152	3 984
陕西韩焦股份有限公司	9 352	6 835	162	1 009	1 263
国营光华纺织厂	9 830	11 569	−1 985	−1 247	3 845
陕西省杜康酒厂	1 822	468	−199	−123	410
陕西省合阳县烟叶复烤厂	859	9 310	140	1 097	255
陕西省钢球厂	1 223	350	−262	−265	378
陕西省焦化厂	6 634	10 283	25	1 072	1 712
汉中变压器厂	941	3 466	3	211	631
陕西省陕南石棉矿	343	533	−193	−159	729
汉中冲剪机床厂	2 155	506	−547	−538	848
汉江制药厂	4 437	8 185	82	248	1 446
陕西省汉中铁合金厂	13 967	9 976	−3 295	−2 642	2 512
汉中精密仪器厂	1 285	1 422	6	154	795
陕西省汉中地区城固肉类联合加工厂	993	2 941	−479	−405	402
汉中化肥总厂	4 197	2 485	−332	−328	1 023
陕西八一铜矿	1 827	6 725	87	432	1 371
汉中市粮油机械食品总厂	1 472	2 616	−41	5	457
汉中市自来水公司	3 489	913	−36	22	302
汉江建材工业股份有限公司	5 460	7 499	541	1 153	1 676
汉中市缫丝厂	1 987	1 434	−420	−330	924
汉中市丝织印染总厂	5 366	3 960	−541	−475	892
汉中市碑酒饮料食品总厂	5 702	621	−332	−228	988
汉中市电石厂	2 049	2 907	55	184	504
汉中市制浆造纸总厂	2 868	1 290	−870	−870	980

企业名称	工业总产值(新规定)		工业增加值	年末资产总计	流动资产年平均余额	固定资产原价
	现行价格	不变价				
南郑县印刷厂	2 997	3 038	958	2 755	1 340	1 421
城固纺织总厂	3 945	2 108	1 675	6 207	2 114	5 114
城固县化工总厂	12 301	6 186	3 870	11 925	3 357	10 400
陕西省秦洋食品饮料有限公司	7 883	4 036	2 812	8 449	5 567	3 615
陕西省洋县酒厂	4 165	3 611	1 126	4 993	2 056	2 935
陕西省三粮液酒厂	517	393	260	8 720	4 218	2 988
安康地区第二缫丝厂	2 789	3 101	81	7 226	4 599	2 290
安康地区第一缫丝厂	5 261	6 598	1 081	11 993	5 772	6 382
安康地区丝织印染厂	2 422	2 874	413	5 636	2 594	3 603
安康地区医药化工总厂	2 373	3 063	—170	3 913	1 294	1 690
安康印刷厂	1 786	2 039	377	3 621	1 322	2 322
安康市酒厂	2 130	807	761	2 777	1 465	1 428
中国黄金公司安康分公司	3 717	1 867	1 334	5 247	1145	3 463
石泉县建材总厂	1 410	871	389	3 845	990	2 922
石泉县缫丝厂	1 368	1 659	—75	2 943	1 770	1 724
商州市化工厂	6 095	6 524	1 214	6 770	3 139	3 057
陕西省商洛冶炼厂	7 256	4 912	—561	13 574	5 550	8 824
洛南县陈耳金矿	6 652	3 355	2 844	7 277	3 959	2 846
陕西省山阳县矿业开发总公司	2 581	1 900	788	3 285	1 576	2 906
柞水县有色金属工业公司	2 249	1 317	289	11 069	5 449	5 612
陕西银矿	1 903	1 030	683	13 000	2 512	5 921
榆林地区中药厂	1 092	477	439	3 032	1 837	1 232
榆林毛纺织厂	7 568	7 729	—361	14 654	8 330	5 519
榆林地区羊绒分梳厂	414	533	150	5 034	1 462	2 608
榆林第二毛纺厂	6 333	7 785	851	20 494	10 444	5 752
榆林地区服装总公司	323	315	325	3 308	233	1 456
榆林市皮革总厂	1 447	1 653	168	5 666	2 469	1 004
神木县平板玻璃厂	3 300	2 709	846	6 787	3 496	3 707
府谷县电石厂	1 899	1 794	596	3 189	1 592	1 863
府谷县黄河机械厂	469	492	198	2 229	1 260	655
横山县服装厂	879	787	220	2 575	2 046	464
陕西省定边县乳品实业有限公司	661	393	122	699	202	510
陕西省定边县塑料制品厂	1 303	1 142	379	981	602	423
陕西省定边县盐化厂	2 059	1 736	444	3 773	3 125	924
宝鸡北方照明电器(集团)股份有限公司	11 265	9 325	4 585	14 157	6 036	7 909
陕西秦岭化肥总厂	33 787	20 738	12 946	20 903	8 039	17 867
陕西省宝嘉磷肥总厂	15 832	8 310	3 690	18 123	7 526	12 817
陕西省华山化肥总厂	34 027	22 422	7 981	46 599	17 321	39 551
陕西省西安专用肥厂	722	420	410	4 029	920	2 639
维美德西安造纸机械有限公司	5 893	7 179	1 913	13 647	908	4 915
西安杨森制药有限公司	147 253	97 547	70 054	118 281	91 234	21 747
横河西仪有限公司	1 760	1 750	576	13 165	11 337	2 323
西安正大制药有限公司	4 688	2 174	2 239	7 924	5 315	2 418
陕西合亚达胶粘制品有限公司	4 979	4 691	532	5 955	3 257	2 840
西安昆仑富特波尔容器有限公司	19 184	27 472	—1 918	26 017	15 573	11 629
彩虹彩色显像管总厂	584 862	594 444	258 608	415 702	201 439	273 379
陕西中宝印务有限公司	5 129	4 370	2 433	5 506	2 203	3 905
华昌纺织印染有限公司	18 531	12 602	995	3 815	2 724	1 796
陕西省汉中烟草集团有限公司卷烟一厂	10 004	9 802	5 467	25 138	14 279	3 653
汉中烟草集团有限公司卷烟二厂	87 609	97 110	46 538	86 591	53 191	26 580
镇安县镇安金矿	3 444	1 719	1 523	3 110	922	2 966

企业名称	固定资产净值年平均余额	产品销售收入	利润总额	利税总额	职工平均人数(人)
南郑县印刷厂	1 109	2 921	118	335	557
城固纺织总厂	3 139	3 297	1	262	1 466
城固县化工总厂	7 418	12 007	427	432	1 345
陕西省秦洋食品饮料有限公司	2 831	6 740	—87	675	522
陕西省洋县酒厂	2 314	3 535	—282	285	661
陕西省三粮液酒厂	1 436	1 303	—287	43	588
安康地区第二缫丝厂	1 404	3 012	—1 981	—1 562	1 733
安康地区第一缫丝厂	2 557	4 898	—169	502	2 242
安康地区丝织印染厂	2 691	2 123	—673	—528	1 270
安康地区医药化工总厂	1 289	2 280	—400	—268	350
安康印刷厂	1 729	1 600	55	159	600
安康市酒厂	1 062	2 051	12	443	480
中国黄金公司安康分公司	1 865	3 722	463	475	502
石泉县建材总厂	2 159	1 364	—34	65	624
石泉县缫丝厂	1 270	1 151	—558	—433	851
商州市化工厂	2 894	4 804	35	241	862
陕西省商洛冶炼厂	7 649	5 924	—1 728	—1 361	878
洛南县陈耳金矿	1 562	6 561	1 592	1 665	620
陕西省山阳县矿业开发总公司	1 457	881	—477	—305	1 131
柞水县有色金属工业公司	4 605	1 578	—866	—759	1 173
陕西银矿	8 836	1 305	—445	—415	588
榆林地区中药厂	998	1 309	122	297	249
榆林毛纺织厂	4 920	6 926	—2 861	—2 616	2 876
榆林地区羊绒分梳厂	2 029	225	—482	—482	128
榆林第二毛纺厂	4 373	4 112	—1 452	—1 423	2 166
榆林地区服装总公司	135		—895	—808	875
榆林市皮革总厂	542	567		15	739
神木县平板玻璃厂	2 361	2 727	—52	128	989
府谷县电石厂	1 367	1 677	—101		329
府谷县黄河机械厂	420	445	5	56	305
横山县服装厂	463	431		5	545
陕西省定边县乳品实业有限公司	345	538	—19	12	150
陕西省定边县塑料制品厂	379	1 175	62	77	150
陕西省定边县盐化厂	369	1 292	—178	30	532
宝鸡北方照明电器(集团)股份有限公司	5 200	9 942	200	1 026	2 804
陕西秦岭化肥总厂	9 152	27 864	1 346	1 477	3 484
陕西省宝嘉磷肥总厂	7 034	16 991	679	711	2 367
陕西省华山化肥总厂	23 627	33 827	303	804	4 398
陕西省西安专用肥厂	2 505	577	—389	—389	202
维美德西安造纸机械有限公司	203	6 466	55	575	1 587
西安杨森制药有限公司	11 750	143 472	40 788	56 460	650
横河西仪有限公司	1 426	13 636	306	831	408
西安正大制药有限公司	2 195	5 028	767	1 433	615
陕西合亚达胶粘制品有限公司	2 436	3 291	—64	75	360
西安昆仑富特波尔容器有限公司	10 782	23 383	203	1 224	307
彩虹彩色显像管总厂	136 676	396 622	38 910	61 865	10 980
陕西中宝印务有限公司	2 572	3 339	167	556	605
华昌纺织印染有限公司	1 177	3 503	—56	66	981
陕西省汉中烟草集团有限公司卷烟一厂	2 822	9 057	—381	3 994	1 818
汉中烟草集团有限公司卷烟二厂	21 745	76 847	440	38 976	2 700
镇安县镇安金矿	2 015	3 415	1 204	1 306	496

主 要 统 计 指 标 解 释

工业 指从事自然资源的开采，对采掘品和农产品进行加工和再加工的物质生产部门。具体包括：(1)对自然资源的开采，如采矿、晒盐、森林采伐等(但不包括禽兽捕猎和水产捕捞)；(2)对农副产品的加工、再加工，如粮油加工、食品加工、轧花、缫丝、纺织、制革等；(3)对采掘品的加工、再加工，如炼铁、炼钢、化工生产、石油加工、机器制造、木材加工等，以及电力、自来水、煤气的生产和供应等；(4)对工业品的修理、翻新，如机器设备的修理、交通运输工具(包括小卧车)的修理等。

1984年以前农村的村及村以下办工业归属农业，1984年后划归工业。

工业统计调查单位 工业统计调查单位分为两类：独立核算法人工业企业和工业活动单位。

(1)**独立核算法人工业企业** 是指从事工业生产经营活动的单位。独立核算法人工业企业应同时具备以下条件：①依法成立，有自己的名称、组织机构和场所，能够承担民事责任；②独立拥有和使用资产，承担负债，有权与其他单位签订合同；③独立核算盈亏，并能够编制资产负债表。

(2)**工业活动单位** 是指在一个场所从事一种或主要从事一种工业生产活动的经济单位。它包括独立核算工业企业按主营业务活动(即工业生产活动)划分的主营业务活动单位和非工业企业所属的工业生产活动单位(即原非独立核算工业生产单位)。工业活动单位，一般应同时具备以下三个条件：①具有一个场所，从事一种或主要从事一种工业活动；②单独组织工业生产、经营或业务活动；③单独核算收入和支出。

国有经济工业(即过去的全民所有制工业或国营工业) 指生产资料归国家所有的一种经济类型。包括中央和地方各级国家机关、部队、科研机构、学校、人民团体和国有经济企事业单位等举办的国有经济工业。1957年以前的公私合营和私营工业，后均改造为国营工业，1992年改为国有工业，这部分工业的资料不单独分列时，均包括在国有工业内。

集体经济工业 指生产资料归公民集体所有的一种经济类型，是社会主义公有制经济的组成部分。包括城乡所有使用集体投资举办的企业，以及部分个人通过集资自愿放弃所有权并依法经工商行政管理机关认定为集体所有制的企业。

其他经济类型工业 指除国有经济工业、集体经济工业以外的其他经济类型工业企业(单位)。包括股份制经济(股份有限公司，有限责任公司)；外商投资经济(中外合资经营、中外合作经营、外资企业)；港、澳、台投资经济(与大陆合资经营、与大陆合作经营、港、澳、台独资企业)及其他经济类型的工业。

轻工业 指主要提供生活消费品和制作手工工具的工业。按其所使用的原料不同，可分为两大类：(1)以农产品为原料的轻工业，是指直接或间接以农产品为基本原料的轻工业。主要包括食品制造、饮料制造、烟草加工、纺织、缝纫、皮革和毛皮制作、造纸以及印刷等工业；(2)以非农产品为原料的轻工业，是指以工业品为原料的轻工业。主要包括文教体育用品、化学药品制造、合成纤维制造、日用化学制品、日用玻璃制品、日用金属制品、手工工具制品、医疗器械制造、文化和办公用机械制造等工业。

重工业 是指为国民经济各部门提供物质技术基础的主要生产资料的工业。按其生产性质和产品用途，可以分为下列三类：(1)采掘(伐)工业，是指对自然资源的开采，包括石油开采、煤炭开采、金属矿开采、非金属矿开采和木材采伐等工业；(2)原材料工业，指向国民经济各部门提供基本材料、动力和燃料的工业。包括金属冶炼及加工、炼焦及焦炭化学、化工原料、水泥、人造板以及电力、石油和煤炭加工等工业；(3)加工工业，是指对工业原材料进行再加工制造的工业。包括装备国民经济各部门的机械设备制造工业、金属结构、水泥制品等工业，以及为农业提供的生产资料如化肥、农药等工业。

独立核算工业企业、非独立核算工业生产单位工业企业按其行政和财务是否独立，分为独立核算工业企业和非独立核算工业生产单位。

独立核算工业企业应同时具备下列三个条件：(1)行政上有独立的组织形式；(2)经济上独立核算、自负盈亏，编制独立的资金平衡表；(3)有权与其他单位签订合同，并在银行设有独立帐户。独立核算工业企业不论是单一性生产或联合性生产的企业，均以整个企业作为一个基层单位进行统计，而不按分厂、车间统计。

非独立核算工业生产单位是指不同时具备独立核算工业企业三个条件，附设于其他企业、事业、机关、团体、学校、科研机构、部队等单位的工业生产单位。非独立核算工业生产单位，必须同时具备下列三个条件，才能列入工业统计范围，即：(1)有固定的生产场所和生产设备；(2)有固定的生产工人和学徒在十人以上；(3)一般单位常年生产，季节性生产的单位全年开工时间在三个月以上。

大、中、小型企业大、中、小型企业的划分标准有下列两类：

(1)按企业产品的年生产能力划分。凡产品比较单一的行业，如电力、原煤、石油、钢铁、有色金属、硫酸、烧碱、纯碱、合成氨、发电设备、汽车、拖拉机、木材采伐、水泥、平板玻璃、纺织、造纸、制糖、手表、缝纫、自行车等均以产品生产能力作为划分大、中、小型的标准(生产多种产品的企业，以其主要产品的生产能力来划分)。

(2)按企业拥有的固定资产原价划分。凡产品种类繁多，难以按生产能力划分的，则以企业拥有的固定资产原价作为划分大、中、小型的标准。

工业总产值　是以货币表现的工业企业在一定时期内生产的已出售或可供出售工业产品总量，它反映一定时期内工业生产的总规模和总水平，它包括：在本企业内不再进行加工，经检验、包装(规定不需包装的产品除外)入库的成品价值，工业性作业价值，自制半成品、在产品期末初差额价值(生产周期较长的企业计算)。工业总产值采用“工厂法”计算，即以工业企业作为一个整体，按企业工业生产活动的最终成果来计算，企业内部不允许重复计算，不能把企业内部各个车间(分厂)生产的成果相加。但在企业之间、行业之间、地区之间存在着重复计算。

轻重工业总产值的划分也是按“工厂法”计算的，即一个工业企业在正常情况下生产的主要产品的性质属于轻工业，则该企业的全部工业总产值作为轻工业总产值；一个工业企业生产的主要产品的性质属于重工业，则该企业的全部工业总产值作为重工业总产值。

工业销售产值　是以货币表现的工业企业在一定时期内销售的本企业生产的工业产品产量。包括已销售的成品、半成品价值，对外提供的工业性作业价值和对本单位基本建设部门、生活福利部门等提供的产品和工业性作业及自制设备的价值。已销售的成品、半成品不论是本期生产的，还是上期生产的，只要是本期销售出去的均包括在内。对外提供的工业性作业是指企业按合同对外提供的工业性劳务。企业为本单位基本建设部门、生活福利部门等提供的产品和工业性作业及自制设备也应视同销售，这部分也作为销售统计。

工业销售产值的计算范围、计算价格和计算方法与工业总产值一致，但两者计算的基础不同：工业销售产值计算的基础是产品销售总量，工业总产值计算的基础是工业产品生产总量。

工业增加值　工业增加值是工业企业在报告期内以货币表现的工业生产活动的最终成果。工业增加值有两种计算方法：一是生产法，即工业总产出减去工业中间投入加上增值税；二是收入法，即从收入的角度出发，根据生产要素在生产过程中应得到的收入份额计算，具体构成项目有固定资产折旧、劳动者报酬、生产税净额、营业盈余，这种方法也称要素分配法。

工业总产出：是工业企业在一时期内工业生产活动的总成果。工业总产出包括：成品生产价值，对外加工费收入，自制半成品、在产品期末期初差额价值。

工业中间投入：指工业企业在工业生产活动中消耗的外购物质产品和对外支付的服务费用。服务费用包括支付给物质生产部门（工业、农业、批发零售贸易业、建筑业、运输邮电业）的服务费用和支付给非物质生产部门（如保险、金融、文化教育、科学研究、医疗卫生、行政管理等）的服务费用。

工业企业主要财务指标

资本金　是指企业在工商行政管理部门登记的注册资金合计。企业资本金按投资主体分为国家资本金、法人资本金、个人资本金以及外商资本金等。资本金合计包括企业各种投资主体注册的全部资本金。

(1)**国家资本金**　反映有权代表国家投资的政府部门或者机构以国有资产投入企业形成的资本金。

(2)**法人资本金**　指其他法人单位以其依法可以支配的资产投入企业形成的资本金。

(3)**个人资本金**　指社会个人或者企业内部职工以个人合法财产投入企业形成的资本金。

资产　指企业拥有或控制的全部资产。包括流动资产、长期投资、固定资产、无形及递延资产、其他长期资产等，即为企业资产负债表的资产总计项。

(1)**流动资产**　指企业可以在一年内或者超过一年的一个生产周期内实现或耗用的资产合计。包括现金及各种存款、短期投资、应收及预付款项、存货等。

(2)**固定资产**　指企业固定资产净值、固定资产清理、在建工程、待处理固定资产损失所占用的资金合计。

(3)**无形及递延资产**　无形资产是指企业长期使用而没有实物形态的资产，包括专利权、非专利技术、商标权、著作权、土地使用权、商誉等；递延资产是指不能全部计入当年损益、应当在以后各年度内分期摊销的各项费用，包括开办费、租入固定资产的改良及大修理支出等。本项目反映年末企业无形资产和递延资产之和。

负债　指企业承担并需要偿还的全部债务。包括流动负债和长期负债等。即为企业资产负债表的负债合计项。

(1)**流动负债**　指企业在一年内或者超过一年的一个营业周期内需要偿还的债务合计，其中包括短期借款、应付及预收款项、应付工资、应交税金和应交利润等。

(2)**长期负债**　指企业在一年以上或者超过一年的一个生产周期以上需要偿还的债务合计，其中包括长期借款、应付债务、长期应付款项等。

所有者权益　指企业投资人对企业净资产的所有权。企业净资产等于企业全部资产减去全部负债后的余额，其中包括投资者对企业的最初投入，以及资本公积金、盈余公积金和未分配利润，对股份制企业即为股东权益。

固定资产原价　指企业在建筑、购置、安装、改建、扩建、技术改造某项固定资产时所支出的全部货币总额。一般包括买价、包装费、运杂费和安装费等。

累计折旧　指企业在报告期期末提取的各年固定资产折旧累计数。

本年折旧　指企业在本年度内累计提取的折旧。

固定资产净值　指固定资产原价减去历年所提折旧后的净额。

全员劳动生产率 指根据产品的价值量指标计算的平均每一个职工在单位时间内的产品生产量。是考核企业经济活动的重要指标，是企业生产技术水平、经营管理水平、职工技术熟练程度和劳动积极性的综合表现。目前我国的全员劳动生产率是将工业企业的工业增加值除以同一时期全部职工的平均人数来计算的。计算公式：

$$\text{全员劳动生产率}=\frac{\text{工业增加值}}{\text{全部职工平均人数}}$$

为了使各年度的全员劳动生产率数字可以比较，1990 年以前各年的全员劳动生产率均按指数换算成 1990 年不变价格。

工业企业主要经济效益指标计算公式：

$$\text{工业产品销售率}(\%)=\frac{\text{工业销售产值}}{\text{工业总产值}}\times 100\%$$

$$\text{工业资金利税率}(\%)=\frac{\text{实现利税总额}}{\text{平均流动资产}+\text{固定资产净值平均余额}}\times 100\%$$

$$\text{工业增加值率}(\%)=\frac{\text{工业增加值}}{\text{工业总产值}}\times 100\%$$

$$\text{成本费用利润率}(\%)=\frac{\text{实现利润总额}}{\text{成本费用总额}}\times 100\%$$

$$\text{工业全员劳动生产率(元/人)}=\frac{\text{工业增加值}}{\text{全部职工平均人数}}$$

$$\text{流动资产周转次数(次)}=\frac{\text{产品销售收入}}{\text{平均流动资产}}$$

$$\text{资产负债率}(\%)=\frac{\text{负债总计}}{\text{资产总计}}\times 100\%$$

13—1 建筑施工企业施工产值

单位:万元

年 份	施工产值	#地方属企业	国有企业	#地方属企业	集体企业
1957	34 567	7 620	34 567	7 620	
1962	11 340	3 055	9 824	1 539	1 516
1965	38 425	15 551	31 458	8 584	6 967
1970	37 180	23 414	31 070	17 304	6 110
1975	67 377	45 824	58 946	37 393	8 431
1978	86 642	60 131	75 082	48 571	11 560
1979	91 932	66 057	77 854	51 979	14 078
1980	97 607	71 142	80 505	54 040	17 102
1981	82 528	65 171	65 789	48 432	16 739
1982	98 176	70 799	79 749	52 072	18 427
1983	110 401	75 874	85 828	51 301	24 573
1984	139 234	92 633	111 271	64 670	27 963
1985	164 405	100 322	132 119	68 036	32 286
1986	183 081	112 965	150 795	74 608	38 357
1987	208 180	125 264	165 971	83 055	42 209
1988	242 409	134 927	197 920	90 438	44 489
1989	273 554	144 417	230 069	100 932	43 485
1990	325 034	155 840	278 358	109 164	46 676
1991	360 774	173 400	306 098	118 724	54 676
1992	479 806	228 929	410 445	159 568	69 361
1993	751 613	331 449	650 865	230 800	100 649
1994	980 260	414 949	856 685	293 000	121 941
1995	1 065 612	501 076	914 782	357 201	143 870
1996	1 294 502	735 145	940 012	380 656	335 948

注:1996年建筑业年报统计范围由往年的县及县以上(含县级建制镇)各种经济类型的建筑企业,改为具有建筑业资质等级四级以上的各种经济类型的建筑施工企业。

13—2 建筑施工企业主要指标

（1996 年）

指　　标	企业个数（个）	亏损企业（个）	平均人数（万人）	施工产值（万元）	增加值（万元）	全员劳动生产率（元/人）	竣工产值（万元）
总　　计	**800**	**165**	**41.87**	**1 294 502**	**425 300**	**30 918**	**936 859**
#一、二级企业	113	25	24.61	989 171	330 482	40 196	725 553
#大中型	53	13	19.97	861 546	292 961	43 134	635 741
一、按经济类型划分							
国有经济	158	34	22.93	940 012	320 969	41 001	704 698
中央企业	46	11	13.34	559 356	200 051	41 931	456 134
地方企业	112	23	9.59	380 656	120 918	39 707	248 564
集体经济	587	116	17.91	335 948	98 639	18 757	220 450
私营经济	22	5	0.22	4 987	1 631	22 760	2 930
联营经济	5	1	0.19	2 039	885	10 462	1 261
股份制经济	25	7	0.58	10 965	2 953	19 043	6 856
外商投资经济	1	1		1	9	1 250	1
其他经济	2	1	0.04	550	214	13 407	665
二、按建筑行业分							
土木工程建筑业	744	154	39.55	1 172 069	379 897	29 636	860 328
房屋建筑业	660	131	28.45	640 734	204 758	22 523	420 229
矿山建筑业	9	2	1.63	27 519	14 205	16 882	19 328
铁路公路隧道建筑业	40	8	6.78	381 653	115 488	56 274	372 173
堤坝电站码头建筑业	11	3	2.18	113 590	42 255	52 115	42 159
其他土木工程建筑业	24	10	0.51	8 574	3 191	16 818	6 438
线路管道设备安装业	39	5	2.22	118 388	44 747	53 297	73 465
线路管道安装业	15	2	0.57	32 144	12 142	56 523	28 797
设备安装业	24	3	1.65	86 244	32 605	52 187	44 668
装修装饰业	17	6	0.10	4 045	656	41 149	3 067

13—2 续表 1 (1996 年)

指　　标	单位工程施工个数(个)	#投标承包个数	房屋建筑施工面积(万平方米)	#投标承包面积	房屋建设竣工面积(万平方米)	房屋建筑面积竣工率(%)	工程质量优良品率(按个数计算)(%)
总　　计	**12 937**	**5 845**	**1 850.99**	**1 220.71**	**825.28**	**44.6**	**34.0**
#一、二级企业	7 819	3 470	983.13	771.83	341.52	34.7	53.7
#大中型	6 022	2 800	722.80	594.72	216.12	29.9	65.8
一、按经济类型划分							
国有经济	7 801	3 382	852.72	682.20	287.18	33.7	49.7
中央企业	5 555	2 081	253.10	193.70	75.31	29.8	53.5
地方企业	2 246	1 301	599.63	488.50	211.87	35.3	43.8
集体经济	4 832	2 317	950.29	515.94	510.68	53.7	23.0
私营经济	102	48	13.35	5.59	8.94	67.0	29.7
联营经济	26	11	4.37	1.46	3.38	77.3	40.9
股份制经济	164	77	28.10	13.36	13.69	48.7	24.2
外商投资经济	2						
其他经济	10	10	2.15	2.15	1.40	65.1	28.6
二、按建筑行业分							
土木工程建筑业	11 861	5 490	1 834.37	1 211.04	814.22	44.4	33.2
房屋建筑业	8 755	3 530	1 708.60	1 132.27	773.24	45.3	25.7
矿山建筑业	477	303	21.46	15.00	9.42	43.9	25.9
铁路公路隧道建筑业	1 779	1 336	60.85	42.16	20.60	33.9	84.3
堤坝电站码头建筑业	382	259	30.15	15.45	2.87	9.5	46.6
其他土木工程建筑业	468	62	13.31	6.15	8.09	60.8	35.5
线路管道设备安装业	954	304	12.19	6.12	6.72	55.1	39.2
线路管道安装业	303	107	7.17	4.04	3.66	51.1	21.7
设备安装业	651	197	5.02	2.09	3.06	60.8	48.2
装修装饰业	122	51	4.43	3.55	4.33	97.7	62.2

13—2 续表 2

指标	自有机械设备年末总台数(台)	自有机械设备年末总功率(万千瓦)	#施工机械功率	自有机械设备净值(万元)	技术装备率(元/人)	动力装备率(千瓦/人)
总计	**112 478**	**187.5**	**149.4**	**196 252**	**4 642**	**4.4**
#一、二级企业	45 699	135.5	104.7	150 756	5 915	5.3
#大中型	35 377	123.9	96.4	142 206	6 724	5.9
一、按经济类型划分						
国有经济	42 335	135.1	104.5	147 032	6 079	5.6
中央企业	23 365	87.2	71.3	106 685	7 733	6.3
地方企业	18 970	48.0	33.3	40 347	3 883	4.6
集体经济	66 462	50.2	43.2	44 862	2 620	2.9
私营经济	749	0.5	0.3	901	3 649	1.9
联营经济	673	0.3	0.2	928	6 584	1.9
股份制经济	2 153	1.4	1.1	2 472	4 550	2.6
外商投资经济	10			8	13 333	5.5
其他经济	96			49	1 447	1.2
二、按建筑行业分						
土木工程建筑业	103 288	177.4	142.6	180 651	4 525	4.4
房屋建筑业	81 458	82.2	62.9	72 084	2 538	2.9
矿山建筑业	1 684	6.3	5.9	8 233	5 303	4.0
铁路公路隧道建筑业	11 854	56.8	46.6	65 688	9 376	8.1
堤坝电站码头建筑业	6 496	29.7	25.5	32 751	12 902	11.7
其他土木工程建筑业	1 796	2.6	1.8	1 896	4 486	6.0
线路管道设备安装业	8 700	9.9	6.7	15 462	6 942	4.4
线路管道安装业	1 955	2.6	1.9	4 240	8 097	4.9
设备安装业	6 745	7.3	4.8	11 222	6 587	4.3
装修装饰业	490	0.2	0.2	139	1 130	1.5

13—3 建筑施工企业主要财务指标

(1996 年)

单位:万元

指标	流动资产合计	#存货	#在建工程	固定资产合计	固定资产原价	#生产经营用	累计折旧	#本年折旧
总计	**1 045 633**	**310 226**	**144 034**	**485 443**	**658 554**	**407 674**	**180 151**	**33 665**
#一、二级企业	869 977	232 995	89 176	403 944	559 863	337 219	157 842	29 224
#大中型	772 649	207 318	76 711	371 692	518 269	316 675	147 845	27 919
一、按经济类型划分								
国有经济	830 563	231 035	92 433	390 636	542 353	321 687	154 268	28 745
中央企业	466 017	114 781	40 318	250 727	352 270	220 671	102 650	20 723
地方企业	364 546	116 254	52 116	139 909	190 083	101 016	51 618	8 023
集体经济	202 992	74 600	49 159	87 530	107 999	80 129	24 690	4 604
私营经济	2 621	1 163	780	2 414	2 598	1 874	377	61
联营经济	589	72	5	1 658	1 760	1 303	102	64
股份制经济	8 289	3 223	1 580	3 052	3 633	2 471	657	175
外商投资经济	158	49	28	10	33	33	23	6
其他经济	421	84	49	143	178	178	35	10
二、按建筑行业分								
土木工程建筑业	955 956	285 562	130 539	446 978	604 248	379 400	164 269	30 040
房屋建筑业	473 671	150 432	75 361	215 883	274 282	148 829	64 177	10 017
矿山建筑业	34 419	8 616	1 069	24 570	31 786	16 019	7 893	1 304
铁路公路隧道建筑业	331 630	96 975	45 314	134 146	189 740	136 378	55 683	12 002
堤坝电站码头建筑业	101 036	20 305	2 636	66 427	101 303	72 990	34 979	6 542
其他土木工程建筑业	15 199	9 233	6 160	5 952	7 137	5 184	1 537	175
线路管道设备安装业	87 540	23 952	13 257	37 272	52 934	27 801	15 702	3 569
线路管道安装业	16 157	3 069	369	11 134	14 975	9 386	3 841	905
设备安装业	71 383	20 882	12 888	26 138	37 959	18 415	11 861	2 664
装修装饰业	2 137	712	238	1 193	1 373	473	180	56

13—3 续表 1

单位:万元

指　　标	无形及递延资产	#无形资产	资产总计	流动负债合计	长期负债合计	所有者权益合计	#股本
总　计	**12 077**	**2 353**	**1 618 397**	**1 079 597**	**112 091**	**416 903**	**8 891**
#一、二级企业	8 859	1 636	1 347 791	932 070	94 747	313 557	4 177
#大中型	8 290	1 445	1 213 366	835 747	87 171	283 032	3 455
一、按经济类型划分							
国有经济	6 575	1 469	1 293 760	891 295	93 798	300 614	2 915
中央企业	2 607	1 143	767 567	511 128	59 765	196 673	671
地方企业	3 968	326	526 194	380 167	34 033	103 942	2 245
集体经济	5 406	800	304 115	178 718	17 155	107 756	4 609
私营经济			5 076	1 873	164	2 995	136
联营经济	6	6	2 331	432	8	1 891	
股份制经济	91	78	12 381	6 929	967	3 263	1 230
外商投资经济			169	45		125	
其他经济			564	305		259	
二、按建筑行业分							
土木工程建筑业	10 904	1 461	1 477 544	996 474	99 656	371 762	8 770
房屋建筑业	9 606	1 253	721 167	477 926	41 389	193 546	7 553
矿山建筑业	180	5	60 345	38 792	10 980	10 573	
铁路公路隧道建筑业	708	160	499 135	356 083	29 471	112 295	429
堤坝电站码头建筑业	384	29	175 632	109 873	13 928	51 831	
其他土木工程建筑业	27	15	21 265	13 800	3 888	3 518	789
线路管道设备安装业	988	754	137 270	81 627	12 124	43 365	118
线路管道安装业	714	624	31 594	16 035	1 835	13 572	
设备安装业	274	130	105 675	65 592	10 289	29 793	118
装修装饰业	185	137	3 583	1 496	311	1 776	2

13—3 续表 2

单位:万元

指　　标	工程结算收入	工程结算成本	工程结算税金及附加	工程结算利润	其他业务利润	管理费用	#税金	营业利润
总　计	**1 197 748**	**1 032 685**	**34 389**	**130 675**	**11 878**	**119 804**	**3 937**	**9 933**
#一、二级企业	933 216	799 732	25 325	108 159	11 101	90 111	1 424	7 786
#大中型	828 892	710 441	22 147	96 304	10 426	79 618	1 226	7 686
一、按经济类型划分								
国有经济	898 585	769 673	23 984	104 928	10 617	88 214	1 391	5 944
中央企业	553 096	473 382	13 784	65 931	7 560	60 513	424	2 727
地方企业	345 489	296 291	10 200	38 997	3 057	27 702	967	3 216
集体经济	281 749	247 342	9 834	24 573	1 248	30 707	2 427	3 873
私营经济	4 254	3 782	173	299		180	32	64
联营经济	2 083	1 952	68	63		107	19	—5
股份制经济	10 527	9 476	312	739	12	509	68	71
外商投资经济	1	3		—2		18		—21
其他经济	550	457	18	75		68		7
二、按建筑行业分								
土木工程建筑业	1 102 181	957 454	31 327	113 401	10 765	106 620	3 704	5 969
房屋建筑业	565 891	491 729	18 359	55 803	3 273	58 503	3 123	—1 587
矿山建筑业	25 841	20 852	651	4 338	1 650	4 631	67	26
铁路公路隧道建筑业	383 417	335 834	9 047	38 536	5 551	32 397	220	4 485
堤坝电站码头建筑业	120 141	102 631	3 022	14 488	279	10 549	285	3 570
其他土木工程建筑业	6 891	6 408	247	236	12	541	9	—524
线路管道设备安装业	93 647	73 608	2 968	17 071	1 113	12 998	227	3 990
线路管道安装业	21 407	15 820	581	5 006	488	4 184	55	808
设备安装业	72 240	57 788	2 386	12 065	625	8 814	172	3 183
装修装饰业	1 920	1 623	94	203		185	5	—26

13—3 续表 3

指　　标	利润总额（万元）	产值利润率（%）	资产负债率（%）	资本金利润率（%）	销售利润率（%）
总　　计	**1 521**	**0.1**	**74.2**	**0.4**	**10.9**
#一、二级企业	−1 644	−0.2	76.7	−0.7	11.6
#大中型	−1 692	−0.2	76.7	−0.9	11.6
一、按经济类型划分					
国有经济	−1 822	−0.2	76.8	−0.8	11.7
中央企业	−2 754	−0.5	−74.4	−2.1	11.9
地方企业	932	0.2	80.2	1.1	11.3
集体经济	3 272	1.0	64.6	2.7	8.7
私营经济	107	2.1	41.0	4.3	7.0
联营经济	10	0.5	18.9	0.5	3.0
股份制经济	−31	−0.3	73.6	−0.9	7.0
外商投资经济	−21	−2 090.0	26.3	−13.9	−275.0
其他经济	7	1.3	54.0	3.5	13.6
二、按建筑行业分					
土木工程建筑业	−592	−0.1	74.8	−0.2	10.3
房屋建筑业	−575	−0.1	73.2	−0.3	9.9
矿山建筑业	−223	−0.8	82.5	−2.1	16.8
铁路公路隧道建筑业	−80		77.5	−0.1	10.1
堤坝电站码头建筑业	862	0.8	70.5	2.9	12.1
其他土木工程建筑业	−576	−6.7	83.5	−14.4	3.4
线路管道设备安装业	2 148	1.8	68.4	8.6	18.2
线路管道安装业	779	2.4	57.0	0.5	23.4
设备安装业	1 369	1.6	71.8	8.2	16.7
装修装饰业	−35	−0.9	50.4	−1.5	10.6

13—4 建筑施工企业增加值

（1996年）

单位：万元

指标	总计	#国有经济	中央企业	地方企业	#大中型
总计	**425 300**	**320 969**	**200 051**	**120 918**	**292 961**
本年提取的固定资产折旧	33 665	28 745	20 723	8 023	27 919
主营业务应付工资	177 218	123 153	75 980	47 174	109 934
主营业务应付福利费	22 035	16 634	10 174	6 460	13 845
管理费用中的劳动待业保险费	23 690	22 144	13 044	9 101	21 606
工程结算税金及附加	34 389	23 984	13 784	10 200	22 147
管理费用中的税金	3 937	1 391	424	967	1 226
工程结算利润	130 675	104 928	65 931	38 997	96 304
转作奖金的利润	308	12	7	5	19

注：增加值总计等于前七项之和减第八项。

13—5 建筑施工企业实物量指标

（1996年）

指标	单位	总计	#国有经济	中央企业	地方企业	#大中型
单位工程施工个数	个	**12 937**	**7 801**	**5 555**	**2 246**	**6 022**
# 本年新开工个数	个	6 095	2 937	1 817	1 120	1 686
单位工程竣工个数	个	**6 887**	**2 812**	**1 692**	**1 120**	**1 562**
# 优良工程个数	个	2 345	1 397	906	491	1 028
房屋建筑施工面积	万平方米	**1 850.99**	**852.72**	**253.10**	**599.63**	**722.80**
# 本年新开工面积	万平方米	878.79	317.93	90.54	227.40	225.94
房屋建筑竣工面积	万平方米	**825.28**	**287.18**	**75.31**	**211.87**	**216.12**
①厂房	万平方米	103.40	48.30	23.17	25.13	40.36
②住宅	万平方米	484.19	155.97	30.75	125.23	120.38
③办公用房	万平方米	81.79	23.59	4.08	19.52	18.11
④商业、居民服务业用房	万平方米	56.28	18.00	2.52	15.49	13.99
⑤文化教育用房	万平方米	53.28	11.65	3.24	8.41	6.76
⑥医疗用房	万平方米	6.47	1.95	0.37	1.58	1.45
⑦科研用房	万平方米	4.01	4.01		4.01	3.94
⑧其他用房	万平方米	35.35	23.71	11.19	12.51	11.14
#优良工程面积	万平方米	380.86	138.84	36.49	102.35	103.46
优良品率（按面积计算）	%	46.1	48.3	48.4	48.3	47.9

13—6 各地市建筑施工企业施工产值

(1996 年)　　单位:万元

地　区	施工产值	#地方企业	国有企业	#地方企业	集体经济
全　省	**1 294 502**	**354 489**	**940 012**	**380 656**	**335 948**
西 安 市	542 956	136 246	406 711	219 249	131 880
铜 川 市	30 319	11 839	18 480	3 184	11 839
宝 鸡 市	143 341	62 686	80 655	44 442	62 059
咸 阳 市	248 344	33 575	214 769	52 191	30 548
渭 南 市	100 237	17 098	83 139	7 101	12 466
汉 中 市	80 088	37 759	42 330	18 530	33 975
安康地区	71 843	7 625	64 218	6 249	6 829
商洛地区	12 199	7 726	4 474	4 474	7 726
延 安 市	27 316	12 755	14 561	14 561	12 259
榆林地区	37 859	27 183	10 676	10 676	26 367

13—7 各地市建筑施工企业主要指标

(1996 年)

地　区	企业个数(个)	施工产值(万元)	竣工产值(万元)	增加值(万元)	施工房屋建筑面积(万平方米)	竣工房屋建筑面积(万平方米)	全员劳动生产率(元/人)	优良品率(个数计算)(%)
全　省	**800**	**1 294 502**	**936 859**	**425 300**	**1 850.99**	**825.28**	**30 918**	**34.0**
西 安 市	184	542 956	355 616	178 169	694.07	256.98	37 494	44.3
铜 川 市	17	30 319	18 559	11 908	49.23	20.34	16 960	21.0
宝 鸡 市	87	143 341	78 634	46 593	310.07	169.77	26 013	43.6
咸 阳 市	105	248 344	319 607	73 657	230.94	123.15	38 676	59.8
渭 南 市	86	100 237	38 029	36 666	105.45	48.14	27 173	31.6
汉 中 市	120	80 088	59 135	28 572	194.42	95.82	18 948	14.6
安康地区	53	71 843	10 429	28 628	50.54	24.72	33 411	22.7
商洛地区	47	12 199	7 297	4 237	40.37	19.43	16 003	23.6
延 安 市	38	27 316	21 821	6 346	59.08	27.52	22 477	26.9
榆林地区	63	37 859	27 733	10 525	116.82	39.41	23 301	35.5

13—8 各地市建筑施工企业主要财务指标

（1996年）

单位：万元

地区	资产总计	负债合计	所有者权益合计	工程结算收入	工程结算成本	工程结算税金及附加	工程结算利润	利润总额
全省	**1 618 397**	**1 201 494**	**416 903**	**1 197 748**	**1 032 685**	**34 389**	**130 675**	**1 521**
西安市	749 747	550 791	198 957	498 307	429 727	14 585	53 995	2 165
铜川市	69 127	57 620	11 508	27 037	23 782	877	2 378	−1 334
宝鸡市	130 770	107 559	23 211	124 919	107 949	3 446	13 524	593
咸阳市	262 156	199 578	62 578	236 815	204 494	6 617	25 704	1 948
渭南市	114 397	89 365	25 031	89 302	74 204	2 331	12 767	−2 806
汉中市	110 308	74 450	35 858	73 396	64 280	2 349	6 768	−520
安康地区	91 672	57 788	33 885	79 503	67 997	1 816	9 690	260
商洛地区	11 474	8 149	3 325	11 441	9 932	392	1 117	271
延安市	30 508	20 053	10 455	24 897	22 663	832	1 402	288
榆林地区	48 238	36 141	12 096	32 130	27 657	1 143	3 331	658

13—9　全省大中型建筑施工企业主要经济指标一览表

（1996 年）

企业名称	企业总收入（万元）	自行完成施工产值（万元）	生产经营用固定资产（万元）	房屋建筑施工面积（平方米）	房屋建筑竣工面积（平方米）	优良品率（按个数计算）（%）	全员劳动生产率（元/人）
总　　计	**916 352**	**861 546**	**316 675**	**7 228 007**	**2 161 150**	**65.8**	**43 134**
铁道部第二十工程局	100 186	82 618	23 005	300 396	69 513	82.6	52 211
交通部第二公路工程局	83 091	75 518	27 657			100.0	92 513
中国水利水电第三工程局	68 212	57 005	46 927	8 767	8 561		46 699
陕西省水电工程局	36 159	32 724	18 346	9 974		100.0	100 196
西安铁路工程总公司	31 910	24 910	8 712	74 770	42 749	98.9	36 075
铁道部第一工程局第五工程处	29 619	29 049	9 732	41 971	15 390	94.2	40 799
陕西省路桥工程总公司	29 375	31 121	9 853			100.0	112 839
铁道部第一工程局新运处	27 793	17 688	6 319	15 189	233	91.1	88 882
陕西省设备安装工程公司	23 546	24 906	2 034			69.2	68 217
西北电力建设第四工程公司	22 509	21 757	6 910	271 028	13 378	92.3	54 284
陕西省机械施工公司	21 964	17 429	9 504			60.6	79 293
铁道部第一工程局第四工程处	20 701	16 096	5 976	38 331	28 630	98.0	43 539
陕西煤炭建设公司	20 479	11 672	12 744	88 569	24 879	11.5	11 781
铁道部第一工程局第一工程处	19 470	18 425	6 979	41 008	12 322	93.7	53 007
铁道部第一工程局第三工程处	19 115	19 210	5 947	25 988	2 298	100.0	50 525
中国第九冶金建设公司	17 796	18 550	8 063	166 867	166 867	76.6	21 410
西安市第四建筑工程公司	17 023	16 000	2 550	420 726	87 710	44.4	34 058
陕西省第十一建筑工程公司	16 513	15 644	4 382	379 914	147 294	40.9	45 110
西安市第三建筑工程公司	16 453	20 003	1 949	450 435	103 568	60.0	37 431
陕西省第二建筑工程公司	16 363	15 570	3 440	400 956	171 243	22.5	33 334
铁道部第一工程局建安工程总公司	15 128	13 599	2 386	585 702	6 243	100.0	42 404
西北电力建设第一工程公司	15 062	19 070	3 752				67 672
陕西省第三建筑工程公司	15 013	14 345	3 817	444 147	137 459	21.4	24 964
陕西省第五建筑工程公司	14 582	14 123	2 469	394 338	101 047	100.0	42 926
陕西省第八建筑工程公司	13 920	13 837	2 560	337 516	110 830	44.4	23 197
陕西省第七建筑工程公司	12 949	14 208	3 998	385 630	133 507	28.6	48 246
陕西省第一建筑工程公司	11 981	11 884	2 181	334 592	74 756	45.5	24 645
陕西送变电工程公司	11 814	11 800	4 329	16 379		100.0	61 108
陕西省第六建筑工程公司	11 765	11 648	1 521	192 942	80 052	31.6	47 195
铁道部第一工程局电务处	11 686	11 120	1 612	9 697		100.0	71 789
西北电力建设第三工程公司	11 495	12 627	6 299			100.0	65 054
西安市第一市政工程公司	11 442	13 473	6 337			40.0	76 117
陕西省石油化工建设公司	10 736	13 071	2 775	1 981	1 981	86.5	57 682
陕西省第十建筑工程公司	10 635	9 597	2 082	184 672	38 018	50.0	43 015
铁道部第一工程局桥梁工程处	10 125	9 360	3 292	3 550		100.0	52 467
西安市第二市政工程公司	9 874	8 296	4 250			33.3	44 819
铁道部第一工程局机械筑路工程处	8 298	7 164	7 122	7 413	4 533		34 527
中国通信建设第二工程局	8 075	11 830	4 063			100.0	70 124
中国第十冶金建设公司	8 065	9 775	5 331	75 740	2 502	50.0	13 588

13—9 续表 1 (1996 年)

企业名称	技术装备率(元/人)	动力装备率(千瓦/人)	利润总额(万元)	产值利润率(%)	资产负债率(%)	资本金利润率(%)	销售利润率(%)
总计	**6 724**	**5.9**	**-1 692**	**-0.2**	**76.7**	**-0.9**	**11.6**
铁道部第二十工程局	5 365	5.5	16		85.1	0.2	8.2
交通部第二公路工程局	18 377	13.1	810	1.1	74.2	5.0	8.4
中国水利水电第三工程局	15 417	11.6	231	0.4	64.0	1.6	13.2
陕西省水电工程局	15 198	19.8	254	0.8	85.9	3.9	9.3
西安铁路工程总公司	4 996	6.7	13	0.1	71.4	0.1	13.1
铁道部第一工程局第五工程处	8 756	5.5	263	0.9	89.2	6.9	13.8
陕西省路桥工程总公司	17 337	17.2	11		76.7	0.2	4.8
铁道部第一工程局新运处	4 510	5.1	6		70.5	0.1	3.2
陕西省设备安装工程公司	3 148	2.7	208	0.8	78.2	11.1	15.2
西北电力建设第四工程公司	6 747	6.1	375	1.7	68.9	7.0	12.8
陕西省机械施工公司	16 221	21.2	200	1.1	78.6	6.2	19.4
铁道部第一工程局第四工程处	10 956	9.6	139	0.9	76.1	3.7	10.5
陕西煤炭建设公司	6 415	4.0	-283	-2.4	84.3	-3.7	12.0
铁道部第一工程局第一工程处	10 306	7.0	100	0.5	84.9	3.7	14.7
铁道部第一工程局第三工程处	9 932	5.4	261	1.4	74.6	5.4	14.1
中国第九冶金建设公司	374	3.6	-216	-1.2	52.3	-5.0	13.4
西安市第四建筑工程公司	2 123	1.3	2		76.8	0.1	8.4
陕西省第十一建筑工程公司	3 859	4.1	60	0.4	78.2	2.7	14.7
西安市第三建筑工程公司	1 750	1.8	2		75.7		12.2
陕西省第二建筑工程公司	1 787	2.6	60	0.4	118.9	2.9	11.3
铁道部第一工程局建安工程总公司	3 344	3.6	-625	-4.6	76.2	-123.4	6.1
西北电力建设第一工程公司	13 650	6.0	601	3.2	54.5	12.0	17.6
陕西省第三建筑工程公司	1 543	1.6			86.6		14.7
陕西省第五建筑工程公司	2 859	2.4	61	0.4	67.2	2.6	8.1
陕西省第八建筑工程公司	1 450	2.6	61	0.4	75.1	2.3	16.6
陕西省第七建筑工程公司	4 692	3.5	50	0.4	92.7	12.8	12.2
陕西省第一建筑工程公司	1 302	0.9	1		82.9		13.5
陕西送变电工程公司	13 761	8.1	66	0.6	61.1	2.6	17.3
陕西省第六建筑工程公司	2 159	2.6	55	0.5	87.1	7.0	7.8
铁道部第一工程局电务处	2 106	3.1	108	1.0	87.7	23.5	22.2
西北电力建设第三工程公司	18 089	8.1	327	2.6	54.4	8.5	16.9
西安市第一市政工程公司	7 281	10.0	785	5.8	65.9	20.1	18.0
陕西省石油化工建设公司	4 189	4.3	15	0.1	83.9	1.0	21.9
陕西省第十建筑工程公司	1 824	2.0	30	0.3	85.6	7.3	9.9
铁道部第一工程局桥梁工程处	7 922	7.2	-1 889	-20.2	90.2	-64.9	3.3
西安市第二市政工程公司	6 133	5.9	72	0.9	72.1	2.0	13.5
铁道部第一工程局机械筑路工程处	15 698	17.0	-986	-13.8	74.0	-23.1	13.5
中国通信建设第二工程局	12 121	3.5	381	3.2	44.8	12.2	37.0
中国第十冶金建设公司	3 230	2.9	-1 601	-16.4	111.3	-34.4	19.2

13—9续表2　　　　　　　　(1996年)

单位名称	企业总收入(万元)	自行完成施工产值(万元)	生产经营用固定资产(万元)	房屋建筑施工面积(平方米)	房屋建筑竣工面积(平方米)	优良品率(按个数计算)(%)	全员劳动生产率(元/人)
扶风县第一建筑工程公司	6 627	6 543	2 831	131 255	27 861	100.0	41 411
西安市第二建筑工程公司	6 283	8 333	1 221	197 860	62 530	26.7	19 676
陕西省第四建筑工程公司	5 556	5 745	1 110	156 845	76 463	30.4	22 166
中国机械工业第三安装工程公司	5 184	5 092	939			88.2	69 752
宝鸡市第二建筑工程公司	4 620	8 080	1 567	242 288	83 807	13.3	38 205
西安市第五建筑工程公司	4 205	6 474	4 524	176 685	57 069	46.2	23 000
西安市第一建筑工程公司	4 070	5 677	2 246	193 847	56 881	114.3	22 350
中国核工业第二十一建设公司	3 873	3 774	1 943	112 070	26 093	45.5	12 707
横山县建筑工程公司	3 401	3 401	1 148	75 578	66 677	6.7	26 344
汉中公路工程机械化公司	3 361	3 270	2 607			100.0	29 513
西安雁塔建筑工程总公司	2 766	2 766	1 437	85 760	54 000	100.0	30 871
榆林地区路桥建筑工程公司(一处)	2 449	2 100	1 278			100.0	42 000
户县建筑工程公司	2 101	2 092	1 186	88 332	44 015	54.5	12 490
陕西中航建筑安装公司	936	1 477	1 436	58 293	20 191	50.0	11 095

单位名称	技术装备率(元/人)	动力装备率(千瓦/人)	利润总额(万元)	产值利润率(%)	资产负债率(%)	资本金利润率(%)	销售利润率(%)
扶风县第一建筑工程公司	9 498	8.8	459	7.0	31.5	27.3	9.9
西安市第二建筑工程公司	1 314	1.8	−858	−10.3	79.9	−11.7	1.8
陕西省第四建筑工程公司	377	1.2	−299	−5.2	87.8	−44.6	10.5
中国机械工业第三安装工程公司	3 119	3.5	120	2.4	89.5	14.4	10.0
宝鸡市第二建筑工程公司	3 733	1.0	3		84.5	0.3	11.3
西安市第五建筑工程公司	853	1.5	−543	−8.4	72.2	−17.2	4.1
西安市第一建筑工程公司	913	3.0	−523	−9.2	93.4	−17.2	12.3
中国核工业第二十一建设公司	5 306	4.2	−191	−5.1	99.5	−9.4	13.6
横山县建筑工程公司	8 346	1.8	73	2.1	27.6	6.0	7.6
汉中公路工程机械化公司	14 529	13.0	−56	−1.7	50.8	−3.5	−0.9
西安雁塔建筑工程总公司	4 177	2.4	10	0.4	36.9	0.6	4.7
榆林地区路桥建筑工程公司(一处)	113 194	8.3	122	5.8	2.4	6.9	10.9
户县建筑工程公司	2 521	3.9	4	0.2	32.4	0.3	2.6
陕西中航建筑安装公司	2 660	1.6	−37	−2.5	70.6	−1.8	18.5

主 要 统 计 指 标 解 释

建筑施工企业　指从事房屋、构筑物和设备安装活动的生产单位，分为法人建筑安装企业和附营建筑建筑施工单位。法人建筑安装企业是指专门组织的独立核算的法人建筑业企业。它应同时具备的条件是：①依法成立，有自己的名称，组织机构和场所，能够承担民事责任；②独立拥有和使用资产，承担负债，有权与其他单位签订合同；③独立核算盈亏，能够编制资产负债表。附营建筑施工单位是指建筑业以外行业的企业、事业单位为完成本单位固定资产建造任务而自行组织的建筑施工单位。它应同时具备的条件是：①具有一个场所，从事或主要从事建筑安装活动；②独立组织生产经营活动；③在企业内部单独核算收支。1996年建筑业统计范围由往年的县及县以上（含县级建制镇）各种经济类型的建筑企业，改为具有建筑业资质等级四级以上的各种经济类型的建筑施工企业。

施工产值　指建筑施工企业自行完成的按工程进度计算的建筑安装生产总值。它包括建筑工程产值；设备安装工程产值；房屋、构筑物修理产值；非标准设备制造产值。

竣工产值　又称竣工工程产值，一般是以单位工程为对象。它是指在报告期内，按照设计所规定的工程内容全部完成，达到了设计规定的交工条件，经有关部门检查验收鉴定合格的单位工程价值之和。

单位工程施工个数　指在报告期内施工的全部单位工程个数。它包括本期内新开工的、上期施工跨入本期继续施工、上期停建本期复工的单位工程个数，但不包括上期开工后停工，本期未施工的单位工程个数。

单位工程竣工个数　指在报告期内按照设计要求已全部完工，达到了使用条件，经验收鉴定合格的单位工程个数。它和竣工产值的外延是一致的，其统计的对象都是单位工程，都是竣工情况。所不同的是：一个反映价值量，一个反映实物量。

优良工程个数　指按现行国家质量等级标准，经政府质量监督部门验收鉴定，评为优良工程的单位个数。竣工优良工程个数是指在单位工程竣工个数中被评为优良工程的单位工程个数。

房屋建筑面积　是指房屋全部平面面积的总和。它从房屋的外墙线算起，包括可供使用的有效面积和墙柱等结构占用面积，多层房屋按各层（包括地下室）面积总和计算。

房屋建筑施工面积　是指报告期内施过工的全部房屋建筑面积，它包括本期新开工的面积，上期跨入本期继续施工的房屋面积，以及上期停缓建在本期继续施工的房屋面积。本期竣工的房屋面积和本期施工后又停缓建的面积仍应包括在施工面积中。

房屋建筑竣工面积　是指在报告期内房屋建筑按照设计要求已全部完工，达到了使用条件，经检查验收鉴定合格的房屋建筑面积。

住宅竣工面积　指房屋建筑竣工面积中的供居住用的房屋建筑竣工面积。如单位职工家庭宿舍和集体宿舍（包括职工单身宿舍和学生宿舍）等房屋建筑竣工面积。

自有机械设备年末总台数　指归本企业（或单位）所有，属于本企业（或单位）固定资产的生产性机械设备年末总台数。包括施工机械、生产设备、运输设备以及其他设备。

自有机械设备年末总功率　指本企业（或单位）自在施工机械、生产设备、运输设备以及其他设备等列为在册固定资产的生产性机械设备年末总功率，按设计能力或查定能力计算。

建筑业全员劳动生产率　指建筑企业平均每一职工在一定时期内创造的价值量。它能综合反映建筑企业生产和经营的水平。计算公式为：

$$全员劳动生产率=\frac{建筑业总产值(施工产值)}{全部职工平均人数}$$

房屋建筑面积竣工率 指一定时期房屋竣工面积占同期房屋施工面积的比率。计算公式为：

$$房屋建筑面积竣工率=\frac{某时期房屋竣工面积}{某时期房屋施工面积}\times 100\%$$

工程结算收入 指企业(或单位)按工程的分部分项自行完成的建筑产品价值并已与甲方在报告期内办理结算手续的工程价款收入，以及向甲方收取的除工程价款以外的按规定列作营业收入的各种款项，如临时设施费、劳动保险费、施工机械调迁费等以及向甲方收取的各种索赔款。

工程结算利润 指已结算工程实现的利润。如为亏损以"—"号表示。其计算公式为：

工程结算利润＝工程结算收入－工程结算成本－工程结算税金及附加

14 运输和邮电

YUN SHU HE YOU DIAN

资料整理　　　　张　虹

14. 运输和邮电

1996 年全省		
货物运输量	30292 万吨	比上年增长 3.9%
货物周转量	584.51 亿吨公里	比上年增长 3.7%
旅客运输量	25067 万人	比上年增长 3.0%
旅客周转量	300.39 亿人公里	比上年增长 1.4%
邮电局(所)	2064 处	
邮电业务总量	20.65 亿元	

旅客周转量
（百万人公里）

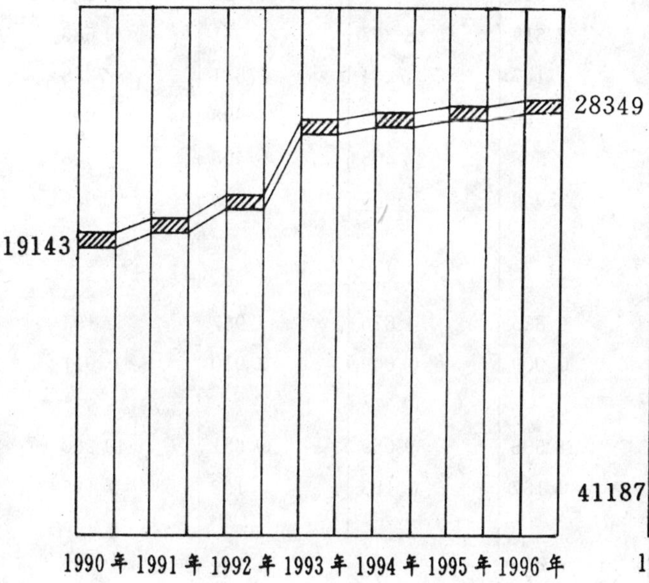

货物周转量
（百万吨公里）

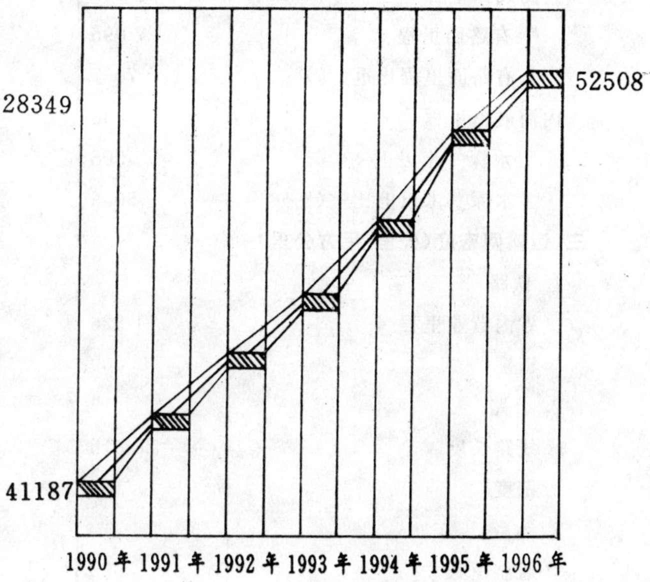

14—1 运输线路里程、质量和运输网密度

指　　标	1992 年	1993 年	1994 年	1995 年	1996 年
一、运输线路里程(公里)					
铁路正线延展里程	2 471	2 471	2 471	2 621	2 867
# 营业里程	2 121	2 121	2 121	2 271	1 939
公路通车里程	38 318	38 536	39 059	39 621	40 200
内河航道里程	998	998	998	998	998
# 机动船航道	508	508	508	508	508
民航通航里程	65 007	83 215	86 647	92 275	105 312
# 不重复里程	59 458	75 157	77 027	62 355	80 024
二、运输线路质量(公里)					
铁路营业里程	2 121	2 121	2 121	2 271	2 519
# 复线里程	328	328	328	328	327
复线里程比重(%)	15.5	15.5	15.5	14.4	13.0
公路线路里程	38 318	38 536	39 059	39 621	40 200
# 有路面里程	27 096	27 619	28 287	28 961	29 686
有路面里程比重(%)	70.7	71.7	72.4	73.1	73.8
内河航道里程	998	998	998	998	998
# 水深一米以上	508	508	508	508	508
水深一米以上比重(%)	50.9	50.9	50.9	50.9	50.9
三、运输网密度(公里/平方公里)					
1. 铁路					
省内营业里程	1 826	1 826	1 826	1 957	2 194
密度	0.009	0.009	0.009	0.010	0.011
2. 公路					
线路长度	38 318	38 536	39 059	39 621	40 200
密度	0.186	0.187	0.193	0.193	0.196
3. 水路					
通航里程	998	998	998	998	998
密度	0.005	0.005	0.005	0.005	0.005
4. 民航					
通航里程	59 458	74 157	77 027	62 355	80024
密度	0.289	0.361	0.375	0.304	0.389

注:1. 铁路线路为中央在陕铁路局管线路;民航通航里程为陕西民航飞机飞行航线里程。

2. 铁路省内营业里程为国家反馈数。

14—2 铁路和公路线路长度

单位:公里

指　　标	1992 年	1993 年	1994 年	1995 年	1996 年
一、铁路线路长度					
正线延展里程	2 471	2 471	2 471	2 621	2 867
#省境内	2 167	2 167	2 167	2 313	2 543
营业里程	2 121	2 121	2 121	2 271	2 519
#省境内	1 817	1 817	1 817	1 957	2 194
电气化里程(省境内)	1 270	1 270	1 270	1 270	1 380
省内复线里程	328	328	328	328	327
二、公路线路长度					
公路线路里程	38 318	38 536	39 059	39 621	40 200
#晴雨通车里程	21 847	22 193	22 607	23 156	23 879
有路面里程	27 096	27 619	28 287	28 961	29 686
# 高级及次高级路面	11 583	12 297	12 780	13 395	14 117
等级公路	30 403	30 781	31 537	32 201	32 884
# 高级公路	16	16	16	16	57
# 一级公路	65	72	73	228	228
二级公路	1 027	1 178	1 387	1 549	1 689
三级公路	9 920	10 282	10 774	10 947	11 221
等级公路占合计%	79.3	79.9	80.7	81.3	81.8

14—3 运　输　工　具

指　　标	单位	1992 年	1993 年	1994 年	1995 年	1996
一、铁路运输工具						
机车	台	464	488	480	532	527
# 蒸汽	台	108	101	65	70	61
内燃	台	70	96	107	118	125
电力	台	286	291	308	344	341
客车	辆	1 241	1 281	1 351	1 411	1 412
二、公路运输工具						
民用汽车	辆	165 655	189 701	214 737	245 205	265 299
载客汽车	辆	56 036	67 615	80 683	90 158	103 554
# 交通部门	辆	3 641	3 343	3 249	3 120	3 716
载货汽车	辆	98 304	104 806	116 205	138 996	150 547
# 交通部门	辆	4 425	3 083	2 841	2 111	1 815
特种车	辆	4 342	10 058	9 524	5 251	5 065
汽车挂车	辆	11 363	9 045	8 731	6 120	5 206
运输拖拉机	辆	258 045	255 963	249 191	243 286	238 500
三、水运工具						
机动船	艘	80	72	65	48	39
客船	客位	2 814	2 954	2 195	1 617	1 000
货船	吨	1 556	1 304	1 052	907	757
拖轮功率	千瓦	465	105	249	249	195
驳船	艘/吨位	11/2 050	10/1 890	13/2 067	16/2 292	10/1 727
四、民航运输工具						
民航飞机	架	23	26	42	40	39

注:公路运输工具中“交通部门”为交通部门营运车辆;水运运输工具为交通部门水运运输工具;民航飞机为陕西机场的飞机。

14—4 客运量、旅客周转量及构成

指　标	单　位	1992 年	1993 年	1994 年	1995 年	1996 年
一、客运量	**万人**	**21 983.5**	**24 461**	**23 334**	**24 267**	**25 212**
铁　路	万人	2 482.5	2 815	2 953	2 773	2 608
中央	万人	2 470	2 785	2 923	2 742	2 558
地方	万人	12.5	30	30	31	50
公　路	万人	19 346	21 473	20 179	21 252	22 320
# 交通部门	万人	12 308	11 447	9 811	9 659	9 675
水　运	万人	70	77	101	119	140
# 交通部门	万人	47	24	25	25	27
民用航空	万人	85	96	101	123	144
二、旅客周转量	**百万人公里**	**21 679**	**26 672**	**27 114**	**27 319**	**28 349**
铁　路	百万人公里	12 552	14 081	14 842	14 502	14 239
中央	百万人公里	12 537	14 066	14 793	14 442	14 158
地方	百万人公里	15	15	49	60	81
公　路	百万人公里	6 972	9 702	9 518	9 776	10 325
# 交通部门	百万人公里	5 010	4 548	4 041	4 057	4 173
水　运	百万人公里	11	11	16	20	22
# 交通部门	百万人公里	8	3	4	4	4
民用航空	百万人公里	2 162	2 878	2 738	3 021	3 763
三、客运量构成	%	**100**	**100**	**100**	**100**	**100**
铁　路	%	11.29	11.51	12.66	11.43	10.34
公　路	%	88.00	87.78	86.48	87.58	88.53
# 交通部门	%	55.98	46.80	42.05	39.80	38.37
水　运	%	0.32	0.32	0.43	0.49	0.56
# 交通部门	%	0.21	0.09	0.11	0.10	0.11
民用航空	%	0.39	0.39	0.43	0.50	0.57
四、旅客周转量构成	%	**100**	**100**	**100**	**100**	**100**
铁　路	%	57.85	52.79	54.74	53.08	50.23
公　路	%	32.13	36.38	35.10	35.79	36.42
# 交通部门	%	23.09	17.05	14.90	14.85	14.72
水　运	%	0.05	0.04	0.06	0.07	0.08
# 交通部门	%	0.04	0.01	0.01	0.01	0.01
民用航空	%	9.97	10.79	10.10	11.06	13.27

注：本表资料为全社会口径。中央铁路部分为国家返馈陕西省境数。

14—5 货运量、货物周转量及构成

指　　标	单　位	1992 年	1993 年	1994 年	1995 年	1996
一、货运量	**万吨**	**23 899**	**27 212**	**27 952**	**29 234**	**30 541**
铁　路	万吨	3 318	3 392	3 546	3 629	3 893
中央	万吨	3 043	3 122	3 226	3 294	3 365
地方	万吨	275	275	320	335	528
公　路	万吨	20 547	23 782	24 370	25 560	26 600
# 交通部门	万吨	1 272	1 029	855	867	739
水　运	万吨	33	31	34	43	46
# 交通部门	万吨	9	6	5	4	3
民用航空	万吨	1	2	2	2	2
二、货物周转量	**百万吨公里**	**44 052**	**46 142**	**48 100**	**50 582**	**52 508**
铁　路	百万吨公里	35 758	36 153	38 075	40 068	41 784
中央	百万吨公里	35 517	35 906	37 748	39 639	41 206
地方	百万吨公里	241	247	327	429	578
公　路	百万吨公里	8 237	9 918	9 954	10 423	10 613
# 交通部门	百万吨公里	719	574	427	387	346
水　运	百万吨公里	27	23	25	25	23
# 交通部门	百万吨公里	22	17	17	15	12
民用航空	百万吨公里	30	48	46	66	88
三、货运量构成	%	**100**	**100**	**100**	**100**	**100**
铁　路	%	13.88	12.48	12.69	12.41	12.75
公　路	%	85.97	87.40	87.18	87.43	87.09
# 交通部门	%	5.32	3.78	3.06	3.00	2.42
水　运	%	0.14	0.11	0.12	0.15	0.15
# 交通部门	%	0.04	0.02	0.02		0.01
民用航空	%	0.01	0.01	0.01	0.01	0.01
四、货物周转量构成	%	**100**	**100**	**100**	**100**	**100**
铁　路	%	81.17	78.35	79.16	79.21	79.58
公　路	%	18.70	21.50	20.69	20.61	20.21
# 交通部门	%	1.63	1.24	0.89	0.77	0.66
水　运	%	0.06	0.05	0.05	0.05	0.04
# 交通部门	%	0.05	0.04	0.04	0.03	0.02
民用航空	%	0.07	0.10	0.10	0.13	0.17

注：本表资料为全社会口径。中央铁路部分为国家返馈陕西省境数。

14—6 主要年份铁路客货运输量

（路局范围）

年　　份	客　运		货　运		换算周转量（百万吨公里）
	发　送　量（万人）	周　转　量（百万人公里）	发　送　量（万吨）	周　转　量（百万吨公里）	
1952	534	397	189	467	864
1957	981	1 308	452	2 809	4 117
1962	2 440	3 717	582	3 236	6 953
1965	1 134	2 063	854	6 281	8 344
1970	1 409	3 310	1 140	9 656	12 966
1975	1 642	4 177	1 887	13 044	17 221
1978	2 009	4 756	2 400	16 558	21 314
1980	2 418	6 288	2 440	17 957	24 245
1985	2 978	10 685	3 024	28 225	38 910
1986	2 789	11 493	2 980	29 415	40 908
1987	2 871	12 587	3 024	33 875	46 462
1988	3 035	14 818	3 074	35 673	50 491
1989	2 869	14 267	3 300	37 339	51 606
1990	2 372	12 135	3 330	38 545	50 680
1991	2 403	13 587	3 237	40 656	54 243
1992	2 558	14 648	3 295	41 079	55 727
1993	2 874	16 411	3 392	41 622	58 033
1994	3 018	17 249	3 501	44 214	61 463
1995	2 849	16 813	3 543	45 877	62 690
1996	2 463	15 929	3 644	47 727	63 656

注：本表为郑州铁路局西安、安康分局数字。

14—7 主要年份铁路客货运输量

（省境内）

年　　份	客　运		货　运		换算周转量（百万吨公里）
	发　送　量（万人）	周　转　量（百万人公里）	发　送　量（万吨）	周　转　量（百万吨公里）	
1952	534		189		
1957	973		449		
1962			579		
1965	1 146		853		
1970	1 424		1 138		
1975	1 648	3 904	1 874	12 069	15 973
1978	2 004	4 439	2 367	15 294	19 733
1980	2 381	5 746	2 393	16 457	22 203
1985	2 880	9 267	2 898	24 521	33 788
1986	2 702	9 969	2 871	25 499	35 468
1987	2 770	10 969	2 905	29 164	40 133
1988	2 925	12 776	2 920	31 026	43 802
1989	2 771	12 278	3 069	32 549	44 827
1990	2 291	10 457	3 106	33 678	44 135
1991	2 317	11 634	2 995	35 183	46 817
1992	2 470	12 537	3 043	35 517	48 054
1993	2 785	14 066	3 122	35 906	49 972
1994	2 923	14 793	3 226	37 748	52 541
1995	2 742	14 442	3 294	39 639	54 081
1996	2 558	14 158	3 365	41 206	55 364

注：本表为国家返馈数。

14—8 主要年份公路客货运输量

年 份	客 运		货 运		换算周转量（万吨公里）
	客运量（万人）	周转量（万人公里）	货运量（万吨）	周转量（万吨公里）	
1952	15	3 657	236	3 612	3 978
1957	613	28 837	1 579	24 025	26 909
1962	472	34 887	1 011	18 708	22 197
1965	722	43 207	1 772	30 966	35 287
1970	1 660	76 115	2 384	46 733	54 345
1975	2 524	99 652	3 546	70 013	79 978
1978	3 605	129 505	4 733	103 853	116 804
1980	4 632	162 348	3 799	105 350	121 585
1985	12 576	447 522	14 427	536 167	580 919
1986	12 834	496 603	13 002	638 787	688 447
1987	15 032	586 175	14 112	660 135	718 753
1988	17 393	687 186	15 612	676 156	744 875
1989	16 800	647 000	17 082	774 500	839 200
1990	17 777	723 400	18 112	720 600	792 940
1991	19 262	671 662	19 625	736 794	803 960
1992	19 346	697 200	20 547	823 700	893 420
1993	21 473	970 243	23 782	991 824	1 088 848
1994	20 179	951 820	24 370	995 407	1 090 589
1995	21 252	977 592	25 560	1 042 349	1 140 108
1996	22 320	1 032 526	26 600	1 061 318	1 164 571

注：①"公路"客运1984年以前为交通部门数，1985年以后为全社会运量。
②货运1983年前为交通部门数，1984年以后为全社会运量。

14—9 主要年份民航客货运输量

年 份	客 运		货 运		换算周转量（万吨公里）
	发送量（万人）	周转量（万人公里）	货运量（万吨）	周转量（万吨公里）	
1952					
1957					
1962	0.5	253	…	5	45
1965	1.3	356	0.1	45	71
1970	0.9	146	0.1	5	16
1975	7.5	739	0.2	17	70
1978	13.1	2 188	0.2	39	197
1980	14.0	11 668	0.2	312	1 152
1985	32.0	53 718	0.7	1 385	5 253
1986	41.0	101 971	0.7	1 851	9 193
1987	54.0	139 763	1.1	2 683	12 746
1988	62.0	144 448	1.2	2 868	13 268
1989	47.0	103 800	1.0	2 200	9 674
1990	54.0	143 800	1.0	2 700	13 054
1991	66.0	182 664	1.0	3 062	16 214
1992	85.0	216 200	1.4	3 000	18 554
1993	96.0	287 783	2.01	4 812	25 516
1994	103	275 137	1.5	4 581	24 375
1995	123	302 113	2	6 632	28 384
1996	144	376 275	2	8 813	36 824

14—10 铁路运输主要经济技术指标

指　　标	单　　位	1992 年	1993 年	1994 年	1995 年	1996 年
日均装车	车	1 618	1 663	1 692	1 704	2 015
日均卸车	车	1 506	1 636	1 528	1 513	1 553
货车平均静载重	吨	55.6	55.9	56.7	57.0	57.2
货车周转时间	天	1.73	1.72	1.76	1.72	1.98
货运机车日产量	万吨公里	80.0	77.1	79.82	80.47	80.4
蒸汽机车耗煤	公斤/万吨公里	176	202	215	204	210.5
内燃机车耗油	公斤/万吨公里	85.2	50.3	44.5	44.9	44.0
电力机车耗电	千瓦小时/万吨公里	120.8	122.8	120.9	118.2	118
货物列车出发正点率	%	88.6	89.7	91.7	89.9	92.7
货物列车运行正点率	%	88.4	91.0	91.3	90.5	90.6
旅客列车出发正点率	%	98.5	99.0	99.3	99.5	98.1
旅客列车运行正点率	%	94.1	95.8	97.2	96.8	95.9
客运密度	万人/公里	1.21	1.36	1.42	1.25	1.27
每万名旅客拥有座卧车数	辆	0.49	0.45	0.38	0.42	0.48
每百万旅客人公里拥有座卧车数	辆	0.08	0.08	0.07	0.07	0.07
货物列车旅行速度	公里/小时	25.1	24.5	24.7	24.9	25.2
货运密度	万吨/公里	1.44	1.73	1.65	1.56	1.88
一次货物作业时间	小时	17.67	17.34	19.7	17.3	16.7

14—11 主要年份铁路主要财务指标及劳动生产率

年　　份	运输收入（万元）	运输支出（万元）	实现利润（万元）	运输单位固定资产原　值（万元）	定额流动资金（万元）	运输单位职工人数（千人）	运输全员劳动生产率（万吨公里/人）
1957						20.8	21.1
1962	11 376	6 856	4 352	103 639	1 669	38.5	22.6
1965	9 243	9 572	—465	104 165	1 403	42.4	31.2
1970	11 630	10 412	901	118 305	2 400	48.3	33.7
1975	18 549	14 803	3 203	166 639	3 866	68.3	35.6
1978	12 035	11 632	896	429 879	3 121	94.4	34.2
1980	40 943	27 373	7 883	540 893	3 288	90.7	33.1
1985	67 443	41 614	13 873	594 683	2 161	86.3	51.0
1986	75 363	50 893	10 979	609 769	2 299	87.8	51.3
1987	92 726	60 233	24 275	630 114	2 298	88.2	59.6
1988	103 106	70 137	22 166	646 599	4 133	88.7	64.3
1989	107 423	76 533	18 679	681 707	4 492	88.4	64.5
1990	109 086	87 877	14 119	703 069	4 856	90.8	65.9
1991	139 301	98 868	32 049	750 217	4 638	85.0	65.9
1992	156 243	109 074	25 138	787 533	4 810	88.2	65.8
1993	138 363	163 772	6 339	826 846		85.2	68.1
1994	183 098	231 767	—7 900	1 756 194		86.1	71.4
1995	235 854	256 345	—30 269	1 853 318		88.8	70.6
1996	292 155	295 650	—13 094	1 901 841		79.9	77.2

注：①运输收入为清算收入；②定额流动资金 1988 年以后为路局全部定额流动资金。

14—12 铁路分品类货物发送量及装车数

品　　种	货物发送量(万吨)			装车数(车)		
	1990 年	1995 年	1996 年	1990 年	1995 年	1996 年
合　　计	**3 329.4**	**3 001.8**	**3 364.8**	**605 473**	**681 622**	**637 641**
煤	1 891.6	1 833.7	1 923.7	323 342	360 773	347 547
焦　炭	114.1	208	246.4	20 834	41 295	47 855
石　油	11.0	98.3	108.9	2 256	39 866	23 703
钢　　铁	123.6	90.3	124.1	22 141	26 462	24 178
金属矿石	56.7	50.2	50.9	9 729	11 870	10 222
非金属矿石	59.0	42.9	97.1	10 785	20 994	18 874
矿建材料	328.0	108.8	124.6	55 017	24 834	21 735
水　　泥	104.2	51.5	55.8	17 569	13 516	11 116
木　　材	25.3	34.6	51.9	4 863	9 046	9 346
化肥及农药	86.7	61.5	89.2	13 919	14 825	15 392
粮　　食	88.7	43.1	51.6	14 873	5 062	8 836
棉　　花		0.2		14	54	10
其　　他	440.5	378.7	422.8	110 131	108 998	24 497

14—13 公路运输主要技术指标

指　　标	单　　位	1992 年	1993 年	1994 年	1995 年	1996 年
一、载客汽车						
载客汽车完好率	%	83.9	85.1	88.8	90.4	93.8
载客汽车工作率	%	71.8	69.6	75.5	77.5	87.1
载客汽车实载率	%	69.2	63.1	62.2	60.4	60.9
载客汽车车座年产量	人公里	33 764	31 435	31 859	31 466	35 973
载客汽车单车年产量	人公里	1 578 456	1 348 726	1 372 592	1 319 041	1 378 689
车日行程	公里	193	190	187	174	187
行程利用率	%	99.0	99.3	99.4	98.5	99.0
每百车公里耗汽油	升	31.6	31.9	31.6	31.9	27.9
每百车公里耗柴油	升	30.3	29.7	29.7	28.0	24.2
每百吨公里耗汽油	升	9.6	10.8	12.0	11.8	11.3
每百吨公里耗柴油	升	8.1	8.2	9.8	10.1	10.1
二、载货汽车						
载货汽车完好率	%	82.8	85.8	85.3	87.2	85.0
载货汽车工作率	%	59.1	56.4	57.2	59.8	71.9
载货汽车实载率	%	66.1	76.9	70.5	67.9	72.1
载货汽车车吨年产量	吨公里	25 772	25 537	24 247	24 435	31 620
载货汽车单车年产量	吨公里	162 101	165 885	162 129	169 117	222 655
车日行程	公里	110	140	154	163	171
行程利用率	%	58.3	60.7	60.3	57.0	58.7
每百车公里耗汽油	升	37.9	36.5	34.4	34.7	34.1
每百车公里耗柴油	升	31.9	33.2	34.1	41.0	33.3
每百吨公里耗汽油	升	8.2	8.3	8.2	8.0	7.5
每百吨公里耗柴油	升	5.3	4.9	5.0	6.4	6.5

14—14　国有公路运输企业主要财务成本指标

指　　标	单　位	1992 年	1993 年	1994 年	1995 年	1996
营业收入	万元	44 508	34 642	31 365	30 121	32 221
# 货运收入	万元	14 681	11 747	7 574	6 839	6 328
客运收入	万元	20 659	22 895	23 189	21 698	20 721
营业成本	万元	41 500	33 603	25 615	24 806	25 721
营业税金	万元	1 384	1 148	1 110	393	965
利润总额	万元	−82	−1 661	−2 140	−2 546	−3 120
汽车运输总成本	万元	33 848	34 371	24 794	24 411	24 561
车辆费用	万元	27 573	28 684	21 819	22 499	21 684
工资及附加费	万元	2 293	2 522	2 363	2 623	2 535
燃　　料	万元	9 044	11 637	7 869	6 341	5 419
轮　　胎	万元	1 582	1 266	758	921	1 006
保　修　费	万元	3 614	3 970	3 029	2206	2 556
大　修　费	万元	1 728				
折　旧　费	万元	1 767	1 895	1 692	1 624	1 577
养　路　费	万元	4 681	3 997	3 590	4 154	4 507
其　　他	万元	2 864	3 397	2 519	3 176	2 753
企业管理费	万元	6 275	5 687	6 956	7 793	9 000
汽车运输单位成本（每车换算吨公里）	万元	391.52	501.58	426.83	432.71	455.72
年末固定资产原值	万元	57 023	58 584	55 871	75 398	86 466

14—15　各地市公路运输部门客货运输量

（1996 年）

地　区	客运量（万人）	#汽车	客运周转量（百万人公里）	#汽车	货运量（万吨）	#汽车	货运周转量（百万吨公里）	#汽车
全　省	**9 675**	**9 675**	**4 173**	**4 173**	**739**	**730**	**345**	**345**
西 安 市	2 187	2 187	525	525	495	495	119	119
铜 川 市	159	159	114	114	53	53	45	45
宝 鸡 市	2 701	2 701	612	612	93	91	63	63
咸 阳 市	770	770	579	579	8	8	45	45
渭 南 市	1 120	1 120	602	602	38	38	35	35
汉 中 市	1 847	1 847	680	680	39	34	27	27
安康地区	148	148	180	180	6	4	3	3
商洛地区	351	351	372	372	4	4	5	5
延 安 市	43	43	38	38	3	3	3	3
榆林地区	349	349	471	471				

14—16 各地市公路部门营运汽车拥有量

（1996 年末）

地　区	合　计（辆）	载客汽车					
		辆　数	大型	中型	客位	大型	中型
全　省	**5 007**	**3 523**	**2 346**	**1 147**	**126 433**	**103 079**	**23 101**
西 安 市	898	430	260	166	14 628	11 501	3 090
铜 川 市	311	111	111	—	4 586	4 586	—
宝 鸡 市	988	659	317	338	20 803	13 659	7 084
咸 阳 市	705	497	300	197	17 046	13 500	3 546
渭 南 市	532	430	358	62	17 891	16 306	1 477
汉 中 市	633	533	357	176	17 605	14 278	3 327
安康地区	229	203	154	49	7 938	6 859	1 079
商洛地区	273	257	250	7	11 565	11 449	116
延 安 市	144	113	79	34	4 116	3 372	744
榆林地区	294	290	160	118	10 255	7 569	2 638

地　区	普通载货车辆		大型		中型		专用载货汽车	
	辆数	吨位	辆数	吨位	辆数	吨位	辆数	吨位
全　省	**1 394**	**9 213**	**1 368**	**9 179**	**3**	**12**	**90**	**526**
西 安 市	419	2 845	399	2 825	—	—	49	323
铜 川 市	199	2 074	199	2 074	—	—	1	5
宝 鸡 市	304	1 776	298	1 762	3	12	25	123
咸 阳 市	208	1 144	208	1 144	—	—	—	—
渭 南 市	99	520	99	520	—	—	3	15
汉 中 市	97	483	97	483	—	—	3	15
安康地区	20	91	20	91	—	—	6	30
商洛地区	13	74	13	74	—	—	3	15
延 安 市	31	186	31	186	—	—	—	—
榆林地区	4	20	4	20	—	—	—	—

14—17 主要年份邮电业务量

年　　份	邮电业务总　　量（万元）	函件（万件）	报　刊（万份）	电　报（万份）	长途电话（万次）	市内电话（户）	农村电话（户）
1952	469.6	1 555.2	29.6	34.1	46.3	2 013	521
1957	1 249.5	4 852.1	120.2	44.0	80.7	9 424	2 446
1962	2 333.6	7 251.7	82.6	244.0	259.6	18 539	10 232
1965	2 627.6	6 032.3	188.5	168.0	291.1	20 548	10 245
1970	3 010.9	8 059.1	106.9	239.4	349.1	21 636	10 414
1975	4 270.0	9 437.9	234.0	383.0	562.9	28 217	12 897
1978	5 025.4	9 187.9	318.9	428.0	602.9	32 356	14 100
1979	5 394.6	9 802.4	317.4	419.4	667.7	34 739	14 512
1980	5 594.5	10 386.1	494.4	425.8	657.8	36 521	14 668
1981	5 729.2	10 225.2	550.8	501.9	663.6	37 793	14 698
1982	5 955.3	10 393.7	614.7	492.0	714.8	40 213	14 764
1983	6 384.5	10 649.9	725.7	545.0	785.7	42 979	14 946
1984	6 894.0	11 708.3	836.0	506.6	892.0	47 808	15 401
1985	7 870.9	13 275.3	869.4	634.1	1 013.4	53 828	15 978
1986	8 356.9	13 916.9	795.2	617.2	1 034.7	60 912	16 267
1987	9 519.2	15 374.6	854.1	687.9	1 194.3	68 327	16 722
1988	12 335.5	18 253.8	839.5	849.5	1 510.2	76 663	17 882
1989	13 974.9	16 927.8	483.3	858.8	1 671.4	86 360	19 333
1990	16 935.6	15 955.0	505.5	818.3	2 073.0	96 573	21 184
1991	37 812.5	14 714.8	1 116.6	796.9	2 735.5	112 896	23 377
1992	49 101.6	15 426.0	1 022.7	844.5	4 378.0	147 724	27 608
1993	71 004.9	16 655.6	800.1	796.7	7 070.8	224 949	31 673
1994	103 186.9	21 737.5	1 068.9	631.1	10 804.2	386 536	44 667
1995	145 407.9	24 277.2	1 016.9	451.2	17 198.4	601 136	78 244
1996	206 467.3	26 456.1	1 121.9	335.6	24 637.7	882 485	153 767

注：邮电业务量 1990 年以前按 1980 年不变价计算，1991 年以后数字按 1990 年不变价计算。

14—18 各地市邮电业务量

（1996 年）

地　区	邮电业务总量(万元)（1990 年不变价）	函件（万件）	包件（万件）	报刊累计数（万份）	电报（万份）	传真（份）	长途电话（万张）	市内电话（户）	农村电话（户）
全　省	**206 467.3**	**26 456.1**	**586.1**	**53 824.1**	**335.6**	**14.4**	**24 637.7**	**882 485**	**153 767**
西 安 市	106 013.3	17 578.4	255.3	16 237.3	53.3	6.0	11 999.0	430 270	13 654
铜 川 市	3 579.5	264.6	3.5	1 459	7.1	0.2	503.5	21 535	4 884
宝 鸡 市	17 425.5	1 015.2	40.1	2 416.6	25.7	1.1	2 608.0	67 611	18 791
咸 阳 市	21 788.4	1 542.2	65.7	6 583.7	39.2	1.5	3 030.7	83 528	22 925
渭 南 市	15 516.1	1 242.0	20.1	6 437.8	28.3	0.6	2 016.3	68 122	20 058
汉 中 市	12 266.5	1 609.5	44.7	4 227.1	34.5	1.3	1 402.4	54 901	20 899
安康地区	10 308.3	1 385.2	117.6	3 868.7	55.0	2.3	905.6	47 191	25 886
商洛地区	3 623.3	439.5	16.4	1 907.2	17.6	0.3	382.3	27 002	8 489
延 安 市	7 119.1	658.4	7.2	4 094.6	18.0	0.4	965.9	41 348	12 215
榆林地区	6 263.9	721.0	15.6	381	27.8	0.7	823.9	40 977	5 966

14—19 邮电业务总量构成

（1996 年）

单位:万元

地　区	邮电业务总　量	邮政业务总　量	电信业务总　量	#长途电话业务量	#本地电话业务量
全　省	**20 6 467.3**	**34 284.0**	**159 273.9**	**75 838.2**	**82 615.2**
西 安 市	106 013.3	14 684.4	87 913.2	41 249.3	48 577.6
铜 川 市	3 579.5	626.5	2 673.0	1 315.8	1 390.7
宝 鸡 市	17 425.5	2 571.4	13 085.9	6 997.5	6 311.0
咸 阳 市	21 788.4	3 554.9	15 806.7	8 495.6	7 485.4
渭 南 市	15 516.1	2 459.4	10 093.7	5 528.2	4 680.6
汉 中 市	12 266.5	3 420.5	7 381.7	3 793.7	3 676.4
安康地区	10 308.2	2 875.5	5 478.3	2 578.7	2 864.3
商洛地区	3 623.3	907.6	2 086.9	1 033.2	1 061.7
延 安 市	7 119.1	1 346.7	4 654.6	2 532.9	2 206.3
榆林地区	6 263.9	1 378.2	4 153.5	2 297.5	1 905.1

注:本表按 1990 年不变价格计算。

14—20　邮电通信企业主要财务指标

单位:万元

指　　标	1992年	1993年	1994年	1995年	1996年
邮电业务收入总计	**47 208**	**70 019**	**104 922**	**149 010**	**212 585**
# 中央国营	42 804	63 163	93 996	134 550	190 054
业务支出	42 938	57 341	84 793	125 849	175 955
营业外损益净额	−2 464	−517	−759	−765	−466
税　　金	1 507	2 036	3 365	6 895	8 630
教育附加费	29	30	104		
收支差额	271	436	−18 199	−20 567	−28 935
年末固定资产原值	116 433	235 098	352 386	36 226	436 436

14—21　各地市邮电局所和服务点

(1996年)　　单位:处

地　　区	邮电局所总计	自办局所	邮电代办所	邮政代办所	电信代办所
全　　省	**2 064**	**1 605**	**459**	**150**	**43**
西安市	398	289	109	57	
铜川市	48	47	1	1	
宝鸡市	171	160	11	7	
咸阳市	206	189	17	10	2
渭南市	221	188	33	24	
汉中市	242	175	67	24	2
安康地区	257	132	125	5	10
商洛地区	121	96	25	4	15
延安市	165	147	18	7	9
榆林地区	235	182	53	11	5

14—22　各地市邮电通信工具拥有量

（1996 年）

地　区	载报终端设备容量（路）	电传打字机（部）	电话交换机容量（门）	#农村电话	电话机（部）	#农村电话
全　省	**3 754**	**430**	**1 808 225**	**317 706**	**1 289 841**	**182 127**
西安市	1 781	131	811 330	28 144	585 527	17 278
铜川市	27	12	36 766	8 286	31 207	5 347
宝鸡市	230	49	158 334	37 584	109 362	23 594
咸阳市	242	41	188 166	40 498	126 931	23 100
渭南市	191	37	146 455	44 090	118 770	29 187
汉中市	285	43	132 890	46 162	96 068	26 450
安康地区	206	27	111 546	45 496	75 625	26 635
商洛地区	150	14	50 716	17 716	36 659	8 619
延安市	423	46	100 008	35 000	58 079	13 140
榆林地区	219	30	72 014	14 730	51 613	8 777

14—23　各地市邮运工具拥有量和邮电线路

（1996 年）

地　区	邮运汽车（辆）	邮路及农村投递线路总长度（公里）	长话电路（路）	电报电路（路）
全　省	525	126 885	23 204	841
西安市	165	8 590	20 251	426
铜川市	11	2 449	791	8
宝鸡市	59	9 441	1 973	52
咸阳市	51	12 421	2 411	63
渭南市	43	15 155	1 673	69
汉中市	60	12 670	999	52
安康地区	39	17 151	794	43
商洛地区	26	12 848	552	27
延安市	39	12 171	854	44
榆林地区	32	23 989	742	57

主 要 统 计 指 标 解 释

铁路营业里程 又称营业长度，指办理客货运输业务的铁路正线总长度。凡是全线或部分建成双线及以上的线路，以第一线的实际长度计算；复线、站线、段管线、岔线和特别用途线以及不计算运费的联络线都不计算通车里程。铁路营业里程是反映铁路运输业基础设施发展水平的重要指标，也是计算客货周转量、运输密度和机车车辆运用效率等指标的基础资料。

铁路正线延展里程 是正线第一线、第二线、第三线和其他正线建筑里程之和，不包括站线、段管线、岔线及特殊用途线的延展里程。它是作为计算铁路线上钢轨、枕木及路基砂石需要量的主要依据。

公路里程 是指实际达到交通部制定的公路工程技术标准规定的等级公路，并经公路主管部门正式验收交付使用的公路里程数。它包括大中城市的郊区公路以及通过小城镇街道的公路里程，也包括桥梁、渡口的长度，但不包括城市的街道以及厂矿、林区和农业生产用道的里程。两条或多条公路共同经由同一路段，只计算一次，不得重复计算里程长度。公路里程是反映公路建设发展规模的重要指标，也是计算运输网密度等指标的基础资料。

内河航道里程 也称内河通航里程，是反映内河水运网规模、水平和发展情况的主要指标，是指在一定时期内，能通航运输船舶及排筏的天然河流、湖泊水库、运河及通航渠道的长度。包括全年季节性通航累计三个月以上的航道，但不包括仅供零散流放竹、木排的河道。

货(客)运量 指运输业实际运送的货物(旅客)数量。货运按吨计算，客运按人计算。货物不论运输距离长短，货物类别，均按实际重量统计；旅客不论行程远近或票价多少，均按一人一次作为客运量统计。半价票、小孩票也按一人统计。货(客)运量反映运输业为国民经济和人民生活服务的数量指标，也是制定和检查运输生产计划，研究运输发展规模和速度的重要指标。

货物(旅客)周转量 指运输业运送的货物(旅客)数量与其相应运输距离的乘积之总和，通常以吨公里和人公里为计算单位。计算货物周转量通常按发出站与到达站之间的最短距离，也就是计费距离计算。它是反映运输生产总成果的重要指标，也是编制和检查运输生产计划、计算运输效率、劳动生产率以及核算运输单位成本的主要基础资料。

铁路货车静载重 指铁路货车在始发站静止状态下平均每车装载的货物重量。静载重的多少取决于运送货物的性质、种类、车辆的类型和装载技术的高低。根据货车的平均载重能力和静载重进行对比，可以反映货车载重能力的利用程度。计算公式为：

$$\text{货车静载重}=\frac{\text{货物发送吨数}}{\text{装车数}}$$

铁路货运机车平均日产量 指平均每台货运机车在一昼夜内所完成的总重吨公里数。它既包括载运货物的重量，也包括车辆本身的自重，它从时间和牵引能力两方面反映了机车运用效率。计算公式为：

$$\text{货运机车平均日产量}=\frac{\text{货运总重吨公里数}}{\text{货运机车台日数}}$$

沿海主要港口货物吞吐量 指由水运进出沿海主要港口港区范围，并经过装卸的货物数量。吞吐量可以分为进口、出口，又可以分为国内贸易和对外贸易。货物吞吐量的货种分类及其主要流向流量，反映了港口在国内外物资交流和对外贸易运输中的地位和作用。

邮电业务总量 指以货币表现的邮电部门为用户传递信息和提供其他邮电服务的总量。它用各种邮电分类业务量，如函件件数、电报份数、长话张数、市内电话和农村电话的年均户数、订销报刊累计份数等，分别乘以相应的平均单价（不变价），加总后再加上出租电路和设备的收入、代用户维护电话交换机和线路等设备的收入、其他业务收入求得。邮电业务总量综合反映了一定时期邮电工作的总成果，是研究邮电业务量构成和发展趋势的重要指标。

15 国内贸易

GUO NEI MAO YI

资料整理　文清洁　齐　娟　杨遐龄　袁军会　张　兵

15. 国内贸易

1996 年全省		
社会消费品零售总额	432.14 亿元	比上年增长 17.0%
批发零售贸易业商品购进总额	644.56 亿元	比上年增长 11.4%
批发零售贸易业商品销售总额	697.01 亿元	比上年增长 10.1%
批发零售贸易业网点	34.78 万个	
批发零售贸易业人员	126.00 万人	

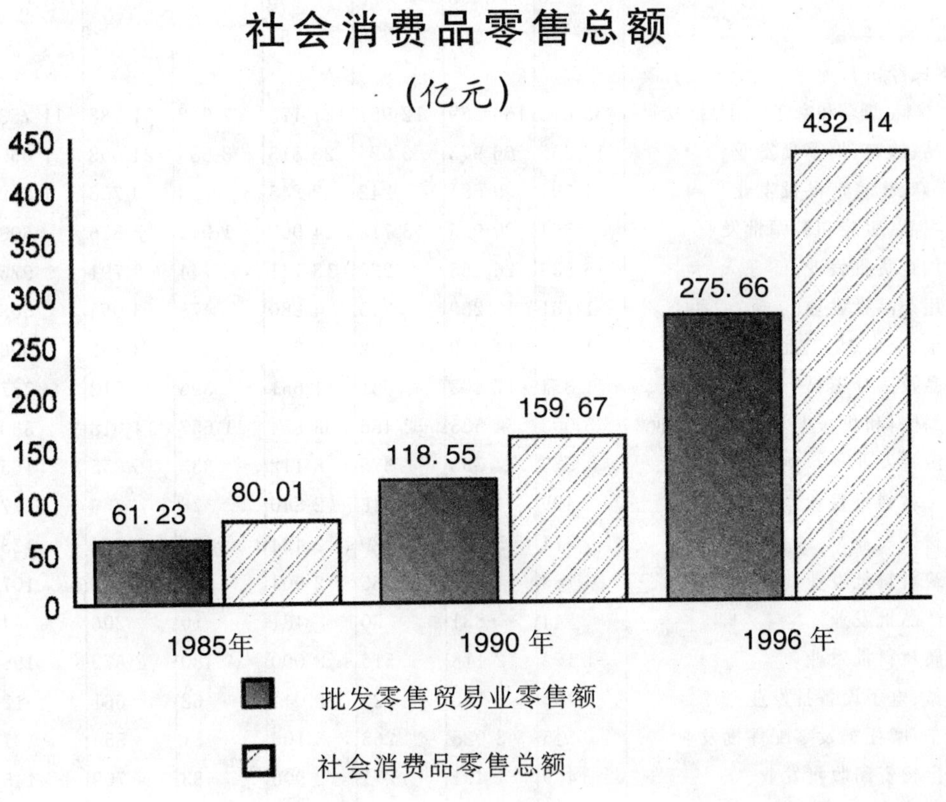

15—1 批发贸易业网点、人员

(1996 年)

单位：网点：个　人员：人

指　　标	合计		市		县		县以下	
	网点	人员	网点	人员	网点	人员	网点	人员
总　　计	**41 758**	**246 998**	**16 512**	**123 682**	**11 059**	**75 663**	**14 187**	**47 653**
一、按经济类型分								
国有经济	9 194	125 730	3 457	64 240	3 628	42 664	2 109	18 826
集体经济	6 114	52 975	1 943	22 338	2 039	18 498	2 132	12 139
私营经济	484	5 729	430	5 290	31	246	23	193
个体经济	25 940	62 413	10 656	31 663	5 361	14 255	9 923	16 495
联营经济	20	98	20	98				
股份制经济	6	53	6	53				
二、按国民经济行业分								
食品、饮料、烟草和家庭日用品批发业	32 612	166 289	12 957	81 175	7 902	51 288	11 753	33 826
食品、饮料、烟草批发业	13 665	66 973	3 025	23 813	3 585	24 098	7 055	19 062
棉、麻、土畜产品批发业	1 794	9 581	242	2 845	333	3 708	1 219	3 028
纺织品、服装和鞋帽批发业	5 364	20 995	3 712	14 902	1 049	3 856	603	2 237
日用百货批发业	6 839	26 158	4 220	13 741	1 644	8 791	975	3 626
日用杂品批发业	1 731	10 239	745	4 280	478	3 064	508	2 895
五金、交电、化工批发业	1 385	14 940	362	9 943	417	3 759	606	1 238
药品及医疗器械批发业	1 834	17 403	651	11 651	396	4 012	787	1 740
能源、材料和机械电子设备批发业	5 003	54 535	2 486	33 854	1 657	14 018	860	6 663
能源批发业	873	14 563	375	8 112	333	5 055	165	1 396
化工材料批发业	499	4 894	346	2 840	76	755	77	1 299
木材批发业	574	5 021	180	2 464	271	1 762	123	795
建筑材料批发业	783	4 899	385	2 904	291	1 554	107	441
矿产品批发业	44	831	30	481	10	296	4	54
金属材料批发业	1 192	12 118	516	8 000	480	2 672	196	1 446
机械、电子设备批发业	194	3 793	120	3 041	62	661	12	91
汽车、摩托车及零配件批发业	345	3 925	263	3 106	51	554	31	265
再生物资回收批发业	499	4 491	271	2 906	83	709	145	876
其他批发业	4 143	26 174	1 069	8 653	1 500	10 357	1 574	7 164
工艺美术品批发业	14	396	9	369	3	16	2	11
图书报刊批发业	354	1 971	120	873	134	732	100	366
农业生产资料批发业	1 886	15 519	746	4 774	596	6 319	544	4 426
其他类未包括批发业	1 889	8 288	194	2 637	767	3 290	928	2 361

15—2 零售贸易业网点、人员

（1996 年）

单位：网点：个
人员：人

指　　标	合　计		市		县		县以下	
	网点	人员	网点	人员	网点	人员	网点	人员
总　　计	**306 000**	**1 013 042**	**102 114**	**540 583**	**59 986**	**152 683**	**143 900**	**319 776**
一、按经济类型分								
国　有　经　济	11 339	123 203	4 884	69 656	3 258	32 199	3 197	21 348
集　体　经　济	43 834	320 727	28 116	260 914	2 235	13 528	13 483	46 285
私　营　经　济	5 811	35 731	2 649	27 839	1 499	4 468	1 663	3 424
个　体　经　济	244 920	520 686	66 369	169 479	52 994	102 488	125 557	248 719
联　营　经　济	68	2 261	68	2 261				
股　份　制　经　济	27	10 416	27	10 416				
其　他　经　济	1	18	1	18				
二、按国民经济行业分								
食品、饮料和烟草零售业	99 411	309 311	33 698	167 164	17 743	41 681	47 970	100 466
日用百货零售业	77 254	268 282	21 561	149 150	16 394	39 694	39 299	79 438
纺织品、服装和鞋帽零售业	52 292	152 923	15 913	70 096	12 401	28 266	23 978	54 561
日用杂品零售业	19 399	65 426	8 043	38 369	3 457	8 462	7 899	18 595
五金、交电、化工零售业	18 024	81 369	10 456	59 149	2 627	8 841	4 941	13 379
药品及医疗器械零售业	3 548	13 830	737	4 759	1 016	4 350	1 795	4 721
图书报刊零售业	3 965	12 952	1 723	6 887	983	3 268	1 259	2 797
其他零售业	32 107	108 949	9 983	45 009	5 365	18 121	16 759	45 819

15—3 餐饮业网点、人员

(1996 年)

单位：网点：个 人员：人

指标	合计		市		县		县以下	
	网点	人员	网点	人员	网点	人员	网点	人员
总计	**87 692**	**253 365**	**35 133**	**127 845**	**16 526**	**45 218**	**36 033**	**80 302**
一、按经济类型分								
国有经济	1 464	18 422	761	11 796	528	5 865	175	761
集体经济	3 122	26 743	1 683	19 924	450	2 381	989	4 438
私营经济	1 320	11 328	982	9 230	98	995	240	1 103
个体经济	81 709	190 707	31 630	80 730	15 450	35 977	34 629	74 000
联营经济	23	293	23	293				
股份制经济	30	3 340	30	3 340				
外商投资经济	6	425	6	425				
港澳台投资经济	18	2 107	18	2 107				
二、按国民经济行业分								
正餐	10 674	47 089	3 673	28 094	2 944	10 044	4 057	8 951
快餐	57	1 267	57	1 267				
其他餐饮业	76 961	205 009	31 403	98 484	13 582	35 174	31 976	71 351

15—4 批发零售贸易业、餐饮业网点基本概况

(1996 年)

单位：个

指标	批发贸易业	零售贸易业	餐饮业
总计	**41 758**	**306 000**	**87 692**
一、批发网点个数	33 704	6 890	—
二、零售网点个数	8 054	299 110	87 692
营业面积 $100m^2$ 以下	6 255	284 427	82 007
营业面积 $100\sim500m^2$	1 449	13 415	5 685
营业面积 $500m^2$ 以上	350	1 268	—

15—5 各地市批发零售贸易业、餐饮业网点、人员

(1996 年)

单位：网点：个 人员：人

地区	合计		市		县		县以下	
	网点	人员	网点	人员	网点	人员	网点	人员
一、批发贸易业								
全　省	**41 758**	**246 998**	**16 512**	**123 682**	**11 059**	**75 663**	**14 187**	**47 653**
西 安 市	8 008	67 840	7 084	46 976	701	8 383	223	2 481
铜 川 市	309	4 721	155	2 995	95	1 240	59	486
宝 鸡 市	21 566	67 671	6 603	29 783	4 730	14 600	10 233	23 288
咸 阳 市	1 990	20 334	470	6 628	882	8 953	638	4 753
渭 南 市	1 811	21 013	438	7 711	844	9 571	529	3 731
汉 中 市	4 234	29 774	1 212	10 732	1 809	12 852	1 213	6 190
安康地区	1 300	8 860	230	3 079	595	3 808	475	1 973
商洛地区	1 014	6 953	158	1 728	404	2 950	452	2 275
延 安 市	617	7 112	80	2 357	4 19	4 125	118	630
榆林地区	909	12 720	82	1 693	580	9 181	247	1 846
二、零售贸易业								
全　省	**306 000**	**1 013 042**	**102 114**	**540 583**	**59 986**	**152 683**	**143 900**	**319 776**
西 安 市	76 828	437 655	55 840	383 406	5 743	16 018	15 245	38 231
铜 川 市	5 754	15 024	2 781	9 173	984	2 250	1 989	3 601
宝 鸡 市	30 695	78 145	8 210	30 080	8 445	19 413	14 040	28 652
咸 阳 市	39 807	84 929	10 534	24 791	11 585	23 871	17 688	36 267
渭 南 市	35 768	104 038	5 519	24 131	6 645	18 978	23 604	60 929
汉 中 市	46 600	141 142	10 565	44 122	9 681	33 796	26 354	63 224
安康地区	25 039	42 483	2 909	8 625	4 707	7 714	17 423	26 144
商洛地区	22 059	51 167	1 439	4 068	4 280	9 960	16 340	37 139
延 安 市	10 553	24 555	3 216	8 699	3 679	7 707	3 658	8 149
榆林地区	12 897	33 904	1 101	3 488	4 237	12 976	7 559	17 440
三、餐饮业								
全　省	**87 692**	**253 365**	**35 133**	**127 845**	**16 526**	**45 218**	**36 033**	**80 302**
西 安 市	15 668	78 313	12 283	68 769	1 613	4 701	1 772	4 843
铜 川 市	3 082	6 769	1 840	3 832	512	1 539	730	1 398
宝 鸡 市	15 243	31 989	5 072	10 450	2 125	7 439	8 046	14 100
咸 阳 市	14 156	34 674	7 774	18 891	2 807	6 450	3 575	9 333
渭 南 市	7 576	21 539	1 743	6 222	1 422	5 027	4 411	10 290
汉 中 市	14 440	46 307	3 225	13 018	2 302	8 101	8 913	25 188
安康地区	4 900	7 299	825	1 086	1 239	2 280	2 836	3 933
商洛地区	3 895	8 232	303	854	1 410	2 872	2 182	4 506
延 安 市	4 107	8 695	1 532	3 575	1 472	3 112	1 103	2 008
榆林地区	4 625	9 548	536	1 148	1 624	3 697	2 465	4 703

15—6 批发零售贸易业商品购进、销售、库存总额

（1996年） 单位:亿元

指　　标	合　　计	国有经济	集体经济	私营经济	联营经济	股份制经济	其它经济
一、商品购进总额	644.56	444.00	167.39	11.26	1.61	20.19	0.11
1. 从生产者购进	366.02	262.18	82.12	6.05	0.88	14.78	0.01
# 农副产品	50.18	39.60	10.07	0.46	0.01	0.04	—
2. 从批发零售贸易业购进	257.49	163.04	83.11	5.12	0.73	5.41	0.08
3. 进口	17.32	17.30	—	—	—	—	0.02
4. 其它	3.73	1.48	2.16	0.09	—	—	—
二、商品销售总额	697.01	479.00	176.78	16.77	1.95	22.41	0.10
1. 对生产经营者销售	148.96	97.69	48.40	2.69	0.18	…	—
# 对农民农业生产资料销售	34.26	9.31	24.79	0.16	—	—	—
2. 对批发零售贸易业销售	262.35	187.61	61.97	4.47	0.14	8.16	
3. 出口	81.05	81.05	…	—	—	—	—
4. 对居民和社会集团零售	204.65	112.65	66.41	9.61	1.63	14.25	0.10
三、年末库存	148.65	104.64	35.63	4.01	0.77	3.59	0.01

注:本表不包括个体经济。

15—7 批发零售贸易业商品销售、库存类值

（1996年） 单位:万元

类　　别	大中型企业、活动单位			小型企业、活动单位		
	批发总额	零售总额	年末库存	批发总额	零售总额	年末库存
合　　计	**2 762 584**	**528 709**	**422 545**	**2 160 972**	**1 517 802**	**1 063 989**
食品、饮料、烟酒类	835 249	74 594	103 732	747 609	679 973	450 898
纺织品类	179 176	31 292	22 061	73 373	68 707	35 753
服装鞋帽类	39 206	81 967	13 404	78 774	83 135	61 534
日用品类	87 117	77 804	27 911	108 583	144 791	87 726
家用电器类	115 812	108 265	41 326	53 557	113 764	47 717
文化体育用品类	9 976	20 282	5 578	18 776	38 271	14 068
化妆品类	16 313	18 925	6 050	13 769	19 420	9 963
首饰类	5 263	5 250	1 179	262	32 804	1 639
中西药品类	83 070	61 031	23 747	65 587	64 914	40 806
书报、杂志类	55 058	2 344	9 260	12 686	49 644	17 367
石油及制品类	257 406	17 778	11 694	90 408	34 517	20 845
煤炭及制品类	12 015	4 710	1 109	59 663	21 412	18 978
化工材料及制品类	285 685	722	37 968	111 477	39 296	44 074
木材类	8 644	1 198	1 937	17 183	14 825	15 401
建筑材料类	25 264	1 547	4 038	47 539	20 545	16 234
黑色金属材料类	256 107	1 036	45 455	155 600	3 495	45 307
有色金属材料类	38 267	—	3 119	42 580	2 791	14 393
机电设备类	319 655	5 690	38 419	137 090	1 998	25 580
其他类	133 301	14 274	24 558	326 456	83 500	95 706
# 生活消费品	11 199	12 053	2 447	53 888	69 537	36 074

注:本表不包括个体经济。

15—8 各地市批发零售贸易业商品购进总额

(1996 年)

单位:亿元

地　区	合计	国有经济	集体经济	私营经济	联营经济	股份制经济	其它经济
全　省	**644.56**	**444.00**	**167.39**	**11.26**	**1.61**	**20.19**	**0.11**
西安市	336.42	238.25	69.78	6.70	1.53	20.16	
铜川市	10.55	9.15	1.36	0.04			
宝鸡市	80.04	52.78	25.65	1.61			
咸阳市	55.60	41.75	13.63	0.22			
渭南市	52.19	28.94	21.62	1.63			
汉中市	41.99	24.82	16.99	0.18			
安康地区	22.32	14.00	8.13	0.16		0.03	
商洛地区	13.75	9.00	4.66	0.09			
延安市	16.28	13.20	3.08	…			
榆林地区	15.42	12.11	2.49	0.63	0.08		0.11

15—9 各地市批发零售贸易业商品销售总额

(1996 年)

单位:亿元

地　区	合计	国有经济	集体经济	私营经济	联营经济	股份制经济	其它经济
全　省	**697.01**	**479.00**	**176.78**	**16.77**	**1.95**	**22.41**	**0.10**
西安市	367.90	255.07	76.15	12.41	1.88	22.39	
铜川市	11.64	9.87	1.72	0.05			
宝鸡市	84.83	61.41	22.20	1.22			
咸阳市	61.74	44.93	16.53	0.28			
渭南市	54.65	30.24	22.63	1.78			
汉中市	45.19	26.73	18.23	0.23			
安康地区	23.45	15.09	8.11	0.23		0.02	
商洛地区	14.33	9.49	4.75	0.09			
延安市	16.88	13.26	3.62	…			
榆林地区	16.40	12.91	2.84	0.48	0.07		0.01

15—10 各地市批发零售贸易业商品库存总额

(1996年)　　单位:亿元

地　区	合计	国有经济	集体经济	私营经济	联营经济	股份制经济	其它经济
全　省	**148.65**	**104.64**	**35.63**	**4.01**	**0.77**	**3.59**	**0.01**
西安市	52.60	33.06	12.12	3.06	0.77	3.59	
铜川市	2.63	2.17	0.45	0.01			
宝鸡市	17.69	13.95	3.24	0.50			
咸阳市	22.10	15.97	6.11	0.02			
渭南市	13.92	8.34	5.41	0.17			
汉中市	15.56	11.95	3.60	0.01			
安康地区	7.30	5.34	1.92	0.04			
商洛地区	4.29	3.13	1.14	0.02			
延安市	5.80	4.92	0.88	…			
榆林地区	6.76	5.81	0.76	0.18			0.01

15—11 各地市批发零售贸易业商品销售、库存类值

(1996年)　　单位:万元

地　区	大中型企业、活动单位			小型企业、活动单位		
	批发额	零售额	库存额	批发额	零售额	库存额
全　省	**2 762 584**	**528 709**	**422 545**	**2 160 972**	**1 517 802**	**1 063 989**
西安市	1 877 825	389 313	269 945	814 519	597 172	255 965
铜川市	38 647	7 061	5 639	30 706	40 030	20 635
宝鸡市	366 222	66 121	56 278	267 448	148 537	120 570
咸阳市	112 440	18 351	16 798	310 896	175 663	204 229
渭南市	98 647	9 644	9 764	230 859	207 361	129 405
汉中市	105 299	21 477	27 096	199 442	125 709	128 471
安康地区	51 169	11 973	21 814	114 131	57 236	51 231
商洛地区	39 631	819	6 927	47 290	55 587	36 014
延安市	56 817	1 111	6 881	66 202	44 734	51 228
榆林地区	15 887	2 839	1 403	79 479	65 773	66 241

15—12 主要年份社会消费品零售总额

单位:亿元

年份	社会消费品零售总额	按地区分		
		市的零售额	县的零售额	县以下的零售额
1952	6.17	2.43	2.01	1.73
1957	11.78	5.19	3.28	3.31
1962	13.96	6.10	3.95	3.91
1965	13.89	6.14	4.22	3.53
1970	20.61	7.77	6.14	6.70
1975	27.01	10.47	7.67	8.87
1978	33.37	11.93	9.79	11.65
1980	43.38	17.47	12.18	13.73
1985	80.01	39.83	19.45	20.73
1986	91.40	44.19	22.75	24.46
1987	106.16	52.54	26.59	27.03
1988	140.07	71.50	34.79	33.78
1989	153.67	84.77	34.49	34.41
1990	159.67	91.21	34.29	34.17
1991	176.60	102.21	36.98	37.41
1992	208.37	123.12	43.63	41.62
1993	245.53	150.95	47.64	46.94
1994	305.95	188.83	57.32	59.80
1995	369.46	229.90	70.56	69.00
1996	432.14	270.19	82.78	79.17

年份	按行业分				
	批发零售贸易业零售额	餐饮业零售额	制造业零售额	其他行业零售额	农民对非农业居民零售额
1952	4.49	0.19	0.98	0.06	0.45
1957	9.35	0.64	1.15	0.11	0.53
1962	11.05	1.01	0.85	0.06	0.99
1965	11.99	0.72	0.69	0.20	0.29
1970	18.07	0.72	0.71	0.76	0.35
1975	22.92	1.07	1.58	1.00	0.44
1978	28.29	1.32	2.32	0.82	0.62
1980	35.86	1.78	3.35	0.74	1.65
1985	61.23	3.84	8.25	1.59	5.10
1986	68.44	4.36	8.42	1.94	8.24
1987	77.89	5.34	11.15	2.03	9.75
1988	102.43	6.53	15.57	2.49	13.05
1989	114.52	6.58	14.55	3.47	14.53
1990	118.55	7.99	13.62	3.39	16.12
1991	126.83	9.29	16.48	4.28	19.72
1992	145.45	12.58	17.57	5.06	27.71
1993	166.56	15.26	19.95	5.93	37.83
1994	198.79	19.98	25.92	7.45	53.81
1995	231.87	24.68	35.80	14.85	62.26
1996	275.66	30.94	41.32	9.54	74.68

15—13 主要年份社会消费品零售总额构成

单位:%

年 份	社会消费品零售总额	按地区分		
		市的零售额	县的零售额	县以下的零售额
1952	100	39.38	32.58	28.04
1957	100	44.06	27.84	28.10
1962	100	43.70	28.30	28.00
1965	100	44.20	30.38	25.42
1970	100	37.70	29.79	32.51
1975	100	38.76	28.40	32.84
1978	100	35.75	29.34	34.91
1980	100	40.27	28.08	31.65
1985	100	49.78	24.31	25.91
1986	100	48.35	24.89	26.76
1987	100	49.49	25.05	25.46
1988	100	51.05	24.84	24.11
1989	100	55.16	22.44	22.40
1990	100	57.12	21.48	21.40
1991	100	57.88	20.94	21.18
1992	100	59.09	20.94	19.97
1993	100	61.48	19.40	19.12
1994	100	61.72	18.74	19.54
1995	100	62.23	19.10	18.67
1996	100	62.52	19.16	18.32

年 份	按行业分				
	批发零售贸易业零售额	餐饮业零售额	制造业零售额	其他行业零售额	农民对非农业居民零售额
1952	72.77	3.08	15.88	0.98	7.29
1957	79.37	5.43	9.76	0.94	4.50
1962	79.15	7.23	6.09	0.44	7.09
1965	86.32	5.18	4.97	1.44	2.09
1970	87.68	3.49	3.44	3.69	1.70
1975	84.86	3.96	5.85	3.70	1.63
1978	84.78	3.96	6.95	2.45	1.86
1980	82.66	4.10	7.72	1.72	3.80
1985	76.53	4.80	10.31	1.99	6.37
1986	74.88	4.77	9.21	2.12	9.02
1987	73.37	5.03	10.50	1.92	9.18
1988	73.13	4.66	11.12	1.77	9.32
1989	74.53	4.28	9.47	2.26	9.46
1990	74.25	5.00	8.53	2.12	10.10
1991	71.82	5.26	9.33	2.42	11.17
1992	69.80	6.04	8.43	2.43	13.30
1993	67.83	6.22	8.13	2.41	15.41
1994	64.97	6.53	8.47	2.44	17.59
1995	62.76	6.68	9.69	4.02	16.58
1996	63.79	7.16	9.56	2.21	17.28

15—14 各地市社会消费品零售总额

(1996年)　　　　单位:亿元

指　　标	西安市	铜川市	宝鸡市	咸阳市	渭南市
社会消费品零售总额	**212.82**	**10.53**	**43.24**	**41.39**	**33.95**
(一)按销售地区分					
市的零售额	189.19	7.05	19.60	20.39	8.87
县的零售额	12.07	2.22	11.70	12.00	11.36
县以下的零售额	11.56	1.26	11.94	9.00	13.72
(二)按经济类型分					
国有经济	54.92	4.53	18.18	15.97	15.18
集体经济	41.87	1.55	8.05	9.03	8.38
私营经济	11.12	0.26	1.03	0.43	0.91
个体经济	46.10	2.36	9.37	9.62	5.57
其它经济	58.81	1.83	6.61	6.34	3.91
(三)按行业分					
批发零售贸易业	135.93	6.23	26.90	25.96	24.52
餐饮业	14.84	1.30	3.78	2.78	2.01
制造业	19.78	1.14	3.96	5.28	2.12
其它行业	1.42	0.03	1.99	1.07	1.39
农民对非农业居民	40.85	1.83	6.61	6.30	3.91

指　　标	汉中市	安康地区	商洛地区	延安市	榆林地区
社会消费品零售总额	**34.97**	**16.90**	**11.23**	**10.16**	**16.96**
(一)按销售地区分					
市的零售额	13.32	4.83	2.04	2.40	2.49
县的零售额	11.37	5.24	3.80	4.58	8.45
县以下的零售额	10.28	6.83	5.39	3.18	6.02
(二)按经济类型分					
国有经济	13.39	5.17	4.18	3.61	7.13
集体经济	6.57	2.48	2.09	2.07	2.08
私营经济	0.21	0.30	0.11	0.01	0.65
个体经济	9.92	4.25	3.39	2.49	4.87
其它经济	4.88	4.70	1.46	1.98	2.23
(三)按行业分					
批发零售贸易业	21.03	10.25	8.48	6.26	10.09
餐饮业	3.05	0.77	0.61	0.77	1.04
制造业	3.61	0.97	0.61	0.92	2.93
其　它	2.40	0.22	0.07	0.23	0.72
农民对非农业居民	4.88	4.69	1.46	1.98	2.18

注:其他经济中含联营经济、股份制经济、外商投资经济、港澳台投资经济。

15—15 各地市县按经济类型分的社会消费品零售总额

（1996 年）

单位：万元

地　区	合　计	国有经济	集体经济	私营经济	个体经济	其他经济
全　省	**4 321 394**	**1 422 646**	**841 650**	**150 298**	**979 378**	**927 422**
西安市	**2 128 247**	**549 176**	**418 721**	**111 231**	**461 006**	**588 113**
市　区	1 891 651	505 035	359 294	104 603	362 283	560 436
临潼县	45 286	12 582	12 154	506	14 274	5 770
长安县	53 251	7 241	16 715	1 680	17 320	10 295
周至县	41 304	9 448	9 179	982	18 108	3 587
户　县	42 975	6 574	7 396	2 482	20 605	5 918
高陵县	16 667	1 987	3 805	—	10 117	758
蓝田县	37 113	6 309	10 178	978	18 299	1 349
铜川市	**105 337**	**45 332**	**15 531**	**2 570**	**23 560**	**18 344**
市直单位	25 807	22 182	681	1 210	1 684	50
城　区	27 735	6 072	5 462	871	7 638	7 692
郊　区	17 872	4 654	1 907	150	6 021	5 140
耀　县	28 246	10 099	6 185	318	6 707	4 937
宜君县	5 677	2 325	1 296	21	1 510	525
宝鸡市	**432 351**	**181 799**	**80 486**	**10 315**	**93 649**	**66 102**
市直单位	62 248	43 575	18 673	—	—	—
渭滨区	68 757	17 767	7 117	549	17 147	26 177
金台区	64 946	17 388	21 701	1 242	14 902	9 713
宝鸡县	60 767	22 217	7 371	716	25 827	4 636
凤翔县	35 037	11 696	5 180	5 770	10 541	1 850
陇　县	18 331	5 480	4 442	325	4 742	3 342
千阳县	9 046	2 057	2 408	288	3 288	1 005
岐山县	47 352	25 236	10 222	—	1 392	10 502
麟游县	5 730	3 672	1 323	—	405	330
扶风县	21 168	11 193	2 679	23	4 597	2 676
眉　县	22 026	5 993	4 644	1 402	6 739	3 248
凤　县	12 004	4 861	2 763	—	2 091	2 289
太白县	4 939	2 074	553	—	1 978	334
咸阳市	**413 910**	**159 689**	**90 275**	**4 356**	**96 171**	**63 419**
秦都区	56 303	831	7 146	1 353	34 755	12 218
杨陵区	10 659	4 201	826	200	2 334	3 098
渭城区	26 045	2 444	2 656	—	2 104	18 841
市级单位	93 079	63 688	29 391	—	—	—
武功县	25 561	4 804	7 736	174	10 927	1 920
兴平市	30 770	15 569	7 752	—	4 331	3 118
三原县	42 167	16 932	3 926	777	12 220	8 312
泾阳县	22 738	8 405	1 422	482	6 284	6 145

注：其他经济中含联营经济、股份制经济、外商投资经济、港澳台投资经济。

15—15 续表 1　　(1996 年)　　单位:万元

地　区	合　计	国有经济	集体经济	私营经济	个体经济	其他经济
乾　县	21 994	8 196	5 364	1 040	6 375	1 019
永寿县	8 346	3 952	1 701	—	2 041	652
礼泉县	27 739	9 899	7 617	—	7 302	2 921
彬　县	21 965	10 951	7 321	—	2 663	1 030
旬邑县	8 344	3 540	2 842	330	311	1 321
长武县	6 538	3 619	2 478	—	279	162
淳化县	11 662	2 658	2 097	—	4 245	2 662
渭南市	**339 499**	**151 777**	**83 824**	**9 078**	**55 705**	**39 115**
临渭区	69 716	31 047	18 156	8 044	5 754	6 715
韩城市	26 962	10 317	3 882	—	8 476	4 287
华阴市	28 090	16 754	1 136	688	4 720	4 792
华　县	18 413	10 992	1 350	—	2 405	3 666
潼关县	20 478	7 294	4 824	—	5 052	3 308
大荔县	27 878	10 581	9 6874	—	5 780	1830
蒲城县	28 747	17 414	7 367	316	2 713	937
澄城县	25 407	10 346	6 127	—	5 589	3 345
白水县	30 031	11 134	8 207	30	6 429	4 231
合阳县	19 453	7 489	5 813	—	5 213	938
富平县	44 324	18 409	17 275	—	3 574	5 066
汉中市	**349 670**	**133 919**	**65 639**	**2 095**	**99 230**	**48 787**
汉台区	133 190	51 774	22 166	1 981	36 159	21 110
南郑县	39 216	12 291	6 409	114	20 402	
留坝县	8 589	2 426	825		4 578	760
勉　县	30 580	17 112	5 195		4 304	3 969
宁强县	16 751	3 722	4 713		5 115	3 201
略阳县	20 666	10 027	4 321		2 724	3 594
城固县	45 668	13 883	12 112		12 634	7 039
西乡县	18 794	7 154	4 617		3 950	3 073
镇巴县	8 562	2 216	1 622		3 197	1 527
洋　县	23 984	11 589	3 073		5 274	4 048
佛坪县	3 670	1 725	586		893	466
〇一二基地						
安康地区	**168 998**	**51 721**	**24 797**	**3 030**	**42 503**	**46 947**
安康市	77 196	23 566	11 641	1 591	13 965	26 433
石泉县	8 658	2 982	1 240	473	2 100	1 863
宁陕县	9 541	3 441	1 163	359	1 835	2 743
汉阴县	11 694	3 719	1 646	—	4 247	2 082
紫阳县	13 908	2 323	1 720	—	4 343	5 522

地　区	合　计	国有经济	集体经济	私营经济	个体经济	其他经济
岚皋县	7 533	2 192	996	35	3 084	1 226
旬阳县	19 285	6 434	2 214	470	7 640	2 527
平利县	10 608	4 295	2 265	97	2 951	1 000
白河县	7 075	1 787	1 038	5	1 236	3 009
镇坪县	3 500	982	874	—	1 102	542
商洛地区	**112 253**	**41 816**	**20 845**	**1 048**	**33 938**	**14 606**
商州市	33 567	11 369	3 050	290	13 158	5 700
洛南县	23 633	8 395	7 634	171	4 845	2 588
商南县	10 165	3 953	2 215	—	2 776	1 221
丹凤县	15 043	5 526	2 489	318	3 772	2 938
山阳县	13 036	4 697	2 657	202	4 683	797
柞水县	5 470	2 341	1 053	15	1 779	282
镇安县	11 339	5 535	1 747	52	2 925	1 080
延安市	**101 556**	**36 143**	**20 691**	**52**	**24 921**	**19 749**
宝塔区	23 964	9 632	6 326	52	2 826	5 128
安塞县	6 133	1 929	910	—	2 256	1 038
志丹县	4 381	1 148	958		1 652	623
吴旗县	5 520	2 563	811		931	1 215
子长县	9 925	3 631	1 993		2 146	2 155
延长县	6 382	1 790	1 346		2 202	1 044
延川县	4 297	1 635	981		1 059	622
洛川县	11 988	4 232	1 599		3 684	2 483
富　县	7 123	1 186	1 507		2 745	1 685
黄陵县	10 494	2 650	2 829		2 565	2 450
黄龙县	2 408	1 281	569		314	244
宜川县	4 498	2 205	450		1 229	614
甘泉县	4 433	2 261	412		1 312	448
榆林地区	**169 573**	**71 274**	**20 841**	**6 523**	**48 695**	**22 240**
榆林市	35 972	13 350	5 493	2 835	7 317	6 977
神木县	21 260	9 236	2 910	1 336	4 460	3 318
府谷县	21 348	8 905	4 152	1 250	4 148	2 893
横山县	10 866	4 561	1 057	—	4 723	525
靖边县	10 056	4 390	976	873	2 762	1 055
定边县	11 798	5 279	589	60	4 397	1 473
米脂县	6 974	2 417	322	169	3 314	752
绥德县	22 752	12 237	3 092	—	5 991	1 432
子洲县	7 072	2 617	117	—	3 523	815
清涧县	7 656	3 566	1 073	—	2 039	978
佳　县	7 981	3 064	694	—	3 260	963
吴堡县	5 838	1 652	366	—	2 761	1 059

15—16 大中型批发、零售贸易企业商品销售、库存数量

(1996年)

指标	单位	批发	#生产用	零售	年末库存
粮食	吨	207 184	1 003	28 087	126 893
食用植物油	吨	18 548	2 216	18 305	2 583
猪和猪肉	吨	10 151		68	8
鲜蛋	吨	55			1
水产品	吨	5		5	5
盐	吨	114 845	3 520	1 187	20 670
食糖	吨	55 623	7 042	1 636	5 037
卷烟	箱	1 472 652	14 367	14 806	78 454
酒	吨	15 589	55	1 974	2 732
棉花	吨	25 782	23 576		2 255
布	百米	1 738 402	12 673	16 543	110 524
#棉布	百米	990 159	12 084	8 166	50 201
呢绒	百米	2 272	93	6 616	2 722
绸缎	百米	21 411	703	4 448	5 622
服装	百件	53 685	4	31 097	10 541
针织内衣裤	百件	14 418	15	23 601	16 009
鞋	百双	26 817		21 638	15 790
#皮鞋	百双	473		7 358	1 902
黄金饰品	千元	293		7 343	1 663
照相机	架	1 075	5	21 309	6 126
自行车	辆	203 301	32	64 873	43 690
摩托车	辆	7 895	2 570	10 847	2 022
电视机	台	125 061	107	103 110	60 229
#彩电	台	93 621	107	91 356	43 616
录音机	台	15 084	100	51 175	16 571
#组合音响	台	1 062		9 343	2 857
摄像机	台	36	1	1 185	291
录像机	台	5 672		24 403	5 694
家用电风扇	台	127 910	975	68 565	106 219
家用洗衣机	台	181 335	1 935	79 859	36 584
家用电冰箱	台	118 251	270	55 972	42 463
房间空调器	台	20 842	412	29 372	11 146
抽油烟机	台	9 208		25 082	18 040
化学肥料	吨	1 305 379	505 230		135 374
化学农药	吨	6 295	4 004		1 761
农用塑料薄膜	吨	4 457	1 959		2 091
农用动力机械	台	5 323	1 567		3 604
汽车	辆	16 088	9 875	2 876	1 346
#载货汽车	辆	5 812	3 668		582
轿车	辆	5 427	3 213	1 645	438

15—16 续表

指标	单位	批发	#生产用	零售	年末库存
生铁	吨	27 047	26 282		8 942
钢材	吨	525 536	432 494		84 523
* 普通大型钢材	吨				1 015
普通中型钢材	吨	34 756	29 664		6 507
普通小型钢材	吨	132 092	119 022		15 862
钢带	吨	61	11		
线材	吨	152 698	129 232		7644
* 特厚钢板	吨				312
中厚钢板	吨	85 830	43 193		13 802
薄钢板	吨	45 078	39 896		7 512
硅钢片	吨	1 983	1 086		143
* 优质型材	吨				10 040
* 无缝钢管	吨				13 000
* 焊接钢管	吨				1 378
铜	吨	874	653		198
铝	吨	1 073	1 003		109
铅	吨	406	211		6
锌	吨	2 198	568		15
锡	吨	52	39		8
铜材	吨	329	302		150
铝材	吨	198	178		52
硫酸	吨	554	554		422
烧碱	吨	1 655	1 015		1 061
纯碱	吨	15 405	2 423	172	1 307
天然橡胶	吨	1 441	1 258		188
合成橡胶	吨	1 960	1 373		156
水泥	吨	436 364	408 950	127	37 884
平板玻璃	重量箱	171 269	164 658	216	26 597
原木	立方米	7 078	2 078		3 327
煤炭	万吨	34	27	20	22
焦炭	吨	26 630	4 615		2 115
汽油	吨	384 788	87 791	42 552	19 906
柴油	吨	591 944	380 290	17 503	77 810
煤油	吨	107 233	100 429	722	13 421
燃料油	吨	30 014	17 876		3 707
* 润滑油	吨				403

注:带“*”号的商品只列库存。

15—17 大中型批发零售贸易企业主要财务指标

(1996 年)　　单位:万元

指　　标	资本金	流动资产	固定资产	资产总计
总　　计	**340 847**	**1 328 965**	**466 922**	**2 005 368**
一、按经济类型分组				
国有经济	256 664	1 104 841	344 693	1 547 780
集体经济	30 659	141 420	26 089	259 499
私营经济	29	1 190	124	1 314
股份制经济	53 495	81 514	96 016	196 775
二、按国民经济行业分组				
食品、饮料、烟草和家庭日用品批发业	104 952	621 594	154 036	883 157
食品、饮料、烟草批发业	54 239	266 696	68 865	355 989
棉、麻、土畜产品批发业	4 468	45 565	4 203	119 097
纺织品、服装和鞋帽批发业	14 691	106 608	19 917	130 117
日用百货批发业	16 467	74 152	20 634	99 818
日用杂品批发业	1 736	6 272	927	7 217
五金、交电、化工批发业	7 911	33 405	18 436	59 696
药品及医疗器械批发业	5 440	88 896	21 054	111 223
能源、材料和机械电子设备批发业	137 737	440 484	131 371	615 741
能源批发业	46 812	91 934	66 272	172 808
化工材料批发业	10 925	24 465	5 028	30 401
木材批发业	234	1 523	265	1 830
建筑材料批发业	5 977	15 139	4 131	20 686
矿产品批发业	486	2 696	856	3 551
金属材料批发业	47 399	136 880	19 490	174 734
机械、电子设备批发业	12 642	112 604	16 988	131 680
汽车、摩托车及零配件批发业	10 845	49 903	14 890	71 126
再生物资回收批发业	2 417	5 340	3 451	8 925
其他批发业	25 803	119 742	21 010	167 410
工艺美术品批发业	485	5 956	1 361	8 184
图书报刊批发业	706	10 236	2 686	12 982
农业生产资料批发业	11 619	57 202	9 261	90 089
其他类未包括的批发业	12 993	46 348	7 702	56 155
零售业	72 355	147 145	160 505	339 060
食品、饮料和烟草零售业	3 559	10 868	11 569	22 695
日用百货零售业	67 101	129 021	146 276	306 121
纺织品、服装和鞋帽零售业	539	614	938	1 833
日用杂品零售业	307	657	21	678
五金、交电、化工零售业	4	146	121	267
药品及医疗器械零售业	4	1 372	89	1 461
图书刊报零售业	220	499	273	804
其他零售业	621	3 968	1 218	5 201

15—17 续表 1　　(1996 年)　　单位:万元

指　　标	负债合计	所有者权益	商品销售收入	商品销售成本
总　　计	**1 596 572**	**408 796**	**2 982 893**	**2 662 096**
一、按经济类型分组				
国有经济	1 241 194	306 586	2 393 348	2 133 553
集体经济	223 941	35 558	345 827	316 160
私营经济	1 218	96	7 581	7 263
股份制经济	130 219	66 556	236 137	205 120
二、按国民经济行业分组				
食品、饮料、烟草和家庭日用品批发业	751 675	131 482	1 329 658	1 175 872
食品、饮料、烟草批发业	278 125	77 864	793 288	690 693
棉、麻、土畜产品批发业	116 963	2 134	42 779	41 135
纺织品、服装和鞋帽批发业	118 041	12 076	164 083	150 491
日用百货批发业	84 074	15 744	120 643	107 998
日用杂品批发业	7 261	—44	12 521	11 573
五金、交电、化工批发业	51 112	8 584	69 865	63 867
药品及医疗器械批发业	96 099	15 124	126 479	110 115
能源、材料和机械电子设备批发业	482 280	133 461	923 121	848 405
能源批发业	120 452	52 356	305 540	267 574
化工材料批发业	24 217	6 184	52 672	49 337
木材批发业	1 860	—30	570	526
建筑材料批发业	19 742	944	20 715	18 767
矿产品批发业	2 253	1 298	12 859	11 758
金属材料批发业	138 733	36 001	135 171	128 707
机械、电子设备批发业	106 349	25 331	199 652	185 399
汽车、摩托车及零配件批发业	61 284	9 842	187 612	178 433
再生物资回收批发业	7 390	1 535	8 330	7 904
其他批发业	114 765	52 645	344 986	309 726
工艺美术品批发业	7 404	780	14 374	12 607
图书报刊批发业	9 526	3 456	50 533	33 979
农业生产资料批发业	57 931	32 158	209 051	195 490
其他类未包括的批发业	39 904	16 251	71 028	67 650
零售业	247 852	91 208	385 128	328 093
食品、饮料和烟草零售业	19 166	3 529	26 567	22 369
日用百货零售业	220 851	85 271	332 258	282 881
纺织品、服装和鞋帽零售业	1 242	590	2 254	1 871
日用杂品零售业	287	391	2 332	1 977
五金、交电、化工零售业	189	78	1 400	1 214
药品及医疗器械零售业	1 396	65	1 164	933
图书刊报零售业	244	560	1 944	1 336
其他零售业	4 477	724	17 209	15 512

15—17 续表 2　　(1996 年)　　单位:万元

指　　标	经营费用	商品销售税金及附加费	商品销售利　润	主营业务利　润
总　　计	**108 430**	**4 313**	**142 765**	**146 340**
一、按经济类型分组				
国有经济	87 971	3 058	115 294	118 869
集体经济	10 841	483	9 032	9 032
私营经济	125	7	186	186
股份制经济	9 493	765	18 253	18 253
二、按国民经济行业分组				
食品、饮料、烟草和家庭日用品批发业	41 042	1 939	83 593	86 751
食品、饮料、烟草批发业	18 825	1 206	58 566	60 855
棉、麻、土畜产品批发业	546	96	1 002	1 002
纺织品、服装和鞋帽批发业	5 929	42	6 844	7 584
日用百货批发业	5 516	302	5 710	5 756
日用杂品批发业	574	6	350	350
五金、交电、化工批发业	3 238	89	2 664	2 665
药品及医疗器械批发业	6 414	198	8 457	8 539
能源、材料和机械电子设备批发业	39 079	854	23 503	23 887
能源批发业	19 885	331	12 180	12 180
化工材料批发业	2 503	56	753	752
木材批发业	76		—33	—33
建筑材料批发业	1 492	28	428	428
矿产品批发业	584	9	508	508
金属材料批发业	4 280	225	1 947	1 950
机械、电子设备批发业	7 018	53	6 816	7 169
汽车、摩托车及零配件批发业	2 776	134	970	999
再生物资回收批发业	465	18	—66	—66
其他批发业	10 260	228	11 664	11 695
工艺美术品批发业	767		977	1 000
图书报刊批发业	2 156	63	1 261	1 261
农业生产资料批发业	5 633	111	7 807	7 815
其他类未包括的批发业	1 706	54	1 619	1 619
零售业	18 049	1 292	24 005	24 007
食品、饮料和烟草零售业	1 402	63	1 396	1 396
日用百货零售业	15 000	1 111	21 143	21 145
纺织品、服装和鞋帽零售业	84	15	284	284
日用杂品零售业	212	9	135	135
五金、交电、化工零售业	81	77	28	28
药品及医疗器械零售业	64	1	166	166
图书刊报零售业	116		264	264
其他零售业	1 090	16	589	589

15—17 续表 3　　(1996 年)　　单位:万元

指　　标	管理费用	财务费用	营业利润	利润总额
总　　计	**96 978**	**78 222**	**－23 939**	**－6 553**
一、按经济类型分组				
国有经济	74 248	72 751	－23 591	－9 490
集体经济	10 473	3 930	－6 351	－4 604
私营经济	100	88	－1	－1
股份制经济	12 157	1 453	6 004	7 542
二、按国民经济行业分组				
食品、饮料、烟草和家庭日用品批发业	38 095	41 960	－646	14 516
食品、饮料、烟草批发业	17 901	23 359	13 911	25 422
棉、麻、土畜产品批发业	3 487	－1 521	－4 357	－2 958
纺织品、服装和鞋帽批发业	4 020	9 595	－5 208	－4 909
日用百货批发业	4 409	3 041	－1 508	－273
日用杂品批发业	480	554	－686	－694
五金、交电、化工批发业	2 207	3 183	－2 472	－2 119
药品及医疗器械批发业	5 591	3 749	－326	47
能源、材料和机械电子设备批发业	31 557	25 226	－28 470	－28 126
能源批发业	13 920	5 255	－7 123	－6 915
化工材料批发业	1 829	1 809	－2 747	－2 887
木材批发业	172	65	－277	－277
建筑材料批发业	1 038	932	－1 580	－1 572
矿产品批发业	251	274		12
金属材料批发业	5 084	7 117	－8 897	－9 017
机械、电子设备批发业	5 055	5 957	－1 709	－44
汽车、摩托车及零配件批发业	3 671	3 199	－5 058	－6 270
再生物资回收批发业	537	618	－1 079	－1 156
其他批发业	7 716	5 153	540	194
工艺美术品批发业	311	710		19
图书报刊批发业	756	－33	538	573
农业生产资料批发业	4 241	3 825	114	300
其他类未包括的批发业	2 408	651	－112	－698
零售业	19 610	5 883	4 637	6 863
食品、饮料和烟草零售业	1 405	663	－157	200
日用百货零售业	17 372	4 813	4 539	6 361
纺织品、服装和鞋帽零售业	146	108	30	…
日用杂品零售业	42	9	84	84
五金、交电、化工零售业	4		24	24
药品及医疗器械零售业	79	65	6	5
图书刊报零售业	164	9	92	172
其他零售业	398	216	19	17

15—18 主要大中型批发贸易企业一览表

(1996 年)　　　　单位:万元

单 位 名 称	销售总额	资本金	流动资产	固定资产	利润总额
宝鸡卷烟材料产品购销站	147 915	132	52 542	126	1
陕西省卷烟销售公司	113 079	2 333	18 035	1 325	15 356
陕西省烟草公司西安分公司	90 472	740	9 585	3 312	4 145
陕西省农业生产资料总公司	87 342	2 344	25 941	1 612	254
陕西省机械设备进出口公司	85 416	890	40 605	6 029	108
陕西省纺织品进出口公司	83 098	8 528	47 440	6 796	−2 223
中国铁路物资西安公司	77 159	3 625	20 690	3 842	386
西安市机电设备总公司	57 848	3 483	14 152	3 372	−2 886
中国汽车贸易西北公司	56 713	3 315	9 303	2 581	77
陕西省新华书店	55 372	706	10 236	2 686	573
陕西百隆(集团)股份有限公司	50 553	5 616	26 692	7 296	1 448
西安电力机械进出口公司	50 287	490	30 700	851	67
陕西省机电设备总公司	37 387	1 185	6 894	1 809	−261
陕西省医药公司	36 127	1 347	18 792	5 006	97
陕西省石油公司延安分公司	35 500	1 025	5 359	881	−114
陕西省汽车工业贸易总公司	34 628	506	6 474	737	82
中国黑色金属材料西北公司	34 351	9 544	19 406	834	−123
陕西省棉麻公司	33 710	3 486	38 064	4 159	−2 962
陕西省进出口公司	33 109	630	22 514	5 070	16
陕西省信友进出口公司	29 360	685	10 378	484	−223
陕西省西安市油脂公司	28 735	5 970	21 676	10 616	−47
陕西省机械进出口公司	27 920	1 111	15 338	3 912	30
西安市石油总公司	27 356	1 981	9 169	4 643	616
陕西省化工轻工总公司	26 091	932	5 324	356	105
陕西省粮油食品进出口公司	25 803	3 431	11 463	1 267	−1 688
中国航空油料西北公司	24 358	3 180	8 555	11 614	−2 918
陕西省丝绸进出口公司	24 168	2 544	10 900	2 492	14
陕西省医药保健品进出口公司	23 907	512	15 876	469	11
陕西省烟草公司渭南分公司	23 685	520	2 542	1 047	373
陕西省石油总公司西安分公司	23 626	1 613	3 250	1 685	−893
西安市工艺品进出口公司	23 349	485	5 956	1 361	19
中国兵工物资西北公司	22 458	3 582	14 236	3 132	24
中国陕西国际经济技术合作公司	20 901	337	13 613	1 882	−28
铜川市烟草专卖局	20 595	408	2 153	849	646
陕西省烟草公司咸阳分公司	20 505	800	2 188	1 375	772
陕西省石油总公司宝鸡分公司	19 686	1 462	2 132	1264	−53
西安飞龙医药股份有限公司新药分公司	19 587	196	14 346	199	233
西安市轻工业进出口公司	19 474	878	6 488	882	−714
西安市纺织品进出口公司	18 402	757	9 042	405	−360
西安市化工进出口公司	18 300	389	5 876	2 121	40

15—18 续表 1　　　　(1996 年)　　　　单位：万元

单位名称	销售总额	资本金	流动资产	固定资产	利润总额
陕西省印刷物资公司	18 237	1 567	6 395	864	200
西安市药材公司采购站	17 526	248	13 836	9249	－296
汉中烟草集团公司	17 276	577	3 990	1 415	245
陕西省宝鸡市机电设备总公司	17 236	188	2 207	1 536	－86
中国石化宝鸡销售公司	16 280	4 590	8 259	1 846	－679
宝鸡市糖酒副食品总公司	16 266	2 796	3 320	3 042	20
陕西省基建物资配套总公司	15 109	639	5 766	438	－875
西安市糖业烟酒副食品总公司	15 060	1 807	3 650	1980	35
汉中地区五交化总公司	14 949	388	8 716	729	2
中国化工供销西北公司	14 946	5 552	12 942	1 089	－939
陕西省纺织工业供销公司	13 468	6 098	14 619	2 486	－639
中国电子物资西北公司	13 354	2 580	7 195	2 063	－234
陕西省农机总公司	12 937	1 214	5 699	1 834	17
咸阳市糖酒副食品总公司	12 564	451	4 958	1 018	100
中国有色金属工业西北公司	12 502	2 162	11 210	661	3
中国轻工物资供销西北公司	12 232	1 871	11 174	1 133	31
陕西省医疗器械公司	11 737	972	6 522	1791	－160
陕西省金属材料总公司	11 691	3 018	5 334	512	－1 768
西安市农业生产资料公司	11 413	1 267	3 025	506	－156
西安市副食炒货公司	11 378	381	1 869	275	
陕西省石油总公司汉中分公司	11 358	736	804	1 480	－26
西安文化用品总公司	11 238	306	3 515	2 359	－175
中国邮电器材西北公司	11 180	1 084	6 217	1 755	43
陕西省烟草公司旬阳县公司	10 736	36	3 253	412	636
陕西省烟草公司延安分公司	10 379	513	2 348	1 332	236
铜川市河滨粮库	10 339	849	12 667	598	30
咸阳市农业生产资料公司	10 271	294	1 269	135	25
陕西省纺织品公司	10 060	1 547	6 355	4 661	－2 071
陕西省石油总公司安康分公司	10 048	718	2 411	1 348	－27
长岭电器西安经销公司	10 038	50	1 282	65	2
宝鸡市医药总公司	9 957	643	4 389	2 490	7
大荔县生产资料公司	9 743	616	1 255	635	3
陕西省工业品公司	9 652	6 708	6 708	782	－582
汉中市生产资料总公司	9 602	669	1 974	462	1
陕西省二轻工业供销公司	9 551	495	4 034	229	10
临潼县烟草公司	9 457	359	392	449	307
陕西省烟草公司商洛分公司	9 450	407	2 930	647	426
中国机电设备西北公司	8 954	4 536	7 196	1 242	－731
宝鸡市金属材料总公司	8 930	486	2 696	856	12
陕西省糖酒果品公司	8 795	1 410	5 880	656	－349

15—18 续表 2　　　　(1996 年)　　　　单位:万元

单　　位　　名　　称	销售总额	资本金	流动资产	固定资产	利润总额
西安市胡家庙粮食仓库	8 394	8 226	14 579	5 928	18
中国石油物资西安公司	8 189	1 512	12 169	1 064	—5
陕西省邮电器材公司	8 132	932	4 167	551	30
咸阳市机电设备总公司	8 024	139	1 748	546	—262
陕西省工程建设材料设备供应公司	7 887	1 228	2 562	2 139	
西安市华宝炊具公司	7 635	600	610	422	374
西安市糖业烟酒公司玉祥批发公司	7 559	668	930	1 016	1
西安市金属材料总公司	7 552	3 612	15 077	4 219	—3 028
华阴市庆华糖酒副食公司	7 502	29	1 190	124	—1
陕西省韩城市烟草专卖局	7 389	40	500	308	97
陕西省烟草公司安康分公司	7 380	51	2 256	1 123	227
西安市医药经销公司	7 260	280	4 965	854	…
渭南市百货公司	7 173	446	3 187	2 052	38
陕西省宝鸡市百货文化用品总公司	7 136	559	3 413	1 924	2
陕西省公路物资供销公司	7 131	300	2 080	756	10
汉中友谊总公司	7 033	365	2 873	994	1
泾阳县棉花公司	6 881	611	5 248	375	1
宝鸡县生产资料公司	6 796	494	1 317	443	11
宝鸡市轻工化工总公司	6 768	2 296	2 324	314	—90
西安汽车贸易发展总公司	6 603	237	2 103	274	—122
西安市二轻供销公司	6 442	320	2 898	552	—322
安康地区百货公司	6 249	495	2 693	709	—98
汉中地区糖酒副食总公司	6 230	328	1 547	1 201	4
宝鸡市生产资料总公司	5 988	397	1 407	234	—6
陕西省户县石油公司	5 958	597	1 042	1 220	27
陕西省烟草公司合阳县分公司	5 892	348	2 281	414	138
西安市燃料总公司	5 889	19 906	5 988	23 249	—2 391
榆林地区煤炭出口有限责任公司	5 855	1 431	6 392	3 727	293
陕西西安白家口国家粮食储备库	5 580	7 120	14 013	4 886	—938
陕西省烟草公司潼关县分公司	5 570	75	618	136	101
陕西省物资产业(集团)总公司	5 555	1 802	7 219	2 214	—1 379
西安市农资公司三桥经营总部	5 509	481	612	41	10
汉中市农业生产资料总公司	5 462	141	1 116	416	7
陕西省烟草公司洛南县公司	5 460	70	4 828	321	631
陕西省燃料总公司	5 438	511	2 107	1 402	—112
汉中市五金交电化工总公司	5 378	280	2 849	719	…
蒲城县生产资料公司	5 368	840	1 109	252	30
蒲城县烟草公司	5 289	56	1 000	292	30
西安市化工轻工总公司	5 287	1 738	1 867	2 557	—1 593
陕西省烟草公司白水县分公司	5 256	167	666	300	37

15—18续表3　　　　　　(1996年)　　　　　　单位:万元

单位名称	销售总额	资本金	流动资产	固定资产	利润总额
勉县生产资料公司	5 151	144	652	191	21
勉县石油化工总公司	5 115	315	1 284	1 473	6
富平县烟草公司	5 050	269	1 707	323	136
陕西省医药工业公司	5 049	152	4 945	84	—39
中国建材西北公司	5 008	2 526	7 285	607	—280
蓝田县糖业烟草公司	4 988	105	496	153	—88
中国机械工业供销西北公司	4 980	2 029	6 420	314	—675
西安市石油总公司润滑油分公司	4 925	1 650	3 366	1 904	—111
中国航天工业供销西北公司	4 891	877	2 805	1 332	—1 121
中国水利电力物资西安公司	4 845	1 751	6 065	1 218	6
陕西省物资再生利用总公司	4 842	1 597	2 657	2 951	—781
富县烟草公司	4 790	208	4 677	542	382
宝鸡县烟酒副食公司	4 764	180	437	81	1
富平县生产资料公司	4 395	105	841	118	
西安市化工原料批发公司	4 306	1 117	3 049	1 561	—550
泾阳县烟草专卖局	4 132	30	446	268	69
南郑县生产资料公司	4 111	377	601	198	5
汉中烟草集团公司汉台区公司	4 074	176	874	171	114
陕西省宝鸡市建筑材料总公司	4 061	318	691	765	—300
西安市永红果品公司	4 060	140	300	106	97
宝鸡市五交化总公司	4 018	467	2 352	6 388	—271
户县生产资料公司	3 966	252	897	217	111
商洛地区生产资料公司	3 965	264	877	241	—48
西安金安公司	3 947	200	5 364	13	4
汉中医药总公司	3 939	408	2 154	680	4
安康地区糖业烟酒公司	3 937	285	1 280	404	27
渭南市糖业烟酒公司	3 913	478	1 700	598	73
安康地区农业生产资料总公司	3 876	865	554	305	22
陕西省西安医疗器械批发公司	3 869	98	2 269	209	140
汉中市石油公司	3 867	181	597	631	7
咸阳市烟草公司渭城分公司	3 813	7	778	37	68
西安市建筑材料总公司	3 812	900	2 133	1 649	—513
陕西省建材总公司	3 810	407	2 317	535	—295
陕西省石油总公司铜川分公司	3 793	349	887	714	—384
宝鸡市农业机械总公司	3 643	66	1 102	376	3
渭南市五金交电化工公司	3 602	202	2 655	661	—29
兴平市烟草公司	3 597	8	493	188	44
西安飞龙土门医药采购供应站	3 596	68	1 356	36	31
洋县生产资料公司	3 584	81	699	89	1
陕西省烟草公司秦都公司	3 576	20	751	69	96

15—19 主要大中型零售贸易企业一览表

(1996 年)　　　　单位:万元

单 位 名 称	销售总额	资本金	流动资产	固定资产	利润总额
西安民生集团股份有限公司	70 936	16 165	13 918	64 436	4 027
宝鸡商场(集团)股份有限公司	52 722	17 537	13 788	3 494	1 706
西安唐城集团股份有限公司	41 371	4 688	9 976	6 763	1 021
陕西省宝鸡市华通商厦	33 475	852	15 001	7 992	221
西安解放百货股份有限公司	26 198	3 000	7 270	720	960
西安秋林公司	23 073	799	8 748	4 848	352
西安解放百货大楼股份有限公司	17 139	2 279	6 121	9 603	−1 820
国营宝鸡人民商场	15 406	295	6 237	3 375	10
西安商业大厦	15 208	627	7 661	6 638	280
西安友谊总公司	10 937	6 747	4 947	3 569	5
西安市北大街百货商场	10 644	4 693	4 916	7 500	20
宝鸡市百货大楼	9 721	235	1 304	5 521	4
西安太白商厦	7 803	1 071	2 736	3 444	255
西安市纺织商业大厦	6 971	125	1 282	3 059	55
西安市华林机电石化公司	6 300	150	416	59	19
西安小寨商业大厦	6 132	1 817	1 918	3 850	1
咸阳市工农兵商场	5 003	886	5 034	358	20
西安百货大厦股份有限公司	4 151	3 908	3 850	4 557	170
西安市五星食品公司	3 998	539	1 585	606	65
西安文体用品专业中心	3 864	256	767	632	90
咸阳市凌云商场	3 530	73	1 430	98	37
西安市西京国货公司	3 163	880	1 583	744	120
陕西省金盾工贸公司	3 147	30	1 159	22	45
西安小寨粮油食品贸易公司	2 599	114	161	107	3
西安市妇女儿童用品公司	2 372	539	614	938	…
西安市新时代厨房用具经营部	2 332	307	657	21	84
西安市大雁塔粮油食品贸易公司	2 063	288	361	254	3
西安电子城粮油食品贸易公司	1 822	488	446	442	4
西安市钟楼食品商店	1 733	63	176	98	75
汉中天汉大厦商场	1 713	150	1 064	103	
宝鸡东发大厦	1 707	397	4 028	2 764	−266
西安市长乐西路商场	1 643	294	141	328	27
汉中市东方百货商场	1 608	95	660	276	13
西安市咸宁路百货商场	1 592	60	235	63	21
西安市城隍庙商场	1 563	166	151	155	35
宝鸡市渭滨区清姜地区商店	1 539	93	331	467	−12
西安市韩森寨百货大厦	1 414	781	1 925	3 912	20
安康地区新华书店	1 411	201	307	258	113
西安秦骊实业总公司	1 400	4	146	121	24
西安市灞桥区新合供销社	1 393	44	77	5	

15—20 商品交易市场成交额情况

(1996 年)　　单位:万元

指　标	合　计	城　市	农　村
合　计	**2 252 233**	**1 547 590**	**704 643**
按市场类型分:			
一、消费品市场	1 910 630	1 267 872	642 758
1. 综合市场	851 538	419 016	432 522
2. 农副产品市场	462 551	317 104	145 447
3. 工业消费品市场	532 340	476 782	55 558
4. 其　他	64 201	54 970	9 231
二、生产资料市场	341 603	279 718	61 885
1. 综合市场	55 082	34 201	20 881
2. 工业生产资料市场	230 407	217 393	13 014
3. 农业生产资料市场	19 492	171	19 321
4. 其　他	36 622	27 953	8 669
按商品类别分:			
一、消费品	1 910 630	1 267 872	642 758
1. 粮食类	144 550	74 493	70 057
2. 油脂油料类	125 040	54 557	70 483
3. 棉烟麻类	8 085	1 061	7 024
4. 肉禽蛋类	309 908	176 301	133 607
5. 水产品类	88 428	76 906	11 522
6. 蔬菜类	327 461	194 441	133 020
7. 干鲜果类	163 018	112 846	50 172
8. 大牲畜类	19 035	468	18 567
9. 家畜幼禽类	27 171	1 794	25 377
10. 工业品类	637 621	534 232	103 389
11. 其　他	60 313	40 773	19 540
二、生产资料	341 603	279 718	61 885
1. 机动车	98 128	95 933	2 195
# 汽车	95 257	94 228	1 029
2. 钢　材	26 397	21 926	4 471
3. 成品油	4 952	1 620	3 332
4. 水　泥	16 784	12 256	4 528
5. 煤　炭	32 330	18 129	14 201
6. 木　材	34 851	27 733	7 118
7. 化　肥	15 708	100	15 608
8. 农　药	936	68	868
9. 饲　料	2 151	109	2 042
10. 其　他	109 366	101 844	7 522

15—21　商品交易市场分类情况

(1996年)　　　　单位:个

指　　标	合　计	城　市	农　村
总　　计	**2 674**	**743**	**1 931**
一、消费品市场小计	2 525	673	1 852
1. 消费品综合市场	1 603	346	1 257
2. 农副产品市场	539	137	402
(1)农副产品综合市场	363	96	267
(2)农副产品专业市场	176	41	135
3. 工业消费品市场	239	110	129
(1)工业消费品综合市场	96	36	60
(2)工业消费品专业市场	143	74	69
4. 其　他	144	80	64
二、生产资料市场小计	149	70	79
1. 生产资料综合市场	56	25	31
2. 工业生产资料市场	51	32	19
(1)工业生产资料综合市场	14	6	8
(2)工业生产资料专业市场	37	26	11
3. 农业生产资料市场	21	4	17
(1)农业生产资料综合市场	11	1	10
(2)农业生产资料专业市场	10	3	7
4. 其　他	21	9	12

15—22　消费品批发市场成交额情况

(1996年)　　　　单位:万元

指　　标	合　计	城　市	农　村
总　　计	**700 284**	**601 452**	**98 832**
一、工业消费品市场	435 856	403 788	32 068
二、农副产品市场	264 428	197 664	66 764
1. 蔬菜市场	136 426	84 080	52 346
2. 干鲜果市场	44 857	40 470	4 387
3. 水产品市场	4 805	4 805	—
4. 肉禽蛋市场	17 457	15 225	2 232
5. 粮食市场	9 469	4 928	4 541
6. 食用植物油市场	194	—	194
7. 中药材市场	1 128	1 128	—
8. 其他市场	50 092	47 028	3 064

主 要 统 计 指 标 解 释

批发零售贸易 指专门从事商品流通行业。根据其经营方式不同可分为批发贸易业和零售贸易业两大部分。

批发贸易业 指从工农业生产者或从商品流通企业购进商品，转卖给工业、农业、建筑业、运输邮电业、餐饮业和服务业等生产经营单位作为生产经营用，以及将商品转卖给其他批发贸易企业或零售企业的商品流通企业和单位。农副产品采购、供应企业，对国(境)外商品进口、出品的对外贸易企业、物资供销企业等，一般都属于批发贸易企业。

零售贸易业 指从工农业生产者、批发贸易业或居民购进商品，转卖给城乡居民作为生活消费和售给社会集团作为公共消费的商品流通企业和单位。

餐饮业 指从事食品的烹饪、调制并直接售给居民和社会集团的机构。包括中西餐馆、饭馆、各种小吃店、冷饮店、酒店、茶楼等。

机构 指各种经济类型独立核算法人批发零售贸易企业、餐饮企业的单位个数。它应同时具备以下条件：①依法成立，有自己的名称、组织机构和场所，能够独立承担民事责任；②独立拥有和使用资产，承担负债，有权与其他单位签订合同；③独立核算盈亏，并能够编制资产负债表。

网点 指各种经济类型独立核算法人批发零售贸易企业、餐饮企业设立的从事商品批发贸易、零售贸易业务的自然单位数和从事餐饮活动的自然单位数。

人员 即从业人员，指从事批发零售贸易业、餐饮业劳动并取得劳动报酬或经营收入的人员。包括职工(含长期职工、合同制职工、临时职工)和其他从业人员(含再就业的离退休人员、三资企业中的外方人员和港澳台方人员)。

商品购进总额 指批发零售贸易企业从本企业以外的单位和个人购进(包括从国外直接进口)作为转卖或加工后转卖的商品。它由从生产者购进额、从批发零售贸易业购进额、进口额和其他项目组成，反映批发零售贸易企业从国内、外市场上购进商品的总量。

从生产者购进 指批发零售贸易企业直接从工农业生产者购进的各种工矿产品和农副产品总额。

农副产品购进 指批发零售贸易企业从农业(包括农、林、牧、副、渔业)生产单位和农民以各种方式购进的全部农副产品总额。这指标反映商品流通部门掌握多少农副产品来供应居民消费、轻纺工业生产和出口的需要。

从批发零售贸易业购进 批发零售贸易业从各种经济类型的批发零售贸易企业或其他行业办的附营批发零售贸易业单位购进的商品。包括国产商品和国外商品。

商品销售总额 指批发零售贸易企业对本企业以外的单位和个人出售〔包括对国(境)外直接出口〕的商品。这个指标反映批发零售贸易企业在国内市场上销售商品以及出口商品的总量。

零售 指售给城乡居民直接用于生活消费的商品和社会集团直接用于公用消费的商品。

年末库存 指批发零售贸易企业已取得所有权的全部商品。这指标反映批发零售贸易业的商品库存情况，以及对市场商品供应的保证程度。

社会消费品零售总额 指各种经济类型的批发零售贸易业、餐饮业、制造业和其他行业对城乡居民和社会集团的消费品零售额和农民对非农业居民零售额的总和。这指标反映通过各种商品流通渠道向居民和社会集团供应的生活消费品来满足他们生活需要，是研究人民生活、社会消费品购买力、货币流通等问题的重要指标。

商品销售收入 指批发零售贸易企业商品销售收入减去商品销售折扣与折让后的净额。

商品销售成本 指批发零售贸易企业已销售商品应负担的进货原价。

经营费用 指批发零售贸易企业在购、销、存过程中发生的各种经营费用。包括运输费、装卸费、包装费、保险费、展览费、差旅费、广告费、商品损耗、进出口商品累计佣金、经营人员的工资及福利费等。

商品销售利润 指批发零售贸易企业由于商品销售得到的利润。

营业利润 指批发零售贸易企业营业收入扣除成本、费用和各种商品销售税金及附加费后的数额。

利润总额 指批发零售企业全年实现的利润。包括营业利润、投资净收益以及营业外收支净额。

城乡集市贸易成交额 指在城市集市和农村集市上买卖双方(包括农民、非农业居民、机关、团体、企事业单位和个体商贩)成交的全部商品金额。目前农民在集市外对非农业居民的商品销售额也包括在内。

16 对外经济贸易和国际旅游

DUI WAI JING JI MAO YI HE GUO JI LU YOU

资料整理　　郑月霞

16. 对外经济贸易和国际旅游

1996 年全省

外贸商品出口总额	126922 万美元	比上年增长－1.0%
实际利用外资额	47467 万美元	比上年增长－12.9%
旅游人数总计	50.03 万人	
旅游外汇收入	164308 万元	

利 用 外 资

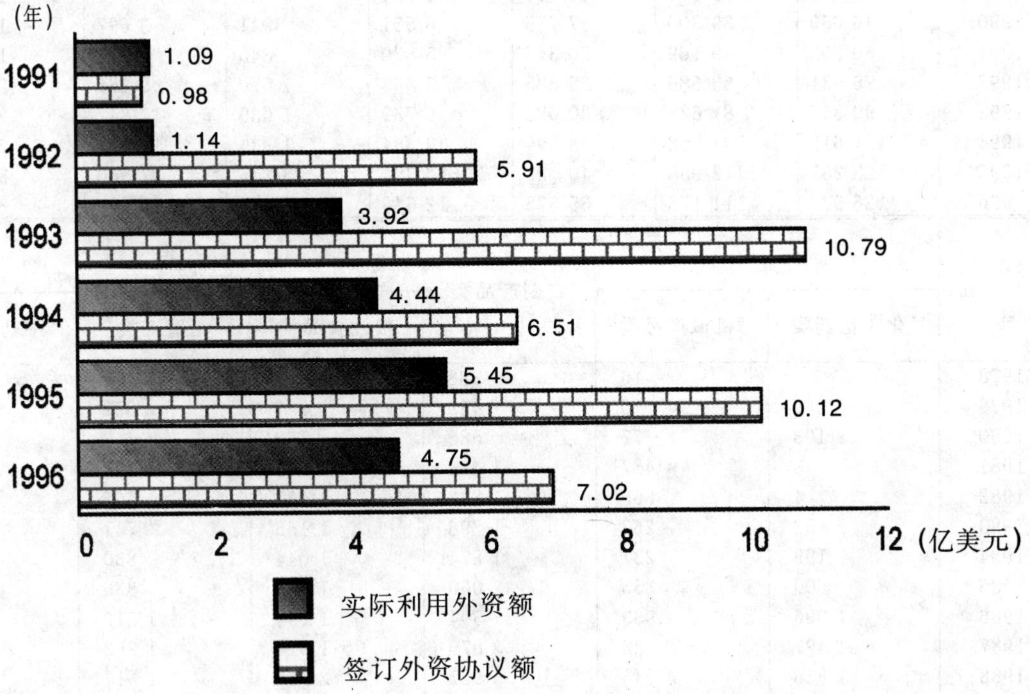

16—1 外贸商品出口总额

单位:万美元

年份	出口总额	工矿产品类	#纺织品类	#轻工业品类	#工艺品类	#五金矿产类	#煤炭类
1978	1 190	802	771	11		4	
1979	856	367	54	28		6	
1980	973	388	18	95	1	4	
1981	2 616	1 133	394	238	3	28	
1982	5 000	3 167	1 747	148	9	345	549
1983	5 426	3 530	2 734	240	15	110	117
1984	9 662	7 788	6 927	177	25	105	118
1985	10 359	8 299	6 477	257	48	379	183
1986	17 158	13 654	9 074	720	171	1 249	405
1987	26 582	22 706	12 904	2 161	540	2 021	761
1988	36 006	32 079	14 623	6 799	592	2 296	1 670
1989	38 273	32 609	15 910	4 854	522	3 012	1 240
1990	46 059	39 300	17 755	6 551	941	3 697	1 353
1991	60 502	49 169	20 377	5 870	843	5 582	1 414
1992	76 531	63 686	25 805	5 565	1 070	9 266	2 058
1993	99 347	81 621	30 092	6 739	1 039	17 847	2 340
1994	121 615	104 218	38 590	9 384	1 944	19 836	2 546
1995	128 261	112 938	40 022	12 394	3 245	17 560	3 003
1996	126 922	111 173	35 575	12 646	1 461	20 289	3 960

年份	#化工医药类	#机械产品类	农副产品类	粮油食品类	土畜产类	中药材
1978		16	388	97	291	
1979	269	10	489	137	352	
1980	193	77	585	168	417	
1981	3	457	1 483	761	722	
1982	4	365	1 833	1 131	702	
1983	52	262	1 896	1 155	741	
1984	199	237	1 874	1 044	830	
1985	600	355	2 060	1 224	836	
1986	1 096	939	3 504	1 694	1 810	
1987	1 497	2 822	3 876	1 914	1 962	
1988	1 856	4 243	3 927	2 310	1 617	
1989	1 683	4 255	5 664	2 623	2 445	223
1990	2 247	6 756	6 759	3 859	2 659	241
1991	3 671	10 968	11 333	6 411	4 519	403
1992	5 457	13 805	12 845	8 263	4 196	386
1993	7 200	16 364	17 726	12 473	4 839	414
1994	9 344	21 677	17 397	10 528	5 900	969
1995	9 966	26 155	15 323	8 948	5 079	1 296
1996	8 555	28 687	15 749	9 127	5 824	798

16—2 主要外贸公司进出口总额

(1996年)　　单位:万美元

企业名称	进出口总额	出口	进口
陕西省粮油食品进出口公司	3 907	3 907	—
陕西省纺织品进出口公司	11 505	10 036	1 469
陕西省服装进出口公司	2 301	2 255	46
陕西省土产进出口公司	2 452	2 235	217
陕西省畜产进出口公司	2 106	2 007	99
陕西省轻工进出口公司	880	880	—
陕西省工艺品进出口公司	2 361	2 106	255
陕西省五金矿产进出口公司	2 633	1 616	1 017
陕西省化工产品进出口公司	1 520	1 452	68
陕西省机械进出口公司	4 506	4 051	455
陕西省医药保健品进出口公司	5 354	2 884	2 470
陕西省设备进出口公司	12 198	10 260	1 938
陕西省丝绸进出口公司	2 864	2 759	105
陕西省煤炭进出口公司	1 979	1 979	—
陕西省有色进出口公司	2 400	1 418	982
陕西省进出口公司	5 471	3 991	1 480
陕西省信友进出口公司	4 877	3 038	1 839
陕西省冶金进出口公司	2 648	2 113	535
陕西省电子进出口公司	1 943	1 526	417
彩虹电子进出口公司	16 212	8 643	7 569
西安市粮油进出口公司	1 938	1 323	615
西安市土产进出口公司	2 337	2 113	224
西安市纺织进出口公司	2 981	2 769	212
西安市轻工进出口公司	3 165	2 295	870
西安市工艺进出口公司	3 332	2 786	546
西安市五矿进出口公司	2 672	1 832	840
西安市化工进出口公司	3 263	3 206	57
西安市机械进出口公司	2 243	1 283	960
西安市医药保健品进出口公司	1 653	1 538	115
西安市设备进出口公司	1 166	1 012	154
西安市电力机械进出口公司	5 180	4 201	979

16—3 主要外贸商品出口量

（1996年）

商品名称	单位	数量	金额（万美元）	商品名称	单位	数量	金额（万美元）
粮食	吨	48 141	2 214	硅铁	吨	25 639	2 276
#荞麦	吨	13 942	409	硅锰合金	吨	8 839	463
绿豆	吨	9 424	804	铝	吨	2 254	314
芸豆	吨	9 876	427	铅	吨	3 803	299
食用油籽	吨	9 052	610	锌	吨	4 728	497
活牛	吨	2 851	181	镁	吨	2 426	658
苦杏仁	吨	1 241	217	锰	吨	3 777	500
大蒜	吨	8 975	580	锌矿砂	吨	26 501	644
辣椒干	吨	100 610	1 004	氧化铝	吨	20 000	583
果汁	吨	2 853	376	氧化钼	吨	5 713	2 640
蜂蜜	吨	4 132	519	硅	吨	20 850	2 210
桑蚕丝	吨	239	528	单晶硅	吨	19	412
羊绒	吨	81	652	水泥	吨	50 074	245
无羊绒	吨	106	892	煤	万吨	55	1 979
棉纱线	件	63 312	220	焦炭	万吨	24	1 977
化纤纱线	件	18 047	812	电石	吨	6 262	238
棉布	万米	16 327	9 715	钼酸铵	吨	527	327
麻布	万米	113	167	化肥	吨	10 194	280
呢绒	万米	84	369	农药	吨	404	379
化纤布	万米	57 493	8 727	盐酸四环素	吨	107	204
人造棉布	万米	13 803	919	抗坏血酸	吨	458	287
毛巾	万打	75	229	柴油机	马力	27 450	208
绸缎	万米	178	487	一般交流电动机	千瓦	289 575	389
服装	万美元	—	8 619	钢芯铝绞线	吨	2 421	350
手工打结地毯	万平方米	22	1 459	通讯电缆	公里	421	278
珠宝首饰	万美元	—	753	敷铜板	吨	2 608	602
运动鞋	万双	54	263	变压器	千伏安	2 949 000	2 164
玩具	万美元	—	1 084	滚动轴承	万套	11 419	3 816
钢材	吨	5 643	287	缝纫机头	个	67 480	1 439
钼铁	吨	21 961	1 173	彩色电视机	台	22 153	276

16—4　按国别和地区分商品出口总值

（1996 年）　　　　单位：万美元

国别和地区	合　计	工矿产品类	农副产品类	国别和地区	合　计	工矿产品类	农副产品类
出口总值	**126 922**	**111 173**	**15 749**	匈牙利	319	319	—
香　港	33 716	31 469	2 247	捷克	103	103	—
澳　门	593	571	22	保加利亚	118	113	5
台　湾	1 136	961	175	罗马尼亚	452	445	7
朝　鲜	666	644	22	德　国	5 587	4 896	691
日　本	17 925	14 472	3 453	法国	1 224	1 077	147
菲律宾	1 525	1 514	11	意大利	3 312	2 958	354
缅　甸	763	763	—	荷　兰	5 349	4 604	745
泰　国	1 121	1 062	59	比利时	1 618	1 494	124
马来西亚	4 207	3 679	528	英　国	2 969	2 626	343
新加坡	4 261	3 342	919	丹　麦	196	195	1
印度尼西亚	2 535	2 267	268	芬　兰	134	132	2
巴基斯坦	957	939	18	瑞　典	179	170	9
孟加拉国	970	970	—	挪　威	493	480	13
印　度	1 685	1 240	445	瑞　士	325	240	85
尼泊尔	275	275	—	奥地利	235	234	1
斯里兰卡	121	118	3	希　腊	203	169	34
伊　朗	117	117	—	西班牙	1 063	914	149
土耳其	442	413	29	葡萄牙	156	132	24
叙利亚	571	509	62	俄罗斯联邦	2 802	1 398	1 404
约　旦	186	73	113	墨西哥	406	343	63
沙特阿拉伯	319	319	—	巴拿马	161	155	6
阿联酋	1 176	1 113	63	古　巴	305	—	305
韩　国	8 542	7 311	1 231	哥伦比亚	127	127	—
以色列	371	365	6	巴　西	631	460	171
埃　及	777	527	250	秘　鲁	106	106	—
突尼斯	104	104	—	智　利	431	430	1
马　里	209	209	—	阿根廷	371	361	10
埃塞俄比亚	184	184	—	加拿大	741	691	50
南　非	612	604	8	美　国	9 484	8 797	687
波　兰	485	454	31	澳大利亚	727	609	118

16—5 外国和港澳台地区在陕直接投资情况

(1996 年)

单位:万美元

指　　标	新签项目数	客方协议投资额	客方实际投资额
总　　计	**280**	**60 056**	**33 008**
一、按投资方式分			
1. 独资经营	53	10 214	5 561
2. 合资经营	205	31 982	22 920
3. 合作经营	22	17 860	4 527
二、按国民经济行业分			
1. 农、林、牧、渔业	10	644	228
2. 工业	203	44 537	24 607
3. 建筑业	4	389	50
4. 运输、邮电业	1	482	500
5. 商业、饮食、物资供销业	11	793	4 020
6. 房地产、公用事业、服务业	42	10 828	900
7. 其他行业	9	2 383	2 703
三、按国别、地区分			
# 香　港	94	16 958	15 310
澳　门	2	572	3 270
台　湾	40	2 461	2 216
日　本	29	4 441	3 638
美　国	46	19 106	1 819
加拿大	11	1 437	510
德　国	1	1 807	806
英　国	6	7 293	1 405
法　国	2	452	214
新加坡	9	290	1 491
泰　国	7	1 980	47
澳大利亚	4	150	106

16—6 利用外资概况

单位:万美元

指　　标	1992年	1993年	1994年	1995年	1996年
一、签订外资协议(合同)额	59 119	107 923	65 142	101 249	70 222
1. 对外借款	6 829	15 719	24 000	58 367	8 396
2. 客商直接投资	52 290	92 204	41 142	41 521	60 056
3. 外商其它投资				1 361	1 770
二、实际利用外资额	11 412	39 151	44 419	54 487	47 467
1. 对外借款	6 829	15 719	20 610	22 080	14 459
2. 客商直接投资	4 583	23 432	23 809	32 407	33 008
3. 外商其它投资					
三、年末投产开业企业个数(个)	123	321	628	953	1 053

16—7 旅游事业发展情况

指　　标	1992年	1993年	1994年	1995年	1996年
一、旅游人数总计(万人)	41.48	45.80	43.86	44.23	50.03
# 旅游部门接待的	40.73	41.99	37.42	38.59	42.57
1. 华　侨	0.13	1.64	0.03	0.17	0.53
2. 港澳同胞	2.09	2.55	2.36	2.01	2.49
3. 台湾同胞	4.40	2.94	2.10	2.32	4.77
4. 外国人	34.86	38.67	39.37	39.73	42.24
二、旅游收入总额(万元)	41 165	50 034	94 920	117 096	164 308
1. 商品性收汇	10 024	9 681	20 418	47 591	60 277
商品销售收入	3 217	2 534	3 996	18 955	41 558
饮食销售收入	6 807	7 147	16 422	28 636	18 719
2. 劳务性收汇	31 141	40 353	74 502	69 504	104 031
旅行社旅游业务费收入	3 624	4 853	9 238	4 687	5 123
宿费	8 948	10 848	28 342	21 423	22 797
长途交通费	12 746	16 164	22 926	28 711	55 485
市内交通费	1 619	1 503	1 477	3 456	3 871
邮政电讯费	1 960	2 934	4 021	3 291	9 144
文化娱乐费	1 637	3 358	7 444	2 701	3 507
其　它	607	693	1 054	5 235	4 104
三、旅游者在陕人均停留天数(天)	2.21	2.10	2.16	2.23	2.60
四、旅游者在陕人均消费(元)	992.4	1 093.4	2 164.3	2 647.57	3 284.37

注:1995年、1996年旅游外汇收入及分项资料为抽样调查数据,并参照美元对人民币外汇汇率,分别按8.31和8.29元换算为人民币。

16—8 旅游宾客构成

单位:人

国别和地区	1992 年	1993 年	1994 年	1995 年	1996 年
总　计	**414 787**	**457 997**	**438 568**	**442 264**	**500 272**
#美　国	44 252	43 149	40 081	45 590	54 874
日　本	87 676	105 606	100 774	135 480	157 741
法　国	38 667	48 942	33 411	28 710	27 445
德　国	25 018	27 311	26 183	28 794	29 482
澳大利亚	5 949	4 254	4 566	7 001	7 288
英　国	19 361	26 893	21 107	21 087	26 418
意大利	15 840	12 763	14 863	15 692	11 760
瑞　士	3 365	5 254	4 836	3 845	4 118
加拿大	10 449	4 469	5 765	5 999	6 203
新加坡	13 679	17 854	6 654	6 171	5 607
瑞　典	781	5 087	3 817	5 448	4 440
西班牙	4 799	5 973	5 104	5 461	6 254
印度尼西亚	14 151	7 551	5 934	7 465	5 922
泰　国	3 848	3 154	2 183	3 058	2 626
马来西亚	29 423	16 423	12 260	11 202	8 633
韩　国	7 874	7 348	14 780	27 521	26 121
荷　兰	4 379	3 766	4 687	6 606	4 773
华　侨	1 353	16 444	190	3 167	5 255
港澳台同胞	64 817	54 875	34 502	41 794	72 571

16—9 陕西省旅行社基本情况

（1996 年）

单位名称	类别	邮编	地址	接待境外旅游者人数（人）
陕西省中国旅行社	一	710048	西安市兴庆路 45 号	51 982
陕西海外旅游总公司	一	710061	西安市长安路北段 15 号	22 730
西安海外旅游总公司	一	710054	西安市友谊东路 50 号	7 492
西安中国国际旅行社	一	710054	西安市长安路北段 32 号	158 063
陕西省中国青年旅行社	一	710068	西安市朱雀大街 155 号	18 696
康辉旅行社西安分社	一	710061	西安市陵园 56 号	23 411
西安招商旅游公司	一	710061	西安市陵园路 14 号	24 972
西安铁路国际旅行社	二	710000	西安市西五路 1 号	3 789
西安市中国旅行社	二	710061	西安市长安路北段 63 号	19 430
西安天马国际旅行社	二	710061	西安市长安路北段 34 号	9 074
陕西文源国际旅行社	二	710061	西安市长安路北段 50 号	5 045
西安光大国际旅行社	二	710068	西安市陵园北路 14 号高尚楼	8 340
西安金桥旅游公司	二	710068	西安市朱雀大街 57 号	3 872
西安西部旅行社	二	710061	西安市长安路北段 36 号	1 549
陕西省文物国际旅行社	二	710061	西安市兴善寺东街 12 号	3 021
西安民族国际旅行社	二	710061	西安市长安路中段 103 号	4 750
陕西远东国际旅行社	二	710054	西安市雁塔路北段 44 号	5 088
陕西文化旅行社	二	710002	西安市西梆子市街	446
陕西省职工旅行社	二	710003	西安市莲湖路 143 号	4 125
西安教育旅行社	二	710061	西安市西安外院 120 信箱	2 510
西安唐城旅行社	二	710061	西安市陵园路唐城宾馆内	4 834
西安高科技国际旅行社	二	710075	西安市高新路火炬大厦 B 座位 13 层	1 003
临潼国际旅行社	二	710600	临潼县县城西大街	504

注：本表根据陕西省旅游局资料加工整理，下表同。

16—10　陕西省旅游涉外饭店基本情况

（1996年）

饭店名称	地址	星级	客房总数（间）	床位总数（张）	接待境外过夜旅游者（人）
凯悦饭店	西安市东大街158号	五	315	541	25 778
喜来登大酒店	西安市沣镐路12号	五	430	776	40 458
长安城堡酒店	西安市环城南路西段12号	五	340	650	44 357
香格里拉金花大酒店	西安市长乐西路8号	四	453	733	25 447
西安宾馆	西安市长安路北段36号	四	545	1 000	27 231
古都新世界大酒店	西安市莲湖路48号	四	480	960	27 405
秦都酒店	西安市环城西路北段55号	四	165	330	9 754
建国饭店	西安市金花南路20号	四	658	1 197	27 782
骊苑酒店	西安市劳动南路8号	四	296	567	25 741
唐华宾馆	西安市大雁塔东雁引路4号	四	291	587	37 003
人民大厦	西安市东新街319号	三	585	1 170	738
万年饭店	西安市长乐中路副11号	三	170	340	10 584
钟楼饭店	西安市钟楼西南角	三	321	491	19 926
城市酒店	西安市南大街5号	三	138	206	1 224
华商酒店	西安市和平路131号	三	135	270	1 022
神洲酒店	西安市环城东路南段8号	三	349	612	8 726
唐城宾馆	西安市含光路南段3号	三	372	744	3 255
东方大酒店	西安市小寨西路26号	三	288	576	4 722
朱雀宾馆	西安市小寨西路26号	三	112	224	—
宝鸡公爵饭店	宝鸡市东风路1号	三	67	138	
西凤大酒店	宝鸡市体育路中段	三	52	104	
秦宝宾馆	咸阳市渭阳西路	三	242	440	
彩虹宾馆	咸阳市彩虹路1号	三	143	263	
皇城宾馆	西安市东大街334号	未定	430	626	22 652
长城大厦	西安市友谊东路88号	未定	104	204	358
解放饭店	西安市火车站321号	二	352	704	5 916
皇后大酒店	西安市兴庆路45号	二	259	518	4 466
夏威夷酒店	西安市友谊东路54号	二	67	134	569
珠穆朗玛宾馆	西安市友谊东路55号	二	86	192	156
协和大酒店	西安市沣镐路28号	二	166	292	94

注：该表资料包括了全省所有三星级以上的饭店和部分二星级及未定星级饭店。

主 要 统 计 指 标 解 释

进出口总额 海关进出口总额是指实际进出我国国境的货物总金额。包括对外贸易实际进出口货物，来料加工装配进出口货物，中外合资企业、合作企业和外商独资企业进出口货物和公用物品，以及国家间、联合国及国际组织无偿援助的物资和赠送品，华侨、港澳台同胞、外籍华人的捐赠品，租赁期满归承租人所有的租赁货物，进料加工进出口货物，中外合资经营企业、中外合作经营企业、外商独资经营企业进出口货物和公用物品，到、离岸价格在规定限额以上的进出口货样和广告品（无商业价值，无使用价值和免费提供出口的除外），从保税仓库提取在中国境内销售的进口货物，以及其他进出口货物。进出口总额用以观察一个国家在对外贸易方面的总规模。

进口按到岸价计算，出口按离岸价计算。

利用外资 指我国各级政府、部门、企业、和其他经济组织通过对外借款、吸收外商直接投资及用其他方式筹措的境外现汇、设备、技术等。

对外借款 是我国利用外资的主要部分，包括我国通过外国政府贷款、国际金融组织贷款、外国银行商业贷款、出口信贷以及对外发行证券等方式，从境外筹措的资金。

外商直接投资 是指外国企业和经济组织或个人（包括华侨、港澳同胞以及我国在境外注册的企业）按我国有关政策、法规，在用现汇、实物、技术等我国境内开办外商独资企业、与我国境内的企业或经济组织共同举办中外合资企业、合作经营企业或合作开发资源的投资（包括外商从企业得到收益的再投资），以及政府有关部门批准的项目投资总额内，企业从境外借入的资金。

对外承包工程 包括各对外承包公司以招标议标承包方式承揽的下列业务(1)承包的国外工程建设项目；(2)承包我国对外经援项目；(3)承包我国驻外机构的工程建设项目；(4)承包我国境内利用外资进行建设的工程项目；(5)与外国承包公司合营或联合承包工程项目时我国公司分包的部分；(6)以服务成果向业主收费的技术服务项目（包括承担的地形地貌测绘；地质资源勘探与普查；建设区域规划；提供设计文件、图纸、生产工艺技术资料和工程技术经济咨询；工程项目的可行性考察、研究和评估；进行技术指导和培训人员等）；(7)对外承包兼营的房屋开发业务。对外承包工程的营业额是以货币表现的本期内完成的对外承包工程的工作量，包括以前年度签订的合同和本年度新签订的合同在报告期完成的工作量。

对外劳务合作 指以收取工资的形式向业主或承包商提供技术和劳动服务的活动。我国对外承包公司在境外开办的合营企业，中国公司同时又提供劳务的，其劳务部分也纳入劳务合作统计。劳务合作营业额按报告期内向雇主提交的结算数（包括工资、加班费和奖金等）统计。

旅游人数 指来我国参观、访问、旅行、探亲、访友、休养、考察、参加会议和从事经济、科技、文化、教育、体育、宗教等活动的外国人、华侨、港澳和台湾同胞的人数。不包括外国在我国的常驻机构，如使领馆、通讯社、企业办事处的工作人员和来我国常住的外国专家、留学生等。

旅游外汇收入 指国内各部门为来我国旅游的外国人、华侨、港澳和台湾同胞提供商品和劳务而得到的外汇收入，包括供应商品、饮食和提供住宿、交通、邮电、文化娱乐、导游等各项服务所得到的全部外汇收入。

主要统计指标解释

17 金融和保险

JIN RONG HE BAO XIAN

资料整理　　　　李　艳

17. 金融和保险

1996 年全省	
金融机构各项存款	1434.01 亿元
金融机构各项贷款	1 347.06 亿元
银行现金收入	2298.57 亿元
银行现金支出	2263.11 亿元
货币投放(+)或回笼(—)	—35.46 亿元

银行现金收入
(亿元)

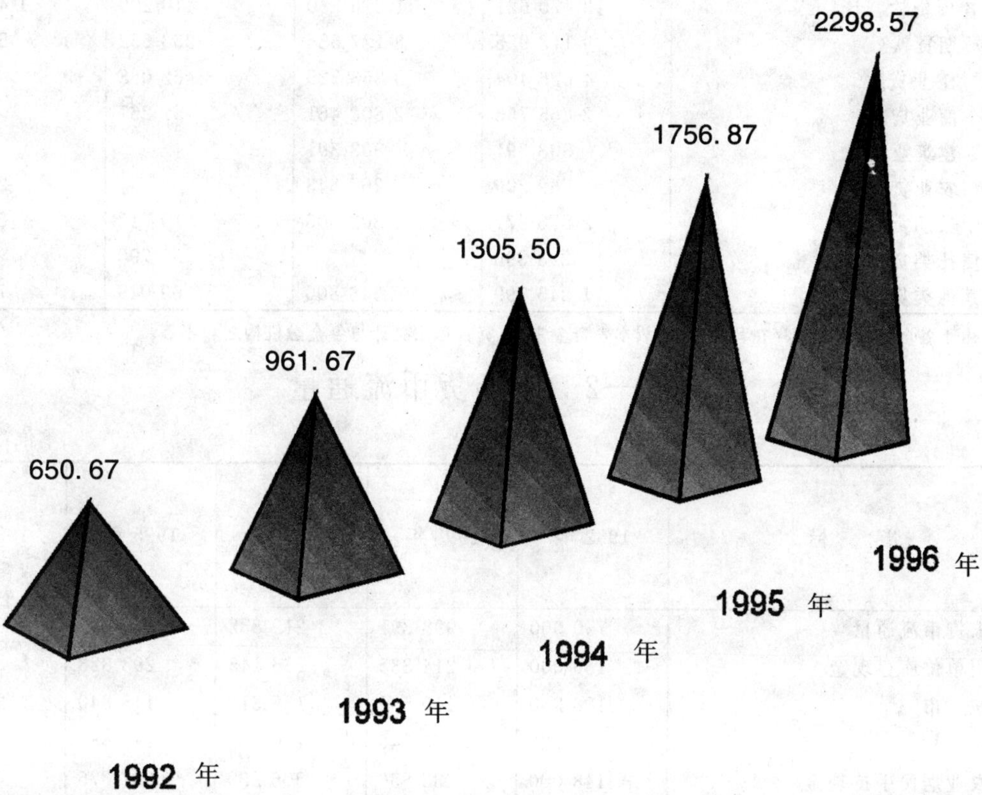

17—1 金融机构资金来源和资金运用

(1996 年)　　　　单位:万元

指　　标	合　计	#国家银行	#城市信用社	#农村信用社
一、资金来源总计	**15 818 317**	**12 849 346**	**1 072 894**	**3 266 351**
# 各项存款合计	14 340 102	10 908 374	801 884	2 144 072
企业存款	3 854 191	3 398 815	328 643	
财政存款	79 015	79 015		
机关团体部队存款	253 200	253 200		
城镇储蓄存款	9 422 120	7 115 696	355 359	1 947 976
农村存款	236 724	40 628		196 096
信托类存款	366 549	21 020	534	
其他类存款	128 303		117 348	
二、资金运用总计	**15 818 317**	**12 849 346**	**1 072 894**	**3 266 351**
# 各项贷款合计	13 470 621	11 276 340	410 209	1 466 679
短期贷款	9 118 955	8 127 534	233 652	501 630
# 工业贷款	4 026 404	3 863 329	62 088	
商业贷款	2 865 758	2 802 461	57 267	
建筑业贷款	308 391	308 391		
农业贷款	569 209	265 543		213 909
中长期贷款	2 876 971	2 802 006	10 718	238 819
信托类贷款	228 896		96 790	
其他类贷款	1 245 799	346 800	69 049	726 230

注:由于各金融机构之间存在科目抵减,故本表资金来源,资金运用总计与各金融机构之和不等。

17—2 市场货币流通量

单位:万元

指　　标	1992 年	1993 年	1994 年	1995 年	1996 年
年末货币流通量	750 000	998 391	1 219 832	1 300 000	1 620 000
集团单位库存现金	166 000	214 335	266 145	293 323	379 915
城　市	106 280	110 595	135 315	145 840	210 212
农　村	59 720	103 740	130 830	147 483	169 703
非农业居民手持现金	148 000	233 856	306 239	327 875	436 634
农业居民手持现金	408 000	460 240	552 989	566 256	669 894
其　它	28 000	79 960	94 459	112 546	133 557

17—3 银行现金分项目收入和支出

单位:万元

指　　标	1992年	1993年	1994年	1995年	1996年
一、现金收入合计	**6 506 723**	**9 616 683**	**13 055 033**	**17 568 679**	**22 985 732**
商品销售收入	1 789 970	2 248 432	2 706 962	3 219 038	3 812 496
服务事业收入	361 013	517 355	625 596	921 358	1 281 442
储蓄存款收入	3 355 442	5 241 733	7 318 773	9 952 690	13 092 566
信用收入	288 340	538 503	907 621	1 214 551	1 460 398
税款收入	42 408	61 141	88 148	148 968	166 119
汇兑收入	143 068	165 275	237 574	324 388	391 120
其他收入	526 482	844 244	1 170 359	1 787 686	2 781 591
二、现金支出合计	**6 586 691**	**9 640 573**	**12 997 196**	**17 108 226**	**22 631 140**
工资性支出	1 335 360	1 617 822	2 122 721	2 485 594	2 869 303
行政、企业管理费支出	521 142	862 603	1 052 361	1 231 997	1 676 391
农副产品采购支出	353 387	381 474	479 085	497 385	530 463
工矿产品采购支出	40 566	69 554	105 702	126 800	175 382
信用支出	505 856	663 371	855 153	1 125 330	1 336 136
储蓄存款支出	3 151 996	5 002 426	6 786 732	9 353 261	12 551 200
汇兑支出	112 291	171 028	250 386	367 100	468 848
其他支出	566 093	872 295	1 345 056	1 920 759	3 023 417
货币投放(+)或回笼(—)	+79 968	+23 890	—57 837	—460 453	—354 592

17—4 各地市银行现金投放、回笼情况

单位:万元

地　　区	1992年	1993年	1994年	1995年	1996年
全　　省	**+79 968**	**+23 890**	**—57 837**	**—460 453**	**—354 592**
西安市	—171 576	—214 733	—407 005	—768 450	— 974 296
铜川市	+38 983	+43 410	+47 755	+50 331	69 496
宝鸡市	+30 901	+42 259	+42 699	+28 953	72 322
咸阳市	+38 947	+6 049	+6 277	—3 979	69 934
渭南市	+75 593	+101 905	+133 657	+128 933	220 365
汉中市	+17 724	+15 613	+21 038	+9 867	17 209
安康地区	+14 957	+12 777	+17 166	+26 985	47 613
商洛地区	+8 652	+11 429	+10 255	+20 455	31 371
延安市	+25 717	+21 645	+26 927	+52 178	70 551
榆林地区	+32 194	+61 509	+94 454	+94 347	132 290
省　　行	—32 124	—779 733	—51 349	—101 153	—111 447

注:表中"+"表示投放,"—"表示回笼。

17—5 保险业务主要指标

(1996年)　　单位:万元

指标	合计	中保财产保险公司	中保人寿保险公司	太平洋保险公司	平安保险公司	永安保险公司
一、保险金额	**30 800 617**	**12 287 362**	**5 403 337**	**11 665 967**	**1 286 114**	**157 837**
1. 国内业务	14 391 548	10 375 148		2 909 700	948 899	157 837
企事业财产险	8 886 679	5 759 542		2 467 759	608 079	51 299
家庭财产险	707 670	663 645		31 351	11 090	1 584
运输工具及责任险	1 712 349	1 232 446		320 505	148 686	10 712
货物运输险	2 324 057	2 207 226		45 266	61 817	9 748
农业险	176 738	176 738				
其他险	584 091	335 551		44 819	119 227	84 494
2. 寿险业务	12 911 997		5 403 337	7 306 740	201 920	
3. 涉外业务	3 497 036	1 912 214		1 449 527	135 295	
二、保险业务收入	**164 059**	**81 232**	**46 501**	**23 514**	**12 278**	**534**
1. 国内业务	94 400	74 657		13 507	5 702	534
企事业财产险	16 391	11 890		3 434	942	125
家庭财产险	12 314	12 099		107	31	77
运输工具及责任险	55 304	41 362		9 613	4 036	293
货物运输险	5 340	5 021		166	131	22
农业险	1 689	1 689				
其他险	3 362	2 596		187	562	17
2. 寿险业务	60 348		46 501	7 670	6 177	
3. 涉外业务	9 311	6 575		2 337	399	
三、保险业务支出	**77 327**	**39 591**	**25 189**	**10 249**	**2 274**	**24**
1. 国内业务	45 556	37 908		6 116	1 508	24
企事业财产险	5 797	4 827		775	176	19
家庭财产险	4 721	4 688		22	11	
运输工具及责任险	31 800	25 492		5 192	111	5
货物运输险	1 444	1 276		102	66	
农业险	816	816				
其他险	978	809		25	144	
2. 寿险业务	29 155		25 189	3 292	674	
3. 涉外业务	2 616	1 683		841	92	

主 要 统 计 指 标 解 释

信贷资金 国家银行用于发放贷款的资金叫信贷资金。中国人民银行信贷资金的来源有各项存款、对国际金融机构负债、流通中货币、银行自有资金及当年结益等。信贷资金的运用有各项贷款、黄金占款、外汇占款、财政借款及在国际金融机构中的资产等。

存款 企业、机关、团体或居民根据可以收回的原则，把货币资金存入银行或其他信用机构保管并取得一定利息的一种信用活动形式。根据存款对象的不同可划分为企业存款、财政存款、机关团体存款、基本建设存款、城镇储蓄存款、农村存款等科目。它是银行信贷资金的主要来源。

贷款 银行或其他信用机构根据必须归还的原则，按一定利率，为企业、个人等提供资金的一种信用活动形式。我国银行贷款，分流动资金贷款、固定资产贷款、城乡个体工商户贷款以及农户贷款等科目。

保险金额 它是保险人对被保险人负提损失补偿或约定给付的金额。它是保险合同上的最高责任额，也是计算保费的依据。

18 教育科技和文化事业

JIAO YU KE JI HE WEN HUA SHI YE

资料整理 徐健琳 李明芳 文 晖

18. 教育科技和文化事业

1996 年全省

普通高等学校在校学生	13.56 万人
中等学校在校学生	186.77 万人
高等学校在校研究生	9 280 人
硕士生	7283 人
博士生	1997 人
国有企事业单位各类专业技术人员	83.30 万人
自然科学技术人员	40.77 万人
社会科学技术人员	42.53 万人
地方国有企事业单位各类专业技术人员	55.62 万人

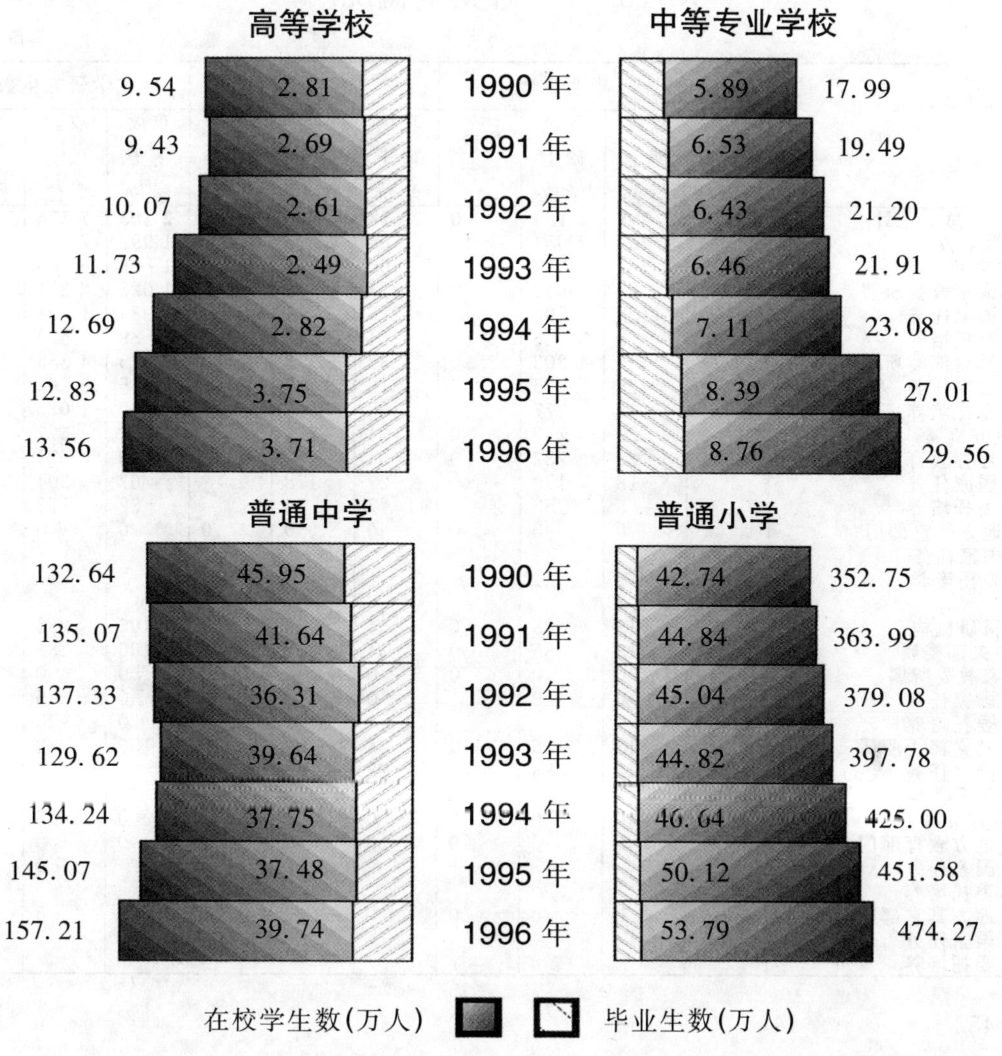

18—1 各级各类学校基本情况

(1996 年)

指标	学校数(所)	招生数(万人)	在校学生数(万人)	毕业生数(万人)	教职工数(人)	#专任教师
一、普通高等学校	43	4.28	13.56	3.71	50 981	19 730
二、中等学校	3 288	72.24	186.77	48.50	174 329	124 412
1. 中等专业学校	114	4.05	10.71	2.78	16 780	7 243
# 中等师范	22	0.86	2.31	0.78	2 916	1 623
2. 普通中学	2 697	59.16	157.21	39.74	131 298	102 723
# 高中	564	10.12	28.62	7.64		22 388
3. 技工学校	173	2.05	5.09	2.18	13 844	6 762
4. 职业中学	304	6.98	13.76	3.80	12 407	7 684
三、小学	36 201	85.97	474.27	53.79	198 460	181 326
四、幼儿园、学前班	2 378		79.52		21 725	17 453
五、盲聋哑学校	25	0.15	0.84	0.06	568	411
六、工读学校	1	0.01	0.01	…	43	27

18—2 研究生概况

(1996 年)

单位:人

指标	培养研究生单位数	毕业生数			招生数			在学研究生数		
		攻读博士学位	攻读硕士学位	研究生班	攻读博士学位	攻读硕士学位	研究生班	攻读博士学位	攻读硕士学位	研究生班
总计	**47**	**297**	**2 139**	**0**	**628**	**2 728**	**0**	**2 103**	**7 576**	
高等学校	24	284	2 054	0	594	2 623	0	1 997	7 283	0
一、中央部委属	19	261	1 822	0	560	2 391	0	1 898	6 606	0
1. 国家教委所属	2	125	619	0	277	819	0	1 023	2 271	0
国家任务		123	593		213	576		934	1 698	
委托培养		2	26		64	243		89	573	
2. 其它部委所属	17	136	1 203	0	283	1 572	0	875	4 335	0
国家任务		128	926		218	1 209		615	3 265	
委托培养		8	277		65	363		260	1 070	
二、地方所属	5	23	232	0	34	232	0	99	677	0
1. 地方教育部门	5	23	232	0	34	232	0	99	677	0
国家任务		18	179		27	178		67	504	
委托培养		5	53		7	54		32	173	
2. 地方其它部门		0	0	0	0	0	0	0	0	0
国家任务										
委托培养										
科研机构	23	13	85	0	34	105	0	106	293	0
一、中央部委属	22	13	85	0	34	102	0	106	288	0
1. 国家教委所属		0	0	0	0	0	0	0	0	0
国家任务		0	0		0	0		0	0	0
委托培养		0			0	0		0	0	
2. 其它部委所属	22	13	85	0	34	102	0	106	288	0
国家任务		12	85		28	100		94	286	
委托培养		1			6	2		12	2	
二、地方所属	1	0	0	0	0	3	0	0	5	0
1. 地方教育部门		0	0	0	0	0	0	0	0	0
国家任务						0			0	
委托培养										
2. 地方其它部门	1	0	0	0	0	3	0	0	5	0
国家任务						3			5	
委托培养										

18—3 高等学校分科学生数及专任教师数

(1996 年)　　单位:人

学　科	毕业生数	招生数	在校学生数	专任教师	#正高级	#副高级	#中　级	#初　级
合　计	**37 109**	**42 762**	**135 566**	**19 730**	**1 740**	**5 044**	**8 458**	**3 656**
哲　学	28	15	30	549	36	129	258	116
经济学	5 543	6 666	18 989	1 328	88	280	650	260
法　学	1 362	1 572	5 224	454	38	94	238	75
教育学	1 482	1 477	4 133	1 627	59	311	696	450
文　学	3 968	4 478	12 481	2 708	106	479	1 192	754
历史学	630	484	1 600	357	28	95	161	63
理　学	3 198	3 140	9 319	3 329	253	1 017	1 377	552
工　学	18 608	22 318	74 251	7 188	803	2 117	2 923	1 073
农　学	1 003	976	3 191	622	84	176	225	114
医　学	1 287	1 636	6 348	1 568	245	346	738	199

18—4 中等专业学校分类别情况

(1996 年)　　单位:人

指　标	学校数	毕业生数	招生数	在校学生数	专任教师	#副高级	#中　级	#初　级
合　计	**114**	**27 828**	**40 529**	**107 111**	**7 243**	**1 135**	**3 165**	**2 501**
一、中等技术学校	92	19 998	31 903	84 058	5 620	905	2 536	1 842
工业学校	28	8 811	12 705	34 604	2 074	413	946	589
农业学校	12	2 497	4 326	11 620	828	118	334	316
林业学校	3	435	1 036	2 456	174	18	71	84
医药学校	14	3 454	4 416	13 568	944	155	405	365
财经学校	16	2 639	5 626	13 366	866	122	416	302
政法学校	5	891	1 634	2 724	207	28	100	63
体育学校	8	605	1 109	2 908	301	26	170	85
艺术学校	4	505	891	2 492	188	25	94	38
其它学校	2	161	160	320	38			
二、中等师范学校	22	7 830	8 626	23 053	1 623	230	629	659
# 幼儿师范学校	1	262	283	839	67	4	32	25

18—5 普通高等学校基本情况

年份	学校数（所）	招生数（万人）	在校学生数（万人）	毕业生数（万人）	教职工数（人）	#专任教师
1978	30	1.37	3.44	0.82	27 210	10 699
1979	31	1.31	4.03	0.62	28 766	11 553
1980	34	1.44	5.39	0.38	31 694	12 066
1981	33	1.37	6.40	0.35	33 718	12 148
1982	33	1.51	5.61	2.31	37 372	14 204
1983	33	1.95	6.03	1.51	38 782	14 735
1984	42	2.20	6.81	1.40	40 280	15 327
1985	45	2.86	8.21	1.47	43 210	16 516
1986	47	2.54	8.90	1.83	46 246	17 557
1987	49	2.78	9.18	2.55	49 609	18 622
1988	48	3.07	9.80	2.40	51 062	19 326
1989	48	2.59	9.86	2.51	50 663	19 567
1990	47	2.62	9.54	2.81	51 130	19 558
1991	47	2.72	9.43	2.69	51 284	19 434
1992	45	3.29	10.07	2.61	50 948	19 384
1993	45	4.16	11.73	2.49	51 084	19 373
1994	47	3.87	12.69	2.82	52 218	20 148
1995	46	4.07	12.83	3.75	52 440	20 200
1996	43	4.28	13.56	3.71	50 981	19 730

注：高校校数减少三所，原因是陕西工商学院、陕西财专、陕西商专合并为“陕西经贸学院”，“西安武警技术学院”另作统计。

18—6 中等专业学校基本情况

年份	学校数（所）	招生数（万人）	在校学生数（万人）	毕业生数（万人）	教职工数（人）	#专任教师
1978	89	1.77	2.93	0.45	10 401	3 297
1979	143	2.36	5.16	0.60	10 664	4 308
1980	162	2.54	6.55	0.92	15 246	5 699
1981	179	2.52	5.79	3.20	17 771	6 084
1982	226	2.93	5.13	2.41	20 302	7 676
1983	318	4.39	8.00	2.17	19 481	9 371
1984	358	4.99	10.41	2.15	25 837	10 618
1985	382	5.54	11.92	3.14	29 279	11 893
1986	415	6.02	13.20	3.97	32 195	13 651
1987	444	6.14	14.42	4.24	33 826	14 754
1988	459	6.58	15.76	6.96	36 383	16 697
1989	489	6.92	16.91	5.22	37 708	16 954
1990	499	7.48	17.99	5.89	39 880	17 960
1991	520	8.28	19.49	6.53	40 804	18 524
1992	524	9.18	21.20	6.43	40 731	18 500
1993	519	9.16	21.91	6.46	41 620	18 883
1994	521	9.22	23.08	7.11	41 111	19 067
1995	569	11.64	27.01	8.39	41 736	20 926
1996	591	13.08	29.56	8.76	43 031	21 689

注：本表包括中专、技校、职业中学。

18—7 普通中学基本情况

年　　份	学校数（所）	招生数（万人）	在校学生数（万人）	毕业生数（万人）	教职工数（人）	#专任教师
1978	7 558	90.52	182.66	73.47	116 097	91 701
1979	7 005	78.80	180.85	73.56	125 008	93 491
1980	5 838	52.56	180.85	31.21	127 056	97 643
1981	4 839	62.54	161.10	66.91	125 609	95 625
1982	3 948	56.56	157.49	42.51	121 941	92 782
1983	3 315	55.61	153.44	41.25	117 141	89 096
1984	3 085	55.70	163.32	40.43	117 097	87 985
1985	3 103	56.24	170.33	41.32	122 187	93 102
1986	3 148	56.37	178.48	45.35	127 234	97 615
1987	3 184	55.41	179.71	49.09	131 284	101 249
1988	3 156	44.11	161.32	51.18	131 234	101 752
1989	3 095	35.56	135.60	48.25	128 169	98 369
1990	3 041	47.18	132.64	45.95	127 861	98 272
1991	2 974	48.79	135.07	41.64	128 134	98 641
1992	2 900	47.66	137.33	36.31	130 290	99 841
1993	2 843	47.02	129.62	39.64	128 103	98 672
1994	2 829	51.23	134.24	37.75	128 118	99 166
1995	2 788	55.71	145.07	37.48	129 046	100 084
1996	2 697	56.16	157.21	39.74	131 298	102 723

18—8 普通小学基本情况

年　　份	学校数（所）	招生数（万人）	在校学生数（万人）	毕业生数（万人）	教职工数（人）	#专任教师
1978	39 747	117.01	450.51	67.91	180 682	173 003
1979	39 666	102.70	455.68	60.25	192 781	181 974
1980	40 800	87.10	452.14	58.76	198 082	187 394
1981	41 140	75.77	437.31	61.44	202 589	189 631
1982	41 057	71.63	415.26	58.11	203 906	189 312
1983	40 338	68.58	389.04	60.92	192 592	177 361
1984	40 041	68.78	384.09	58.85	186 025	169 224
1985	38 815	59.93	367.87	61.41	186 208	169 225
1986	38 168	58.59	353.08	58.97	184 165	167 668
1987	37 703	55.62	339.43	56.85	183 827	166 978
1988	37 502	57.07	340.97	43.64	185 972	169 623
1989	37 349	56.00	351.10	30.19	192 012	174 900
1990	37 155	58.42	353.75	42.74	193 292	176 756
1991	36 963	66.03	363.99	44.84	194 710	177 956
1992	36 693	71.85	379.08	45.04	195 881	178 648
1993	36 578	76.15	397.78	44.82	198 194	180 592
1994	36 456	82.89	425.00	46.64	201 217	184 164
1995	36 471	86.30	451.58	50.12	200 359	183 152
1996	36 201	85.97	474.27	53.79	198 460	181 326

18—9 普通高等学校一览表

（1996 年）

校　　名	校　址	毕业生数（人）	招生数（人）	在校学生数（人）	专任教师（人）
综合大学					
西北大学	西安市	1 701	1 930	7 139	1 048
西安联合大学	西安市	968	848	2 157	277
理工院校					
西安交通大学	西安市	2 011	2 958	10 901	1 306
西北工业大学	西安市	2 143	2 344	8 369	1 373
西安理工大学	西安市	1 266	1 575	5 556	699
西安电子科技大学	西安市	1 666	2 450	8 831	1 080
西安工业学院	西安市	797	1 113	3 665	382
西安建筑科技大学	西安市	1 432	1 430	5 639	879
西安矿业学校	西安市	896	1 030	3 245	439
西安石油学院	西安市	940	930	3 352	574
西安地质学院	西安市	644	810	2 310	302
西安公路交通大学	西安市	1 366	1 377	4 905	642
西北轻工业学院	咸阳市	1 028	1 380	4 025	539
西北纺织工学院	西安市	1 195	1 230	4 013	495
西北建筑工程学院	西安市	727	820	2 709	354
陕西工学院	汉中市	532	694	1 778	274
西安邮电学院	西安市	501	651	2 116	230
西安航空技术高等专科学校	西安市	288	738	1 390	211
西安电力高等专科学校	西安市		480	1 039	172
农业院校					
西北农业大学	杨陵区	1 280	1 435	4 207	766
林业院校					
西北林学院	杨陵区	576	610	1 805	296
医药院校					
西安医科大学	西安市	695	745	3 219	1 210
延安医学院	延安市	323	330	1 205	135
陕西中医学院	咸阳市	289	290	1 302	267
陕西医学高等专科学校	西安市		320	801	129
师范院校					
陕西师范大学	西安市	1 619	2 009	5 570	909
延安大学	延安市	1 081	898	2 198	398
汉中师范学院	汉中市	884	886	2 197	282
宝鸡文理学院	宝鸡市	996	1 000	2 604	346
咸阳师范专科学校	咸阳市	821	795	1 887	223
渭南师范专科学校	渭南市	797	777	1 870	240
榆林高等专科学校	榆林市	390	410	1 120	204
商洛师范专科学校	商州市	436	320	777	130
安康师范专科学校	安康市	334	360	885	107
语文院校					
西安外国语学院	西安市	660	680	2 438	469
财经院校					
陕西财经学院	西安市	1 134	1 109	3 592	475
西安统计学院	西安市	389	680	2 005	217
陕西经贸学院	西安市	1 588	1 100	2 957	542
政法院校					
西北政法学院	西安市	827	914	3 322	337
体育院校					
西安体育学院	西安市	429	500	1 500	328
艺术院校					
西安音乐学院	西安市	171	151	459	211
西安美术学院	西安市	223	192	657	216
其　他					
西安培华女子大学	西安市	101	221	497	17

18—10 普通中学按城乡、部门分类

（1996 年）

指　　标	学校数（所）	#高中	毕业生数（人）	#高中	招生数（人）	#高中	在校学生数（人）	#高中	专任教师（人）
合　　计	**2 697**	**564**	**397 369**	**76 401**	**591 588**	**101 190**	**1 572 065**	**286 194**	**102 723**
一、城　市	501	227	90 961	27 499	124 534	33 860	349 495	96 663	24 845
教育部门和集体办	231	92	59 911	16 793	81 196	21 595	228 279	61 685	14 619
其它部门办	237	127	30 550	10 499	39 770	11 731	114 137	33 980	9 666
民　　办	33	8	500	207	3 568	534	7 079	998	560
二、县　镇	643	250	129 548	41 393	185 139	55 671	507 105	158 660	33 242
教育部门和集体办	499	186	118 625	38 143	172 708	52 180	470 853	148 049	29 088
其它部门办	135	61	10 864	3 250	12 061	3 454	35 334	10 565	4 025
民　　办	9	3	59		370	37	918	46	129
三、农　村	1 553	87	176 860	7 509	281 915	11 659	715 465	30 871	44 636
教育部门和集体办	1 552	87	176 860	7 509	281 819	11 659	715 263	30 871	44 630
其它部门办									
民　　办	1				96		202		6

18—11 小学按城乡、部门分类

（1996 年）

指　　标	学校数（所）	毕业生数（人）	招生数（人）	在校学生数（人）	教职工数（人）	#专任教师
合　　计	**36 201**	**537 901**	**859 687**	**4 742 680**	**198 460**	**181 326**
一、城　市	1 411	87 537	110 747	647 376	32 523	27 787
教育部门和集体办	1 140	62 496	79 798	465 189	21 162	18 320
其它部门办	250	24 545	29 944	176 326	10 358	8 970
民　　办	21	496	1 005	5 861	1 003	497
二、县　镇	4 373	117 957	175 720	986 103	43 412	39 626
教育部门和集体办	4 230	109 407	164 234	923 408	38 353	35 226
其它部门办	120	8 265	10 616	59 157	4 242	3 766
民　　办	23	285	870	3 538	817	634
三、农　村	30 417	332 407	573 220	3 109 201	122 525	113 913
教育部门和集体办	30 415	332 347	573 179	3 108 837	122 129	113 519
其它部门办	1	8	23	119	14	12
民　　办	1	52	18	245	382	382

18—12 幼儿园及特殊学校基本情况

(1996 年)

指　　标	单　位	1992 年	1993 年	1994 年	1995 年	1996 年
幼儿园						
园数	所	1 676	1 083	1 545	1 380	2 378
班数	个	24 850	26 319	24 746	25 481	26 574
在园幼儿数	万人	73.15	75.73	77.01	78.91	79.52
教职工人数	人	25 271	26 053	23 048	23 198	21 725
#保健员	人	1 258	1 192	1 285	1 432	1 058
特殊教育学校						
学校数	所	18	19	23	28	25
招生数	人	479	740	1 131	1 594	1 450
在校学生数	人	3 155	4 744	6 282	6 988	8 685
毕业生数	人	146	157	265	342	553
教职工数	人	474	488	516	553	568
#专任教师	人	311	342	366	383	411

18—13　成　人　教　育

(1996 年)

指　　标	学校数（所）	招生数（人）	在校学生数（人）	毕业生数（人）	教职工数（人）	#专任教师	兼任教师（人）
一、成人高等学校	41	36 802	99 140	28 212	7 234	3 435	1 351
广播电视大学	2	6 394	16 859	5 748	2 130	1 085	705
职工高等学校	28	2 519	7 515	2 274	2 369	1 128	182
管理干部学院	5	2 127	4 017	2 148	1 020	429	134
教育学院	6	3 653	9 244	5 932	1 309	620	
高校办夜大、函大成人脱产班		22 109	61 505	12 110	406	173	330
二、成人中等学校	20 169	1 785 965	1 744 014	2 199 351	23 000	7 970	40 868
成人中等专业学校	129	43 555	80 539	13 182	5 122	2 434	1 216
# 教师进修学校	85	3 211	9 976	2 016	2 250	1 201	28
成人中学	97	30 400	29 313	27 853	245	146	385
#职工中学	13	1 768	1 961	995	77	47	29
#农民中学	84	28 632	27 352	26 858	168	99	356
成人技术培训学校	19 943	1 712 010	1 634 162	2 158 316	17 633	5 390	39 267
#职工学校	252	73 675	78 096	65 995	1 764	916	1 329
#农民学校	19 691	1 638 335	1 556 066	2 092 321	15 869	4 474	37 938
三、成人初等学校	14 491	361 323	405 123	274 753	21 033	5 611	35 482
职工初等学校	11	985	1 089	754	95	37	53
农民初等学校	14 480	360 338	484 034	273 999	20 938	5 574	35 429

注：高校办夜大函大不计校数。

18—14　各级学校教师负担学生数及平均每万人口在校学生数

指　　标	单　位	1992年	1993年	1994年	1995年	1996年
高等学校						
教师数	人	19 384	19 373	20 148	20 200	19 730
每个教师负担学生数	人	5.20	6.05	6.30	6.35	6.87
中等学校						
教师数	人	118 341	117 555	118 233	121 010	124 412
每个教师负担学生数	人	12.25	11.67	9.75	14.22	15.01
小学						
教师数	人	178 648	180 592	184 164	183 152	181 326
每个教师负担学生数	人	21.22	22.03	22.08	24.66	26.16
各级学校在校学生占全省总人口	%	16.40	16.65	17.49	18.55	19.51
平均每万人口中						
大学生	人	30.15	34.81	37.31	37.38	39.22
中学生	人	474.6	449.68	462.49	501.41	540.16
小学生	人	1 134.87	1 180.45	1 249.42	1 315.82	1 371.64
占学生总数						
大学生	%	1.84	2.09	2.13	2.02	2.01
中学生	%	28.94	27.01	26.44	27.04	27.69
小学生	%	69.22	70.90	71.43	70.94	70.30

18—15　小学、初中升学率及小学学龄儿童入学率

(1996年)

指　　标	单　位	1992年	1993年	1994年	1995年	1996年
小学						
小学毕业生数	万人	45.04	44.82	46.64	50.12	53.79
初中招生数	万人	38.79	38.06	41.16	45.18	49.04
升学率	%	86.12	84.92	88.25	90.17	91.17
初中						
毕业生数	万人	26.83	29.95	29.64	30.62	32.10
高中招生数	万人	8.87	8.96	10.07	10.53	10.12
升学率	%	33.06	29.92	33.97	34.39	31.53
小学学龄儿童入学率						
学龄儿童总数	人	3 577 393	3 788 875	4 034 648	4 308 803	4 546 599
#农村	人	2 509 308	2 610 973	2 734 916	2 807 826	2 967 577
入学儿童总数	人	3 510 753	3 727 872	3 982 872	4 264 560	4 511 915
#农村	人	2 454 196	2 559 904	2 688 605	2 830 094	2 938 122
入学率	%	98.14	98.39	98.72	98.97	99.24
#农村	%	97.80	98.05	98.31	98.68	99.01

18—16 各级学校女学生和女教师数

单位:万人

指　　标	1992年	1993年	1994年	1995年	1996年
一、女学生数	249.42	257.01	273.98	295.69	313.93
高等学校	3.03	3.56	3.88	4.18	4.62
中等专业学校	2.92	3.38	3.76	4.44	5.18
普通中学	61.87	58.51	61.11	66.48	72.46
农、职业中学	3.86	4.21	4.59	6.48	6.65
小学	177.75	187.35	200.64	214.11	225.02
二、女教师数	11.42	11.89	12.21	12.44	12.76
高等学校	0.53	0.54	0.59	0.61	0.62
中等专业学校	0.25	0.25	0.24	0.25	0.26
普通中学	2.96	3.06	3.15	3.28	3.48
农、职业中学	0.17	0.18	0.19	0.22	0.26
小学	7.52	7.85	8.04	8.08	8.14

18—17 各地市普通中学基本情况

(1996年)

地　区	学校数(所)	#高中	毕业生数(人)	#高中	招生数(人)	#高中	在校学生数(人)	#高中	教职工人数(人)	专任教师
全　省	**2 697**	**564**	**397 369**	**76 401**	**591 588**	**101 190**	**572 065**	**286 194**	**131 298**	**102 723**
西安市	462	163	86 715	21 497	130 307	29 490	352 481	79 216	30 902	22 478
铜川市	82	20	11 334	2 361	14 448	2 995	39 483	8 365	4 056	2 999
宝鸡市	286	63	48 666	9 713	65 366	10 480	179 820	33 129	14 600	11 973
咸阳市	338	72	66 734	14 026	86 153	15 000	235 977	44 712	20 002	15 756
渭南市	381	72	59 367	10 720	90 033	16 339	242 732	48 233	19 791	15 551
汉中市	280	63	37 022	5 695	52 392	7 791	138 942	21 443	12 070	10 124
安康地区	236	36	22 826	3 121	34 760	4 152	89 930	11 514	7 385	6 009
商洛地区	215	25	20 296	3 170	29 746	4 166	80 243	11 911	7 066	5 731
延安市	186	26	18 406	2 724	33 081	4 711	82 597	11 927	7 072	5 549
榆林地区	231	24	26 003	3 374	55 302	6 066	129 860	15 744	8 345	6 553

18—18 各地市职业中学基本情况

（1996年）

地　　区	学校数（所）	毕业生数（人）	招生数（人）	在校生数（人）	教职工数（人）	#专任教师
全　　省	**304**	**38 027**	**69 848**	**137 586**	**12 407**	**7 684**
西安市	67	9 235	10 563	25 955	3 098	1 735
铜川市	6	600	1 840	3 296	248	151
宝鸡市	25	4 133	7 640	14 587	1 088	778
咸阳市	55	6 107	11 157	20 944	1 910	1 114
渭南市	35	3 846	9 140	16 421	1 491	1 009
汉中市	28	2 443	5 650	10 830	854	615
安康地区	23	1 486	4 298	7 919	660	459
商洛地区	17	1 739	4 470	7 451	681	492
延安市	16	1 531	3 423	6 482	671	414
榆林地区	17	2 060	4 481	8 490	896	528
省直属	15	4 847	7 186	15 211	810	389

18—19 各地市小学基本情况

（1996年）

地　　区	学校数（所）	毕业生数（人）	招生数（人）	在校生数（人）	教职工数（人）	#专任教师
全　　省	**36 201**	**537 901**	**859 687**	**4 742 680**	**198 460**	**181 326**
西安市	2 362	104 847	136 290	818 080	35 821	30 267
铜川市	998	12 147	18 539	102 513	5 379	5 001
宝鸡市	2 078	56 372	88 938	497 534	18 874	16 925
咸阳市	3 500	77 690	123 172	686 031	27 455	25 306
渭南市	4 172	76 745	128 775	698 021	26 220	24 707
汉中市	3 809	49 886	70 583	393 410	20 865	19 425
安康地区	3 964	37 655	67 196	363 254	15 644	14 418
商洛地区	4 374	30 041	58 450	318 876	13 460	12 529
延安市	5 119	32 789	67 136	334 292	16 276	15 350
榆林地区	5 825	59 729	100 608	530 669	18 466	17 398

18—20　全省科技活动情况

指　　标	单位	1992 年	1993 年	1994 年	1995 年	1996 年
一、全省从事科技活动人员总计	人	103 783	109 933	153 903	164 892	176 542
# 科学家和工程师	人	56 847	60 320	89 120	88 188	99 737
技术员	人	22 616	24 219	28 132	27 719	—
辅助人员	人	24 320	25 394	36 651	47 190	—
1. 按隶属关系分						
中央属	人	70 204	73 244	105 460	120 891	123 923
省　属	人	20 435	21 077	26 989	26 957	33 424
地　属	人	12 399	13 536	17 908	13 422	15 485
县属及其他	人	745	2 076	1 995	2 072	3 710
2. 按经济类型分						
国有经济	人	101 476	106 525	151 679	163 476	174 318
集体经济	人	45	145	76	83	165
其　他	人	2 262	3 263	2 148	1 333	2 059
3. 按学科领域分						
自然科学	人	2 340	4 182	6 847	6 865	6 948
农业科学	人	4 178	3 150	3 598	3 450	3 506
医药科学	人	3 150	2 949	5 551	5 411	5 704
工程与技术科学	人	93 288	98 530	116 857	127 354	139 796
人文与社会科学	人	376	346	18 667	19 158	20 588
其他科学	人	451	776	2 383	2 654	—
在总计中:课题活动人员	人	49 992	50 763	48 839	56 635	—
二、机构数						
1. 科学研究和技术开发机构数	个	194	290	282	280	266
2. 科技情报与文献机构数	个	15	15	15	15	15
3. 全日制普通高等学校数	个	47	45	47	46	40
4. 大中型工业企业单位数	个	371	388	396	473	467
5. 大中型建筑业企业单位数	个				45	53
三、科技活动经费筹集与使用情况						
1. 当年科技活动经费筹集额	万元	258 797	308 111	332 733	422 377	424 074
政府拨款	万元	93 615	109 374	139 728	143 963	155 138
自筹资金	万元	92 924	118 200	84 152	138 388	113 540
银行贷款	万元	41 351	47 696	56 427	70 185	53 511
接受外单位委托	万元	21 174	21 605	19 716	53 856	—
其他收入	万元	9 733	11 236	32 710	15 985	101 885
2. 当年科技活动经费使用额	万元	236 147	300 689	329 652	398 618	420 975
劳务费	万元	53 416	46 087	61 744	71 104	80 923
业务费	万元	103 163	114 052	98 183	130 592	—
管理费	万元	14 913	19 573	21 545	25 017	144 852
资产购建支出	万元	42 660	64 708	92 008	97 845	75 726
其　他	万元	21 995	56 269	56 172	74 060	119 474
四、科技成果与著作情况						
1. 科技论文	篇	12 532	12 799	18 624	21 130	18 563
# 国外学术刊物发表	篇	915	809	878	1 409	—
2. 出版科技著作	种	864	1 014	1 635	1 625	1 141
# 科技专著	种	399	440	700	578	—
3. 获奖成果数	项	1 878	1 918	1 572	1 534	1 607
# 国家级奖	项	57	208	31	158	61
省、部级奖	项	934	804	834	606	796
地市级奖	项	887	906	707	770	750

18—21 研究与开发机构及人员数

(1996 年)

部门	机构数(个)	职工总数(人)	#科学家、工程师	#其它科技人员
总计	**254**	**29 347**	**10 234**	**4 737**
一、县级以上政府部门属	170	27 387	9 766	4 019
1. 自然科学技术领域	152	26 410	9 325	3 881
中国科学院属	3	1 821	696	179
国务院部门属	29	12 831	4 491	1 420
省政府部门属	44	6 677	2 666	1 127
地(市)政府部门属	76	5 081	1 472	1 155
2. 社会、人文科学领域	4	456	253	46
3. 科学技术情报与文献机构	14	521	188	138
二、县级政府部门属	84	1 960	468	718

18—22 研究与开发机构经费情况

(1996 年)

单位:万元

部门	收入总额	#政府拨款	支出总额	#资产购建
总计	**115 561**	**27 832**	**104 593**	**7 716**
一、县级以上政府部门属	113 686	26 310	102 653	6 190
1. 自然科学技术领域	111 860	24 981	101 023	5 290
中国科学院属	6 819	4 340	6 439	875
国务院部门属	72 113	12 453	61 631	2 871
省政府部门属	22 021	5 569	21 368	1 036
地(市)政府部门属	10 907	2 619	11 585	508
2. 社会、人文科学领域	981	633	835	485
3. 科学技术情报与文献机构	845	696	795	415
二、县级政府部门属	1 875	1 522	1 940	1 526

18—23 全省国有企业事业单位各类专业技术人员

单位:人

指标	1995 年		1996 年	
	人员(人)	占总计比重(%)	人员(人)	占总计比重(%)
总计	**813 849**	**100.00**	**832 975**	**100.0**
一、自然科技人员	399 127	49.0	407 691	48.9
中央属	163 279	20.0	163 279	19.6
地方属	235 848	29.0	244 412	29.3
二、社会科技人员	414 722	51.0	425 284	51.1
中央属	113 458	14.0	113 458	13.6
地方属	301 264	37.0	311 820	37.4

注:1. 地方属自然和社会科技人员由省委组织部提供。2. 中央属自然科技人员由国家统计局返馈。3. 中央属社会科技人员根据有关资料估算。

18—24 地方国有企业事业单位各类专业技术人员

（1996 年）

单位：人

项　　目	合　计	农林牧渔业	采掘业	制造业	电力煤气及水的生产和供应业	建筑业	地质勘察业、水利管理业	房地产业	社会服务业
总　　计	**556 238**	**29 838**	**1 808**	**97 756**	**3 222**	**14 026**	**11 269**	**734**	**13 557**
1. 工程技术人员	96 512	8 137	770	43 319	1 721	6 817	8 452	404	3 614
2. 农业技术人员	17 127	15 882	1	31	1	—	73	—	137
3. 科学研究人员	2 872	113	—	—	—	—	1	—	11
4. 卫生技术人员	65 176	386	143	5 716	41	779	152	3	1 226
5. 教学人员	250 900	844	89	8 732	44	494	120	5	553
6. 民航飞行技术人员	60	—	—	—	—	—	—	—	1
7. 船舶技术人员	1	—	—	—	—	—	—	—	—
8. 经济人员	46 349	1 400	340	19 580	479	2 478	512	125	2 948
9. 会计人员	35 422	2 024	242	8 774	514	1 788	1 272	137	2 502
10. 统计人员	6 016	228	71	2 533	57	205	73	22	488
11. 翻译人员	1 176	16	—	276	1	13	10	—	416
12. 图书档案、文博人员	7 801	162	10	1 047	32.	60	78	7	221
13. 新闻出版人员	3 702	8	1	91	1	6	10	—	35
14. 律师、公证人员	1 014	2	—	15	—	—	—	—	635
15. 播音人员	251	—	—	2	—	—	—	—	—
16. 工艺美术人员	493	1	2	171	—	18	1	—	8
17. 体育人员	681	—	—	3	—	—	1	—	—
18. 艺术人员	4 004	3	—	2	—	—	—	—	5
19. 政工人员	16 681	632	139	7 464	331	1 368	514	31	756

项　　目	交通运输仓储及邮电通讯业	批发零售和贸易餐饮业	卫生体育和社会福利事业	教育文化艺术和广播电影电视业	科学研究和综合技术服务业	金融保险业	其　他
总　　计	**11 075**	**20 981**	**58 547**	**261 274**	**13 130**	**920**	**18 101**
1. 工程技术人员	4 469	2 791	340	2 839	7 237	135	5 467
2. 农业技术人员	9	88	8	179	669	—	49
3. 科学研究人员	—	10	29	885	1 781	—	42
4. 卫生技术人员	253	705	53 568	1 295	224	29	656
5. 教学人员	157	179	656	238 157	180	5	685
6. 民航飞行技术人员	54	1	3	—	1	—	—
7. 船舶技术人员	—	1	—	—	—	—	—
8. 经济人员	2 567	9 095	514	1 289	887	208	3 927
9. 会计人员	1 849	5 180	2 056	3 438	1 028	423	4 195
10. 统计人员	384	725	190	168	164	30	678
11. 翻译人员	18	103	16	28	63	—	216
12. 图书档案、文博人员	124	154	260	4 856	396	4	390
13. 新闻、出版人员	12	7	62	3 029	167	—	273
14. 律师、公证人员	6	9	21	1	86	—	239
15. 播音人员	1	—	—	240	—	—	8
16. 工艺美术人员	6	50	21	158	21	—	36
17. 体育人员	—	2	588	85	1	—	—
18. 艺术人员	—	2	3	3 987	1	—	1
19. 政工人员	1 166	1 879	212	640	224	86	1 239

18—25 大中型工业企业技术开发经费支出情况

(1996 年)　　单位:万元

指　　标	技术开发经费支出总　额	内部经费支　出	用于开发新产品	外部经费支　出
总　　计	**130 640**	**125 833**	**106 953**	**4 807**
一、按经济类型分				
1. 国有经济	122 938	118 153	99 284	4 785
2. 集体经济	336	334	334	2
3. 股份制经济	4 764	4 764	4 764	
4. 中外合资经营企业	2 602	2 582	2 571	20
二、按隶属关系分				
1. 中央	73 639	69 867	60 101	3 772
2. 省属	30 462	29 636	25 346	826
3. 地市属	23 992	23 823	19 179	169
4. 县及县以下属	2 547	2 507	2 327	40
三、按企业规模分				
1. 大型	118 669	114 631	98 747	4 038
2. 中型	11 971	11 202	8 206	769

18—26 大中型工业企业技术改造、新产品情况

(1996 年)　　单位:万元

指　　标	技术改造经费支出总额	新　产　品销售收入	新产品实现税　　利
总　　计	**285 917**	**838 634**	**97 898**
一、按经济类型分			
1. 国有经济	264 445	716 098	81 749
2. 集体经济	574	111	7
3. 股份制经济	2 943	99 404	9 942
4. 中外合资经营企业		23 021	6 200
5. 与大陆合资经营企业	17 955		
二、按隶属关系分			
1. 中央	145 363	476 079	56 807
2. 省属	70 208	113 822	17 899
3. 地市属	53 629	157 456	13 730
4. 县及县以下属	16 717	91 277	9 462
三、按企业规模分			
1. 大型	251 178	801 761	95 846
2. 中型	34 739	36 873	2 052

18—27 大中型工业企业研究与发展经费支出情况

(1996 年)　　单位:万元

指　　标	基础研究	应用研究	实验发展
总　　计	**47**	**7 490**	**47 223**
一、按经济类型分			
1. 国有经济	47	7 490	45 896
2. 集体经济			
3. 股份制经济			1 301
4. 中外合资经营企业			26
二、按隶属关系分			
1. 中央	47	5 905	36 712
2. 省属	0	117	1 521
3. 地市属		1 468	8 503
4. 县及县以下			487
三、按企业规模分			
1. 大型	47	7 489	45 650
2. 中型		1	1 573

18—28 大中型工业企业技术开发机构情况

(1996 年)

指　　标	企业数(个)	企业技术开发机构数(个)	专利申请数(件)	专利授权数(件)
总　　计	**467**	**337**	**67**	**37**
一、按经济类型分				
1. 国有经济	435	324	62	37
2. 集体经济	11	2		
3. 股份制经济	8	9	5	
4. 中外合资经营企业	7	2		
5. 与大陆合资经营企业	6			
二、按隶属关系分				
1. 中央	123	132	33	18
2. 省属	123	87	18	9
3. 地市属	166	96	9	9
4. 县及县以下属	55	22	7	1
三、按企业规模分				
1. 大型	200	226	50	29
2. 中型	267	111	17	8

18—29 大中型工业企业技术开发人员构成情况

(1996 年)

单位:人

指　　标	技术开发人员合计	#具有高中级职称的人员	技术开发机构的人员(人)	#具有高中级职称的人员
总　　计	**76 086**	**22 553**	**17 622**	**6 666**
一、按经济类型分				
1. 国有经济	73 898	21 742	17 048	6 369
2. 集体经济	129	15	19	5
3. 股份制经济	2 026	770	542	286
4. 中外合资经营企业	33	26	13	6
二、按隶属关系分				
1. 中央	46 620	12 832	8 930	3 197
2. 省属	15 415	5 361	3 846	1 747
3. 地市属	11 757	3 702	4 280	1 488
4. 县及县以下属	2 294	658	566	234
三、按企业规模分				
1. 大型	67 315	19 699	15 833	5 930
2. 中型	8 771	2 854	1 789	736

18—30　大中型工业企业技术开发项目(课题)及经费来源情况

(1996 年)

指　　标	项目(课题)(项)	本年经费筹集总额(万元)	政府拨款	银行贷款	企业自筹	横向技术收入	其他
总　　计	**2 983**	**131 184**	**28 052**	**20 580**	**60 358**	**10 308**	**11 886**
一、按经济类型分							
1. 国有经济	2 927	123 689	27 932	18 480	55 083	10 308	11 886
2. 集体经济	3	337	—	—	337	—	—
3. 股份制经济	37	4 558	120	2 100	2 338	—	—
4. 中外合资经营企业	16	2 600	—	—	2 600	—	—
二、按隶属关系分							
1. 中央	1 290	71 300	24 135	1 970	29 291	5 256	10 648
2. 省属	1 007	31 392	2 978	11 020	17 042	324	28
3. 地市属	616	25 031	839	7 181	11 073	4 728	1 210
4. 县及县以下	70	2 561	100	409	2 052	—	—
三、按企业规模分							
1. 大型	2 479	116 329	26 185	15 448	53 052	10 176	11 468
2. 中型	504	14 855	1 867	5 132	7 306	132	418

18—31 大中型建筑业科技活动机构、人员情况

(1996 年)

指　　标	企业数（个）	企业科技活动人员合计（人）	具有高、中级职称或大学本科及以上学历人员	企业办科技机构数（个）	企业办科研机构中人员（人）	具有高、中级职称或大学本科及以上学历人员
总　计	**53**	**6 249**	**1 754**	**30**	**404**	**155**
一、按经济类型分组：						
1. 国有经济	45	6 213	1 749	29	397	152
2. 集体经济	8	36	5	1	7	3
3. 私营及个体经济						
4. 联营及股份制经济						
5. 外商投资经济						
6. 港、澳、台投资经济						
7. 其他经济						
二、按隶属关系分组：						
1. 中央	24	3 909	982	18	341	128
2. 省（自治区、直辖市）	14	2 258	749	10	46	21
3. 地区（州、盟、省辖市）	10	46	8	2	17	6
4. 县及县以下	5	36	15			
5. 其他						
三、按企业规模分组：						
1. 大型	36	6 200	1 746	28	389	151
2. 中型	17	49	8	2	15	4

18—32 大中型建筑业科技活动经费情况

(1996 年)　　　　单位：万元

指　　标	本年经费筹集总额	#政府财政拨款	本企业自筹	本年经费支出总额	内部经费支出总额	内部支出中机构经费支出	外部经费支出
总　计	**1 442.9**	**82.8**	**1 298.7**	**1 407.8**	**1 361.4**	**338.7**	**46.4**
一、按经济类型分组							
1. 国有经济	1 422.9	82.2	1 278.7	1 387.8	1 341.4	318.7	46.4
2. 集体经济	20.0	—	20.0	20.0	20.0	20.0	
3. 私营及个体经济							
4. 联营及股份制经济							
5. 外商投资经济							
6. 港、澳、台投资经济							
7. 其他经济							
二、按隶属关系分组							
1. 中央	772.4	82.2	628.6	740.6	705.3	297.4	35.3
2. 省（自治区、直辖市）	625.2		624.8	625.2	614.1	11.0	11.1
3. 地区（州、盟、省辖市）	30.3		30.3	30.3	30.3	30.3	
4. 县及县以下	15.0		15.0	11.7	11.7		
5. 其他							
三、按企业规模分组							
1. 大型	1 410.9	82.2	1 266.7	1 374.7	1 328.2	324.7	46.4
2. 中型	32.0		32.0	33.2	33.2	14.0	

18—33 大中型建筑业研究与发展情况

(1996年)

指　　标	有研究与发展活动的企业数（个）	研究与发展活动人员合计（人）	具有高、中级职称的人员	研究与发展课题合计(项)	研究与发展经费支出合计（万元）	研究与发展内部支出合计	研究与发展外部经费合计
总　　计	**7**	**105**	**74**	**13**	**90.8**	**90.8**	
一、按经济类型分组							
1. 国有经济	6	98	71	13	70.8	70.8	
2. 集体经济	1	7	3		20	20	
3. 私营及个体经济							
4. 联营及股份制经济							
二、按隶属关系分组							
1. 中央	5	92	68	1	65.8	65.8	
2. 省属	1	6	3	11	5	5	
3. 地市属	1	7	3	1	20	20	
4. 县及县以下属							
三、按企业规模分组							
1. 大型	7	105	74	12	90.8	90.8	
2. 中型				1			

18—34 大中型建筑业科技活动产出情况

(1996年)

指　　标	企业科技活动转让收入（万元）	企业对外提供技术咨询及服务收入（万元）	企业科技开发获奖成果数（项）	科技论文（篇）	专利申请数（项）	专利授权数（项）
总　　计		**87.5**	**26**		**2**	**2**
一、按经济类型分组						
1. 国有经济		87.5	20		2	2
2. 集体经济			6			
3. 股份制经济						
4. 中外合资经营企业						
二、按隶属关系分组						
1. 中央		81.9	20		2	2
2. 省属		5.6	6			
3. 地市属						
4. 县及县以下属						
三、按企业规模分组						
1. 大型		87.5	20		2	2
2. 中型			6			

18—35 全省高新技术产业开发区情况

指　　标	单　位	1992年	1993年	1994年	1995年	1996年
1. 批准面积	万平方米	4 992	6 292	6 292	7 502	7 502
2. 开发面积	万平方米	213.96	334.62	510.85	585.58	634.7
3. 开发区企业数	个	605	723	744	803	787
# 高新技术企业数	个	173	169	119	126	135
4. 总人数	人	20 541	40 315	57 381	70 391	80 293
# 大专以上学历人数	人	7 788	15 342	19 495	21 156	24 537
5. 产品数	种	797	1 024	1 124	1 070	1 091
# 高新技术产品数量	种	31	49	71	85	98
6. 全年研究与发展支出总额	万元	20 919.5	53 913.6	39 395.8	47 339.0	37 025.1
7. 年总产值	万元	48 154	100 027.7	215 529.5	1 196 748.5	1 591 700
# 高新技术产品产值	万元	43 313	89 869.7	138 309.5	345 596.2	453 805.4
8. 年总收入	万元	82 227	173 019.7	353 638.5	1 297 639.0	1 659 648.7
# 产品销售收入	万元	51 672.8	87 960.8	143 704.6	656 945.1	924 860.5
商品销售收入	万元	26 876.5	56 220.8	143 024.5	559 339.2	629 761.5
技术收入	万元	2 717.2	25 462.8	36 790.3	41 221.4	79 828.8
9. 年利润总额	万元	4 193.2	16 357.3	16 354.7	90 486.1	102 033.7
10. 年税金总额	万元	3 095.8	7 221.6	17 382.3	87 389.8	82 316.3
11. 年创汇总额	万元	1 533.4	3 501.4	4 772.4	88 888.4	139 027.1

18—36 西安市高新技术产业开发区情况

指　　标	单　位	1992年	1993年	1994年	1995年	1996年
1. 批准面积	万平方米	2 235	2 235	2 235	2 235	2 235
2. 开发面积	万平方米	45.6	52.6	42.1	32.5	30.7
3. 开发区企业数	个	535	594	567	584	434
# 高新技术企业数	个	155	140	79	82	79
4. 总人数	人	10 585	22 847	31 742	34 138	32 690
# 大专以上学历人数	人	5 673	11 515	15 062	14 795	16 067
5. 产品数	种	687	839	911	791	786
# 高新技术产品数量	种					
6. 全年研究与发展支出总额	万元	20 156	52 614	36 317	32 772	11 284
7. 年总产值	万元	19 800	55 736	136 201	309 262	480 102
# 高新技术产品产值	万元	17 400	48 997	79 235	177 886	294 873
8. 年总收入	万元	48 105	119 992	260 781	503 752	769 599
# 产品销售收入	万元	27 300	50 904	96 949	253 331	442 259
商品销售收入	万元	18 700	42 817	105 423	182 102	236 421
技术收入	万元	2 105	24 279	35 414	39 606	72 381
9. 年利润总额	万元	1 663	12 280	8 468	25 905	36 372
10. 年税金总额	万元	614	3 337	9 082	20 235	34 242
11. 年创汇总额	万元	1 533	927	4 559	7 741	36 270

18—37 宝鸡市高新技术产业开发区情况

指　　标	单　位	1992年	1993年	1994年	1995年	1996年
1. 批准面积	万平方米	577	577	577	577	577
2. 开发面积	万平方米	1.76	5.42	2.15	3.08	34
3. 开发区企业数	个	10	18	25	32	67
# 高新技术企业数	个	10	15	20	22	31
4. 总人数	人	183	2 836	3 208	3 419	13 850
# 大专以上学历人数	人	53	576	605	648	2 597
5. 产品数	种	22	30	36	52	72
# 高新技术产品数量	种	19	27	34	38	46
6. 全年研究与发展支出总额	万元	208.5	518.7	1 520.5	2 611.4	1 755.5
7. 年总产值	万元	11 954	18 152.7	25 971.5	23 056.2	98 103.0
# 高新技术产品产值	万元	11 954	18 152.7	25 971.5	23 056.3	84 519.4
8. 年总收入	万元	14 412	20 979.7	20 133.5	26 814.5	90 545.7
# 产品销售收入	万元	12 472.8	18 156.8	10 534.6	11 207.1	78 326.5
商品销售收入	万元	766.5	1 115.8	2 108.5	3 757.2	7 111.5
技术收入	万元	212.2	323.8	366.3	429.9	4 347.8
9. 年利润总额	万元	1 030.2	1 461.3	1 113.6	1 074.8	2 877.7
10. 年税金总额	万元	761.8	749.0	1 845.3	1 566.8	7 731.3
11. 年创汇总额	万元		2 574.8	213.2	1 854.8	4 703.5

18—38 咸阳市高新技术产业开发区情况

指　　标	单　位	1992年	1993年	1994年	1995年	1996年
1. 批准面积	万平方米	380	380	380	1 590	1 590
2. 开发面积	万平方米	6.6	6.6	6.6	50	50
3. 开发区企业数	个	22	48	59	83	90
# 高新技术企业数	个	8	12	17	17	22
4. 总人数	人	7 043	10 682	13 871	28 672	28 872
其中:大专以上学历人数	人	1 758	2 639	3 072	4 903	4 983
5. 产品数	种	21	61	74	89	92
# 高新技术产品数量	种	12	20	34	41	46
6. 全年研究与发展支出总额	万元	255	420.9	1 038.3	11 395.6	23 395.6
7. 年总产值	万元	15 510	25 000	50 754	859 524	1 007 700
# 高新技术产品产值	万元	13 959	22 710	33 073	144 578	73 759
8. 年总收入	万元	17 000	28 060	69 220	759 701	789 000
# 产品销售收入	万元	9 500	15 200	3 461	389 850	400 000
商品销售收入	万元	7 100	12 000	33 600	368 665	389 000
技术收入	万元	400	860	1 010	1 185	3 100
9. 年利润总额	万元	1 500	2 560	6 800	63 408	62 470
10. 年税金总额	万元	1 500	2 506	5 250	63 400	39 421
11. 年创汇总额	万元				79 130	102 007.5

注:1995年8月电子出口工业区合并到高新技术产业开发区。

18—39 渭南市高新技术产业开发区情况

(1996 年)

指　　标	单　位	1992 年	1993 年	1994 年	1995 年	1996 年
1. 批准面积	万平方米	1 800	3 100	3 100	3 100	3 100
2. 开发面积	万平方米	160	270	460	500	520
3. 开发区企业数	个	38	63	93	104	196
# 高新技术企业数	个		2	3	3	3
4. 总人数	人	2 730	3 950	4 060	4 162	4 881
# 大专以上学历人数	人	304	612	756	810	890
5. 产品数	种	67	94	103	138	141
# 高新技术产品数量	种		2	3	6	6
6. 全年研究与发展支出总额	万元	300	360	520	560	590
7. 年总产值	万元	890	1 139	2 603	4 906	5 759
# 高新技术产品产值	万元		10	30	76	654
8. 年总收入	万元	2 710	3 988	3 504	7 372	10 504
# 产品销售收入	万元	2 400	3 700	1 611	2 557	4 275
商品销售收入	万元	310	288	1 893	4 815	6 229
技术收入	万元					
9. 年利润总额	万元		56	—27	98	314
10. 年税金总额	万元	220	630	1 205	2 188	922
11. 年创汇总额	万元				163	176

18—40 各类技术合同鉴定及执行情况

(1996 年)

指　　标	合同数(个)	合同金额(万元)	#技术贸易额	实现金额(万元)	技术贸易额
合　　计	**4 075**	**44 755.84**	**23 645.23**	**33 923.41**	**18 072.61**
技术开发合同	1 689	24 134.61	10 316.79	16 238.69	5 667.91
技术转让合同	575	5 870.01	3 474.06	5 545.22	3 242.89
技术咨询合同	319	1 496.76	1 356.84	1 413.43	1 246.5
技术服务合同	1 492	13 254.46	8 497.54	10 726.07	7 915.31

18—41 专利项目

单位:件

指　　标	1992 年	1993 年	1994 年	1995 年	1996 年
一、申请量总计	**2 167**	**2 474**	**2 002**	**1 721**	**1 790**
1. 发明专利	372	559	414	318	323
2. 实用新型专利	1 712	1 786	1 450	1 227	1 226
3. 外观设计专利	83	129	138	176	241
二、授权量总计	**816**	**1 941**	**1 312**	**1 085**	**969**
1. 发明专利	36	95	54	52	35
2. 实用新型专利	749	1 749	1 166	934	798
3. 外观设计专利	31	97	92	99	136

18—42 文化事业发展情况

项　　目	单位	1991 年	1992 年	1993 年	1994 年	1995 年	1996 年
电影放映场数	万场	74	67	37	29		23
观众人数	万人次	52 297	43 421	21 952	15 372		13 000
艺术表演团体演出场数	万场	2.5	2.2	2.6	2.3	2.3	2.2
观众人数	万人次	3 233	2 912	3 597	3 455	2 900	3 543
图书馆藏书数	万册	706	700	720	725	733	738
图书借阅人数	万人次	3 904	431	257	3 024	3 025	251
图书借阅册数	万册次	237	229	233	224	238	241
组织文艺活动次数	次	1 793	1 313	1 389	1 007	1 205	1 738

18—43 文化事业机构和人员

指　　标	1993 年		1994 年		1995 年		1996 年	
	机构数（个）	人　数（人）	机构数（个）	人　数（人）	机构数（个）	人　数（人）	机构数（个）	人　数（人）
总　　计	**7 053**	**31 547**	**7 089**	**30 921**	**2 755**	**19 579**	**5 611**	**29 371**
一、电影事业	4 132	12 708	4 175	12 254	1	1 334	2 923	10 850
制片厂	1	1 415	1	1 336	1	1 334	1	1 346
发行放映管理机构	113	2 132	108	2 116			108	2 005
电影放映单位	4 018	9 161	4 066	8 802			2 814	7 499
# 电影院	265	2 085	276	1 975			—	—
影剧院	75	1 056	75	1 037			—	—
放映队	3 153	4 060	3 165	3 934		—	—	—
二、艺术事业	229	10 325	230	10 096	226	10 014	221	10 086
表演团体	118	8 997	119	8 770	117	8 625	117	8 568
表演场所	111	1 328	111	1 326	109	1 389	104	1 518
三、图书馆事业	114	1 224	114	1 294	114	1 317	114	1 397
四、群众文化事业	2 522	5 799	2 514	5 712	2 359	5 271	2 290	5 376
五、教育事业	11	519	11	536	11	515	10	526
六、其他文化事业	45	972	45	1 029	44	1 128	53	1 137

名　称	时　代	地　址	说　明
三、古墓葬(14 处)			
黄帝陵	新石器时代	黄陵县桥山	轩辕黄帝陵。
秦始皇陵	秦	临潼县东	秦始皇瀛政墓,东侧有从葬兵马俑坑,规模宏大,已辟为博物馆。
长　陵	汉	咸阳市渭城区窑店乡	是汉高祖刘邦和皇后吕雉的合葬茔地。
茂　陵	汉	兴平县	汉武帝刘彻之墓。附近有卫青、霍光、霍去病、金日禅等陪葬墓。现已在茂陵建立博物馆,展出陵区出土文物数百件。
霍去病墓	汉	兴平县	霍去病为西汉名将。在基墓前共发现石刻 16 件,有石人、石马、马踏匈奴、怪兽食羊、卧牛、人与熊等,是我国迄今已发现时代最早、保存最完整的大型石雕工艺品,现存茂陵博物馆内。
司马迁墓和祠	西汉至宋	韩城市芝川镇	司马迁是汉代著名的史学家、文学家,所著《史记》一书,开创我国第一部通史体例。
杜　陵	汉	西安市雁塔区三兆村	汉宣帝刘询之墓。
昭　陵	唐	礼泉县九峻山	唐太宗李世民墓。陵园内分布有二百多个陪葬墓和著名的石碑,现已建立昭陵博物馆。
顺　陵	唐	咸阳渭城区底张乡	唐女皇武则天之母杨氏墓,墓前有高大的石狮、独角兽等著名石刻。
乾　陵	唐	乾县梁山	唐高宗李治和武则天合葬墓。墓前有石人、石马、石狮等很多名贵石刻。现已建立乾陵博物馆。
桥陵	唐	蒲城县丰山	唐睿宗李旦的陵墓。
武侯墓	三国	勉县定军山西北	
泰陵	隋	咸阳市杨陵区五泉乡王上村	
永陵	西魏	富平县留古乡何家村	
四、石窟寺(3 处)			
大佛寺石窟	唐	彬县	主要由大佛窟、罗汉洞、千佛洞组成,内有许多精美的石佛、菩萨造像和浮雕。
药王山石刻	隋唐至明清	耀县	后人为纪念唐代杰出医学家孙思邈,在五台山上修建药王庙,此山遂更名为药王山。药王山上遍布石刻,主要有碑刻和石窟两部分。山上还有一座保存完好的药王庙。
钟山石窟	宋	子长县安定镇	石窟开凿于北宋年间(1067 年),以后历代屡经修葺。
五、石刻及其他(2 处)			
褒斜道石门及其摩崖石刻	东汉至宋	汉中市	褒斜道石门为汉代开凿,北魏永平二年(509 年)重修。门上凿刻有东汉至宋代摩崖石刻多处,石刻中有《石门颂》,《大开通》,《杨淮表》等有名的隶书摩崖。
西安碑林	汉至清代	西安市	自汉以来历代名碑一千多座,是全国规模最大,年代最早的碑林,是全国碑石文物精华荟萃之处。
六、革命旧址(4 处)			
西安事变旧址	1936 年	西安市	包括杨虎成、张学良公馆,新城黄楼等旧址。
瓦窑堡革命旧址	1935 年 12 月—1936 年 7 月	子长县	包括中共中央瓦窑堡会议旧址、毛泽东旧居、中央军委驻地旧址。
延安革命旧址	1935—1948 年	延安市	包括凤凰山、枣园、杨家岭、王家坪等中共中央、八路军总部及陕甘宁边区政府曾使用过的旧址及其建筑物。
八路军西安办事处旧址	1937—1946 年	西安市七贤庄	中国共产党领导的八路军 1936—1946 年在国民党统治区设立的公开合法机构。

注:今年新增国家文物 18 处,文字说明暂缺。

18—47 图书出版

(1996年)

类别	图书种数(种)	总印数(万册)	类别	图书种数(种)	总印数(万册)
图书总计	2 901	19 650.87	P. 天文学、地理科学	17	1.95
(一)使用《中国标准书号》部分合计	2 848	19 483.57	Q. 生物科学	6	0.70
A. 马列主义、毛泽东思想	2	0.30	R. 医药、卫生	55	350.50
B. 哲学	15	12.27	S. 农业科学	25	12.55
C. 社会科学总论	22	9.58	T. 工业技术	296	182.45
D. 政治、法律	48	30.51	U. 交通运输	2	0.26
E. 军事	4	2.55	Y. 航空、航天	3	0.25
F. 经济	101	37.77	X. 环境科学		
G. 文化、科学、教育、体育	1 557	18 054.56	Z. 综合性图书	37	24.33
H. 语言、文学	69	135.43	(二)不使用《中国标准书号》部分——图片合计	53	167.30
I. 文　学	296	366.62			
J. 艺　术	101	95.85	(三)附录(不使用《中国标准书号》合计		
K. 历史、地理	143	146.22			
N. 自然科学总论	5	0.96	# 活页文选、活页歌篇小件印品等		
O. 数学、科学、化学	44	17.96			

18—48 杂志、报纸出版

类别	种数(种)		总印数(万册、万份)		总印张(千印张)	
	1995年	1996年	1995年	1996年	1995年	1996年
一、杂　志	**243**	**245**	**4 280**	**4 178.40**	**177 345**	**182 613.21**
1. 综　合	7	9	229	279.60	10 221	13 993.77
2. 哲学、社会科学	30	30	1 001	1 038.85	30 984	33 297.85
3. 自然科学技术	168	168	837	947.21	29 555	38 987.97
4. 文化、教育	21	21	604	656.27	18 263	19 994.08
5. 文学、艺术	13	13	1 274	969.98	82 109	70 541.94
6. 少年儿童	2	2	251	218.40	4 110	4 080.60
7. 画　刊	2	2	84	68.09	2 103	1 717.00
二、报　纸	**55**	**55**	**46 508**	**51 949**	**398 361**	**475 887**
1. 省　级	30	30	25 718	28 442	222 033	271 189
2. 地(市)级	21	21	20 276	22 896	173 757	201 646
3. 县　级	4	4	514	611	2 571	3 052

18—49 广播电视基本情况

项 目	单 位	1991年	1994年	1995年	1996年
一、无线广播宣传基本情况					
广播电台	座	19	54	61	67
发射台及转播台	座	12	12	12	13
发射机功率	部/千瓦	21/413	24/443	24/443	24/443
节目套数	套	21	58	66	72
平均每日播出时间	时:分	152:03	358:47	416:49	457:08
广播人口覆盖率	%	71.50	74.30	74.80	79.51
制作广播节目	时:分	12 022:08	39 805:56	53 432:57	60 048
#新闻节目	时:分	2 089:53	8 586:50	11 616:25	13 557
专题节目	时:分	2 053:47	9 779:13	12 678:54	15 291
教育节目	时:分	2 663:36	1 814:58	1 689:59	2 193
文艺节目	时:分	3 476:36	13 349:54	16 425:32	18 005
服务节目	时:分	1 738:16	6 275:01	11 022:07	11 002
二、电视宣传基本情况					
电视台	座	10	11	11	11
发射台及转播台	座	1 611	2 221	2 265	2 391
发射机功率	部/千瓦	1 790/131.831	2 458/182.426	2 531/228.072	2 605/230.692
节目套数	套	11	12	15	15
平均每周播出时间	时:分	485:08	607:27	838:01	876:32
电视人口覆盖率	%	76.00	78.70	79.10	82.32
卫星电视地面站	座	1 134	2 923	4 337	6 094
制作电视节目	时:分	1 386:28	5 054:54	8 151:56	8 644
#新闻节目	时:分	420:55	1 214:48	1 432:55	1 796
专题节目	时:分	169:17	784:03	970:00	1 018
文艺节目	时:分	337:30	762:48	2 976:05	2 408
教育节目	时:分		222:20	284:05	563
服务节目	时:分	458:46	2 070:55	2 488:51	2 859
三、有线广播宣传基本情况					
县区有线广播台(站)	个	104	104	104	104
农村喇叭数	万只	320.78	335.77	330.66	322.69
#入农户喇叭	万只	309.09	328.91	325.56	310.74

18—50 有线电视基本情况

项 目	单 位	1993年	1994年	1995年	1996年
一、有线电视台	座	22	34	47	43
终 端	万个	5.60	21.28	66.37	86.68
#系统内有线电视台	座	1	5	20	25
终 端	万个	0.57	13.03	54.63	77.24
#系统外有线电视台	座	21	29	27	18
终 端	万个	5.03	8.25	11.74	9.44
二、系统内有线电视台节目套数	套	1	6	25	30
平均每周播出时间	小时	105:00	262:50	1 395:30	1 780:50
#自办节目	小时	9:20	235:00	1 289:30	1 435:42
#新闻	小时	2:20	13:00	37:30	52:42
其他	小时	7:00	222:00	1 252:00	1 383:02

注:有线电视1993年开始正式批准。

主 要 统 计 指 标 解 释

普通高等学校 指按照国家规定的设置标准和审批程序批准举办，通过国家统一招生考试，招收高中毕业生为主要培养对象，实施高等教育的全日制大学、独立设置的学院和高等专科学校、短期职业大学。

成人高等学校 指按照国家有关规定审批，招收通过全国成人高教统一招生考试的具有高中毕业或同等学历的在职从业人员利用脱产、半脱产、业余或函授等多种形式对其实施高等学历教育，培养高等教育专科或本科毕业水平的专门人才，修业年限、课程设置和总学时数均按高等学历教育要求付诸实施的学校。包括广播电视大学、职工高等学校、农民高等学校、管理干部学院、教育学院、独立设置的函授学院等。

小学学龄儿童入学率 指调查范围内已入小学学习的学龄儿童占校内外学龄儿童总数（包括弱智儿童在内，但不包括盲聋哑儿童）的比重。计算公式：

$$小学学龄儿童入学率=\frac{已入学的小学学龄儿童数}{校内外小学学龄儿童总数}\times 100\%$$

独立研究与开发机构 指有明确的任务和研究方向，有一定学术水平的业务骨干和一定数量的研究人员，具有研究、开发、开展学术工作的基本条件，主要进行科学研究与技术开发活动，并且在行政上有独立的组织形式，财务上独立核算盈亏，有权与其他单位签订合同，在银行有单独户头的单位。包括国务院各部门、中国科学院、中国社会科学院和各省、自治区、直辖市以及地（市）以上［含地（市）］各部门所属的国有独立的科学研究与技术开发机构。

独立研究与开发机构职工 指在科学研究与技术开发机构工作，并由其支付工资的各种人员。包括长期职工和临时职工，不包括编制以外的离休、退休人员和停薪留职人员，但包括招聘人员。

研究与发展经费支出 指报告期内用于研究与试验发展课题活动（基础研究、应用研究、试验发展）的全部实际支出。包括用于研究与发展课题活动的直接支出，还包括间接用于研究与发展活动的一切支出（院、所管理费、维持院、所正常运转的必需费用和与研究发展有关的基本建设支出）。

科学家和工程师 指具有大学本科及以上学历和不具备上述学历但有高、中级职称的人员。

其他科技人员 指大专、中专毕业和具有初级职称的从事科技活动人员。

自然科学技术人员 指已取得科学技术职称，或大学、中专的理、工、农、医科系毕业，以及国民经济各部门从工作实践中提拔，从事理、工、农、医等自然科学技术的研究、教学、生产的专业人员和在机关、企业、事业单位中从事科学技术业务管理工作的专业人员。

工程技术人员 指在国民经济各行业从事工程技术工作的自然科学技术专业人员，包括：高级工程师、工程师、助理工程师、技术员和未评定职称的技术人员。

农业技术人员 指在国民经济各行业从事农业技术工作的自然科学技术专业人员：包括：高级农艺师、农艺师、助理农艺师、技术员和未评定职称的技术人员。

卫生技术人员 指在国民经济各行业从事卫生医务工作的自然科学技术专业人员，包括：正副主任医师、主治医师、医师、医（护）士和未评定职称的技术人员。

科学研究人员 指在国民经济各行业从事科学技术活动的自然科学技术专业人员：包括：正副研究员、助理研究员、研究实习员、技术员和未评定职称的技术人员。

教学人员 指在国民经济各行业从事自然科学技术方面教学活动的专业人员，包括：正副教授、讲师、助教、教师和在中学从事自然科学技术方面教学活动的人员。

科技活动 是指在所有科学技术领域内，即自然科学、工程科学和技术、医学科学、农业科学、社会科学及人文科学中，与科技知识的产生、发展、传播和应用密切相关的全部的、有组织的、系统的活动，它包括三类活动：1. 研究与试验发展活动；2. 研究与试验发展成果应用；3. 科技服务活动。

从事科技活动人员 由职工总数中的以下三部分人组成：

科技管理人员 指研究院、所领导及业务、人事管理人员。包括直接从事科技计划管理、课题管理、成果管理、专利管理、科技统计、科技档案管理、科技外事工作、人事管理、教育培训、财务等活动的人员。

课题活动人员 指编制在研究室或课题组的人员。

科技服务人员 指从事图书、情报、测试、试验、咨询、物资器材供应等工作的人员以及实验室、试验工厂（车间），试验农场的人员。不包括司机、门卫、食堂人员、医务人员、清洁工、幼儿园、托儿所等工作人员。

科学论文 指以书面发表的，最原始的研究与开发成果报道。科学论文应该是：(1)首次或最初发表研究与开发成果；(2)作者的试验应该能被同行重复并验证；(3)发表后科技界能引用。

科技著作 指经过正式出版部门编印的论述科学技术问题的理论性文集或专著。如果著作系与本机构外的同行数人合著，则只统计以本机构科技人员为主的著作。

国外发表 包括在各种国际性学术会议、讨论会、讲座上发表的论文、以及编入国际会议文集的论文和国外学术刊物上发表的论文。

技术开发活动 泛指以工业企业为主体开展的科学技术活动，包括工业企业内部开展的科学研究（基础研究、应用研究）以及运用科学研究（基础研究、应用研究）的结果和以实验为根据的知识，去创造新产品、新设计、新材料、新方法、新工艺流程和新装置，或对现有产品、材料、设计、工艺方法、工艺流程以及装置进行技术上的重大改进使其在一项指标或几项指标上有明显革新或创新。

企业办技术开发机构 是指企业自办；或与外单位合办，管理上同生产系统相对独立的，或单独核算的专门技术开发机构，如企业办研究所（包括现改名为开发中心，开发部等专门技术开发机构）。

技术开发人员 是指企业在报告年内，从事技术开发活动的时间（不包括加班时间）占年工作时间在10%（含10%）以上的工程技术人员、管理人员、工人及其他人员。从事技术开发活动的时间（不包括加班时间）占年工作时间在10%以下（不含10%）的人员不统计。

发明 专利法及其实施细则所称的发明是指对有关产品、方法或其改进所提出的新的技术方案。

实用新型 专利法及其实施细则所称的实用新型是指对产品的形状、构造或者其结合所提出的适于实用的新的技术方案。

外观设计 专利法及其实施细则所称的外观设计是指对产品的形状、图案、色彩或者其结合所作出的富有美感并适于工业上应用的新设计。

文化事业机构 指从事专业文化工作和为专业文化工作服务的独立建制的单独核算的单位。不包括这些单位另外举办独立核算的其他机构和各部门的业余文化组织。

艺术表演团体 指从事戏曲、音乐、舞蹈、杂技等专业艺术表演，有独立帐户，实行单独核算的团体。不包括半工半艺、半农半艺的业余剧团。

电影放映单位 指具有放映机器设备、固定或不固定的放映场所与专职或兼职的放映技术人员，经有关部门登记批准，经常为一定的观众对象放映电影的机构。包括经批准对外开放进行营业，并与电影发行放映管理机构分帐的专用放映单位和军委系统租片单位。

电影观众人数(人次) 指各类型放映单位及军委系统租片单位映出的观众人次数。一个观众连续看了一部长片和短片专场规定的短片，为二人次。

19 体育卫生社会福利和其他

TI YU WEI SHENG SHE HUI FU LI HE QI TA

资料整理　徐健琳　王　东　肖智莉　贾承斌　丛培齐

19. 体育卫生社会福利和其他

1996 年全省	
等级运动员	1247 人
等级裁判员	1199 人
《国家体育锻炼标准》达标人数	237.49 万人
卫生机构	6033 个
#医院	3315 个
卫生技术人员	12.82 万人
#医生	6.30 万人
社会福利事业单位	1121 个
社会福利事业单位年末收养人数	12003 人
取得律师资格人数	2371 人

卫生床位、卫生技术人员

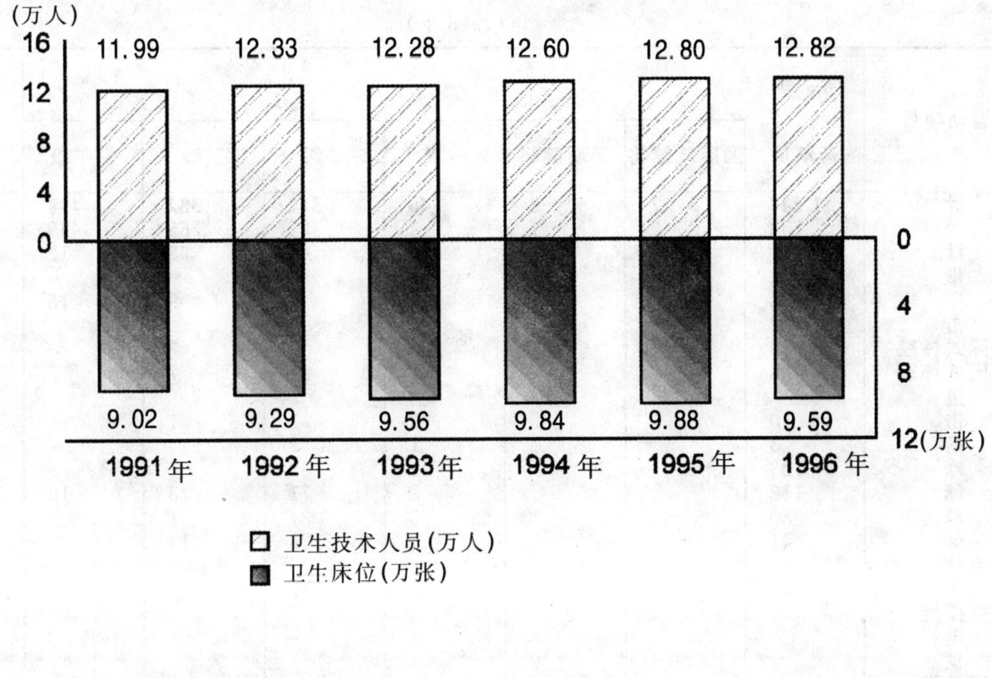

19—1 体 育 事 业

指　　标	1991 年	1992 年	1994 年	1995 年	1996 年
一、体育系统职工人数(人)	3 373	3 357	3 948	4 006	4 129
二、等级运动员发展人数(人)	1 956	1 513	1 266	693	1 247
#女运动员	747	713	462	247	522
#国际健将	1	2	1	6	2
运动健将	11	7	12	11	8
三、等级裁判员发展人数(人)	1 000	1 063	416	429	1 199
#女裁判员	147	190	89	109	284
#国际级					
国家级	9	7	3	12	6
四、少年儿童业余体校(所)	124	108	102	94	93
#重点体校(所)	14	11	13	13	13
在校学生(人)	8 932	4 865	7 538	7 210	8 665
五、各级各系统举办运动会					
次数(次)	2 994	2 244	1 341	1 300	1 550
参加运动会人数(人)	596 097	954 984	404 500	408 202	408 705
六、《国家体育锻炼标准》达标人数(人)	1 587 056	1 302 180	1 920 056	1 234 663	2 374 896

注:体育系统职工人数包括省体委系统,地县体委、优秀运动队、体育运动学校、少年儿童业余体校职工。

19—2 等级运动员、裁判员分项发展人数

(1996 年)

运动项目	等级运动员	国际级健将	运动健将	一级	二级	三级	少年级	等级裁判员
总　计	**1 247**	**2**	**8**	**46**	**311**	**382**	**498**	**1 199**
田　径	753	2	1	4	32	265	449	483
游　泳	121				46	63	12	17
体　操	12				12			
举　重	32		1	3	3	9	16	35
拳　击	2		1	1				
国际式摔跤	3			3				8
中国式摔跤	28				21	7		
柔　道								3
射　击	10			2	7	1		86
射　箭	3			1	2			
足　球	33			1	32			109
篮　球	112			2	71	23	16	235
排　球	30			5	24	1		25
乒乓球	41				23	13	5	24
羽毛球								19
武　术	67		5	24	38			34
航空模型								18
健　美								20
围　棋								1
中国象棋								9
桥　牌								1
门　球								72

19—3　全省分系统体育运动场地

（1995 年普查数）　　　　单位：个

运动场地	合计	体委系统	工矿系统	农业系统	学校系统	大学	中专	中学	小学	其他系统
总　　计	**18 394**	**568**	**1 284**	**821**	**14 713**	**598**	**442**	**5 620**	**8 053**	**1 008**
体　育　场	22	15			6	5		1		1
体　育　馆	6	4	1		1	1				
游泳跳水馆	1	1								
室内游泳池	13	5	1	1	1			1		5
室外游泳池	130	33	33	26	19	15	1		3	19
有固定看台灯光球场	143	65	56	4	6	2	1	3		12
田　径　房	1	1								
蓝　球　房	21	13	1		7	4	2	1		
排　球　房	2	1			1	1				
体　操　房	8	5			3	2	1			
羽 毛 球 房	1		1							
乒 乓 球 房	14	8	5		1	1				
武　术　房	3	3								
摔　柔　房	6	6								
举　重　房	5	5								
健　身　房	51	2	16	1	19	6	1	11	1	13
棋　类　房	16	1	7		1	1				7
划　桨　房	1	1								
台　球　房	17		1							16
其他训练房	15	7	2		5	4			1	1
运　动　场	96	34	4		58	19	14	24	1	
小 运 动 场	860	31	42	2	779	6	39	590	144	6
手　球　场	4		1		3			2	1	
足　球　场	73	5	12		55	16	1	27	11	1
网　球　场	6	1			4	4				1
射　击　场	20	20								
水上运动场	1	1								
航 空 机 场	1	1								
跳　伞　塔	1	1								
轮　滑　场	27	14	3	1	2	1		1		7
射　箭　场	1	1								
篮　球　场	14 048	161	862	775	11 449	312	278	4 048	6 811	801
排　球　场	2 388	26	95	11	2 212	176	96	878	1 062	44
门　球　场	392	96	141		81	22	8	33	18	74

19—4 各地市公共体育场所情况

（1996 年） 单位：个

地区	合计	体育场	体育馆	室内游泳池	室外游泳池	有固定看台灯光球场
全省	**84**	**30**	**3**	**5**	**19**	**27**
省直属	3	1	2			
西安市	16	7		1	3	5
铜川市	6	3			1	2
宝鸡市	2	1			1	
咸阳市	22	7	1	1	6	7
渭南市	6	2			2	2
汉中市	18	5		3	4	6
安康地区	7	1			2	4
商洛地区						
延安市	4	3				1
榆林地区						

19—5 各地市分系统体育运动场地

（1995 年普查数） 单位：个

地区	合计	体委系统	工矿系统	农业系统	学校系统	大学	中专	中学	小学	其他系统
全省	18 394	568	1 284	821	14 713	598	442	5 620	8 053	1 008
西安市	4 008	97	190	292	3 228	398	92	1 097	1 641	201
铜川市	305	11	44	13	216	1	5	155	55	21
宝鸡市	3 626	58	287	165	2 973	13	57	999	1 904	143
咸阳市	2 600	70	222	28	2 172	96	114	765	1 197	108
渭南市	2 164	44	220	276	1 474	18	31	948	477	150
汉中市	1 937	60	158	26	1 526	30	52	452	992	167
安康地区	991	50	54	3	794	13	28	263	490	90
商洛地区	948	29	45	8	827	2	22	332	471	39
延安市	584	67	35	8	406	20	11	285	90	68
榆林地区	1 231	82	29	2	1 097	7	30	324	736	21

19—6 主要年份卫生机构、床位及人员数

年份	机构合计（个）	#医院	床位合计（万张）	#医院	卫生技术人员（万人）	#医生	#护师(士)
1952	715	135	0.50	0.34	0.95	0.40	0.12
1957	3 170	148	1.32	0.85	2.99	1.65	0.37
1962	5 105	231	2.28	1.66	3.71	1.93	0.53
1965	5 146	266	2.52	1.86	3.87	2.05	0.64
1970	4 007	2 268	3.16	2.89	4.25	2.26	0.89
1975	5 122	3 008	4.74	4.36	6.27	2.96	1.15
1978	5 598	3 064	5.39	4.99	7.12	3.43	1.11
1979	5 780	3 078	5.78	5.32	7.58	3.60	1.17
1980	5 845	3 095	6.08	5.52	8.05	3.72	1.19
1981	6 158	3 109	6.37	5.72	8.84	4.07	1.40
1982	6 369	3 113	6.51	5.92	9.23	4.20	1.57
1983	6 280	3 106	6.66	6.06	9.57	4.38	1.73
1984	6 251	3 119	6.87	6.23	10.01	4.63	1.81
1985	6 346	2 218	7.20	6.46	10.61	4.97	1.88
1986	6 309	2 439	7.45	6.70	10.89	5.12	1.93
1987	6 293	2 559	7.68	6.95	11.22	5.29	2.04
1988	6 248	2 502	8.03	7.22	11.48	5.70	2.41
1989	6 312	2 515	8.29	7.47	11.63	5.84	2.64
1990	6 416	2 521	8.55	7.80	11.82	5.91	2.72
1991	6 433	2 577	9.02	8.22	11.99	5.87	2.81
1992	6 404	2 604	9.29	8.51	12.33	5.97	2.87
1993	6 215	2 389	9.56	8.81	12.28	5.89	2.91
1994	6 227	3 040	9.81	9.07	12.60	6.20	3.03
1995	6 215	3 313	9.88	9.05	12.80	6.28	3.10
1996	6 033	3 315	9.59	9.05	12.82	6.30	3.10

19—7 卫生机构、床位及人员数

（1996 年）

指　　标	机构数（个）	床位数（张）	人员合计（人）	卫生技术人员	其他技术人员	管理人员	工勤人员
总　　计	**6 033**	**95 916**	**159 237**	**128 181**	**2 653**	**13 732**	**14 671**
一、医院合计	3 315	90 470	120 081	96 535	1 196	10 634	11 716
1. 县及县以上医院	591	68 088	90 797	70 602	1 196	8 759	10 240
综合医院	423	51 081	68 804	53 614	908	6 571	7 711
中医医院	105	7 316	10 507	8 489	118	979	921
医学院校附属医院	4	2 319	4 445	3 363	90	384	608
传染病院	2	458	554	381	2	92	79
精神病院	10	1 236	939	680	10	91	158
结核病院	2	750	594	366	7	95	126
妇幼保健院	28	1 410	2 644	2 086	36	253	269
儿童医院	1	400	855	620	5	64	166
麻风病院	2	1 920	178	107	4	27	40
肿瘤医院	2	450	549	389	14	92	54
康复医院	3	240	231	129		38	64
口腔医院	2	50	143	116	2	19	6
骨科医院	5	188	231	182		22	27
其他专科医院	2	270	123	80		32	11
2. 卫生院	2 657	19 314	26 934	24 089		1 618	1 227
3. 其他医院	67	3 068	2 350	1 844		257	249
二、疗养院、所	14	3 049	1 599	801	30	262	506
三、门诊部、所	128	704	2 304	2 008		190	106
四、专科防治所、站	19	100	431	304	7	55	65
#结核病防治所、站	3		60	38	3	11	8
职业病防治所、站	1	100	108	70		14	24
五、卫生防疫机构	133	38	6 414	4 892	253	672	597
六、妇幼保健所、站	89	325	2 174	1 746	40	206	182
七、药品检验所、室	107		1 248	896	37	193	122
八、医学科学研究机构	4		528	322	39	76	91
九、高等医学教育机构	4		3 029	1 517	438	552	522
十、中等医药卫生学校	92	140	3 241	1 534	540	717	450
十一、其他卫生事业机构	33	1 090	1 331	769	73	175	314
十二、其他	2 095		8 766	8 766			
十三、私人开业人员			8 091	8 091			

19—8 传染病发病率和死亡率

(1996 年)

病名	发病率(1/10万)	死亡率(1/10万)	病死率(%)	病名	发病率(1/10万)	死亡率(1/10万)	病死率(%)
合计	**155.24**	**0.22**	**0.14**	流脑	0.64	0.03	5.43
鼠疫				猩红热	1.13		
霍乱				出血热	2.78	0.05	1.78
肝炎	63.67	0.09	0.14	狂犬病			
痢疾	73.42	0.01	0.02	钩体病	0.11		2.70
伤寒	0.50			布病	2.44		
艾兹病				炭疽	0.01		
淋病	1.07			斑疹伤寒	0.29		
梅毒	0.19			乙型脑炎	1.49	0.02	1.17
脊灰				黑热病	0.01		
麻疹	6.76	0.01	0.09	疟疾	0.08		
百日咳	0.53			登革热			
白喉				新破	0.12	0.01	9.30

19—9 城市前十位疾病死亡原因构成

(1996 年)

顺位	合计		男性		女性	
	死亡原因	占死亡人数%	死亡原因	占死亡人数%	死亡原因	占死亡人数%
1	循环系病	48.12	循环系病	48.22	循环系病	47.98
2	肿瘤	22.13	肿瘤	24.29	肿瘤	19.21
3	呼吸系病	7.15	呼吸系病	7.13	呼吸系病	7.19
4	损伤和中毒	6.10	损伤和中毒	7.13	其他疾病	6.01
5	消化系病	4.44	消化系病	3.85	消化系病	5.22
6	其它疾病	3.35	内分泌营养和代谢及免疫疾病	1.67	损伤和中毒	4.73
7	内分泌营养和代谢及免疫疾病	2.51	传染病和寄生虫病	1.67	内分泌营养和代谢及免疫疾病	3.65
8	泌尿和生殖系病	1.55	泌尿和生殖系病	1.45	泌尿及生殖系病	1.67
9	传染病和寄生虫病	1.42	其它疾病	1.38	诊断不明	1.28
10	诊断不明	1.21	诊断不明	1.16	传染病和寄生虫病	1.08
	十种死因合计	97.98	十种死因合计	97.95	十种死因合计	98.02

19—10 各地市卫生机构、床位及人员数

(1996 年)

地 区	机构合计(个)	#医院	床位合计(张)	#医院	卫生技术人员(人)	#医生	#护师(士)
全 省	**6 033**	**3 315**	**95 916**	**90 470**	**120 090**	**55 167**	**31 201**
西安市	1 441	399	31 812	28 334	39 394	16 723	12 342
铜川市	178	68	3 590	3 474	4 548	1 693	1 455
宝鸡市	437	254	10 288	9 581	11 814	4 923	3 060
咸阳市	548	281	10 167	9 923	14 954	6 803	3 513
渭南市	505	306	9 635	9 372	12 024	5 212	2 997
汉中市	827	577	10 697	10 651	12 188	6 069	2 628
安康地区	635	499	4 989	4 871	7 247	3 877	1 453
商洛地区	563	414	4 314	4 022	5 178	3 044	1 002
延安市	387	225	4 849	4 827	6 211	3 109	1 457
榆林地区	512	292	5 575	5 415	6 532	3 714	1 294

注:卫生技术人员中未含私人开业人员。

19—11 各地市农村村级卫生组织情况

(1996 年)

地 区	行政村数(个)	#医药费减免的村数	#无医疗点的村数	村设置的医疗点 数(个)	#集体办医疗点	乡村医生和卫生员(人)	#乡村医生	#卫生员	农 村接生员(人)
全 省	**32 172**	**4 258**	**3 905**	**30 388**	**15 127**	**57 353**	**36 189**	**21 158**	**40 309**
西安市	3 141	677	171	3 514	2 237	5 951	4 099	1 852	3 123
铜川市	543	154	9	755	437	1 170	894	276	747
宝鸡市	2 114	173	117	2 496	1 326	4 642	3 376	1 266	2 560
咸阳市	3 841	1 139	41	4 102	2 215	6 485	4 607	1 878	4 746
渭南市	3 074	1 367	49	3 923	2 250	9 249	6 387	2 862	4 653
汉中市	3 470	140	364	3 806	2 177	6 902	4 229	2 673	4 503
安康地区	4 003	78	1 433	2 453	693	6 069	2 649	3 420	4 773
商洛地区	2 845	341	152	2 677	2 196	5 656	3 265	2 385	4 463
延安市	3 297	153	425	2 920	822	4 021	2 405	1 616	4 823
榆林地区	5 844	36	1 144	3 742	774	7 208	4 278	2 930	5 918

注:农村接生员中包括乡村医生和卫生员中会接生的人数。

19—12 社会福利事业、企业单位机构和人员

项　　目	机　构(个)		工作人员(人)	
	1995 年	1996 年	1995 年	1996 年
总　　计	**3 084**	**2 957**	**49 364**	**46 770**
一、社会福利事业单位	1 179	1 121	3 666	3 688
二、社会福利企业单位	1 703	1 634	43 856	41 202
民政部门办	189	178	7 170	6 108
#安置农场	2	2	46	45
社会办	1 514	1 456	36 686	35 094
三、烈士纪念建筑物管理单位	30	30	216	215
四、收容遣送站	87	87	634	644
五、殡葬事业单位	30	30	467	485
六、其他非收养性单位	55	55	525	536

19—13 社会福利事业单位

(1996 年)

项　　目	院　　数(个)	工作人员(人)	床　　位(张)	年末收养人数(人)
总　　计	**1 121**	**3 688**	**17 077**	**12 003**
一、民政部门办社会福利事业单位	52	1 762	5 118	3 957
优抚休、疗养院	19	670	1 251	608
城市福利院	33	1 092	3 867	3 349
二、城镇集体办敬老院	227	517	2 990	2 041
三、农村集体办敬老院	842	1 409	8 969	6 005

注:①优抚休、疗养院包括革命残伤军人休养院、复员军人慢性疗养院、复退军人精神病院和国家办光荣院。
②城市福利院包括社会福利院、社会儿童福利院、社会精神病人福利院。

19—18 婚 姻 登 记

项 目	单位	1991年	1992年	1994年	1995年	1996年
一、准予登记结婚数	对	266 361	262 949	244 159	241 605	240 208
初婚数	人	509 954	504 870	467 268	461 431	458 918
再婚数	人	22 768	21 028	21 050	21 779	21 498
#恢复结婚数	人	2 532	876	1 085	1 074	1 446
涉外婚姻数	对	122	212	236	289	317
二、申请结婚未予登记数	对	19 136	17 179	20 276	18 047	13 731
三、申请离婚数	对	17 069	18 346	15 367	16 336	16 911
#准予登记离婚数	对	8 274	8 442	9 883	10 598	10 409
涉外婚姻数	对	1	4	3	4	1

19—19 各地市婚姻登记情况

(1996年)

地 区	准予登记结婚数(对)	初婚数(人)	再婚数(人)	#恢复结婚数	申请结婚未予登记数(对)	申请离婚数(对)	#准予登记离婚数
全 省	**240 208**	**458 918**	**21 498**	**1 446**	**13 731**	**16 911**	**10 409**
西安市	50 901	95 501	6 301	583	1 192	5 042	4 202
铜川市	5 385	10 463	307	13	336	925	167
宝鸡市	25 173	46 893	3 453	99	3 389	2 571	960
咸阳市	31 153	59 635	2 671	82	2 160	1 839	1 160
渭南市	36 089	69 525	2 653	291	1 866	2 036	1 439
汉中市	28 480	55 511	1 449	91	730	1 441	1 040
安康地区	18 525	35 142	1 908	85	941	594	313
商洛地区	15 226	29 600	852	70	946	642	261
延安市	9 658	18 908	408	38	1 005	726	229
榆林地区	19 618	37 740	1 496	94	1 166	1 095	638

注:本表不含涉外华侨、港澳台同胞婚姻登记数及法院判决数。

19—20 工 会 工 作

(1996 年)

项 目	单位	实有数	项 目	单位	实有数
一、基层工会委员会	个	15 699	九、提出合理化建议	万件	28.1
二、会员	万人	268.5	已采纳建议	万件	15.2
# 女会员	万人	97.4	已实施建议	万件	10.6
# 少数民族会员	万人	2.9	已奖励的建议	万件	4.9
三、工会工作人员	人	15 885	实施建议中能计算出的创造价值	万元	79 679
# 专职干部	人	15 188	十、民主参与和民主监督		
# 女干部	人	4 189	参加政府涉及职工利益的工作机构	个	244
四、经费审查委员会	个	8 969	参与工作的工会干部	人	137
经费审查委员会委员	人	25 499	解决问题	件	302
五、女职工委员会	个	1 694	工会与政府(行政)建立联席		
# 专兼职干部	人	22 283	会议制度的单位	个	112
六、省级模范职工之家	个	135	召开联席会议的单位	个	95
地市县级先进职工之家	个	3 674	全年提案	个	1 837
七、职工技术协会组织与活动			落实提案	个	1 031
职工技协组织	个	934	十一、劳动争议调解委员会受理劳动		
协会会员	人	82 603	争议情况		
攻破技术关键	项	3 122	已建立劳动争议调解委员会	个	3 600
推广新技术	项	821	劳动争议调解委员会人数	人	25 678
八、工会劳动保护工作			受理劳动争议	件	2 796
劳动保护监督检查委员会	个	2 796	经调解达成协议	件	9 630
车间工会劳动保护委员会	个	8 532	经调解达成协议涉及职工	人	2 199
工会小组劳动保护检查员	人	60 750	十二、已建立职代会制度的单位	个	7 904
从事工会劳动保护工作			职工代表人数	万人	20.7
专兼职干部	人	13 846	召开职代会单位全年提案	万件	10.7
			#实现提案	万件	6.9
			民主评议领导干部人数	人	68 786

19—21 妇 联 工 作

(1996年)

项　　目	单 位	合 计	省 级	地、市级	县、区级	乡、镇级
一、组织状况						
妇女联合会	个	2 455	1	10	108	2 336
基层妇代会	个	36 644				
妇委会	个	2 276	24	303	1 912	
二、妇联干部	人	3 152	59	124	554	2 415
三、研究机构	个	11	3	8		
婚姻家庭	个	2	1	1		
家庭教育	个	7	1	6		
妇女理论	个	2	1	1		
四、维护妇女合法权益工作						
律师事务所	个	12	1	1	10	
妇联维权干部中取得律师资格人数	人	9	3	4	2	
来信件数	件	3 775	259	379	3 137	
来访人次	人	7 418	706	1 097	5 615	
五、其他工作情况						
妇女基金会	个	4	1		3	
儿童基金会	个	10	1	1	8	
妇女、儿童活动阵地	个	59	1	3	55	
三八红旗手	人	1 078	45	85	948	
三八红旗集体	个	136	6	4	126	
五好家庭	户	95 223	2	41	95 180	

注：妇委会合计中包括中直和中央国家机关系统4个，民主党派妇委会33个；省级三八红旗手中包括6名国家级个人；省级五好家庭中包括1户国家级五好家庭。

19—22 共青团组织

地　　区	单位	1990年	1991年	1995年	1996年
一、基层团支部	个	83 903	83 505	85 365	91 174
二、共青团员	人	1 679 207	1 683 494	1 655 283	1 732 342
#女团员	人	667 177	631 249	664 345	668 696
三、专职团干部	人	7 073	7 279	6 638	6 560

19—23 各地市交通事故

地区	事故次数(件)		死亡人数(人)		受伤人数(人)		损失折款(万元)	
	1995年	1996年	1995年	1996年	1995年	1996年	1995年	1996年
全省	**9 554**	**10 771**	**2 125**	**2 139**	**5 315**	**6 387**	**3 395**	**4 171**
西安市	3 080	3 387	481	470	1 514	1 781	1 106	1 301
铜川市	2 256	883	262	74	993	338	631	404
宝鸡市	697	2 114	135	249	448	941	282	628
咸阳市	890	1 215	256	223	598	751	365	486
渭南市	661	816	304	241	437	491	214	350
汉中市	245	897	147	284	226	602	139	330
安康地区	477	239	126	100	294	276	162	127
商洛地区	715	522	90	142	317	459	293	186
延安市	326	400	168	167	310	382	141	222
榆林地区	207	298	156	189	178	366	62	137

19—24 各地市火灾

地区	发生火灾(起)		死亡人数(人)		受伤人数(人)		损失折款(万元)	
	1995年	1996年	1995年	1996年	1995年	1996年	1995年	1996年
全省	**737**	**420**	**79**	**51**	**82**	**75**	**1 862**	**1 689**
西安市	426	146	16	24	35	37	742	699
铜川市	31	35	2	1	1	3	50	57
宝鸡市	33	37	2	5	4	2	70	50
咸阳市	47	24	3	2		1	80	90
渭南市	33	32	14	1	3	5	85	165
汉中市	63	28	8	6	5	5	259	101
安康地区	38	34	6	6	7	11	230	72
商洛地区	21	15	8	1	1	4	127	128
延安市	11	33	4	3	3	7	53	207
榆林地区	34	36	16	2	23	0	166	120

19—25　各地市工业固体废物排放及处理情况

（1996年）

地　区	工业固体废物产生量（万吨）	工业固体废物排放量（万吨）	历年工业固体废物贮存量（万吨）	工业固体废物贮存量（万吨）	工业固体废物历年累计贮存占地面积（万平方米）
全　省	**1 984.31**	**114.08**	**13 054.37**	**1 285.70**	**440.60**
西安市	134.12	7.92	157.49	8.21	36.17
铜川市	83.27	4.92	1 083.87	35.64	23.42
宝鸡市	65.71	0.21	2.31	4.61	1.01
咸阳市	152.11	0.84	412.93	63.24	66.97
渭南市	1 080.28	31.26	9 577.09	893.74	233.31
汉中市	242.34	62.15	1 143.28	99.46	37.21
安康地区	16.62	1.92	36.85	9.63	1.91
商洛地区	161.60	4.15	316.43	152.54	27.78
延安市	25.99	0.39	323.18	18.63	12.43
榆林地区	22.27	0.32	0.94	0.00	0.38

地　区	工业固体废物处置量（万吨）	工业固体废物综合利用量（万吨）	“三废”综合利用产品产值（万元）	“三废”综合利用产品利润（万元）	污染事故赔款总额（万元）
全　省	**266.18**	**318.35**	**18 654.5**	**3 031.4**	**83.6**
西安市	37.28	80.70	2 390.7	436.8	2.8
铜川市	28.71	14.01	3 576.0	47.9	
宝鸡市	20.21	40.68	1 876.6	360.2	12.9
咸阳市	52.04	35.99	1 502.5	639.6	0.4
渭南市	92.61	62.66	4 175.1	391.0	0.7
汉中市	14.34	66.40	4 098.3	889.5	41.1
安康地区	2.54	2.53	298.8	96.4	8.0
商洛地区	0.42	4.48	370.5	130.4	6.0
延安市	0.75	6.22	273.3	5.1	10.9
榆林地区	17.28	4.68	92.7	34.5	0.8

19—26 各地市工业污染治理情况

（1996 年）

单位：万元

地区	汇总工业企业（个）	本年安排污染治理项目（个）					
			治理废水	治理废气	治理固体废物	治理噪声	其他
全省	**155**	**140**	**42**	**72**	**11**	**7**	**8**
西安市	42	42	14	22	2	1	3
铜川市	9	10	2	8			
宝鸡市	14	10	3	7			
咸阳市	16	8	2	5		1	
渭南市	28	26	5	13	6	2	
汉中市	15	15	5	9			1
安康地区	6	6	2	3		1	
商洛地区	13	8	4	1	2		1
延安市	7	9	2	3	1		3
榆林地区	5	6	3	1		2	

地区	污染治理项目本年完成投资（万元）					
		治理废水	治理废气	治理固体废物	治理噪声	其他
全省	**13 132.2**	**4 215.5**	**4 840.8**	**2 412.5**	**90.9**	**1 572.5**
西安市	2 421.2	1 930.5	365.0	115.7	0.2	9.8
铜川市	1 602.2	134.9	1 317.3			150.0
宝鸡市	1 404.3	48.7	115.4		9.2	1 231.0
咸阳市	438.8	86.0	347.0		5.8	
渭南市	4 167.6	1 323.6	558.6	2 279.9	5.5	
汉中市	1 807.7	46.7	1 757.5	1.0		2.5
安康地区	302.7	22.0	230.7		50.0	
商洛地区	289.3	197.3	31.8	15.2		45.0
延安市	550.4	335.0	80.5	0.7		134.2
榆林地区	148.0	90.8	37.0		20.2	

19—27 各地市工业废水排放及处理量

(1996年)

单位:万吨

地 区	汇总工业企业数(个)	工业废水排放总量	#直接排入江河湖库的	工业废水排放达标量
全 省	**1 782**	**36 495.32**	**18 644.35**	**24 986.98**
西安市	415	11 427.78	2 783.84	8 057.02
铜川市	69	547.57	528.02	168.26
宝鸡市	203	7 708.39	5 369.86	6 027.94
咸阳市	222	5 812.04	890.92	4 093.44
渭南市	227	4 497.58	3 165.98	3 947.47
汉中市	206	3 400.45	3 385.04	2 052.15
安康地区	163	455.27	421.37	129.76
商洛地区	81	1 339.09	1 003.38	130.49
延安市	122	532.23	501.33	137.03
榆林地区	74	744.92	594.61	243.42

19—28 各地市废水处理设施运行情况

(1996年)

地 区	废水治理设施总投资(万元)	废水处理设施数(套)	正常运行的废水处理设施数(套)	实际处理情况(万吨)		
				废水处理量	废水处理回收量	废水处理排放达标量
全 省	**66 498.6**	**1 286**	**1 151**	**43 128.48**	**31 150.20**	**9 067.90**
西安市	19 150.0	399	349	8 517.63	6 306.58	1 435.17
铜川市	734.6	22	16	299.82	29.93	117.45
宝鸡市	5 298.9	143	126	7 617.15	5 657.97	1 747.90
咸阳市	10 043.8	136	129	1 728.80	676.39	883.60
渭南市	10 770.3	195	173	13 097.36	10 239.48	2 800.25
汉中市	12 870.4	207	197	8 304.56	5 949.48	1 631.28
安康地区	469.1	29	26	185.13	148.62	94.69
商洛地区	1 544.2	80	70	1 067.43	458.35	69.35
延安市	3 963.3	38	32	247.27	4.42	116.92
榆林地区	1 654.0	37	33	2 063.33	1 678.98	171.29

19—29 各地市工业废气排放及处理情况

(1996 年)

地区	工业废气排放总量(万标立方米)	燃料燃烧过程中废气排放量(万标立方米)	#经过消烟除尘的	生产工艺过程中废气排放量(万标立方米)	#经过净化处理的
全省	**22 238 424**	**14 973 335**	**14 088 237**	**7 265 089**	**3 914 531**
西安市	3 502 023	2 574 495	2 434 939	927 528	421 335
铜川市	3 175 591	233 474	155 564	2 942 117	1 507 031
宝鸡市	1 799 556	1 218 604	1 111 561	580 952	454 380
咸阳市	3 756 830	3 213 897	3 178 337	542 933	360 109
渭南市	5 764 496	5 109 056	5 046 386	655 440	482 295
汉中市	2 235 676	1 064 366	959 610	1 171 310	532 080
安康地区	242 851	187 473	126 979	55 378	11 571
商洛地区	191 556	127 412	52 310	64 144	27 549
延安市	691 238	633 600	449 351	57 638	34 960
榆林地区	878 607	610 958	573 200	267 649	83 221

地区	工业二氧化硫排放量(万吨)	工业烟尘排放量(万吨)	工业烟尘去除量(万吨)	工业粉尘排放量(万吨)	工业粉尘回收量(万吨)
全省	**60.99**	**36.25**	**300.03**	**21.28**	**48.14**
西安市	11.59	9.31	57.50	1.19	1.21
铜川市	3.22	0.45	0.39	13.56	28.99
宝鸡市	5.34	4.10	10.19	1.46	1.31
咸阳市	16.89	3.41	76.34	0.67	2.46
渭南市	15.31	10.81	124.49	0.70	3.77
汉中市	5.84	5.28	23.77	1.54	9.18
安康地区	0.44	0.40	0.27	0.28	0.10
商洛地区	0.29	0.27	0.04	0.97	0.19
延安市	0.83	1.72	4.29	0.26	0.24
榆林地区	1.24	0.50	2.75	0.65	0.69

主 要 统 计 指 标 解 释

等级运动员人数 指经考核正式批准授予等级运动员称号的人数。运动员等级分为国际级运动健将、运动健将、一级运动员、二级运动员、三级运动员、少年级运动员。

等级裁判员人数 指经考核正式批准授予等级裁判员称号的人数。裁判员等级分为国际裁判、国家级裁判、一级裁判、二级裁判、三级裁判。

医院 指名称为医院，设有固定床位能收容病人住院并能为病人提供医疗、护理服务的医疗机构。包括县及县以上医院、农村乡卫生院、其他医院三部分。按所属性质分为卫生部门、工业及其他部门、集体经济单位三类。其中县及县以上医院按业务性质分为综合医院和专科医院。

卫生技术人员 指卫生事业机构支付工资的全部固定职工和合同制职工中现任职务为卫生技术工作的人员。包括中医师、西医师、中西医结合高级医师、护师、中药师、西药师、检验师、其他技师、中医士、西医士，护士、助产士、中药剂士、西药剂士、检验士、其他技术士、其他中医、护理员、中药剂员、西药剂员、检验员、其他初级卫生技术人员。

医生 指经卫生部门审查合格，从事医疗工作的专业人员。分为中医医生和西医医生。包括卫生技术人员中的中医师、西医师、中西医结合高级医师、中医士、西医士和其他中医。

社会福利事业单位 指集中收养社会孤老、残、幼的机构。包括由民政部门管理的社会福利院、儿童福利院、精神病人福利院和城镇集体办的福利院，以及农村集体举办的敬老院。

公证人员 指在国家公证机关依法办理公证事务的司法人员。包括公证员、助理公证员和在公证处工作的其他人员。

办理公证 指公证处年内办结的公证文件数。公证文书系按司法部规定或批准的格式制作。包括国内和涉外公证两部分。其中国内公证分为经济合同公证和民事法律关系公证两大类。

废水排放总量 包括生产废水和生活污水。生产废水指企、事业单位在生产、科研过程中向外环境排放的所有排放口的废水量总和。生活污水指城镇居民区和企、事业单位职工集中居住区排放的污水量。

工业废水排放总量 指经过工业企业厂区所有排放口排到企业外部的工业废水量。包括外排的直接冷却水、超标排放的矿井地下水和与工业废水混排的厂区生活污水，不包括外排的间接冷却水(清污不分流的间接冷却水应计算在内)。

工业废水排放达标量 指全面达到国家、地方排放标准的外排工业废水量，包括经过处理后达标外排的和未经处理达标外排的两部分工业废水。国家排放标准见国标(GB8978—88)。

工业废水处理量 指经过各种水处理装置净化处理后的外排工业废水量(包括虽经处理仍未达到国家或地方标准的外排工业废水量)。

废气排放总量 指燃料燃烧和生产工艺过程中排放的各种废气总量，以标准状态下每年万标立方米表示。

燃料燃烧过程废气排放量 指燃煤、燃油、燃气锅炉、烘干炉、锻造加热炉、退火炉和其它工业炉窑在燃烧过程(燃料和物料不混合的纯加热过程)中所排废气的总量。它可以根据烟气计算公式或经验计算公式求得。

经过消烟除尘的燃料燃烧废气量 指燃料燃烧过程中排放的废气经过消烟除尘装置处理的量。

经过净化处理的生产工艺废气量 指生产工艺过程中排放的废气经过各种净化处理装置净

化、处理的量。

工业粉尘排放量 指工业企业在生产工艺过程中排放的固体微粒总重量。如钢铁企业的耐火材料粉尘、焦化企业的筛焦系统粉尘、烧结机的粉尘、石灰窑的粉尘、建材企业的水泥粉尘等。不包括电厂排入大气的烟尘。

工业粉尘回收量 指经生产工艺废气净化处理装置处理回收的粉尘和尘泥量(包括干法和湿法)。不包括电厂的烟尘。通常情况下:

工业粉尘产生量=工业粉尘排放量+工业粉尘回收量

工业固体废物产生量 指工业企业在生产过程中产生的固体状、半固体状和高浓度液体状废弃物的总量,包括冶炼废渣、粉煤灰、炉渣、煤矸石、化工废渣、尾矿、放射性废渣和其它废渣等;不包括矿山开采的剥离废石和掘进废石(煤矸石和呈酸性或碱性的废石除外)。酸性或碱性废石是指采掘的废石其流经水、雨淋水 pH 值小于 4 或 pH 值大于 10.5 者。

工业固体废物处置量 指以符合环境保护要求的方式将固体废物放置在不再回取的场所的固体废物量,如填埋、焚烧、经封场处理的专业贮存场(库)、深层灌注、回填矿井等(包括当年处置往年的堆存量)。

工业固体废物综合利用量 指已用作农业肥料、造田、生产建筑材料、筑路以及其它方式综合利用的固体废物量(包括当年利用往年的工业固体废物堆存量)。综合利用量由原产固体废物的单位统计。

"三废"综合利用产品产值 指工业企业回收利用"三废"作为主要原料生产的产品产值。按国发(1985)117 号文规定执行。

"三废"综合利用产品利润 指工业企业回收利用"三废"作为主要原料生产的产品自用或出售后所得的利润额。

环境污染与破坏事故 指由于违反环境保护法规的经济、社会活动与行为,以及意外因素的影响或不可抗拒的自然灾害等原因,致使环境受到污染,国家重点保护的野生动植物、自然保护区受到破坏,人体健康受到危害,社会经济和人民财产受到损失,造成不良社会影响的突发性事件。

20 全国各省、市、区主要指标

QUAN GUO GE SHENG SHI QU ZHU YAO ZHI BIAO

资料整理　　王顺强

20—1 人口及从业人员

(1996年)

地区	总人口(万人)	出生率(‰)	死亡率(‰)	自然增长率(‰)
全国	**122 389**	**16.98**	**6.56**	**10.42**
北京	1 259	8.02	5.34	2.68
天津	948	10.09	6.53	3.56
河北	6 484	13.85	6.55	7.30
山西	3 109	16.59	6.25	10.34
内蒙古	2 307	16.09	6.43	9.66
辽宁	4 116	12.15	6.19	5.96
吉林	2 610	12.53	5.60	6.93
黑龙江	3 728	12.40	5.05	7.35
上海	1 419	5.60	7.00	—1.40
江苏	7 110	12.11	6.58	5.53
浙江	4 343	12.09	6.58	5.51
安徽	6 070	16.00	6.50	9.50
福建	3 261	13.22	5.94	7.28
江西	4 105	17.53	7.02	10.51
山东	8 738	10.60	6.76	3.84
河南	9 172	14.28	6.44	7.84
湖北	5 825	16.08	6.93	9.15
湖南	6 428	12.81	7.20	5.61
广东	6 961	18.05	6.09	11.96
广西	4 589	16.83	6.82	10.01
海南	734	20.08	5.88	14.20
四川	11 430	16.68	7.35	9.33
贵州	3 555	22.05	7.69	14.36
云南	4 042	20.87	7.94	12.93
西藏	244	24.70	8.50	16.20
陕西	3 543	14.99	6.51	8.48
甘肃	2 467	18.43	6.64	11.79
青海	488	21.89	7.20	14.69
宁夏	521	19.03	5.25	13.78
新疆	1 689	19.45	6.60	12.85

20—2 国内生产总值及指数

(1996年)

地区	国内生产总值(亿元)	第一产业	第二产业	第三产业	国内生产总值指数(上年=100)
全国	**67 795**	**13 550**	**33 148**	**21 097**	**109.7**
北京	1 607	85	705	818	109.1
天津	1 102	71	585	446	114.3
河北	3 445	700	1 656	1 089	113.5
山西	1 305	198	666	441	110.9
内蒙古	983	305	374	304	112.4
辽宁	3 149	465	1 541	1 143	108.5
吉林	1 314	364	533	418	111.1
黑龙江	2 310	465	1 188	657	110.6
上海	2 878	75	1 590	1 213	113.0
江苏	6 002	963	3 072	1 967	112.1
浙江	4 150	630	2 190	1 330	112.7
安徽	2 320	645	1 105	570	113.2
福建	2 601	560	1 134	907	114.8
江西	1 465	440	550	475	113.4
山东	5 960	1 200	2 810	1 950	112.2
河南	3 671	948	1 723	1 000	113.9
湖北	2 970	716	1 344	910	113.2
湖南	2 641	787	1 009	845	112.6
广东	6 097	942	3 102	2 054	111.0
广西	1 885	578	693	614	110.6
海南	393	144	82	168	105.2
四川	4 215	1 175	1 775	1 265	109.8
贵州	708	259	250	199	108.8
云南	1 470	347	669	454	110.0
西藏					
陕西	1 175	262	475	438	110.2
甘肃	674	196	291	186	111.0
青海	183	40	71	72	108.6
宁夏	192	43	79	70	110.5
新疆	979	277	359	344	109.1

20—3 全社会固定资产投资

(1996年)

单位:亿元

地区	投资额	#地方项目	基本建设投资	#地方项目	更新改造投资	#地方项目
全国	**17 387.96**	**11 715.03**	**8 398.82**	**4 922.80**	**3 744.76**	**2 410.48**
北京	824.08	526.77	310.48	118.16	168.72	105.01
天津	360.89	250.81	169.23	100.69	107.86	79.16
河北	675.16	500.82	374.08	259.74	210.46	155.61
山西	249.64	156.02	142.94	82.30	80.99	50.05
内蒙古	204.14	119.66	134.07	66.67	52.96	37.69
辽宁	740.33	466.85	336.12	187.90	198.72	116.32
吉林	307.96	158.12	191.64	69.94	61.34	38.74
黑龙江	480.75	200.51	223.09	103.39	117.52	38.94
上海	1 790.81	1 487.42	670.56	447.22	424.58	370.21
江苏	1 402.25	1 203.07	457.33	341.62	235.19	173.10
浙江	809.57	693.34	393.25	307.85	94.30	65.54
安徽	361.69	254.44	193.01	119.46	100.24	70.21
福建	526.17	483.88	216.15	187.66	91.24	77.56
江西	204.04	157.20	112.61	81.60	58.60	45.87
山东	948.29	681.80	444.22	280.00	250.63	186.06
河南	721.30	492.05	409.90	250.26	151.44	100.19
湖北	746.38	477.89	393.10	199.58	191.83	121.57
湖南	406.16	245.39	230.87	146.04	116.47	46.79
广东	1 859.23	1 517.74	893.71	648.49	263.69	191.21
广西	294.40	236.82	174.40	142.81	72.39	46.71
海南	148.46	125.67	125.17	106.42	9.04	6.27
四川	764.35	537.67	412.46	262.90	171.24	112.01
贵州	141.72	99.25	82.24	56.89	40.60	24.12
云南	322.61	235.57	166.91	124.30	97.95	55.96
西藏	31.00		29.50		1.50	
陕西	243.74	159.12	132.38	75.75	68.27	41.98
甘肃	172.64	64.89	101.99	32.80	52.93	21.02
青海	67.59	37.96	51.93	24.88	10.00	7.62
宁夏	57.55	34.07	36.02	18.84	15.40	9.09
新疆	312.04	110.25	192.40	70.86	65.19	15.81

注:本表不含农村集体和城乡个人投资。

20—4 国有单位投资情况

(1996 年)

地　区	基本建设			更新改造		
	新增固定资产(亿元)	竣工房屋建筑面积(万平方米)	施工房屋建筑面积(万平方米)	新增固定资产(亿元)	施工房屋建筑面积(万平方米)	竣工房屋建筑面积(万平方米)
全　国	**4 730.77**	**19 158.94**	**42 994.97**	**2 507.35**	**9 408.57**	**4 363.94**
北　京	239.74	516.07	1 959.53	146.82	557.27	192.31
天　津	119.98	190.38	403.70	60.98	304.82	139.85
河　北	245.00	1 173.79	2 364.86	156.29	378.8	232.19
山　西	99.80	365.91	937.46	65.14	271.31	154.37
内蒙古	77.01	398.90	821.96	33.63	171.94	84.58
辽　宁	314.30	793.96	1 568.25	138.61	401.13	195.30
吉　林	187.58	403.59	808.34	37.31	165.63	102.70
黑龙江	125.55	585.97	1 115.31	82.15	132.19	87.09
上　海	199.88	569.09	2 232.86	226.03	1 323.29	466.94
江　苏	278.95	943.88	1 875.82	200.38	307.26	183.00
浙　江	187.01	743.68	1 844.86	79.84	181.63	84.11
安　徽	140.44	483.55	1 050.63	59.07	232.83	122.99
福　建	103.37	510.04	1 336.13	59.48	161.81	62.94
江　西	47.27	365.60	824.29	28.48	146.05	54.11
山　东	243.86	1 019.39	2 338.54	178.48	782.40	382.84
河　南	235.59	1 176.33	2 399.84	119.98	478.26	252.25
湖　北	306.27	1 102.04	2 020.95	176.98	294.00	179.42
湖　南	120.96	903.14	1 858.52	92.95	235.76	109.35
广　东	514.64	1 583.95	3 844.63	187.14	733.64	300.91
广　西	89.74	574.13	1 235.10	29.82	226.21	108.11
海　南	89.24	303.44	766.91	6.54	24.00	12.00
四　川	186.06	1 609.80	3 606.84	116.17	646.42	287.34
贵　州	43.78	318.95	632.10	23.90	149.07	50.53
云　南	102.99	544.76	1 114.06	62.85	409.69	193.70
西　藏	20.20	97.69	116.56	1.20	0.30	0.30
陕　西	52.35	455.68	1 162.86	45.45	164.37	56.55
甘　肃	45.17	243.33	692.49	17.81	156.44	50.29
青　海	24.91	102.22	173.01	7.16	40.08	14.36
宁　夏	20.19	93.34	175.07	10.59	66.38	35.45
新　疆	125.79	486.61	843.85	47.70	254.15	163.70
不分地区	143.14	509.73	869.64	8.14	11.40	4.36

20—5 财政收支情况

指　标	财政收入		财政支出	
	1995 年	1996 年	1995 年	1996 年
全　国	**2 985.6**	**3 746.9**	**4 828.3**	**5 786.3**
北　京	115.3	150.9	154.4	187.4
天　津	61.9	79.0	93.3	113.2
河　北	120.0	151.8	191.2	231.9
山　西	72.2	84.2	112.9	133.2
内蒙古	43.7	57.3	102.2	126.4
辽　宁	184.4	211.7	273.8	314.8
吉　林	63.3	76.4	120.9	145.5
黑龙江	101.3	126.9	174.6	208.9
上　海	219.6	280.5	260.0	333.2
江　苏	172.6	223.2	253.5	310.9
浙　江	116.8	139.6	180.3	213.7
安　徽	83.8	114.6	135.9	178.7
福　建	117.4	142.1	171.6	200.3
江　西	64.1	77.1	110.3	131.6
山　东	179.0	241.7	275.9	359.0
河　南	124.6	162.1	207.3	255.3
湖　北	99.7	124.5	162.4	197.4
湖　南	108.2	130.4	173.9	217.7
广　东	382.4	479.4	525.6	601.2
广　西	79.4	90.5	140.6	157.0
海　南	28.5	30.7	42.4	45.2
四　川	167.1	209.0	277.7	326.7
贵　州	38.8	49.5	85.3	99.6
云　南	98.4	130.0	235.1	270.4
西　藏	262	2.4	34.9	36.8
陕　西	51.3	67.6	102.7	121.8
甘　肃	33.9	43.4	81.4	91.0
青　海	8.6	9.6	28.8	32.7
宁　夏	9.0	12.7	23.0	29.5
新　疆	38.3	48.3	96.4	114.9

注:1995 年各地区财政收入中不包括中央对地方的税收返还数。

20—6 职工人数及工资

(1996 年)

地　区	年末人数（万人）	#国有经济单位	#城镇集体经济单位	工资总额（亿元）	#国有经济单位	#城镇集体经济单位
全　国	**14 845.3**	**10 949.4**	**2 954.2**	**9 080.0**	**6 792.7**	**1 241.0**
北　京	460.6	349.0	64.7	442.4	339.4	46.2
天　津	284.0	194.3	59.6	212.0	154.3	27.1
河　北	696.2	538.4	126.8	365.2	302.0	46.4
山　西	464.9	372.5	86.7	236.3	204.8	28.2
内蒙古	379.7	302.1	66.9	175.9	148.4	22.7
辽　宁	997.7	668.4	274.0	525.3	394.2	94.6
吉　林	513.3	385.8	108.0	263.7	216.5	36.4
黑龙江	814.6	618.4	166.6	363.0	302.8	41.8
上　海	456.8	312.5	76.9	492.7	349.0	54.9
江　苏	905.5	575.5	256.9	595.7	411.3	128.6
浙　江	495.3	290.2	156.2	361.8	222.2	98.1
安　徽	502.5	366.8	120.2	256.2	203.1	41.1
福　建	350.5	217.6	57.2	225.8	139.1	27.4
江　西	412.0	336.0	68.8	185.8	158.8	21.9
山　东	930.7	661.2	198.6	532.8	414.2	78.2
河　南	842.1	639.7	161.2	407.4	332.0	54.8
湖　北	738.0	566.1	133.3	372.7	304.1	47.4
湖　南	596.8	471.5	114.5	299.6	251.7	43.6
广　东	904.1	551.8	191.8	803.5	512.2	124.3
广　西	344.5	284.5	45.4	182.7	154.7	19.1
海　南	102.8	87.7	8.4	56.1	47.2	3.4
四　川	987.4	734.4	200.9	500.5	396.4	70.7
贵　州	231.6	196.6	30.6	112.2	99.4	10.3
云　南	315.4	267.0	41.3	194.1	169.1	20.3
西　藏	16.7	15.5	1.1	18.5	17.9	0.4
陕　西	398.0	336.1	54.2	192.2	171.2	16.4
甘　肃	251.6	209.8	38.7	147.0	127.6	17.3
青　海	65.6	57.2	8.0	43.1	40.2	2.7
宁　夏	72.7	61.6	8.7	41.0	35.7	3.9
新　疆	313.6	280.8	28.1	189.8	172.0	14.8

20—7 城乡居民收支和物价指数

(1996 年)　　单位:元

地　区	城镇居民人均全年		农村居民人均全年		商品零售价格总指数	居民消费价格总指数
	生　活费收入	消　费支　出	纯收入	生　活消费支出		
全　国	**4 377.15**	**3 919.47**	**1 926.04**	**1 572.08**	**106.1**	**108.3**
北　京	6 885.56	5 729.52	3 561.94	2 564.51	107.3	111.6
天　津	5 525.48	4 679.61	2 999.68	1 957.39	105.1	109.0
河　北	4 072.24	3 424.35	2 054.95	1 398.94	106.2	107.1
山　西	3 290.91	3 035.59	1 557.19	1 174.29	106.2	107.9
内蒙古	3 101.73	2 767.84	1 602.34	1 437.62	105.8	107.6
辽　宁	3 746.13	3 493.02	2 149.98	1 763.57	105.4	107.9
吉　林	3 453.70	3 037.32	2 125.56	1 513.19	105.1	107.2
黑龙江	3 324.84	3 110.92	2 181.86	1 537.30	105.1	107.1
上　海	7 721.42	6 763.12	4 846.13	3 867.86	105.0	109.2
江　苏	4 688.80	4 057.50	3 029.32	2 414.41	106.8	109.3
浙　江	6 345.32	5 764.27	3 462.99	2 701.69	105.8	107.9
安　徽	4 027.16	3 607.43	1 607.72	1 309.35	107.1	109.9
福　建	4 586.01	4 248.47	2 492.49	1 913.25	104.5	105.9
江　西	3 401.57	2 942.11	1 869.63	1 553.10	106.6	108.4
山　东	4 494.00	3 770.99	2 086.31	1 652.51	107.0	109.6
河　南	3 450.11	3 009.35	1 579.19	1 206.43	107.9	110.5
湖　北	3 854.62	3 713.51	1 863.62	1 636.43	106.5	109.4
湖　南	4 280.14	4 098.26	1 792.25	1 736.71	105.2	107.7
广　东	7 487.89	6 736.09	3 183.46	2 584.16	104.4	107.0
广　西	4 457.88	4 339.42	1 703.13	1 399.07	104.5	106.5
海　南	4 436.37	3 815.28	1 746.08	1 288.98	102.3	104.3
四　川	4 000.26	3 787.59	1 453.42	1 349.88	107.7	109.3
贵　州	3 675.04	3 572.78	1 276.67	1 068.09	106.9	109.1
云　南	4 466.45	4 007.48	1 229.28	1 209.16	106.6	108.7
西　藏	5 912.29	4 536.68	1 350.82	999.17		
陕　西	3 487.37	3 211.24	1 165.10	1 097.59	108.1	109.7
甘　肃	3 108.25	2 838.52	1 100.59	986.34	106.6	110.2
青　海	3 571.65	3 177.78	1 173.80	1 052.33	107.8	110.8
宁　夏	3 276.58	3 038.95	1 397.80	1 235.67	106.7	106.8
新　疆	4 275.23	3 457.14	1 290.01	1 346.57	108.8	110.5

注:物价指数均以上年价格为 100。

20—8 农林牧渔业总产值

（1996年，当年价格） 单位：亿元

地 区	农林牧渔业总产值	农 业	林 业	牧 业	渔 业
全 国	**23 426.53**	**13 545.71**	**778.43**	**7 081.95**	**2 020.44**
北 京	168.92	89.15	2.83	71.10	5.84
天 津	142.29	90.17	0.96	39.03	12.13
河 北	1 298.04	801.26	24.80	437.59	34.38
山 西	352.63	241.18	15.30	94.74	1.41
内蒙古	465.33	299.53	13.97	148.56	3.27
辽 宁	892.64	455.14	13.90	306.96	116.63
吉 林	595.83	363.67	7.57	216.79	7.80
黑龙江	805.66	558.68	16.80	216.38	13.80
上 海	200.96	87.64	0.67	85.46	27.18
江 苏	1 824.19	1 062.39	23.48	498.97	239.35
浙 江	961.97	517.29	54.76	184.99	204.92
安 徽	1 124.51	683.66	43.87	302.63	94.36
福 建	891.89	383.18	66.94	206.71	235.05
江 西	733.49	386.32	46.33	231.18	69.65
山 东	2 180.23	1 090.64	49.97	730.71	308.91
河 南	1 639.52	1 085.55	41.61	501.69	10.67
湖 北	1 140.76	670.27	33.62	337.02	99.86
湖 南	1 226.32	649.19	45.71	461.01	70.41
广 东	1 577.89	825.59	49.64	398.12	304.53
广 西	899.54	450.52	38.14	341.84	69.09
海 南	224.54	102.30	43.80	42.71	35.73
四 川	1 734.85	1 028.85	50.70	620.06	35.24
贵 州	398.17	265.57	14.99	114.46	3.15
云 南	567.51	369.36	43.21	146.03	8.91
西 藏	35.9	17.79	0.72	17.38	0.01
陕 西	458.51	322.93	19.07	113.68	2.83
甘 肃	328.12	235.24	6.58	85.46	0.85
青 海	56.16	29.98	0.91	25.14	0.12
宁 夏	69.17	48.61	1.38	17.98	1.19
新 疆	430.96	334.07	6.19	87.56	3.14

20—9　农林牧渔业总产值指数

(1996年,上年=100)

地　　区	农林牧渔业总产值指数	农　业	林　业	牧　业	渔　业
全　国	**109.4**	**107.4**	**104.7**	**109.5**	**111.9**
北　京	99.1	99.5	104.2	100.0	95.9
天　津	107.2	103.9	115.4	104.6	98.4
河　北	109.4	103.4	108.8	114.0	116.0
山　西	114.3	111.8	106.0	110.0	105.7
内蒙古	123.7	130.4	105.8	107.5	109.7
辽　宁	117.8	118.4	107.9	109.9	111.0
吉　林	119.1	116.7	111.5	113.2	103.0
黑龙江	112.7	112.7	110.3	115.5	111.0
上　海	108.3	109.7	139.8	104.2	122.6
江　苏	107.4	111.1	114.7	108.1	115.0
浙　江	106.7	106.9	103.2	101.8	110.1
安　徽	111.6	103.8	104.0	110.1	132.0
福　建	111.9	108.1	109.3	111.0	112.6
江　西	108.4	108.0	100.4	101.0	120.6
山　东	108.1	106.6	104.1	108.9	108.7
河　南	114.7	110.1	108.7	116.8	113.3
湖　北	106.8	100.7	108.2	114.0	111.3
湖　南	108.3	102.0	103.8	112.7	111.0
广　东	106.1	104.5	103.9	107.8	108.6
广　西	108.1	102.2	102.6	115.9	118.0
海　南	105.4	102.9	93.1	104.5	106.4
四　川	105.5	103.2	104.0	105.4	106.9
贵　州	104.5	104.7	100.0	103.5	113.0
云　南	107.4	105.5	107.2	105.7	110.7
西　藏	100.0				
陕　西	113.3	115.5	95.9	103.6	101.5
甘　肃	112.6	111.9	117.9	112.3	119.4
青　海	103.9	107.3	101.7	101.1	83.6
宁　夏	119.2	118.0	101.2	110.0	101.2
新　疆	102.1	104.5	103.7	105.1	130.1

20—10 主要农产品产量

（1996年）

单位:万吨

地区	谷物产量	棉花产量	油料产量	糖料产量	猪牛羊肉产量	牛奶产量
全国	**45 054.3**	**420**	**2 207.1**	**8 360.2**	**4 772.2**	**615.8**
北京	231.8	0.3	2.9		27.6	20.1
天津	199.2	0.5	3.1		17.8	11.3
河北	2 557.1	25.8	120.7	6.9	287.6	40.1
山西	934.2	7.2	37.3	66.0	66.1	29.6
内蒙古	1 301.7		81.4	320.7	92.1	54.3
辽宁	1 575.8	1.1	17.0	58.6	190.4	17.0
吉林	2 211.9		21.7	70.2	130.9	11.3
黑龙江	2 519.4		17.3	491.9	131.9	185.0
上海	222.4	0.4	16.2	6.7	25.3	21.8
江苏	3 301.1	53.7	147.5	22.9	228.0	10.5
浙江	1 406.0	6.8	52.1	63.9	100.9	9.0
安徽	2 372.3	27.0	177.2	18.4	194.9	2.7
福建	777.8		23.0	253.9	117.2	6.2
江西	1 664.1	12.3	101.0	185.8	195.5	3.5
山东	3 836.0	37.2	309.3	1.6	429.4	22.0
河南	3 433.3	73.6	278.5	20.5	371.4	5.5
湖北	2 288.7	43.0	181.8	85.6	276.0	4.3
湖南	2 540.2	19.0	118.1	129.2	366.5	0.6
广东	1 607.3		74.2	1 523.1	209.7	5.6
广西	1 416.7	0.1	51.6	2 830.5	240.7	0.9
海南	159.4		8.0	329.3	22.8	0.2
四川	3 714.3	12.3	156.7	172.7	578.5	28.0
贵州	838.1	0.1	55.6	35.7	103.5	1.6
云南	1 083.3	0.1	18.8	1 143.4	135.9	10.0
西藏			3.4		11.9	14.1
陕西	1 049.2	3.1	37.4	2.7	75.5	20.6
甘肃	690.8	2.6	43.1	119.1	62.8	10.5
青海	97.1		16.8		18.5	18.1
宁夏	235.6		7.9	46.5	11.0	16.9
新疆	789.7	95.0	31.0	354.5	52.5	48.8

注:粮食产量全国为48000万吨以上。

20—11 畜牧业生产和农业机械总动力

(1996 年)

地区	肉猪出栏头数（万头）	大牧畜年末存栏数（万头）	猪年末存栏数（万头）	农业机械总动力（万千瓦）	农用大中型拖拉机（万台）	水产品产量（万吨）
全国	**52 651.2**	**16 678.6**	**45 713.1**	**38 810**	**68**	**3 085.3**
北京	355.3	20.6	240.0	468.4	1.2	7.8
天津	173.1	40.4	87.8	558.0	0.8	17.0
河北	2 740.4	926.9	2 235.9	5 137.8	3.3	50.7
山西	651.9	384.8	616.0	1 425.6	2.3	2.0
内蒙古	639.9	734.9	770.1	958.5	3.1	5.3
辽宁	1 640.6	505.4	1 426.5	1 025.2	3.0	258.0
吉林	1 069.2	572.2	847.4	718.6	2.8	12.1
黑龙江	1 199.0	742.2	1 281.2	1 254.8	7.3	29.0
上海	478.7	6.7	207.6	158.7	1.0	28.0
江苏	2 832.6	137.3	2 063.9	2 295.0	3.1	245.7
浙江	1 363.5	49.5	1 231.6	1 699.4	0.6	342.1
安徽	1 897.7	743.3	1 681.7	2 017.0	1.0	110.7
福建	1 401.2	132.0	1 144.7	757.0	0.4	358.2
江西	2 384.2	386.9	1 978.7	687.0	0.8	100.1
山东	3 605.6	1 669.6	2 609.9	4 308.9	10.3	586.7
河南	3 292.2	1 540.0	3 113.6	3 557.5	5.2	20.5
湖北	3 240.7	435.7	2 513.7	1 222.2	7.0	174.6
湖南	5 579.0	471.8	3 545.6	1 616.3	0.5	98.2
广东	2 558.9	472.1	2 235.2	1 715.0	0.7	395.1
广西	2 849.3	855.8	2 555.0	1 147.6	1.1	122.8
海南	222.7	149.4	303.5	184.8	0.3	47.6
四川	8 055.9	1 209.4	7 081.6	1 674.7	0.6	47.3
贵州	1 095.4	749.6	1 653.9	425.2	0.8	3.5
云南	1 512.3	984.5	2 334.4	1 002.2	0.9	10.2
西藏	9.5	589.9	19.8	58.5	0.2	
陕西	827.4	345.7	904.5	807.2	2.0	4.1
甘肃	645.5	631.6	706.0	783.9	1.4	0.8
青海	85.2	505.5	107.1	188.5	0.3	0.2
宁夏	95.2	95.8	98.2	243.6	0.4	2.0
新疆	153.8	589.4	138.2	713.0	5.4	4.8

20—12 乡及乡以上工业总产值

(1996年,当年价格)　　　　单位:亿元

地　区	按经济类型分				按轻重工业分	
	工业总产值	国有工业	集体工业	#乡办工业	轻工业	重工业
全　国	**65 057.81**	**28 682.86**	**22 170.56**	**15 742.37**	**29 092.94**	**35 964.87**
北　京	1 627.15	878.96	318.29	141.15	508.95	1 118.19
天　津	1 619.47	586.64	286.88	252.14	719.81	899.66
河　北	2 672.77	1 326.82	1 017.02	707.18	990.93	1 681.84
山　西	1 133.47	770.37	333.01	216.90	186.17	947.29
内蒙古	641.21	460.91	124.80	57.98	213.82	427.40
辽　宁	3 353.25	1 957.05	879.61	482.09	804.24	2 549.01
吉　林	1 232.88	858.85	224.22	111.25	332.61	900.27
黑龙江	1 970.60	1 387.08	421.49	238.85	592.40	1 378.20
上　海	4 312.33	1 697.47	539.94	926.13	1 911.71	2 400.62
江　苏	7 848.28	2 267.13	4 136.43	3 099.10	3 772.48	4 075.80
浙　江	4 011.18	911.74	2 526.24	1 918.33	2 469.65	1 541.53
安　徽	2 354.66	964.53	1 214.19	954.67	1 178.44	1 176.22
福　建	1 826.86	466.26	331.44	208.18	1 127.44	699.42
江　西	1 003.97	633.07	323.08	222.08	413.33	590.64
山　东	5 904.46	2 422.10	2 645.62	1 918.83	2 836.51	3 067.95
河　南	2 876.27	1 554.40	963.28	590.18	1 199.04	1 677.23
湖　北	2 958.40	1 460.29	1 167.59	799.52	1 332.99	1 625.42
湖　南	1 769.14	971.95	677.42	466.75	699.66	1 069.48
广　东	7 413.30	1 711.27	1 701.98	862.28	4 507.14	2 906.16
广　西	1 104.96	599.77	375.15	246.15	531.27	573.69
海　南	157.12	68.92	11.58	3.03	109.20	47.92
四　川	3 224.70	1 607.97	1 216.88	917.66	1 217.51	2 007.19
贵　州	511.97	387.44	108.14	77.68	192.01	319.97
云　南	991.36	791.66	161.14	78.99	548.68	442.69
西　藏						
陕　西	939.86	669.94	197.88	112.64	310.35	629.50
甘　肃	651.99	498.49	137.01	84.94	130.51	521.48
青　海	135.10	113.98	20.05	7.72	27.35	107.75
宁　夏	176.18	131.45	24.02	13.73	30.88	145.30
新　疆	634.92	526.35	86.18	25.94	197.86	437.05

注:本表工业总产值采用新口径计算,未包括增值税等项目。

20—13 乡及乡以上工业总产值指数

(1996 年,上年=100)

地区	按经济类型分				按轻重工业分	
	工业总产值	国有工业	集体工业	#乡办工业	轻工业	重工业
全国	**115.0**	**107.4**	**123.4**	**128.2**	**115.5**	**114.6**
北京	108.7	99.7	125.2	94.8	96.6	114.7
天津	119.0	104.9	120.0	132.7	119.6	118.4
河北	119.7	109.4	135.3	145.6	120.1	119.5
山西	109.8	105.5	121.4	125.6	103.1	111.2
内蒙古	112.5	106.3	128.0	139.8	108.7	114.7
辽宁	110.7	103.2	123.3	141.6	110.4	110.8
吉林	115.7	112.0	126.7	133.5	108.2	118.7
黑龙江	113.1	106.8	129.5	141.9	118.2	110.5
上海	113.5	103.8	109.8	121.0	110.0	116.3
江苏	116.6	111.3	120.1	123.3	117.4	115.9
浙江	115.5	102.3	119.9	125.1	115.8	115.0
安徽	119.7	114.2	128.1	126.8	115.6	124.2
福建	118.5	102.4	125.3	128.5	125.1	109.3
江西	118.7	109.5	152.2	176.9	122.1	116.5
山东	120.1	111.5	128.7	137.7	120.9	119.3
河南	115.1	109.7	123.1	127.6	114.1	115.9
湖北	120.0	107.6	141.7	149.9	125.9	115.6
湖南	113.3	104.8	127.5	138.3	112.8	113.6
广东	112.0	107.7	110.8	110.1	114.7	108.1
广西	110.2	102.0	126.9	129.9	112.6	107.9
海南	109.4	91.4	93.7	48.9	114.5	96.6
四川	114.9	111.4	120.7	119.6	114.1	115.5
贵州	113.5	108.7	130.7	140.1	116.4	111.6
云南	106.3	104.3	112.9	121.4	105.8	106.9
西藏						
陕西	111.1	106.0	123.8	127.4	110.1	111.6
甘肃	107.1	102.7	130.8	146.9	112.0	105.9
青海	110.0	107.7	118.3	132.6	104.0	111.9
宁夏	111.9	109.4	121.2	129.4	118.0	110.7
新疆	111.5	111.0	110.5	114.5	101.0	118.7

20—14 工业主要经济指标

(1996 年)

单位:亿元

地　区	产品销售收入	利税总额	利润总额	亏损企业亏损额	应收帐款净额	产成品
全　国	**54 250.30**	**4 975.53**	**1 424.37**	**1 233.86**	**9 269.53**	**5 345.97**
北　京	1 318.80	96.98	17.63	32.31	209.43	159.34
天　津	1 542.23	137.82	65.31	37.17	287.81	146.98
河　北	2 417.69	250.68	104.39	34.74	373.54	243.41
山　西	943.63	109.46	35.09	16.99	195.07	139.65
内蒙古	541.75	54.45	8.92	14.46	109.17	75.33
辽　宁	2 840.43	237.91	42.11	85.19	662.92	304.59
吉　林	1 072.75	71.90	—10.34	49.03	283.05	147.48
黑龙江	1 636.71	260.32	97.69	48.10	354.83	202.06
上　海	4 067.53	435.12	212.58	57.31	824.78	301.13
江　苏	6 829.34	448.77	145.87	88.17	945.06	527.36
浙　江	3 359.91	264.09	97.05	43.59	505.24	334.58
安　徽	1 235.12	123.45	24.08	21.38	187.14	115.64
福　建	1 425.80	125.31	36.74	26.67	192.65	126.06
江　西	762.32	56.73	0.89	23.45	122.88	87.36
山　东	5 073.76	531.93	213.02	50.85	650.60	507.64
河　南	2 325.66	232.94	72.40	38.61	349.78	254.06
湖　北	2 325.39	197.57	46.13	44.68	398.79	194.85
湖　南	1 388.91	129.39	—7.44	47.89	229.66	149.80
广　东	6 348.22	445.42	156.48	184.14	1 025.58	515.38
广　西	873.03	57.83	—6.29	42.28	136.07	101.92
海　南	108.14	5.73	—0.16	5.88	18.74	13.57
四　川	2 503.04	190.36	12.69	94.82	511.74	286.48
贵　州	333.44	43.96	—4.85	17.10	106.60	50.41
云　南	888.71	325.18	101.15	17.60	129.11	62.75
西　藏						
陕　西	760.73	43.08	—9.80	44.47	166.77	113.58
甘　肃	589.99	63.01	—0.09	18.55	123.57	88.60
青　海	98.29	—2.51	—9.87	11.35	42.28	17.03
宁　夏	152.66	15.40	2.11	5.37	40.84	19.40
新　疆	484.32	23.25	—19.10	31.72	84.81	59.54

20—15 工业经济效益主要指标

(1996 年)

地区	产品销售率(%)	资金利税率(%)	成本费用利润率(%)	劳动生产率(元/人)	流动资产周转次数(次)	增加值率(%)
全国	**95.86**	**7.42**	**2.73**	**16 414**	**1.52**	**29.19**
北京	98.17	5.01	1.34	22 470	1.28	32.81
天津	97.41	6.86	4.50	17 991	1.40	23.02
河北	97.47	8.39	4.51	14 736	1.65	31.97
山西	97.85	6.43	3.91	11 060	1.26	39.93
内蒙古	95.79	5.45	1.69	11 347	1.16	37.23
辽宁	95.72	5.26	1.51	12 243	1.22	28.28
吉林	94.60	3.85	—0.95	12 064	1.11	31.67
黑龙江	94.75	10.75	6.57	14 686	1.30	44.24
上海	98.11	9.55	5.43	29 349	1.44	25.68
江苏	95.04	7.24	2.20	20 388	1.95	23.61
浙江	94.80	8.26	2.97	19 311	1.75	24.22
安徽	94.90	8.65	2.04	14 268	1.62	30.41
福建	96.22	8.01	2.68	17 407	1.70	29.32
江西	97.18	5.14	0.12	8 913	1.35	28.72
山东	96.67	9.74	4.44	19 025	1.83	29.19
河南	96.86	8.33	3.26	14 172	1.60	31.72
湖北	95.26	7.19	2.05	16 204	1.60	31.07
湖南	94.86	7.29	—0.55	9 986	1.61	20.95
广东	95.59	6.13	2.53	21 608	1.60	25.06
广西	95.14	4.80	—0.75	16 784	1.47	31.75
海南	90.49	3.24	—0.15	16 797	1.25	22.00
四川	94.70	5.47	0.52	12 357	1.37	30.79
贵州	92.86	6.75	—1.58	14 315	0.91	36.79
云南	97.73	28.30	15.65	25 896	1.47	53.73
西藏						
陕西	95.00	3.24	—1.29	10 746	1.07	30.80
甘肃	93.30	6.19	—0.02	12 571	1.28	38.44
青海	90.09	—0.86	—9.19	10 259	0.83	31.83
宁夏	93.64	5.48	1.39	12 549	1.16	32.25
新疆	94.65	2.42	—3.88	15 034	1.20	38.39

20—16 主要工业产品产量

(1996年)

地　区	纱 (万吨)	布 (亿米)	原　盐 (万吨)	电视机 (万台)	家　用 电冰箱 (万台)	机制纸 及纸板 (万吨)
全　国	**490.00**	**221.20**	**2 891.93**	**3 077.01**	**928.32**	**2 094.15**
北　京	7.12	2.40		31.22	6.27	7.67
天　津	10.30	3.01	218.66	149.49	0.60	24.37
河　北	34.53	13.17	334.37	14.66		164.93
山　西	6.05	3.02		0.12		52.21
内蒙古	1.89	0.87	115.20	22.98		17.41
辽　宁	15.59	4.49	216.46	56.49	9.36	85.31
吉　林	4.63	1.29		2.58	5.09	56.79
黑龙江	2.95	0.71		59.72	0.17	61.25
上　海	19.13	3.41		204.87	95.77	25.78
江　苏	75.58	26.90	328.72	360.64	18.67	132.37
浙　江	23.81	13.64	59.09	369.86	61.89	194.71
安　徽	22.76	7.51	21.55	38.39	109.11	81.64
福　建	6.99	2.20	69.93	104.00		61.75
江　西	10.80	2.93	10.74	32.06	26.10	35.39
山　东	63.83	26.76	703.64	88.16	171.17	265.74
河　南	43.50	10.87	4.37	32.15	112.80	111.95
湖　北	47.05	16.79	189.29	6.59		67.27
湖　南	13.63	4.62	62.36	14.93	3.72	90.80
广　东	13.62	5.68	26.94	822.67	241.52	240.61
广　西	7.28	1.18	9.93	30.36	0.09	68.26
海　南			18.35	0.69		0.95
四　川	15.76	11.46	343.71	521.40	1.58	127.98
贵　州	2.25	0.82		42.95	1.27	9.99
云　南	3.14	1.20	43.83	3.89	1.68	29.27
西　藏						
陕　西	13.08	6.46	4.44	62.91	56.25	34.16
甘　肃	1.43	0.35	5.44	0.97	5.11	13.40
青　海	0.56	0.26	66.95			1.60
宁　夏	0.12	0.04	0.08	0.14		13.59
新　疆	20.62	2.79	37.88	2.12		17.00

20—16 续表 1　　　　　(1996 年)

地区	水泥 (万吨)	木材 (万立方米)	农用化学肥 (万吨)	卷烟 (万箱)	白酒 (万吨)	啤酒 (万吨)
全国	**47 094.85**	**3 843.10**	**2 835.67**	**3 442.37**	**679.47**	**1 631.76**
北京	505.95		11.61	16.55	9.60	93.03
天津	171.54		10.23	16.02	3.98	4.85
河北	3 199.99	13.14	200.19	109.49	21.85	95.88
山西	1 302.28	18.81	125.57	20.14	13.23	9.23
内蒙古	387.78	501.87	21.52	25.30	13.27	34.43
辽宁	1 733.71	53.30	78.85	39.91	21.68	121.01
吉林	621.92	478.90	34.13	59.10	7.59	76.68
黑龙江	679.16	1 121.60	44.71	74.90	32.67	107.84
上海	366.08		27.28	104.18	0.54	23.57
江苏	3 718.85		178.75	83.35	47.22	67.40
浙江	3 475.26	3.99	74.44	85.51	7.28	140.98
安徽	2 009.65	24.90	158.95	188.35	38.07	55.51
福建	1 325.96	453.35	61.86	79.36	2.46	106.20
江西	1 081.86	112.23	43.26	38.83	11.61	37.09
山东	5 330.74		236.87	231.27	137.94	222.96
河南	3 141.96		264.62	356.02	36.30	59.77
湖北	1 821.17	28.98	243.20	211.46	26.13	74.77
湖南	2 308.55	85.43	184.31	258.74	18.09	25.89
广东	4 937.08	154.30	66.87	158.96	22.65	98.83
广西	1 901.96	186.53	52.31	93.49	7.68	23.16
海南	180.64	8.85	0.57	8.80	0.24	1.04
四川	3 039.81	209.82	319.29	165.65	141.38	77.95
贵州	547.64	42.08	60.72	197.74	26.17	7.64
云南	1 141.09	154.59	135.61	652.35	16.60	11.12
西藏						
陕西	786.64	34.49	68.31	121.44	3.74	18.44
甘肃	579.05	33.78	34.70	25.10	3.34	15.67
青海	77.65	2.05	19.00	3.10	1.88	1.26
宁夏	159.29		40.73	3.70	0.80	5.14
新疆	561.39	20.11	37.21	13.56	5.48	14.42

注:木材产量为工业口径。

20—16 续表 2　　　　(1996 年)

地　区	原　煤 (万吨)	原　油 (万吨)	发电量 (亿千瓦小时)	生　铁 (万吨)	钢 (万吨)	成品钢材 (万吨)
全　国	**137 461.49**	**15 851.81**	**10 549.14**	**10 530.86**	**10 002.80**	**8 551.32**
北　京	661.02		142.75	730.62	793.95	643.03
天　津		646.60	112.65	159.43	199.12	129.65
河　北	7 980.90	524.17	636.69	1 253.24	863.70	706.61
山　西	34 995.93		526.83	1 381.51	352.03	244.37
内蒙古	6 952.26		320.39	425.57	431.82	289.74
辽　宁	6 116.05	1 504.31	576.06	1 345.90	1 359.09	1 151.26
吉　林	2 742.76	373.55	316.12	117.07	116.86	98.63
黑龙江	8 082.73	5 600.86	409.32	68.35	81.10	69.32
上　海			427.76	952.10	1 436.97	1 126.78
江　苏	2 194.99	107.02	716.12	258.05	441.98	606.46
浙　江	120.03		436.15	79.97	150.20	199.02
安　徽	4 730.65		312.30	462.91	352.84	284.36
福　建	894.06		275.11	85.97	69.26	91.72
江　西	2 254.45		183.24	131.63	172.53	134.05
山　东	8 837.01	2 911.64	779.42	512.31	445.46	305.69
河　南	10 884.86	587.49	580.17	304.04	302.18	250.84
湖　北	1 325.96	86.52	460.07	622.18	703.79	617.49
湖　南	5 797.11		338.93	215.24	188.48	167.32
广　东	874.83	1 288.51	874.99	137.97	219.47	254.96
广　西	1 034.28	11.70	220.83	87.98	86.26	77.20
海　南	1.68		31.48	1.30	0.28	4.68
四　川	10 442.47	21.01	599.44	602.87	679.69	615.49
贵　州	6 154.85		237.71	95.54	58.46	47.20
云　南	3 007.88	7.01	248.43	193.41	161.42	168.91
西　藏						
陕　西	4 213.65	230.82	256.60	94.39	54.17	43.95
甘　肃	2 443.98	320.26	224.04	121.38	148.14	102.33
青　海	288.11	140.10	61.14		40.75	32.46
宁　夏	1 467.49	54.56	111.53	6.02	6.51	6.70
新　疆	2 961.50	1 435.68	132.87	83.91	86.30	81.10

20—17 社会消费品零售总额

(1996 年)

单位：亿元

地区	社会消费品零售总额	#国有经济	#集体经济	#私营经济	#联营经济
全国	**24 614.3**	**6 786.8**	**4 686.5**	**790.5**	**110.2**
北京	969.7	363.6	269.1	11.9	10.9
天津	469.6	96.5	60.3	5.7	1.5
河北	1 029.7	315.5	162.5	10.6	1.5
山西	445.4	151.8	82.3	31.6	0.6
内蒙古	331.1	116.5	64.7	9.3	0.0
辽宁	1 315.8	282.5	181.1	97.0	2.2
吉林	555.9	112.4	51.0	18.7	0.0
黑龙江	782.3	244.1	92.5	21.0	0.2
上海	1 161.3	480.5	360.5	52.1	23.2
江苏	1 993.8	550.4	627.2	64.2	10.5
浙江	1 596.2	302.0	221.0	67.6	5.9
安徽	711.2	227.3	160.5	3.9	2.2
福建	784.7	142.3	122.4	10.9	5.7
江西	487.2	148.9	77.0	5.4	0.2
山东	1 715.7	445.2	411.1	53.1	4.0
河南	1 151.6	342.8	220.5	10.8	1.4
湖北	1 145.7	288.8	188.0	57.0	5.0
湖南	947.9	218.7	123.0	16.5	1.9
广东	2 594.8	647.5	442.5	115.8	27.2
广西	618.9	149.6	91.4	13.8	0.7
海南	122.0	30.2	7.3	7.4	1.7
四川	1 450.1	352.8	302.3	70.1	1.7
贵州	232.1	70.9	31.3	0.1	0.1
云南	391.3	147.6	74.8	7.0	0.4
西藏					
陕西	440.2	158.4	91.9	13.3	0.9
甘肃	250.9	83.2	38.6	5.5	0.4
青海	62.1	27.6	7.7	0.8	0.0
宁夏	66.3	25.7	8.3	2.4	0.0
新疆	288.5	127.9	22.3	7.2	0.1

20—18 对外贸易

（1996年）

单位：万美元

地区	进出口总额	进口总额	出口总额	外商直接投资额		
				合同数（个）	协议投资额	实际投资额
全国	**2 899.1**	**1 510.7**	**1 388.4**	**24 556**	**7 327 642**	**4 172 562**
北京	101.6	50.7	98.6	868	179 029	155 290
天津	101.6	46.8	54.8	1 093	391 192	200 637
河北	42.2	23.9	18.3	837	207 515	82 587
山西	21.6	17.4	4.2	115	121 166	13 802
内蒙古	10.1	4.9	5.2	134	19 953	7 186
辽宁	135.7	73.0	62.7	1 760	424 499	173 768
吉林	24.8	10.9	13.9	426	67 333	45 155
黑龙江	43.2	30.3	12.9	531	69 790	54 841
上海	278.9	131.3	147.6	2 086	1 006 912	394 094
江苏	222.8	119.5	103.3	2 691	1 068 256	521 009
浙江	144.3	86.6	57.7	1 209	312 909	152 050
安徽	23.9	13.1	10.8	344	49 954	50 661
福建	158.8	84.5	74.3	1 988	654 063	408 451
江西	11.9	7.7	4.2	369	39 484	30 068
山东	180.9	99.9	81.0	2 175	541 797	259 041
河南	24.8	14.1	10.7	477	121 168	52 356
湖北	31.0	14.1	16.9	543	96 560	68 004
湖南	20.0	13.3	6.7	437	46 893	70 344
广东	1 102.2	599.7	520.5	4 611	1 557 464	1 162 362
广西	24.1	13.8	10.3	326	76 339	65 618
海南	19.5	4.0	15.5	239	27 394	78 908
四川	39.2	18.0	21.2	470	68 722	42 544
贵州	6.1	3.8	.3	86	10 817	3 138
云南	22.0	10.1	11.9	153	20 171	6 537
西藏	1.7	0.2	1.5			
陕西	18.3	9.9	8.4	280	57 397	32 509
甘肃	6.1	2.8	3.3	122	8 552	9 002
青海	2.1	1.1	1.0	18	1 700	100
宁夏	2.2	1.6	0.6	28	4 061	555
新疆	11.9	3.7	8.2	64	10 104	6 390

中国统计出版社最新统计资料书简目